金融理财师认证考试参考用书

金融理财原理

现代国际金融理财标准（上海）有限公司 / 指导
北京当代金融培训有限公司 / 组织编写

Fundamentals of Financial Planning

中国人民大学出版社
·北京·

从书序

自2004年被引进到中国以来，CFP系列认证经过10多年的发展，已经成为金融机构和理财专业人士广泛认可的专业资质，并逐步为社会大众所认知。CFP的英文全称是Certified Financial Planner（中文译为国际金融理财师），它是一个全球性的金融理财师专业认证，至今已有近50年的历史。它以公众利益为核心，以理财相关各方（理财专业人士、金融机构、监管机构、消费者、教育机构、政府代表等）的经验为基础，恪守“客户至上”的理念，遵循严格的“4E”标准［即教育（培训）以及继续教育标准（Education & Continuing Education）、考试标准（Examination）、从业经验标准（Experience）和职业道德标准（Ethics）］，推行严格的金融理财执业标准，赢得了全球金融机构、理财专业人士和社会大众的广泛认可与尊重。

一、关于国际金融理财标准委员会和国际标准

国际金融理财标准委员会（Financial Planning Standards Board，简称FPSB）是一个非营利组织，它为各类金融理财机构开发、管理和运作认证、教育和其他相关项目，通过在金融理财领域建立、维护和推广全球职业标准，使社会各方受益。FPSB的总部在美国丹佛，现有26个成员组织，覆盖了全球主要的国家和地区。截至2017年年底，全球CFP持证人达到175 573人。此外，还有亚洲、欧洲和南美洲的10多个金融理财组织正在积极地申请加入国际金融理财标准委员会。

CFP认证的历史可以追溯到20世纪60年代末。1969年，美国金融咨询业的一些专业人员创立了首家金融理财的专业协会——国际金融理财协会（International Association for Financial Planning，简称IAFP)。3年后，IAFP创立了自己下属的专门的教育、培训机构——美国金融理财学院（College for Financial Planning)。此后，该学院毕业生发起设立了国际金融理财师协会（Institute of Certified Financial Planners，简称ICFP)。经过10余年的努力，美国金融理财学院和国际金融理财师协会在1985年共同设立了国际金融理财师标准和实践委员会（International Board of Standards and Practices for Certified Financial Planners，简称IBCFP)。1994年，IBCFP改名为美国金融理财标准委员会（CFP Board of Standards)。

CFP认证制度的国际化始于1990年。澳大利亚是第一个与IBCFP签署联署协议获得CFP商标国际许可证的国家。两年之后，在1992年，IBCFP与日本签署了协议。随后，

英国、加拿大、新西兰、法国、德国等陆续加入。为了管理这些国际成员组织，IBCFP于1994年成立了国际金融理财理事会（International CFP Council）。国际金融理财理事会于2004年发展成为国际金融理财标准委员会。

CFP认证制度至今已有近50年的历史，中间历经多个经济周期，为什么依然保持着强大的生命力，而且越来越受到社会的认可和尊重？这个问题的答案可以从FPSB的使命中找到。FPSB的使命是“在金融理财领域通过建立、维护和推广全球性的职业标准来造福社会”。为此，FPSB针对金融理财建立了一系列标准，并在全球范围内推广。这些标准主要包括：

1.《金融理财师竞争力标准》

《金融理财师竞争力标准》规定了金融理财专业人士与客户共同制定金融理财规划时所需要的知识、技能、能力、态度和判断力。它是高质量职业认证的基石。

2.《金融理财执业标准》

《金融理财执业标准》规定了金融理财师无论在何时何地、何种背景、何种报酬方式下提供金融理财服务都应该达到的执业标准。

3.《金融理财师道德准则和专业责任》

在《金融理财师道德准则和专业责任》中，FPSB规定并界定了金融理财专业人士在日常的金融理财活动中应遵守的8大道德准则：客户至上、正直诚信、客观公正、公平合理、专业精神、专业胜任、保守秘密和恪尽职守。

4.《金融理财师行为准则》

《金融理财师行为准则》是《金融理财师道德准则和专业责任》及《金融理财执业标准》的补充强化机制。《金融理财师行为准则》中规定了金融理财专业人士应当遵守的37条行为准则，对使用FPSB商标系列的个人和单位均具有约束力。

5.《金融理财教育体系》

《金融理财教育体系》用来指导成员组织的金融理财教育，尤其是用来反映CFP专业人士所需要的认知水平和学习成果。它为构建理财规划培训模块和课程提供了指导框架，提高了全球各地区课程教学要求和标准的一致性。

上述一系列标准为金融理财师从培训、认证到执业提出了全面的规范要求，从而使获得CFP系列认证的从业人员具备良好的职业道德、素养和技能，能够更好地服务社会大众，也因此得到社会的广泛认可与尊重。

二、关于FPSB China和CFP系列认证

2002年11月，中美金融策划论坛在北京举行，拉开了CFP认证进入中国的序幕。经过数年的沟通和准备，在2005年，中国以准会员身份加入FPSB，并在2006年成为FPSB第19个正式会员。FPSB China是唯一取得FPSB授权在中国进行CFP认证和CFP商标管理的机构。FPSB China由两部分组成，即金融理财标准指导委员会（FPSB China Advisory Panel）和现代国际金融理财标准（上海）有限公司（FPSB China Ltd.）。

金融理财标准指导委员会由业界和学术界有丰富从业经验和学术地位、有社会责任感

和热心金融理财事业的人士组成，指导 CFP 系列认证在中国的组织和实施。作为 FPSB 的会员单位，现代国际金融理财标准（上海）有限公司负责 CFP 认证项目的全面管理和运营。

在过去的 10 多年里，FPSB China 与授权培训机构一起付出了巨大的心血，建立了一套包括培训、考试、认证、继续教育、再认证的完整体系。从这个意义上讲，CFP 认证在中国不仅仅是一个证书，更像理财专业人士的职业生涯导师和伙伴。

CFP 认证体系的一个很大的特点就是将国际标准和本土实践相结合。在 FPSB 全球统一标准的指导和要求下，各成员组织要根据本国或本地区的实际情况来制定适宜的标准用以指导该国或该地区持证人的学习和实践。中国的 CFP 系列认证包括 CFP（国际金融理财师）、AFP（金融理财师）、EFP（金融理财管理师）、CPB（认证私人银行家）认证。其中，AFP 是 CFP 的初级阶段；EFP 主要面向金融理财管理人员；CPB 面向服务于高端财富人士的专业人员。所有的标准均由 FPSB 制定或认定，委托 FPSB China 在中国执行，并由 FPSB 统一颁发证书。这种“接地气”的制度安排，使得 CFP 系列认证在全球和中国都取得了长足的发展。

2004 年 11—12 月，在北京举行了首期 240 学时的 CFP 认证培训班。2005 年 6 月，经 FPSB 认可，CFP 认证在中国实施两级认证制度，即 AFP 认证和 CFP 认证，培训也相应地分为两个部分，即 AFP 培训（108 学时）和 CFP 培训（132 学时）。2006 年 9 月，首届 EFP 培训班开班。2008 年年初，首届 CPB 培训班开班。之后，CFP 事业蒸蒸日上，参与学习和认证的专业人士越来越多。截至 2018 年 6 月 30 日，由 FPSB 认证的中国 CFP 系列持证人总数为 220 618 人，其中 AFP 持证人 185 899 人，CFP 持证人 28 504 人，EFP 持证人 3 853 人，CPB 持证人 2 362 人。他们为成千上万的客户提供优质的理财服务，是中国金融理财行业的中坚力量。

随着持证人队伍的不断壮大，不仅社会对 CFP 认证的认可度越来越高，一些地方政府也纷纷将 CFP 持证人作为高端金融人才特别予以优待。例如，上海、深圳、杭州、成都等地的政府将 CFP 认证列入当地金融业发展的“十三五”规划，广州将 CFP 持证人列为金融高级专业人才，等等。我们坚信，在未来，随着金融理财师队伍的不断壮大，CFP 认证一定会越来越受到社会的认可，越来越具有特殊的品牌价值。同时，中国大众也能享受到更多专业的、符合国际标准的、有职业道德的金融理财服务。

FPSB China

现代国际金融理财标准（上海）有限公司

2018 年 10 月

2019年版前言

CFP®系列认证来到中国，已经走过了15个年头。

CFP的英文全称是Certified Financial Planner®（中文译为国际金融理财师），是全球性的金融理财师专业认证，至今已有近50年的历史。管理运作CFP认证项目的国际金融理财标准委员会（Financial Planning Standards Board，简称FPSB）是一个非营利组织，总部设在美国丹佛，现有26个成员组织，覆盖了全球主要的国家和地区，通过在金融理财领域建立、维护和推广全球职业标准，使社会各方受益。

早在2000年，CFP认证制度就进入了中国金融界有识之士的视野，引进CFP认证制度逐渐成为共识。经过不懈努力，在2005年中国以准会员身份加入FPSB，并在2006年成为FPSB第19个正式会员。

与国外发达国家的理财业相比，我国的个人金融理财业起步较晚，但发展前景十分广阔。多家研究机构发布的中国财富管理市场报告均指出，中国已经成为世界财富管理业务增长速度最快、发展潜力最大的理财市场。随着中国改革开放的不断深入，社会经济结构转型加快，经济金融领域发生了一系列重大变革，尤其在个人理财领域，其市场规模不断扩大已成为不争的事实。

金融理财业务是理财专业人士以他们的服务对象的个人或家庭资产和收入为基础数据，帮助客户梳理自己的人生财务目标，制定科学的、可操作的、同时可实现的规划方案，以期实现财务资源与人生目标的完美契合。事实上，理财不是单纯地为了保值增值，理财规划还应该是一个标准化的程序，从建立客户关系到提出理财方案，并监督这个方案的执行，整个工作流程都要按照标准运行，这就要求从事个人金融理财工作的从业人员接受严格的培训，具备良好的专业水平和较高的道德水平。

引进CFP系列认证，借鉴国外个人理财业的制度经验，是提升我国金融理财业从业人员整体素质水平和专业技能所做的有益探索。CFP制度的核心，体现于FPSB所奉行的“在金融理财领域通过建立、维护和推广全球性的职业标准来造福社会”的使命，以及其倡导的核心理念与价值观。在40余年的不断摸索和实践过程中，FPSB建立、完善了金融理财师职业认证的“4E”标准，从培训、认证、执业操作、道德准则到行为规范等方面对金融理财师提出了全面要求。

作为FPSB系列标准之一的金融理财教育体系，用以指导成员组织的金融理财教育，尤其反映了CFP专业人士所需要的认知水平和学习成果。在FPSB构建的理财规划培训模块和课程框架指导下，中国首套CFP系列教材共5本于2004年11月出版。随着CFP认证在中国实施两级认证制度，即AFP认证和CFP认证，专门为AFP认证组织编写的《金融理财原理》教材上、下两册于2007年2月出版。此后，在现代国际金融理财标准（上海）有限公司的指导下，北京当代金融培训有限公司先后参与修订、编写了《金融理财原理》2009年修订版、2010年第二版，以及CFP系列（含AFP认证教材）2011年版和2014年版全套7本教材，及与之相关的教辅图书。自2004年来，该系列教材发行量已累计近百万册。

北京当代金融培训有限公司获得现代国际金融理财标准（上海）有限公司的培训授权，多年来通过提供专业的金融理财培训教材和课程体系，帮助数以万计的金融机构从业人员学习认证课程，取得CFP系列认证，使他们在金融服务过程中能够更加专业化、规范化和标准化。

2019年，我们将迎来CFP系列认证进入中国15周年。CFP系列认证教材2019年版将同读者见面。修订出版2019年版系列教材是北京当代金融培训有限公司最近5年内所从事的较为庞大的一项工程。在修订过程中，我们对所有的知识模块都重新做了梳理，将当前全球最前沿的业界发展动态、经济政策变化，及大众最关心的热点问题领域与理论知识进行了关联整合。教材出版前经过了一线专家、学者及金融界知名实务工作者们的认真审读及校对，我们希望呈现给大家的不仅仅是一套教材，更是一部精致的作品。

作为AFP认证教材，2019年版《金融理财原理》的更新主要有以下几方面。

第一，家庭财务部分进一步梳理了公司财务与家庭财务的关系，新增了财务自由度专题研究；法律部分依照《民法总则》的体例与规定，着重对民事法律部分进行了修正；税务部分是这版教材变动较大的模块，在介绍当前我国个人所得税相关新法规的基础上，结合实务操作性，对税务优化策略进行了重新设计，此外新增了境外6个国家和地区个人所得税扣除项目的内容介绍，为相关知识延展和后面的CFP税务部分做了铺垫；投资部分进一步说明了投资理论章节中的效用曲线与最优配置部分的关系，根据资管新规调整了理财产品部分的内容；保险部分重新阐述了保险利益和最大诚信原则，对遗属需求法和生命价值法计算保额的核心区别和适用对象进行了深入讨论，帮助学员理解相关概念背后的理论基础；居住规划部分将购房能力测算和人生不同阶段的购房和换房重点进行了调整；教育金规划中将子女教育金规划工具的相关内容删除，重新调整了教育投资收益率部分的内容；信用与债务部分简化了存单质押、信用卡利息的计算。

第二，将原知识体系中已经不符合当前环境和条件的知识点和数据进行了更新，力求使文字表达更为简洁、精练。对于多个章节同时提及的知识点进行了集中阐述，提升了教材的完整性和及时性。

第三，对教材中的例题、案例和软件运用进行了大幅度的更换，从贴近现实、解决实际问题的角度出发，对数据假设、问题提出和软件升级等方面重新设计，提高学员的实践能力。

2019年版教材修订工作由阚小兰、张珊珊负责统稿；参与新编工作的老师包括：刘东华（金融理财法律）、宋健（财务自由度）、石光（财务自由度）、屠卫（理财产品投资）、闫淑青（个人所得税及其税务优化）、林鸿钧（综合理财规划）。参与更新工作的老师包括：张珊珊、刘雪莹、王雅楠、娄慧涵、王爱云、石光、田伟星、屠卫、李奕霖、霍丽芳、邴文超、曹渊、陶芳、李经纬、李向燕等。参与终审的老师包括：宋健、林鸿钧、陶芳、刘伟、张庆元、翟继光、魏绍玲、纪崴、李秀芳、范娟娟、黎强、邢恩泉、黄桦、胡乃军。

自2004年11月国内首套CFP系列教材出版至今，众多专家、学者、授课教师和相关工作人员参与了教材的编订工作，在各版教材前言中已有列示。本次教材更新工作得到了以往各版教材编写人员的大力支持，许多参与CFP认证培训教学的教师也提出了宝贵意见，中国人民大学出版社相关编辑为2019年版教材的出版提供了大量帮助，在此一并致谢。

当然，我们没有理由相信，前面提到的各位专家会完全认同我们在教材中的全部观点，但是，他们的观点对于本教材的付梓提供了非常有建设性的帮助。

最后，仅以此教材向默默为中国金融理财行业的发展不断付出努力的各位同仁致敬，“心诚求之，虽不中，不远矣”，让我们以此共勉。

北京当代金融培训有限公司教材编写组

2018年10月于北京

目录

CONTENTS

第1篇　金融理财基础知识与技能

CONTENTS

第1篇

金融理财基础知识与技能

第一章

金融理财概述与CFP认证制度

本章提要

本章共分为4个部分。第一部分，我们从FPSB China对“金融理财”的界定入手，介绍金融理财的定义。第二部分，介绍金融理财的意义和价值。第三部分，简要回顾国际CFP认证制度的起源、发展和现状，以及中国CFP认证制度建立和发展的历程，并介绍两级认证制度的内容。第四部分，介绍CFP认证制度的“4E”认证体系。

本章内容包括：

- 金融理财的定义；
- 金融理财的意义和价值；
- CFP认证制度的建立与发展沿革；
- CFP认证制度的“4E”认证体系。

通过本章学习，读者应该能够：

- 掌握金融理财概念的真实内涵；
- 了解社会公众需要金融理财的原因和目的；
- 了解CFP认证制度的起源、发展和现状；
- 了解中国两级认证制度的内容；
- 掌握CFP认证制度的4E认证体系的内容。

第一节　金融理财的定义

改革开放40年来，我国国民经济的持续快速增长强有力地带动了居民个人财富水平的提高。从图1-1中的数据可算出，从2008年到2016年，我国国内生产总值的年均增长率达到8.4%；从图1-2中的数据可算出，从2008年到2016年，我国城乡居民人民币储蓄

存款年底余额的年均增长率达到16.17%。

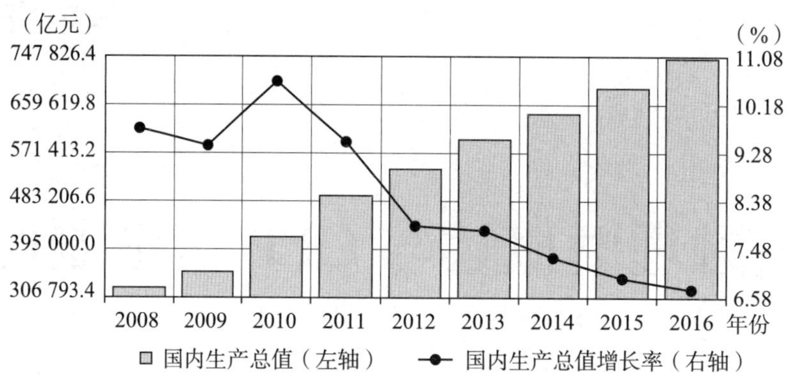

图1-1　2008—2016年国内生产总值增长情况

资料来源：中华人民共和国国家统计局网站。

随着个人财富水平的增长和个人财富意识的觉醒，近年来个人理财在我国成为一个相当流行的概念。个人理财业务也随之成为包括银行、证券、保险、基金、信托等在内的金融机构竞争的焦点。相应地，市场上也出现了"理财""个人理财""理财规划""财务规划""财务策划""金融策划""财富管理""财务顾问"等称谓的个人金融理财服务。

由于许多金融机构和金融专家从不同角度对个人金融理财服务给出了不同的称谓，国内业界和消费者对"个人理财"的称谓、定义和内涵尚缺乏统一的、清晰的认识。这种状况不仅容易引起消费者的误解，客观上也不利于金融机构自身对个人理财业务范围和内容的界定。

图1-2　城乡居民人民币储蓄存款年底余额及其增速

资料来源：中华人民共和国国家统计局网站。

一、金融理财的认识误区

什么是金融理财，一般金融消费者认为：理财就是提高投资收益，理财就是迅速致富，或者理财就是节税安排。上述认识显然是不全面的，会使消费者在接受理财服务时犯一些低级错误而导致失败和损失。比如，有些人根本不清楚个人的中长期财务目标；有些人过分强调收益率而忽视金融理财师的职业道德和胜任能力，忽视金融理财师执业资质；有些人仅着眼于短期收益而忽略长期表现；有些人将个人理财与投资规划混为一谈；有些人将理财投资组合混同于银行存款；有些人忽视投资风险；有些人对投资收益抱有不切实际的期望；有些人把个人理财局限于税务筹划。这些认识上的误区极有可能使金融理财服务的消费者遭受重大损失。

作为金融服务的提供者，金融机构又是如何认识金融理财的呢？面对市场和客户"理财"的需要，一些金融机构在开展理财服务时将出发点定位于争取客户的储蓄存款，因此其对于市场的典型反应是设计和提供收益率高的产品。但是，金融机构在研发、推广、销售创新产品时，对于高收益率产品带来的风险往往缺乏揭示或揭示不足，对于产品是否真正适合客户的需要这一方面也常常疏于考虑。我们还看到，最近几年众多银行在大力推广结构性存款等理财产品时，混淆了存款类产品和投资类产品的区别，这不仅在理论上存在偏误，在实践上对于交易双方而言也构成很大的潜在风险。显然，如果开展理财业务时金融机构有这样的观念，那么其会将理财狭隘地理解成金融产品营销的一种形式和渠道，而忽略对客户自身家庭和财务状况的分析，忽略产品对客户的适用性分析，最终使理财难以取得成功，理财的价值也难以得到客户的认同。

二、如何定义金融理财

中国银行业监督管理委员会 2005 年颁布的《商业银行个人理财业务管理暂行办法》第一章第二条中对个人理财业务做出了如下定义："个人理财业务是指商业银行为个人客户提供的财务分析、财务规划、投资顾问、资产管理等专业化活动。"

中国香港财务策划师协会将个人理财服务称为个人财务策划，认为个人财务策划是一个全面的过程，需要评估客户各方面的财务需要，包括支出、税务、保险、投资、退休及遗产策划。

台北金融研究发展基金会将个人理财服务称为理财规划，认为理财规划就是规划人们现在及未来的财务资源，使其能够满足人生不同阶段之需求，并达到预定的目标，使人们能够实现财务独立自主。

FPSB China 将个人理财服务称为金融理财，认为个人理财是一种综合金融服务，是指专业理财人士收集客户家庭状况、财务状况和生涯目标等资料，明确客户的理财目标和风险属性，分析和评估客户的财务状况，为客户量身定制合适的理财方案并及时执行、监控和调整，最终满足客户人生不同阶段的财务需求，使其最终实现财务上的自由、自主和自在。

FPSB China 对于金融理财的定义强调了以下几点：

（1）金融理财是综合性金融服务；

（2）金融理财是由专业理财人士提供的金融服务；

（3）金融理财是针对客户一生的长期规划；

（4）金融理财是一个过程。

标准的金融理财应该包括以下6个步骤：建立并界定客户关系；收集客户信息；分析和评估客户的财务状况；制定并提交理财规划方案；实施理财规划方案；监督客户理财规划状况。

按照客户金融理财需求的层次，金融理财可以进一步细分为生活理财和投资理财。

生活理财主要是金融理财专业人士帮助客户设计与其整个生命的生涯事件相关的财务计划，包括职业选择、教育、购房、保险、医疗、养老、遗产、事业继承以及税收等各方面。专业理财人士通过向客户提供生活理财服务，帮助客户保证生活品质，即使到年老体弱或收入锐减的时候，也能保持自己所设定的生活水准，最终实现财务自由、自主和自在。

投资理财则是在客户的基本生活目标得到满足的基础上，金融理财专业人士帮助客户将资金投资于各种投资工具取得合理回报以积累财富。常用的投资工具包括股票、债券、金融衍生工具、黄金、外汇、不动产以及艺术品等。通过投资理财，专业理财人士帮助客户在保证安全性和流动性的前提下，追求投资的最优回报，加速个人或家庭资产的成长，提高生活品质。

严格地说，生活理财和投资理财水乳交融，很难彻底区分。我们强调它们之间的这种划分，是为了明确金融理财的终极目的并不是单纯追求客户投资利益的最大化。

第二节　金融理财的意义和价值

在了解金融理财的定义和内涵后，人们常常会问，金融理财的意义是什么？金融理财的价值何在？或者通俗地讲，为什么社会需要金融理财服务，为什么每个家庭都需要金融理财？

一、理财是人生平衡收支的需要

在人的一生中，只有实现收支平衡才能保证财务上的安全。图1-3描绘了个人一生的收入支出曲线。就个人一生的收入和支出的数量关系而言，个人一生中会出现收入等于支出、收入小于支出和收入大于支出3种情况。在人生的不同阶段，收入和支出并不总能保持平衡——实际上多数情况下是不平衡的。这种失衡既可能是收支数量上的不平衡，即收入小于支出，或者收入大于支出；也可能是收支在时间上的不匹配，即收入的取得迟于支出的发生，或者收入的取得早于支出的发生，从而产生流动性的问题。这两个不一致的问题要通过金融理财来解决，以实现收支平衡。

我们在图1-3中看到了上述收支失衡的发生：在教育期和养老期，收入小于支出，为净支出阶段；而在奋斗期，收入大于支出，为净收入阶段。因此，要

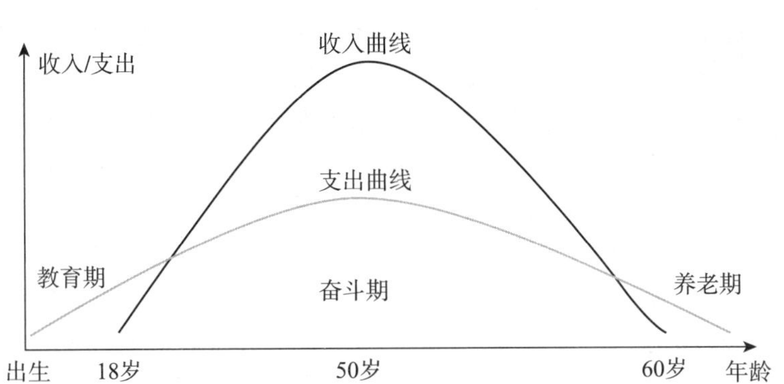

图1-3 个人一生的收入支出曲线

靠奋斗期的收入来准备自己和上一代养老期的支出，同时为下一代准备教育期的支出。

那么，如何度过收不抵支的教育期和养老期——尤其是退休以后的养老期，追求一生收支的平衡，就成为人们面临的最基本的理财问题。

人们是如何解决这个问题的呢？为此，我们有必要回顾一下中国人的理财历史。一般认为，我国居民理财经历了自然阶段、国家代理阶段和专业服务阶段这三个历史发展阶段，而与这三个阶段相对应的主要理财方式分别称为代际赡养、国家福利和终身理财。

自然阶段是指我国自夏商周时期到中华人民共和国成立这一历史阶段，在该阶段，几千年来历朝历代传承下来的理财方式是，子女年幼时（教育期）父母抚养子女，父母年长时（养老期）子女赡养父母，即通常所谓的养儿防老，学术上称这种理财方式为代际赡养。代际赡养的一个特点是，处于奋斗期的中年人是经济负担最重的一代，要同时承担抚养儿童和赡养老人的责任。代际赡养的另一个特点是，理财的成功与否严重依赖于男性，一个家族或家庭必须生育男丁传宗接代，才可避免老来无依，因此导致了一夫多妻制度的盛行和女性地位的低下，也是中国落后地区重男轻女的根本原因。代际赡养的第三个特点是依赖于中国儒家文化的价值观，强调教养子女和孝顺长辈的伦理道德，一旦这样的道德体系被摧毁或道德底线被冲破，养老（退休规划）就会遇到很大的困难。

国家代理阶段是中华人民共和国成立后到20世纪90年代中期。由于中华人民共和国成立后建立了社会主义制度，取消了私有财产，公民本身也成为国家这一经济体的人力资源。在计划经济体制下，政府对各种经济资源实行配给制度和票证制度，职工的住房由国家和单位分配，食品和布匹由国家以票证供应，子女教育是义务教育，职工退休后由国家按照统一标准发放退休金，医疗制度是公费医疗。这种理财方式称为国家福利，特点是由国家包办了职工的子女教育、住房、养老、医疗等问题。但事实上，由于资源非常有限，只有党政军干部和城镇职工及其家属才能比较充分地享受到这一福利，而农村居民的福利被压缩到一个相当低的水平。

专业服务阶段在我国始于20世纪90年代中期，目前仍处于这一历史阶段发展的婴儿期。自1978年改革开放以来，随着经济体制改革的深化，市场经济的发展和经济货币化程度的提高，政府对原有国家福利制度也进行了深入的改革。原有的配给制度和票证制度逐渐被取消，原有的退休、住房、教育和医疗体制都发生了很大的变化，新的社会保障制度开始建立起来。同时，国家在法律上逐渐确立了私有财产的合法性。因此，每个居民、每个家庭现在都必须独立地面对、处理和解决养老、居住、教育、医疗以及保险等问题，并管理自己的财富和规划自己的人生。在社会分工日益加强和行业专业化程度日益提高的今天，金融产品日益多样化，金融信息日益丰富，每个家庭都需要金融理财专家提供专业的规划服务，理财自然就进入了专业服务阶段。在专业服务阶段，理财是一个贯穿人生的过程，是生涯规划的财务解决方案，因此我们称这样一种理财方式为终身理财。

目前，金融理财已经进入了专业服务的阶段，现代社会的人们希望通过专业金融理财人士获得终身理财的服务，实现资产的保值、积累和增值，实现理财收入的增加，实现支出预算和控制，并最终实现一生收入支出的平衡。这样的市场需求正体现了金融理财对于个人和家庭的意义和价值。

二、理财是居民财富水平提高的结果

居民财富水平的提高强有力地推动了理财的产生。经过改革开放 40 年来的经济发展，我国居民个人财富不断积累，中等收入个人和家庭数量大幅增加。根据国家统计局公布的数字，2016 年年底，我国城乡居民储蓄存款已超过 59.8 万亿元。

在国民收入总量高速发展和财富水平上升的同时，出现了收入分配的结构性调整，出现了贫富差距加大和财富集中度提高的现象。我国高净值人群不断增多。根据《2017 年胡润财富报告》，截至 2017 年 1 月 1 日，大中华区拥有 600 万元人民币资产的家庭数量已经达到 460 万；拥有千万元人民币资产的“高净值家庭”数量达到 186 万；拥有亿元人民币资产的“超高净值家庭”数量达到 12.1 万；拥有3 000 万美元资产的“国际超高净值家庭”数量达到 7.9 万。

一方面，居民整体财富水平的提高和富裕人群的出现奠定了理财服务的市场需求基础，成为金融理财最重要的推动力。另一方面，金融理财恰恰满足了居民财富水平大幅提高后对理财的需要，体现了金融理财对于个人和家庭的意义和价值所在。

三、理财是居民支出结构变化的产物

支出结构的变化巩固了理财服务的市场需求。在居民收入增长的同时，居民的支出结构也发生了很大的变化，主要体现为以下几点：

一是反映食物支出占生活消费支出总额比重的恩格尔系数不断下降。1978 年城镇居民的恩格尔系数为 57.5%，农村居民的恩格尔系数为 67.7%。到 2017 年，中国居民的恩格尔系数已经下降为 29.3%。这一方面说明居民整体收入水平提高了，另一方面则客观上对人们合理安排和规划食物以外的支出提出了更高的要求。

二是社会保障制度改革使得支出结构发生了重大变化。住房制度、医疗制度、养老制度、教育体制等改革相继推出，使以上各项支出中个人或者家庭承担部分不断加大。福利的货币化一方面提高了人们的收入，另一方面大大增加了人们的支出。在计划经济体制下，人们习惯于由国家代为安排退休、住房、教育和医疗，而现在则要开始自己安排退休后养老、自己买房、自己负担子女的教育费用和自己承担部分医疗费用，可以说需要自己运筹帷幄，安排一生。这对于很多人而言是一个很大的挑战，需要认真面对。

简言之，居民支出结构的巨大变化使得个人和家庭在收入成长的同时，还要面对迅速增长的各项支出，必须未雨绸缪，于是人们对于理财服务的需求自然迅速增加。因此，理财是居民消费支出结构变化的自然产物。反言之，理财有助于人们更合理地安排和控制消费支出，前瞻性地提高储蓄，加强财富的积累和管理以用于未来支出，而这正是金融理财的另一重要意义和价值。

四、金融决策复杂化推动了理财的发展

改革开放以来，我国金融体制发生了很大变化，先后出现了银行、证券公司、保险公司、信托公司等众多金融机构，以及存款、股票、债券、基金、保险、信托等众多金融产品。

国家统计局发布的统计数据显示，截至 2016 年年末，中国城乡居民储蓄存款总额超过 59.8 万亿元；股票流通市值为 393 402.00 亿元；国债发行额为 29 457.69 亿元；共有证券投资基金 3 873 只，证券投资基金规模达到 88 428.32 亿元。

金融产品的日益丰富使个人和家庭的选择变得更加多样化，金融决策变得更加复杂，也增加了风险。近年来，随着中国人民银行连续降低存款利率，居民存款收益大幅下降，人们开始通过最优的储蓄和其他投资工具的组合，在寻求安全性的同时，逐渐争取扩大投资收益。为了分散投资风险和提高收益，人们需要构建投资组合，而投资组合的构建依赖于不同的投资工具。由于单一的金融产品很难满足人们对资产流动性、收益率以及风险等方面的特定要求，而个人又往往不具备投资的专业知识和信息优势，人们逐渐认识到，个人或家庭需要更多的专业知识才能正确地解读各类金融信息并加以判断，需要更多的专业技能才能应对风云变幻的金融市场并从中获利。因此，个人或家庭自主理财越发困难，客观上需要理财专业人士的服务。

简言之，多样化的金融产品、时刻变动的利率和汇率、多样化的报价方式、繁杂的费率结构、不同的收益波动和风险水平，使得金融决策日益复杂化，需要专业理财人士的计划、评估、分析和决策，这极大地推动了理财服务的市场需求。

以上几点都是从需求角度分析市场对于理财服务的要求。我们看到，经济的迅速发展和各项体制改革使人们不得不更多地关注自己的财务状况，并做出妥善安排，以确保日后在财务方面的独立、安全和自主。然而，面对日益复杂的市场环境和法律法规体系，个人的专业知识往往难以应付。因此，个人或家庭寻求专

家提供金融理财服务的意识不断增强，理财需求因此而生。金融理财服务减少了人们理财的时间和精力投入，简化了投资理财的操作。

五、金融理财服务是金融竞争加剧的结果

我国加入世界贸易组织（WTO）后，逐步开放了国内金融服务市场。同时，国内银行、保险公司、证券公司、基金公司、信托公司等机构纷纷实行股份制改革，以市场为导向的经营理念迅速形成。因此，国内外金融机构在中国金融市场上展开了激烈的竞争。

金融竞争的加剧使得各家金融机构积极关注金融理财并满足客户的理财需求。对于国内金融机构，尤其是商业银行来说，自 1996 年以来连续多次降息，存贷利差大幅收窄，利率市场化进程加快，迫使商业银行调整业务结构，大力发展中间业务、表外业务，个人金融业务成为商业银行重要的利润来源，也是行业竞争的焦点，对商业银行日后的发展具有重要影响。同时，居民收入支出结构的变化和金融投资意识的普遍增强，使得人们越来越多地追求多样化的金融投资产品和个性化的金融服务，客观上要求银行的服务对象从以企业为主转向企业与个人并重。因此，社会对面向个人和家庭的理财服务的需求呈现不断增长的态势，国内的银行、证券、信托、保险等各类金融机构已经着力推广个人金融理财服务。由于理财服务具有综合性强、专业素质要求高、涉及重大公众利益的特点，因此越来越多的金融机构认识到不能将个人理财仅仅看成向客户推销金融产品，传统的产品导向的营销实践已经难以争取市场，必须树立“以客户为中心”的经营理念，向客户提供全方位的综合金融理财服务。

金融竞争的加剧使得各家金融机构更加重视自身的信用、信誉和形象。客户需要专业的金融理财服务，对专业的金融理财服务机构和人员寄予了很高的期望，提出了很高的要求，其中一个主要要求就是值得信赖，而信赖的基础由金融理财人员的道德和能力两方面组成。金融机构认识到，需要通过制定统一的金融理财执业标准，树立执业水平的标尺，规范理财师职业培训和认证，通过水平测试和水平的认可促进理财师提高专业水平，并通过行业自律等手段加强职业道德操守，从而获得社会和公众的认可与信任。

金融竞争的加剧还使得各家金融机构直接面对来自国外同业的竞争。在金融全球化和我国加入 WTO 的今天，跨国经济活动日益增加，国际金融活动联系日趋紧密，来自国外金融机构的竞争压力不断增大。国内金融机构需要按照国际标准，结合中国的实际，提供全方位的金融理财服务，以适应全球化和国际化的趋势，满足不同层次客户多样化的需求。

因此，金融理财的出现是金融竞争加剧的结果。从这一点来讲，金融理财对于金融机构的意义和价值在于它提供了创新的服务模式和盈利模式。

六、金融理财的作用

对于个人和家庭而言，金融理财的作用主要体现在以下几个方面。

（一）平衡收支

如前所述，如何利用人生奋斗期的收入来支付养老期和下一代教育期的支出，平衡一生的收支，是金融理财要帮助人们解决的首要问题。

（二）投资管理

人们在满足家庭生活的基本需要和留存预备金应付突发事件之余，往往还有一部分剩余资金，可以通过金融理财把剩余部分的资金进行投资，以积累财富，保证未来生活需要，提高未来生活质量。

金融理财专家可以根据个人和家庭的生活目标确定生涯规划，并明确为合理的理财目标，再根据个人的风险承受度制定合理的投资收益率和风险目标，通过资产配置确立投资组合，最后选择合适的理财工具，实现投资理财目标，使资产得以保值增值。

（三）风险管理

人生面临很多风险，比如过早死亡、丧失劳动能力、失业、意外事故、疾病产生的医疗护理费用、财产和责任损失等，总体可以概括为收入减少或丧失、支出扩大或激增两种性质的风险，需要及早认识、管理和防范，并利用保险等产品积极规划。

（四）退休保障

根据全国老龄办公布的数据，截至2017年年底，我国共有60岁及以上老年人口2.41亿，占总人口的17.3%。其中上年新增老年人口首次超过1 000万。人口统计数据显示，我国从1999年进入人口老龄化社会到2017年的18年间，老年人口净增1.1亿。预计到2050年前后，我国老年人口数将达到峰值4.87亿，占总人口的34.9%。随着中国的人均寿命不断延长和独生子女一代的成长，“四二一”家庭结构的形成，独居或老两口形态的“空巢家庭”也将日渐增多。金融理财可以帮助人们在工作期通过合理规划，为退休生活准备资金。

（五）减轻税负

财富的增长和收入来源的多样化，使人们面临的税收问题越来越多，金融理财专家可以帮助人们合理筹划收入的实现、支出的安排、经营实体的形式和利润分配形式及时机等，合法避税，并且在可能课征遗产税的立法环境下提前进行遗产的规划。

（六）财产传承

个人和家庭资产的积累，必然产生财产的传承问题——留给谁（继承人问题）、怎么留（继承方式问题）、继承成本（遗产税问题）以及流动性、可变性、由谁清算和捐赠等，这些都是一般大众缺乏了解的问题。专业的金融理财顾问可以帮助人们回答和解决这些问题，确保按照被继承人的意志做出遗产安排，以较低的成本传承财产，减少纠纷。

第三节　CFP 认证制度的建立与发展沿革

一、国际 CFP 认证制度的建立与发展沿革

（一）金融理财发展的历史背景

CFP 认证制度源于美国，是在美国金融理财行业发展的基础上形成的。回顾美国金融理财业的发展历程，可以分为 3 个阶段。

1. 第一阶段：初创期

在美国，最早提供金融理财（financial planning）服务的是 20 世纪 30 年代的保险营销人员。从 1929 年持续到 1933 年的银行挤兑危机和股市大灾难使人们普遍丧失了对银行和券商的信赖。加之严重的经济危机给人们的未来生活带来了巨大的不确定性，保险公司提供的可以满足各种不同需求，甚至为客户量身定制的保险产品逐渐进入人们的视野。这时，部分保险销售代表为了更好地开展推销业务，对客户进行一些简单的个人生活规划和综合资产运用咨询。这部分保险销售代表后来被人们称为经济规划师（economic planner），尽管其主要目的是推销保险产品，但其成为今天金融理财师（financial planner）的前身。

2. 第二阶段：扩张期

第二次世界大战后，经济的复苏和社会财富的积累使美国金融理财业进入了起飞阶段。社会、经济环境的变化逐渐使富裕阶层和普通消费者难以凭借个人的知识和技能，运用各种财务资源实现自己短期和长期的生活、财务目标。具体体现在以下几个方面：

第一，社会所倡导的超前消费观念使很多人担心缺乏足够的个人存款以应付日益增长的个人债务，从而保证今后生活的财务安全和自主。

第二，政府社会保障和公共福利政策发生改变，使消费者不得不考虑如何通过自己的努力过上舒适的退休生活。

第三，随着社会富裕程度的提高，很多人不知如何处理已经或者即将从亲属那里继承的大笔遗产。

第四，美国个人税收制度空前复杂，把消费者搞得“焦头烂额”。

第五，跨国公司的并购、税收的非对称性、信息技术日新月异的发展、金融管制的放松和竞争的加剧引发了美国乃至全球金融市场的革命，使消费者面临越来越难以理解的金融产品和服务。

为了解决这些问题，消费者开始主动寻求咨询服务。他们对需要的专业理财人员的要求是：称职、客观公允、以追求客户利益最大化为己任和注重职业道

德。这一时期，美国金融理财业加速发展，从业人员不断增加。但是，随之出现了严重的市场混同问题：几乎所有提供金融服务的专业人员都称自己提供金融理财服务或使用理财师这个称谓。当时使用理财师称谓的美国金融理财业从业者中包括很多人，要么是直接出售证券产品的注册销售代表，要么是推荐特定金融产品的投资顾问，要么是销售保险产品的保险经纪人、销售不动产的不动产经纪人等，不一而足。更令公众迷惑的是，因为没有一个专门的机构或组织统计那些自称为“理财师”的人数，所以无从知晓在美国究竟有多少统称为 financial planner 的人在执业。

1987 年 10 月 19 日，道琼斯指数暴跌 508 点。“黑色星期一”严重挫败了美国股民的信心。同时，由于理财师提出的投资建议遭到重创，给投资者带来了不计其数的损失，一时间理财师名誉扫地。1988 年 4 月的《财富》杂志封面上是一个身着西服的绅士，空白处的标题是“任何人都可以是理财师”。公众强烈的不信任感使理财师经历了自诞生以来最为艰难的时期。

3. 第三阶段：成熟、稳定发展期

在经历了市场大幅波动的洗礼后，金融理财行业又有了新的发展。尽管有了消费者旺盛的需求和从业人员迅速扩张两方面的有利因素，但美国金融理财业的发展一直不够稳定，究其原因，几个核心问题一直没有得到很好的回答：第一，金融理财业到底是一个独立的金融服务行业，还是从属于某个金融服务行业？它是否是金融咨询业的一个部分？第二，金融理财师是否能够成为类似律师和会计师的专业人士？第三，金融理财师的主要业务到底是销售金融产品及服务，还是提供一个规范的金融理财服务流程，以帮助客户实现既定的生活、财务目标？

CFP 认证制度较好地回答了这些问题。

众所周知，在美国，与金融理财行业相关的证书、专业执照名目繁多。而在市场与金融理财相关的众多认证体系中，CFP 认证制度在这一历史阶段，对美国乃至全球金融理财行业的发展起到了关键性的推动作用。究其原因，这种成功主要归功于两个方面。

第一，与金融理财业的其他认证制度相比，CFP 认证制度的最大特点是，它倡导 CFP 执业人士在提供理财服务时，帮助客户制订中长期的可执行计划，而不是推销特定产品。

第二，为把客户的利益和需要放在第一位，所有 CFP 执业人士都必须遵循一个考虑周全的、包括 6 个步骤的理财程序，即“建立并界定客户关系”“收集客户信息”“分析和评估客户的财务状况”“制定并提交理财规划方案”“实施理财规划方案”和“监督客户理财规划状况”，称为金融理财执业操作规范流程 (financial planning process)。美国 CFP 认证组织为这个包括 6 个步骤的规范流程专门制定了一个完整的《金融理财执业标准》(Financial Planning Practice Standards)。

在 CFP 认证制度的推动下，美国的金融理财业逐渐发展成为一个独立的金融服务行业。金融理财不再从属于任何提供金融产品或服务的传统金融行业，出现了以客观、公允为执业准则的专业人员——金融理财师。他们的主要业务不再是从销售金融产品及服务中获取佣金，而是为帮助客户实现其生活、财务目标提供专业咨询，并通过一个规范的个人理财服务流程来实施理财建议，从而防止客户利益受到侵害。

与此同时，美国主要的金融服务公司也看到了为客户提供金融理财标准流程的益处。这些公司认识到，如果一位顾客更愿意接受金融理财标准流程的增值服务，而不仅仅是关注和购买一个产品，那么这位顾客极有可能再与该公司合作。换句话说，这个金融理财标准流程可使短期顾客变成长期顾客。主要的金融服务机构如保德信（Prudential）、安盛（AXA）、瑞士联合银行（UBS）、美国运通（American Express）和汇丰银行（HSBC）等都赞同 CFP 认证标准中体现的理财程序，这些机构和其他许多机构都鼓励甚至要求它们的服务代表取得 CFP 认证证书。美国的金融理财业也因此逐步进入成熟、稳定的发展期。

（二）CFP 认证制度的建立和发展

1969 年 12 月，为推动金融理财作为一个独立行业的发展，洛伦·邓顿（Loren Dunton）等 13 位金融家在芝加哥经过讨论，产生了以客户为中心、向客户提供全面金融理财服务的想法。1970 年，首家金融理财的专业协会——国际金融理财协会（International Association for Financial Planning，简称 IAFP）——正式成立，其宗旨是普及金融理财知识，并促进金融理财行业发展。

经过 3 年的运营，IAFP 于 1972 年创立了自己下属的专门的教育、培训机构——美国金融理财学院（College for Financial Planning）。同年，第一批共 42 名学员获得了学院颁发的国际金融理财师证书。1973 年，美国金融理财学院的毕业生又设立了国际金融理财师协会（Institute of Certified Financial Planners，简称 ICFP），旨在建立和维护金融理财行业的专业权威性，在美国和全球范围内推广 CFP 认证活动。

经过 10 余年的努力，1985 年，经过美国国家认证管理委员会（National Commission for Certifying Agencies，简称 NCCA）的授权，美国金融理财学院和国际金融理财师协会共同设立了国际金融理财师标准和实践委员会（International Board of Standards and Practices for Certified Financial Planners，简称 IBCFP）。1986 年，IBCFP 收购了原来由美国金融理财学院拥有的 CFP 商标，并代替该学院承担 CFP 执业人士的考核、认证义务。1994 年，IBCFP 改名为美国金融理财标准委员会（CFP Board of Standards）。

作为一个非营利性的职业管理机构，美国金融理财标准委员会的目标是，通过建立和维护金融理财领域的职业标准和职业道德准则为社会公众提供服务。它授权专业的教育、培训机构负责有关 CFP 认证 6 个模块的标准职业教育、培训，组织职业考试，并向符合认证要求的专业人员颁发 CFP 证书。

1986 年美国金融理财标准委员会开始发布《CFP 执业者职业道德规范、执业标准、纪律处分办法和程序》（Code of Ethics，Standards of Practice，Disciplinary Rules and Procedures of CFP Practitioners）。1987 年开始认证除了美国金融理财学院以外的其他提供标准 CFP 认证培训课程的教育机构。1988 年又出台了《CFP 执业者继续教育要求》(the Continuing Education Requirements of CFP Practitioners)。1989 年开始具体描绘 CFP 认证证书获得者所需要满足的从业经验标准，以及 CFP 认证证书获得者的详细认证程序。

1991 年，以美国律师考试和 CPA 考试为蓝本，美国金融理财标准委员会开始在全国范围内推出统一的认证考试，使得 CFP 认证制度更加规范、权威。考试大纲和各个教育、培训机构提供的 CFP 认证标准教育课程都是以标准委员会定期制订的工作分析（job analysis）为基础的。而工作分析的主要目的是，通过对广大 CFP 执业人士和金融理财行业其他专业人员的详细调查，明确 CFP 执业人士在从业过程中所需要的所有知识和技能，从而作为认证制度中教育和考核的标准。由于 CFP 执业人士从业的经济、金融、法律环境不断变动，因此，工作分析根据需要不定期地进行。在逐渐加强从业经验积累、教育与继续教育以及考试三方认证标准后，标准委员会从 1992 年开始着力加强对第四个标准——职业道德——的建设。1993 年，标准委员会对职业道德准则进行了一次较大修订，将其从执业标准中分离出来，发布了修订版的《职业道德准则与专业责任》(Code of Ethics and Professional Responsibility)。1994 年，美国金融理财标准委员会开始着手对以前的《执业标准》进行大规模的修正，准备发布单独的《金融理财执业标准》(Financial Planning Practice Standards)。这是一个具有标志性意义的事件，因为美国金融理财标准委员会从此提出了金融理财执业操作规范流程(Financial Planning Process) 的概念。经过 3 年的反复调研和多方努力，金融理财规范流程 100 系列、200 系列于 1999 年开始对所有 CFP 执业人士实施，300 系列于 2000 年开始实施，400 系列于 2001 年开始实施，最后两个系列即 500 和 600 系列最终于 2002 年进入实施阶段。

（三）CFP 认证的国际化

CFP 认证制度虽然源于美国，但其发展不限于美国。不同国家和地区根据自身的金融市场发展状况，结合有关税收、遗产、养老和社会保障的法律制度和框架，对 CFP 执业人士所应具备的知识和技能进行了本土化。

CFP 认证制度的国际化始于 1990 年。当时，澳大利亚金融理财协会（Financial Planning Association of Australia，Ltd.）主动与美国金融理财标准委员会讨论关于授权澳大利亚在当地颁发 CFP 认证证书并设立认证机构的意向。同年 12 月，美国金融理财标准委员会签署了第一个 CFP 商标国际许可证和联属协议，协议允许澳大利亚金融理财协会参照美国金融理财标准委员会的模式，向达到教育、考试、工作经验和职业道德等方面严格要求的澳大利亚金融理财师颁发 CFP 证书。

2 年之后即 1992 年，美国金融理财标准委员会又与日本签署了协议，并于 1993 年向 241 名日本金融理财师协会（Japan Association for Financial Planners，简称 JAFP）的会员颁发了 CFP 认证证书。在此基础上，成立了国际金融理财理事会（International CFP Council）。

其他国家的金融理财机构很快效法。在有些国家，金融理财组织已经在其本国建立，它们找美国金融理财标准委员会和国际金融理财理事会帮助其进一步提

高本国的金融理财专业化程度，并逐渐成为国际金融理财理事会的联署会员。

为了进一步组织和推动全球范围 CFP 认证事业的发展，2004 年 11 月，国际金融理财标准委员会（FPSB）正式成立。

（四）关于 FPSB

FPSB 是一个非政府、非营利性的行业自律组织，由原美国金融理财标准委员会下设的国际金融理财理事会发展而来，并在 2004 年正式成为一个独立的 CFP 认证组织。"Financial Planning Standards Board Ltd.（FPSB）在美国境外拥有 CFP、CERTIFIED FINANCIAL PLANNER 和 CFP 标识商标，并且允许已经取得认证的个人使用这些商标，以表明这些人已达到 FPSB 的初次认证和再认证要求。"

FPSB 由 7 名成员组成的董事会进行管理，首席执行官列席董事会，无投票权。董事会对 FPSB 国际会员理事会负责。

FPSB 管理、开发并运作 CFP 认证和培训以及其他相关项目，通过上述国家和地区的会员组织建立、维护并推广金融理财的国际化专业标准，使国际社会普遍受益，并保护社会公众的利益。国际金融理财师 CFP 商标反映了 FPSB 多年来力求卓越的努力，代表金融理财行业的最高专业水准。

FPSB 的使命是：在金融理财领域通过建立、维护和推广全球性的职业标准来造福社会。CFP、CERTIFIED FINANCIAL PLANNER 和 CFP 标识商标等职业荣誉标识代表了 FPSB 对卓越的承诺。

经过 40 多年的发展，CFP 认证制度已经成为全球金融理财领域内受到同业广泛认可，被很多国家金融监管当局认同和提倡的制度。中国于 2005 年 7 月加入 FPSB，成为准会员，并于 2006 年 4 月成为正式会员。截至 2017 年年底，FPSB 已在全球 26 个国家和地区建立了会员组织，全球 CFP 持证人有效总人数达到 175 573 人。表 1-1 显示了全球 CFP 持证人在各成员国和地区的分布情况。

表 1-1　全球 CFP 持证人在各成员国和地区的分布情况

国家/地区	人数	国家/地区	人数
美国	80 035	德国	1 508
日本	21 151	印度尼西亚	1 504
中国	17 523	中国台湾	1 230
加拿大	16 518	英国	933
澳大利亚	5 702	新加坡	846
南非	4 766	爱尔兰	551
中国香港	4 505	奥地利	334
韩国	3 881	瑞士	311
荷兰	3 759	新西兰	279
巴西	3 409	泰国	249

续前表

国家/地区	人数	国家/地区	人数
马来西亚	2 622	以色列	236
印度	2 023	哥伦比亚	10
法国	1 688	土耳其	—
全球 CFP 有效持证人总人数（截至 2017 年 12 月 31 日）		175 573 人	

（五）FPSB 金融理财系列标准文件

在 40 余年的不断摸索和实践过程中，FPSB 建立、完善了金融理财师职业认证的“4E”标准，即教育（培训）以及继续教育标准（Education & Continuing Education）、考试标准（Examination）、从业经验标准（Experience）和职业道德标准（Ethics）。特别值得一提的是，各国的金融理财标准委员会都根据统一的国际标准，颁布、执行或制定了《金融理财师竞争力标准》《金融理财执业标准》《金融理财师道德准则和专业责任》《金融理财师行为准则》等系列标准文件。

《金融理财师竞争力标准》（2015）（见附录 1）明确了金融理财专业人士不论身处何地或何法律辖区都应具备的专业知识、专业技能和执业能力，并翔实地阐述了金融理财专业人士与客户共同制定金融理财规划时所需要的知识、技能、能力、态度和判断力，对知识、技能和能力的有效整合是金融理财专业人士竞争力的表现。FPSB 专业理念的核心是，要求金融理财专业人士运用他们的专业技能为客户利益服务，使享受理财服务的客户受益。

《金融理财执业标准》（2015）（见附录 2）旨在为金融理财师设定执业标准，以规范金融理财行为，保持金融理财师所提供的理财规划服务的连续性；明确金融理财师和客户各自的角色定位及应承担的责任，提升金融理财执业流程的价值。该文件详细描述了一个包括 6 大步骤的业务流程，6 大步骤构成了金融理财业务的全过程。获得认证的 CFP 执业人士在提供金融理财服务时必须严格遵循规范流程，才能引导他们在为客户服务时不以推销金融产品为首要考虑。

《金融理财师道德准则和专业责任》（2015）（见附录 3）的确立和实施，使得各国标准委员会可以根据该准则严格准确地界定、判断 CFP 执业人士的服务是否符合八大原则，即客户至上（client first）、正直诚信（integrity）、客观公正（objectivity）、公平合理（fairness）、专业精神（professionalism）、专业胜任（competence）、保守秘密（confidentiality）和恪尽职守（diligence）。

《金融理财师行为准则》（2015）（见附录 4）是《金融理财师道德准则和专业责任》及《金融理财执业标准》的补充强化。FPSB 在强调金融理财师的道德准则和执业标准的前提下，以《金融理财师行为准则》文件中的 37 个条文规范了金融理财师应该遵从的行为和明令禁止的行为。

FPSB 的金融理财系列标准文件体现了“CFP 执业人士永远以客户利益为行

为导向”这一重要精神。

二、中国 CFP 认证制度的建立与发展

随着改革开放 40 年来中国经济的快速增长，GDP、人均可支配收入、家庭户均存款余额这些反映人民生活水平、生活质量和个人财富积累的指标都有了大幅度的增长，个人财富不断增加，富裕阶层迅速成长。

面对这种日益增长的需求，20 世纪 90 年代中期，中国各大金融机构，包括银行、证券、保险以及各类基金公司都推出了个人理财业务，从业人员也在不断增加。但是，由于没有统一的理财行业标准和管理规范，各金融机构的理财服务质量参差不齐，大多数理财业务从产品设计到业务管理都处于初级水平。因此，各个金融机构一致认为要建立一个全国性的、非营利的、具有公信力和影响力的认证组织，能够引进国际先进的金融理财认证经验，根据国际规范制定统一的认证标准，建立专业金融理财师的认证制度和公众认可的教育培训、考试、认证体系。

那么，国际上有哪些经验可以借鉴，又有哪些专业金融理财认证呢？经过考察，国内金融界了解到，国际上有多种关于金融理财的认证，包括：

- AAMS（合格财产管理专家）
- AFC（合格金融顾问）
- CFA®（特许金融分析师）
- CFP（国际金融理财师）
- CIMC（注册投资管理顾问）
- ChFC（特许金融顾问）
- CTFA（注册信托与金融顾问）
- CWM（特许财富管理师）
- PFS（个人金融专家）
- RFP（注册金融策划师）

从国际范围的这些认证来看，只有少数的认证制度是由监管当局强制制定的，而多数是由行业协会建立的，旨在通过行业自律的治理方式，形成对执业的一系列共同制度约定，提高行业信誉和从业人员专业水平，实现行业自我管理。在众多的金融理财专业认证中，CFP 认证制度因为其完善的“4E”认证体系、严格的职业道德要求、标准的操作程序和注重本土化的认证原则，受到了国际金融理财界的广泛尊重和认可。

因此，CFP 认证制度进入了中国金融界有识之士的视野，引进 CFP 认证制度逐渐成为国内金融界的共识。2000 年，中国人民银行就开始了银行业金融理财从业问题的研究，探讨 CFP 认证制度的引进，但由于监管体制变动，这一工作进展较慢。

从 2002 年起，中国加入国际金融理财标准委员会的进程加快，先后派出代表参加了 FPSB 在吉隆坡、伦敦等地召开的会员大会，介绍中国金融理财事业的

发展，与FPSB官员和其他国家会员进行交流沟通，积极争取加入FPSB。

2002年11月，中美金融策划论坛在北京举行，拉开了CFP认证进入中国的序幕。经过数年的沟通和准备，2005年4月，FPSB南非开普敦年会批准中国作为准会员加入FPSB，全权负责中国的CFP认证。2005年7月，FPSB正式批准了中国的入会申请。同年8月，就中国加入FPSB的签字仪式在北京举行，双方同意并声明，中国CFP认证项目的管理和执行机构——金融理财标准委员会——是FPSB在中国唯一的授权认证机构，作为中国CFP认证唯一的管理者，独家授权在中国组织CFP认证考试、管理CFP认证、加强CFP商标的执行与推广。

金融理财标准委员会的使命是在中国建立金融理财师认证制度，确立标准，组织考试，认证专业人才，规范职业道德，维护行业秩序。通过建立、维护并推广CFP认证制度，使其成为中国金融理财业的专业标准，以提高中国金融理财从业人员的专业素质和诚信水平，使中国的消费者认可金融理财并从中最大限度地受益。

2004年12月11日，金融理财标准委员会全体会议讨论并原则通过了《金融理财师考试认证暂行办法》。

2005年12月13日，《金融理财师资格认证办法》正式获得通过。该办法确立了中国实施金融理财师（Associate Financial Planner，简称AFP）和国际金融理财师（Certified Financial Planner，简称CFP）两级认证的制度。

随着金融理财事业在中国的快速发展，AFP和EFP认证纳入国际CFP认证体系，以及“金融理财全球竞争力，道德和执业标准”在全球的统一，根据FPSB的要求，原CFP认证项目的管理执行机构金融理财标准委员会于2009年2月转型，确立了FPSB China是唯一取得FPSB授权在中国进行CFP认证和CFP商标管理的机构。FPSB China由两部分组成，即金融理财标准指导委员会和现代国际金融理财标准（上海）有限公司（FPSB China Ltd.）。

金融理财标准指导委员会由业界和学术界有丰富从业经验和学术地位、有社会责任感和热心金融理财事业的人士组成，指导CFP系列认证在中国的组织和实施。作为FPSB的会员单位，现代国际金融理财标准（上海）有限公司负责CFP认证项目的全面管理和运营。其主要职责是：

- 作为FPSB的授权机构负责监督管理CFP系列认证在中国的组织和实施。
- 维护CFP系列认证的国际标准和FPSB商标系列的品牌形象。
- 在中国市场执行全球CFP认证标准，并确保CFP系列认证和标准代表中国金融理财的行业卓越性。
- 建立并增强适宜的评估和考试标准，包括AFP、CFP、EFP和CPB考试通过水平。
- 建立并促进FPSB的商标和品牌在中国金融理财领域的先进性和公信力。

三、两级认证制度

国际金融理财标准委员会各成员国和地区的认证制度分为两类：第一类是只

有 CFP 认证标准；第二类是 AFP/CFP 认证两级认证标准。实行一级认证制度，即只有 CFP 认证的，有美国、加拿大、澳大利亚、中国香港等；而采取两级认证制度，即包括 AFP 认证和 CFP 认证的，有中国台湾、日本和韩国。表 1-2 列出了韩国金融理财标准委员会对于 AFP/CFP 认证两级认证的不同要求。

表 1-2　　韩国的两级认证比较

项目	AFP（金融理财师）	CFP（国际金融理财师）
教育	初级	高级
考试	1 天 4 小时	2 天 8 小时
从业经验	不要求	3～5 年相关经验
认证标准	3E（不含工作经验）	4E
资质	初级	高级
身份	国内	国际
服务范围	理财步骤前 3 步；后 3 步需要 CFP 执业者指导	标准 6 大理财步骤
继续教育	每年 20 小时	每年 30 小时

在引进国际 CFP 认证制度后，结合国际经验和中国的具体国情，经过反复的讨论，确定在中国采取两级认证模式，并将两级认证制度写入 2005 年 12 月正式通过的《金融理财师资格认证办法》中。两级认证体系的建立基于如下考虑：

第一，中国金融理财服务市场对于理财师的需求很大，各家银行和非银行金融机构与个人金融理财相关的人员超过 50 万人，在传统的学历教育和在职教育缺乏金融理财的理论和实践内容的情况下，需要对相关金融理财服务人员进行培训、考试、道德考察和经验认证，并对合格的人员颁发认证证书。如果仅仅对于合乎国际 CFP 认证标准的人员进行认证并颁发 CFP 认证证书，是远远不能满足市场需求的。因此，金融理财标准委员会认为应当对于基本接近 CFP 认证标准的理财师进行认证。经过仔细讨论，将通过该认证者称为金融理财师，即 AFP 持证人，而把达到国际标准的 CFP 持证人称为国际金融理财师。

第二，对于基本接近和完全达到 CFP 认证标准的理财师，应当在人才结构上形成层次。两级认证能够比较好地解决人才结构的问题。

第三，国内金融业从业的理财师在知识水平、应用能力、沟通技巧等方面有很大差异，在认证中应当考虑理财师的水平差异，根据其水平和能力对其分别进行 AFP 认证和 CFP 认证。

第四，根据 CFP 认证本土化的原则，认证工作必须结合我国金融理财行业发展的现状，增加我国的法律、税收等内容，设计符合我国具体情况的 CFP 认证制度。考虑到我国的国情，需要尽快扩大金融理财的影响，培养和增强金融服务消费者的理财意识。因此，两级认证势在必行，AFP 认证就显得尤为重要。

第五，日本和韩国的经验对于我们而言是很大的鼓舞和很好的借鉴。作为日本的 CFP 认证组织，JAFP 在当时已经认证了 1 万多名 CFP 持证人和 20 多万名

AFP 持证人。

根据以上种种考虑，中国建立了两级认证制度。同时，针对来自金融机构业务部门高级管理人员的需求，建立了金融理财管理师（Executive Financial Planner，简称 EFP®）的认证制度，以培养金融理财行业的管理人才。针对财富管理从业人员日益增长的服务高净值客户的需求，又推出了认证私人银行家（Certified Private Banker，简称 CPB®）高端认证品牌。

四、CPB 认证

CPB 认证是 FPSB 面向财富管理和私人银行领域专业人士推出的高端国际认证，其注册商标为CPB®、CERTIFIED PRIVATE BANKER™、CPB®、®，以及 CERTIFIED PRIVATE BANKER™。

在过去的近 10 年中，CPB 认证经历了快速发展，成为私人银行业内专业人士追求的首选配置。

达到 FPSB China 认定的“4E”标准的 CPB 申请人，经认证可获得 CPB 认证。CPB 证书由国际组织 FPSB 直接签发，证书有效期为 2 年，证书到期后持证人必须根据《CFP 系列认证持证人继续教育管理办法》，满足 FPSB China 规定的继续教育和职业道德的要求，方可保留其资格。

在 FPSB 的指导和支持下，CPB 认证课程经过众多业内专业人士多年几近偏执的潜心努力，历经了 4 次重大升级。

第一版：以瑞士、新加坡私人银行课程为蓝本，美国、瑞士业内专家为核心师资原汁原味引进西方私人银行授课体系，在传播来自财富管理“圣地福音”的同时，也遭遇“南橘北枳”的尴尬。

第二版：以 FPSB China 多年对中国财富人士的尝试研究为基础，重新梳理课程逻辑与主线，立足中国财富人士的需求，进而拓展财富人士所涉及的产权梳理、公司架构、身份安排、全球税务筹划、财富传承、法律等一系列问题，得到了市场强烈的正向反馈。

第三版：全球金融监管的加强、CRS（共同申报准则）的推出，部分颠覆了私人银行对财富人士的理财逻辑和基础，在此基础之上，我们全盘构建私人银行认证课程的逻辑主线，以适应全球新环境，深受市场好评。从教学形式上，我们尝试联袂业界资深专家以真实专属案例提供“一对一”单独辅导，加速提升学员实践能力。

第四版：针对当前财富人士在资产配置、身份安排、产权设计、税务合规、财富传承以及养老休闲等众多需求方面的安排经常各自为政、顾此失彼的情况，我们全面推出基于系统思维和全局规划的课程逻辑，全面实施专属导师“一对一”辅导。同时，在教学形式上，也推出了“网络+面授”的方式，方便不同地区学员的时间安排。

CPB 认证课程共 7 大模块，由 6 大专业模块以及私人银行实践课程组成。

6 大专业模块包括：

- 私人银行客户需求分析与服务；
- 产权梳理与公司架构设计；
- 私人财富全球税务合规；
- 资产增值与投资管理；
- 家族财富传承；
- 高净值人士财富法律风险及应对策略。

CPB 认证课程的第 7 个模块私人银行实践课程，是在案例讲解课程最后采取“导师制”的模式，为每一位学员单独指导制作私人银行综合案例，并为学员出具由导师亲笔书写的专属私人银行实践课程报告。

CPB 认证的取得，可以帮助持证人：

- 塑造专业、勤勉、值得信赖的执业人士形象；
- 提高由浅入深、多角度分析和解决问题的水平；
- 培养洞察财富人士的显性需求、潜在需求与核心需求的能力；
- 掌握立足本土的高净值客户需求的分析方法；
- 熟练掌握并运用适用于财富人士的全面财富管理理念、方法与工具；
- 搭建私人银行家的职业阶梯和信息交换互动平台。

第四节　CFP 认证制度的“4E”认证体系

CFP 认证的“4E”标准涉及教育、考试、从业经验和职业道德 4 个方面。

金融理财师、国际金融理财师的申请人经过培训、考试、经验和道德认证等程序，符合认证要求的，可以成为 AFP/CFP 持证人。

具体而言，AFP 认证申请人需要参加 FPSB China 授权的培训机构组织的 108 学时的 AFP 认证培训，并报名参加 FPSB China 组织的 AFP 认证全国统一考试。通过考试的 AFP 认证申请人需进一步向 FPSB China 提交相关的工作经验认证材料，完成工作经验和道德认证，才能成为 AFP 持证人，取得 AFP 商标 AFP 的使用权。

CFP 认证申请人在取得 AFP 认证后，需要参加 FPSB China 授权的培训机构组织的 132 学时的 CFP 认证培训，并报名参加 FPSB China 组织的国际金融理财师全国统一考试。通过考试的 CFP 认证申请人在完成相关的工作经验认证和道德认证后成为 CFP 持证人，取得 CFP 商标 CFP 的使用权。

AFP/CFP 认证的认证路线如图 1-4 所示。

一、教育

金融理财师的工作就是根据客户的金融理财需要，运用科学的标准化的理财程序，合理安排客户的金融资产分布，设计合理可行的理财方案，帮助客户实现

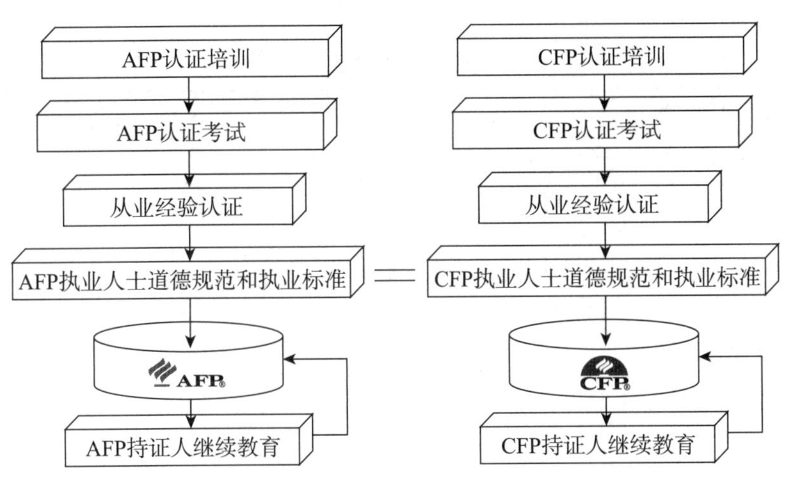

图 1-4 AFP/CFP 认证的认证路线

其生涯规划的各项目标。因此，要求从业者具备经济、法律、会计、统计、数学等学科的基础知识，并具备跨行业的专业知识，包括金融、投资、保险、税务、员工福利、社会保障、遗产等各个方面。

按照“4E”标准要求，培训教育是 CFP 认证的首要环节。在 CFP 认证的第一步，CFP 认证申请人必须通过规定的基本课程的学习。这些课程包括的内容十分广泛，主要有金融理财原理、投资规划、保险规划、员工福利、退休规划和税务筹划等。

以美国金融理财标准委员会的 CFP 认证培训课程为例，主要包括 6 个模块：金融理财概论、个人风险管理和保险规划、投资规划、个人税务筹划、员工福利与退休计划、遗产规划，规定课程学习不得少于 240 学时。FPSB China 根据中国的实际情况，将税务规划与遗产筹划合并，将 CFP 认证培训课程设计为 5 个模块、共计 240 学时的培训体系。5 个模块分别是投资规划、个人风险管理与保险规划、员工福利与退休规划、个人税务与遗产筹划、金融理财综合规划案例。其中，个人税务与遗产筹划在其他国家是两门独立的课程，考虑到中国的个人税务相对简单，《遗产法》尚未出台，因而把二者合一，体现了 CFP 认证的本土化原则。对于那些有志于向公众提供高质量金融理财服务的个人来说，顺利完成这些课程的学习，不仅仅是获得资质认证的前提条件，而且将为今后的工作打下一个良好的基础。

根据两级认证制度的要求，FPSB China 将 240 学时的培训课程划分为两个阶段，即 AFP 认证培训和 CFP 认证培训。

(一) 第一阶段：AFP 认证培训

课程为金融理财原理，共计 108 学时。获得 AFP 认证培训合格证书是 AFP 认证申请人取得 AFP 认证的首要条件。

目前 AFP 认证培训主要包括表 1-3 所示的内容。

表 1－3　　AFP 认证培训内容

模块	课程名称	模块	课程名称
金融理财基础	金融理财概述与 CFP 认证制度	风险管理与保险规划	风险与风险管理
	经济学基础知识		保险基本原理
	货币时间价值与理财资讯平台的运用		人寿保险
	金融理财法律		年金保险
家庭综合理财	家庭财务报表编制与财务诊断	员工福利与退休规划	员工福利
	居住规划		退休规划
	子女教育金规划	个人所得税及其税务优化	个人所得税制度
			个人所得税优化
投资规划	投资基础	金融理财综合案例	信用与债务管理
	现金及其等价物		
	债券市场与债券投资		
	股票市场与股票投资		综合理财规划原理
	期权基础知识		
	外汇与汇率		
	贵金属投资基础		理财规划软件案例示范
	基金投资		
	理财产品投资		
	投资组合理论		
	投资人特征分析		
	资产配置与绩效评估		

（二）第二阶段：CFP 认证培训

课程为 5 门理财专业课，即投资规划、个人风险管理与保险规划、员工福利与退休规划、个人税务与遗产筹划、金融理财综合规划案例，共计 132 学时。获得 CFP 认证培训合格证书是 CFP 认证申请人取得 CFP 认证的必备条件。

目前 CFP 认证培训主要包括表 1－4 所示的内容。

申请人完成培训，通过结业考试，并获得 FPSB China 授权教育机构颁发的培训合格证书后，可向 FPSB China 提出参加 AFP/CFP 认证考试的申请。

表 1-4　　CFP 认证培训内容

模块	课程名称	模块	课程名称
投资规划	投资理论	员工福利与退休规划	员工福利
	债券投资与分析		退休规划
	股票投资与分析		案例发布
	期权原理与实务	个人税务与遗产筹划	中国税制概述
	期货原理与实务		具体税种筹划
	大宗商品投资		个人跨国所得的税务筹划
	房地产投资		理财行为涉税筹划
	收藏品投资		遗产筹划与财富传承
	海外投资		
	金融工程与风险管理		案例发布
	案例讲解与发布	金融理财综合规划案例	
个人风险管理与保险规划	健康与意外伤害保险		金融理财综合规划案例
	团体人身保险		
	寿险产品分析		
	财产与责任保险		案例示范
	人身保险需求分析与综合规划		
	寿险公司经营与保险市场监管		案例制作与发布
	案例发布		

（三）关于课程豁免

CFP 认证申请人如果具备了某些符合规定的学位或者专业学历，各国或地区金融理财标准委员会将会视同其满足了 CFP 认证的教育要求，可以豁免指定课程的学习。

1. 直接豁免程序

实践中，各国或地区金融理财标准委员会可以根据本国的实际情况设定其他可以豁免教育、培训的学位或专业，并根据具体情况做出调整。比如美国金融理财标准委员会规定的可以完全豁免教育、培训过程的学位或专业证照包括以下几类：

- 特许金融分析师
- 注册会计师
- 特许金融顾问
- 特许人寿保险商
- 商学或经济学博士

- 工商管理博士
- 执业律师

目前，FPSB China 规定工商管理博士或经济学博士可以申请豁免教育，直接参加考试。

2. 学分评估

FPSB 规定，一些 CFP 认证申请人由于具有某些学位、专业学历，或者修过一些与金融理财相关的课程，因而对本国或本地区金融理财标准委员会制定的教育大纲中的部分内容有比较深入的了解。那么，他们可以申请免除部分甚至全部的课程要求。

申请人首先要向所在国家或地区金融理财标准委员会提出书面申请，在经过一定的核准程序（这个程序称为学分评估）之后，即可免修经批准的课程，但申请人仍然必须在经金融理财标准委员会批准的教育机构继续进修其他课程。

学分评估程序与直接的教育豁免程序之间的主要区别是：学分评估程序要求各国金融理财标准委员会对申请人的实际情况进行个案研究，以最终决定是否给予教育豁免以及给予什么程度的豁免或给予哪些课程的豁免；而直接申请教育豁免程序，给出了一些客观评判标准，一旦申请人具有指定专业学历或学位，就具有了挑战身份，他们被认为可以直接参加 CFP 认证考试而不需要接受任何附加的教育培训。

以上两种方式的具体规定会因申请人所在国家或地区的不同而有所差别，因此，如果申请人不能确定自己应以何种方式达到教育要求，应当主动向所在国的金融理财标准委员会咨询，以确定最适合自己的方式。

（四）继续教育

申请人在达到 AFP/CFP 认证需要具备的“4E”标准后，通过认证程序即可成为 AFP 持证人或 CFP 持证人。但是，由于现实经济环境的不断变化，公众对金融理财的要求也随之处于不断的变化之中，因而客观上要求理财师不断地丰富和发展自己的专业知识和职业技能。因此，为了保证 AFP/CFP 执业人士的持续胜任能力，各国的金融理财标准委员会（以下简称标委会）都制定了继续教育制度。在获得认证之后，AFP/CFP 执业人士在规定时间内必须按规定完成一定的继续教育学习，达到规定的学分要求，并在每个继续教育期间提交继续教育报告，完成再认证后才能保留其认证。

1. 继续教育的形式

（1）FPSB China 组织的继续教育活动。

（2）FPSB China 授权的继续教育机构提供的继续教育活动。

（3）FPSB China 组织或认可的专业论坛、研讨会和学术报告会。

（4）FPSB China 认可的、由持证人所在单位举办的相关内容的学习和活动。

（5）担任 FPSB China 或 FPSB China 授权机构举办的金融理财培训的授课人或研讨会的演讲人。

（6）完成与金融理财相关的专业著作或专业论文，并公开出版或发表。

（7）参加金融理财相关专业的在职学历或学位教育。

（8）FPSB China 认可的其他方式。

2. 继续教育的学时要求

（1）CFP 系列认证证书的有效期为 2 年，持证人每 2 年须再认证一次。

（2）学时要求：30 学时，其中必修课程不少于 2 学时（AFP/CFP/EFP/CPB 持证人均适用）。

3. 继续教育的学时确认规则

（1）参加由 FPSB China 认可的、持证人所在单位举办的相关内容的学习和活动获得的学时，每一个有效期可确认的学时原则上不得超过总学时的 30%。

（2）担任 FPSB China 或 FPSB China 授权机构举办的金融理财培训的授课人或研讨会的演讲人应按实际授课或演讲时间确认学时，每一个有效期不多于 8 个学时。

（3）完成与金融理财相关的专业著作或专业论文，并公开出版或发表的学时确认原则为：一部专业著作可确认 10 个学时，每一个有效期不多于 10 个学时；一篇专业文章（3 000 字以上）可确认 2 个学时，每一个有效期不多于 10 个学时。

（4）参加金融理财相关专业的在职学历或学位教育，并获得学历或学位证书，可确认 10 个学时。

（5）其他形式的继续教育，以 FPSB China 确认的学时为准。

4. 继续教育的学时申报

（1）在证书有效期内，持证人有义务通过“CFP 系列考试报名与认证系统”自主进行继续教育的学时申报，FPSB China 将定期或不定期进行抽查和审核。

（2）因下列情形之一未完成继续教育学时的持证人，可以书面申请延长时限：因生育休产假的；因疾病半年以上无法正常工作的；FPSB China 认可的其他情形。

（3）持证人应将继续教育的证明文件及相关资料保留至少 4 年，并在 FPSB China 抽查或审核时予以提供。

（4）对于提交没有依据的、错误的或虚假的继续教育学时申请的行为，FPSB China 有权根据相关规定对其进行处分。

（五）证书的失效与恢复

持证人如果在证书有效期内没有提交再认证申请，或提交不符合要求的再认证申请，其证书将自动失效。自 2012 年 7 月 1 日起，证书失效的持证人可以向 FPSB China 申请恢复其证书的有效性。

（1）证书失效 2 年（含 2 年）以下的，如满足以下条件，可以恢复其证书的有效性：

1）提交恢复 CFP 系列证书有效性的申请。

2）补足失效期间按照《CFP 系列认证持证人继续教育管理办法》规定应完成而未完成的继续教育学时。

3）承诺遵守 FPSB China 颁布的相关规定。

4）缴纳包括证书失效期间的认证费。

5）缴纳恢复认证手续费。

（2）证书失效 2 年以上 5 年（含 5 年）以下的，如满足以下条件，可以恢复其证书的有效性：

1）提交恢复 CFP 系列证书有效性的申请。

2）AFP 持证人、EFP 持证人及 CPB 持证人需重新参加并通过相应的认证考试，CFP 持证人需重新参加并通过“金融理财综合规划案例”科目的认证考试。

3）补足失效期间按照《CFP 系列认证持证人继续教育管理办法》规定应完成而未完成的继续教育学时。

4）承诺遵守 FPSB China 颁布的相关规定。

5）缴纳包括证书失效期间的认证费。

6）缴纳恢复认证手续费。

（3）证书失效 5 年以上的，必须重新达到 FPSB 规定的“4E”标准方可进行认证。

二、考试

教育是 CFP 认证程序的基础，能够让学习者全面地理解和掌握金融理财原理、工具、方法和程序。然而，教育本身的效果必须通过考试来检验。参加了课程学习并取得培训合格证书，并不能保证课程学习者达到了 FPSB China 设定的金融理财师的执业水平，必须通过第二个“E”，即考试来检验申请人对于理财知识和技能的掌握情况。CFP 认证考试除了考核候选人在教育、培训阶段所学的理论知识之外，还要考察其运用所掌握的金融理财知识解决实际生活中复杂问题的能力，也就是说，CFP 认证考试要求应试者知识和技能并重。

一旦 CFP 认证申请人达到了所规定的教育要求，即可以申请参加 CFP 认证考试。CFP 认证考试的命题思路，主要是考察申请人运用所学到的金融理财知识，应对金融理财实务中复杂情况的能力。申请人如果能够顺利地通过这项考试，则意味着他已经具备了金融理财实务工作所要求的知识和能力。

（一）考试的形式、题型和评价体系

在考试题型方面，大部分国家和地区的金融理财标准委员会制定的认证考试全部采用选择题。考试的重点是测试学员利用不同领域的知识解决综合问题的能力，以情景案例题为主。学员在考试时通常会发现，考题所涉及的范围非常广泛，几乎涉及课程所要求的全部内容，甚至单独一个问题的解答都需要充分掌握多方面的知识。在对应试者能力的考察方面，CFP 认证考试分为 4 个等级：（1）知识；（2）理解和运用能力；（3）分析和综合能力；（4）评估能力。CFP 认证考试的重点在于考核综合解决问题的能力，即后 3 种能力，而不是考核关于“知识”的掌握程度。

中国的 AFP/CFP 认证考试注重考察申请人掌握的知识和技能，强调知识和

技能并重，考察申请人利用不同领域的知识综合解决问题的能力、理解运用能力、分析综合能力以及评估能力。

AFP认证考试内容为金融理财原理，全部为客观单项选择题，分为概念题、计算题和案例题。难度系数分为四级，即简单、中等、较难和最难，四者在总的题目中的占比分别为10%、30%、40%和20%。以概念题为例，简单题目，是指只考察一个概念或理念的题目；中等难度题目，是指考察一个理财流程中2～3个相关概念或理念的题目；较难题目，是指考察4个概念或理念的正确性的题目；最难题目，是指考察一个单元或涵盖不同单元中4个理念或概念的正确性，或者是以复选形式出现的复合单选题。计算题中的简单题目，是指只需一个计算步骤的题目；中等难度题目，是指需要两个计算步骤的题目；较难题目，是指需要3个以上计算步骤的单选题；最难题目，是指需要3个以上计算步骤，或者是以复选形式出现的复合单选题。

CFP认证考试内容共5门，分别为投资规划、个人风险管理与保险规划、员工福利与退休规划、个人税务与遗产筹划、金融理财综合规划案例，其他与AFP认证考试相同。

AFP/CFP认证考试的公正性是其质量的保证，是AFP/CFP认证的社会公信力的保证，对于保障AFP/CFP认证的价值和维护CFP持证人的尊严至关重要。各国金融理财标准委员会，包括FPSB China都将考试的公正性视为至高无上的使命，并采取了很多必要的程序以确保考试的公正性。

FPSB China采取的措施和实施的程序如下：

第一，在FPSB China内成立专门的考试委员会。考试委员会的主要任务是，在FPSB China的领导下确定AFP认证考试和CFP认证考试的考试范围、考试大纲、考试方式，确定应考人的标准，确定试题，组织考试和公布考试结果。

第二，设立严密的命题程序。命题程序包括试题编写、试题审核及确定试题3个阶段。考试委员会聘任专家组织命题。专家依据考试指定的讲义和教材，按照考试大纲要求，遵循FPSB China设定的标准，进行试题的编写工作。经考试委员会审核批准后，建立考试题库。每一次考试的考题都是根据考试大纲、难度系数、知识点的分布等要素，从试题库中随机抽取，并组成一套完整的试题。

第三，实行“命题人承诺书”制度。为保证考试的公正和公平，试题编写专家在参加命题工作前必须与考试委员会签署《命题人承诺书》。专家必须保证在考试前不得直接或间接参与和考试有关的培训工作；不得以任何方式直接或间接地向参与培训的相关人员透露任何与命题有关的信息；不得参与本考试年度相关考试辅导用书和资料的编写等可能妨碍其履行保密义务的活动。

第四，建立严格的监考制度。监考人是受考试委员会的委托，在考场内执行考试纪律，并根据考试委员会的授权对考试违纪行为进行纠正和处理的工作人员。为确保监考过程的公正、公平，监考人须与考试委员会签署《监考人保证书》。

第五，实行电子阅卷制度。考试结束后，阅卷采取计算机自动阅读方式进行；阅卷完成后，按有关规定及时向考生公布成绩。

（二）考试的时间和地点

2012 年 8 月起，AFP 考试每年举行 50 次左右，CFP 考试每年举行 12 次左右。FPSB China 目前设立的考区有十多个，分别位于北京、广州、上海、成都、沈阳、武汉、杭州、济南、南京、西安等城市，考生可以根据需要在报考时选择考区。

AFP 认证考试时间设计为 6 个小时，上午、下午各 3 个小时。

CFP 认证考试时间设计为 12 个小时，分 5 张试卷进行。

（三）考试通过率

CFP 认证考试通过与否是按照具体的标准来评判，达到了这一标准即被认定为合格，而不是设定一个固定的合格率。如果考生的成绩没有达到规定的合格标准，那么不论他在全体考生中的名次如何，都不能通过考试。中国 AFP/CFP 认证考试的试题难度，以及水平通过线，是在充分参考中国应考人的整体水平，并参照大多数 FPSB 成员国考试的一般通则和通过率后确定的。

三、从业经验

由于 CFP 认证证书向公众传递这样一种信息，即金融理财师具有向客户提供金融理财服务的高度专业能力，因此 CFP 认证申请人需要具备适当的金融理财实际从业经验。我们将在以下部分重点介绍关于从业经验认定的有关规定。

（一）从业经验的认定范围

FPSB 认可的从业经验包括从事金融理财程序中一部分或者所有步骤的工作，也就是指“建立并界定客户关系”“收集客户信息”“分析和评估客户的财务状况”“制定并提交理财规划方案”“实施理财规划方案”“监督客户理财规划状况”6 个步骤中的一部分或者全部的工作经验。一般来说，只有那些从事金融、金融咨询等行业的申请人才符合上述要求。这些行业具体包括会计师事务所、银行、金融理财公司、保险公司、律师事务所、共同基金、证券公司、信托公司、储蓄协会、信用合作社等，但具体的行业范围是由各国的金融理财标准委员会根据实际情况制定的。

FPSB China 规定，在金融机构、会计师事务所、律师事务所和其他 FPSB China 认可的机构从事的金融理财相关工作，可以作为认可的从业经验。

（二）关于从业经验的时间规定

关于 CFP 认证的从业经验的时间要求，各国的金融理财标准委员会有不同的规定。例如，美国金融理财标准委员会规定，取得大学本科学历的 CFP 认证申请人至少应当具备 3 年合格的全职工作经验，或等额的合格兼职工作经验；不具有大学本科学历的申请人至少应当具备 5 年合格的全职工作经验，或等额的合格兼职工作经验。

对于中国的 AFP 认证申请人，FPSB China 规定了如下的从业经验要求：

（1）如果 AFP 认证申请人最高学历为国家认可的研究生学历、硕士学位或博士学位，则至少应当具备 1 年合格的全职工作经验，或等额的合格兼职工作经验（按 2 000 小时的兼职工作时间等于 1 年的全职工作时间换算）。

（2）如果 AFP 认证申请人最高学历为国家认可的大学本科学历，则至少应当具备 2 年合格的全职工作经验，或等额的合格兼职工作经验（按 2 000 小时的兼职工作时间等于 1 年的全职工作时间换算）。

（3）如果 AFP 认证申请人最高学历为国家认可的大学专科学历，则至少应当具备 3 年合格的全职工作经验，或等额的合格兼职工作经验（按 2 000 小时的兼职工作时间等于 1 年的全职工作时间换算）。

（4）从业经验时间认定的有效期为申请认证之日起近 10 年以内。

（5）AFP 认证申请人须向 FPSB China 如实申报从业经验并提供相应经历的证明人，证明人须是申请人的上级主管或已获得 AFP、CFP 认证的专业人士。FPSB China 保留对申请人从业经验有效性的最后认定权。

对于 CFP 认证申请人，FPSB China 规定了如下的从业经验要求：

（1）如果 CFP 认证申请人最高学历为国家认可的研究生学历、硕士学位或博士学位，则至少应当具备 2 年合格的全职工作经验，或等额的合格兼职工作经验（按 2 000 小时的兼职工作时间等于 1 年的全职工作时间换算）。

（2）如果 CFP 认证申请人最高学历为国家认可的大学本科学位，则至少应当具备 3 年合格的全职工作经验，或等额的合格兼职工作经验（按 2 000 小时的兼职工作时间等于 1 年的全职工作时间换算）。

（3）如果 CFP 认证申请人最高学历为国家认可的大学专科学位，则至少应当具备 5 年合格的全职工作经验，或等额的合格兼职工作经验（按 2 000 小时的兼职工作时间等于 1 年的全职工作时间换算）。

（4）从业经验时间认定的有效期为申请认证之日起近 10 年以内。

（5）CFP 认证申请人须向 FPSB China 如实申报从业经验并提供相应经历的证明人，证明人须是申请人的上级主管或已获得 CFP 认证的专业人士。FPSB China 保留对申请人从业经验有效性的最后认定权。

（三）从业经验的验证

FPSB 规定，申请人申报的从业经验由经过批准的专业人士进行验证。这些专业人员可以是申请人的直接主管，或者是对申请人的工作经历比较熟悉的其他同事。申请人的工作经验能否获得认可，最终要由本国金融理财标准委员会来决定。另外，所在国金融理财标准委员会将对申请人所提供的信息进行随机的抽查验证。一旦发现虚假或者误导的信息，将会转交金融理财标准委员会内的相关部门进行严肃处理。

FPSB China 对于从业机构的认定规则，要求申请人须具备在下列机构中从事金融理财或与金融理财相关的从业经验：金融机构、会计师事务所、律师事务所以及 FPSB China 认定的其他机构。申请人可在 FPSB China 公布 AFP/CFP 认证考试成绩之后，填报《工作经验认证表》。

四、职业道德

职业道德是CFP认证程序的最后一个部分，也是最重要的一部分。CFP认证申请人必须同意严格遵循FPSB或所在国金融理财标准委员会发布的《金融理财师道德准则和专业责任》、《金融理财执业标准》以及《金融理财师行为准则》的规定，满足CFP认证的职业操守要求，向公众表明自己在向客户提供金融理财服务的过程中，会以最大限度保护客户利益作为工作导向，严格按照道德准则和专业标准要求来执业。

金融理财服务具有综合性强、专业素质要求高、直接涉及公众利益等特点。金融理财在一定程度上是一个以自然科学和社会科学为基础、专业性很强的行业，要求理财师具有银行、证券、保险、投资、税收等全面的经济金融知识和实际经验。同时，由于金融理财直接涉及公众或个人的利益，金融理财师的道德水准要直接接受社会的检验。对一位金融理财师或将来准备从事这一行业的申请人而言，仅仅学习一些技术课程、掌握一些金融理财的知识和技能是远远不够的。因为检验和评价金融理财师是否专业，不仅要看其专业胜任能力，而且更为重要的是要看其职业道德。

职业道德是CFP认证制度中最核心的组成部分。一位金融理财师代表客户采取的理财决策和行动，或者向客户提出的专业理财建议，不仅直接牵涉客户财富水平的变化，而且在很大程度上可以影响和改变客户未来的生活。通常这些财务决策的效果需要很长一段时间才能显现出来，并在很大程度上影响客户的生活状态和生活质量。此外，金融理财涉及大量的财富和全权的决策，道德风险很大，也更受客户关注。

因此，以高标准的道德规范要求理财师，对于取信社会公众、建立大众对于理财行业和AFP/CFP执业人士的信任，对于金融理财师的成功而言是极为重要的。金融理财师在面临道德风险时，必须学会如何判断和处理。

（一）金融理财师的职业道德

金融理财中的道德规范，基本上与律师和会计师等职业的道德规范类似。金融理财师必须做到正直诚信、诚实公平，遵守法律，遵守具体的职业操作规范，尽职尽责地为客户利益服务。

但是，金融理财师这一职业的特殊性，使得道德风险问题进一步放大，金融理财客观上为严重危害客户利益的不道德行为提供了机会，具体来说有如下几点：

- 信息不对称问题严重。金融理财专业性很强，金融理财师拥有的专业知识比客户丰富，掌握的信息的数量和质量都是客户所无法企及的，客户很难察觉或监督金融理财师行为的后果。
- 决策后果检验时间长。由于决策后果需要很长一段时间才会显现出来，此外金融理财牵涉许多复杂的判断和不确定因素，因此当金融理财师出现错误行为或者不正当行为时，可能短期内在后果表现上并不明显，客户很难及时察觉。

- 理财决策总是牵涉金钱，而且通常数量巨大，客观上足以使道德风险问题更加突出。
- 金融理财师进行财富的管理，主观上存在谋取个人利益的动机。
- 提供金融服务和产品的公司，或者支付工资聘用金融理财师，或者向金融理财师和其他的专业金融服务人员支付数目可观的佣金，这是财务规划领域薪酬支付的两种最常用的方式。这两种方式都不可避免地导致了金融理财活动中严重的利益冲突。

通常人们通过制定规范来减少职业中的道德问题。规范包括两种形式：政府强制性的法令和自我约束。对于那些对公共利益影响较大的行业或职业，都是由政府或监管当局制定的法令进行规范和约束的，典型的比如注册会计师和执业律师（尽管这两个行业也有发展比较成熟的行业自律性规范，但是其获得的执业资格却源于国家法律的授权）。但是，如果一个行业对公众利益还未产生足够的影响以至于政府施加干预，那么这些行业的规范只能依靠自律的形式来进行。

对于金融理财这个行业，很多国家并没有制定和公布执业者统一的行为准则，而且对谁有权宣称自己是“理财师”或者类似头衔，也没有严格的限制。也就是说，没有国家主导的认证程序。结果，理财师的技能、教育水平和道德素质参差不齐，客户无法轻易辨别哪些理财师是合格和胜任的。一旦利益真的受到侵害，就只能求助于法庭来剔除那些不称职和不道德的从业者，而这一过程不仅成本昂贵，而且耗时太长。

因此，金融理财领域出现了很多行业自律性质的、非政府认证的团体，管理、运作 CFP 认证制度的国际金融理财标准委员会就是其中一个，并逐渐在全球范围内受到最广泛的认可。应该说，CFP 认证制度在长达 50 年的历史期间，依然保持着旺盛的生命力，受到金融理财从业人员、金融机构和广大消费者的认可和尊重，其中一个重要原因就是它对获得认证的从业者规定了十分严格的职业道德准则。同其他专业人士的职业道德规范一样，金融理财师的道德规范具有以下几个特征：

- 规定其被管辖的人员或行为。
- 职业道德准则与被管辖人员的职业行为有关，而不是与个人生活的每个方面有关。也就是说，职业道德准则所规定的行为必须与制定该准则的目的有关。例如，虽然金融理财师被严禁挪用客户的委托资金进行投资，但如果他们进行自己的个人投资时做了一个不明智的决策，那就不是道德问题。
- 职业道德准则是一系列基本原则。
- 职业道德准则还包含一系列具体准则，以确保基本原则具有更强的可操作性和更高的应用价值。

（二）金融理财师道德准则与行为规范

为规范金融理财师职业道德行为，提高金融理财师职业道德水准，维护金融理财师职业形象，FPSB China 要求经其认证的中国 CFP 持证人、AFP 持证人、

EFP 持证人、CPB 持证人均应严格遵守 FPSB 发布的《金融理财师道德准则和专业责任》及《金融理财师行为准则》中的规定。

《金融理财师道德准则和专业责任》中提出了 8 大道德准则，要求金融理财师必须遵守。这些准则阐述了 AFP/CFP 执业人士对公众、客户、同事以及雇主所应该承担的专业责任，适用于所有获得 AFP/CFP 认证证书的人员，并且为他们从事专业服务提供指导。

《金融理财师行为准则》则以翔实的规定，严格规范金融理财师的职业操守，旨在为金融理财师的执业行为树立标准。

1. 准则一：客户至上

客户至上准则要求永远把客户的利益放在第一位。客户至上是专业精神的标志，它要求金融理财师诚实行事，在向客户提供理财服务时，恪守客户至上准则，把客户的合法利益放在第一位。

（1）金融理财师在任何情况下都应将客户的利益置于首位。

（2）金融理财师应公平对待客户，应本着正直诚信和客观公正的态度为客户提供专业服务。

（3）金融理财师应想方设法、尽最大努力去满足客户的要求。由于客观条件限制，确实不能满足顾客的要求的，应委婉、礼貌地向顾客说明情况，取得客户的谅解。

实例 1-1 某日，一位女士来到某银行支行营业厅办理现金代取款业务，取款金额较大，但由于该女士带来的存折账户资料不齐全，无法办理业务，而补齐资料需要账户本人亲自前来才能办理。

银行的金融理财师小王了解到该存折开户人是这位女士 90 高龄的老母亲，老人行动不便，无法亲自前来银行办理业务。小王马上将情况上报，该行领导利用中午休息时间，带领小王一起驱车来到客户家中，为客户办理了核实身份及面签委托书后，又接其女儿一同到网点办妥业务，帮助客户解决了难题。

解析 金融理财师小王在办理业务的过程中不怕麻烦，遵守了“客户至上”的准则。

2. 准则二：正直诚信

正直诚信准则要求金融理财师在处理所有专业事务的时候都要做到坦诚。客户接受金融理财师为其服务是基于他们对金融理财师的信任，而这种信任最终来自金融理财师个人正直诚信的品质。

金融理财师向客户提供理财服务时，不得利用执业便利为自己谋取不正当利益。

（1）金融理财师不得利用虚假或误导性的宣传拓展业务。禁止金融理财师：

- 用虚假或误导性的广告来夸大自身的胜任能力，以及与其相关联的机构规模和业务范围等。
- 就专业问题参与演讲、接受采访、出版书籍及其他出版物，举办研讨会、参加电台、电视台节目，或通过互联网宣传，以磁带、光盘等媒介宣传时，含有抬高自己或夸大金融理财业务范围的成分。

- 假借 FPSB China 或者其他组织的名义发表个人观点，获得 FPSB China 或者其他组织授权的除外。

（2）在执业活动中，金融理财师不得有不诚实、欺诈、欺骗、不实表述等行为，也不能有意向客户、雇主、雇员、同行、政府部门、立法机构或者其他任何个人和组织呈递虚假或者误导性的报告。

（3）金融理财师在处理客户资金和财产时，负有以下责任：

- 金融理财师在获得合法授权（如特别授权书、信托证明、遗嘱执行人授权书等）时，有义务依法在被授权的范围内，行使对客户资金和财产的保管权和处置权。
- 对客户授权保管和处置的资金和财产总额，金融理财师应当及时与客户共同确认，并保留完整的记录。
- 金融理财师在收到属于客户的资金和财产时，应立即或在与客户约定的时间内，将资金或者其他财产转移给客户或被授权的第三方。应客户或者其他被授权者要求，金融理财师应立即向其提供完整的会计记录。
- 金融理财师应当将客户的金融资产或其他财产，与金融理财师个人或其所在公司的资金和财产分别管理，分别记账。
- 在符合相关法律的规定，并且能够为每一位客户单独提供详细、准确的会计记录的情况下，金融理财师可以将不同客户的资金和财产统一管理。
- 金融理财师作为客户资产的受托人，在保管客户的全部资产或用于投资的资产时，必须谨慎、勤勉。

实例 1-2 某年 3 月，宁女士到某银行办理存款业务。当时银行工作人员告知大额存款的利率可以达到 6.5%。按照中国人民银行的规定，当时银行 1 年期存款利率仅为 3.5%。如此高的利率引发了宁女士的疑惑，但银行工作人员以大额存款有利率优惠为由打消了宁女士的疑惑。

宁女士表示，当年 3 月办理业务时，该银行理财人员未对她本人做书面风险评估。签署协议时，由于工作人员的遮掩，她并不知道所签协议与某证券公司集合理财产品有关，事后，银行也并未将协议副本交给她，最后她只得到一张银行存款回执单。

直到当年 10 月，宁某才得知其购买的是证券公司集合理财产品，购买时每份净值为 1.036 元，购买金额为 80 万元，被告知时已经亏损了 12 万元。截至次年 5 月 8 日，集合计划每份净值 0.754 元，宁女士因为该理财产品已亏损超过 20 万元。

解析 该银行理财人员违反了正直诚信准则。

理财人员在产品销售过程中隐瞒产品重要信息，该产品实际是“证券公司集合理财产品”而非银行存款。另外，该理财人员还夸大产品收益，刻意回避此类产品的风险。

所以，该理财人员违反了“正直诚信”准则中的“禁止事项——执业中欺诈、虚报，或呈递虚假或者误导性报告”，而且涉嫌欺诈。

3. 准则三：客观公正

金融理财师提供服务时不得因为经济利益、关联关系、外界压力等因素影响其客观、公正的立场。

客观公正准则要求金融理财师为客户提供专业服务时应做到诚实而不偏颇，避免客观事实让位于自己的主观判断。要从客户利益出发，做出合理、谨慎的专业判断。

（1）在提供金融理财服务时，金融理财师应该向客户披露与理财服务关系相关的重要信息，包括利益冲突、关联关系、地址、电话号码、学历证明、证书、执照、报酬结构、其他代理关系和金融理财师在这些关系中的授权范围等，以及依法要求提供的其他信息。

（2）在建立理财服务关系前，任何情况下金融理财师都应及时以书面形式披露与所提供的专业服务相关的重要信息。书面披露内容包括：

- 金融理财师或其单位为客户提供服务时所应用的相关思想、理论、原理和指导原则。
- 所在单位负责人和金融理财师的简历，包括教育背景、工作经验、专业水平及相关证书和专长等。
- 反映利益冲突的文件，金融理财师应当披露可能由此项理财服务产生的佣金和介绍费及其来源。
- 金融理财师与第三方的重大代理或者雇佣关系。

在合同关系确立之前，金融理财师应当以书面形式向客户披露可能对其客观性及独立性产生影响的各种关系。在遵守保密性条款的条件下，金融理财师为证明其自身的胜任能力，可以提供现有客户或原客户的推荐信等证明材料。

金融理财师以代理人身份进行金融理财服务时，应当明确职权并持有授权代理委托书。金融理财师不论受雇于金融理财公司、投资公司，还是作为金融机构的代理人，都应依据本准则的要求披露信息，并按照统一的标准服务。当金融理财师的证书或雇佣关系变更时，应及时告知其客户和雇主（雇佣合同包含保密条款的除外）。

实例 1－3　S银行的金融理财师小陈在为客户李先生制订理财规划时，有如下行为：

（1）在为李先生进行资产配置时，由于S银行正在发行一款理财产品，小陈面临业绩压力，他力劝李先生购买该款理财产品。

（2）小陈在为李先生进行保险规划时，打算为客户配置健康保险。此时一家保险公司正在促销投资连结险，并承诺支付给推荐客户的金融理财师15%的佣金。小陈于是为客户配置了该投资连结险且并未将佣金的事情告知客户。

解析　小陈在执业过程中违反了客观公正准则。

首先，小陈强烈建议李先生购买该行理财产品，主要动机是业绩压力而非保障客户利益；小陈为客户配置投资连结险也是出于自身的经济利益而非客户利益。

其次，小陈并未将其为客户配置投资连结险可以获得佣金的事宜向李先生进行披露。

这些都违反了客观公正准则。

4. 准则四：公平合理

公平合理准则要求金融理财师在为客户提供服务的过程中思考全面，能够不偏不倚地处理可能存在的利益冲突。这要求金融理财师能控制自己的个人感受和偏见。

（1）平等地对待每一位客户，无论其年龄、性别和个人爱好有多大差异；

（2）公平地认识、评价不同产品的优劣。

实例 1－4 金融理财师小吴所在的银行提供多种理财产品供客户选择。小吴在销售这些理财产品时，遇到老客户就推荐他认为适合客户的产品，以期望留下好的“口碑”；遇到新客户就推荐佣金最高的产品，以“冲业绩”。

解析 金融理财师小吴违反了公平合理准则。金融理财师应平等地对待每一位客户，向每位客户都推荐最适合他/她的产品。

5. 准则五：专业精神

金融理财师应该具有职业的荣誉感，在提供服务的过程中，应尊重和礼貌对待客户及其他金融理财师。金融理财师应当与同业者充分合作，共同维护该行业的公众形象并提高服务质量。金融理财师与其他金融理财专业人士及相关组织在业务竞争中，应遵循公平合理准则。

金融理财师还应该按照 FPSB China 制定的各项规范和准则的要求，使用 AFP/CFP 商标。

金融理财师了解到其他金融理财师违反本准则的规定，应当立即向 FPSB China 举报，而无须基于发现的情况提交书面报告。当金融理财师有理由怀疑金融理财组织内部有人从事非法活动时，应该及时将掌握的证据提交其直接主管。如果金融理财师确信金融理财组织内部存在非法活动而未采取任何补救措施，应该及时向相应的监管机构及 FPSB China 报告。

金融理财师在其他相关行业从业时，应当取得该行业的从业资格，或取得法律授权和执照。

金融理财师不得使用或威胁使用本准则诋毁或恶意伤害同行。

金融理财师应该遵守 FPSB China 制定的后续认证要求，包括继续教育要求、每两年缴纳认证费、每两年签署和提交认证更新程序中所要求的金融理财师声明文件等。

实例 1－5 金融理财师小夏在了解客户王先生曾接受过隔壁的第三方理财工作室的理财服务后，便当着客户的面，就该第三方理财工作室的规模和理财师的素质半开玩笑地嘲讽了一番。

解析 小夏违反了专业精神准则。专业精神准则要求金融理财师与同业者充分合作，共同维护行业的公众形象并提高服务质量；不得使用或威胁使用本准则诋毁或恶意伤害同行。

6. 准则六：专业胜任

金融理财师应当参加 FPSB China 所要求的教育培训，具备相应的专业知识和经验，能够胜任所从事的金融理财业务；并在其所能胜任的范围内为客户提供金融理财服务。对那些尚不具备胜任能力的领域，金融理财师可以聘请专家协助工作，或向专业人员咨询；或者将客户介绍给其他相关组织。

金融理财师应当完成 FPSB China 规定的继续教育内容，保持和提高其专业胜任能力。

实例 1－6 一天，赵先生来到某银行的财富管理中心，向金融理财师小张咨询关于购买信用违约互换的问题。小张工作中与这类衍生产品鲜有接触，但他想起自己大学的课程中曾经涉及过此类产品，因此，他凭借所学的书本知识为赵先生做出了是否需要购买的建议。

解析 小张违反了专业胜任准则。

小张在实际工作中对此类衍生产品鲜有接触，缺乏实际工作经验，因此，贸然为客户提供购买建议，其中所蕴含的风险可想而知。

对于金融理财师来说，应当在所能胜任的范围内为客户提供理财服务，在尚不具备胜任能力的领域，应当采取聘请专家协助、向专业人士咨询等方式，或者将客户介绍给其他相关组织。

7. 准则七：保守秘密

金融理财师在没有得到客户同意的情况下，除去下列理财过程必要的披露和使用外，不能泄露客户的任何个人信息资料或者用以谋取个人利益：

- 建立顾问或经纪账户，落实客户的交易，或取得客户在协议中默许的授权而执行客户理财服务协议时；
- 按照法律要求或者司法程序要求提供时；
- 为针对金融理财师不当作为的指控进行辩护时；
- 在金融理财师和客户之间发生民事纠纷，需要披露时。

除以上情况外，不论是否对客户造成了实际损害，金融理财师对客户资料的泄露一律构成不当使用。

另外，金融理财师对雇主同样负有保密义务，对雇主资料应遵循与客户资料相同的保密标准。

实例 1－7 某年中央电视台“3·15”晚会中曝光，多家银行的内部员工向其他人出售客户个人信息，导致银行客户资金被盗，被盗金额最高达到 23 万多元。胡某，某股份制银行信用卡中心风险管理部贷款审核员，向他人出售个人信息 300 多份。曹某，某国有银行客户经理，通过中介向他人出售客户个人信息多达 2 318 份。

解析 个人征信报告、银行卡信息本来属于被严格保密的个人信息，在个别银行工作人员手中，却以一份十元或几十元的低廉价格被大肆兜售，这种行为违反了保守秘密准则，甚至已经触犯法律。

8. 准则八：恪尽职守

恪尽职守是指充分计划，并监督实施，按时、全面地为客户提供服务。

金融理财师为客户提供服务时应及时、周到、勤勉。金融理财师必须根据客户的具体情况提供并实施有针对性的理财建议。本准则要求金融理财师对其向客

户推荐的理财产品进行深入调查。该项调查可以由金融理财师本人进行，也可以在金融理财师合理作为的前提下，利用他人或其他机构的调查结果进行。

金融理财师应当对向客户提供个人理财规划服务的下属进行指导监督，对其触犯本准则的行为应及时制止。

实例 1-8 某日，金融理财师小谢通过某 QQ 群的“内部消息”得知，最近某只股票可能要上涨，而重仓该只股票的 A 基金正在小谢所在的银行代销。此时，小谢突然想起他的客户刘先生曾经向他咨询过购买基金的事宜，他立刻给刘先生打了电话，告知了他这条所谓的“内部消息”，并建议其尽快购入 A 基金。

解析 小谢违反了恪尽职守准则。

金融理财师为客户提供服务时应及时、周到、勤勉。在向客户推荐产品时，要对产品进行仔细调查和研究，而不能仅仅凭借一些所谓的“内部信息”。这些“内部信息”来源不明，其真实性无法确定，盲目听信可能会给客户造成不必要的损失。

第二章

经济学基础知识

本章提要

本章主要介绍与金融理财相关的宏观经济分析指标和分析框架，共分 5 个部分。第一部分介绍 GDP 的定义和统计方法，在此基础上介绍经济周期的相关概念以及不同经济周期阶段下的理财特征和对策。第二部分介绍 CPI 指标与通货膨胀及其成因。第三部分介绍汇率与国际收支。第四部分介绍其他一些在金融理财中常用的宏观经济指标，包括失业和失业率、个人收入与个人可支配收入、生产者价格指数（PPI）、消费者信心指数（CCI）、货币供应量和同业拆借利率（SHIBOR）等。第五部分着重强调宏观经济政策目标及政策工具。

本章内容包括：

- GDP 与经济周期；
- CPI 与通货膨胀；
- 汇率与国际收支；
- 其他经济指标；
- 宏观经济政策分析。

通过本章学习，读者应该能够：

- 掌握 GDP 的定义和三种统计方法，理解 GNP 的定义及其与 GDP 的区别；
- 掌握经济周期的概念，理解经济周期不同阶段的理财特征和理财对策；
- 掌握 CPI 的定义和通货膨胀的成因；
- 掌握汇率的直接标价法和间接标价法；
- 掌握国际收支账户的定义和分类；
- 理解其他宏观经济指标；
- 理解货币政策和财政政策目标，掌握主要的货币政策和财政政策工具。

分析宏观经济状况是做好家庭理财规划的基础与前提。为一个家庭做退休规划时，理财师需要判断未来若干年的通货膨胀情况；安排家庭当前的支出与储蓄计划时，理财师需要了解未来市场利率的变化；在做家庭投资规划时，理财师需要了解更多的宏观经济指标，如经济增长、通货膨胀率、利率、汇率等，它们的变化与股票、债券等金融投资工具的收益和风险息息相关。

"macro-"（宏观）是希腊文表示"大"的词根，这提示了宏观经济学研究对象的特点。与微观经济学研究厂商、消费者行为等个量对象相对应，宏观经济学是研究国民经济的总量行为及其规律的学科。

宏观经济学研究的宏观经济总量，可能是个量相加得到的总和，如总消费是每个消费者消费量的总和，总投资是每个厂商投资的总和；也可能是个量的平均量，如价格水平是各种商品价格的平均数。

主要宏观经济变量包括国内生产总值（GDP）、国民生产总值（GNP）、消费量、投资量、储蓄率、货币存量、政府预算、失业率、通货膨胀率、利率、汇率等。利用这些表示经济活动特点的概况性指标（summary measures），我们就能够对宏观经济的运行进行分析。

第一节　GDP与经济周期

一、GDP与GDP的统计

（一）认识GDP

如果把一国经济比喻为一辆汽车，国民收入账户就是汽车发动机的机械示意图。虽然它没有解释发动机如何进行工作，但是标示了汽车关键部件的名称，并且显示了这些部件如何相互联系。因而，如同想要安装发动机，必须首先读懂发动机机械示意图一样，要想理解宏观经济运行，首先需要了解国民收入账户知识。

国民收入账户的发明和运用被称为"世纪性杰作"。美国商务部前部长威廉·戴利认为："当我们要寻找商务部的先驱们创造的对美国影响最伟大的成就的时候，国民经济账户——今天被称为国内生产总值或GDP——的发明则当之无愧。"他的评价得到了时任美联储主席艾伦·格林斯潘、诺贝尔经济学奖得主保罗·萨缪尔森、詹姆斯·托宾等政要和学者的赞同。

国内生产总值（Gross Domestic Products，简称GDP）是国民收入账户的核心概念，是反映国民经济总量活动的最重要的指标。它度量一定时期（通常是一个季度或一年）内，一国或地区经济生产的最终产品和服务的市场价值总和。

根据国家统计局的指标诠释，国内生产总值是指一个国家或地区的所有常住单位在一定时期内生产活动的最终成果，反映了一个国家或地区的经济总体规模和经济结构。

为了避免重复计算，GDP 只计算最终产品价值，而不计算中间产品价值。最终产品（final products）指最后使用者购买的全部商品和劳务。中间产品（intermediate goods）指作为生产要素继续投入生产过程中的产品和劳务。

由于在现实中，最终产品难以确定，因此 GDP 统计中普遍采用增加值（value added）法，即计算在不同生产阶段增加的产值。

为了弄清这一点，我们不妨举一个例子。

假设一件上衣从生产到消费者最终使用需要经历 5 个阶段：种棉、纺纱、织布、制衣和销售。假定棉花价值为 15 元，并假定它都是当年新生产的价值，不再包含为生产棉花所耗费的化肥、种子等价值（尽管这个假设不符合现实，但是为说明问题，我们不妨这样假定）。再假定棉花纺成纱售价 20 元，于是纺纱厂生产的价值是 5 元，即增值 5 元；20 元的棉纱织成布售价 30 元，于是织布厂生产的价值是 10 元，即增值 10 元；30 元的布制成成衣销售给零售商为 45 元，于是制衣厂生产的价值是 15 元，即增值 15 元；零售商卖给消费者的价格为 50 元，于是零售商在售卖中增值 5 元。可见这件衣服在 5 个阶段中的增值共计：15＋5＋10＋15＋5＝50（元），正好等于这件上衣的售价。这里，由于成衣销售给消费者就不再出售了，属于最终产品，而棉花、棉纱、棉布则称为中间产品，用于再出售以供生产其他商品。

为了避免重复计算 GDP，我们要么计算生产过程中每个环节的增值额，要么直接计算最终产品的销售价值。如果我们将各阶段产品的售价直接相加，15＋20＋30＋45＋50＝160（元），结果将大大高于本年内生产的新增价值（50 元）。

（二）准确理解 GDP 的含义

GDP 是反映一个国家或地区经济状况的最重要的指标。GDP 的规模反映了一个国家或地区的经济总量，GDP 的增速反映了一个国家或地区经济发展的速度。例如，2017 年中国的 GDP 初步核算为 827 122 亿元，比上年增长 6.9%。

GDP 包括名义 GDP 和实际 GDP 两种。名义 GDP 是指按当期价格计算的 GDP 数值；实际 GDP 是指以不变价格计算的 GDP 数值，实际 GDP 剔除了价格变动的影响。

GDP 是一个流量概念，不是一个存量概念。它计算的是某一个时期（例如一年内）一个国家或者地区新生产的产品和服务的价值。以前时期生产的产品存量不计算在内。例如某人花 20 万元买了一套旧的商品房，这 20 万元就不能计入当年的 GDP，因为它在生产的年份已经记过了。但如果卖这套旧商品房的经纪人得到了 1 万元的佣金收入，这笔佣金收入作为当年经纪人在出售旧房中提供劳务的报酬，则应该计入当年的 GDP。

GDP 是一个市场价值的概念。各种最终产品的价值都是用货币加以衡量的。产品的市场价值就是用这些最终产品的单位价格乘以产量获得的。假如中国一年生产 10 万件上衣，每件上衣售价 50 元，则中国一年生产的上衣的市场价值为 500 万元。然而，很多经济活动没有计入 GDP，例如家务劳动、DIY 活动、政府机构提供的服务等。因为这些活动没有经过市场交换过程，因此也就不存在市场

价值。

人均 GDP（等于 GDP/总人口数）可以用来衡量一个国家的福利水平，但是也存在较大的局限性。GDP 反映产量变动，但产量变动不等于福利变动，包括不能反映人们的精神满足程度、闲暇福利、收入分配状态和环境质量等。例如，很多发展中国家在经济高速增长阶段，都出现了环境污染加剧、贫富分化严重的现象。

二、GDP 的统计方法

GDP 计算的是一年内一国或地区生产的最终产品和服务的当期市场总值。从理论上说，似乎只要把所有最终产品的市场价值加总就可以得到 GDP 了，然而事实上不大可能这样计算。这不仅是因为无法找到明确的标准来区分最终产品，而且是因为即使能按产品差别来划分最终产品，最终产品的清单也是为数众多的一长串。在这样的情况下，用它们乘以各自价格并加总，实际上也不可能对一国的 GDP 进行精确核算。现实中，国内生产总值有 3 种计算方法，即生产法、收入法和支出法，3 种方法分别从不同的方面反映了国内生产总值及其构成。图 2-1 给出了我国 2008 年到 2016 年的年度 GDP 数据。

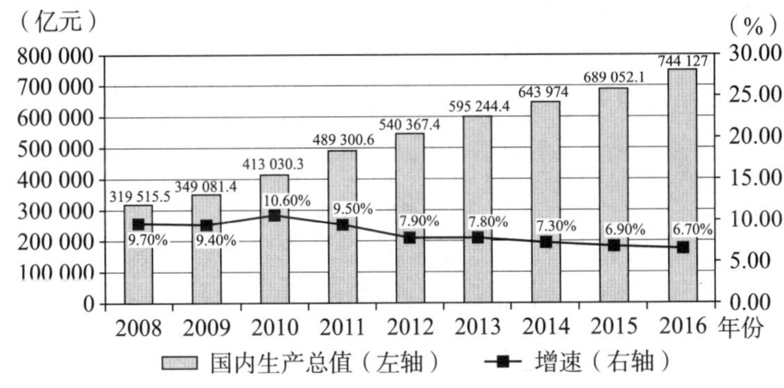

图 2-1　中国年度 GDP 数据（2008—2016 年）

资料来源：国家统计局。

（一）支出法

支出法是从最终使用的角度反映一个国家或地区一定时期内生产活动最终成果的一种方法。

为了弄清支出法的核算原理，我们不妨再回顾一下生产成衣的那个例子。这个例子不仅说明了总产出是指生产过程中每个环节增值的加总，而且说明了一年内总产出恒等于总支出。为什么？因为最终产品的销售收入就是最终产品购买者的支出。例如生产了一件上衣卖 50 元，就是购买上衣的消费者支出了 50 元，而这 50 元就是当年通过种棉、纺纱、织布、制衣和销售 5 个环节新增的价值。上衣是这样，千千万万最终产品的生产都是这样。因此，从全社会的角度来看，总产出就等于购买最终产品的总支出。当然，总产品未必就能在一年中全部售卖

掉，未售出的部分相当于厂商的存货增加。在西方经济学中被视为厂商的存货投资，是厂商除了固定资产投资之外的另一种支出，自然也是总支出的一种。因此，总产出恒等于总支出。了解了这一点，我们就能比较清楚地认识计算GDP的支出法。

产品支出法（expenditure approach），又称最终产品法（final product approach），就是通过核算在一定时期内，整个社会购买最终产品的总支出即最终产品的总卖价来计量GDP。谁是最终产品的购买者呢？只要看谁是产品和劳务的最终使用者。在现实生活中，产品和劳务的总需求可以被分解为消费（在我国被称为居民消费）、投资、政府购买和净出口这四项。因此，用支出法核算GDP，就是核算一个经济体在一定时期内消费、投资、政府购买以及净出口这几个方面支出的总和。

$$GDP=C(\text{居民消费})+I(\text{投资})+G(\text{政府购买})+NX(\text{净出口})$$

1. 居民消费

居民消费，用字母C表示，是指常住住户在一定时期内对于货物和服务的全部最终消费支出，包括耐用消费品、非耐用消费品和劳务。注意，目前中国居民建造住宅的支出不包括在内。

居民消费通常由一个国家的居民收入水平决定，在一个国家整体经济中所占比重相对稳定。由于经济增长模式和国民收入分配结构不同，各国居民消费占GDP的比例存在明显差异。图2-2是2017年我国居民消费构成。

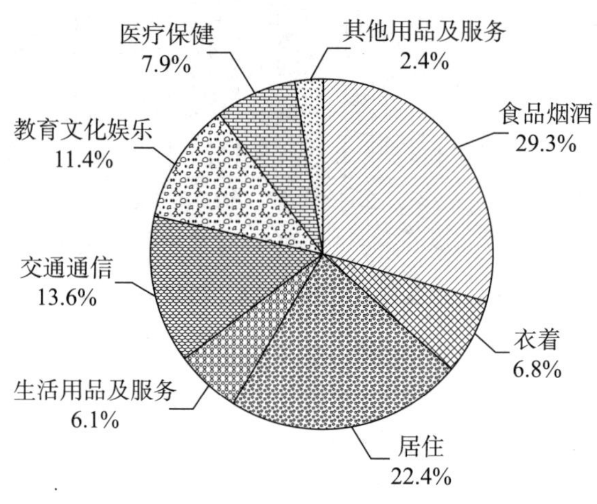

图2-2　2017年我国居民消费构成

资料来源：http：//www.gov.cn/xinwen/2018-01/18/content_5257974.htm.

2. 投资

投资指的是增加或更换资本资产（包括厂房、住宅、机械设备及存货）的支出，用字母I表示。为什么资本物品也是最终产品呢？资本物品难道不是像中间产品一样用来生产其他产品的吗？它难道不属于中间产品吗？要知道，资本物品（如厂房设备）和中间产品之间有重大区别：中间产品在生产其他产品时被全部消耗掉，而资本物品在生产其他产品的过程中只是部分被消耗掉。资本物品由于损耗造成的价值减少被称为折旧，它不仅包括生产中资本物品的物质磨损，还包括资本老化带来的精神磨损。例如，一台机器虽然未到使用年限，但过时了，其价值也要贬损。

因此，投资是指一定时期内增加到资本存量中的资本流量，而资本存量则是经济社会在某个时点上的资本总量。假定某国在 2005 年投资是 900 亿美元，该国在 2005 年年末的资本存量可能是 5 000 亿美元。由于机器厂房每年会不断磨损（物质磨损和精神磨损），假定 2005 年的磨损是 400 亿美元，那么上述 900 亿美元的投资中就有 400 亿美元用于补偿旧资本的耗损，称为重置投资，净增加的投资只有 500 亿美元。可见总投资包括重置投资和净投资。用支出法计算 GDP 时的投资是指总投资。

固定资本形成总额，是一个国家新增投资与固定资产折旧的总和。这里固定资本形成总额相当于固定资产总资本，新增投资相当于一定时期内固定资本的净投资，而固定资产折旧是指固定资产的重置投资。

投资分为固定资产投资和存货投资两部分。固定资产投资包括新厂房、新设备、新商业用房以及新住宅的增加。存货投资是指厂商存货价值的增加（减少时称为存货负投资）。

因为固定资产投资在实体经济中构成比例较大，对经济的总产出具有较大的影响。因此，固定资产投资对于中国经济周期变化影响很大，是分析宏观经济周期时重要的考虑因素。

存货投资可以分解为主动性存货投资（主要用于保证正常经营活动的连续性，比如汽车生产厂家保持一定量的新车存货）和被动性存货投资（超出正常存货水平的积压产品，比如新车存货大大超出正常水平的部分）。在发达国家，存货周期是分析经济周期性波动时重要的考虑因素。

3. 政府购买

政府购买是指各级政府购买物品和劳务的支出，用字母 G 表示，比如政府花钱设立法院、提供国防、修筑道路、开办学校等方面的支出。政府购买只是政府支出的一部分，政府支出的另外一些部分如转移支付、公债利息等都不计入 GDP。理由是政府购买时通过雇用公务人员、教师、医生，建立公共设施，建造舰队等为社会提供了服务。而转移支付只是简单地把收入从一些人或一些组织转移给另一些人或另一些组织，没有相应的物品或劳务的交换发生。如政府之所以给残疾人发放救济金，不是因为这些人提供了服务，创造了价值，而是因为他们丧失了劳动能力，需要靠救济生活。

4. 净出口

净出口是指货物和服务出口减货物和服务进口的差额。出口包括常住单位向非常住单位出售或无偿转让的各种货物和服务的价值，用字母 X 表示；进口包括常住单位从非常住单位购买或无偿得到的各种货物和服务的价值，用字母 M 表示。X－M 则表示货物和服务净出口。一国进口应该从本国总购买中减去，因为进口表示收入流到国外，同时也不是用于购买本国产品的支出。一国出口则应加入本国总购买量中，因为出口表示收入从外国流入，是用于购买本国产品的支出。因此，货物和服务净出口应计入总支出。它可能是正值，也可能是负值。把上述 4 个项目相加，即可以得到用支出法计算的 GDP 的公式。图 2－3 显示了我国 2008—2016 年 GDP 结构的变化。

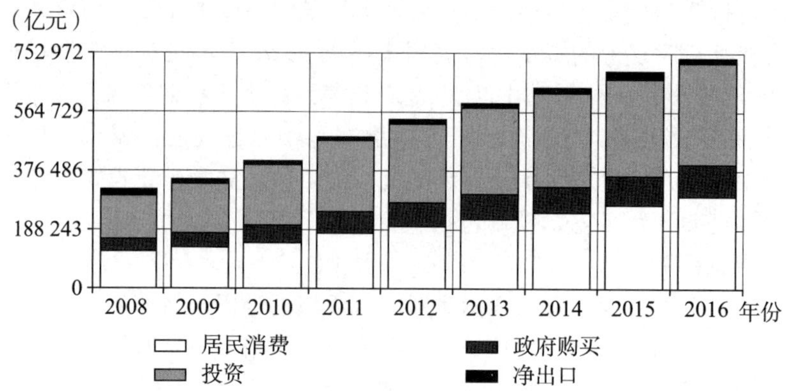

图 2－3　国内生产总值结构变化（2008—2016 年）

资料来源：国家统计局。

（二）收入法

收入法（income approach），又称要素支付法（factor payment approach），即各种生产要素如工资、利润、利息、租金加总得到国民收入。

为了弄清收入法的核算原理，我们继续回顾生产成衣的那个例子。这个例子不仅说明一年内总产出总等于总支出，还说明总产出总等于总收入。为什么？

假定棉农共生产了 15 万元的棉花，并假定这 15 万元就是新增价值，那么，这 15 万元的价值就是生产棉花所投入的生产要素（劳动、资本、土地）共同创造的。这 15 万元棉花卖给纺纱厂纺成纱卖出 20 万元，增值 5 万元。为什么会增值呢？因为把棉花纺成纱也要投入劳动、资本、土地等生产要素，这 5 万元的增值被认为就是这些要素共同创造的。由于企业使用要素必须向要素所有者支付代价，使用劳动要支付工资，使用资本要支付利息，使用土地和其他无形资产要支付租金，因而这 5 万元的增值要转化为要素所有者的收入。假定工资是 2 万元，利息是 1.5 万元，地租和其他无形资产的租金是 0.5 万元，则 5 万元增值中还剩余 1 万元是纺纱厂经营者的利润。纺纱厂是这样，织布厂、制衣厂和零售商的情况也是这样，它们生产过程中新增的价值都要转化为生产要素的报酬和企业利润。这里我们把利润视为产品价格扣除原材料成本、工资、利息和租金等成本支出后的余额，实际上是支付给企业经营者的要素报酬。上例中 5 万元增值中工资、利息、租金之和为 4 万元，则利润为 1 万元。如果工资、利息和租金之和为 5.5 万元，则利润为－0.5 万元，说明企业亏损了。一个企业的产出恒等于要素提供者的收入，一个国家的总产出就必然总等于总收入。

严格说来，最终产品的市场价值中除了生产要素收入构成的成本，还包括间接税、折旧、公司未分配利润等，因此用收入法核算 GDP 应包括以下一些内容：（1）工资、利息和租金这些生产要素的报酬。工资包括所有对工作的酬金、津贴和福利费，也包括工资收入者必须缴纳的所得税及社会保险税。利息在这里是指人们给企业所提供的货币资金所得的利息收入，如银行存款利息和企业债券利息，但政府公债利息和消费信贷利息不包括在内。租金包括出租土地、房屋等的租赁收入及专利、版权等收入。(2) 非公司企业主的收入，如医生、律师、会计师、农场主和小店铺主的收入。他们使用自己的资金，自我雇用，其工资、利息、利润和租金常混在一起作为非公司企业主的收入。(3) 公司税前利润，包括公司所得税、社会保险税、股东的股息和红利以及公司的未分配利润等。(4) 企业转移支付和企业间接税。企业的转移支付包括对非营利组织的社会慈善捐赠和消费者呆账，它们虽然不是生产要素创造的收入，但总会通过产品价格转嫁给购买者，故也应视为成本。国民收入是根据企业出售产品得到的价格来计算的，而GDP是根据购买者支付的价格来计算的，这两种价格的差别在于间接税，即增值税、国内货物税、销售税或周转税。(5) 资本折旧，它虽然不是要素收入，但包括在总投资中，也应该计入GDP中。

以上前3项所包括的内容也常常被称为国民收入。因此，按收入法计算的国内生产总值＝国民收入（工资＋利息＋利润＋租金）＋企业转移支付＋间接税－政府对企业的净补贴＋折旧。

理论上，在这种核算方法下计算的GDP应该和支出法计算出的数值相等，但实际核算中常有误差，因而还要加上一个统计误差。

实践中，我国依据收入法统计的GDP分为4项：

(1) 劳动者报酬，包括货币工资、实物工资和社会保险费3部分。

(2) 生产税净额，即生产税费（因为从事生产活动使用生产要素如固定资产、土地、劳动力，向政府缴纳的各种税金、附加费和规费）减去生产补贴后的差额。

(3) 固定资产折旧，即为了弥补固定资产在生产过程中的价值损耗而提取的价值。

(4) 营业盈余，即经济活动增加值在扣除了劳动者报酬、生产税净额和固定资产折旧之后的余额，主要指企业的营业利润。

4项相加，我们得到实践中收入法的统计公式：

国内生产总值＝劳动者报酬＋生产税净额＋固定资产折旧＋营业盈余

(三) 生产法

生产法 (production approach)，又称部门法 (sector approach)。它依据提供产品与劳务的各部门的增加值来直接计算GDP，从生产角度反映了GDP来源。政府部门劳务按其收入计算。

我国现行统计制度把国民经济分为农业、采掘业、化学工业、金融保险业等17个部门进行部门法统计。

在宏观经济分析中，生产法的构成变化具有重要的意义。各个部门增加值的占比反映了这些部门对于整体经济的影响力。

三、GNP 与 GDP

国民生产总值（GNP）是指一个国家国民（常住单位）拥有的劳动和资本等要素所提供的产出总量。

GNP 与 GDP 的差异。GDP 是从地域角度考虑一国经济领土内经济产出总量；GNP 是从身份角度统计国民所生产产品和提供的劳务的价值总和。例如，通用汽车中国分公司在中国形成的新产值，被统计为中国 GDP 的一部分，但被统计为美国 GNP 的一部分。

如果某国的 GNP 超过 GDP，说明该国国民从外国获得的要素收入超过了别国国民从该国获得的要素收入，而 GDP 超过 GNP 正好说明了相反的情况。

随着国际经济联系的加强，强调身份区别的 GNP 的重要性相对下降，重视地域范围的 GDP 的重要性相对上升，GDP 成为越来越重要的总产出指标。

四、经济周期理论

经济活动每年都有波动。尽管在大多数年份，产品与劳务的生产都是增长的，但每隔一段时间，在一些年份内，并没有出现这种正常的增长，例如，企业无法把它们提供的所有物品与劳务都卖出去，因此，它们削减生产，于是工人被解雇，失业增加，工厂闲置。我们把这种阶段性的经济活动的波动称为经济周期。

（一）经济周期的概念

经济周期（business cycle）也称商业周期、景气循环，指一个国家宏观经济整体运行通常会出现阶段性的扩张或收缩，表现为总产出和就业等的周期性波动。

经济周期通常分为 4 个阶段：繁荣阶段、衰退阶段、萧条阶段、复苏阶段。

（二）经济周期的 4 个阶段

繁荣阶段。随着经济复苏的持续，经济增长速度加快，直至超越潜在经济增长率。市场需求逐渐增加，企业产品库存减少，企业的固定资产投资快速增加，就业状况良好。

衰退阶段。由于繁荣阶段的过度扩张，社会总供给开始超过总需求，经济增长减速，存货增加，利率下降，物价上涨，公司的成本日益上升，加上市场竞争日趋激烈，业绩开始出现停滞甚至下滑的趋势。

萧条阶段。经济增长速度下滑至谷底，失业人口不断增加。市场需求不足，公司经营情况不佳。

复苏阶段。在经济萧条阶段后期，经济逐渐走出谷底，经济增长速度逐渐恢复。公司利润缓慢增加，但是就业状况往往悲观，物价和利率仍处于较低水平。

（三）经济周期的划分

自 19 世纪中叶以来，人们在探索经济周期问题时，根据各自掌握的资料提出了不同长度和类型的经济周期。通常根据经济周期的时间长度，将经济周期划分为短周期、中周期和长周期。

1. 短周期

这是 1923 年英国经济学家基钦提出的一种为期 3～4 年的经济周期。基钦认为，经济周期实际上有主要周期与次要周期两种。主要周期即中周期，次要周期为 3～4 年一次的短周期。这种短周期被称为基钦周期。

2. 中周期

这是 1860 年法国经济学家朱格拉提出的一种为期 8～10 年的经济周期。该周期是以国民收入、失业率和大多数经济部门的生产、利润和价格的波动为标志加以划分的。这种中周期被称为朱格拉周期。

3. 长周期

这是 1926 年苏联经济学家康德拉季耶夫提出的一种为期 50～60 年的经济周期。该周期理论认为，从 18 世纪末期以后，经历了 3 个长周期。第一个长周期是从 1789 年到 1849 年，上升部分为 25 年，下降部分为 35 年，共 60 年。第二个长周期从 1849 年到 1896 年，上升部分为 24 年，下降部分为 23 年，共 47 年。第三个长周期从 1896 年起，上升部分为 24 年，1920 年以后进入下降期。这种长周期被称为康德拉季耶夫周期。

（四）不同经济周期的理财特征

在经济周期的不同阶段，人们的收入水平会随着总产出的变动而变动，全社会的就业水平也不同，而且一个国家所采取的宏观政策也会随着经济状况的不同而变化，这些都必然会影响到家庭的理财行为，那么在经济周期的不同阶段，家庭应具备哪些理财特征才能更好地规避由经济波动导致的财务风险，并增加投资收益呢?

（1）在经济繁荣阶段，市场利率水平逐渐提高，股票市场日趋活跃。因此，应适当增加股票投资，减少固定收益产品投资。

（2）在经济衰退阶段，经济开始恶化，股票市场出现明显回调，同时市场利率开始逐渐下降。因此，应当逐渐增加国债投资，减少企业债券投资和股票投资。

（3）在经济萧条阶段，经济持续低迷，市场利率达到最低水平。应适当增加固定收益类产品投资，逐步减少股票投资。

（4）在经济复苏阶段，市场利率相对比较低，股票市场相对低迷。因此，应当适当增加股票投资，减少国债投资；减少浮动利率债务，增加固定利率债务。

实例 2-1 2008 年美国出现了严重的次贷危机，受此冲击不仅美国股票市场出现急剧下跌，美国经济也陷入了严重的衰退。从 2010 年下半年起，美国经济开始了缓慢的复苏。

在危机期间，美国股票市场急剧下跌，跌幅达到 48%。在随后的 4 年中，美国股票市场出现稳步反弹。到 2013 年年底已经累计上涨 161%。详见图 2-4 和图 2-5。

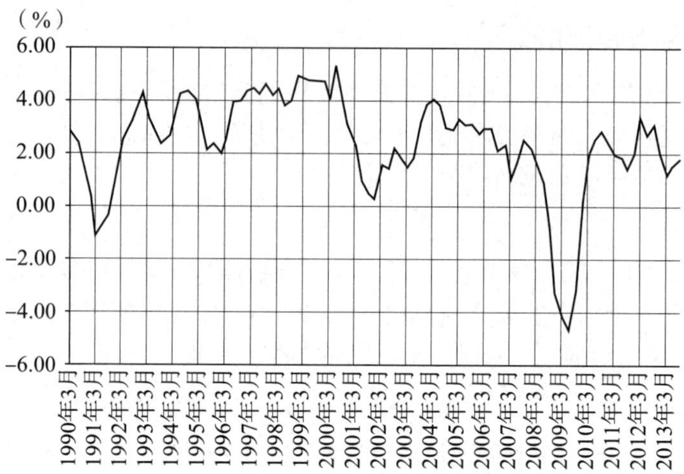

图 2-4　美国股票年度指数走势（1990—2013 年）

资料来源：彭博。

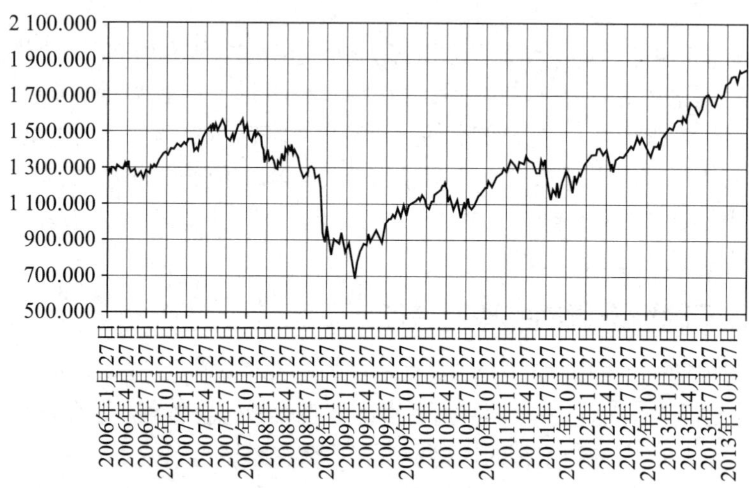

图 2-5　美国股票季度指数走势（2006 年第一季度—2013 年第三季度）

资料来源：彭博。

理财策略　在金融危机爆发初期，股票市场出现大幅下跌，美国经济也陷入了严重衰退。因此，这一阶段的理财策略主要是保全资产价值，规避风险。在具体操作上应选择国债、黄金等资产。

随着金融危机救助措施的实施，美国经济和股票市场出现了复苏。因此，这一阶段的理财策略应当逐渐增加一定数量的风险资产。具体操作上应当逐渐增加美国股票投资。

五、经济周期先行指标

（一）先行指标的介绍

宏观波动是一种周期性的由萧条到复苏再到高潮的循环变动。按统计指标变动轨迹与经济变动轨迹之间的关系划分，指标变动轨迹在时间上和波动起伏上与经济波动轨迹基本一致的叫同步指标；在相同时间上的波动与经济波动不一致，在时间轴上向前平移的指标称为先行指标；在时间轴上向后平移的指标称为滞后指标。

先行指标主要用于判断短期经济总体的景气状况，因为其在宏观经济波动到达高峰或低谷前，先行出现高峰或低谷，因而可以利用它判断经济运行中是否存在不安定因素，程度如何，并进行预警、监测。

（二）中美先行指标、行业先行指标、同步指标和滞后指标举例

表 2-1 中列出了中美部分先行指标、行业先行指标、同步指标和滞后指标。

表 2-1　　中美先行指标、行业先行指标、同步指标和滞后指标举例

大类指标	分类指标（美国）	分类指标（中国）
先行指标	实际货币供给	实际货币供给
	债券价格、利差	10 年期国债利差
	股票价格	上证综指
	消费者预期指数	消费者预期指数
	新屋开工和建筑许可数	新开工面积
	生产商对消费品和材料的新订单	新订单（原材料）
	生产商对非国防资本货物的新订单	新订单（资本货物）
	平均每周制造工时	—
	供应商绩效	PMI
	平均每周失业保险首次索赔	—
行业先行指标	—	波罗的海干散货指数（BDI）
		出口订单
		用电量
同步指标	产能利用率	—
	上市公司收益变动	—
	非农就业人数	—
	个人收入（剔除转移支付）	个人收入（剔除转移支付）
	工业产量	工业产量
	制造业销售	制造业销售
滞后指标	平均银行贷款基本利率	平均银行贷款基本利率
	工商业贷款余额	商业贷款余额
	服务业消费者物价指数	服务业消费者物价指数
	单位劳动成本变动	单位劳动成本
	制造与贸易库存对销售额的比率	库存指数
	分期付款与收入比	—

第二节　CPI与通货膨胀

近年来，CPI成为中国普通老百姓最为熟知的经济学概念。这个看得见却摸不着的数字，其走势却与我们普通百姓的生活息息相关。

一、通货膨胀与CPI

通货膨胀是指一般价格水平的持续上升。这里的一般价格水平是各种商品和服务价格的平均数，而不是单一商品或服务的价格。它意味着所有的商品或服务的平均价格水平比过去的价格水平更高了。通货膨胀会影响人们的一系列经济活动，主要包括以下方面。

（一）通货膨胀将导致货币购买力下降

当人们手中拥有的货币金额相对固定时，通货膨胀意味着人们可以用货币购买到的商品和服务的数量下降了。

（二）通货膨胀将使得存款的实际价值受到影响，因此不利于储蓄和投资的增加

人们如果把当期收入减去消费支出后剩余的钱存进银行，这部分钱就叫储蓄。银行会为人们的储蓄存款提供相应的存款利息，如果商品和服务的价格不变，这部分钱未来就可以购买到更多数量的商品和服务，而商品和服务数量的增加额即储蓄存款的实际价值。然而当存在通货膨胀时，价格上升将会降低储蓄的实际购买力，从而会减弱人们储蓄和个人投资的热情。

（三）通货膨胀对于普通工薪收入群体的生活冲击较大，加剧社会的不公平

物价上涨会影响普通工薪收入群体的消费，使他们的生活变得更加拮据，储蓄金额也会相应减少。因此，普通工薪收入群体是通货膨胀的受害方。而富裕家庭的消费水平远低于他们的收入水平，因此通货膨胀不会影响富裕家庭的正常消费支出，更多是影响他们的储蓄投资行为。通常情况下，伴随着通货膨胀，金融市场的投资收益率也会水涨船高，而且很多富裕家庭本身就拥有公司，因此他们往往是商品和服务涨价的受益方。总之，因为通货膨胀的存在，社会收入分配不均的状况将会加重。

（四）物价的频繁、大幅波动不利于企业经营

当物价频繁变动时，企业将面临“价格噪声”信号，导致经营的难度增大。企业日常经营活动中，经常会面临信息不对称的情况，当企业主观察到某些商品

价格上涨时，很难判断物价的上涨是因为所有商品的价格都上涨了，还是因为这种商品本身的市场供需关系变化了。如果是前者，企业应该随行就市，跟着涨价；如果是后者，则企业涨价将可能增加企业的经营风险。基于以上原因，物价的大幅波动会增加企业定价的难度，不利于企业的经营。

实例 2－2 中国改革开放以来，先后发生了几次严重的通货膨胀，对于宏观经济稳定产生了巨大的冲击，如图 2－6 所示。

图 2－6 我国改革开放以来的年度通货膨胀率（1986—2016 年）

资料来源：https：//zh. tradingeconomics. com/china/inflation-cpi.

二、消费物价指数及其计算

消费物价指数（Consumer Price Index，简称 CPI），在我国又称为居民消费价格指数，它是反映居民家庭所购买的一般消费商品和服务价格水平变动情况的宏观经济指标。它是度量一组代表性消费商品及服务项目的价格水平随时间而变动的相对数，用来反映居民家庭购买消费商品及服务的价格水平的变动情况。

居民消费价格统计调查的是社会产品和服务项目的最终价格，它同人民群众的生活密切相关，同时在整个国民经济价格体系中也具有重要的地位。它是进行经济分析和决策、价格总水平监测和调控及国民经济核算的重要指标。其变动率在一定程度上反映了通货膨胀或紧缩的程度。国家统计局每月都计算并公布居民消费价格指数。

CPI 的计算公式为

$$CPI=\frac{\text{一组固定商品按当期价格计算的价值}}{\text{一组固定商品按基期价格计算的价值}}\times 100\%$$

上式采用的是固定权数按加权算术平均指数公式计算，即 $K'=\sum KW/\sum W$，固定权数为 W，分子中的 K 为各种销售量的个体指数。

CPI 表示对普通家庭的支出来说，购买具有代表性的一组商品，在今天要比过去某一时间多花费多少，例如，若 1995 年某国普通家庭每个月购买一组商品的费用为 800 元，而 2000 年购买这一组商品的费用为 1 000 元，那么该国 2000 年的消费价格指数为：（以 1995 年为基期）CPI＝1 000/800×100％＝125％，也就是说上涨了25%(=125%-100%)。

由于各国居民家庭消费结构存在明显差异，因此，各国的物价指数CPI计算的权重构成明显不同。2017年我国CPI计算的权重构成大致如表2-2所示。

表2-2　2017年我国CPI计算的权重构成

	食品烟酒	衣着	生活用品及服务	医疗保健	交通通信	教育文化娱乐	居住	其他用品及服务
权重	29.3%	6.8%	6.1%	7.9%	13.6%	11.4%	22.4%	2.4%

其中食品占比相对较高，因此食品价格对于CPI变化的影响较大。

三、通货膨胀的成因

纸币是由国家发行并强制流通的价值符号，在纸币流通的条件下，如果纸币的发行量超过了流通中实际需要的数量，多余的部分继续在流通中流转，就会造成通货膨胀。

造成通货膨胀的直接原因是国家货币发行量的增加。一般情况下的通货膨胀都是国家为了有效影响宏观经济的运行而采取措施后导致的无法避免的后果。政府通常为了弥补财政赤字，或刺激经济增长，或平衡汇率等原因增发货币。通货膨胀的出现与以下4类原因也有关联：

- 需求拉动型：总需求迅速上升，导致供不应求。
- 成本推进型：成本提高，推动价格上涨。
- 结构调整型：产业结构、产品结构调整引起商品价格的上涨。
- 外部传递型：国际商品价格上涨，带动国内同类商品价格的上涨。

（一）需求拉动型通货膨胀

需求拉动型通货膨胀指总需求超过总供给所引起的总体价格水平出现持续上涨。这类通货膨胀的主要成因是宽松的货币政策造成货币供应量超出合理水平，即“太多的货币追逐太少的货物”。按照凯恩斯的解释，如果总需求上升到大于总供给的地步，过度的需求将引起物价水平的普遍上升。所以，任何导致总需求增加的因素都可以是造成需求拉动的通货膨胀的原因。

对于需求拉动型通货膨胀的治理可以运用紧缩性宏观政策，其主要作用是抑制总体需求。

（二）成本推进型通货膨胀

成本推进型通货膨胀指由于供给方成本提高所引起的总体价格水平持续上升，主要指劳动力成本推进型通货膨胀，即工资推动型通货膨胀。

工资推动型通货膨胀是工资过度上涨所造成的成本增加而推动价格总水平上涨。工资是生产成本的主要部分，工资上涨使得生产成本增长，在既定的价格水平下，厂商愿意并且能够供给的数量减少，从而总供给减少。

在完全竞争的劳动市场上，工资率完全由劳动的供求均衡所决定，但是在现实经济中，劳动市场往往是不完全的，强大的工会组织的存在往往可以使得工资过度增加，如果工资增加超过了劳动生产率的提高，则提高工资就会导致成本增加，从而导致一般价格总水平上涨，而且这种通胀一旦开始，还会引起"工资—物价螺旋式上升"，工资物价互相推动，形成严重的通货膨胀。

对于成本推进型通货膨胀的治理，紧缩性货币政策通常只能抑制总需求，而不能起到增加总供给的作用，因此效果并不好，甚至可能导致滞胀。

（三）结构调整型通货膨胀

结构调整型通货膨胀指由于产业结构、产品结构调整而引起商品价格的上涨。例如，从产品结构看，随着经济发展和技术进步，产品的性能会不断提升，从而表现出价格的绝对上涨，如 20 世纪 80 年代的黑白电视机到目前的液晶电视。

结构调整型通货膨胀的成因在于，从产业结构看，在经济发展过程中，劳动力、资本等生产要素会从劳动生产率较低的产业转移到劳动生产率较高的产业，从而推动整体价格上涨。

（四）外部传递型通货膨胀

外部传递型通货膨胀指国际商品价格上涨带动国内同类商品价格的上涨。进口商品的价格上升，会直接带动本国同类商品价格的上升。另外，如果一个国家生产所需要的原材料主要依赖于进口，那么进口商品的价格上升就会造成成本推进型通货膨胀，其形成的过程与工资推动型通货膨胀是一样的。

外部传递型通货膨胀的成因是由于随着经济全球化的发展，很多商品都存在一个全球一体化的市场，尤其是大宗商品国际价格的变化会对各国价格水平产生重大影响。例如，国际石油价格变化对国内的通货膨胀产生了较大的冲击。

实例 2－3　外部传递型通货膨胀

20 世纪 70 年代美国发生了严重的通货膨胀，通货膨胀率曾经保持在 10%以上。造成这次严重通货膨胀的一个主要原因就是国际石油价格和粮食价格的急剧上升。

20 世纪 70 年代，伴随着布雷顿森林体系的解体和中东危机的爆发，石油价格出现了急剧的上涨，从 1973 年的 3 美元/桶上涨到 1980 年的 40 美元/桶。由于美国大量依赖于石油进口，因此国际石油价格的上涨直接推动了美国国内通货膨胀率的急剧上升。

第三节　汇率与国际收支

一、汇率与汇率标价方法

（一）汇率

汇率（exchange rate）又称汇价（exchange price），是一国货币折合成另一国货币的比率或比价。货币作为发行国法定的一般等价物，代表了一定的购买力和价值。因此，作为一种特殊商品和金融资产，货币和别的商品一样也有价格。汇率就是以一国货币表示的另一国货币的价格，它表明用一定数量的某国货币能够换取多少数量的另一国货币。而一个国家货币的汇率则反映了一国货币对外的购买力。图 2－7 反映了近年来欧元兑美元汇率的变化情况。

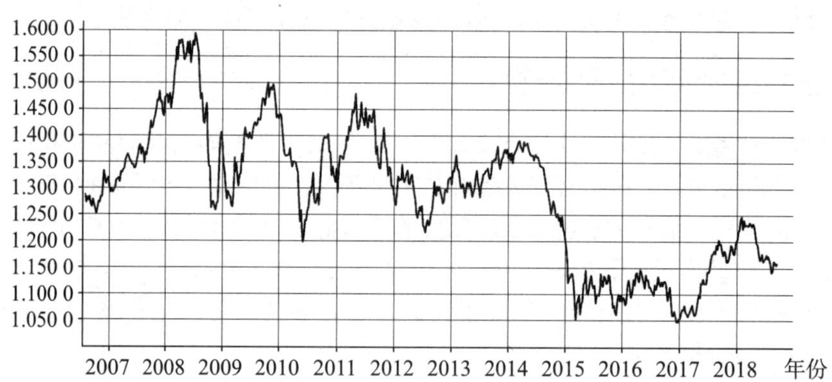

图 2－7　近年来欧元兑美元汇率的变化

资料来源：https：//cn. investing. com/.

（二）汇率的标价方法

国际上，通行的汇率标价方法有两种。一种是以一定数额的外币为标准，折为相应数额的本币表示汇率，称为“应付市价标价法”或“直接标价法”。例如，中国银行外汇牌价：1 美元＝6. 05 元人民币。第二种标价法是用一定数额本币作为标准，折为相应数额外币表示汇率，称为“应收市价标价法”或“间接标价法”。在国际外汇市场上，欧元、英镑、澳大利亚元等均采用间接标价法。如欧元 0. 970 5 即表示 1 欧元兑 0. 970 5 美元。

“升值”和“贬值”是描述汇率变动的两个基本概念。

升值表示用较少量的本币就能换得一定数量的外币，或者一定数量的外币只能换得较少数额的本币。升值使本国货币兑换价值提高，又称本国货币变强了。

贬值表示需要用较多数额的本币才能换得一定数量的外币，或者一定数量的外币能换得较多数额的本币。贬值使本国货币兑换价值下降，因而本国货币变弱了。依据升值和贬值发生机制不同，又分为法定升值贬值与市场升值贬值两类情况。

法定升值（revaluation）指政府当局规定并宣布提高本国货币对外币的兑换价值，如二战后德国马克曾被法定升值；法定贬值（devaluation）指政府当局规定和宣布降低本国货币对外币的兑换价值，如我国 1994 年汇率改革，官方汇率与市场调剂汇率并轨，人民币实际发生法定贬值。

市场升值（appreciation）指外汇市场供求关系变动造成的某国货币对外币兑换价值上升；市场贬值（depreciation）指外汇市场供求关系变动造成的某国货币对外币兑换价值下降。

采用不同汇价标示方法，标价变化与汇率变动关系不同。

如采用直接标价法，汇价数值上升表示本币贬值和外国货币升值，汇价数值下降则表示本币升值和外币贬值。例如，人民币汇价从 8 元升为 9 元表示人民币贬值，因为这时兑换 1 美元需要用比先前更多的人民币；反之，如果下降到 7 元，则表示人民币升值，因为这时兑换 1 美元仅需比先前少的人民币。

如采用间接标价法，汇价数额上升表示本币升值和外币贬值；汇价数额下降则表示本币贬值和外币升值。因而，首先需要确定采用什么标价法，然后才能判断汇价标价额变动与汇率升值或贬值的关系。

（三）汇价

像商品有不同价格一样，外汇也有不同的价格。其中，在中国外汇市场上比较重要的价格有基准汇价和银行外汇牌价。基准汇价是中国人民银行每日公布的人民币兑美元、欧元、日元、港币的市场交易中间价，该中间价是各外汇指定银行之间以及外汇指定银行与客户之间人民币兑美元、欧元、日元、港币买卖的交易基准汇价。银行外汇牌价是各外汇指定银行以中国人民银行公布的人民币兑美元交易基准汇价为依据，根据国际外汇市场行情，自行套算出当日人民币兑美元、欧元、日元、港币以及各种可自由兑换货币的中间价。外汇指定银行可在中国人民银行规定的汇价浮动幅度内，自行制定各挂牌货币的外汇买入价、外汇卖出价以及现钞买入价、现钞卖出价。这些挂牌价即银行外汇牌价。银行外汇牌价主要有 4 个：

（1）外汇买入价：商业银行从客户手中买进外汇时支付的本币价格。

（2）外汇卖出价：商业银行向客户卖出外汇时收取的本币价格。

（3）现钞买入价：商业银行从客户手中买入外币现钞时支付的本币价格，通常低于外汇买入价。

（4）现钞卖出价：商业银行向客户卖出外币现钞时收取的本币价格，通常高于外汇卖出价。

在外汇市场上，银行一般是作为外汇买卖的中介出现的。为了弥补经营费用和赚取一定的利润，银行必须低买高卖，使外汇的买入价格和卖出价格有一定的价差。所谓买入价是银行从同业或其他客户买入外汇时所使用的汇率，卖出价是银行向同业或其他客户卖出外汇时所使用的汇率。外汇的买入价与卖出价的平均值称为中间价。中间价一般用于各种统计、分析、预测。

根据现汇与现钞的不同，汇率可分为现汇汇率和现钞汇率。现汇汇率是银行买卖外汇支付凭证时标出的汇率，通常外汇汇率都是指现汇汇率。现钞汇率是银行买卖外国现钞时所标出的汇率。因现钞的买卖涉及现钞的保管、转移等各种费用，现钞的买入价要低于现汇的买入价，现钞的卖出价有时也高于现汇的卖出价，因而现钞买入卖出差价要大于现汇买入卖出的差价。

（四）人民币汇率

改革开放以来，人民币汇率制度经历了几个大的变化阶段，汇率也发生了很大的变化。

1. 改革开放之初至 1985 年

改革开放之初，延续了 1973 年以来采用的钉住一篮子货币的浮动汇率制度。1979 年 8 月，国务院决定自 1981 年 1 月 1 日起改革人民币汇价制度，除继续保留

人民币的官方汇率之外，又制定了内部结算价，自此人民币汇率进入双轨制时期。

1981 年至 1984 年，人民币的官方汇率维持在 1 美元兑换 1.5 元人民币左右，主要运用于非贸易外汇的兑换和结算；人民币的内部结算价则定为 1 美元兑换 2.8 元人民币，主要运用于进出口贸易的外汇结算和成本核算。

从 1985 年 1 月 1 日起，实际上废除了内部结算价，贸易与非贸易部门适用同一汇率，人民币的双重汇率又恢复到单一汇率。1985 年年底人民币汇率上升至 1 美元兑换人民币 3.20 元。

2. 1986 年至 1993 年

1986 年 1 月起，人民币汇率安排逐步从钉住一篮子货币迈向管理浮动。1984 年 11 月，首个全国外汇调剂中心在深圳成立，"调剂市场汇率"影响力日益增强。这一时期官方汇率、调剂汇率和黑市汇率多重汇率并存，相互影响和制约。官方汇率弹性增强，1993 年年底已上升至 1 美元兑换人民币 5.76 元。

3. 1994 年至 2005 年 7 月

国务院决定从 1994 年 1 月 1 日起进一步改革人民币汇率制度，实行以市场供求为基础的、单一的、有管理的浮动汇率制。1994 年 1 月 1 日起实行官方汇率与调剂汇率并轨，人民币兑美元的汇率一次性贬值至 1 美元兑 8.7 元人民币。这一阶段的人民币汇率制度实际上是钉住美元的汇率制度，而且在实践中逐步异化为"管理有余，浮动不足"的固定汇率制度。1997 年后，人民币汇率一直保持在 1 美元兑换 8.27 元人民币左右。

4. 2005 年 7 月至今

2005 年 7 月 21 日，中国人民银行发布公告："经国务院批准，我国开始实行以市场供求为基础、参考一篮子货币进行调节、有管理的浮动汇率制度。"2005 年 7 月 21 日人民币汇率形成机制改革后，中国人民银行每个工作日闭市后公布当日银行间外汇市场美元等交易货币对人民币汇率的收盘价，作为下一个工作日该货币对人民币交易的中间价。从此以后，人民币汇率在央行的指导下开始与市场接轨，实施双向浮动。人民币汇率形成机制改革以来，人民币总体呈现升值趋势。

图 2－8 显示了 2007 年之后人民币汇率变化的情况。

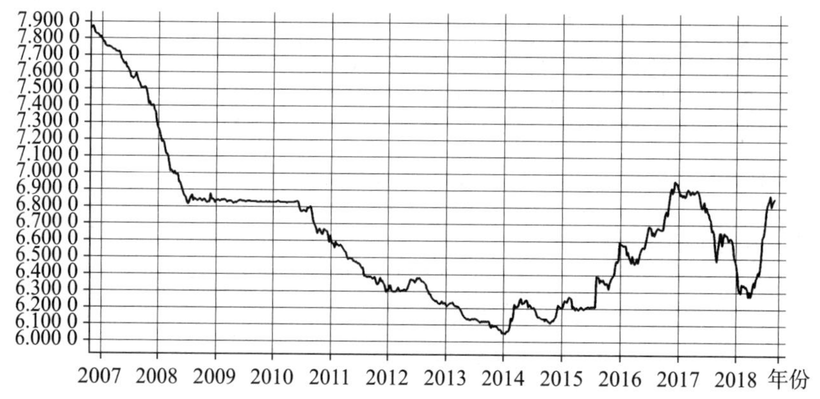

图 2－8　2007—2018 年人民币汇率变化

资料来源：https：//cn. investing. com/.

二、国际收支平衡表[①]

一国国际收支平衡表（balance of payments account）记录了该国对外国支付和从外国获得收入的情况。任何导致对外国人支付的交易，都记入国际收支账户的借方，并在前面加一个负号（－）；任何导致从外国人那里获得收入的交易，都记为贷方，并用正号（＋）表示。

国际收支活动涉及的内容错综复杂。为了正确反映各国或地区之间这种错综复杂的经济往来关系，国际货币基金组织专门制定了国际收支平衡表编制手册，以便各国以一致的方式记录各自的国际收支。中国的国际收支平衡表是在国际货币基金组织最新制定的标准的基础上，根据中国的实际情况适当调整后形成的。

（一）国际收支平衡表账户分类

国际收支平衡表包括三大项：经常账户、资本和金融账户、净误差与遗漏。经常账户可细分为货物和服务账户、初次收入账户、二次收入账户。资本和金融账户分为资本账户和金融账户，其中金融账户又可细分为直接投资账户、证券投资账户、金融衍生工具投资账户、其他投资账户和储备资产账户。

1. 经常账户

经常账户（current account）记录因为商品和服务进出口以及收入转移等交易活动产生的外汇收支。例如，中国民航从欧洲进口“空中客车”飞机、2001年夏季北京“紫禁城午门演唱会”举办单位向欧洲三大男高音支付几百万美元出场费，就是中国购买外国货物和服务发生的支付，应记入中国经常账户借方。相反，浙江玩具制造厂商向英国出口玩具、我国在中东地区的工程建筑安装队工人汇回或带回外汇收入，则是中国向外国出售了货物和服务，应记入中国经常账户的贷方。

经常账户包括货物和服务账户、初次收入账户和二次收入账户：

（1）货物和服务，这是经常账户中最重要的项目，货物账户数据主要来源于海关进出口统计，是指通过中国海关进出口的货物和一些未经中国海关的转口贸易，以及商品退货等项目，比如中国从加拿大进口小麦、向欧洲出口纺织品等。但它与海关统计存在以下主要区别：一是国际收支中的货物只记录所有权发生了转移的货物（如采用一般贸易、进料加工贸易等贸易方式的货物），所有权未发生转移的货物（如采用来料加工或出料加工贸易等贸易方式的货物）不纳入货物贸易统计，而纳入服务贸易统计；二是计价方面，国际收支统计要求进出口货值均按离岸价格记录，海关出口货值为离岸价格，但进口货值为到岸价格，因此国际收支统计从海关进口货值中调出国际运保费支出，并纳入服务贸易统计；三是国际收支统计补充了部分进出口退运等数据；四是国际收支统计补充了海关未统计的转手买卖下的货物净出口数据。

---

① 本节部分内容来自国家外汇管理局网站上公布的“国际收支平衡表编制原则与指标说明”。

服务包括加工服务，维护和维修服务，运输，旅行，建设，保险和养老金服务，金融服务，知识产权使用费，电信、计算机和信息服务，其他商业服务，个人、文化和娱乐服务以及别处未提及的政府服务。

（2）初次收入，包括雇员报酬、投资收益和其他初次收入三类。雇员报酬是指根据企业与雇员的雇佣关系，因雇员在生产过程中的劳务投入而获得的酬金回报（包括薪资、津贴、福利及社保缴款）。投资收益是指因金融资产投资而获得的利润、股息（红利）、再投资收益和利息。其他初次收入是指将自然资源让渡给另一主体使用而获得的租金收入，以及跨境产品和生产的征税和补贴。

（3）二次收入，指居民与非居民之间的经常转移，包括现金和实物，如政府与民间相互捐赠等发生的收入转移。

经常账户差额是对外货物和服务贸易差额与初次收入差额及二次收入差额之和，反映了一国经济除金融债权以外的对外各项交易的净结果。在大多数情况下，对外交易差额是经常账户差额的主要构成部分。该差额为正表明编表国货物、服务、劳动报酬、投资收益和经常转移方面的收入大于相应项目的支出，经常账户有顺差；该差额为负则说明经常账户有逆差。从宏观上讲，经常账户顺差表明编表国的国民总储蓄大于其总投资，经常账户逆差的意义则正好相反。

2. 资本和金融账户

资本和金融账户，简称资本账户（capital account），记录因为资产买卖活动发生的外汇收支。我们知道，资产是任何一种持有财富的形式，如厂房、股票、债券、货币和土地等。

国际交易中购买资产好比“进口”，记为借方，因而加负号；国际交易中出售资产好比“出口”，记为贷方，因而加正号。

中国驻美使馆花费数千万美元购买地皮建立新馆，或者某中国企业用1亿美元外汇购买了美国政府债券，都记入中国资本项目的借方；相反，通用汽车公司投资几亿美元在上海设厂，或者美国某投资公司购买了“百度”在纳斯达克上市的股票，则记入中国资本账户的贷方。

资本和金融账户包括资本账户和金融账户两个子账户，其中，资本账户包括固定资产所有权的国际转移，债权人不索取任何回报而取消债务等资本转移部分，还包括非生产性和非金融性的资产，如专利、版权、商标权的收买或放弃等。金融账户是资本和金融账户最重要的部分，它包含“非储备性质的金融账户”和“储备资产”这两个项目，其中“非储备性质的金融账户”又细分为“直接投资”、“证券投资”、“金融衍生工具投资”与“其他投资”4个子账户。金融账户反映了与资产和负债所有权变动有关的各项交易。其中，直接投资是指以投资者寻求在本国以外运行企业获取有效发言权为目的的投资；证券投资包括证券投资资产和证券投资负债，相关投资工具可划分为股权和债券；金融衍生工具投资又称金融衍生工具和雇员认股权投资，用于记录我国居民与非居民金融工具和雇员认股权交易情况；其他投资包括其他股权、货币和存款、贷款、保险和养老金、贸易信贷和其他。金融账户包含的投资形态，其流动性差别对资金流入国经济可能产生不同的影响。证券资产比较容易在资本市场上变现，其流动性远远高于厂房、设备这类实物资产，比较容易从投资国抽逃。出于短期动机大进大出的投资称为“热钱”或“燕子资本”。

储备资产是指一国货币当局拥有的可用于国际支付的外国资产，包括货币黄金、外汇、在国际货币基金组织的储备头寸和其他债权等。储备资产的功能是为经常账户和资本账户总赤字或总盈余提供融资，保持一国对外收支的流动性。储备资产也可以用于对外投资，但是大多投资于外国政府债券等高流动性资产。

专栏 2-1

中国的国际储备

国际储备是指一国当局有效控制，并在需要时能容易地动用的各种对外资产。一国当局持有国际储备是为了直接弥补国际收支可能出现的逆差，或通过干预外汇市场，调节汇率波动，间接调节国际收支不平衡，或为了其他目的。目前，中国的国际储备由以下项目组成：

（1）黄金储备，这是中央银行作为储备持有的黄金。

（2）特别提款权，这是国际货币基金组织对会员国根据其份额分配的，可用于归还国际货币基金组织债务和在会员国政府之间偿付国际收支赤字的一种账面资产。

（3）在基金组织的储备头寸，这是指在国际货币基金组织普通账户中会员国可自由提取使用的资产。

（4）外汇储备，这是由中国人民银行持有的可用作国际清偿的各种流动性资产和债权组成的，是中国国际储备最主要的组成部分。1990 年以来，中国外汇储备的增加主要来源于经常项目顺差与资本和金融项目顺差。

（一）国际储备对中央银行的影响

国际储备的变动对中央银行的运作具有重大的影响。中央银行一般是通过其资产负债表中资产总量和结构的变动来影响基础货币，再通过基础货币的变动来影响货币供应量的变动，从而达到稳定货币、调节宏观经济、促进经济增长的目的。1994 年以来，随着中国国际收支顺差的不断扩大，国际储备资产成为中国中央银行日益重要的资产项目。近几年来，央行购买的外国资产增加额一直占央行总资产的 40%左右，因此国际储备资产的变动对中国基础货币和货币供应量的变化具有重要影响。当央行在外汇市场购买外国资产时，一般会扩大基础货币，基础货币的扩大又会导致货币供应量的变动。为了减轻或抵消央行在外汇市场的操作对货币供应量的冲击，央行一般还会通过缩减国内信贷的对冲操作，来减少基础货币。

（二）国际储备的成本和收益

保持一定规模的国际储备除了能取得一定的投资收益外，还对维护国家宏观经济稳定和提高国家的国际经济地位、政治地位具有重要影响。首先，国际储备规模较大有利于减小国际收支失衡对一国宏观经济的冲击。随着对外开放程度的不断提高，中国经济对国外市场和资源的依赖程度也越来越高。国际储备规模较大，有助于减小国外市场和资源变动对国内经济的冲击。其次，国际储备规模较大有助于维护本币汇率的稳定。中国实行的是有管理的浮动汇率制度，尽管资本项目没有对外开放，但国际金融危机和各种投机活动仍会对中国外汇市场产生各种影响，国际储备较多，中国央行将有较强的实力干预外汇市场可能出现的各种波动。再次，较多的国际储备能提高国家的国际信誉和国际地位，增强国家在国际经济活动、政治活动中的发言权，同时可以以较便利的条件吸引外资。最后，对中国而言，持有较多的国际储备也有助于增加中国香港和澳门经济的稳定性。

然而，持有国际储备也是有成本的。国际储备越多，持有成本越大。国际储备增加意味着暂时放弃使用对应部分的实际资源，因为本可以用这些国际储备进口一部分设备和技术，以提高国内生产力。一国对实际资源的利用效率越高，经济增长速度越快，持有国际储备的成本相对就越高。

因此，从理论上讲，当增加国际储备的边际效益与其边际成本相等时，国际储备就达到了其合理的或最佳的规模。但在实践中，国际储备的边际效益与边际成本是很难确定的，所以人们一般以一些相对指标来反映国际储备规模的合理性。这些指标包括进口额相对于国际储备的比例、短期外债与国际储备的比例、全部外债与国际储备的比例、国际储备与国内生产总值的比例等。

（三）中国的国际储备和外汇储备状况

1994 年以来，随着中国国际收支状况的改善，中国国际储备快速增加。1994 年为 517 亿美元，1996 年达到 1 150 亿美元，1997 年达到 1 594 亿美元，2001 年达到 2 338 亿美元。外汇储备是中国国际储备的最主要构成项目。2001 年，中国外汇储备为 2 122 亿美元，占国际储备的 90.7%。2002 年，中国的外汇储备已达 2 864 亿美元，居世界第二位，仅次于日本。从相对指标看，1994—2001 年，中国国际储备相对于 GDP 的比例从 9.5%上升到 20.5%，全部外债余额相对于国际储备的比例从 179.7%下降到 72.8%，短期外债余额相对于国际储备的比例一直在 25%以下，国际储备可用于进口的月数大多数年份在 10 个月左右。因此，从相对指标来看，中国的国际储备是十分充足的。2008 年 12 月，我国外汇储备已达到 19 460.30 亿美元，为全球之最。2014 年 3 月，我国外汇储备已达到 3.95 万亿美元，占世界总外汇储备的 1/3 左右。从 2015 年全年看，我国的外汇储备减少了 5 127 亿美元，这是 1992 年以来首次出现年度缩水，从而为持续 20 多年的上升期画上句号。有分析师指出，导致外汇储备减少的原因包括：2015 年 8 月份汇改人民币贬值后中国人民银行进场“维稳”，以及资本外逃。

2016 年年末外汇储备余额继续下降至 3.01 万亿美元。截至 2017 年 12 月末，我国外汇储备余额为 31 399 亿美元，较 2016 年年末增加 1 294 亿美元。其中，2—12 月份外汇储备余额连续 11 个月回升。

资料来源：http：//finance.cnr.cn/jjpl/20160108/t20160108_521075687.shtml；http：//finance.sina.com.cn/roll/2018-01-18/doc-ifyquixe3651731.shtml.

3. 净误差与遗漏

净误差与遗漏（errors & omission）是一个估计项，弥补统计过程中由于资料不完整，统计时间、计价标准和汇率折算办法不一致等原因造成的误差。如果数据没有误差，那么“经常账户差额”加上“资本账户差额”正好等于“官方储备变动”。然而，由于统计过程会发生误差，也可能因为人为因素影响，如资本非法抽逃没有被国际收支账户所记录，实际统计数据往往不满足这一条件。对不同原因导致的误差，设立一个估计项来冲销，以保持国际收支账户在形式上的平衡。

了解了国际收支平衡表的组成和结构，下一部分内容将介绍各个账户之间的基本关系。

（二）国际收支账户基本关系

国际收支平衡表采用复式记账原则，即对每笔交易都有两次价值相等的记录，一次记入贷方，一次记入借方。具体而言，记入贷方项目包括：货物和服务的出口、应收的收入、接受的货物和资金的无偿转移、金融资产的减少和负债的增加。记入借方项目包括：货物和服务的进口、应付的支出、对外提供货物和资金的无偿援助、金融资产的增加和负债的减少。如贷方金额大于借方金额，则借贷差额为正，称为顺差，反之称为逆差。

国际收支账户的中心思想很简单：如同个人需要为支出付账一样，一国必须为它在国外的支出付账。当一个人的支出大于收入时，必须通过卖出资产或借钱来填补亏空，一国经常账户出现赤字，同样需要通过不同方式弥补：一是向外国人出售资产或借债，二是减少外汇储备。

这一关系可表述为

经常账户差额＋资本和金融账户差额＝外汇储备变动

近年来，中国外汇储备的快速增长源于经常账户和资本账户的双顺差。截至2017年12月末，我国外汇储备余额为31 399亿美元。

表2-3所示为2017年我国国际收支平衡表。

表2-3　2017年中国国际收支平衡表　（单位：亿美元）

账户	差额	贷方	借方
一、经常账户	1 649	27 089	－25 440
A. 货物和服务账户	2 107	24 229	－22 122
a. 货物账户	4 761	22 165	－17 403
b. 服务账户	－2 654	2 065	－4 719
B. 初次收入账户	－344	2 573	－2 918
C. 二次收入账户	－114	286	－400
二、资本和金融账户	570	4 355	－3 785
A. 资本账户	－1	2	－3
B. 金融账户	571	4 353	－3 782
a. 非储备性质的金融账户	1 486	4 378	－2 892
①直接投资账户	663	1 682	－1 019
②证券投资账户	74	1 168	－1 094
③金融衍生工具投资账户	5	15	－10
④其他投资账户	744	1 513	－769
b. 储备资产账户	－915	－25	－890
三、净误差与遗漏	－2 219		

说明：(1)“贷方”按正值列示，“借方”按负值列示，差额等于“贷方”加上“借方”。本表除标注“贷方”和“借方”的项目外，其他项目均指差额。

(2) 本表计数采用四舍五入原则。

资料来源：国家外汇管理局网站。

第四节　其他经济指标

在研究一个国家整体的宏观经济状况时，除了要关注一个国家的GDP、CPI、汇率变化以及国际收支平衡表等主要经济指标，还需要了解其他一些重要的经济指标，从而更加全面地了解一个经济体的运行状况，例如，失业率指标可以反映劳动力市场的运行状况，货币供应量和同业拆借利率指标可以反映货币市场的运行状况。除上面提到的经济指标外，本节还将介绍个人收入与个人可支配收入、采购经理指数（PMI）、生产者价格指数（PPI）和消费者信心指数（CCI）指标等。

一、失业与失业率

在人的一生中，失去工作可能是最悲惨的经济事件。大多数人依靠他们的劳动收入来维持生活水平。而且，许多人不仅能从工作中获得收入，还能得到个人的成就感。失去工作意味着生活水平降低、对未来充满担忧以及自尊心受到伤害。因此，国外的政治家在竞选时往往谈到他们提出的政策将有助于创造工作岗位。

既然失业如此重要，那么我们该如何定义失业和衡量失业呢?

失业（unemployment）是指具备劳动能力并且有就业意愿的劳动者未找到工作。在我国，凡年满 18 周岁、具有劳动能力、要求有报酬的工作但尚未获得工作职位的人口，称为失业人口。不愿工作而赋闲的人，或虽有工作愿望而尚未达到规定下限年龄的人，均不算作失业人口。

失业率（unemployment rate）是指失业人口占劳动人口的比率。这里的劳动人口是指具备劳动能力并且有就业意愿的人口数。失业率被认为是宏观经济和企业微观运营状况的晴雨表，它也直接影响到民众福利，在美国，有人将失业率视为美国总统连任的“PH 试纸”。因此，失业率是非常重要的宏观经济指标。

世界上大多数国家都采用两种失业统计方法：一种是行政登记失业率，另一种是劳动力抽样调查失业率。两种失业率都是政府决策的重要依据。

行政登记失业率统计的是到公共就业服务机构进行失业登记、享受失业保险待遇并求职的失业人员数量。由于各国公共就业服务和社会保险发展水平不一，行政登记失业率在国与国之间不能比较。而劳动力抽样调查失业率基本依据的是国际化的失业定义，可以进行国际比较。因此行政登记失业率和失业率是两种不同的概念，使用的统计方法也不同。中国公布的城镇登记失业率，是行政登记失业率，它是劳动保障部门就业服务机构对失业人员登记统计汇总的结果。应该说，行政登记失业率是政府制定就业政策的主要参考依据。由于中国就业服务体系和社会保障体系还不完善，到劳动保障部门就业服务机构登记求职的失业人员数量不够全面，再加上就业和失业登记办法还不健全和规范，因此，存在实际失业率高于登记失业率的现象。

行政登记失业率不等于实际失业率。中国还没有开展劳动力抽样调查，所以没有抽样调查失业率。今后将逐步建立劳动力抽样调查制度。图 2－9 记录了我国 2007—2017 年的城镇登记失业率数据。

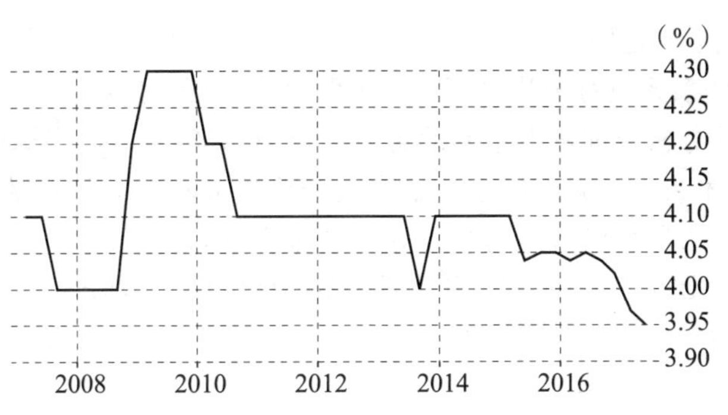

图 2-9 中国城镇登记失业率数据（2007—2017 年）

资料来源：https：//zh. tradingeconomics. com/china/unemployment-rate.

二、个人收入与个人可支配收入

（一）个人收入

个人收入（personal income，简称 PI）指个人从各种来源得到的收入总和。生产要素意义上的国民收入并不会全部成为个人的收入。例如利润收入要向政府缴纳企业所得税，企业还要留下一部分利润作为盈余公积金，只有一部分才会以股息或红利的形式分给个人。职工收入中也有一部分要以社会保险费的形式上缴有关机构。另外，人们也会以各种形式从政府那里得到转移支付，如退伍军人津贴、工人失业救济金、职工养老金、职工困难补助等。因此，从国民收入中减去公司未分配利润和社会保险税（费），加上政府给个人的转移支付，大体上就得到了个人收入。

（二）个人可支配收入

个人可支配收入（personal disposable income，简称 PDI）是指个人收入中进行各项社会性扣除（如税收、养老保险等）之后剩下的部分。个人可支配收入是决定个人消费能力的最重要因素，通常个人可支配收入与居民消费之间存在非常强的相关性。因此，个人可支配收入的变化是判断居民消费变化的依据。

三、采购经理指数

采购经理指数（purchasing managers' index，简称 PMI）是国际上通行的宏观经济监测指标。它主要反映了企业的采购（或供应）经理对企业采购及其相关业务活动情况的判断，包括对企业生产、订货、采购、价格、库存、人员、供应商配送、采购方式等情况的判断，以及企业采购过程中遇到的主要问题及建议。

PMI 是一套月度发布的、综合性的经济监测指标体系，分为制造业 PMI、服务业 PMI，也有一些国家建立了建筑业 PMI。PMI 是通过对采购经理的月度调查汇总出来的指数，反映了经济的变化趋势。PMI 指数 50 为荣枯分水线。在 50 之上时，表示经济活动处于扩张期；在 50 之下时，表示经济活动处于萎缩期。

PMI 指数体系无论对于政府部门、金融机构、投资公司，还是企业来说，在经济预测和商业分析方面都有重要的意义。至 2013 年 6 月，全球已有 20 多个国家建立了 PMI 体系，有关机构已开始建立全球指数和欧元区指数，PMI 指数及其商业报告已成为世界经济运行活动的重要评价指标和世界经济变化的晴雨表。

图 2-10 展示了 2012—2017 年采购经理指数的变化情况。

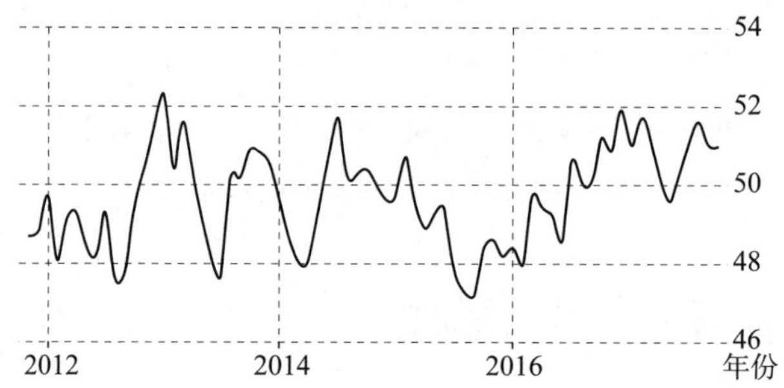

图 2-10　我国采购经理指数变化（2012—2017 年）

资料来源：https：//zh. tradingeconomics. com/china/manufacturing-pmi.

四、生产者价格指数

生产者价格指数（producer price index，简称 PPI）是反映一定时期内全部工业产品出厂价格总水平的变动趋势和程度的相对数，包括工业企业售给本企业以外所有单位的各种产品和直接售给居民用于生活消费的产品。PPI 指标是反映某一时期生产领域价格变动情况的重要经济指标，也是制定有关经济政策和国民经济核算的重要依据。

PPI 的意义在于，可以利用 PPI 数据推断出工业品出厂价格对于 CPI 的影响。PPI 与 CPI 不同，主要的目的是衡量企业购买的一篮子物品和劳务的总费用。由于企业最终要把它们的费用以更高的消费价格的形式转移给消费者，所以，通常认为 PPI 的变动对预测 CPI 的变动是有用的（见图 2-11）。

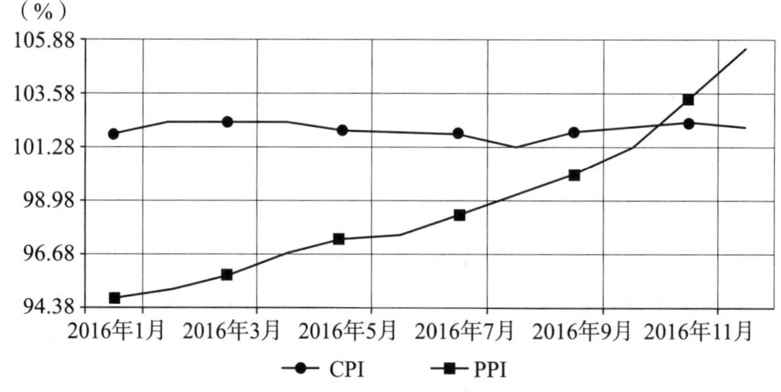

图 2-11　中国 PPI 与 CPI 数据（2016 年 1 月—2016 年 11 月）

资料来源：国家统计局。

五、消费者信心指数

消费者信心指数（consumer confidence index，简称 CCI）是反映消费者信心强弱的指标。它综合反映并量化消费者对当前经济形势的评价和对经济前景、收入水平、收入预期以及消费心理状态的主观感受，是预测经济走势和消费趋向的一个先行指标。

消费者信心指数的临界值为 100，取值范围是 0～200，“0”表示“极端悲观”，200 表示“极端乐观”，“100”为“乐观”和“悲观”的临界值，表明消费者的信心是一种中立态度。当信心指数大于 100 时，表明消费者趋于乐观；小于 100 时，表明消费者趋于悲观。

图 2-12 显示的是 2007—2017 年我国消费者信心指数情况。

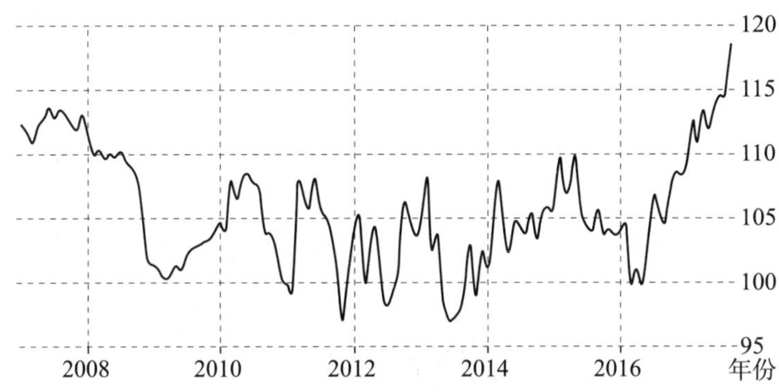

图 2-12　我国消费者信心指数变化（2007—2017 年）

资料来源：https：//zh. tradingeconomics. com/china/consumer-confidence.

六、货币供应量

货币供应量是研究宏观经济走势和政策动向的核心指标之一，常常被作为经济先行指标用来分析和判断经济景气状况。货币供应量指在某个时点全社会承担流通手段和支付手段职能的货币总额，反映了全社会总的购买力，是一个存量概念。根据流动性的大小，即在流通中周转的方便程度的不同，货币供应量可以分为不同的层次。按照由强到弱的顺序，货币供应量分为 M0、M1、M2，分别代表流通中现金、狭义货币和广义货币。

（一）流通中现金（M0）

M0 指金融体系以外的机关、团体、企业、部队、事业单位和居民在某一时刻持有的现金总量。在数量上等于中国人民银行发行的现金货币扣除各银行的库存现金。M0 流动性最强，调控 M0 有利于维护经济秩序，保护存款人利益和资金安全。2018 年 6 月，中国的 M0 为 69 600.00 亿元。

（二）狭义货币（M1）

M1 由流通中的现金 M0，以及机关、团体、部队、企业和事业单位在银行的活期存款、农村存款和个人持有的信用卡类存款组成，不包括居民的储蓄存款。M1 的流动性居中，体现了当前的市场需求，最直接地作用于当前的物价水平。2018 年 6 月，中国的 M1 为 543 900.00 亿元。

（三）广义货币（M2）

M2 由 M1 和准货币组成。准货币是一定时期内不会被直接动用的货币，主要包括定期存款、居民活期和定期存款，以及信托存款、委托存款等其他类存款，在数量关系上等于 M2 减去 M1。M2 的流动性比 M0 和 M1 都要低，可用于观察和调控中长期金融市场均衡的目标。2018 年 6 月，中国的 M2 为 1 770 200.00 亿元。

图 2－13 显示的是 2012 年 1 月至 2018 年 1 月我国月度 M2 及其同比增速情况。

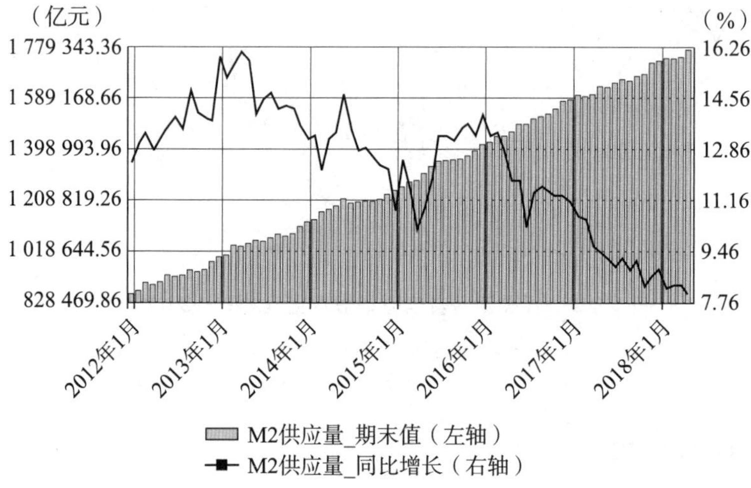

图 2－13　我国月度 M2 及其同比增速（2012 年 1 月—2018 年 1 月）

资料来源：国家统计局。

七、同业拆借利率

利率是借贷期内的利息额与所借贷资金额的比率，它是货币资金的价格。由于不同国家对利率的管理不一样，利率作为资金价格的内涵也不一样。在大多数市场经济国家，利率水平是由市场决定的，当社会上资金需求量大于资金供给量时，利率上升；当资金需求量小于资金供给量时，利率下降。在我国，长期以来利率的决定都是由中央政府主导，中央银行根据各方面情况（包括资金的供求关系）确定存贷款利率水平。

上海同业拆借利率（SHIBOR）是衡量利率的重要指标。它是指金融机构（主要是商业银行）同业之间的短期资金借贷利率。相比于银行存款或贷款利率，

SHIBOR 也是市场化程度比较高的利率指标。图 2－14 显示了我国 2016 年 1 月到 2017 年 10 月 SHIBOR 的变化情况。

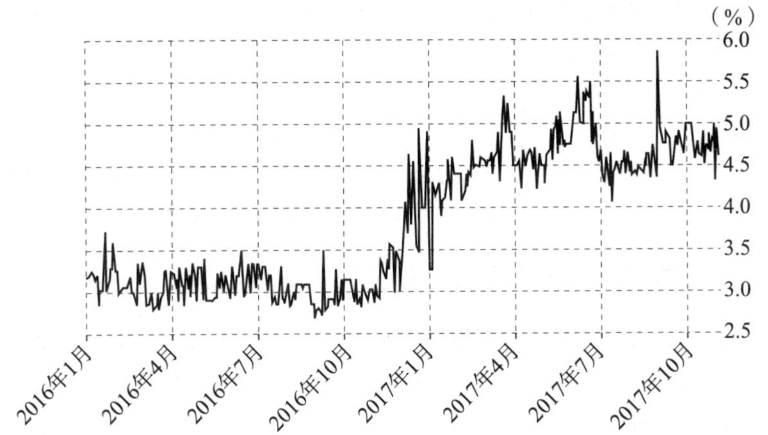

图 2－14　中国 SHIBOR 数据（2016 年 1 月—2017 年 10 月）

资料来源：全国银行间同业拆借中心官网。

我国已经针对利率市场化改革进行了一些尝试，并取得了一定的经验。我国的利率市场化进程最早始于 1996 年，最先放开了同业拆借利率，接着又于同年放开了国债的市场利率，逐步建立起一个良好的货币市场与国债市场的利率形成机制，也为政府进行利率调整确定了一个基准利率。这都为利率市场化打下了基础。2013 年 7 月 20 日起，中国政府全面放开金融机构贷款利率管制，标志着中国的利率市场化进入了一个新的阶段。近年来，利率市场化明显提速，2015 年 8 月 25 日，央行宣布一年期以上定期存款利率的浮动上限完全放开。同年 10 月 23 日，央行宣布放开存款利率上限，这标志着利率管制基本放开。取消对利率浮动的行政限制，并不意味着央行不再对利率进行管制，只是利率调控会更加倚重市场化的货币政策工具和传导机制。

除了以上介绍的宏观经济指标以外，在实际宏观经济分析中，还会用到一些重要的指标，例如，社会消费品零售总额、固定资产投资、工业增加值等经济指标。

这里由于篇幅限制，就不一一介绍，有兴趣的读者可以自行参考和查询宏观经济相关的专业书籍和数据信息。

第五节　宏观经济政策分析

一、宏观经济政策目标

宏观经济政策是指国家或政府有意识有计划地运用一定的政策工具，调节控制宏观经济的运行，以达到一定的政策目标。一般认为，宏观经济政策主要有4个政策目标：

(1) 持续均衡的经济增长。

(2) 充分就业。

(3) 物价稳定。

(4) 国际收支平衡。

例如，2002年秋，党的十六大提出了宏观调控的4个目标：一是促进经济增长，二是增加就业，三是稳定物价，四是保持国际收支平衡。

（一）持续均衡的经济增长

经济增长是指在一个特定时期内经济社会所生产的人均产量和人均收入的持续增长。它包括：(1) 维持高经济增长率；(2) 培育经济持续增长的能力。一般认为，经济增长与就业目标是一致的。经济增长通常用一定时期内实际国民生产总值年均增长率来衡量。经济增长会增加社会福利，但并不是增长率越高越好，这是因为：一方面，经济增长要受到各种资源条件的限制，不可能无限地增长，尤其是对于经济已相当发达的国家来说更是如此；另一方面，经济增长也要付出代价，如造成环境污染、引起各种社会问题等。

（二）充分就业

充分就业是指包含劳动在内的一切生产要素都以愿意接受的价格参与生产活动的状态。一是指所有愿意接受各种现行工资的人都能找到工作的一种充分就业的经济状态，即消除了非自愿失业。二是指包括劳动在内的各种生产要素，都按其愿意接受的价格，全部用于生产的一种经济状态，即所有资源都得到充分利用。失业意味着稀缺资源的浪费或闲置，从而使经济总产出下降，社会总福利受损。因此，失业的成本是巨大的，降低失业率，实现充分就业就常常成为西方宏观经济政策的首要目标。

（三）物价稳定

物价稳定是指物价总水平的稳定。一般用价格指数来衡量一般价格水平的变化。价格稳定不是指每种商品价格固定不变，也不是指价格总水平固定不变，而是指价格指数相对稳定。物价稳定并不是指通货膨胀率为零，而是允许保持一个低而稳定的通货膨胀率。所谓低，就是通货膨胀率在1%至3%之间；所谓稳定，就是指在相当时期内能使通货膨胀率维持在大致相等的水平上。这种通货膨胀率能为社会所接受，对经济也不会产生不利的影响。

（四）国际收支平衡

国际收支平衡具体分为静态平衡与动态平衡、自主平衡与被动平衡。静态平衡，是指一国在一年的年末，国际收支不存在顺差也不存在逆差；动态平衡，不强调一年的国际收支平衡，而是以经济实际运行可能实现的计划期为平衡周期，保持计划期内的国际收支均衡。自主平衡，是指由自主性交易（即基于商业动机，为追求利润或其他利益而独立发生的交易）实现的收支平衡；被动平衡，是指通过补偿性交易（即一国货币当局为弥补自主性交易的不平衡而采取调节性交易）而达到的收支平衡。

国际收支平衡的目标要求做到汇率稳定，外汇储备有所增加，进出口平衡。国际收支平衡不是消极地使一国国际收支账户上经常收支和资本收支相抵，也不是消极地防止汇率变动、外汇储备变动，而是使一国外汇储备有所增加。适度增加外汇储备被看作改善国际收支的基本标志。同时一国国际收支状况不仅反映了这个国家的对外经济交往情况，还反映出该国经济的稳定程度。

四个政策目标之间既有一致性又有矛盾性。在实际经济运行中，要同时实现四个目标非常困难。根据蒙代尔“不可能三角形”，一国的目标有 3 种：（1）货币政策的独立性；（2）汇率的稳定性；（3）资本的自由流动。对于这三者，一国只能选其二，而不可能兼得。例如，在 1944—1973 年的布雷顿森林体系中，各国“货币政策的独立性”和“汇率的稳定性”得到实现，但“资本的自由流动”受到严格限制。而 1973 年以后，“货币政策的独立性”和“资本的自由流动”得以实现，但“汇率的稳定性”不复存在。因此，在制定宏观经济政策时，要根据国情，在一定时间内选择一个或两个目标作为宏观经济政策的主要目标，同时使各个目标能有最佳的匹配组合，使所选择和确定的目标体系成为一个和谐的有机的整体。

二、货币政策及其主要工具

（一）货币政策

货币政策（monetary policy）指中央银行实施的通过改变货币供应量和信用条件来影响总需求的政策。广义货币政策范围很广，狭义货币政策主要是指影响货币供求的措施。

货币政策的最终政策目标着眼于一个国家长期的宏观经济发展，主要关注的内容包括物价稳定、充分就业、经济增长、利率稳定、金融市场稳定和国际收支平衡（外汇市场稳定）等几个方面。

物价稳定是中央银行的传统目标。物价波动特别是通货膨胀会造成不确定性，引发不同利益集团间的冲突，使个体理性行为与社会整体理性的资源配置不一致，资源配置扭曲，价格机制配置资源的效率降低。低通货膨胀率或零通货膨胀率是许多国家中央银行的目标。

充分就业也是中央银行的重要目标。失业使家庭丧失收入来源，触发一系列社会问题。货币政策通过影响社会总支出或总产出水平影响失业率。劳动市场均衡即充分就业状态，此时的失业率称为自然失业率。自然失业率是动态变化的。

经济增长是中央银行追求的间接目标。经济增长是指一国市场商品和服务能力的增长，它与就业水平密切相关。中央银行通过货币政策，创造和维护一个适宜经济增长的货币金融环境。

利率稳定是中央银行追求的直接目标。利率的波动导致经济中的不确定性，扰乱人们的既定计划、影响人们的预期，诱发公众对中央银行的不满。

金融市场稳定也是中央银行追求的直接目标，具体来说即维护良好的支付系统，防止金融危机的发生，保证经济的良好运行。它与利率稳定关系密切。

国际收支平衡是中央银行最重要的国际经济目标，表明一国对其他国家的全部货币收入和货币支出处于持平状态。在开放经济条件下，本币升值不利于出口产品的国际竞争力，本币贬值可能引发通货膨胀。一国货币政策对本国宏观经济发展的独立有效性具有至关重要的作用。

最终目标都是针对长期经济社会发展，谋求社会福利而设定的。但除经济增长与高就业水平基本一致外，目标之间常常存在冲突。具体表现如下：

（1）充分就业与物价稳定之间的冲突。菲利普斯曲线表明，失业率与物价变动率之间存在此消彼长的相互替代关系。

（2）经济增长与物价稳定之间的冲突。经济增长源于劳动生产率增长，与物价稳定并不矛盾，但适度通货膨胀可以刺激经济增长，或者说，经济过热会导致物价持续上涨。

（3）经济增长与国际收支之间的冲突。经济增长一般意味着产出和需求都增加，可能导致对外出口增加，但也可能导致进口增加及外资流入。这两个目标是否冲突要看各影响“力量”间的相互作用。

（4）物价稳定与国际收支之间的冲突。在开放经济条件下，中央银行稳定国内物价的努力常常影响该国的国际收支平衡。

最终目标的冲突使货币政策难以统筹兼顾，只能有所侧重和取舍，一般是根据具体情况采用“相机抉择”的方针，多数国家货币政策的目标侧重于保持长期的“物价稳定”。

具体而言，2003 年修订的《中国人民银行法》中指出，我国货币政策的目标是“保持货币币值的稳定，并以此促进经济增长”。

（二）货币政策工具

为了达到货币政策的政策目标，中央银行应当根据经济运行状况采取扩张性货币政策或者紧缩性货币政策加以调控。

扩张性货币政策（expansionary monetary policy），又称积极的货币政策（proactive monetary policy）。它是通过增加货币投放，下调央行基准利率，从而增加总需求的货币政策，主要是在总需求不足时采用。无论货币供给量增速上升，还是利率下降，都将推动居民消费需求和投资需求的上升。

紧缩性货币政策（tight monetary policy），是促使货币供给量增速下降或利率上升的货币政策。通常是在总需求超过总供给、经济过热的形势下使用，效果表现为总需求水平下降，从而抑制经济过热。

中央银行使用的货币政策工具主要有 3 种：公开市场业务（公开市场操作）、再贷款与再贴现、存款准备金。除此之外，还有一些选择性的货币政策工具。

1. 公开市场操作

公开市场操作是中央银行吞吐基础货币，调节市场流动性的主要货币政策工具，通过中央银行与指定交易商进行有价证券和外汇交易，实现货币政策调控目标。例如，在总需求过大和经济过热的情况下，央行可以通过在市场上出售债券以回笼货币，减少市场上的流动性。如果认为市场上流动性短缺造成总需求不足，央行就可以通过买进债券，从而增加基础货币投放。

公开市场操作的突出优点是：中央银行便于掌握主动权；规模和操作比较灵活；可以进行连续性、经常性的货币供给微调；具有可逆转性，操作迅速。而局限性就是技术性强，告示效应不确定，必须以发达的证券市场为前提。

中国公开市场操作包括人民币操作和外汇操作两部分。外汇公开市场操作于1994年3月启动，人民币公开市场操作于1998年5月26日恢复交易，规模逐步扩大。1999年以来，公开市场操作已成为中国人民银行货币政策日常操作的重要工具，对于调控货币供应量、调节商业银行流动性水平、引导货币市场利率走势发挥了积极的作用。

中国人民银行从1998年开始建立公开市场业务一级交易商制度，选择了一批能够承担大额债券交易的商业银行作为公开市场业务的交易对象。这些交易商可以运用国债、政策性金融债券等作为交易工具与中国人民银行开展公开市场业务。从交易品种看，中国人民银行公开市场业务债券交易主要包括回购交易、现券交易和发行中央银行票据三种。回购交易分为正回购和逆回购两种，正回购为中国人民银行向一级交易商卖出有价证券，并约定在未来特定日期买回有价证券的交易行为，正回购为央行从市场收回流动性的操作，正回购到期则为央行向市场投放流动性的操作；逆回购为中国人民银行向一级交易商购买有价证券，并约定在未来特定日期将有价证券卖给一级交易商的交易行为，逆回购为央行向市场上投放流动性的操作，逆回购到期则为央行从市场收回流动性的操作。现券交易分为现券买断和现券卖断两种，前者为央行直接从二级市场买入债券，一次性地投放基础货币；后者为央行直接卖出持有债券，一次性地回笼基础货币。中央银行票据即中国人民银行发行的短期债券，央行通过发行央行票据可以回笼基础货币，央行票据到期则体现为投放基础货币。

2013年1月，中国人民银行创设了“短期流动性调节工具”（short term liquidity operations，简称SLO），作为公开市场常规操作的必要补充，在银行体系流动性出现临时性波动时相机使用。

2. 再贷款与再贴现

再贷款，是指中央银行为解决商业银行的资金头寸不足而对其发放的贷款，其利率为贴现率（discount rate）。再贴现，是指金融机构为了取得资金，将未到期的已贴现商业汇票再以贴现方式向中央银行转让的行为，是中央银行的一种货币政策工具。当商业银行资金短缺时，中央银行可以通过再贷款与再贴现向商业银行提供资金。反之，流动性过剩时，中央银行通过收紧再贷款与再贴现减少向商业银行提供的资金。

中央银行还可以提升或者降低再贷款利率或再贴现利率来表达政策意向。贴现率作为商业银行从贴现窗口向中央银行的借款成本，也是一种基准利率或最低利率，对整个市场利率具有引导作用。

3. 存款准备金

存款准备金是指金融机构为保证客户提取存款和资金清算需要而准备的资金。

金融机构按规定向中央银行缴纳的存款准备金占其存款总额的比例，就是存款准备金率。存款准备金制度是在中央银行体制下建立起来的，世界上美国最早以法律形式规定商业银行向中央银行缴存存款准备金。存款准备金制度的初始作用是保证存款的支付和清算，之后才逐渐演变为货币政策工具，其主要政策内容包括：法定准备金率的确定、对作为法定准备金的资产种类的限制、法定准备金的计提（包括存款余额的确定和缴存基期的确定），以及法定准备金率的调整幅度。

央行通过调整法定存款准备金率影响流动性。当中央银行认为需要采取紧缩性货币政策时，它可以提高存款类金融机构的存款准备金率，从而减少商业银行的超额准备金，信用条件紧缩。当需要采取扩张性货币政策时，央行可以降低法定存款准备金率，使得银行更有可能扩大贷款规模，从而有助于扩大货币供给量，刺激总需求。但需要注意的是，法定准备金率不是主要的货币政策工具，它的威力太大，不宜作为日常操作工具，而且容易扰乱存款机构正常的财务计划、管理和准备金的可测性、稳定性。

央行也可以针对某特定金融领域或金融行业进行货币政策调整，降低存款准备金率。例如，央行决定自 2014 年 4 月 25 日起下调县域农村商业银行人民币存款准备金率 2 个百分点，下调县域农村合作银行存款准备金率 0.5 个百分点。粗略估算，此次“定向降准”释放流动性超过 1 000 亿元。

1985 年以后，央行根据经济和货币形势的变化先后多次调整法定存款准备金率。图 2－15 展示了 2010 年到 2016 年我国存款准备金率的变化。

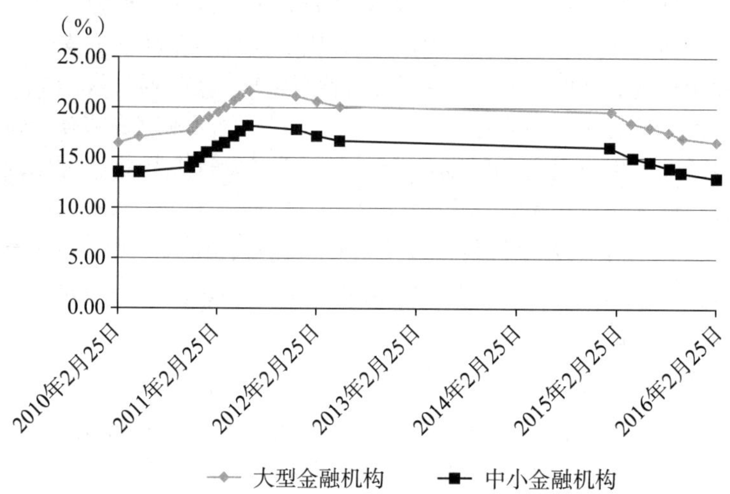

图 2－15　中国存款准备金率（2010—2016 年）

资料来源：根据中国人民银行数据整理。

4. 利率政策

利率政策是我国货币政策的重要组成部分，是指中央银行控制和调节市场利率以影响社会资金供求的方针和主要工具。它是中央银行间接控制信用规模的一项重要手段。在利率体系中，中央银行利率处于主导地位，起关键作用。制定中央银行利率的依据是货币政策的目标，中国人民银行根据货币政策实施的需要，适时运用利率工具，对利率水平和利率结构进行调整，进而影响社会资金供求状况，实现货币政策的既定目标。

目前，中国人民银行采用的利率工具主要有：

（1）调整中央银行基准利率。中央银行基准利率包括：再贷款利率，指中国人民银行向金融机构发放再贷款所采用的利率；再贴现利率，指金融机构将所持有的已贴现票据向中国人民银行办理再贴现所采用的利率；存款准备金利率，指中国人民银行对金融机构交存的法定存款准备金支付的利率；超额存款准备金利率，指中央银行对金融机构交存的准备金中超过法定存款准备金水平的部分支付的利率。

（2）调整金融机构法定存贷款利率。

（3）制定金融机构存贷款利率的浮动范围。

（4）制定相关政策对各类利率结构和档次进行调整等。

中国人民银行加强了对利率工具的运用。利率调整逐年频繁，利率调控方式更为灵活，调控机制日趋完善。随着利率市场化改革的逐步推进，作为货币政策主要手段之一的利率政策将逐步从对利率的直接调控向间接调控转化。利率作为重要的经济杠杆，在国家宏观调控体系中将发挥更加重要的作用。

改革开放以来，中国人民银行加强了对利率手段的运用，通过调整利率水平与结构，改革利率管理体制，使利率逐渐成为一个重要杠杆。

2007 年 3 月至 12 月间，中国人民银行针对当时经济增长偏快、资产价格和物价总水平涨幅较大的情况，先后六次上调金融机构人民币存贷款基准利率，有效抑制了过热需求，保障了国民经济的平稳增长。2008 年 9 月至 12 月间，为应对国际金融危机加剧对我国经济造成的负面影响，短期内连续五次下调存贷款利率，在配合扩大内需等一系列刺激经济的政策措施中起到了积极作用，减轻了国际金融危机对我国经济增长的冲击。2015 年 3 月至 10 月间，针对我国经济结构调整过程中出现的经济下行压力，连续 5 次下调金融机构人民币存贷款基准利率，推动了社会融资成本下行，加大了金融支持实体经济的力度，为经济结构转型升级创造了适宜的货币金融环境。

5. 窗口指导

窗口指导是指中央银行通过劝告和建议来影响商业银行的信贷行为，属于温和的、非强制性的货币政策工具。它是一种劝谕式监管手段，指中央银行向金融机构解释说明相关政策意图，提出指导性意见，或者根据监管信息向金融机构提示风险。相对于总量型货币政策工具而言，窗口指导能更好地起到信号传递和结构引导作用，可有针对性地将政策施加于金融经济中的重点领域和薄弱环节。

窗口指导采用口头通知、电话通知、座谈会等各种非书面函件的形式，不具有法律效力，非强制执行。一般认为，窗口指导最大的缺点在于引致不公平的格局，有可能发生“听话的人吃亏，冒险的人发财”等现象。为了避免窗口指导相对人承担不公平义务，不少发达经济体中央银行的窗口指导已与公开市场业务结合形成公告操作、中央银行沟通等政策工具，对不特定的相对人公平披露，同时给予相对人以平等机会依据窗口指导调整自己的行为。中国人民银行的窗口指导也开始探索和尝试向这一方向转变。

2018 年 7 月，中国人民银行窗口指导具有一级交易商资质的银行，将额外给予其中期借贷便利（MLF）资金，用于支持贷款投放和信用债投资。对于贷款投放，要求较月初报送贷款额度外的多增部分按 1∶1 给予 MLF 资金，多增部分为普通贷款，不鼓励票据和同业借款。对于信用债投资，AA＋及以上评级按 1∶1 比例给予 MLF 资金，AA＋以下评级按 1∶2 给予 MLF 资金，要求必须为产业类，金融债不符合要求。此次窗口指导通过与公开市场操作相结合，鼓励银行增配较低信用评级信用债，增加了债券市场低评级信用债的流动性，缓解了资质稍差的企业面临的融资困难，有效防范了债券市场信用风险的扩大。

三、财政政策

（一）财政政策

财政政策（fiscal policy）是指通过改变政府财政收入和支出来影响总需求的政策。财政政策是国家整个经济政策的组成部分。财政政策是指为促进就业水平提高，减轻经济波动，防止通货膨胀，实现稳定增长而对政府财政支出、税收和借债水平所进行的选择，或对政府财政收入和支出水平所做的决策。或者说，财政政策是指政府变动税收和支出以便影响总需求进而影响就业和国民收入的政策。在我国，中华人民共和国财政部负责制定和执行财政政策。

根据财政政策调节国民经济总量和结构中的不同功能来划分，财政政策可以分为扩张性财政政策（expansionary fiscal policy）和紧缩性财政政策（tight fiscal policy）。扩张性财政政策是通过增加财政支出或者减少税收的方式，刺激和增加社会总需求的一种政策行为，主要通过减税、增加政府性支出，进而扩大财政赤字的财政分配方式，增加和刺激社会总需求。紧缩性财政政策是指主要通过增税、减支，进而压缩赤字或增加盈余的财政分配方式，减少和抑制社会总需求。

（二）财政政策工具

财政政策工具主要有国家预算、政府支出、国债、税收等。

1. 国家预算

国家预算也称政府预算，是国家（政府）的基本财政收支计划，即经法定程序批准的国家年度财政收支计划。国家预算是财政政策手段中的基本手段，它反映了国家的施政方针和社会经济政策，规定了政府活动的范围和方向。它全面反映了国家财政收支的规模和平衡状况，综合体现了各种财政手段的运用结果，制约着其他资金的活动。

2. 政府支出

政府支出主要有两类，一是购买性支出，二是转移性支出。

（1）购买性支出。购买性支出是政府购买商品和服务的支出，包括购买进行日常政务活动所需的支出或用于国家投资所需的商品或服务的支出。购买性支出是总支出的一部分，其变动直接影响总需求。因为购买性支出增加将直接增加个人和企业收入，而个人和企业收入增加将刺激消费和投资，使消费总量和投资总量增加。

其他条件相同时，政府购买性支出上升将会导致均衡产出的提高。通过增加政府财政支出以提高总需求的政策，被称为扩张性财政政策。政府购买性支出下降将导致均衡产出的下降，这类目标在于抑制总需求水平的财政政策，被称为紧缩性财政政策。

(2) 转移性支出。政府转移性支出的支付对象大都是收入较低的居民，而低收入阶层通常边际消费倾向较高。因此，转移性支付一般也能对总支出产生影响。在其他条件不变时，转移性支出上升将增加居民消费；反之，转移性支出下降将导致总需求下降。

转移性支出对总需求的影响是通过转移性支出的支付对象（即居民）的消费倾向发生作用，因而作用具有间接性。转移性支出的主要政策目标是实现公平和提供社会安全网，调节短期需求是次要的考虑。

3. 国债

国债政策，是一项重要的财政政策。国债最基本的功能之一就是弥补国家财政赤字。当采取扩张性的财政政策时，政府将加大财政支出，这就可能出现财政支出超过财政收入的情况。这两者之间的缺口可通过发行国债进行融资来弥补。因此，实施扩张性的财政政策就意味着很可能会增加国债发行量；实施紧缩性财政政策就意味着会减少国债的发行量。政府通过发行国债可以吸收单位和个人的闲置资金，帮助国家度过财政困难时期，举借国债是当今世界各国政府弥补财政赤字的一种最基本也是最通用的方式。

国债利率对于市场利率有一定的引导作用。通过调整国债利率，可以影响金融市场利率的升降，从而对经济施加扩张性或紧缩性影响。当经济需要紧缩时，可相应调高国债的发行利率；反之，当经济需要扩张时，则可相应调低国债的发行利率。

4. 税收

除了上面介绍的 3 种工具外，政府还可以通过调整税收来实施财政政策。在政府支出水平不变的条件下，降低税率减少税收，一方面能够为居民留下更多可支配收入，提升居民消费需求；另一方面能够使厂商收益提高，刺激投资需求，因而从消费和投资两方面拉动总需求来增加均衡产出。反之，在政府支出不变的前提下，提高税率和增加税收则会降低居民消费和厂商投资需求，从而减少总需求。

专栏 2－2

中国的财政政策

财政政策是财政部门运用财政政策工具，调节财政收支规模、收支结构，以实现宏观经济调控目标的一系列方针、准则、措施的总称。财政政策是国家宏观经济政策的重要组成部分。财政政策的构成要素包括：财政政策目标、财政政策主体、财政政策工具、财政政策的传导机制等内容。也就是说，财政政策是一个体系，它由政策目标、政策主体、政策工具、传导机制组成。

1. 财政政策目标

中国的财政政策目标，可以归纳为以下几个方面：第一，保持经济适度增长，促进社会全面进步。适度增长意味着经济增长不能太快，也不能太慢。第二，物价相对稳定。这是宏观经济管理的重要目标。物价相对稳定是指物价稳定在较低的水平上，如3%左右。物价相对稳定也可以解释为避免出现通货膨胀或通货紧缩。第三，合理分配收入，抑制过大的收入差距。

收入分配从大的方面讲涉及政府、企业、个人的分配关系，财政政策目标是在这三者之间合理分配国民总收入。收入分配还涉及地区之间的分配关系，涉及经济与社会发展等方面的资源分配，力图保持地区之间、城乡之间、经济与社会之间的协调发展。

2. 财政政策主体

财政政策主体是指财政政策的制定者和执行者。对政策主体的关键要求是行为规范。政策制定者要科学合理地制定政策，使政策尽可能符合实际。政策执行者要严格按政策要求办事，不能搞"上有政策，下有对策"。财政政策主体行为是否规范对政策功能的发挥和政策效应都有很大影响。

3. 财政政策工具

财政政策工具是财政政策的载体，它是政策主体行为达到政策目标所选择的各种手段。财政政策工具主要有税收、国债、一般性公共支出、政府投资、财政补贴等。财政政策工具都是围绕财政收入和财政支出设计的。税收和国债是政府组织收入的来源。其中税收是主要的，是不需要偿还的。国债是政府的债务收入，是要偿还的，它的发行往往根据政府支出的情况，是弥补政府支出缺口的工具。一般性公共支出、政府投资、财政补贴都是财政支出。一般性公共支出主要用于政府日常管理，也就是通常所说的行政事业经费。政府投资是财政用于投资的支出，包括基本建设支出、技术改造支出等。财政补贴是政府对企业和居民的补助，是政府调节收入分配和价格的手段之一。

4. 财政政策传导机制

财政政策传导机制是财政政策在发挥作用的过程中，各种政策要素通过媒介相互作用形成的一个有机联系的整体。财政政策发挥作用的过程，实际上就是财政政策工具变量经由媒介的传导转变为政策目标变量（期望值）的复杂过程。容易看出，传导机制的核心是媒介，而最为重要的媒介就是收入分配、货币供应量和价格。财政政策工具变量的改变主要是通过引起以上媒介中间变量的改变来达到预期目标。

实例 2-4　美国金融危机后的财政政策

2008年美国发生金融危机之后，为了尽快摆脱经济衰退，美国实施了扩张性的财政政策。

例如，2008年10月3日，美国总统布什批准了《2008年紧急经济稳定法案》，推出了有史以来最大规模的7 000亿美元的金融救援计划。在金融救援的同时，为刺激实体经济，美国财政政策在减税、增加公共开支等方面不遗余力。2008年2月14日，布什总统签署以减税为核心的《一揽子经济刺激法案》，减税总额高达1 680亿美元，目的是通过大幅退税刺激消费和投资，推动经济增长，以避免经济衰退。

2009年2月，奥巴马政府通过名为《美国恢复与再投资法案》（American Recovery and Reinvestment Act）的财政刺激计划，该计划又被称为"奥巴马新政"。该计划具有3个显著的特点：（1）用于经济刺激的财政资金规模非常庞大；（2）减税和政府支出并举；（3）刺激经济复苏和实现美国经济结构的战略转型相结合。根据该法案，美国政府增加7 872亿美元（占当年美国GDP的5.4%）的财政支出，主要用于增加政府公共开支和减税两个方面。

第三章

货币时间价值

本章提要

本章分为5个部分，包括货币时间价值的测定、年金现值与终值的计算、净现值和内部收益率的计算、复利期间与有效年利率的计算，以及货币时间价值在金融理财中的应用。首先，我们介绍了为什么货币具有时间价值，并介绍了与货币时间价值相关的几个重要概念。其次，分析了年金、增长型年金的现值与终值以及永续年金的现值如何计算，介绍了净现值与内部收益率的概念。再次，介绍了复利期间对利率的影响，对于不同复利期间，讲解了名义年利率与有效年利率之间是如何转换的。最后，通过举例的方式说明了货币时间价值在金融理财中的应用。

本章内容包括：

- 货币时间价值的测定：现值和终值；
- 规则现金流——年金；
- 净现值和内部收益率；
- 复利期间和有效年利率的计算；
- 货币时间价值在金融理财中的应用。

通过本章学习，读者应该能够：

- 掌握为什么货币具有时间价值；
- 掌握单利与复利、现值与终值的概念；
- 计算年金的现值与终值、增长型年金的现值与终值、永续年金的现值；
- 计算净现值与内部收益率；
- 根据复利期间对名义年利率或有效年利率进行转换；
- 利用货币时间价值解决理财规划面临的实际问题。

第一节　货币时间价值的测定：现值和终值

货币的时间价值（time value of money）是指当前所持有的一定量的货币，比未来获得的等量货币具有更高的价值。货币之所以具有时间价值，是因为：(1) 货币可以满足当前消费或用于投资而产生投资收益，因此货币占用具有机会成本；(2) 通货膨胀可能造成货币贬值；(3) 投资可能产生投资风险，需要提供风险补偿。

一、与货币时间价值有关的术语

PV 为现值，即今天的价值；FV 为终值，即未来某个时间点的价值；T 表示终值和现值之间的时间区间；r 表示利率。所有的定价问题都与这 4 个变量，即 PV、FV、T、r 有关，确定其中 3 个即能得出第 4 个，详见图 3－1。

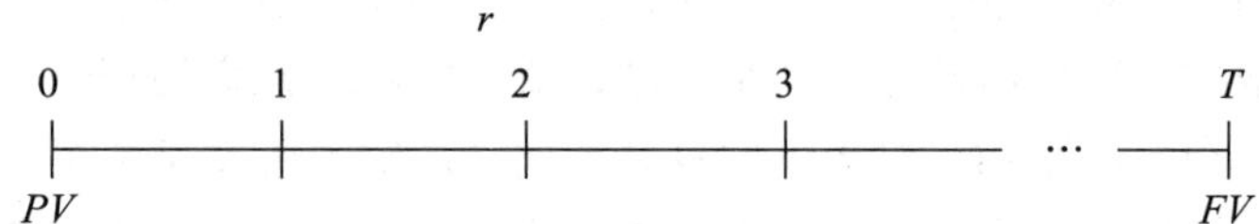

图 3－1　货币的时间轴与 4 大变量

二、单期中的终值

假设利率为 5%，你准备拿出 1 万元进行投资，一年后，你将得到 10 500 元，详见图 3－2。

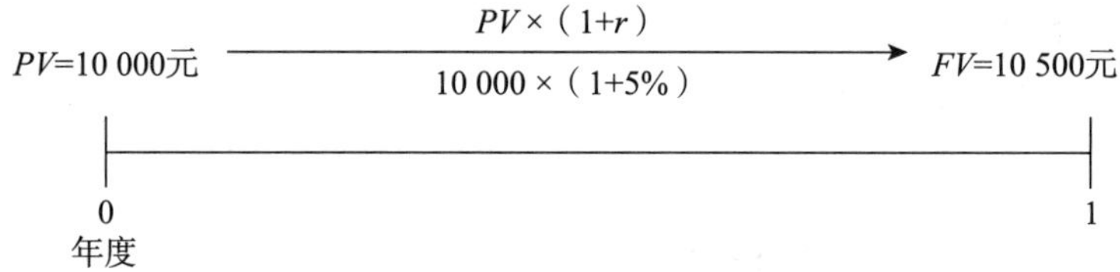

图 3－2　单期中由现值求终值

500 元	利息收入(10 000×5%)
10 000 元	本金投入(10 000×1)
10 500 元	全部收入

计算公式为：10 500＝10 000×(1＋5%)。

投资结束时获得的价值即称为终值 FV。

单期中终值的计算公式为

$$FV=PV\times(1+r)$$

其中，PV 是第 0 期的现金流，r 是利率。

三、单期中的现值

单期中现值的计算公式为

$$PV=\frac{FV}{1+r}$$

其中，FV 是第 1 期期末的现金流，r 是利率。

假设利率为 5%，你想保证自己通过一年的投资得到 1 万元，那么你在当前的投资应该为 9 523.81 元。

四、多期的终值和现值

实例 3－1 假设钱如山购买了金山公司首次公开发售时的股票。该公司的分红为每股 1.10 元，并预计能在未来 5 年中以每年 40%的速度增长。5 年后的股利为多少？

解析 $FV=PV\times(1+r)^T=1.10\times(1+40\%)^5=5.92$(元)

我们发现，第 5 年的股利 5.92 元远高于第一年股利与 5 年中的股利增长之和：

$$5.92\text{ 元}>1.10+5\times(1.10\times0.40)=3.30(\text{元})$$

其原因就是复利计算而产生的利滚利的结果，如图 3－3 所示。

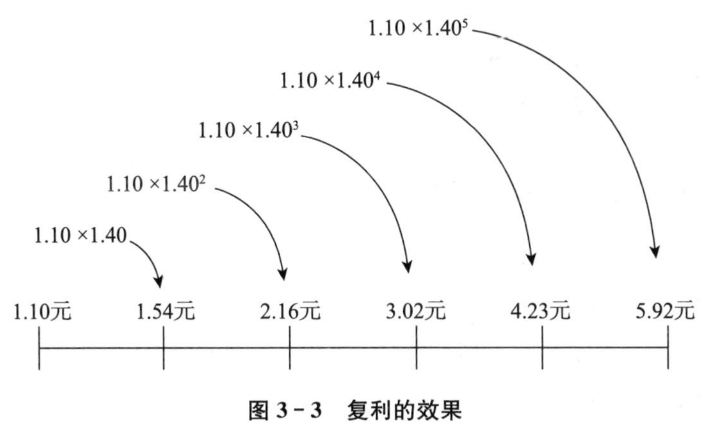

图 3－3 复利的效果

因此，计算多期的终值公式为

$$FV=PV\times(1+r)^T$$

计算多期的现值公式为

$$PV=\frac{FV}{(1+r)^T}$$

其中，PV 是第 0 期的现值，r 是利率，T 是投资时间区间，FV 是第 T 期的终值。$(1+r)^T$ 是终值利率因子，$1/(1+r)^T$ 为现值利率因子。

现值计算是终值的逆运算。简单地说，终值计算是将现在一笔钱，计算为未来某一时刻的本利和。而现值计算，则是将来一笔钱相当于现在多少钱的计算方式。这是货币时间价值计算中最基本也是最重要的换算关系。随着期限 T 的增长，现值利率因子 $1/(1+r)^T$ 将减小，即同样一笔钱，离现在越远，现值越小；随着利率 r 的提高，现值利率因子 $1/(1+r)^T$ 将减小，即同样一笔钱，贴现率越高，现值越小。反之，随着期限 T 的增长，终值利率因子 $(1+r)^T$ 将增大。即同样一笔钱，离现在越远，终值越大；同时随着利率 r 的提高，终值利率因子 $(1+r)^T$ 将增大，即同样一笔钱，利率越高，终值越大。

实例 3－2 假如利率是 15%，你想在 5 年后获得 2 万元，你需要在今天拿出多少钱进行投资？

解析 如图 3－4 所示，你今天所需投资为

$$PV=\frac{20\ 000}{(1+15\%)^5}=9\ 943.53(元)$$

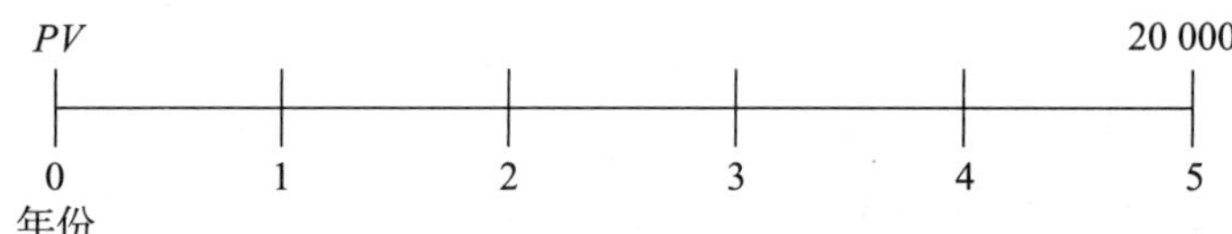

图 3－4 已知终值求现值

五、复利和单利的区别

单利只计算本金在投资期限内的利息，而不计算利息的利息。复利则是在每经过一个计息期后，都要将利息加入本金，以计算下期的利息，即以利生利，也就是俗称的“利滚利”。

实例 3－3 复利和单利的区别

假设年利率为 12%，今天投入 5 000 元，6 年后你将获得多少钱？用单利计算是怎样的？用复利计算是怎样的？

解析 用单利计算：$5\ 000+(12\%\times5\ 000\times6)=8\ 600$(元)。

用复利计算：$5\ 000\times(1+12\%)^6=5\ 000\times1.973\ 822\ 7=9\ 869.11$(元)。

复利和单利计算之间的差异即为：$9\ 869.11-8\ 600=1\ 269.11$(元)。

可以看出，计息方式（复利和单利）的不同对终值和现值的计算结果有巨大影响，而且时间越长，差别越大。以下实例为单利和复利分别计算时“利滚利”的演示结果。

实例 3－4 复利和单利的区别

现值为 100 元，年利率为 10%，计算 5 年后的终值。

解析 如按单利计算，终值为 150 元；如按复利计算，终值为 161.05 元，如表 3－1 所示。

表 3-1　　复利和单利的比较　　(单位：元)

年度	初始值	单利	复利	总利息	终值
1	100.00	10.00	0.00	10.00	110.00
2	110.00	10.00	1.00	11.00	121.00
3	121.00	10.00	2.10	12.10	133.10
4	133.10	10.00	3.31	13.31	146.41
5	146.41	10.00	4.64	14.64	161.05
	总计	50.00	11.05	61.05	

实例 3-5　复利和单利的区别

假如投资者甲买彩票赢得 100 万元，将其存为 10 年的定期存款，年利率为 6%，按复利计算。或者他将其交给表兄打理，10 年中，每年按 6%的单利计算。10 年后，哪种方式获利多？

解析　定期存款的终值是 $1\ 000\ 000\times(1+6\%)^{10}=1\ 790\ 847.70$(元)

从表兄那里获得的终值是 $1\ 000\ 000+1\ 000\ 000\times6\%\times10=1\ 600\ 000$(元)

复利（利滚利）引起的是将近 191 000 元的资产增值。（此题暂未考虑到将这笔钱交给该投资者表兄打理的风险。）

六、不同利率和不同期限下的现值变化

实例 3-6　如何成为千万富翁？

假如你现在 21 岁，每年能获得 10%的收益，要想在 65 岁时成为千万富翁，今天你要一次性拿出多少钱来投资？

解析　确定变量：$FV=1\ 000$ 万元，$r=10\%$，$T=65-21=44$ 年。

代入终值算式中并求解现值：

$$10\ 000\ 000=PV\times(1+10\%)^{44}$$

$$PV=10\ 000\ 000/(1+10\%)^{44}=150\ 911(\text{元})$$

当然我们忽略了税收和其他的复杂部分，但是现在你需要的只是筹集 150 911 元！这个例子再一次告诉我们，时间的长短和复利的计息方式对资本增值有巨大影响。对财务规划来说，计划开始得越早，所需要的投入就越少。

如图 3-5 展示了 1 元的终值在不同利率和不同期间下的现值变化。如 5 年后的 1 元，当 5 年期的年利率为 20%时，现值为 0.40 元；年利率为 15%时，现值为 0.50 元；年利率为 10%时，现值为 0.62 元；年利率为 5%时，现值为 0.78 元。而如果 10 年后的 1 元，当 10 年期的年利率为 20%时，现值则变为 0.16 元；年利率为 15%时，现值为 0.25 元；年利率为 10%时，现值为 0.39 元；年利率为 5%时，现值为 0.61 元。

实例 3-7　确定利率

美国前总统富兰克林于 1790 年逝世。他在自己的遗嘱中写道，他将分别向

波士顿和费城市政府捐赠 1 000 美元用于设立奖学金。捐款必须等他死后 200 年方能使用。1990 年时，付给费城的捐款已经变成 200 万美元，而给波士顿的捐款已达到 450 万美元。请问两个城市的投资收益率各为多少？

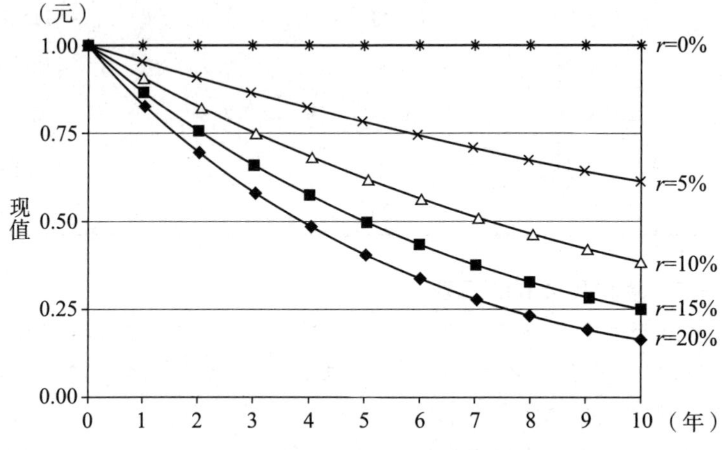

图 3－5　1 元终值在不同利率和不同期间下的现值

解析　对于费城，有以下计算公式：

$$1\ 000=2\ 000\ 000/(1+r)^{200}$$

$$(1+r)^{200}=2\ 000$$

求解 r，得到年平均收益率为：$r=2\ 000^{(1/200)}-1=3.87\%$。

同理我们可以得到波士顿的年平均投资收益率为 4.3%。

可以看出，时间对于投资收益的增长是非常重要的。即使年收益率不高，但如果时间足够长，一个很小的现值也可以变成一个很大的终值。

第二节　规则现金流——年金

年金是典型的规则现金流，这一系列现金流的时间间隔、方向、大小都有一定的规律可循。

一、期末年金和期初年金

按照现金流发生的时点不同，我们将年金划分为期末年金和期初年金。

（一）期末年金

期末年金是指每期的现金流发生在期末的年金。生活中像工资收入、利息收入、红利收入、等额本息房贷摊还、储蓄等都是期末年金。例如，王先生 2013 年年初将 100 万元存入银行，年利率 5%，每年年底付息一次，共付息 5 年。王先生自 2013 年年底起，连续 5 年每年年底获得的利息收入就构成了一个期末年金，如图 3 - 6 所示。

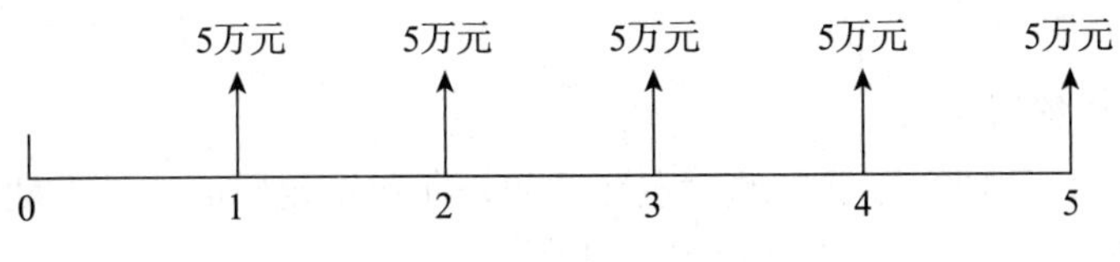

图 3 - 6　期末年金示例

（二）期初年金

期初年金是指每期的现金流发生在期初的年金。生活中像房租、养老金支出、生活费支出、教育金支出、保险缴费等都是期初年金。例如，张先生 2013 年年初到北京工作，在公司附近租了一间公寓，每年租金 5 万元，租期 5 年。张先生自 2013 年年初起，连续 5 年每年年初的租金支出就构成了一个期初年金，如图 3 - 7 所示。

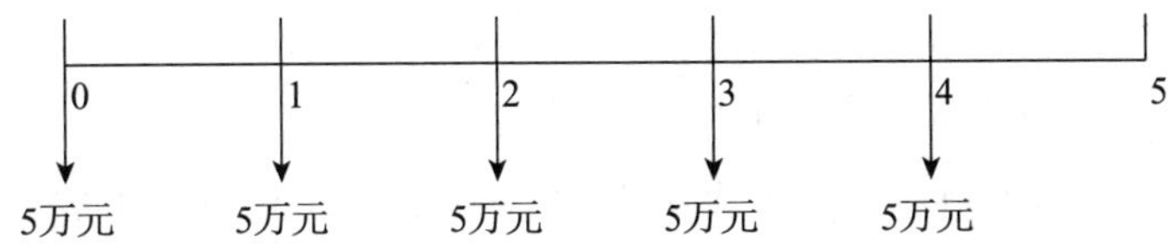

图 3 - 7　期初年金示例

二、普通年金

普通年金是指在一定期限内，时间间隔相同、不间断、金额相等、方向相同的一系列现金流。

（一）普通年金现值

1. 期末年金现值示例

期末年金每期现金流发生的时点在期末，期末年金现值就是每期期末的现金流折现到 0 时点的现值之和，如图 3 - 8 所示。

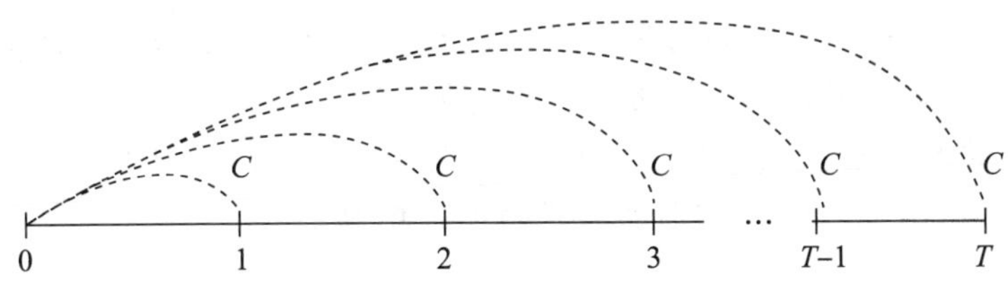

图 3 - 8　期末年金现值示例

期末年金现值计算公式如下：

$$PV=\frac{C}{1+r}+\frac{C}{(1+r)^2}+\frac{C}{(1+r)^3}+\cdots+\frac{C}{(1+r)^T}$$

$$PV_{期末} = \frac{C}{r}\left[1-\frac{1}{(1+r)^T}\right]$$

2. 期初年金现值

期初年金每期现金流发生的时点在期初，期初年金现值就是每期期初的现金流折现到0时点的现值之和，如图3-9所示。

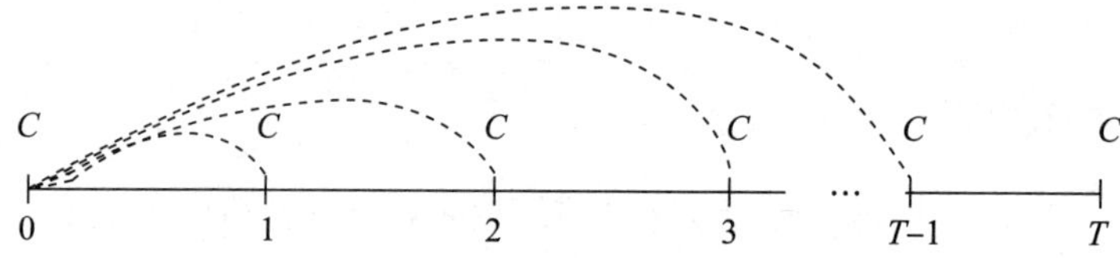

图3-9　期初年金现值示例

期初年金现值计算公式如下：

$$PV = C+\frac{C}{1+r}+\frac{C}{(1+r)^2}+\cdots+\frac{C}{(1+r)^{T-1}}$$

$$PV_{期初} = PV_{期末}\times(1+r)$$

实例3-8　如果项法材先生在未来10年内每年年初获得1 000元，年利率为8%，则这笔年金的现值为

$$PV_{期初}=(1\,000/0.08)\times[1-(1+0.08)^{-10}]\times(1+0.08)=7\,246.89(元)$$

如果项法材先生的年金在每年年末获得，则这笔年金的现值为

$$PV_{期末}=(1\,000/0.08)\times[1-(1+0.08)^{-10}]=6\,710.08(元)$$

实例3-9　消费贷款年金的现值

如果你采用了一项为期36个月的购车贷款，每月月末为自己的汽车支付400元，年利率为7%，按月计息。那么你能购买一辆价值多少钱的汽车?

解析　该消费贷款年金的现值是

$$PV=\frac{400}{0.7/12}\left[1-\frac{1}{(1+0.07/12)^{36}}\right]=12\,954.59(元)$$

实例3-10　计算等额支付贷款

如果你想买一辆价值250 000元的车，首付10%，其余部分银行按12%的年利率给你贷款60个月，按月计息。你每月需还多少钱?

解析　借贷的总额是90%×250 000=225 000（元）。月利率为12%/12=1%，连续60个月，每月月底还款额的现值之和为

$$\begin{aligned}225\,000 &= C\times[1-1/(1+1\%)^{60}]/1\% \\ &= C\times[1-0.55045]/1\% \\ &= C\times 44.955\end{aligned}$$

$C=225\,000/44.955=5\,005.00$（元），即你每月需还5 005元。

实例 3-11　计算期间 t

假如你的信用卡账单上的余额为 2 000 元，月利率为 2%。如果你月还款的最低额为 50 元，你需要多长时间才能将 2 000 元的账还清？

解析　$2\ 000=50\times[1-1/1.02^t]/0.02$

$0.80=1-1/1.02^t$

$1.02^t=5.0$

$t=81.3$ 个月，即大约 6.78 年。

（二）普通年金终值

1. 期末年金终值

期末年金每期现金流发生的时点在期末，期末年金终值就是每期期末的现金流累积到 T 时点的终值之和，如图 3-10 所示。

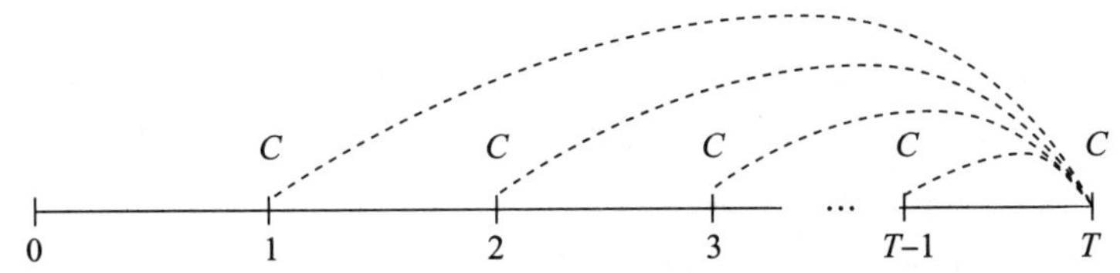

图 3-10　期末年金终值示例

期末年金终值计算公式如下：

$$FV_{期末}=C\times(1+r)^{T-1}+C\times(1+r)^{T-2}+C\times(1+r)^{T-3}+\cdots+C$$

$$FV_{期末}=\frac{C[(1+r)^T-1]}{r}$$

2. 期初年金终值

期初年金每期现金流发生的时点在期初，期初年金终值就是每期期初的现金流累积到 T 时点的终值之和，如图 3-11 所示。

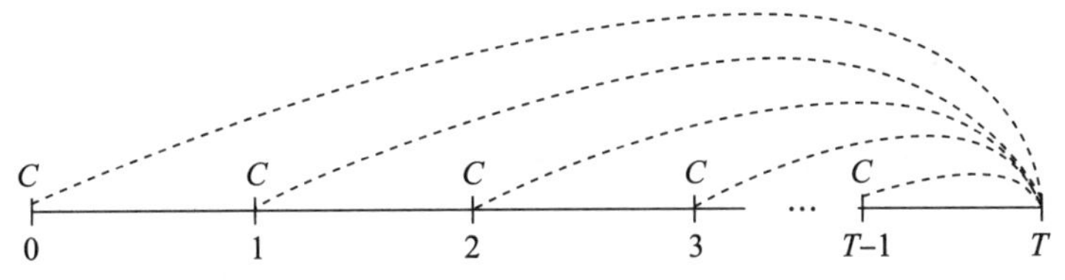

图 3-11　期初年金终值示例

期初年金终值计算公式如下：

$$FV_{期初}=C\times(1+r)^T+C\times(1+r)^{T-1}+C\times(1+r)^{T-2}+\cdots+C\times(1+r)$$

$$FV_{期初}=\frac{C(1+r)[(1+r)^T-1]}{r}$$

$$FV_{期初}=FV_{期末}\times(1+r)$$

实例 3-12　如果项法材先生在未来 10 年内每年年初获得 1 000 元，年利率

为 8%，则 10 年后这笔年金的终值为

$$FV_{期初}=(1\ 000/0.08)\times[(1+0.08)^{10}-1]\times(1+0.08)=15\ 645.49(元)$$

如果项法材先生的年金在每年年末获得，则 10 年后这笔年金的终值为

$$FV_{期末}=(1\ 000/0.08)\times[(1+0.08)^{10}-1]=14\ 486.56(元)$$

实例 3-13　千万富翁养老的年金

一个 21 岁的年轻人今天投资 150 091 元（10%的年利率），可以在 65 岁时（44 年后）获得 1 000 万元。假如这个年轻人现在一次拿不出 150 091 元，而是想在今后 44 年中每年投资一笔等额款，直至 65 岁，那么这笔等额款该为多少？

解析　$10\ 000\ 000=C\times[(1.10)^{44}-1]/0.10$

$C=10\ 000\ 000/652.640\ 8=15\ 322.36$(元)

也就是说，每年储蓄 15 322.36 元，连续 44 年，成为一个千万富翁并不是异想天开！

实例 3-14　如果该投资人现在已经 40 岁了，也想在 65 岁时成为千万富翁。如果他的投资年收益率也为 10%，从现在（年底）开始每年投资一笔等额款，直至 65 岁，那么这笔等额款该为多少？

解析　$10\ 000\ 000=C\times[(1.10)^{25}-1]/0.10$

$C=10\ 000\ 000/98.347\ 06=101\ 680.72$(元)

如果他的投资年收益率为 20%，那么这笔等额款该为

$$10\ 000\ 000=C\times[(1.20)^{25}-1]/0.20$$

$$C=10\ 000\ 000/471.981\ 1=21\ 187.29\ (元)$$

三、永续年金

永续年金是永无到期日的一组稳定现金流，在无限期内，时间间隔相同、不间断、金额相等、方向相同的一系列现金流。

（一）期末永续年金

期末永续年金现金流如图 3-12 所示。

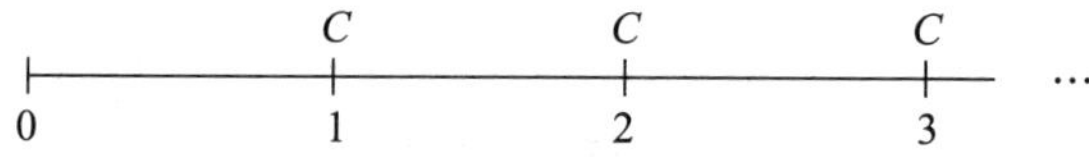

图 3-12　期末永续年金示例

期末永续年金现值计算公式如下：

$$PV=\frac{C}{(1+r)}+\frac{C}{(1+r)^2}+\frac{C}{(1+r)^3}+\cdots$$

$$PV=\frac{C}{r}$$

实例 3－15 某国政府拟发行一种面值为 100 元，息票率为 10%的国债，每年年末付息但不归还本金，此国债可以继承。如果当时的市场利率是 6%，则该债券合理的发行价格是多少？

解析 根据期末永续年金现值公式：$PV=C/r=100\times10\%/6\%=166.67$（元），即债券的合理发行价格为 166.67 元。

（二）期初永续年金

期初永续年金现金流如图 3－13 所示。

图 3－13 期初永续年金示例

期初永续年金现值计算公式如下：

$$PV=C+\frac{C}{(1+r)}+\frac{C}{(1+r)^2}+\cdots$$

$$PV=\frac{C}{r}\times(1+r)$$

四、增长型年金

增长型年金是指在一定期限内，时间间隔相同、不间断、金额不相等但每期增长率相等、方向相同的一系列现金流。

（一）增长型年金现值

1. 期末增长型年金现值

期末增长型年金每期现金流发生的时点在期末，期末增长型年金现值就是每期期末的增长型现金流折现到 0 时点的现值之和，如图 3－14 所示。

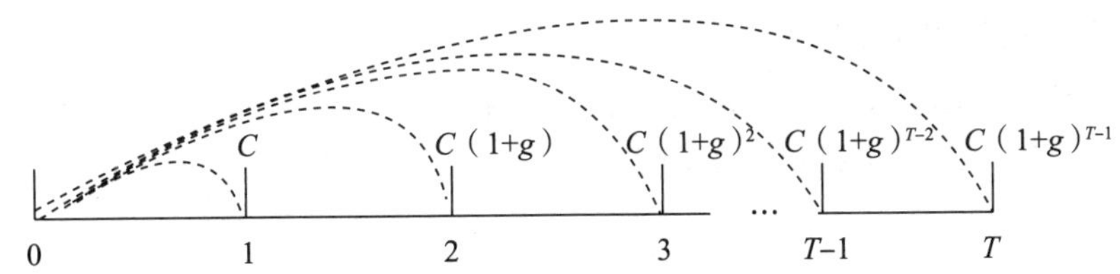

图 3－14 期末增长型年金现值示例

期末增长型年金现值计算公式如下：

$$PV=\frac{C}{1+r}+\frac{C\times(1+g)}{(1+r)^2}+\frac{C\times(1+g)^2}{(1+r)^3}+\cdots+\frac{C\times(1+g)^{T-1}}{(1+r)^T}$$

当 $r\neq g$ 时，

$$PV=\frac{C}{r-g}\times\left[1-\left(\frac{1+g}{1+r}\right)^{T}\right]$$

当 $r=g$ 时，

$$PV=\frac{TC}{1+r}$$

实例 3-16　增长型年金

一项养老计划为你提供 40 年养老金。第一年为 20 000 元，以后每年增长 3%。年底支付。如果贴现率为 10%，这项计划的现值是多少？

解析　$PV=\frac{20\ 000}{0.10-0.03}\times\left[1-\left(\frac{1.03}{1.10}\right)^{40}\right]=265\ 121.57$(元)

2. 期初增长型年金现值

期初增长型年金每期现金流发生的时点在期初，期初增长型年金现值就是每期期初的增长型现金流折现到 0 时点的现值之和，如图 3-15 所示。

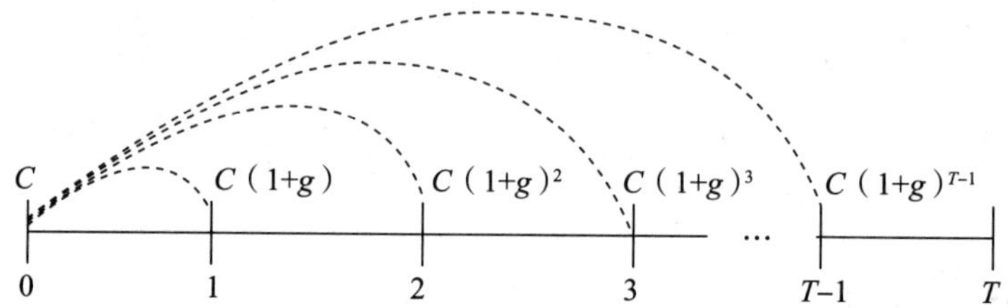

图 3-15　期初增长型年金现值示例

期初增长型年金现值计算公式如下：

$$PV_{期初}=C+\frac{C\times(1+g)}{(1+r)}+\frac{C\times(1+g)^{2}}{(1+r)^{3}}+\cdots+\frac{C\times(1+g)^{T-1}}{(1+r)^{T-1}}$$

$$PV_{期初}=PV_{期末}\times(1+r)$$

（二）增长型年金终值

1. 期末增长型年金终值

期末增长型年金每期现金流发生的时点在期末，期末增长型年金终值就是每期期末的增长型现金流累积到 T 时点的终值之和，如图 3-16 所示。

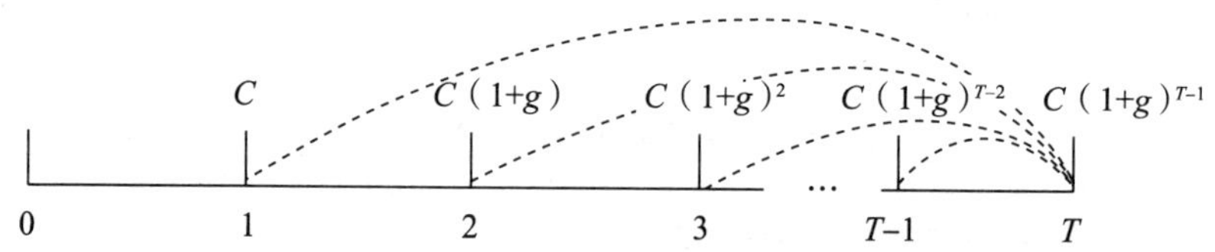

图 3-16　期末增长型年金终值示例

期末增长型年金终值计算公式如下：

$$FV_{期末}=C\times(1+r)^{T-1}+C\times(1+g)(1+r)^{T-2}+C\times(1+g)^{2}(1+r)^{T-3}$$

$$+\cdots+C\times(1+g)^{T-1}$$

当 $r\neq g$ 时，

$$FV_{期末}=\frac{C(1+r)^T}{r-g}\times\left[1-\left(\frac{1+g}{1+r}\right)^T\right]$$

当 $r=g$ 时，

$$FV_{期末}=TC(1+r)^{T-1}$$

实例 3-17 小华打算为将来买房储蓄资金，计划每年年末拿出工资的 30%存入银行。今年税后工资是 6 万元，假设工资增长率是 5%，存款年利率是 3%，那么 5 年后他可以积累多少钱？

解析 $FV=\frac{6\times30\%(1+3\%)^5}{3\%-5\%}\times\left[1-\left(\frac{1+5\%}{1+3\%}\right)^5\right]=10.53$(万元)

2. 期初增长型年金终值

期初增长型年金每期现金流发生的时点在期初，期初增长型年金终值就是每期期初的增长型现金流累积到 T 时点的终值之和，如图 3-17 所示。

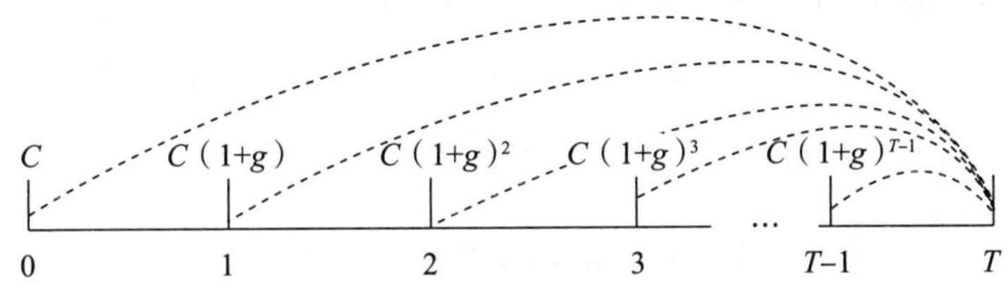

图 3-17 期初增长型年金终值示例

期初增长型年金终值计算公式如下：

$$FV_{期初}=C\times(1+r)^T+C\times(1+g)(1+r)^{T-1}+C\times(1+g)^2(1+r)^{T-2}+\cdots+C\times(1+g)^{T-1}(1+r)$$

当 $r\neq g$ 时，

$$FV_{期初}=\frac{C(1+r)^{T+1}}{r-g}\times\left[1-\left(\frac{1+g}{1+r}\right)^T\right]$$

当 $r=g$ 时，

$$FV_{期初}=TC(1+r)^T$$

$$FV_{期初}=FV_{期末}\times(1+r)$$

五、增长型永续年金

增长型永续年金为以某固定比率增长的永续年金现金流，在无限期内，时间间隔相同、不间断、金额不相等但每期增长率相等、方向相同的一系列现金流。

（一）期末增长型永续年金

期末增长型永续年金现金流如图 3-18 所示。

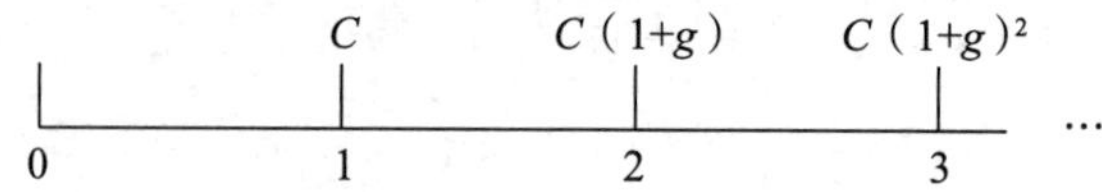

图 3-18　期末增长型永续年金示例

期末增长型永续年金现值计算公式如下：

$$PV_{期末}=\frac{C}{1+r}+\frac{C\times(1+g)}{(1+r)^2}+\frac{C\times(1+g)^2}{(1+r)^3}+\cdots$$

$$PV_{期末}=\frac{C}{r-g}$$

（二）期初增长型永续年金

期初增长型永续年金现金流如图 3-19 所示。

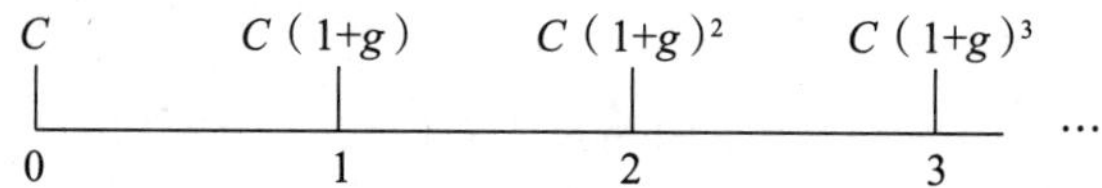

图 3-19　期初增长型永续年金示例

期初增长型永续年金现值计算公式如下：

$$PV_{期初}=C+\frac{C\times(1+g)}{(1+r)}+\frac{C\times(1+g)^2}{(1+r)^2}+\frac{C\times(1+g)^3}{(1+r)^3}+\cdots$$

$$PV_{期初}=\frac{C}{r-g}\times(1+r)$$

$$PV_{期初}=PV_{期末}\times(1+r)$$

应该注意的是，在推导以上公式时，必须假定 $r>g$，否则现金流的现值将发散，永续年金的现值将为无穷大。因此在使用该公式时，应注意初始现金流 C 时间点的位置和 $r>g$ 的要求。

实例 3-18　杨小姐最近准备投资 S 公司股票，她对该公司股票的股利分配政策进行了研究，经过 S 公司股东大会讨论通过，明年该股票预计每股分配股利 0.5 元，且以后每年固定增长 3%，假定折现率为 5%，该股票现在市价为每股 30 元。假定该公司能够保持这项股利分配政策不变，且不考虑其他因素对股票价格的影响，该股票现在的市场价格是否合理？

解析　股票合理价格＝$C/(r-g)$＝0.5/(0.05－0.03)＝25(元)。该股票现在的市场价格为每股 30 元，而股票内在价格为每股 25 元，所以该股票被高估了。

第三节　净现值和内部收益率

净现值（*NPV*）等于所有现金流（包括正的现金流和负的现金流）的现值之和。如果一个项目的 *NPV* 是正数，说明收入现金流的现值大于支出现金流的现值，项目有正的收益，因此应该接受它；反之，如果一个项目的 *NPV* 是负数，就应该拒绝采纳它。

为什么要使用 *NPV* 作为投资项目评估的标准呢？这是因为接受 *NPV* 为正的项目符合投资人的投资目标，即投资收益为正，*NPV* 越大，投资收益越高。由于 *NPV* 方法在计算现值时考虑了相关的所有现金流，而且贴现率是使用的投资收益率，也是现金流的再投资收益率。因此，*NPV* 是较好的投资项目评估方法，投资项目的 *NPV* 越大越好。

实例 3-19　*NPV* 的计算

项目 X 的初始投资为 1 100 元，投资收益率为 10%，每年的收入和支出如表 3-2 所示，问该项目是否值得投资？

解析　该项目 X 每年的现金流入和现金支出如表 3-2 所示。

表 3-2　投资项目 X 每年的现金流入和现金支出　（单位：元）

年度	收入	支出
1	1 000	500
2	2 000	1 300
3	2 200	2 700
4	2 600	1 400

因此，如图 3-20 所示，项目 X 的净现值为

$$
\begin{aligned}
NPV &= \sum_{t=0}^{T} \frac{C_t}{(1+r)^t} \\
&= C_0 + C_1/(1+r) + C_2/(1+r)^2 + C_3/(1+r)^3 + C_4/(1+r)^4 \\
&= -1\,100 + 500/1.1 + 700/1.1^2 + (-500)/1.1^3 + 1\,200/1.1^4 \\
&= 377.02 > 0
\end{aligned}
$$

该项目净现值大于 0，所以项目值得投资。

内部收益率（*IRR*），又称内部收益率，它是使 *NPV* 为 0 的贴现率。当投资人要求的投资收益率小于 *IRR* 时，说明投资项目的 *NPV* 大于 0，项目可接受；当投资人要求的投资收益率大于 *IRR* 时，说明投资项目的 *NPV* 小于 0，项目应该被拒绝。因此，投资项目的 *IRR* 越大越好。使用 *IRR* 作为投资项目的决策标准具有简单直观的优点，易于被接受。但应该注意的是，在 *IRR* 的计算过程中，再投资的收益率假定为 *IRR*，而这一假定不符合实际情况（*NPV* 计算中再投资收益率为真实投资收益率）。另外，*IRR* 的计算要解一元多次方程，有时会出现多解和无解的情况。在面临互斥项目的选择时容易出现问题。因此，当 *IRR* 和 *NPV* 发生冲突时，投资项目的决策应该以 *NPV* 的结论为准。

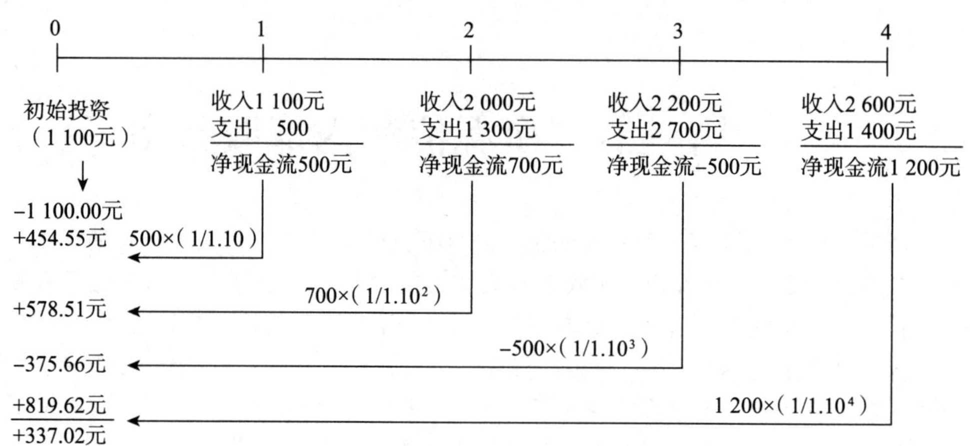

图 3-20 净现值的计算

实例 3-20 *IRR* 的计算

某投资项目的现金流如图 3-21 所示，如果投资人对该项目要求的投资收益率为 18%，该项目是否值得投资？

解析 如图 3-21 所示，内部收益率的计算如下：

$$NPV=0=-200+\frac{50}{(1+IRR)}+\frac{100}{(1+IRR)^2}+\frac{150}{(1+IRR)^3}$$

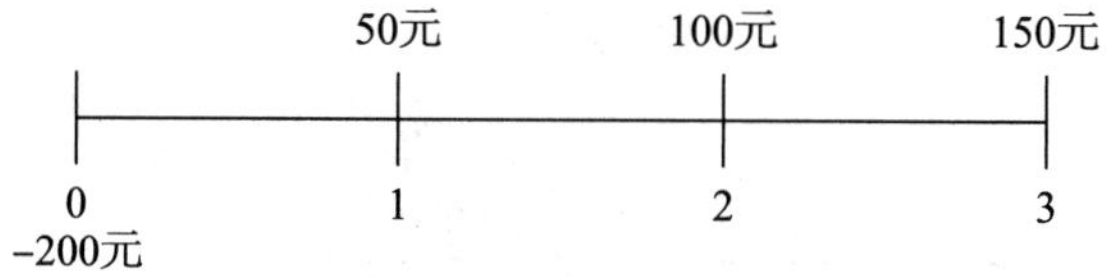

50元 100元 150元

0 1 2 3

-200元

图 3-21 内部收益率的计算

解出上式中的 *IRR* 为 19.44%，大于 18%，因此该项目值得投资。

我们发现，*NPV* 的大小随投资收益率的变化而变化，投资人要求的收益率越高，*NPV* 越小。当投资收益率等于 *IRR* 时，*NPV* 为 0。这种关系可用图 3-22 表示（同上例）。

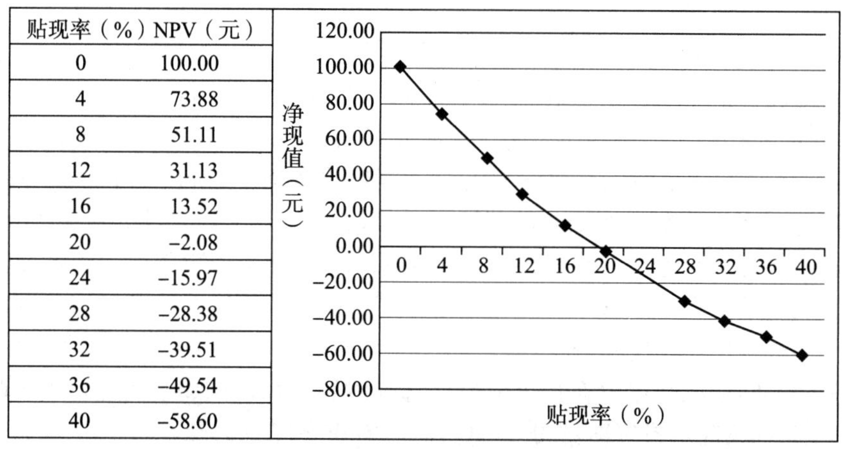

贴现率（%）	NPV（元）
0	100.00
4	73.88
8	51.11
12	31.13
16	13.52
20	-2.08
24	-15.97
28	-28.38
32	-39.51
36	-49.54
40	-58.60

图 3-22 贴现率与净现值之间的关系

两项目交叉收益率是使两项目 NPV 相等的投资收益率。例如项目 A 和项目 B 有如图 3－23 所示的现金流，如果两项目互斥，如何进行选择？

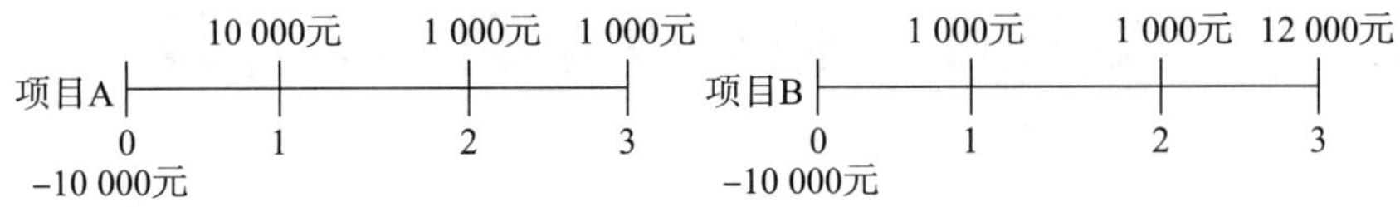

图 3－23　项目 A 和项目 B 的现金流

画出两项目的 NPV 变化曲线，并计算交叉收益率，如图 3－24 所示。项目 A 的 IRR 为 16.04%，项目 B 的 IRR 为 12.94%。

也就是说，当投资人要求的投资收益率小于 10.55%时，项目 B 好于项目 A；当投资人要求的投资收益率大于 10.55%时，项目 A 好于项目 B。

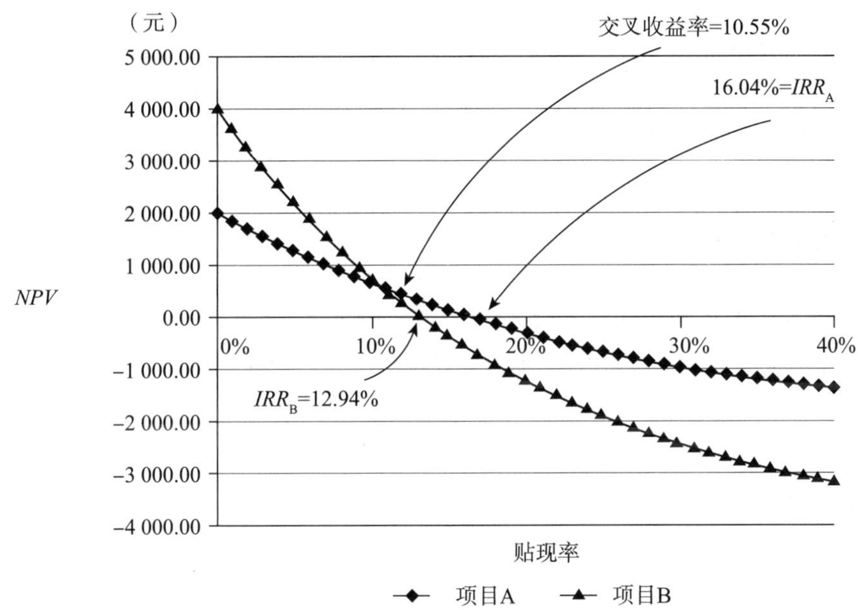

图 3－24　项目 A 和项目 B 的净现值

净现值率（NPVR，net present value rate）又称净现值比、净现值指数，是指项目净现值与原始投资现值的比率，又称“净现值总额”。净现值率是一个动态投资收益指标，用于衡量不同投资方案的获利能力大小，说明某项目单位投资现值所能实现的净现值大小。净现值率小，单位投资的收益就低；净现值率大，单位投资的收益就高。

$NPVR$ 是指按基准折现率计算的方案寿命期内的净现值与其全部投资现值的比率，是在 NPV 的基础上发展起来的，可作为 NPV 的一种补充。

$$NPVR=NPV/I_P$$

其中，I_P＝投资 I 的现值。

第四节　复利期间和有效年利率的计算

一、复利期间

一年内对某金融资产计 m 次复利，T 年后，你得到的价值是

$$FV = PV \times \left(1 + \frac{r}{m}\right)^{m \times T}$$

例如，你将 50 元进行投资，年利率为 12%，每半年计息一次，那么 3 年后你的投资价值变为

$$FV = 50 \times \left(1 + \frac{0.12}{2}\right)^{2 \times 3} = 50 \times 1.066 = 70.93(\text{元})$$

二、有效年利率的计算

在上面的例子中，该投资的有效年利率（EAR）是多少？

3 年后能给我们带来相同收益的年收益率即为有效年利率，即

$$50 \times (1 + EAR)^3 = 70.93(\text{元})$$

$$EAR = \left(\frac{70.93}{50}\right)^{1/3} - 1 = 0.123\,6$$

也就是说，按 12.36%的年利率投资的收益与按 12%的名义年利率并按半年计复利的投资收益是相同的。

因此，有效年利率的计算公式为

$$EAR = \left(1 + \frac{r}{m}\right)^{m} - 1$$

其中，EAR 为有效年利率，r 为名义年利率，m 为一年内复利次数。

三、复利期间与有效年利率

同样的名义年利率，不同的复利次数，将会得出不同的有效年利率，见表 3－3。

表 3－3　　10%的名义年利率在不同复利次数下的有效年利率

复利区间	复利次数（次）	有效年利率（%）
年	1	10.000 00
季	4	10.381 29

续前表

复利区间	复利次数（次）	有效年利率（%）
月	12	10.471 31
周	52	10.506 48
日	365	10.515 58
时	8 760	10.517 03
分	525 600	10.517 09

四、连续复利利率

在多期连续计复利的情况下，计算终值的一般公式是

$$FV = PV \times e^{rT}$$

其中，PV 为第 0 期的投资价值，r 为年利率，T 为投资期间，e 为自然对数的底，约等于 2.718。

例如，年初投入 10 万元，名义年利率为 10%，采取连续复利计息方式，则年末可收回多少元？

采用连续复利计息方式时：

$$FV = PV \times e^{rT} = 10 \times e^{0.1 \times 1} = 11.051\,7(\text{万元})$$

因此年末可收回 11.051 7 万元。

五、名义年利率与有效年利率

名义年利率（APR）是设定的年利率，如果一年内的复利或贴现次数为 1，名义年利率等于有效年利率，即 $APR = EAR$。如果一年内的复利或贴现次数大于 1，名义年利率则永远小于有效年利率，即 $APR < EAR$。

例如，如果名义年利率是 16%，按半年计复利，即实际利率为每半年 8%。如果投资 1 000 元于年收益率为 16%的产品，那么 1 年后你的投资价值为 1 160 元。如果收益率为每半年 8%，半年计一次复利，那么一年后你的投资价值为 $1\,000 \times (1.08)^2 = 1\,166.40$(元)，比前者多 6.40 元。

要想实现与半年计息 8%的投资相同的收益，我们需要怎样的年收益率？此时有效年利率 EAR 为 16.64%。“16%半年计息”中的 16%是名义的或设定的年利率，而非有效年利率。北美的法律规定，在消费信贷中，信贷协议中名义年利率 APR 必须等于期间利率乘以年度期间数量。例如，如果银行给出的汽车贷款利率为每月 1%，APR 为 12%（即 1%×12），则 $EAR = 12.682\,5\%$，即 $(1.01)^{12} - 1 = 1.126\,825 - 1$。

第五节 货币时间价值在金融理财中的应用

货币时间价值的核心是，时间的长短和机会成本（资本的租金或利息）的大小在现值和终值的关系中起着重要作用。金融理财涉及一定时间跨度的成本和收益核算。无论个人还是家庭，都必须根据未来的预期收入评估当前投资，因而不可避免地要对不同时期的金融资产进行价值比较。金融理财师在和客户讨论现金的流入（收入）和流出（支出）时，必须按照时间的顺序，列明现金流。计算现金流时，需要分析两个重要因素：一是时间间隔的长短，也就是时间上的联系；二是金额的高低，也就是价值上的联系。对现金流进行分析，是为客户进行财务策划的第一步，也是最基本的计算和分析方法。最典型的现金流计算包括终值、现值、年金、不规则现金流等方面的计算。

货币时间价值的计算在个人金融理财规划中的应用非常广泛，是理财规划分析最基本的工具和基础。任何有关现金流（如住房按揭、养老金、教育金等）的分析都离不开时间价值的计算。下面的实例说明了其重要性。

实例 3-21 中头彩

你中了一个足球彩票的头彩，金额为 2 000 万元。可是彩票公司将会把 2 000 万元按每年 50 万元给你，每年年底支付，40 年付完。如果市场的年收益率为 12%，你的实际获奖金额为多少？

解析 $PV = 500\ 000 \times [1 - 1/(1.12)^{40}]/0.12$

$= 500\ 000 \times [1 - 0.010\ 746\ 8]/0.12$

$= 500\ 000 \times 8.243\ 777$

$= 4\ 121\ 888.34$(元)

实例 3-22 特殊按揭贷款

加拿大的银行公布的按揭利率为年利率，但为半年复利计息，而还款计划往往按月支付。假如你从加拿大道明银行按揭了 100 000 加拿大元，25 年期，年利率为 7.4%，半年复利计息。你的月供款（月底）为多少？

解析 先将名义年利率转换为有效年利率：

$$EAR = \left(1 + \frac{0.074}{2}\right)^2 - 1 = 0.075\ 369 = 7.536\ 9\%$$

再将有效年利率转换成月有效利率：

$$(1 + 0.075\ 369)^{\frac{1}{12}} - 1 = 0.006\ 073\ 69 = 0.607\ 369\%$$

月供款额为下列年金现值等式中 C 的解：

$$100\ 000 = \frac{C}{0.006\ 073\ 69}\left[1 - \frac{1}{(1 + 0.006\ 073\ 69)^{300}}\right]$$

$C = 725.28$(加拿大元)

实例 3-23 摊销（amortization）

在房贷相关的年金计算中，人们往往需要知道在每笔年金支付中利息支出和本金支付的比例。将年金支付中利息和本金分开的方法为摊销。摊销有两种方式：等额本金和等额本息。

解析 （1）等额本金。如初始借款为5 000元，5年还清，假设年利率为9%，每年还款的本金固定为1 000元，则摊销方式如表3-4所示。

表3-4 **本金固定摊销表** （单位：元）

年度	初始借款	年总支付	年利息	年本金	年末余额
1	5 000	1 450	450	1 000	4 000
2	4 000	1 360	360	1 000	3 000
3	3 000	1 270	270	1 000	2 000
4	2 000	1 180	180	1 000	1 000
5	1 000	1 090	90	1 000	0
总计		6 350	1 350	5 000	

这种摊销方式的好处是还款人明确知道每年还款中本金的比重，但由于每年还款中利息额不一样，所以每年还款的总额不一样，因而可能给支付带来不便。

（2）等额本息。如初始借款为5 000元，5年还清，假设年利率为9%，每年还款的额度固定为年金支付，则摊销方式如表3-5所示。

表3-5 **本利固定摊销表** （单位：元）

年度	初始借款	年总支付	年利息	年本金	年末余额
1	5 000.00	1 285.46	450.00	835.46	4 164.54
2	4 164.54	1 285.46	374.81	910.65	3 253.88
3	3 253.88	1 285.46	292.85	992.61	2 261.27
4	2 261.27	1 285.46	203.51	1 081.95	1 179.32
5	1 179.32	1 285.46	106.14	1 179.32	0.00
总计		6 427.30	1 427.31	5 000.00	

这种摊销方式的好处是每年还款的总支付额是等额年金，可通过年金的现值公式计算，便于支付。缺点是每次年金支付中本金和利息额的比重都不一样。离到期日越远，利息额占的比重越大，离到期日越近，本金占的比重越大。还款人不易了解借款的本金余额。

实例3-24 谎言、欺骗——利率的骗局

某家具店进行清仓大甩卖，其促销广告为："1万元的家具立刻拿走！12%的单利！3年付清！超低月付！买！买！买！"

假设你被这迷人的广告所吸引，走进商店购置了1万元的家具。结账时，店家为你计算的月付款为：

今天以12%的年利率借款10 000元，3年付清。

欠款为：10 000+10 000×0.12×3=13 600元。

为了让你不要有还款压力，为你设计3年36个月的付款计划。

每月付款额为：13 600/36=377.8(元)。

你认为这是一个12%年利率的贷款吗?

算一下有效年利率就知道了：

$$10\,000=377.8\times[1-1/(1+r)^{36}]/r$$

解得：$r=1.767\%$(每月)。

按月贴现名义年利率为：$APR=12\times1.767\%=21.204\%$。

有效年利率为：$EAR=(1+1.767\%)^{12}-1=23.39\%$。

显然，你实际支付的利率比广告中的12%高出了近一倍!

第四章

金融计算工具与方法

本章提要

本章重点介绍了理财资讯平台的金融计算器功能。为了让读者更好地了解并掌握各种计算工具的使用，我们将在讲解中结合具体的理财问题展开现金流分析，强调实际应用能力。

本章内容包括：

- 理财资讯平台（教学版）基本功能；
- 金融计算器。

通过本章学习，读者应该能够：

- 了解基于货币时间价值的金融计算主要方法和实用工具；
- 熟练掌握年金、项目净现值与内部收益率、利率转换、房贷摊销、债券和基本统计的计算。

第一节 理财资讯平台（教学版）基本功能

FPSB China 指定的、由北京财蕴天下信息技术有限责任公司开发的理财资讯平台是一款为金融理财师量身打造的专业理财软件，是以支持理财师开展业务为核心，集理财规划、资产管理、金融客户管理、金融工具及信息资讯五大系统为一体的一站式服务平台。

理财资讯平台的基本功能包括案例学习、案例作业、规划管理、模拟投资、资讯中心、股票行情 6 大功能，具体介绍如下。

1. 案例学习

通过视频教学，提供理财规划案例的制作方法、案例制作的要求与评审重点等内容。

2. 案例作业

学员根据学习要求，通过本功能完成案例制作，导出报告书，完成作业提交。

3. 规划管理

提供全方位金融理财解决方案，包括资产配置以及产品推荐功能，并自动生成专业的理财规划报告书。

4. 模拟投资

构建投资组合，可跟踪各类产品的历史数据，并模拟未来收益走势。

5. 资讯中心

提供金融产品信息、经济数据、财经资讯、法律法规，以及教育移民等与理财师业务切实相关的信息。

6. 股票行情

提供股票行情数据，包括沪深股市概况、板块排行榜、单只股票的技术分析和即时分析、自选股详情等。

第二节　金融计算器

一、金融计算器简介

我们使用理财资讯平台中的金融计算器进行货币时间价值的相关计算。金融计算器包括普通计算器、货币时间价值、利率转换、房贷摊销、现金流计算器、日期转换、债券计算器和统计计算器（如图 4－1 所示）。[①]（考试时不提供个税计算器功能。）

图 4－1　金融计算器列表

① 本章涉及图表均为金融计算器真实页面，由于印刷限制，显示略差，学员可据此参照原页面阅读学习。

(一) 金融计算器基本操作

图 4-2 中展示了金融计算器的基本操作。

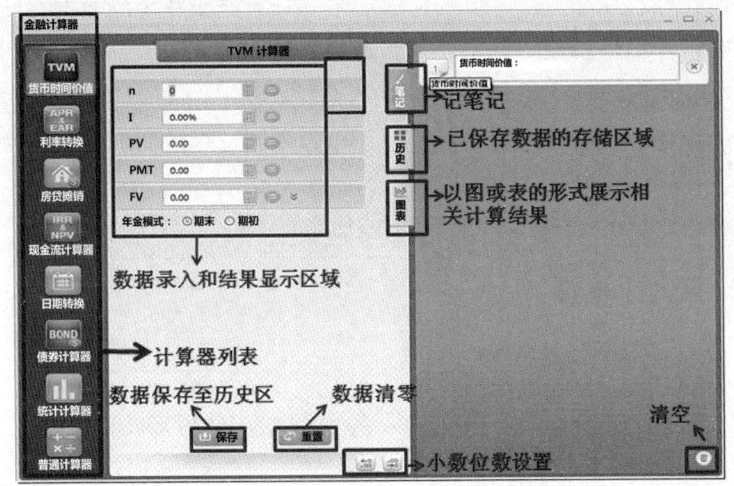

图 4-2　金融计算器基本操作

(1) 计算器列表。用于不同功能计算器的便捷切换。

(2) 数据录入和结果显示。

数据录入：可以在输入框直接录入数据，也可以通过输入框右侧的小键盘“”进行数据录入或将计算后的结果进行录入。

结果显示：点击变量右侧的“”可以得到相应变量的计算结果。

(3) 保存。点击“保存”，可将相应计算器所有输入变量和结果变量保存至右侧“历史”。

(4) 数据存储和调用。

数据存储：存储已保存的数据。历史数据不因软件关闭或升级而改变，但若重装或卸载软件，历史数据将被清空。

数据调用：方式一是拖动“历史”区域的“”图标，直接将数据拖至左侧输入框；方式二是点击相应计算器的序号，如“1.”，将所有数据整体还原至左侧（如图 4-3 所示）。

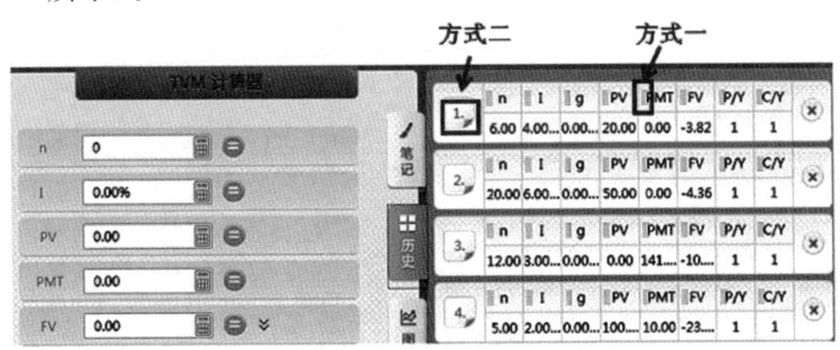

图 4-3　金融计算器数据调用

（5）重置。如果想清空输入区域的所有数据，点击“重置”。

（6）笔记：用于记录与相应计算器有关的事项。

（7）图表。

图：通过柱状现金流量图更形象地展示与计算结果相关的数据，便于理解。

表：与计算结果相关的数据，如房贷摊销表。

（8）小数位数设置。系统初始默认为两位小数。通过点击“ ”，进行小数位数的设置，该设置为全局设置，不会因不同计算器间的切换或关闭软件而改变。

（9）清空。点击“ ”，清空笔记或历史。

（二）普通计算器

1. 计算$\frac{(3\times4)+(5\times6)}{7}$

步骤：按照计算的顺序，依次输入各项数据，最后点击“等号”完成计算（如图 4－4 所示）。

说明：通过点击“保存”按钮，可以将结果保存，如果想要调用，可以点击“历史”框中的“ ”按钮，数据就恢复至普通计算器中了。

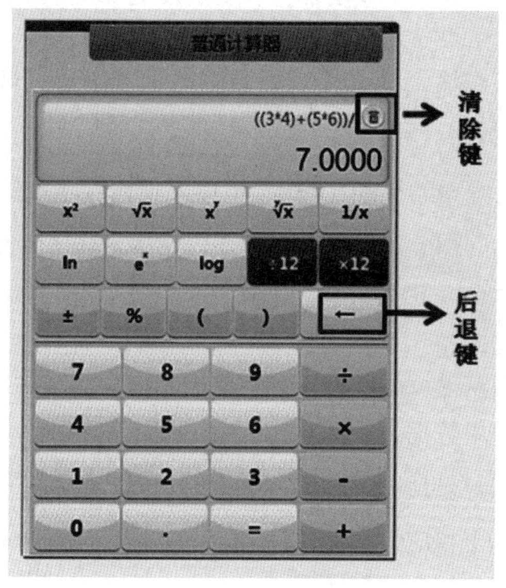

图 4－4　普通计算器操作（1）

2. 计算 $2^{\frac{5}{12}}$

步骤：依次输入“2”“x^y”“（5÷12）”“＝”，得到 1.334 8（如图 4－5 所示）。

3. 计算 e^4

步骤：依次输入“4”“e^x”“＝”，就可以得到结果 54.598 2。

图 4-5　普通计算器操作（2）

二、货币时间价值计算器操作

理财资讯平台中的货币时间价值计算器可用于解决单笔和规则现金流的货币时间价值计算问题。

（一）货币时间价值计算器的相关变量

（1）基本变量。货币时间价值计算器中，基本变量包括 n（期数）、I（利率）、PV（现值）、PMT（年金）、FV（终值），如图 4-6 所示。

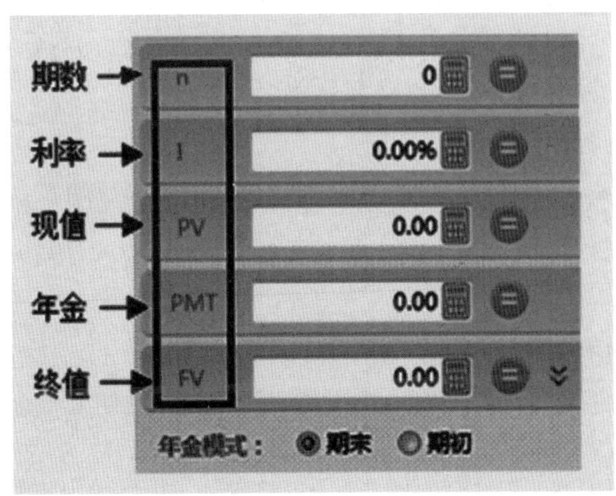

图 4-6　货币时间价值计算器基本变量

（2）扩展变量。货币时间价值计算器中，点击“≫”可见扩展变量。扩展变量包括 *P/Y*（年支付次数）、*C/Y*（年复利次数）和 *g*（年金增长率），如图 4－7 所示。

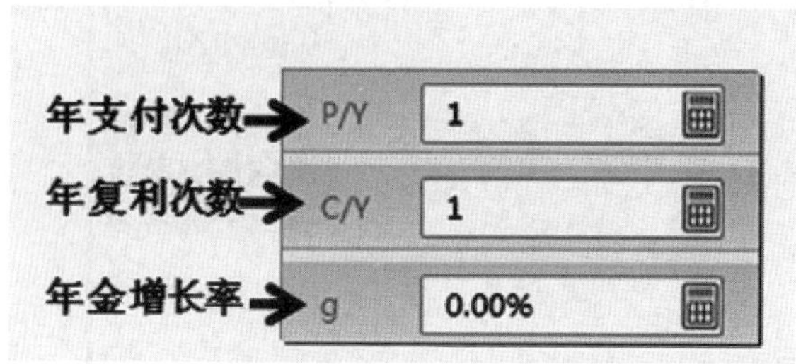

图 4－7　货币时间价值计算器扩展变量

（二）货币时间价值计算器操作注意事项

1. 变量的输入顺序

变量的输入顺序不影响最后的计算结果。输入 *n*、*I*、*PV*、*PMT* 和 *FV* 中的任意 4 个变量，点击剩下一个变量后面的等号，可计算该变量。

2. 现金流的方向

第一，注意现金流入和流出的方向，现金流入为“＋”，现金流出为“－”。通过小键盘中的“±”，可以改变现金流的正负号。

第二，在一个 TVM（货币时间价值）算式中，现金流一定有负有正，否则求 *I* 与 *n* 会出现错误提示，无法计算出正确答案。

第三，*PV*、*FV*、*PMT* 要看题目的意思来决定正负符号。如投资、存款、生活费用支出、房贷本息支出都是现金流出，输入符号为负；收入、赎回投资、借入本金都是现金流入，输入符号为正。

3. *I* 的输入

比如 5%，可以在输入框直接录入数据 5（不能忽略百分号），也可以通过输入框右侧的小键盘输入 0.05（忽略百分号）。

4. 付款和复利计算设置

计算每月付款额 *PMT* 时，可以通过小键盘中的“×12”和“÷12”把 *n* 和 *I* 进行转化；计算其他期限付款额 *PMT* 时，输入相应与 *PMT* 期限相匹配的 *I* 和 *n* 即可。

5. 期初和期末模式转换

如果是期初年金，在年金模式处选择期初；如果是期末年金，在年金模式处选择期末。

6. 年金类型判断

判断该年金是普通年金、永续年金、增长型年金还是增长型永续年金。如果是增长型年金，需要单击“≫”显示扩展变量。另外，永续年金和增长型永续年

金要使用普通计算器进行计算。

做题时，需要通过现金流图弄清楚时点，例如现在所处的时点和理财目标的时点等。把理财目标当作基准点，基准点之前我们通过累积资产来实现理财目标，是用现值（比如现有资产）或年金（比如每期储蓄）来求复利终值或年金终值。基准点之后可以理解为先借贷来实现理财目标，之后再分期摊还，是用终值（比如预留遗产额）或年金（比如每期学费、每期生活费、每期房贷）来求复利现值或年金现值。前段现值与年金所累积的资产，等于后段终值与年金所算出的负债之时，就是理财目标可以实现的时间点。而折现率的高低，则是决定何时资产等于负债的关键因素。

实例 4－1　已知现值、时间、利率，求终值

张先生于 2000 年 1 月 1 日存入银行 1 万元，存期 1 年，并约定自动转存。存入时人民银行公布的 1 年期定期存款基准利率为 2.25%，不考虑利息税并假设利率不变。如果张先生于 2003 年 1 月 1 日来取这笔钱，那么他一共能拿到多少钱？

解析　运用货币时间价值计算器计算，确认相关变量：存入银行的 1 万元作为现值 PV，存款利率 2.25%作为利率 I，存款期限 3 年作为投资期间 n，输入计算器中，如图 4－8 所示，得到终值 FV 为 10 690.30 元，即张先生 3 年后一共能拿到 10 690.30 元。

图 4－8　单笔现金流计算（1）

实例 4－2　已知终值、利率、时间，求现值

2013 年，李先生与理财师小王商量购房事宜。小王在分析李先生家庭财务状况和实际情况后，建议他在 5 年后购房，经过分析，李先生中意的房子在 5 年后价格约为 300 万元。假设投资收益率为 10%。那么，李先生现在应该一次性投入多少钱用于买房呢？

解析　运用货币时间价值计算器计算，确认相关变量：5 年后的住房价格 300 万元作为终值 FV，投资收益率 10%作为利率 I，距离购房的年限 5 年作为投

资期间 n，输入计算器中，如图 4-9 所示，得到现值 PV 为 1 862 763.97 元，即李先生现在应该一次性投入大约 186.28 万元用于买房。

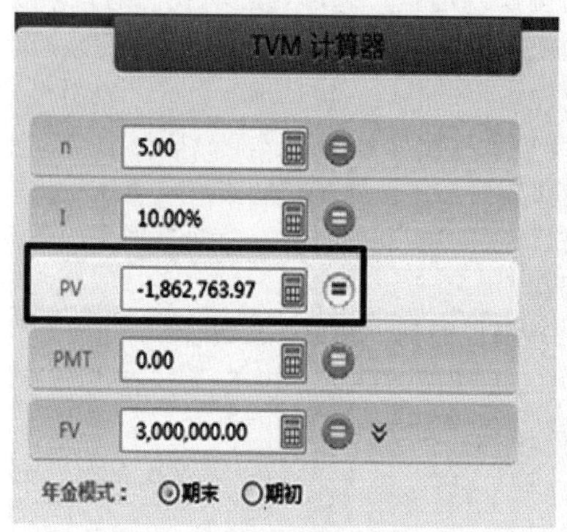

图 4-9　单笔现金流计算（2）

实例 4-3　已知现值、终值、利率，求时间

最近张女士就购车事宜咨询了她的金融理财师。张女士想购入的汽车现在价值 30 万元人民币，购车预算为 20 万元，适合张女士的风险承受能力和风险偏好的投资产品年收益率为 10%。假定该车市场价格不变，不考虑相关税费，张女士需要多长时间才能购买到她心仪的车?

解析　运用货币时间价值计算器计算，确认相关变量：购车预算 20 万元作为现值 PV，张女士想购入的汽车价值 30 万元作为终值 FV，投资产品年收益率 10%作为 I，输入计算器中，如图 4-10 所示，得到期限 n 为 5 年，即张女士需要 5 年才能购买到她心仪的车。

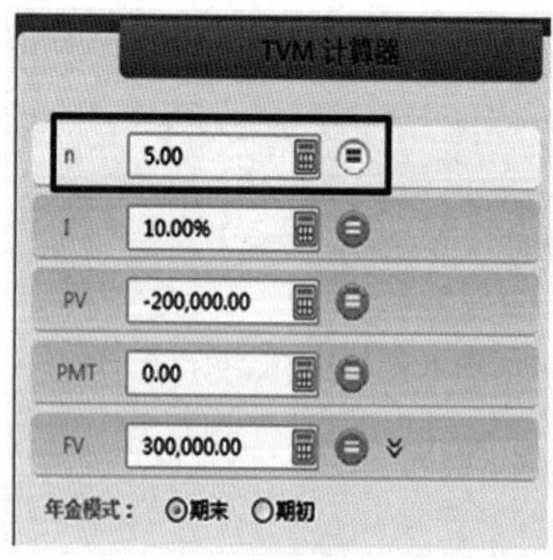

图 4-10　单笔现金流计算（3）

实例 4-4　期末年金求现值

最近黄女士就购房事宜咨询了 A 银行金融理财师小艾。小艾建议她在 A 银行

办理贷款购房，贷款20年，按月等额本息还款。黄女士每月月薪为人民币10 000元，她计划拿出其中的50%用于偿还房贷，A银行住房贷款年利率为6.55%，不考虑利率优惠和其他授信因素。黄女士可以从A银行获得多少贷款?

解析 运用货币时间价值计算器计算，确认相关变量：贷款期限20年，按月还款，n输入240；贷款年利率6.55%，I输入6.55%/12；每月月供为10 000×50%=5 000（元），PMT输入−5 000，年金模式设置为期末，如图4-11所示，得到现值PV为667 985.095 6元，即黄女士可以获得的贷款额大约为66.8万元。

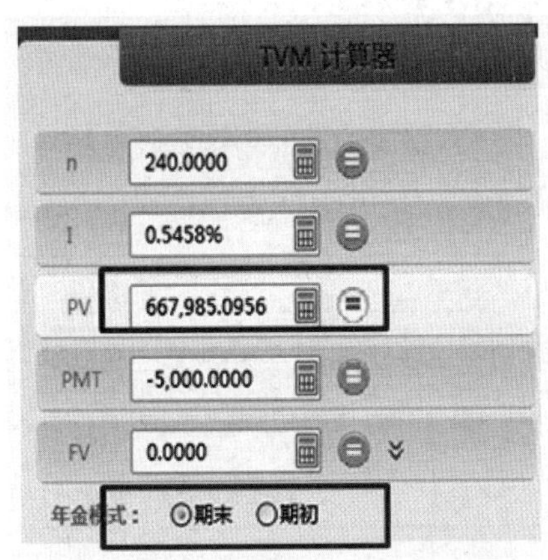

图4-11　期末年金现值计算

实例4-5　期初年金求终值

王先生准备2年后购入一辆汽车。他准备每月月初拿出8 000元用于购车规划。根据王先生的风险偏好和风险承受能力制定的投资组合年收益率为10%。王先生在2年后能够购买多少钱的汽车?

解析 运用货币时间价值计算器计算，确认相关变量：2年后购车，按月投资，期限n输入24；每月月初拿出8 000元做投资，PMT输入−8 000；年收益率10%，按月投资，I输入10%/12，年金模式设置为期初，如图4-12所示，得到终值FV为213 338.450 6元，即王先生在2年后可以购买大约21.33万元的车。

图4-12　期初年金终值计算

实例 4－6　期初增长型年金求现值

李先生现年 40 岁，父母预计余寿 25 年，计划从今年年初开始给予父母赡养费 12 000 元，以后每年按照 4%增长，若年投资收益率为 5%，则李先生现在需要为父母未来的赡养费准备多少钱?

解析　运用货币时间价值计算器计算，确认相关变量：父母余寿 25 年，n 输入 25；首年赡养费 12 000 元，PMT 输入首期现金流－12 000；年投资收益率为 5%，I 输入 5%；赡养费增长率 4%，g 输入 4%，年金模式设置为期初，如图 4－13 所示，得到现值 PV 为 268 091.64 元，即李先生现在应该为父母准备 268 091.64 元。

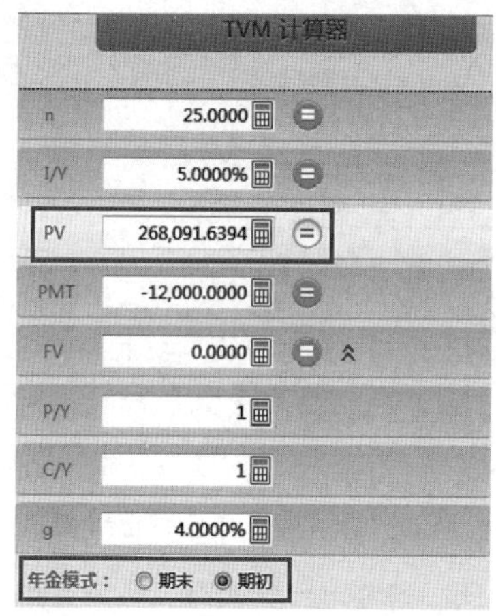

图 4－13　期初增长型年金现值计算

实例 4－7　期末增长型年金求终值

孙先生准备 10 年后购置一套新的住房，目标房价 300 万元。孙先生目前年薪为人民币 32 万元，他准备每年拿出年薪的 50%用于购房规划，假设年薪增长率为 5%，根据孙先生风险偏好和风险承受能力建立的投资组合年收益率为 10%。假设房价不变且不考虑贷款和购房相关税费，按照孙先生的购房规划，10 年后能买得起他心仪的住房吗?

解析　运用货币时间价值计算器计算，确认相关变量：10 年后购房，n 输入 10；每年用于购房的投资金额为 32×50%＝16（万元），PMT 输入首期现金流－160 000；年收益率 10%，I 输入 10%；年薪增长率 5%，g 输入 5%，年金模式设置为期末，如图 4－14 所示，得到终值 FV 为 3 087 513.07 元，目标房价为 300 万元，所以按照孙先生的购房规划，10 年后他能买得起心仪的住房。

三、现金流计算器操作

该功能可用于对有现金流产生的财务问题进行分析，完成净现值（NPV）和内部收益率（IRR）的计算。相关变量和操作注意事项如图 4－15 所示。

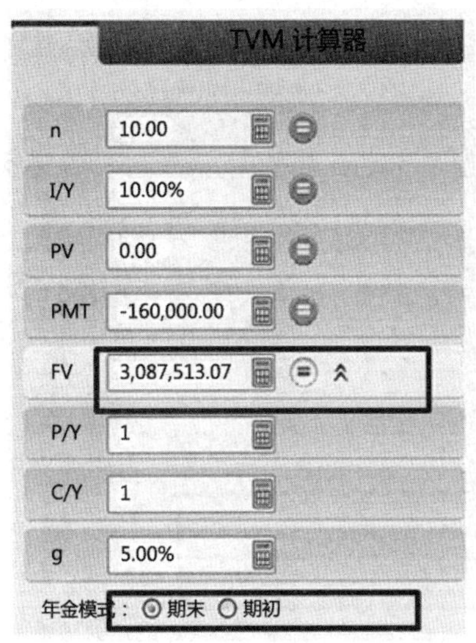

图 4-14　期末增长型年金终值计算

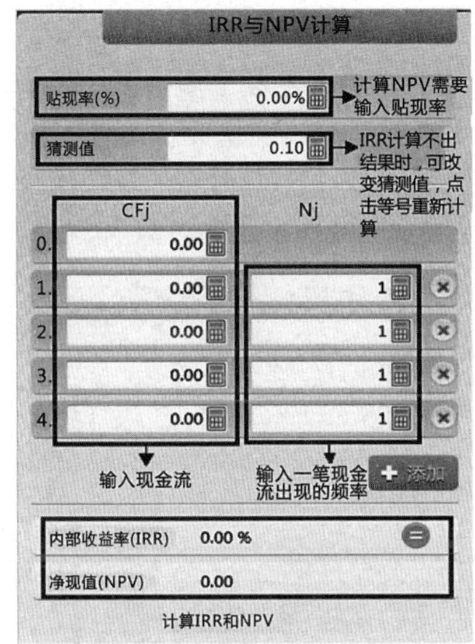

图 4-15　现金流计算器操作说明

实例 4-8　如果某客户开店的成本（期初投资）为 170 万元，每年年末取得收益 12 万元，第 10 年年末取得收益后转让出资，出让价为 220 万元。假设贴现率为 8%，计算该项目的 *NPV* 和 *IRR*。

解析　运用现金流计算器计算，确认相关变量：贴现率输入 8%；0 时点现金流为−170，1～9 年的现金流为 12，第 10 年的现金流为 232。如图 4-16 所示，得到该项目的净现值为 12.423 5 万元，大于 0，说明该项目有利可图；内部收益率为 8.995 2%，大于该项目的融资成本 8%，故该项目有利可图。

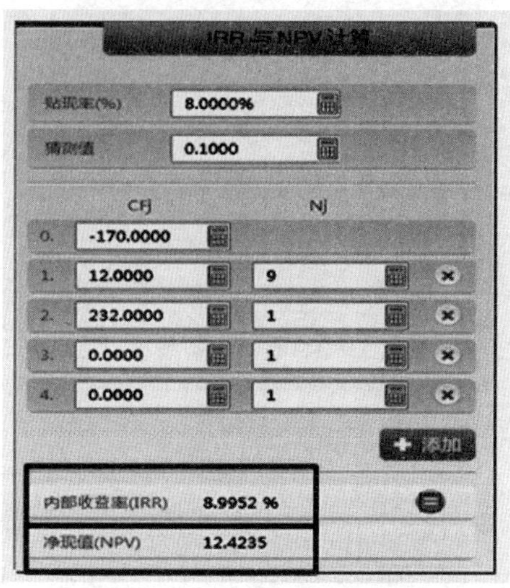

图 4－16　净现值和内部收益率计算

实例 4－9　客户何先生在某保险公司购买了定期领回的储蓄险，保单载明：趸缴 100 万元，第 5、10、15 年年末各领回 10 万元，第 20 年年末一次性领回 100 万元。计算该定期领回储蓄险的年投资收益率。

解析　运用现金流计算器计算，确认相关变量：0 时点的现金流为－100；第 5、10、15 时点的现金流为 10；第 20 时点的现金流为 100。如图 4－17 所示，得到该储蓄险的年投资收益率即内部收益率为 1.508 5%。

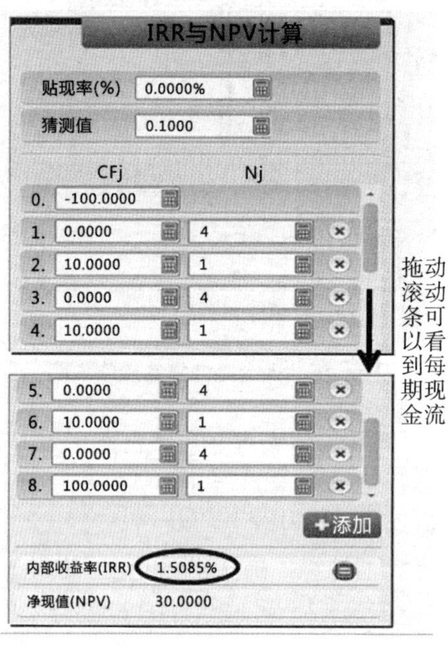

图 4－17　内部收益率计算

四、利率转换计算器操作

该计算器用于进行名义年利率（*APR*）和有效年利率（*EAR*）之间的转换。相关变量如图 4-18 所示。

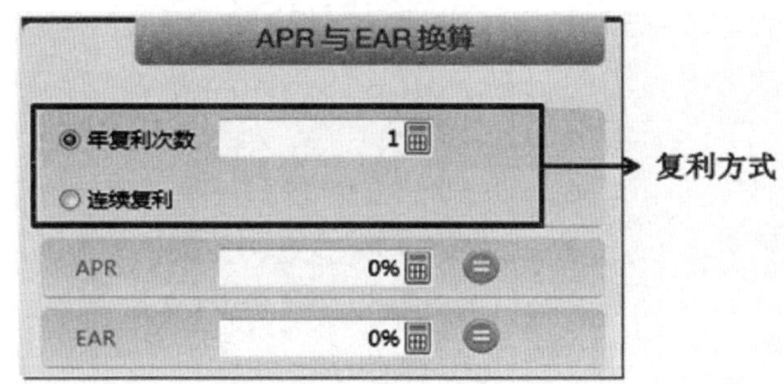

图 4-18　利率转换计算器

在计算过程中，首先确定复利方式："年复利次数"或"连续复利"，然后输入相应的"*APR*"或"*EAR*"值，可以得到要求的"*EAR*"或"*APR*"值。

实例 4-10　名义年利率为 12%，若每月计息一次，有效年利率为多少？

解析　运用利率转换计算器计算，确认相关变量：名义年利率 *APR* 为 12%，年复利次数为 12，得到 *EAR*=12.682 5%，如图 4-19 所示。

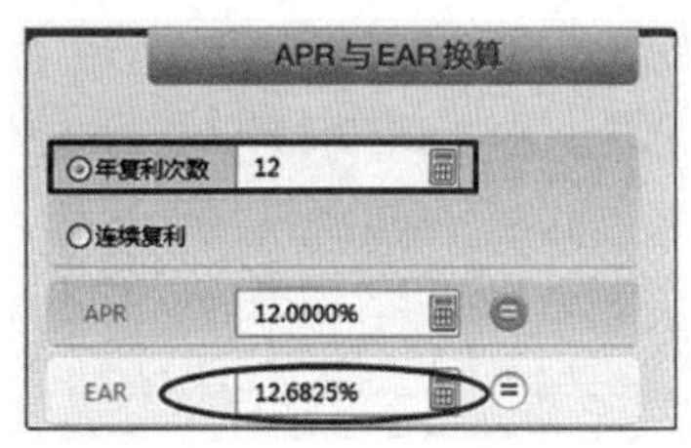

图 4-19　利率转换计算（1）

实例 4-11　王小姐现在 35 岁，计划在 20 年后退休。她打算拿出 15 万元用于积累养老金。某产品年投资收益率为 9.5%，连续复利计息。如果投资在该产品上，王小姐退休时可以获得多少养老金？

方法 1　第一步，计算连续复利下的有效年利率，点击连续复利，输入名义年利率 9.5%，得到有效年利率 *EAR* 为 9.965 9%，点击保存，如图 4-20 所示。

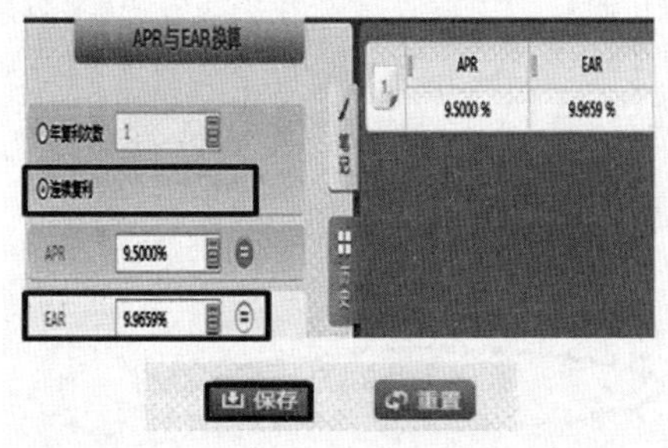

图 4-20　利率转换计算（2—1）

第二步，计算退休时可以获得的养老金为 $15\times(1+EAR)^{20}=100.2884$(万元)。打开货币时间价值计算器，把第一步的有效年利率复制到 I，投资期限 n 为 20 年，现有资金 PV 为 -15 万元，得到终值 FV 为 100.288 4 万元，如图 4－21 所示。

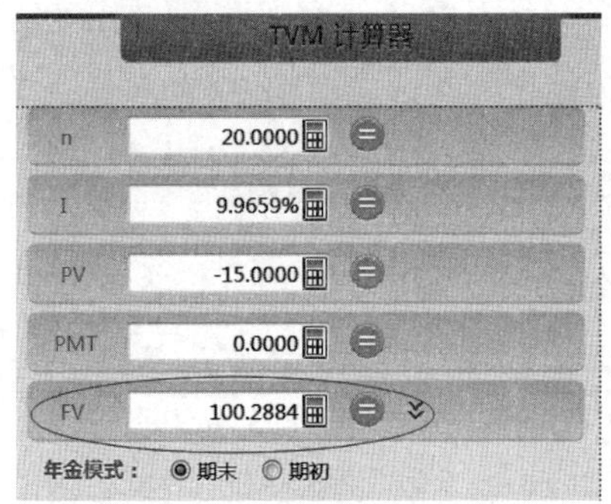

图 4－21　利率转换计算（2—2）

方法 2　$FV=PV\times e^{rT}=15e^{9.5\%\times 20}=15e^{1.9}=100.2884$(万元)。

其中，$e^{1.9}$ 可以使用理财资讯平台中的普通计算器计算，先按数字 1.9，再按 e^x，得到结果，如图 4－22 所示。

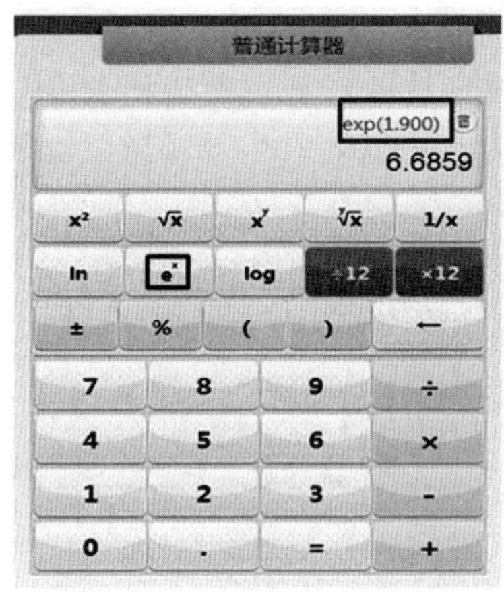

图 4－22　利率转换计算（2—3）

实例 4－12　名义年利率为 10%，连续复利，那么与其有效年利率相同，在按半年复利的情况下，名义年利率是多少？

解析　第一步，先计算 10%的名义年利率连续复利时的有效年利率，操作如下：点击连续复利，名义年利率 APR 输入 10%，得到有效年利率 EAR 为 10.52%，如图 4－23 所示。

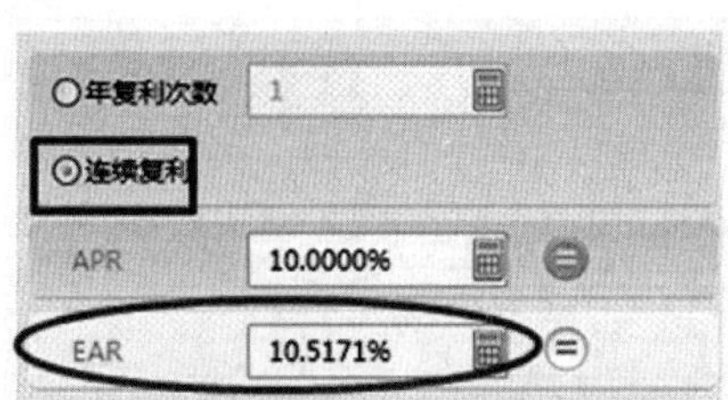

图 4－23　利率转换计算（3—1）

第二步，再计算有效年利率为10.52%，半年复利，对应的名义年利率，操作如下：年复利次数输入2，有效年利率*EAR*输入10.52%，得到名义年利率*APR*为10.257 0%，如图4-24所示。

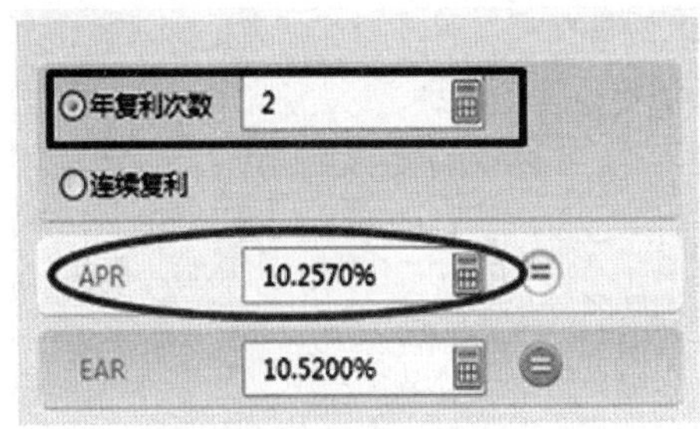

图4-24 利率转换计算（3—2）

实例4-13 A机构提供5年期个人贷款12万元，名义上提供免息贷款，5年内每月还2 000元，5年还清，但收取2万元的期初费用，求有效年利率。

解析 第一步，使用货币时间价值计算器，先计算月利率，贷款期限5年，按月还款，*n*输入60；贷款金额为10万元（12万元的贷款金额扣除2万元的期初费用），*PV*输入100 000；每月还款2 000元，*PMT*输入－2 000；得到月利率*I*为0.618 3%，如图4-25所示。

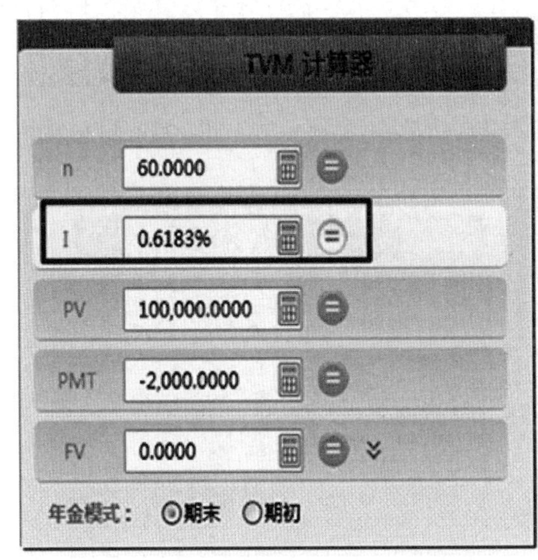

图4-25 利率转换计算（4—1）

第二步，使用利率转换计算器，计算有效年利率。月利率为0.618 3%，转化为名义年利率0.618 3%×12=7.419 6%，年复利次数输入12，得到有效年利率为7.677 2%，如图4-26所示。

图 4-26　利率转换计算（4—2）

实例 4-14　利率的骗局

家具大甩卖
1 000 元的家具立刻拿走！
12%的单利！
3 年本利摊还付清！
超低月付！

假如你被这个广告所吸引，进了这家商店，买了 1 000 元的家具，并同意按上面的条款支付。那么你实际支付的 *APR* 是多少？*EAR* 是多少？

解析　第一步，计算实际月利率。商店为你计算的月付款为：今天以 12% 的年利率借款 1 000 元，3 年付清。欠款为：1 000＋1 000×0.12×3＝1 360（元）。为了使你没有还款压力，为你设计 3 年共 36 个月的付款计划，每月付款额为：1 360/36＝37.78（元）。

打开货币时间价值计算器，每月付款 37.78 元，*PMT* 输入－37.78；还款期间为 36 个月，*n* 输入 36；借款本金 *PV* 为 1 000 元，得到月利率 *I* 为 1.767 0%，如图 4-27 所示。

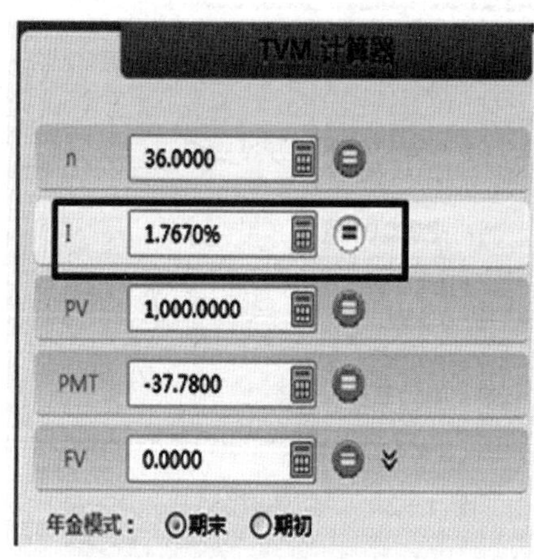

图 4-27　利率转换计算（5—1）

第二步，将月利率转化为有效年利率。根据第一步的结果，月利率为 1.767 0%，名义年利率为 21.204 0%。使用利率转换计算器，年复利次数输入 12，名义年利率输入 21.204 0%，得到有效年利率为 23.391 1%，如图 4-28 所示。

图4-28　利率转换计算（5—2）

五、房贷摊销计算器操作

房贷摊销计算器可用于计算贷款的本金和利息在贷款周期中的分期偿还。相关变量如图4-29所示。

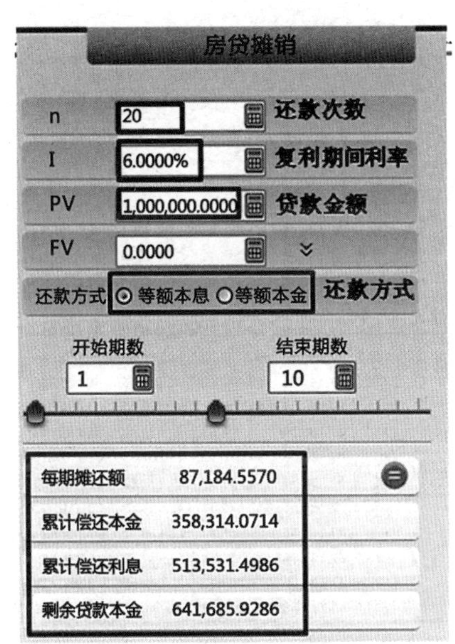

图4-29　房贷摊销计算器操作说明

（1）还款方式：可以选择等额本金和等额本息两种还款方式。系统默认为等额本息。

（2）计算指定期间的还款情况：可以直接在开始期数和结束期数的输入框中录入数据，也可以直接拖动开始期数和结束期数下面的滑动滚轴进行选择。

（3）点击等号键，得到的是每期摊还额、从开始期数到结束期数的累计偿还本金、累计偿还利息以及剩余贷款本金。在图4-29中，开始期数为1，结束期数为10，得到的是前10期累计偿还的本金、利息以及第10期偿还后的剩余贷款

本金。

(4) 每期的本金、利息还款现金流可以在该计算器中用图形（如图 4-30 所示）或表格（如图 4-31 所示）进行直观的显示。

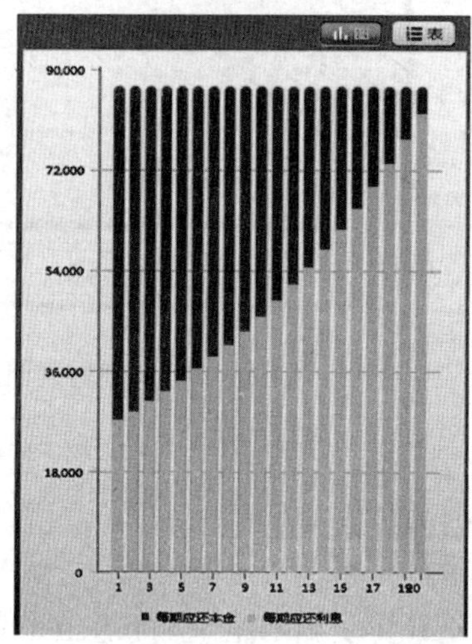

图 4-30　房贷摊销计算器图形展示

期数	每期还款	本金	利息	剩余本金
1	87,184.56	27,184.56	60,000.00	972,815.44
2	87,184.56	28,815.63	58,368.93	943,999.81
3	87,184.56	30,544.57	56,639.99	913,455.24
4	87,184.56	32,377.24	54,807.31	881,078.00
5	87,184.56	34,319.88	52,864.68	846,758.13
6	87,184.56	36,379.07	50,805.49	810,379.06
7	87,184.56	38,561.81	48,622.74	771,817.24
8	87,184.56	40,875.52	46,309.03	730,941.72
9	87,184.56	43,328.05	43,856.50	687,613.67
10	87,184.56	45,927.74	41,256.82	641,685.93
11	87,184.56	48,683.40	38,501.16	593,002.53
12	87,184.56	51,604.41	35,580.15	541,398.12
13	87,184.56	54,700.67	32,483.89	486,697.45
14	87,184.56	57,982.71	29,201.85	428,714.74
15	87,184.56	61,461.67	25,722.88	367,253.07
16	87,184.56	65,149.37	22,035.18	302,103.70
17	87,184.56	69,058.34	18,126.22	233,045.36
18	87,184.56	73,201.84	13,982.72	159,843.53
19	87,184.56	77,593.95	9,590.61	82,249.58
20	87,184.56	82,249.58	4,934.97	0.00

图 4-31　房贷摊销计算器表格展示

实例 4-15　张先生想购买一处房产，须向银行申请 60 万元贷款，期限为 10 年，按月还款，房贷年利率 7%，售楼小姐介绍说现在有等额本金和等额本息两种还款方式，张先生想知道，第 5 期到第 30 期还款中，等额本金方式和等额本息方式所还利息分别为多少？

解析　运用房贷摊销计算器计算，确认相关变量：本金 PV 为 60 万元；贷款期限 10 年，按月还款，n 输入 120；房贷年利率 7%，按月复利，I 输入 7%/12；开始期数设为 5，结束期数设为 30。

(1) 等额本金还款方式下，还款方式选择“等额本金”，得到第 5 期到第 30

期累计偿还的利息为 78 487.5 元，如图 4-32 所示。

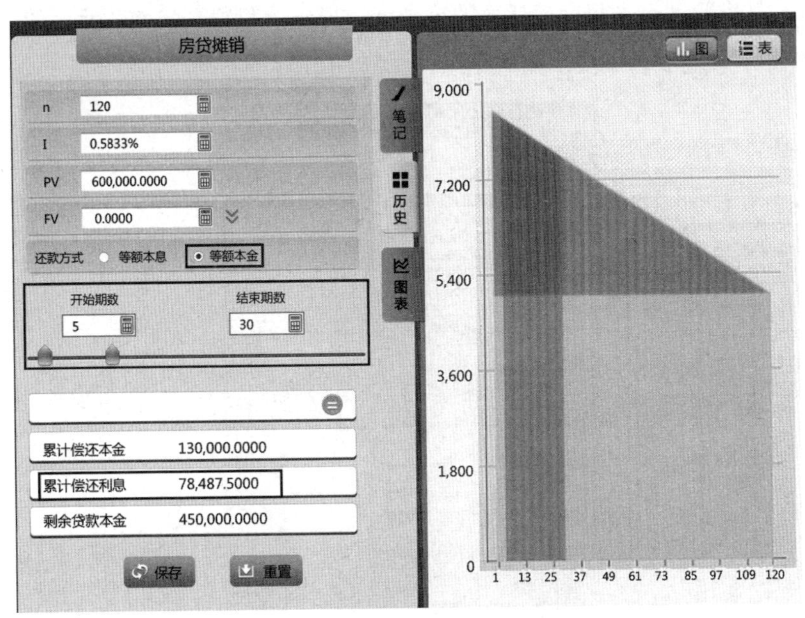

图 4-32 房贷摊销计算——等额本金

(2) 等额本息还款方式下，还款方式选择“等额本息”，得到第 5 期到第 30 期累计偿还的利息为 81 827.183 0 元，如图 4-33 所示。

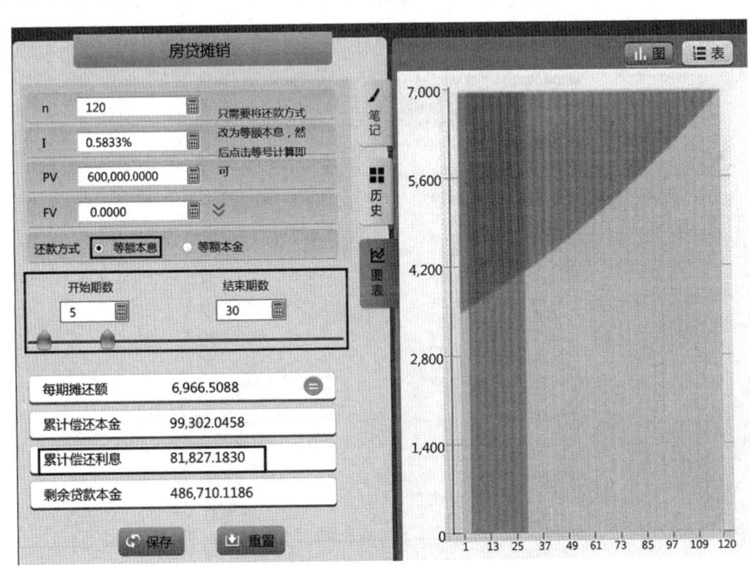

图 4-33 房贷摊销计算——等额本息

实例 4-16 某客户向银行贷款 100 万元，房贷利率是 4%，期限 20 年，每月本息平均摊还，该客户的月供额是多少？若 5 年后，客户想一次性还清贷款，那么他要还多少钱？

解析 运用房贷摊销计算器进行计算，确认相关变量：贷款本金 PV 为 100 万元；房贷利率 4%，按月复利，I 输入 4%/12；贷款期限 20 年，按月还款，n

输入 240。

（1）月供额。点击每期摊还额的等号键，得到月供额为 6 060 元，如图 4 - 34 所示。

图 4 - 34　房贷摊销计算（1—1）

（2）5 年后的剩余贷款额。

方法 1　开始期数设置为 1，结束期数设置为 60，重新点击等号键，得到 5 年后的剩余贷款额为 81.922 5 万元，如图 4 - 35 所示。

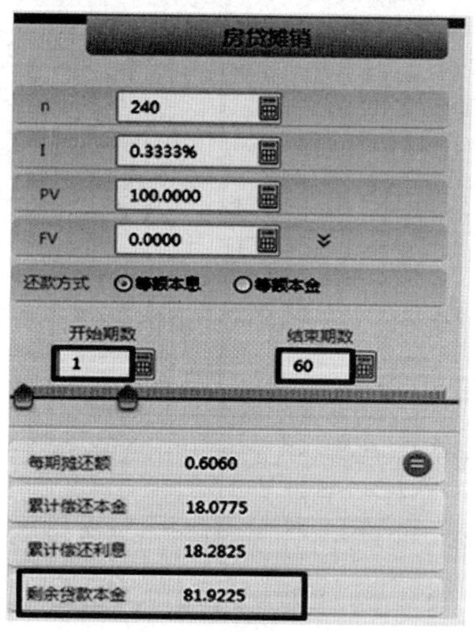

图 4 - 35　房贷摊销计算（1—2）

方法 2　运用货币时间价值计算器，确认相关变量。贷款本金 PV 为 100 万元；房贷利率 4%，按月复利，I 输入 4%/12；贷款期限 20 年，按月还款，n 输入 240，得到月供额 PMT 为 6 060 元，如图 4 - 36 所示。要求第 5 年之后的剩余贷款额，相当于求剩余15年的贷款本金PV，所以用货币时间价值的5个功能键，求出PV即可。剩余贷款期限是15年，按月还款，n输入180期，利率I输入贷款月利率4%/12，PMT输入－0.606 0（将上一步的结果保存并复制到此处），得到5年后的剩余贷款额为81.923 8万元。如图4－37所示。

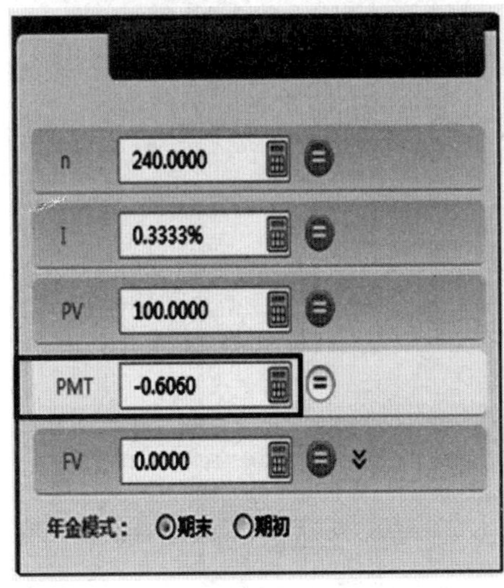

图4－36 房贷摊销计算（1—3）

图4－37 房贷摊销计算（1—4）

我们以上所学的贷款摊销，其计息期间与付息期间都是一致的（如按月计息、按月还款）。但在银行特别是一些国外银行（比如加拿大的一些银行）的实际工作中，其计息期间与付息期间是不一致的。例如，加拿大的银行公布的按揭利率为名义年利率，但复利计息期间却为半年，而付息期间往往是按月份。

实例4－17 特殊按揭贷款

假如你从加拿大道明银行按揭100 000加拿大元，25年期，年利率为7.4%，按半年复利，则你的月供款是多少？

解析 运用房贷摊销计算器计算，确认相关变量：贷款本金PV为100 000加拿大元；还款期间n输入25×12＝300；贷款年利率I输入7.4%；点击FV旁边的

扩展符“»”，P/Y 输入还款期间 12（一年还款 12 次），C/Y 输入计息期间 2（一年计息两次），点击等号键，得到每期还款额为 725.284 6 加拿大元，如图 4－38 所示。

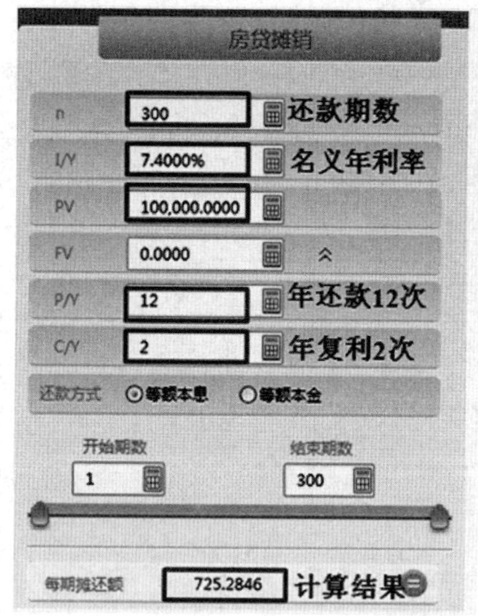

图 4－38　房贷摊销计算——特殊按揭贷款

本题的关键在于银行的复利期间（按半年）与客户的还款期间（按月）不一致，因此需要对 P/Y 和 C/Y 进行设置。

付款和复利计算设置：

（1）P/Y 表示每年付款次数，C/Y 表示每年复利次数。

（2）P/Y 与 C/Y 默认值均设定为 1，表示每年付款一次，每年计算复利一次。

（3）当 $P/Y=C/Y$ 时，建议将 P/Y 与 C/Y 均设定为 1。这样计算每月付款额（PMT）时，就输入 $I\div12$（月利率），$n\times12$（月数）的数据进行计算。如果是半年计算复利一次，同时半年付息一次的话，就输入 $I\div2$（半年的利率），$n\times2$（半年计的期数）的数据进行相关计算。此类计算可通过输入框后的小键盘“▦”实现。

（4）当 $P/Y\neq C/Y$ 时，例如，如果是每月付款一次，每半年计算复利一次，则应设定 $P/Y=12$，$C/Y=2$，可解决特殊按揭贷款类型问题。

六、日期转换计算器操作

该功能可用于进行日期间的转换。在日期录入的时候，可以直接在输入框录入日期，也可以通过日历控件“▦”进行选择。

实例 4－18　求解 2005 年 12 月 25 日和 2006 年 2 月 12 日相隔几天？

解析　运用日期转换计算器操作，输入相关变量，如图 4－39 所示。

理财中的应用：在计算利息时需要算持有存款或债券的天数，若已知购入日与赎回日，就可以算出两者相隔的天数。

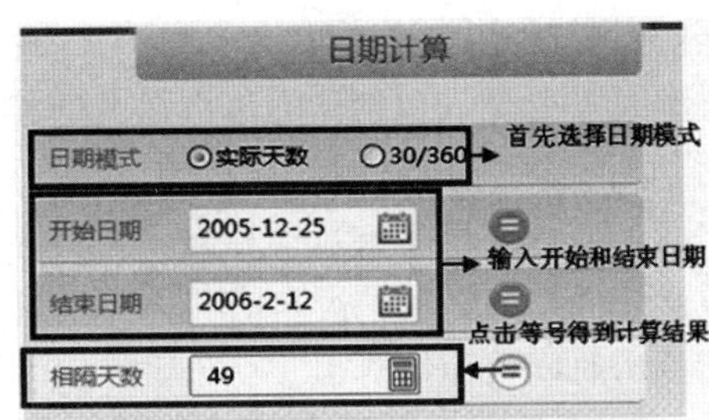

图 4-39　日期计算（1）

实例 4-19　求解 2006 年 2 月 12 日前 50 天是哪一日。

解析　将相隔天数改为 50，然后点击开始日期后面相应的等号，可以得到相应的日期，如图 4-40 所示。

图 4-40　日期计算（2）

理财中的应用：在计算利息时需要算持有存款或债券的天数，若已知购入与赎回相隔的天数与购入日，也可以算出赎回日。

七、债券计算器操作

该功能可用于计算债券的价格和到期收益率。相关变量和操作注意事项如图 4-41 所示。

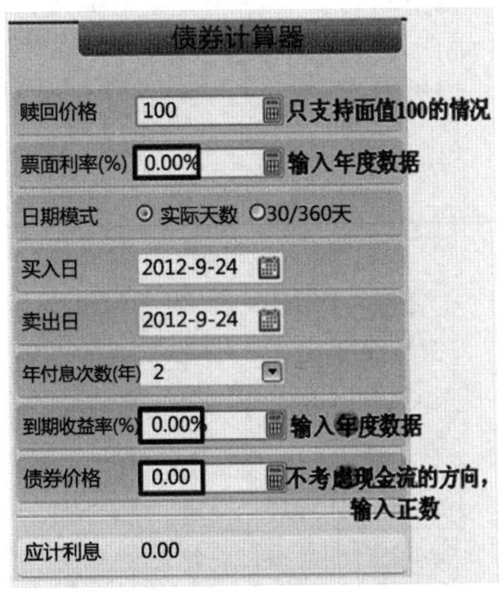

图 4-41　债券计算器操作说明

在使用债券计算器时，需注意以下事项：

（1）计算到期收益率时需要录入包括债券价格在内的相关信息；同理，计算债券价格需要录入包括到期收益率在内的相关信息。

（2）计算债券价格时，应计利息将被自动算出。

（3）债券计算器只支持面值100的情况，有具体买卖日期的债券计算，其他类型的债券计算请使用货币时间价值计算器。

实例4-20 张先生在2012年1月12日买入一种债券，到期日为2022年1月12日，债券面值为100元，债券的票面利率为8%，到期收益率为7%，年付息两次，计息基础为实际天数，该债券的买入价格是多少？

解析 运用债券计算器进行计算，把相关变量输入计算器中，得到债券的买入价格为107.106 2元，如图4-42所示。

图4-42 债券计算器计算（1）

实例4-21 刘先生在2007年1月12日以105元的价格买入一种债券，到期日为2017年1月12日，债券的票面利率为8%，年付息两次，计息基础为实际天数，该债券的到期收益率是多少？

解析 运用债券计算器进行计算，把相关变量输入计算器中，得到债券的到期收益率为7.287 2%，如图4-43所示。

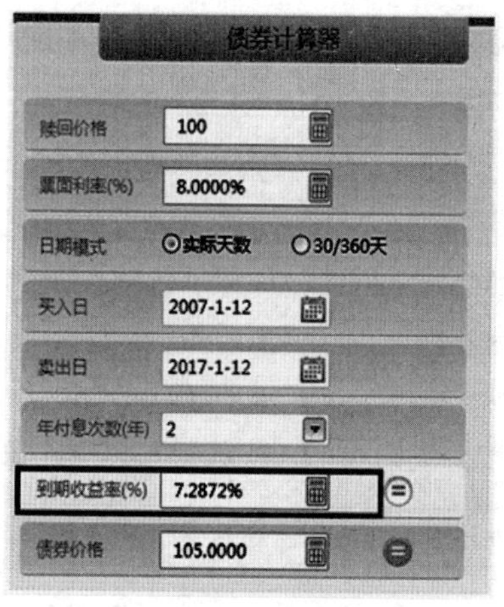

图4-43 债券计算器计算（2）

八、统计计算器操作

（一）均值和标准差计算

均值是指各变量的平均数，计算方法有算术平均值、几何平均值等。标准差用于反映所有变量值与均值的平均差异。

$$样本标准差:s=\sqrt{\frac{\sum(x-\overline{x})^2}{n-1}}$$

$$总体标准差:\sigma=\sqrt{\frac{\sum(x-\mu)^2}{n}}$$

统计计算器功能可用于一元和二元统计变量的相关计算。相关变量如图 4－44 所示。

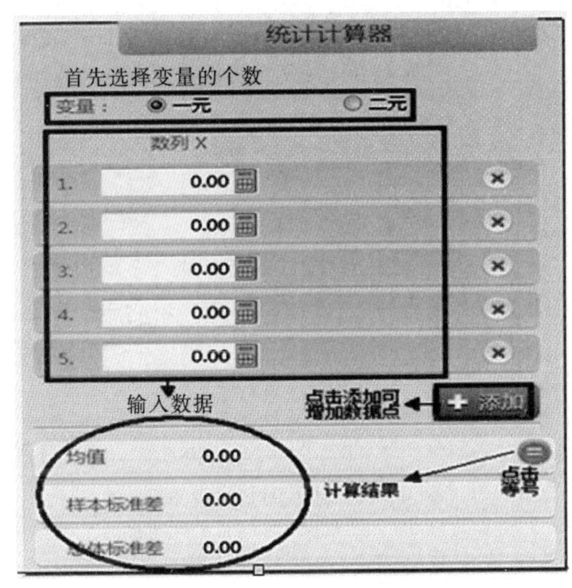

图 4－44 统计计算器操作说明

实例 4－22 计算数列 5、6、7、8 的均值和标准差。

解析 使用统计计算器进行计算，把相关变量输入计算器中，得到均值为 6.5，样本标准差为 1.291 0，总体标准差为 1.118 0，如图 4－45 所示。

（二）一元线性回归

寻找两组样本 X 和 Y 之间的线性关系，用 X 来解释 Y。其中，X 是解释变量，Y 是被解释变量。一元线性回归方程如图 4－46 所示，其中 a 为纵截距，b 为回归系数。

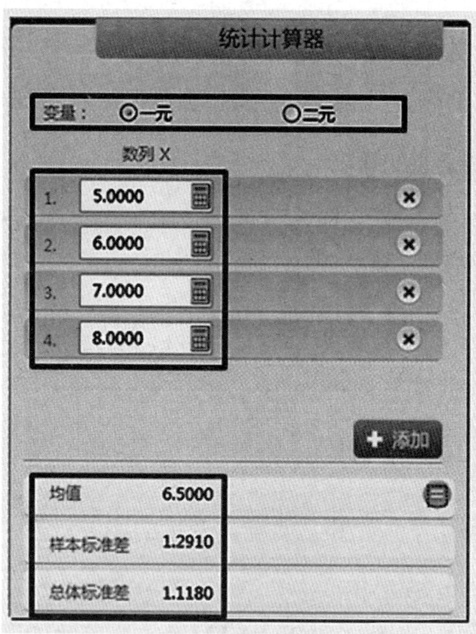

图 4-45 统计计算器计算

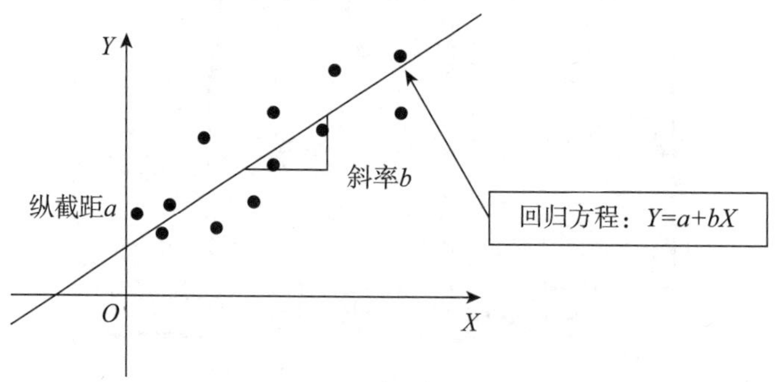

图 4-46 线性回归方程图示

实例 4-23 假设体重与身高的相关资料如表 4-1 所示。建立身高 X 与体重 Y 之间的关系（$Y=a+bX$）。

表 4-1 身高/体重数据

	1	2	3	4	5	6	7	8	9	10
身高（cm）	170	165	168	155	173	180	185	170	167	176
体重（kg）	65	52	60	48	59	75	85	70	68	72

解析 运用统计计算器进行计算，确认相关变量。

（1）选择二元变量模式，将已知的变量依次输入白色框中。系统默认样本量为 5，拖动滚动条继续按组添加样本，如图 4-47 所示。

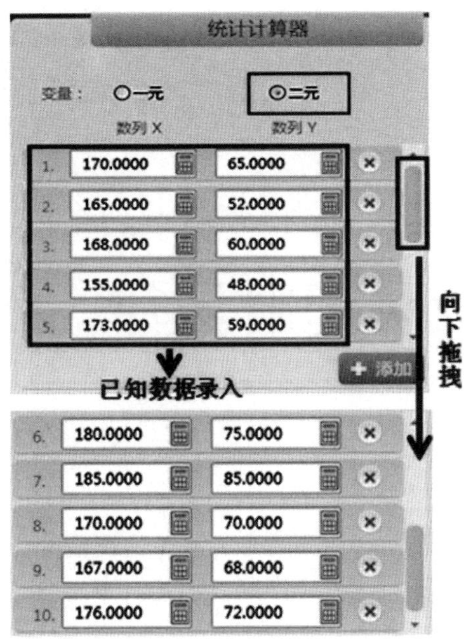

图 4-47　统计计算器——一元线性回归（1—1）

（2）点击等号键，可以得出均值、样本标准差、总体标准差、相关系数，在回归方程内容处可以得到回归方程：体重＝－137.36＋1.19×身高，如图 4-48 所示。

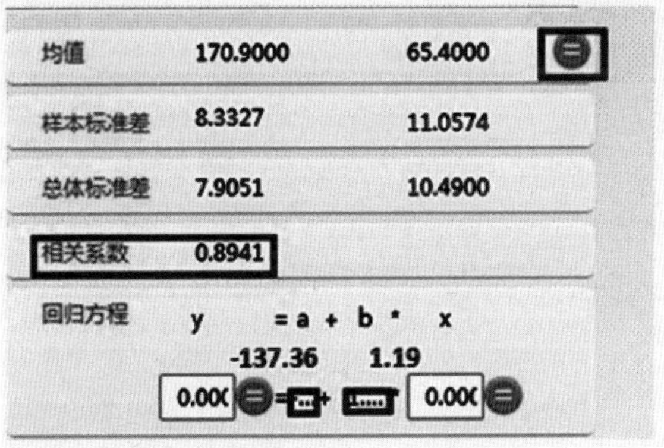

均值	170.9000	65.4000
样本标准差	8.3327	11.0574
总体标准差	7.9051	10.4900
相关系数	0.8941	
回归方程	y ＝a ＋ b ＊ x -137.36　1.19 0.000　0.000	

图 4-48　统计计算器——一元线性回归（1—2）

（3）由身高预测体重：输入身高 x＝182，点击 y 处的等号键，可以得出体重等于 78.569 4，即预计身高为 182cm 者的体重为 78.569 4kg。同理，可由体重预测身高（如图 4-49 所示）。

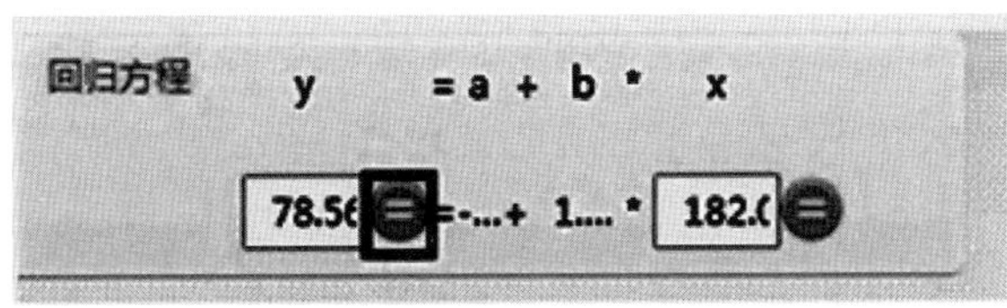

图 4-49　统计计算器——一元线性回归（1—3）

第五章

金融理财法律

本章提要

在法治社会，人的一言一行都与法律密不可分，法律是调整社会关系的基本行为规范。法律是处理人与人之间关系的基本准则。因此，作为理财师应当掌握必要的金融理财法律知识。

本章讲解理财师在执业过程中常遇到的法律基础知识、民法概要、合同法、婚姻法、继承法、民事纠纷的解决和个人理财业务监管。其中，民法概要、合同法、婚姻法和继承法是重点。

文中关于法律规定和相关司法制度，如无特别说明，均指中国的法律、行政法规以及最高人民法院相关司法解释中的规定。

本章内容包括：

- 法律基础知识；
- 民法概要；
- 合同法；
- 婚姻法；
- 继承法；
- 民事纠纷的解决；
- 个人理财业务监管。

通过本章学习，读者应该能够：

- 了解法律基础知识；
- 理解并掌握民事法律关系基础知识；
- 理解并掌握基本合同法律规则；
- 理解并掌握常见的婚姻财产法律规则；
- 理解并掌握基本的继承法律规则；
- 理解基本的民事纠纷解决途径和举证规则；
- 了解与掌握商业银行人员从事个人理财业务的法律风险。

第一节 法律基础知识

了解与掌握具体的法律规定，需要具备基本的法律意识和法律思维框架。在此，通过简要介绍法的概念与特征、法的主要分类、当今世界两大法律体系的基本特征、当代中国法的渊源、法的效力与法的适用规则等内容，为学习和理解民事法律关系、合同法、婚姻财产法与继承法规则奠定基础。

一、法的概念与特征

法律是一个非常复杂的系统，法在不同学科领域与语境下会有不同内涵。在法律基础知识领域，虽然对法的认知还存在较大的差异，但就本章而言，我们认为，法律是由国家制定或认可，反映国家意志，通过权利和义务的实现达到一定社会秩序，并由国家强制力保障实施的行为规范体系。

法具有如下五个基本特征：一是，法是一种行为规范，作为人们的一种行为规则、标准、尺度，指导与限定人与人之间的社会关系；二是，法是由国家制定或认可、反映国家意志的行为规则；三是，法具有特殊的规范性，即规定了人们的权利和义务；四是，法由国家强制力保障实施，即通过国家机器，如警察、审判、检察、监察、军队等具有的强制力保障其实施；五是，法的概念的外延不仅包含法律（规范），而且包含法律关系、法律制度和法律秩序。法律关系、法律制度和法律秩序又是法的核心部分。

二、法的主要分类

法作为上层建筑的有机组成部分，是一种多层次的复杂的社会现象。按照不同的标准和方法，法可分为不同的种类。

按创制与适用主体，法可分为国内法和国际法。国内法是指由特定国家创制并在本国主权所及的领域（领土、领水、领空）内均有效的法律。一般意义上的国际法，即通常所称的国际法仅指国际公法，是由参与国际关系的国家通过协议制定或公认的，并适用于国家之间的法律。广义的国际法包括国际公法、国际私法、国际经济法三个部分。

按创制和表达形式，法可分为成文法和不成文法。成文法是指由国家或在制度上具有立法权的机关或人，以文书的形式制定的法，故也称制定法，如法律、命令、规则、自治法规以及条约等。不成文法是指不以明文规定的方式表达的法，指的是没有经过人为的制定手续的非制定法，如以自然形成的习惯为渊源的习惯法，以法院判例为中心内容的判例法以及法理等。

按效力、内容和制定程序，法可分为根本法与普通法。根本法，又称基本法，仅指宪法，其在一国的法律体系中具有最高法律效力，规定国家根本制度和公民基本权利与义务，是一切组织和个人的根本活动准则，制定与修改程序极为严格。一切法律都要以根本法为依据，一切法律、法规都不得同根本法相抵触。在这一标准分类中，普通法是指根本法之外的其他法律，普通法不得和根本法相抵触。

按适用与效力范围，法可分为一般法和特别法。一般性的具有比较广泛的效力范围的法称为一般法；效力局限于特定法律关系、特定人、特定地域或特定时期的法称为特别法。通常，特别法比一般法优先得到适用，即所谓的“特别法优于一般法”。值得注意的是，一般法与特别法是在同一法律体系内部的逻辑顺序，其区分是相对的。例如，合同法仅适用于合同有关事项，对于民法来说是特别法；但对于保险合同而言，合同法又是一般法，而应优先适用保险法中有关保险合同的相关规定。

按所调整的具体内容，法可分为实体法和程序法。实体法是直接确定权利和义务实际关系，即确定权利和义务的发生、变更、生效、消灭的法，如民法、刑法、商法等。与此相对应，程序法所规定的则是为了使实体法上有关权利义务的实质性内容得以具体实现所需的制度和技术上的程序。我国程序法主要有民事诉讼法、刑事诉讼法、行政诉讼法、仲裁法、行政复议法、劳动争议调解仲裁法、农村土地承包经营纠纷调解仲裁法、不动产登记法等。

按所调整的法律关系和法律调整方式，法可分为公法和私法。以调整法律关系的性质为标准，公法主要是指调整国家与普通自然人、法人、非法人组织之间关系以及国家机关及其组成人员之间关系的法律，如宪法、刑法、行政法、诉讼法等；私法主要是调整普通自然人、法人与非法人组织之间关系的法律，如民法、合同法、婚姻法、继承法等。

三、两大法律体系

法律体系（法系）是根据若干国家和地区基于历史传统原因在法律实践和法律意识等方面所具有的共性而对法律进行的一种分类，它是这些具有共性或共同传统的法律的总称。不同学者对法系做过不同的分类，有学者认为在法律世界中占主导地位的法系有罗马日耳曼法系（大陆法系）、普通法系（英美法系或海洋法系）、社会主义法系（苏联法系）、穆斯林法系（伊斯兰法系）、远东法系（印度法系和中华法系）、犹太法系以及非洲法系等。其中，对当代世界法律体系影响最大的是大陆法系和英美法系。

（一）大陆法系

大陆法系也称为罗马日耳曼法系、民法法系、法典法系，它是以罗马法为基础，以《法国民法典》和《德国民法典》为典型的法德两国法律，以及仿照这种法律而制定的其他各国法律的总称。

从地缘上看，大陆法系国家主要包括法国、德国、瑞士、意大利、奥地利、比利时、卢森堡、荷兰、西班牙、葡萄牙等欧洲国家，也包括曾是法国、西班牙、荷兰、葡萄牙四国殖民地的国家和地区，如阿尔及利亚、埃塞俄比亚及中美洲的一些国家；日本和土耳其等国也引入了大陆法系。在属于普通法系的国家中，某些国家的个别地区，如美国的路易斯安那州和加拿大的魁北克省、英国的苏格兰也属于大陆法系的范围。

大陆法系具有以下三个特征：

第一，以成文法作为法的主要渊源。大陆法系强调成文法的作用。立法结构上强调系统化、条理化、法典化和逻辑性，并将全部法律分为公法和私法两大部分。对重要的部门法制定了法典，并辅之以单行法规，构成较为完整的成文法体系。明确立法与司法的分工，强调制定法的权威性，一般不承认法官的造法功能。

第二，大陆法系各国都主张编纂法典，法典化的成文法体系包括宪法、行政法、民法、商法、刑法、民事诉讼法、刑事诉讼法等。判例一般不被作为正式法律渊源，对法院审判无约束力。

第三，在审判方式上，大陆法系实行审讯式。审讯式也称为审问式、纠问式，诉讼程序以法官为重心，突出法官职能，在诉讼程序中居主导地位，法官负责查清案件事实。

（二）英美法系

英美法系，也称为海洋法系或者普通法系，是指以英国中世纪普通法为基础发展起来的法律的总称。从地缘上看，普通法形成于英国，后扩展到美国及其他过去曾受英国殖民统治的国家和地区，主要包括加拿大、澳大利亚、新西兰、爱尔兰、印度、巴基斯坦、马来西亚和新加坡。此外，中国香港地区的法律也属于英美法系。

英美法系具有以下三个特征：

第一，以判例作为法的主要渊源。判例也称为先例，是指法院先前的某一判决具有法律的效力，从而成为以后审判同类案件的依据。从传统上讲，普通法系的判例法占主导地位，判例法为其正式法律渊源，即上级法院的判例对下级法院在审理类似案件时有约束力。

第二，将法律分为普通法与衡平法（equity）两部分。普通法是指发源于英格兰，由拥有高级裁判权的王室法院依据古老的地方习惯或是理性、自然公正、常理、公共政策等原则，通过“遵循先例”的司法原则，在不同时期判例的基础上发展起来的、具备司法连贯性特征并在一定的司法共同体内普遍适用的各种原则和规则的总称。衡平法是英国自 14 世纪末开始与普通法平行发展起来的，是在英国国王指定的大法官的审判实践中运用教会法、普通法和中世纪西欧商法的一些原则和规范，并加以改进和完善而形成的。同时，衡平法也是为了弥补普通法的一些不足之处而产生的，主要是大法官的判例形成的调整商品经济下财产关系的规范。但是，衡平法的形式更加灵活，在审判中更加注重实际，而不固守僵化的形式。英美法系没有严格的部门法概念，即没有系统性、逻辑性很强的法律分类，英美法系的法律分类比较偏重实用。

第三，在审讯方式上实行辩论式，有陪审团制度。辩论式是以当事人为主体的诉讼模式，直接决定法律效果发生或消灭的必要事实必须在当事人的辩论中出

现，没有在当事人的辩论中出现的事实不能作为判决的基础和依据，法官应将当事人之间无争议的事实作为判决的事实依据，法官对证据的调查只限于当事人双方在辩论中所提出的事实。陪审团是法院中用以判定事实的团体。案件事实的认定是初审法院的重要工作，在采用陪审团的审判制度里，由普通民众所组成的陪审团通常用来认定纯属于客观的事实。

值得注意的是，当代大陆法系与英美法系在形式和内容上呈现出互相借鉴、吸收和融合的趋势。例如，英国的诉讼程序变得简单多了；从 19 世纪开始，普通法系中的制定法也不断增加，制定法日益成为一种重要的法律渊源，并且形成了若干法典。在大陆法系国家，一方面，判例已越来越普遍地被认可为一种法律渊源；另一方面，在传统的基本法典之外出现了大量的单行法规，呈现出所谓的“解法典化”趋势。[①]

四、当代中国法的渊源

法的渊源这一术语源自欧洲大陆，后衍及英美。立法者、法官和法学家对“法的渊源”的认识存在差异。一般而言，法的渊源也称法的形式，是指法获得成立的方式和表现形式。当代中国法的渊源可分为正式渊源和非正式渊源。法的正式渊源是以各种制定法为主，并区分为不同的层次，主要包括宪法、法律、行政法规和部门规章、地方性法规、民族自治地方的自治条例和单行条例、特别行政区法以及国际条约等。非正式的渊源包括政策、判例、习惯、法理学说等。

（一）宪法

宪法是由全国人民代表大会制定的，它规定了国家的基本制度和根本任务，是国家的根本大法，具有最高的法律地位和法律效力，是制定一切法律、法规的依据。

《中华人民共和国宪法》是中华人民共和国的根本大法，规定了中国的政治体制、经济体制、公民的基本权利和义务、国家机构和国旗、国歌、国徽、首都等。中华人民共和国成立后，曾于 1954 年 9 月 20 日、1975 年 1 月 17 日、1978 年 3 月 5 日和 1982 年 12 月 4 日通过四部宪法。现行《宪法》为 1982 年宪法，并历经了 1988 年、1993 年、1999 年、2004 年、2018 年五次修正。

（二）法律

法律是由国家最高权力机关——全国人民代表大会及其常务委员会——经过立法程序制定的规范性文件。其法律效力和地位仅次于宪法，是制定其他规范性文件的依据，如《民法总则》《物权法》《商业银行法》《信托法》《民事诉讼法》等。

---

① 刘兆兴．比较法视野下的法典编纂与解法典化．环球法律评论，2008（1）.

（三）行政法规和部门规章

行政法规是由最高国家行政机关——国务院——制定、发布的规范性文件。行政法规不能与宪法和法律相抵触。

部门规章是国务院各部、委员会、中国人民银行、审计署和具有行政管理职能的直属机构，根据法律和国务院的行政法规、决定、命令在本部门的权限范围内制定、发布的规范性文件。部门规章不能与宪法、法律和行政法规相抵触。

（四）地方性法规和地方政府规章

地方性法规是由地方各级人民代表大会及其常务委员会结合本行政区内的具体情况和实际需要，依照法律规定的权限，制定、发布的规范性文件。地方性法规不能与宪法、法律和行政法规相抵触。

地方政府规章是由省、自治区、直辖市的人民政府，省、自治区人民政府所在地的市的人民政府和经国务院批准的较大的市的人民政府，根据法律、行政法规和本行政区的地方性法规制定的规范性文件。

（五）民族自治地方的自治条例和单行条例

民族自治地方的自治条例和单行条例是民族自治地方（自治区、自治州、自治县）的人民代表大会依照当地民族的政治、经济和文化特点制定的规范性文件。民族自治地方的自治条例和单行条例不能违反宪法、法律和行政法规，但可以在法律和行政法规的授权下，对法律和行政法规做一些变通性规定。

（六）特别行政区法

特别行政区法包括全国人民代表大会制定的特别行政区基本法和特别行政区依法制定的规范性法律文件。全国人民代表大会授权香港特别行政区与澳门特别行政区依照法律的规定实行高度自治，享有行政管理权、立法权、独立的司法权和终审权。

（七）国际条约

国际条约是指两个或两个以上国际法主体根据国际法规则签订的书面协议。根据《中华人民共和国宪法》和缔结条约程序法的规定，国务院管理对外事务，同外国缔结条约和协定。对外所缔结的条约和重要协定的批准和废除由全国人民代表大会常务委员会决定。中华人民共和国缔结或者参加的国际条约同中华人民共和国的相关法律有不同规定的，适用国际条约的规定。但是，中华人民共和国声明保留的条款除外。此外，中华人民共和国法律和中华人民共和国缔结或者参加的国际条约没有规定的，可以适用国际惯例。

金融理财业务的法律规范主要涉及民法、婚姻家庭法、商法、经济法和程序法领域的法律、行政法规和部门规章，以及相关司法解释。

其中，民法领域包括《民法通则》《民法总则》《物权法》《合同法》等；婚姻家庭法领域包括《婚姻法》《继承法》等；商法领域包括《公司法》《合伙企业

法》《个人独资企业法》《证券法》《保险法》《信托法》等；经济法领域包括《商业银行法》《银行业监督管理法》《城市房地产管理法》《税收征收管理法》《企业所得税法》《个人所得税法》《社会保险法》等；程序法领域包括《人民调解法》《民事诉讼法》《仲裁法》等。

五、法的效力

法的效力是一个多义词。在此，法的效力特指法的约束力，即强制人们按照法律规定的行为模式来行为的一种国家强制作用力。法律效力范围是指法律规定对人、空间、事项、期间所具有的强制作用力的范围。

（一）对人的效力

对人的效力，是指法律对哪些人具有效力。这里的“人”包括自然人、法人、非法人组织，还包括国际法中的国家和国际组织。法律对人的效力主要有属人主义原则、属地主义原则、保护主义原则和折中主义原则 4 种适用原则。

属人主义原则是指以自然人的国籍和拟制人的国别为标准，确定本国法律的效力适用于本国人。只要是本国人，无论在国内还是在国外，都受本国法律的约束和保护。

属地主义原则是指以地域为标准确定法的效力，一国的法律适用于本国领域内的所有人，无论是本国人、外国人还是无国籍人，都受该国法律约束。

保护主义原则是指以保护本国利益为标准确定法律的效力，主张不论行为人的国籍或行为地域，只要侵害了本国或本国公民的利益，就要受到本国法律的追究。“犯我中华者，虽远必诛”就体现了这一法律保护主义适用原则。

折中主义原则是指以属地主义为基础，结合属人主义和保护主义来确定本国法律的效力。该原则首先认为本国法对本国领域内的人有效；对在外国的本国人，本国法有条件地适用；本国法可以有条件地适用于在本国领域外侵害本国利益的外国人。多数国家采用折中主义原则。

（二）空间效力

空间效力，又称法律的地域效力，是指法律在什么空间范围内有效的问题。法律所发生效力的空间范围原则上以国家主权范围为标准，即一国的领土、领水、领空、底土和一定宽度的海域，以及延伸意义上的领土，如驻外使馆，在本国领域外的船舶、飞机等交通工具。

（三）事项效力

法律的事项效力是指法律对主体进行的哪些行为、事项、社会关系有效力。不同部门的法律调整的事项范围不同，具体事项须适用与之相对应的法律规定。

（四）时间效力

时间效力，是指法律具有效力的时间期间，包括法律的生效、法律的失效及法律的溯及力三个要素。法律不溯及既往是一个基本原则，除非有特别规定，法律规范没有溯及既往的效力，它只能对其生效以后发生的行为有效，而不能适用于它生效以前就已存在的事项和行为。

（五）法律适用效力规则

对于不同效力级别的法律规范，适用上应遵循如下效力规则①：

第一，上位法的效力高于下位法。根据《宪法》《立法法》的规定，宪法具有最高的法律效力，一切法律、行政法规、地方性法规、自治条例和单行条例、规章都不得同宪法相抵触；法律的效力高于行政法规、地方性法规、规章，行政法规的效力高于地方性法规、规章，地方性法规的效力高于本级和下级地方政府规章，省、自治区的人民政府制定的规章的效力高于本行政区域内的较大的市人民政府制定的规章。

第二，同位法中特别法与一般法规定不一致的，适用特别规定。一般法，如《民法》《刑法》《民事诉讼法》等是适用于一般的人、一般的事、一般的时间和全国地域范围的法律。特别法是适用于特定的人、特定的事、特定的时间和特定的地域的法律，如《婚姻法》《合同法》《保险法》《国籍法》《个人所得税法》《公司法》《商业银行法》等。

第三，同位法中新的规定与旧的规定不一致的，适用新的规定。

第四，不溯及既往原则。除有特别规定，新法对其实施之前发生的事件不具有调整效力。

法律、行政法规、地方性法规、自治条例和单行条例、规章之间不一致，执行机关不能根据效力高低确定如何适用时，应由有关机关对如何适用做出裁决。

第二节　民法概要

在不同语境下，“民法”一词有不同的含义。实质意义上的民法，指作为部门法而存在的民事法律规范的总和，不仅包括成文的民法典，还包括一切具有民法性质的法律、法规以及判例法、习惯法。形式意义上的民法，仅指民法典。此外，民法还有广义与狭义之分。广义的民法包括商法，狭义的民法不包括商法。

本节“民法”指实质、广义的民法。民法是调整平等主体之间人身关系和财产关系的法律规范的总称。本节以中国《民法总则》体例和规定为线索，概要介绍民法的基本框架和主要内容。

---

① 孙笑侠．法律对行政的控制．济南：山东人民出版社，2001：102－104.

一、民事法律关系构成要素

民事法律关系是指由民事法律规范所调整的、以民事权利和民事义务为基本内容的社会关系，是民法所调整的平等主体之间的人身关系和财产关系在法律上的表现。《民法总则》第二条规定“民法调整平等主体的自然人、法人和非法人组织之间的人身关系和财产关系。”任何民事法律关系均由主体、内容和客体三方面要素共同构成。

民事法律关系主体，也称民事主体，是指法律所承认的能够以自己的名义参与民事法律关系，享有民事权利和承担民事义务的人。民事主体包括自然人、法人和非法人组织。

民事法律关系的内容是指民事主体在民事法律关系中享有的权利或承担的义务，也就是民事权利和民事义务。

民事法律关系的客体也称为“标的”，是指民事法律关系中主体享有的民事权利和承担的民事义务所共同指向的对象，包括物、人身利益、智力成果、行为和权利。

二、民事主体

《民法总则》所确定的民事主体包括自然人、法人和非法人组织三类。任何主体参与民事活动都必须具备法律所规定的民事权利能力和民事行为能力。

民事权利能力是指法律赋予民事主体依法享有民事权利和承担民事义务的资格。民事行为能力是指能以自己独立的行为取得民事权利和承担民事义务的能力。民事行为能力与民事权利能力密切相关，民事行为能力以民事权利能力为前提，民事行为能力也是民事权利能力实现的条件。民事主体是否具有法定的民事权利能力和民事行为能力，直接关系到民事主体行为的法律效力。

（一）自然人

1. 自然人的民事权利能力

自然人从出生时起到死亡时止，具有民事权利能力，依法享有民事权利，承担民事义务。虽然胎儿尚未出生，尚不是独立的自然人，但为保护胎儿的利益，法律对其民事权利能力也做出了特别安排。《民法总则》规定：“涉及遗产继承、接受赠与等胎儿利益保护的，胎儿视为具有民事权利能力。但是胎儿娩出时为死体的，其民事权利能力自始不存在。”

2. 自然人的民事行为能力

自然人的民事行为能力是指自然人通过自己的行为取得民事权利和承担民事义务的资格。

根据自然人的年龄和对行为的辨识能力的不同，各国对自然人的民事行为能力规定与分类是不同的。《民法总则》规定，自然人的民事行为能力分为完全民事行为能力、限制民事行为能力以及无民事行为能力三类。完全民事行为能力人具有健全的辨识能力，可以独立进行民事活动；限制民事行为能力人只能独立进行与其辨识能力相适应的民事活动；无民事行为能力人应当由其法定代理人代理实施民事活动。

(1) 完全民事行为能力人是指具有通过自己独立的行为来行使民事权利和履行民事义务能力的自然人。18 周岁以上、辨认识别能力正常的成年人，是完全民事行为能力人，可以独立实施民事法律行为；16 周岁以上不满 18 周岁的未成年人，以自己的劳动收入为主要生活来源，并能维持当地群众一般生活水平的，视为完全民事行为能力人。

(2) 限制民事行为能力人，又称为“不完全民事行为能力人”，是指在一定范围内具有民事行为能力，超出一定范围不具有相应的民事行为能力的自然人。8 周岁以上不满 18 周岁的未成年人和不能完全辨认自己行为的成年人是限制民事行为能力人。限制民事行为能力人可以独立实施纯获利益的民事法律行为或者与其年龄、智力、精神健康状况相适应的民事活动；其他民事法律行为由其法定代理人代理，或者经其法定代理人的同意、追认方为有效。

(3) 无民事行为能力人是指不具有通过自己独立的行为来行使民事权利和履行民事义务能力的自然人。不满 8 周岁的未成年人、完全不能辨认自己行为的成年人和 8 周岁以上的未成年人是无民事行为能力人。无民事行为能力人由其法定代理人代理实施民事法律行为。

实例 5-1　自然人民事行为能力案例[①]

陶××自幼父母双亡，由爷爷奶奶带大，但很不听话。2014 年 10 月刚满 16 周岁，陶××不再跟爷爷奶奶一起生活，靠帮自己的堂兄弟看香蕉来维持生活。2015 年 8 月 24 日，陶××驾驶无号牌普通二轮摩托车撞伤行人卢××。事故发生后，交警大队认定陶××对此事故承担全部责任。后，卢××请求法院依法判决陶××赔偿各项费用。陶××还未满 18 周岁，没有成年，是否应承担赔偿责任呢？

解析　尽管陶××未满 18 周岁，但是已经超过 16 周岁，并且独立地工作，靠自己的劳动维持生活。在法律上，陶××已经被视为完全民事行为能力人。完全民事行为能力人给他人造成伤害的，应当承担民事责任。因此，法院判决陶××应当承担赔偿卢××损失的责任。

3. 个体工商户与农村承包经营户

有经营能力的自然人依法经工商行政管理部门登记、从事工商业经营的为个体工商户。个体工商户可以起字号，但不得使用“企业”“公司”，可以个人经营，也可以家庭经营。个体工商户的债务，个人经营的，以个人财产承担；家庭经营的，以家庭财产承担；无法区分的，以家庭财产承担。

农村集体经济组织的成员，依法取得农村土地承包经营权，从事家庭承包经营的为农村承包经营户。农村承包经营户的债务，以从事农村土地承包经营的农

---

① 资料来源：云南省河口瑶族自治县人民法院《民事判决书（2016）云 2532 民初 37 号》，http://wenshu.court.gov.cn/.

户财产承担；事实上由农户部分成员经营的，以该部分成员的财产承担。

（二）法人

1. 法人的定义

法人是具有民事权利能力和民事行为能力，依法独立享有民事权利和承担民事义务的组织。法人以其全部财产独立地承担民事责任。

法人的民事权利能力和民事行为能力从法人成立时产生，到法人终止时消灭。法人的民事行为能力与其民事权利能力取得和消灭的时间相一致，范围相一致。

法人的成立要件包括：依法成立，有独立的财产或经费，有自己的名称、组织机构和场所，并符合法律、行政法规规定的具体条件和程序。设立法人，法律、行政法规规定须经有关机关批准的，依照其规定。

法人的终止，又称法人的消灭，是指法人权利能力的终止。法人因解散、被宣告破产或法律规定的其他原因，并依法完成清算、注销登记，才告终止。法人终止，法律、行政法规规定须经有关机关批准的，依照其规定。

2. 法人的分类

《民法总则》将法人分为营利法人、非营利法人和特别法人。

（1）营利法人。以取得利润并分配给股东等出资人为目的成立的法人，为营利法人。营利法人包括有限责任公司、股份有限公司和其他企业法人等。营利法人经依法登记而成立。营业执照签发日期为营利法人的成立日期。

《公司法》所称公司是指依照公司法在中国境内设立的有限责任公司和股份有限公司。有限责任公司还包括国有独资公司和一人有限责任公司。

有限责任公司是由 50 个以下的股东共同出资设立，股东以其认缴的出资额为限对公司的债务承担有限责任，公司以其全部资产对债务承担责任的企业法人。有限责任公司必须在公司名称中标明“有限责任公司”或者“有限公司”字样。有限责任公司股东会由全体股东组成。股东会是公司的权力机构，董事会是公司的执行机构，监事会是公司的监督机构，各自依法行使职权。有限责任公司的注册资本为在公司登记机关登记的全体股东认缴的出资额。股东按照实缴的出资比例分取红利。但是，全体股东约定不按照出资比例分取红利或者不按照出资比例优先认缴出资的除外。有限责任公司的股东之间可以相互转让其全部或者部分股权。除非公司章程另有规定，否则股东向股东以外的人转让股权，应当经其他股东过半数同意，且其他股东有优先购买权。自然人股东死亡后，其合法继承人可以继承股东资格。

国有独资公司是指国家单独出资、由国务院或者地方人民政府授权本级人民政府国有资产监督管理机构履行出资人职责的有限责任公司。

一人有限责任公司是指只有一个自然人股东或者一个法人股东的有限责任公司。一人有限责任公司的设立和组织机构除有特别规定外，适用公司法有关有限责任公司的规定。

股份有限公司是将公司的全部资本划分为等额股份，采用股票形式，并通过发行股票募集资本，股东以其认购的股份对公司债务承担有限责任，公司以其全部资产对其债务承担有限责任的企业法人。公司股票在证券交易所上市交易的股份有限公司称为“上市公司”。股份有限公司必须在公司名称中标明“股份有限公司”或者“股份公司”字样。股份的发行，实行公平、公正的原则，同种类的每一股份应当具有同等权利。股票是公司签发的证明股东所持股份的凭证。

设立股份有限公司，应当有 2 人以上 200 人以下的发起人，其中须有半数以上的发起人在中国境内有住所。股东持有的股份可以依法转让。上市公司的股票，依照有关法律、行政法规及证券交易所交易规则上市交易。

股份有限公司股东大会由全体股东组成。股东大会是公司的权力机构，董事会是公司的执行机构，监事会是公司的监督机构，三者皆依法行使职权。

(2) 非营利法人。非营利法人是为公益目的或者其他非营利目的而成立的，不向出资人、设立人或者会员分配所取得利润的法人。非营利法人包括事业单位、社会团体、基金会、社会服务机构等。

事业单位法人是具备法人条件，为适应经济社会发展需要，提供教育、科学、文化、卫生等公益服务而设立的社会服务组织。事业单位法人依法登记成立，取得资格；依法不需要办理法人登记的，从成立之日起，具有事业单位法人资格。

社会团体法人是指具备法人条件，基于会员共同意愿，为公益目的或者会员共同利益等非营利目的而设立的社会组织。

基金会是指利用自然人、法人或者其他组织捐赠的财产，以从事公益事业为目的，按照《基金会管理条例》规定成立的非营利性法人。

社会服务机构主要指利用非国有资产举办，从事非营利性社会服务活动的社会组织。社会服务机构是很多具体运作慈善项目、提供慈善服务的组织采取的形式。典型的社会服务机构包括民办学校、民办医院、民办养老机构，也包括环境、助残等其他领域的组织。

(3) 特别法人。《民法总则》规定的特别法人包括机关法人、农村集体经济组织法人、城镇农村的合作经济组织法人、基层群众性自治组织法人。机关法人是有独立经费的机关和承担行政职能的法定机构。基层群众性自治组织法人是指依据法律直接设立的、具有基层群众性自治组织法人资格的居民委员会和村民委员会。

(三) 非法人组织

1. 非法人组织的定义

非法人组织是不具有法人资格，但是能够依法以自己的名义从事民事活动的组织。除有特别规定外，非法人组织的事宜参照适用对法人的一般性规定。

非法人组织与法人的最大区别在于，非法人组织不能独立承担民事责任，非法人组织最终是由设立人或出资人承担无限责任。

非法人组织可以确定一人或者数人代表该组织从事民事活动。非法人组织包括个人独资企业、合伙企业、法人分支机构、不具有法人资格的中外合作企业、不具有法人资格的专业服务机构如律师事务所等。

2. 个人独资企业

个人独资企业，是依照《中华人民共和国个人独资企业法》在中国境内设立，由一个自然人投资，财产为投资人个人所有，投资人以其个人财产对企业债务承担无限责任的经营实体。个人独资企业有以下特征：

（1）个人独资企业由一个自然人投资。设立个人独资企业可以是一个自然人，以及符合条件的个体工商户。

（2）个人独资企业投资人的个人财产与企业财产不分离，个人独资企业的投资人对企业的债务承担无限责任。

（3）个人独资企业不能独立承担民事责任。个人独资企业不具有法人资格，也无独立承担民事责任的能力。

个人独资企业的营业执照的签发日期，为个人独资企业成立日期。注销登记日为终止日。

3. 合伙企业

合伙是指两个以上的人为共同的目的，相互约定共同出资、共同经营、共享收益、共担风险的自愿联合。合伙协议依法由全体合伙人协商一致、以书面形式订立。合伙企业是指自然人、法人和其他组织依照《合伙企业法》在中国境内设立的普通合伙企业和有限合伙企业。合伙企业是以合同关系为基础的企业组织形式。合伙企业的生产经营所得和其他所得，按照国家有关税收规定，由合伙人分别缴纳所得税。合伙企业的营业执照签发日期，为合伙企业成立日期。合伙企业解散的，应当由清算人进行清算。清算结束，清算人应当编制清算报告，经全体合伙人签名、盖章后，向企业登记机关报送清算报告，申请办理合伙企业注销登记。

普通合伙企业由2个以上普通合伙人组成，除有法律特别规定外，合伙人对合伙企业债务承担无限连带责任。国有独资公司、国有企业、上市公司以及公益性的事业单位、社会团体不得成为普通合伙人。合伙企业名称中应当标明“普通合伙”字样。（1）出资。合伙人可以用货币、实物、知识产权、土地使用权或者其他财产权利出资，也可以用劳务出资。合伙人在合伙企业清算前，除法律另有规定外，不得请求分割合伙企业的财产。合伙企业对其债务，应先以其全部财产进行清偿。（2）合伙事务的执行。合伙人对执行合伙事务享有同等的权利。按照合伙协议的约定或者经全体合伙人决定，可以委托一个或者数个合伙人对外代表合伙企业，执行合伙事务。（3）合伙财产份额转让。合伙人之间转让在合伙企业中的全部或者部分财产份额时，应当通知其他合伙人。除合伙协议另有约定外，合伙人向合伙人以外的人转让其在合伙企业中的全部或者部分财产份额时，须经其他合伙人一致同意；在同等条件下，其他合伙人有优先购买权。（4）债务清偿。合伙企业对其债务，应先以其全部财产进行清偿。合伙企业不能清偿到期债务的，合伙人承担无限连带责任。合伙人由于承担无限连带责任，清偿数额超过其亏损分担比例的，有权向其他合伙人追偿。（5）利润分配与亏损分担。合伙企业的利润分配、亏损分担，按照合伙协议的约定办理；合伙协议未约定或者约定不明确的，由合伙人协商决定；协商不成的，由合伙人按照实缴出资比例分配、分担；无法确定出资比例的，由合伙人平均分配、分担。合伙协议不得约定将全部利润分配给部分合伙人或者由部分合伙人承担全部亏损。

有限合伙企业由2个以上50个以下普通合伙人和有限合伙人组成，普通合伙人对合伙企业债务承担无限连带责任，有限合伙人以其认缴的出资额为限对合伙企业债务承担责任。有限合伙企业至少应当有一个普通合伙人。有限合伙企业名称中应当标明“有限合伙”字样。有限合伙人可以用货币、实物、知识产权、土地使用权或者其他财产权利作价出资。有限合伙人不得以劳务出资。有限合伙企业由普通合伙人执行合伙事务；有限合伙人不执行合伙事务，不得对外代表有限合伙企业。除法律另有规定外，有限合伙企业及其合伙人的相关事宜适用普通合伙企业及其合伙人的规定。

实例5-2　合伙案例

刘乾、王永、孙磊三人成立一家普通合伙企业，三人各种出资方式折合出资比例为3∶3∶4，并约定依此比例分配收益和承担债务。后因经营不善，导致对赵城负债150万元。三人商定解散合伙企业，经清算三人投资经营后的财产值60万元；全部用于还债后，尚欠90万元。三人中孙磊家境最差，几无财产偿还自己的份额，王永家境最好。赵城找王永还债遭拒，随后将王永诉至法院。

解析　合伙企业中的每一个合伙人都应当对合伙企业的债务承担无限连带责任。但合伙人由于承担无限连带责任，清偿数额超过其亏损分担比例的，有权向其他合伙人追偿。因此，法院经向赵城示明，追加刘乾和孙磊为共同被告。对于合伙企业不足清偿赵城的90万元债务，王永负有全部偿还的义务。本案中，三名合伙人约定按照3∶3∶4的比例分配合伙企业收益和承担合伙企业债务，因此，王永清偿后，可以按此比例分别向刘乾追偿债务的30%，向孙磊追偿债务的40%。

4. 不具有法人资格的专业服务机构等非法人组织

不具有法人资格的专业服务机构主要是指不具有法人资格的律师事务所、合伙制会计师事务所等提供专业服务的机构。

三、民事权利

民事权利和民事义务是民事法律关系的内容。民事权利是民事主体在具体的民事法律关系中享有的受国家强制力保障的权利。民事义务是与民事权利相对应的概念，是指义务主体必须做出一定行为或者禁止做出一定行为，以保证权利主体的权利获得实现的法律负担。义务人如不履行义务，就要承担相应的民事责任。

按照权利的客体是否具有财产价值为标准，可以将民事权利分为人身权、财产权和其他合法民事权益。民事主体的人身权利、财产权利以及其他合法权益受法律保护，任何组织或者个人不得侵犯。

（一）人身权

人身权是人格权和身份权的合称，又称人身非财产权，是指民事主体依法享有的、与其自身不可分离亦不可转让的、没有直接财产内容的民事权利。人身权是民事主体享有的最基本的民事权利。

人格权是指以权利人自身的人身、人格利益为客体的民事权利。自然人享有的人格权包括生命权、身体权、健康权、姓名权、肖像权、名誉权、隐私权、婚姻自主权等权利；法人、非法人组织享有名称权、名誉权等人格权利。

身份权，是指权利人基于特定身份利益为客体而享有的，为维护一定社会关系的权利。身份权主要有申请权、署名权、监护权、扶养权、亲权、亲属权、配偶权、荣誉权等。

（二）财产权

财产权是一种以财产利益为内容或者直接体现为财产利益的民事权利。财产权一般不具有专属性，可以转让、抛弃与继承，也可以由他人代为行使。财产权可以分为物权（如所有权、经营权、承包权等）、债权和继承权等；也可以分为有形财产权、无形财产权（如网络虚拟财产、知识产权中的财产权利部分）。

1. 物权

（1）物权的概念和特征。物包括不动产和动产。物权，是指权利人依法对特定的物享有直接支配和排他的权利，包括所有权、用益物权和担保物权。物权是法定权利，其内容、效力均由法律规定。物权人能够在合法范围内无限制条件地、绝对地实现其权利。

（2）物权的分类。物权分为所有权、用益物权和担保物权。

所有权是指所有权人对自己的不动产或者动产，依法享有的占有、使用、收益和处分，并排除他人非法干涉的权利，如国家所有权和集体所有权、私人所有权。占有是一种事实状态，是对物的实际控制、管领，是对物的使用、收益和处分的前提。使用是按照物的用途、性质对其加以利用，实现物的价值。收益是指基于对物的使用而产生出来的新的物品即产生的新的利益，包括投资收益与孳息。孳息分为天然孳息和法定孳息。天然孳息是指原物根据自然规律而产生的物。法定孳息是指原物根据法律规定而带来的新的利益，例如银行利息、房租。处分是对财产在法律规定范围内进行处置，例如出卖、赠与，在物上设定权利（如质权、抵押权），或者是消费消耗等。

用益物权是对他人所有的不动产或者动产，依法享有占有、使用、收益的权利。所有权人不得干涉用益物权人行使权利，如海域使用权，合法探矿权，采矿权，取水权和使用水域、滩涂从事养殖权，捕捞权，土地承包经营权，建设用地使用权，宅基地使用权，地役权等。

担保物权是指以确保债务的清偿为目的，在债务人不履行到期债务或者发生当事人约定的实现担保物权的情形时，依法享有就担保财产优先受偿的权利，但法律另有规定的除外。设立担保物权，应当订立担保合同。担保物权主要有抵押权、质押权、留置权等。

2. 共有财产制度

财产的所有形式可分为单独所有和共有两种。单独所有是指财产所有权的主体是单一的，即一个人单独享有对某项财产的所有权。所谓共有，是指某项财产由两个或两个以上的权利主体共同享有所有权。共有的主体称为共有人，客体称为共有财产或共有物。各共有人之间因财产共有形成的权利义务关系，称为共有关系。

共有财产根据其内部共有关系的不同，分为按份共有和共同共有。因共有的财产产生的债权债务，除法律另有规定或者第三人知道共有人不具有连带债权债务关系的外，在对外关系上，无论是共同共有还是按份共有，共有人均享有连带债权、承担连带债务。

按份共有，又称分别共有，是指两个或两个以上的共有人按照各自的份额分别对共有财产享有权利和承担义务。按份共有的特征如下：

（1）一般由共有人约定各共有人对共有财产的份额，没有约定或者约定不明确的，按照出资额确定；不能确定出资额的，视为等额享有。

（2）对共有财产的使用，应由全体共有人协商决定。没有约定或者约定不明确的，按份共有人可以随时请求分割，因分割对其他共有人造成损害的，应当给予赔偿。

（3）按份共有人可以转让其享有的份额，其他共有人在同等条件下享有优先购买的权利。偿还债务超过自己应当承担份额的按份共有人，有权向其他共有人追偿。

共同共有是两个或两个以上的共有人基于共同关系，不分份额地共同享有某项财产的所有权，共有人平等地享有权利和承担义务，主要类型包括夫妻共有财产、家庭共有财产、遗产分割前共有财产以及合伙共有财产。共同共有的特征如下：

（1）通常共有人之间不确定对共有财产的份额。一般而言，只要共同共有关系存在，共有人就不能划分出自己对财产的份额；如没有约定或者约定不明确的，共同共有人在共有的基础丧失或者有重大理由需要分割时才可以请求分割。因分割对其他共有人造成损害的，应当给予赔偿。

（2）在共有人内部关系上，共同共有人平等地享有权利和承担义务，除共有人另有约定外。

共有人对共有的财产没有约定为按份共有或者共同共有，或者约定不明确的，除共有人具有家庭关系等外，视为按份共有。处分共有的不动产或者动产以及对共有的不动产或者动产作重大修缮的，应当经占份额三分之二以上的按份共有人或者全体共同共有人同意，但共有人之间另有约定的除外。

共有人可以协商确定分割方式。达不成协议，共有的财产可以分割并且不会因分割减损价值的，应当对实物予以分割。难以分割或者因分割会减损价值的，应当对折价或者拍卖、变卖取得的价款予以分割。共有人分割所得的财产有瑕疵的，其他共有人应当分担损失。

3. 债权

债是按照合同的约定或者依照法律的规定，在当事人之间产生的特定的权利和义务关系。债权是债的一方当事人享有请求他方为一定行为或不为一定行为的权利。享有权利的人是债权人，负有义务的人是债务人。债权是一种典型的相对权，只在债权人和债务人之间发生效力。原则上债权人和债务人之间的债之关系不能对抗第三人。

根据产生的原因，债主要可以分为合同之债、侵权之债、无因管理之债、不当得利之债，以及因法律的其他规定而产生的债。合同是当事人之间设立、变更、终止民事法律关系的协议。合同之债是指因合同设立而产生的债权债务关系。侵权之债是指因民事权益受到侵害，被侵权人有权请求侵权人承担侵权责任而产生的债权债务关系。无因管理之债是指没有法定的或者约定的义务，为避免他人利益受损失而进行管理的人，有权请求受益人偿还由此支出的必要费用或因管理行为受到的损失而产生的债权债务关系。不当得利之债是指没有法律根据，取得不当利益，受损失的人有权请求得利人返还获得的利益而产生的债权债务关系。此外，还可以依据法律的其他规定引起债的发生，如依据婚姻法，子女要求父母履行抚养义务、或父母要求子女履行赡养义务而产生的债权债务关系。

债的消灭，也称债的终止，是指债权人与债务人之间的权利义务关系不复存在的法律现象。债的消灭原因包括清偿、提存、抵销、免除和混同。清偿，也称履行，是指债务人按照法律规定或合同的约定向债权人履行义务，实现债权人的权利。提存是指债务已届履行期，由于债权人的原因，债务人无法向债权人给付标的物，债务人将标的物交付提存机关，而消灭债务的行为。抵销是指二人互付债务时，各以其债权来清偿其债务，而使其债务与对方的债务在对等额内相互消灭。免除是指债权人抛弃债权，从而全部或部分解除债务人所承担的义务的单方行为。混同是指债权与债务同归一人，而使债的关系消灭的事实。

实例 5-3　物权与债权的案例①

2014 年 5 月 5 日，代某与唐氏夫妇共同签订了房屋买卖《预约合同》，唐氏夫妇承诺按本合同约定的条件将某办公用房转让给代某，房价为 170 万元。同年 7 月，合同尚在履行期间，房屋所有权尚未转移登记到代某名下，刘某因与唐氏夫妇借款纠纷向法院提起诉讼，并申请保全上述房屋，法院随即对房屋进行了查封。代某认为该房已经卖给了自己，法院不应因唐氏夫妇的债务而对房屋采取保全措施，遂向法院提出了执行异议。

解析　经两审法院审理查明，认定代某与唐氏夫妇签订的房屋《预约合同》合法有效，属双方真实意思表示，合同自双方签字时成立，双方之间存在房屋买卖合同关系。代某享有要求唐氏夫妇交付合同标的房屋的债权。但是，该房屋产权未经转移登记，不发生所有权转移的效力，代某对该房尚不具有所有权（物权），房屋所有权仍属唐氏夫妇所有。原法院对唐氏夫妇所有的房产予以强制执行并无不当，驳回了代某的诉讼请求。

（三）其他合法民事权益

《民法总则》规定，除人身权、物权和债权外，民事主体依法还享有法律规定的知识产权、继承权、股权与其他投资性权利、自然人的个人信息等民事权益。

① 资料来源：四川省自贡市中级人民法院《民事判决书（2015）自民二终字第 98 号》。

1. 知识产权

知识产权，是指权利人依据法律的规定对其创造性的客体所享有的专有权利。依照中国法律规定，知识产权的客体包括著作权、专利权、商标权、地理标志、商业秘密、拓扑图（集成电路布图设计）、植物新品种和法律规定的其他客体。

2. 继承权[①]

继承权是指自然人依照法律的规定或者被继承人生前立下的合法有效的遗嘱而取得被继承人遗产的权利。遗产是自然人死亡时遗留的个人合法财产，包括收入，房屋、储蓄和生活用品，林木、牲畜和家禽，文物、图书资料，法律允许自然人所有的生产资料，著作权、专利权中的财产权利，以及其他合法财产。

3. 股权与其他投资性权利

股权是指民事主体因投资于公司成为公司股东而享有的权利，包括资产收益权、剩余财产分配请求权、股份转让权、新股优先认购权，对公司重大事务的表决权、选择管理者权、监督权、请求股东会召集权、提案权、质询权、查阅权、寻求司法保护权等。

其他投资性权利是指除股权外，民事主体为了在未来获得收益或是资金增值，以货币、实物、知识产权、土地使用权等财产权利或劳务进行投资而享有的民事权利，如证券投资、保险投资、企业投资等。

4. 自然人的个人信息

自然人的个人信息受法律保护。自然人的个人信息是指，以电子或者其他方式（如文字、图表、图像记录等）记录的、能够单独或者与其他信息结合识别自然人个人身份的各种信息，包括但不限于自然人的姓名、出生日期、身份证件号码、个人生物识别信息、住址、电话号码等。

四、委托法律关系

委托是当事人之间通过协议，约定一方将其事务交由另一方处理的行为。委托合同就是委托人和受托人约定，由受托人处理委托人事务的合同。其中，委托他人为自己处理事务的人称为委托人，接受委托的人称为受托人。委托人可以特别委托受托人处理一项或者数项事务，也可以概括委托受托人处理一切事务。

受托人应当按照委托人的指示亲自处理委托事务。只有经委托人同意，受托人才可以将事务转委托给第三人。受托人应当按照委托人的要求，报告委托事务的处理情况。委托合同终止时，受托人应当报告委托事务的结果。

代理、信托、行纪与居间等法律关系均由委托产生。具有人身属性的法律行为或事实行为，一般不适用委托合同，如收养关系的建立或终止、婚姻关系的产生和消灭、立遗嘱、结婚、收养子女等。

---

① 详见本章第五节“继承法”。

《商业银行理财产品销售管理要求》规定，销售人员从事理财产品销售活动，不得违规接受投资者全权委托，私自代理投资者进行理财产品认购、赎回等交易。

（一）代理

代理是指代理人在代理权限内，以被代理人的名义进行民事活动，其权利义务后果直接归属于被代理人的一种法律关系。代理涉及三方当事人：代理人、被代理人（也称本人）和第三人（与代理人实施民事行为的人）。代理的特征如下：

第一，代理人必须在代理权限范围内实施代理行为。

第二，代理人是以被代理人的名义实施代理行为。

第三，代理进行的活动必须是有法律意义的、合法的并且直接向第三人进行意思表示的行为。具有人身性质的行为，如收养子女、立遗嘱等不能代理。

第四，代理人的代理行为所产生的法律后果直接由被代理人承担，代理人不履行或者不完全履行职责，造成被代理人损害的，应当承担民事责任。

1. 委托代理

根据代理权产生的原因，代理包括委托代理和法定代理。法定代理人依照法律的规定行使代理权，主要是为被代理人是无行为能力人或限制行为能力人而设计的。委托代理人按照被代理人的委托行使代理权。委托代理是最典型的委托关系。

代理人行使的代理权称为委托代理权，它是基于被代理人的意思而产生的。委托合同和委托授权行为是委托代理产生的依据。法律、行政法规没有特别规定或者当事人没有约定的情况下，委托代理授权可以采取书面形式、口头形式或者其他形式中的任何一种。其中，书面形式是最主要的一种授权形式，称为授权委托书。授权委托书多用于向第三人出示，以证明代理人的代理身份。它应当载明代理人的姓名或者名称、代理事项、权限和期间，并由被代理人签名或者盖章。委托授权行为是被代理人将代理权授予代理人的行为。代理人不履行或者不完全履行职责，造成被代理人损害的，应当承担民事责任。代理人知道或者应当知道代理事项违法却仍然实施代理行为，或者被代理人知道或者应当知道代理人的代理行为违法却未作反对表示的，被代理人和代理人应当承担连带责任。

职务代理与复代理是两种特殊的委托代理。职务代理是指根据代理人所担任的职务而产生的代理，即执行法人或者非法人组织工作任务的人员，就其职权范围内的事项，以法人或者非法人组织的名义实施民事法律行为，对法人或者非法人组织发生效力。复代理，又称再代理、转代理或者次代理，是指代理人将代理事项转委托第三人代理。在复代理中，代理人是以自己的名义为被代理人选任代理人，其再委托的权限应限于代理权限之内。与复代理相对的是本代理，或者称原代理，是指被代理人直接选任代理人而成立的代理。在复代理关系中，存在原代理人和复代理人两个代理人，形成原代理人对被代理人的代理和复代理人对被代理人的代理两层代理。复代理应当取得被代理人的同意或者追认。取得被代理人同意或者追认的，第三人的代理行为对被代理人发生法律效力。

2. 滥用代理权

为维护被代理人的利益，法律禁止代理人滥用代理权，对其行使代理权进行了必要的限制。滥用代理权，是指代理人行使代理权时，违背代理权宗旨而实施损害被代理人利益的行为。除被代理人同意或追认外，滥用代理权的行为无效，不对被代理人产生法律效力。滥用代理权的情形包括自己代理、双方代理及与第三人串通三种情况。

自己代理是指代理人在代理权限内与自己实施民事法律行为。自己代理分为两种情况，一种是代理人以自己的名义向被代理人发出要约且代理人以被代理人的名义予以承诺；另一种是代理人以被代理人的名义向自己发出要约且以自己的名义进行承诺。这两种情形都属于自己代理，都是法律所禁止的。自己代理行为一般无效，但也有例外，即被代理人同意或者追认的除外。

双方代理，又称同时代理，是指代理人同时代理被代理人和相对人实施同一民事法律行为。构成双方代理，必须符合两个条件：一是代理人必须既获得被代理人的委托代理授权，又获得相对人的委托代理授权。二是代理人同时代理为同一民事法律行为的双方当事人。比如，甲授权乙出售一台电脑，丙授权乙购买一台电脑，乙作为两方的代理人以甲和丙的名义签署一份电脑买卖合同，乙的行为就是典型的双方代理。双方代理行为一般无效，但是被代理的双方同意或者追认的除外。

代理人与第三人恶意串通行为是指代理人与第三人出于恶意，进行串通和共谋，造成被代理人利益损害的行为。法律严格禁止这类损害被代理人利益的行为。恶意串通行为一定是无效的，不能认定为有效。代理人和相对人恶意串通，损害被代理人合法权益的，代理人和相对人应当承担连带责任。

3. 无权代理

无权代理，是指行为人（无权代理人）没有代理权仍以被代理人名义实施民事法律行为的情形。

无权代理分为行为人没有代理权、超越代理权或者代理权终止后仍然实施代理行为三种类型。没有代理权的无权代理是指行为人根本没有得到被代理人的授权，就以被代理人名义从事的代理。比如，行为人伪造他人的公章、合同书或者授权委托书等，假冒他人的名义实施民事法律行为。超越代理权的无权代理是指行为人与被代理人之间存在代理关系，但代理人实施的代理行为超出了代理授权范围的代理。比如，在代理购物时，购买的物品数量超出了委托的数量。代理权终止后的无权代理是指行为人与被代理人之间原本有代理关系，由于代理期限届满、代理事务完成或者被代理人取消委托等法定情形的出现，代理权终止，但是行为人仍然从事的代理。

无权代理行为为效力待定的法律行为。“未经被代理人追认的，对被代理人不发生效力。”对于被代理人的追认，《民法总则》规定：“相对人可以催告被代理人自收到通知之日起一个月内予以追认。被代理人未作表示的，视为拒绝追认。”

行为人实施的行为被追认前，善意相对人有撤销的权利。撤销应当以通知的

方式作出。行为人实施的行为未被追认的，善意相对人有权请求行为人履行债务或者就其受到的损害请求行为人赔偿。相对人知道或者应当知道行为人无权代理的，相对人和行为人按照各自的过错承担责任。

4. 表见代理

表见代理，是指因与本人（被代理人）有一定关系，无权代理人实施代理行为，相对人有理由相信行为人有代理权，依法确定该代理行为有效，由被代理人承担代理的法律后果的情形。

一般来说，表见代理的产生与被代理人的过错有关，比如，因为被代理人管理制度的混乱，导致其所有的某种有代理权的证明物件（如盖有公章的空白介绍信、空白合同文本、合同专用章等）被他人获得，他人利用这些证明文件使第三人相信其有代理权；被代理人知道行为人以其名义与第三人实施民事法律行为而不作否认表示；被代理人向第三人表达的代理授权不清；被代理人已经变更代理授权或终止代理授权，但未采取必要的措施而使第三人仍然相信其有代理权；等等。

实例 5-4　表见代理案例①

2017 年 4 月，客户在某银行支行交易场所内，在员工指导下，购买某“非凡资产管理保本”理财产品，事后被告知该产品并非该银行的产品。经查，是该支行行长利用伪造公章、虚构理财项目等手段，骗取了众多投资者数十亿元。当地银监局对该银行支行和相关人员做出了行政处罚，公安部门对该支行行长进行了刑事拘留，立案调查。客户要求银行赔偿损失。

解析　行为人（银行员工）对该产品虽无代理权，但其本人为银行员工，且产品购买是在银行进行的，足以使得善意第三人（客户）相信其有代理权。据此，银行应承担赔偿被骗客户损失的责任。

（二）信托

信托最早可追溯到古代罗马帝国时期。现代信托制度起源于英国。美国最早完成了个人受托向法人受托的过渡、民事信托向金融信托的转移。信托制度现已被很多国家采纳。

1. 信托的定义与特征

信托是指委托人基于对受托人的信任，将其财产权委托给受托人，由受托人以自己的名义按委托人的意愿，为受益人的利益或者特定目的，进行管理或者处分的行为。在信托模式下，信托中的受托人受托管理的财产必须保持其资产的独立性。

从定义可知，信托的基本特征包括：信托是以信任为基础的财产管理制度，信任是信托关系设立和存在的基础；信托财产必须是可分离和可转移的；信托财产的所有权与收益权是相分离的，受益人享有信托财产的收益权；受托人以自己

① 民生银行因北京航天桥支行假理财案被罚 2 750 万 3 人终身禁业，http://news.163.com/17/1130/17/D4GP5M8700018AOR.html，2018-03-02.

的名义管理和处置信托财产，以实现委托人的意愿为目的。

2. 信托的主体

信托关系的主体包括委托人、受托人、受益人三方。

（1）委托人。委托人是提供财产、设立信托的人。由于信托的设立，必须是基于委托人自己的意愿，并且须由委托人对财产进行处分，因此，委托人应当是具有完全民事行为能力的自然人、法人或者依法成立的非法人组织。

委托人的权利包括信托运作知情权、信托财产管理方法调整请求权、对受托人不当信托行为的撤销申请权、对受托人的解聘权。

委托人的义务，包括将信托财产权委托给受托人的义务，以及向受托人支付报酬的义务。

（2）受托人。受托人是委托人设立信托的相对人。受托人从委托人那里接受财产权的委托，承担按照信托目的管理、处分信托财产的义务。受托人应当是具有完全民事行为能力的自然人、法人。

受托人的权利包括：第一，经委托人和受益人同意，受托人可以辞任，但依据《信托法》第六十六条，"公益信托的受托人未经公益事业管理机构批准，不得辞任。"第二，对信托财产的管理权与处分权，包括依约对信托财产进行适当的投资、管理和分配而行使的权利。第三，依约获取报酬的权利。第四，受托人支出费用的优先受偿权。

受托人的义务包括：第一，应当遵守信托文件的规定，为受益人的最大利益处理信托事务；第二，应当亲自处理信托事务，但信托文件另有规定或者有不得已事由的，可以委托他人代为处理；第三，受托人管理信托财产，必须为受益人的最大利益处理信托事务；第四，受托人除依照《信托法》规定取得报酬外，不得利用信托财产为自己谋取利益；第五，受托人应当将信托财产和固有财产分别管理、分别记账，并将不同委托人的信托财产分别管理、分别记账；第六，保存处理信托事务的完整记录；第七，以信托财产为限向受益人承担支付信托利益的义务。

《信托法》规定，受托人有下列情形之一的，其职责终止：死亡或者被依法宣告死亡；被依法宣告为无民事行为能力人或者限制民事行为能力人；被依法撤销或者被宣告破产；依法解散或者法定资格丧失；辞任或者被解任；法律、行政法规规定的其他情形。受托人职责终止的，应当作出处理信托事务的报告，并向新受托人办理信托财产和信托事务的移交手续。上述报告经委托人或者受益人认可，原受托人就报告中所列事项解除责任，但原受托人有不正当行为的除外。共同受托人之一职责终止的，信托财产由其他受托人管理和处分。

（3）受益人。受益人是在信托中享有信托受益权的人。受益人并不需要通过承诺或者做出一定的法律行为，自信托生效之日起即享有信托受益权。

受益人可以放弃信托受益权。全体受益人放弃信托受益权的，信托终止。部分受益人放弃信托受益权的，被放弃的信托受益权按下列顺序确定归属：（1）信托文件规定的人；（2）其他受益人；（3）委托人或者委托人的继承人。

除信托文件有限制性规定外，受益人的信托受益权可以依法转让和继承；除法律、法规和信托文件有限制性规定外，受益权还可以用于清偿到期债务。

3. 信托的财产

受托人因承诺信托而取得的财产是信托财产。信托财产作为信托法律关系的标的，是由委托人转移给受托人，受托人以自己的名义为受益人的利益而管理和处分的财产。信托关系存续期间内，受托人因信托财产的管理、运用、处分或者其他情形而取得的财产，也归入信托财产。

信托财产应当是可以合法转让的财产，或者说信托财产应当由可以合法流通的财产构成。法律、行政法规禁止流通的财产，不得作为信托财产。以禁止流通的财产设立的信托，信托是无效的。

信托财产具有独立性。信托财产的独立性表现为：(1) 在信托成立后，信托财产就成为服从于信托目的的独立存在的财产，信托财产具有独立于委托人个人意思的地位。(2) 信托财产与委托人未设立信托的其他财产应相区别，成为独立的财产整体。设立信托后，委托人死亡或者依法解散、被依法撤销、被宣告破产时，委托人是唯一受益人的，信托终止，信托财产作为其遗产或者清算财产；委托人不是唯一受益人的，信托存续，信托财产不作为其遗产或者清算财产；但作为共同受益人的委托人死亡或者依法解散、被依法撤销、被宣告破产时，其信托受益权作为其遗产或者清算财产。(3) 信托财产与受托人所有的财产，即其固有财产相区别，不得归入受托人的固有财产或者成为固有财产的一部分。受托人死亡或者依法解散、被依法撤销、被宣告破产而终止，信托财产不属于其遗产或清算财产。(4) 不同委托人的信托财产相区别，受托人应分别管理。(5) 受托人管理、运用、处分信托财产所产生的债权，不得与其固有财产产生的债务相抵销。受托人管理、运用、处分不同委托人的信托财产所产生的债权债务，不得相互抵销。

4. 信托的效力

一个合法有效的信托必须具备委托人、受托人、受益人、创设信托的意愿、信托财产、合法的信托目的，以及财产的有效交付七个要件。

常见家族信托结构如图 5-1 所示。

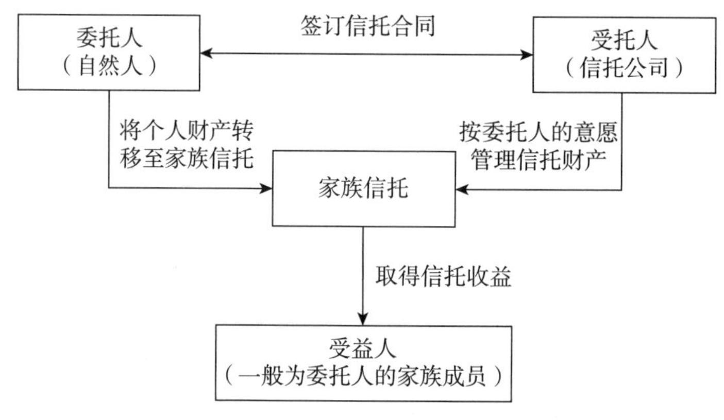

图 5-1　家族信托结构

设立信托，应当采取书面形式。设立遗嘱信托，应当遵守继承法关于遗嘱的

规定。

在一般情况下，除信托文件另有规定的外，采取信托合同形式设立信托的，信托合同签订时信托成立；采取其他书面形式设立信托的，受托人承诺信托时，信托成立。在一般情况下，特别是以合同形式设立信托，该信托成立之日即为信托生效之日，也就是受益人享有信托受益权之日。附生效条件的信托，自条件成就时生效，受益人自条件成就时起享有信托受益权。附生效期限的信托，自期限届至时生效，受益人自期限届至时起享有信托受益权。对于应当就信托财产办理信托登记的，该信托自办理信托登记时生效，受益人自该信托生效之日起享有信托受益权。未依照规定办理信托登记的，应当补办登记手续；不补办的，该信托不产生效力。采用遗嘱形式的信托，虽然自受托人承诺信托时成立，但须遗嘱人死亡后才能生效，受益人自遗嘱人死亡时享有信托受益权。

有下列情形之一的，信托无效：(1) 信托目的违反法律、行政法规或者损害社会公共利益；(2) 信托财产不能确定；(3) 委托人以非法财产或者信托法规定不得设立信托的财产设立信托；(4) 专以诉讼或者讨债为目的设立的信托；(5) 受益人或者受益人范围不能确定；(6) 法律、行政法规规定的其他情形。

案例 5-5 信托财产独立性案例

温先生在沿海地区拥有一家服装加工工厂，2012 年女儿刚刚上初中。温先生希望女儿高中毕业后可以在国外接受大学和研究生教育。当年，温先生出资 150 万元设立女儿的教育金信托，信托自成立后运行良好。2017 年，由于生意经营亏损，温先生负债累累，债权人向法院提出诉讼，要求执行这笔信托教育金用以还债。

解析 当信托设立后，信托财产就和委托人未设立信托的其他财产区分开来成为独立的财产。委托人的债权人不得要求法院强制执行信托财产。委托人负债并不影响信托的存续。本案不存在委托人利用设立信托方式恶意逃避债务，损害债权人利益的行为。债权人无权要求法院执行信托财产来偿还债务。

（三）行纪

行纪合同是行纪人以自己的名义为委托人从事贸易活动，委托人支付报酬的合同。接受委托的一方为行纪人，而另一方则为委托人。行纪人处理委托事务支出的费用，由行纪人负担，但当事人另有约定的除外。

（四）居间

居间是中介的一种形式，其宗旨是把交易双方联系在一起，以期交易促成后获取佣金。居间合同是居间人向委托人报告订立合同的机会或者提供订立合同的媒介服务，委托人支付报酬的合同。在居间合同中，接受委托、提供报告订立合同的机会或者提供交易媒介的一方为居间人，支付报酬的一方为委托人。金融理财活动中常见的居间关系是，接受客户委托为其提供相关信息，促成客户与他人签订合同。

居间人促成合同成立后，委托人应当按照约定支付报酬。对居间人的报酬没有约定或者约定不明确，依照法律规则仍不能确定的，根据居间人的劳务合理确定。因居间人提供订立合同的媒介服务而促成合同成立的，由该合同的当事人平均负担居间人的报酬。居间人促成合同成立的，居间活动的费用，由居间人负担。居间人未促成合同成立的，不得要求支付报酬，但可以要求委托人支付从事居间活动支出的必要费用。

五、民事责任

（一）民事责任的定义与特点

民事责任，也称民事法律责任，是指民事主体对造成他人权益损害后果依法所承担的不利民事法律后果，使被侵害的民事权利得以恢复或赔偿。自然人、法人或非法人组织违反合同或者不履行其他义务的，或者由于过错侵害国家的、集体的财产，侵害他人财产、人身的应当承担民事责任。民事责任产生的原因包括依法律规定和当事人的约定两种情况。通常情况下，民事责任的构成要件由四部分组成，即违法或违约行为、损害结果或其他违约事实、违法或违约行为与损害结果之间的因果关系，以及行为人主观上或故意或过失的过错。

民事责任具有如下特点：(1) 通常来说，民事责任以民事主体违反民事义务侵害他人的民事权益为前提。(2) 民事责任以恢复被损害的权利为目的。民事责任以一方当事人（加害人）补偿对另一方当事人（受害人）的损害为主要目的，惩罚性不是主要特征。(3) 民事责任可以由民事主体在法律允许的范围内协商承担责任的方式、范围及期限等事宜。(4) 民事责任具有强制性。民事主体的财产不足以同时支付民事责任、行政责任和刑事责任的，优先用于承担民事责任。

（二）民事责任的归责原则

民事责任的归责原则决定着民事责任的构成要件、免责事由、损害赔偿的范围和举证责任的内容。英美法系国家以严格责任作为民事责任的一般归责原则。大陆法系各国，均以过错责任作为民事责任的一般归责原则。我国采取严格责任和过错责任相结合的二元归责体系。

（三）共同责任

就民事责任承担的人数而分，包括单独责任和共同责任。其中，由一人承担的为单独民事责任；由二人或二人以上承担者为共同责任，又分为份额（按份）责任或连带责任。

按份责任，也叫份额责任，是指责任人为二人或二人以上的多人时，各责任人按照一定的份额向权利人承担民事责任。二人以上依法承担按份责任，能够确定责任大小的，各自承担相应的责任；难以确定责任大小的，平均承担责任。

连带责任是指依照法律规定或者当事人约定，二人或者二人以上对共同产生的民事责任承担全部责任，每个人都负有清偿全部债务义务，并因此引起内部债务关系的一种民事责任形式。

连带责任人之间根据各自责任大小确定相应的赔偿数额；难以确定责任大小

的，平均承担赔偿责任。连带责任人对外承担了责任后，通常需要在内部确定各自的责任。支付超出自己赔偿数额的连带责任人，有权向其他连带责任人追偿。

（四）免责事由

免责事由是指依据法律规定或约定，虽然未履行民事义务，但不承担民事责任的事由，包括法定免责事由和约定免责事由。法定免责事由包括受害人重大过错、不可抗力、正当防卫、紧急避险、自愿实施紧急救助行为等。约定免责事由是由当事人依法事先约定免除一方责任的情形。但根据《合同法》规定，约定免除“造成对方人身伤害的”或“因故意或者重大过失造成对方财产损失的”责任的免责条款无效。

受害人对损害发生有重大过错是指损害是因受害人故意造成的。受害人对同一损害的发生或扩大有故意、过失的，可以减轻或者免除赔偿义务人的赔偿责任。受害人有重大过失的，可以减轻赔偿义务人的赔偿责任。

不可抗力是指不能预见、不能避免且不能克服的客观情况。对“不能预见”的理解是基于现有的技术水平，一般对某事件发生没有预知能力。“不能避免且不能克服”，应是指当事人已经尽到最大努力和采取一切可以采取的措施，仍不能避免某种事件的发生并不能克服事件所造成的后果，而且事件的发生和事件所造成的后果具有必然性。因不可抗力不能履行民事义务的，一般而言不承担民事责任。但法律另有规定的，依照其规定。

正当防卫是指为了使国家、公共利益、本人或者他人的人身、财产和其他权利免受正在进行的不法侵害，行为人所采取的制止不法侵害的行为。因正当防卫对不法侵害人人身和财产造成损害的，防卫人不承担民事责任。

紧急避险是指为了使国家、公共利益、本人或者他人的人身、财产和其他权利免受正在发生的危险，不得已采取的紧急避险行为，造成损害的，避险人不承担民事责任。

自愿实施紧急救助行为是指一般所称的见义勇为或者乐于助人的行为，不包括专业救助行为。

除了上述法定免责事由外，法律还规定有其他不承担民事责任或减轻民事责任的事由。如，赠与的财产有瑕疵的，赠与人不承担责任；承租人按照约定的方法或者租赁物的性质使用租赁物，致使租赁物受到损耗的，不承担损害赔偿责任；等等。

（五）承担民事责任的主要方式

承担民事责任的主要方式有停止侵害，排除妨碍，返还财产，恢复原状，继续履行，消除影响、恢复名誉，赔礼道歉等。(1) 停止侵害。采用这种责任方式以侵权正在进行或者仍在延续为条件，主要是要求行为人不实施某种侵害，以及时制止侵害，防止侵害后果的扩大。(2) 排除妨碍。排除妨碍是指行为人实施的行为使他人无法行使或者不能正常行使人身、财产权益的，受害人可以要求行为人排除妨碍权益实施的障碍。(3) 返还财产。返还财产责任因行为人无权占有他人财产而产生。适用返还财产的前提是该财产还存在，如果该财产已经灭失，就不可能适用该责任方式，受害人只能要求赔偿损失；该财产虽然存在，但已经损坏的，权利人可以根据自己的意愿，请求返还财产、恢复原状或者赔偿损失。（4）恢复原状。狭义的恢复原状，是指通过修理等手段使受到损坏的财产恢复到损坏前状况的一种责任方式。（5）继续履行，又称为强制实际履行，主要用于违约的情形，是指债务人不履行合同或者履行合同不符合约定时，债权人请求依法强制其按合同约定继续履行合同义务。（6）消除影响、恢复名誉。消除影响、恢复名誉是指根据受害人的请求，行为人在一定范围内采取适当方式消除对受害人名誉的不利影响以使其名誉得到恢复的一种责任方式。（7）赔礼道歉。赔礼道歉是指行为人通过口头、书面或者其他方式向受害人进行道歉，以取得谅解的一种责任方式。

法律规定的侵权责任方式各有特点，在救济受害人的总体目标下，民事责任的各种方式可以单独适用，也可以合并适用。

六、诉讼时效

诉讼时效是权利人在法定的期间内未向法院请求保护其民事权利，即发生义务人可以权利人超过权利主张限定期限为由拒绝履行其给付义务，法院依此抗辩不对该权利予以保护的法律制度。诉讼时效期间是权利人向法院请求保护其民事权利的法定期限。

（一）诉讼时效的效力

自然人或法人在民事权利受到侵犯的时候，在诉讼期间内，如果不向法院提起诉讼，那么该期间届满后，如果义务人拒绝履行其给付义务，权利人就丧失了请求法院依诉讼程序强制义务人履行义务的权利。因此，超过诉讼时效，权利人的胜诉权将依法消灭。

诉讼时效消灭的是胜诉权，而不是起诉权。超过诉讼时效期间，权利人提起诉讼，法院仍然受理。但如果义务人以超过诉讼时效抗辩，法院查明时效已经届满，又无可以延长的正当理由，将判决权利人败诉。

诉讼时效是法律赋予义务人抗辩权利人权利主张的法定事由，是否行使是义务人的权利，法院不得依职权主动适用。如履行义务的当事人未提出诉讼时效抗辩，法院不应对诉讼时效问题进行释明及主动适用诉讼时效的规定进行裁判。

诉讼时效期间届满后，义务人同意履行的，权利人可以受领并持有。受领不属于不当得利，义务人不得以诉讼时效期间届满为由抗辩，义务人不得请求返还。

诉讼时效是由法律确定的，当事人不得约定延长或者缩短诉讼时效期间、预先放弃诉讼时效利益。诉讼时效的期间、计算方法以及中止、中断的事由由法律规定，当事人不得约定，即使约定亦无效，法院不予认可。

（二）诉讼时效分类

诉讼时效分为普通诉讼时效、特殊诉讼时效和最长权利保护期间。

普通诉讼时效，又称“一般诉讼时效”，是指由民事普通法规定的，适用于法律无特殊规定的各种民事法律关系的诉讼时效。各国对普通诉讼时效的期间长短也有不同的规定。《民法总则》规定，除法律另有规定的，向法院请求保护民事权利的诉讼时效期间为三年。

特殊诉讼时效是法律对某一特殊法律关系作出有关诉讼时效期间的特别规定。依据特别法优于普通法适用的原则，特殊诉讼时效优于普通诉讼时效，也就是说，凡有特殊时效规定的，适用特殊时效。《民法总则》取消了关于短期时效的规定，但如其他法律对时效作出了特殊规定，则适用特殊时效。

最长权利保护期间是作为一种制度设计上的补足。《民法总则》规定，“自权利受到损害之日起超过二十年的，人民法院不予保护”，即最长的权利保护期间是“二十年”。同时，规定“有特殊情况的，人民法院可以根据权利人的申请决定延长”，即如果二十年仍不够用，还有延长的可能，但须当事人向法院提出申请，是否能够延长由法院决定。

（三）诉讼时效中止、中断

诉讼时效中止是因法定事由的存在使诉讼时效停止进行，待法定事由消除后继续进行的制度。《民法总则》规定，在诉讼时效期间的最后六个月内，因发生法定障碍事由使权利人不能行使请求权的，暂停计算时效期间。自中止时效的原因消除之日起满六个月，诉讼时效期间届满。也就是，诉讼时效中止事由结束时，如果剩余部分期限少于六个月，则将诉讼时效期限的剩余部分延长至六个月，诉讼时效期间才算届满。可以导致诉讼时效中止的障碍包括：不可抗力，无民事行为能力人或者限制民事行为能力人没有法定代理人或者法定代理人死亡、丧失民事行为能力、丧失代理权，继承开始后未确定继承人或者遗产管理人，权利人被义务人或者其他人控制，其他导致权利人不能行使请求权的障碍。

诉讼时效中断是指诉讼时效期间进行过程中，出现了权利人积极行使权利的法定事由，从而使已经经过的诉讼时效期间归于消灭，从中断、有关程序终结时起，重新开始计算诉讼时效期间的制度。诉讼时效中断的法定事由包括：权利人向义务人提出履行请求，义务人同意履行义务，权利人提起诉讼或者申请仲裁，与提起诉讼或者申请仲裁具有同等效力的其他情形。

（四）不适用诉讼时效的情形

《民法总则》规定了不适用诉讼时效的情形，包括所有权人或者其他物权人请求停止侵害、排除妨碍、消除危险的；不动产物权和登记的动产物权的权利人请求返还财产的；请求支付抚养费、赡养费或者扶养费的；依法不适用诉讼时效的其他请求权，例如，支付存款本金及利息请求权；兑付国债、金融债券以及向不特定对象发行的企业债券本息请求权；基于投资关系产生的缴付出资请求权；其他依法不适用诉讼时效规定的债权请求权。

当事人对上述债权人的请求权以诉讼时效进行抗辩时，法院将不予支持。

实例 5-6　诉讼时效案例[①]

2013 年 9 月，张某与耿某发生钢材买卖交易。张某主张货款总额 32.25 万元，耿某拉走货物当天转账支付 20 万元。后张某多次向耿某催要，耿某陆续还款，至 2014 年，仍余 5 万元未支付。2016 年 5 月 25 日为此还拨打过 110 报警，警察到场做过处置。2018 年 1 月 8 日，张某起诉至法院，请求判令耿某还款。耿某认为债务发生在 2013 年 9 月，至 2018 年 1 月，张某诉讼请求已过诉讼时效，请求法院驳回张某诉讼请求。

解析　案件经两级法院审理，法院认定，诉讼时效期间从当事人知道或者应当知道权利被侵害时起计算。本案中，耿某在拉走货物后，陆续支付张某货款，张某亦曾多次前往耿某处催要剩余货款，且在 2016 年 5 月 25 日，双方还为此报警处理，故张某的诉讼请求存在时效中断情形，尚未超过诉讼时效。故对耿某提出张某诉讼请求已过诉讼时效的抗辩，法院不予支持。判决耿某于判决生效之日起十日内给付张某货款 5 万元。

第三节　合同法

合同，又称为契约、协议，是当事人之间设立、变更、终止某种权利义务关系的协议。本节有关合同的内容依照《合同法》的相关规定，围绕经济合同相关事宜展开。

一、合同的定义与法律特征

《合同法》所指的合同，是平等主体的自然人、法人、非法人组织之间设立、变更、终止民事权利、义务关系的协议。同属民事法律领域的婚姻、收养、监护等有关身份关系的协议，以及其他法律性质的协议，适用其他法律的规定。

合同具有以下法律特征：第一，合同是一种民事法律行为，以意思表示为要素，并且按意思表示的内容赋予法律效果；第二，合同是两方以上当事人的意思表示一致的民事法律行为；第三，合同是以设立、变更、终止民事权利义务关系为目的的民事法律行为；第四，合同是当事人各方在平等、自愿的基础上产生的民事法律行为。各方当事人在订立合同时的法律地位平等，一方不得将自己的意志强加给另一方；当事人依法享有自愿订立合同的权利，任何单位和个人不得非法干预。

二、合同的订立

合同的订立，又称缔约，是当事人为设立、变更、终止财产权利义务关系而

---

① 北京市第二中级人民法院《民事判决书（2018）京 02 民终 112 号》.

进行协商、达成协议的过程。当事人订立合同，采取要约、承诺方式。它既包括缔约各方在达成协议之前接触和洽谈的整个过程，也包括双方达成合意、确定合同的主要条款以及之后所形成的协议。前者如要约邀请、要约、反要约等；后者如承诺、合同成立和合同条款等。

合同的内容由当事人约定，当事人可以参照各类合同的示范文本订立合同。合同一般包括以下条款，当事人的名称或者姓名和住所，标的，数量，质量，价款或者报酬，履行期限、地点和方式，违约责任和解决争议的方法。

（一）要约

要约是一方当事人以缔结合同为目的，向对方当事人提出合同条件，希望对方当事人接受的一种意思表示，也可以称为“发盘”“发价”。发出要约的人称为“要约人”，接收要约的人称为“受要约人”。

1. 要约的构成要件

要约的构成要件如下：

第一，要约必须是特定人所为的意思表示。所谓特定人，是指要约人能为外界所确定。

第二，要约必须向相对人发出。没有相对人，也就没有受领要约的人，要约也就失去了意义。相对人一般为特定人，有时也可以是不特定的人，如正在工作的自动售货机、自选市场标价陈列由消费者自取的商品等都是针对不特定当事人发出的要约。

第三，要约必须具有缔结合同的目的。在要约内容中应明确表明一经受要约人接受即成立合同的内容。

第四，要约的内容必须具体、确定和完整。要约中应包含足以使合同成立的必要条款，如确定的当事人名称或者姓名、标的和数量等。

2. 要约的法律效力

要约的法律效力包括对要约人的约束力和受要约人的权利两个方面。对于要约人而言，要约一经受要约人承诺，要约人即受该意思表示的约束。对于受要约人而言，要约一旦生效，受要约人就取得承诺的权利。

3. 要约邀请

要约邀请，又称为要约引诱，是指邀请或者引诱他人向自己发出要约的意思表示。要约邀请可以是向特定人发出的，也可以是向不特定的人发出的。要约邀请只是针对订立合同的建议，不需要有合同的具体内容。

要约邀请与要约的构成要件不同，法律效力也完全不同。一是，二者的目标不同。要约以追求合同的成立为直接目的，要约是为了唤起承诺，并接受承诺的约束；而要约邀请只是邀请他人向自己发出要约，只有自己作出承诺，合同才成立。二是，二者的法律效力不同。要约邀请对发出人没有法律约束力；要约对发出人有法律约束力。三是，二者所处的阶段不同。要约是合同订立过程的必要组成部分，其对应的后续阶段是受邀对方发出的“承诺”，要约一经承诺就成立合同；要约邀请不是合同订立的必经阶段，其对应的后续阶段是受邀对方发出“要约”，而是否“承诺”则由发出要约邀请的一方决定。四是，二者的内容不同。要约内容必须明确具体，包含合同成立的必要条件；要约邀请则只是针对订立合同的建议，不需要有合同的具体内容。

《合同法》还明文规定，寄送的价目表、拍卖公告、招标公告、招股说明书、商业广告等为要约邀请。但商品广告的内容符合要约规定的，则视为要约。此外，格式合同、悬赏广告、自动售货机、商品标价陈列等则都属于要约。

（二）承诺

承诺是受要约人作出的同意要约的全部条件的意思表示，又称“接盘”“接受”。在一般情况下，承诺生效后合同即告成立。

1. 承诺的构成要件

承诺的构成要件包括：

第一，承诺必须由受要约人作出，其代理人也可以。受要约人以外的第三人不享有承诺的权利。

第二，承诺必须向要约人作出，也可以向要约人的代理人作出；如果要约人死亡，而合同不需要要约人亲自履行，承诺也可以向要约人的继承人发出。

第三，承诺的内容应当与要约的内容一致。这是承诺最核心的要件，承诺必须是对要约完全的、单纯的同意。有关合同标的、数量、质量、价款或者报酬、履行期限、履行地点和方式、违约责任和解决争议方法等的变更，是对要约内容的实质性变更，为新要约，亦称为反要约。表述的形式不同并不否定承诺的效力。

第四，承诺必须在要约的有效期内作出。受要约人在承诺期限届满后作出的任何答复都不是承诺，而应视为新要约。

2. 承诺的效力

承诺生效时合同成立。《合同法》规定，承诺通知到达要约人时生效。要约人收到承诺通知时，承诺才生效，合同才成立。承诺应当以通知的方式作出，承诺不需要通知的，根据交易习惯或者要约表明可以通过行为作出承诺的除外，也就是说，在不需要通知方式的情况下，只要按交易习惯或者要约的要求作出了承诺的行为，承诺即生效。

实例 5－7　悬赏广告案例①

2017 年 1 月 13 日，某动漫公司通过其微信公众号发布征文广告，开展创意 Slogan 征集大赛。大赛将评选出最终获奖者。奖项为：第一名获得沙巴双人七日游（包含双人往返机票＋沙巴君澜度假酒店）、256G 亮黑色 iPhone7 一台；第二名至第十名获得 32 寸正版娃娃一个……大奖评选方式为现场填写投票券投票，得票数最高者获奖。陈先生投稿的广告语入选。同年 2 月 8 日，该动漫公司通过其微信公众号发布了第一名获奖者名单，陈某未入选。2 月 10 日，陈某至该公司处要求核对选票、查询获奖相关资料，遭公司拒绝。公司说所有选票已经遗

① 浙江省杭州市中级人民法院《民事判决书（2017）浙 01 民终 4455 号》。

弃，未保留计票结果。陈某遂以悬赏广告纠纷为由起诉至法院，要求判令该动漫公司向其兑现第一名奖励。

解析 案件经过两级法院审理。法院认为，本案某动漫公司通过其微信公众号发布有奖征集广告语的活动，即为要约；陈某参加该活动，即为承诺。双方之间的合同关系成立。某动漫公司作为活动组织者本身即负有公布计票结果的义务。造成陈某具体得票数多少不能明确的原因在于该公司未能保留选票和统计得票结果，故应由其承担不利后果。最终判决，对陈某要求该动漫公司兑现第一名奖励的请求予以支持，即某动漫公司为陈某“兑现沙巴双人七日游（包含双人往返机票＋沙巴君澜度假酒店）及256G亮黑色iPhone7一台，于判决生效之日起三十日内兑现完成。”

三、合同效力

合同效力即合同的法律效力，是法律赋予依法成立的合同具有拘束当事人各方及至第三人的强制力。依法成立的合同，自成立时生效。合同的效力包括合同的生效、效力待定、无效、可变更或可撤销几个方面。

（一）合同生效

合同生效是指合同产生法律约束力。依法成立的合同，自成立时生效。法律、行政法规规定应当办理批准、登记等手续方才生效的，依照其规定。

合同生效的要件包括以下4个方面，即行为人具有相应的民事行为能力；当事人双方的意思表示要真实；不违反法律、行政法规的强制性规定，不违背公序良俗；合同标的须确定和可能。

一旦合同生效，当事人就应当依合同的规定，享受权利，承担义务。任何单位或个人都不得侵犯当事人的合同权利，不得非法阻挠当事人履行义务。当事人违反合同的，将依法承担民事责任，必要时法院也可以采取强制措施使当事人依合同的规定承担责任、履行义务，对另一方当事人进行补救。

（二）无效合同、可撤销/可变更合同

无效合同是指因其具有违法性，自始不具有法律约束力和不发生履行效力的合同。无效合同包括以下情形：一方当事人以欺诈、胁迫的手段订立合同，损害国家利益；恶意串通，损害国家、集体或者第三人利益；以合法形式掩盖非法目的；损害社会公共利益；违反法律、行政法规及强制性规定。

可撤销合同是指因意思表示不真实，通过有撤销权的当事人行使撤销权，使已经生效的意思表示归于无效的合同。在可撤销合同中，具有撤销权的一方当事人并非一定要求撤销合同，他也可以要求对合同进行变更。可变更或可撤销的合同的情形包括，因重大误解订立的合同；在订立合同时显失公平的；一方以欺诈、胁迫的手段或者乘人之危，使对方在违背真实意思的情况下订立的合同。受损害方有权请求法院或者仲裁机构变更或者撤销的合同。当事人请求变更的，法院或者仲裁机构不得撤销。

撤销权应在一定期限内行使，超过期限不行使的，撤销权消灭。

（三）效力待定的合同

效力待定的合同是指合同虽然已经成立，但因其不完全符合有关生效要件的规定，因此其效力能否发生，尚未确定，一般须经有权人追认才能生效。追认是指权利人事后同意该处分财产行为的意思表示。这种追认可以直接向买受人作出，也可以向处分人作出；可以用口头形式作出，也可以用书面形式作出。不管用何种形式，追认都必须用明显的方式作出，沉默和不作为都不视为追认。效力待定的合同包括的情形有限制行为能力人订立的合同、无权代理人订立的合同、无权处分人订立的合同。

限制民事行为能力人订立的合同，经法定代理人追认后，该合同有效，但纯获利益的合同或者与其年龄、智力、精神健康状况相适应而订立的合同，不必经法定代理人追认。行为人没有代理权、超越代理权或者代理权终止后以被代理人名义订立的合同，未经被代理人追认，对被代理人不发生效力，由行为人承担责任。无处分权的人处分他人财产，经权利人追认或者无处分权的人订立合同后取得处分权的，该合同有效。

追认权人未对效力待定的合同表示追认的，视为拒绝追认。合同被追认之前，善意相对人有撤销的权利。

案例 5-8　合同效力待定案

中学生张京（现年 17 岁）为买一个电子词典，擅自将其祖父给他的价值 8 500 元的玉器作价 2 000 元卖给了 A 先生，后至 B 百货公司以 1 800 元购买了电子词典，剩余 200 元在该百货公司买了若干学习用品。张京父母发现后，要求 A 先生返还玉器，并要求 B 百货公司返还 2 000 元。A 先生和 B 公司均不同意。争执不下，张京父母遂分别将 A 先生和 B 公司诉至法院。试分析张京所进行的买卖行为是否有效？

解析　在本案中，张京年龄只有 17 岁，且不是以自己的劳动收入为主要生活来源，因此他是限制民事行为能力人，只能订立纯获利益的合同或者与其年龄、智力相适应的合同；其与他人订立的其他合同，为效力待定的合同，其效力须由法定代理人决定。

在本案中，张京与 A 先生、B 公司签订的合同显然均不是纯获利益的合同，但是否是与其年龄、智力相适应的合同，值得进一步分析。首先，我们认为张京与 A 先生之间买卖玉器的合同为效力待定的合同。这是因为玉器为特殊的商品，张京是未成年人，出售玉器的行为超出了他的辨识能力范围。张京与 A 先生的合同是否生效，取决于其父母（法定代理人）是否同意。在本案中，张京父母在合同成立前没有表示同意，在合同成立后拒绝追认，合同不生效。因此，A 先生应该返还玉器，张京父母应返还 A 先生 2 000 元对价款。但对于张京和 B 百货公司之间买卖电子词典和其他文具的合同则是有效的。因为张京作为 17 岁的中学生，对电子词典和文具应当有基本的认识，对合同的性质、内容、结果也应当有判断力，这些并没有超出其辨识能力范围。张京的父母不能因为他们没有同意其购买电子词典和文具而认为合同不能生效。因此，张京与 B 公司之间购买电子词典和文具的合同为有效合同，B 公司不必返还 2 000 元。

（四）合同不成立、无效、被撤销或不被追认的法律后果

无效的合同或者被撤销的合同自始没有法律约束力，即从合同成立之时就无效。合同中相对独立的部分无效，不影响其他部分效力的，其他部分仍然有效。合同无效、被撤销或者终止的，不影响合同中独立存在的有关解决争议方法的条款的效力。

合同不成立、无效、被撤销或不被追认后，因该合同取得的财产，应当予以返还；不能返还或者没有必要返还的，应当折价补偿。有过错的一方应当赔偿对方因此所受到的损失，双方都有过错的，应当各自承担相应的责任。当事人恶意串通，损害国家、集体或者第三人利益的，因此取得的财产收归国家所有或者返还集体、第三人。

（五）缔约过失责任

缔约过失责任指当事人在订立合同过程中，因违背诚实信用原则而给对方造成损失的赔偿责任。合同不成立、无效、被撤销或不被追认，当事人一方因此受到损失，对方当事人对此有过错时应当承担缔约过失责任。当事人在订立合同过程中有下列情形之一，给对方造成损失的，应当承担缔约过失损害赔偿责任：假借订立合同，恶意进行磋商；故意隐瞒与订立合同有关的重要事实或者提供虚假情况；泄露或者不正当使用商业秘密；无权代理；合同无效或者被撤销而致对方损害的；其他违背诚实信用原则的行为。

缔约过失责任的赔偿范围应当以受损害的当事人的损失为限，包括直接损失和间接损失。这个损失包括直接利益的减少，如谈判中发生的费用，还应当包括受损害的当事人因此失去的与第三人订立合同的机会的损失。

实例 5-9　合同效力案例①

2007 年 2 月 28 日，张女士从某汽车服务公司（以下简称“公司”）购买上海通用雪佛兰景程轿车一辆。《销售合同》约定：“……卖方保证买方所购车辆为新车。”张女士支付了全额车款 138 000 元，以及各项车辆购置税费。2007 年 5 月 13 日，张女士在将车辆送该公司保养时，发现该车曾于 2007 年 1 月 17 日进行过维修。遂起诉至法院，要求撤销合同，返还货款，进行赔偿。

解析　法院经审理认定，汽车服务公司在售车时隐瞒了车辆存在的瑕疵，构成欺诈。该《销售合同》为可撤销合同，判定撤销双方签订的销售合同，张女士将车退还公司；公司扣除车辆使用费后，退还张女士购车款和赔偿购车税费合计 136 600 元；根据《消费者权益保护法》的规定，公司因其欺诈消费者的行为另外加倍赔偿张女士 138 000 元。

四、合同履行的原则

合同履行的原则，是当事人在履行合同债务时所应遵循的基本准则。在这些

---

① 《指导案例 17 号：张莉诉北京合力华通汽车服务有限公司买卖合同纠纷案》，最高人民法院审判委员会讨论通过，2013 年 11 月 8 日发布。

基本准则中，有的是民事行为的基本原则，例如诚实信用原则等；有的是专属合同履行的原则，例如全面履行原则、严格履行原则、协作履行原则、情事变更原则等。

诚实信用原则，简称诚信原则，即要求当事人从事民事活动，应当秉持诚实、善意，信守自己的承诺。

全面履行原则，又称正确履行原则或适当履行原则，是指当事人按照合同约定的标的及其质量、数量，由适当的主体在适当的履行期限、履行地点，以适当的履行方式，全面完成合同义务的履行原则。适当履行原则要求在履行主体、履行标的、履行期限、履行方式等方面均应适当。适当履行必然是实际履行，而实际履行未必是适当履行；适当履行一般不会存在违约责任，实际履行不适当时则产生违约责任。

严格履行原则，即实际履行原则，它要求合同关系中负有义务的一方当事人应当实际地履行合同，而不得任意以赔偿损失代替履行合同债务。只有在债务人违反合同，而实际履行对债权人又无必要时，赔偿损失才能取代实际履行。实际履行也是一种违反合同的补救方法。但人身性质的债务不得被强制实际履行。

协作履行原则，是指当事人不仅应适当履行自己的合同债务，而且应基于诚实信用原则要求对方当事人协助其履行债务的履行原则。

情事变更原则，是指合同依法成立后，因不可归责于双方当事人的原因发生了不可预见的情事变更，致使合同的基础丧失或动摇，若继续维护合同原有效力则显失公平，对此，允许变更或解除合同的原则。

五、违约责任

违约，是指当事人一方不履行合同或者履行合同义务不符合约定的条件，即违反合同的行为。违约形态包括迟延履行、不完全履行、履行不能以及拒绝履行四种状态。

违约责任是指当事人一方不履行合同义务或者履行合同义务不符合约定的，应当承担的继续履行、采取补救措施或者赔偿损失等民事责任。违约责任可以由法律直接规定，也可以由当事人在法律允许的范围之内事先约定。比如事先约定一定数额的违约金或者事先约定损害赔偿额的计算方法。另外，当事人还可以本着契约自由的原则，事先在订立合同时约定免责条款。

（一）违约责任的承担方式

违约责任的承担方式主要有继续履行，采取补救措施，赔偿损失，支付违约金或定金。依据合同性质和违约具体情形，多种承担方式可以单独使用，也可以合并使用。

1. 继续履行

继续履行也称强制实际履行，是指违约方根据对方当事人的请求继续履行合同规定的义务的违约责任形式。

采用“继续履行”方式，须符合三个要素，即存在违约行为、守约方请求违约方继续履行合同债务的行为和违约方能够继续履行合同。

2. 采取补救措施

采取补救措施是指因债务人不适当履行造成履行缺陷，为消除不利影响，债权人可以根据标的的性质以及损失的大小，合理选择要求对方承担责任的具体措施。它是一种独立的违约责任形式。补救措施包括要求对方承担修理、更换、重作、补足商品数量、退货、退款、减少价款或者报酬等。

《合同法》规定，质量不符合约定的，应当按照当事人的约定承担违约责任。对违约责任没有约定或者约定不明确，依照法律的规定仍不能确定的，受损害方根据标的的性质以及损失的大小，可以合理选择补救措施。

3. 赔偿损失

赔偿损失在民法上包括违约的赔偿损失、侵权的赔偿损失及其他的赔偿损失。违约的赔偿损失是指当事人一方不履行或不当履行合同义务时，在继续履行或采取补救措施以后对方还有其他损失的，违约方给予对方的补偿责任。

一般而言，损失赔偿额包括因违约所造成的直接损失，还应该包括合同履行后可以获得的预期收益，但不得超过违反合同一方订立合同时预见到或者应当预见到的因违反合同可能造成的损失。赔偿的损失包括如生产利润损失、经营利润损失、转售利润损失，为防止损失的扩大而花费的合理费用等。但经营者对消费者提供商品或者服务有欺诈行为的，依照《消费者权益保护法》《食品安全法》等法律的规定还应承担加倍赔偿与惩罚性赔偿的责任。

赔偿损失的方式。赔偿损失以金钱赔偿为主，此外还有恢复原状和代物赔偿。恢复原状，指恢复到损害发生前的原状。例如借用人损坏了借用的摄像机，经修好后返还出借人，这里的修理即是恢复原状。代物赔偿，即以其他财产折抵相应金额。

赔偿损失的计算方法。如果法律规定或者当事人约定了赔偿损失的计算方法，则按该方法核定损失赔偿额。没有规定和约定的，损失赔偿额的计算通常以违约行为发生的时间作为确定标的物价格的计算时间，以违约行为发生的地点作为确定标的物价格的计算地点。

4. 支付违约金

违约金是指按照当事人的约定或法律的规定，一方当事人违约时，根据违约情况向对方支付一定数额的金钱或其他财产。由法律直接规定的为法定违约金；由当事人约定的为约定违约金。违约金既具有担保债务履行的效果，又具有惩罚违约人和补偿无过错一方当事人所受损失的效果。

违约金的使用规则：(1) 合同订立时约定的违约金低于损失的，当事人可以请求法院或仲裁机构予以适当提高，增加后的违约金数额以不超过实际损失额为限。(2) 约定的违约金过分高于造成的损失的，当事人可以请求法院或仲裁机构予以适当减少。当事人约定的违约金超过造成损失的30%的，一般可以认定为“过分高于造成的损失”。减少违约金的，应当以实际损失为基础，兼顾合同的履行情况、当事人的过错程度以及预期利益等综合因素，根据公平原则和诚实信用原则予以衡量。(3) 当事人就延迟履行义务约定支付违约金的，违约方在支付了违约金以后，必须继续履行。(4) 当事人在合同中既约定了违约金又约定了定金的，一方违约时，对方可以适用违约金条款，也可以适用定金罚则，但是二者不能同时适用。

5. 定金

定金，是指合同当事人为了确保合同的履行，依据法律和合同的规定，由一方按合同标的额的一定比例预先给付对方的金钱或其他替代物。在债务人履行债务后，定金应当抵作价款或者收回。给付定金的一方不履行约定的债务的，无权要求返还定金；收受定金的一方不履行约定的债务的，应当双倍返还定金。

定金责任是一种独立的责任形式，其适用不以实际发生的损害为前提，定金责任的承担也不能替代损害赔偿。如果同时适用定金和损害赔偿，其总值超过标的物价金总和的，法院应酌情减少定金的数额。《担保法》规定，定金的数额不得超过合同标的额的20%，超过的部分，法院不予支持。

实例5-10　定金罚则案例①

原告胡百卿与被告沂兴房地产开发有限公司于2010年8月9日达成了购房意向：原告购买被告沂兴公司某楼房一套，并于当天交付定金50 000元。2013年8月23日，双方签订了购房合同，约定合同总价款为187 944元。同时，原告又给付了130 000元。后得知，被告在与原告签订购房合同前就已将该房屋售卖给他人，该房屋所有权已经登记在他人名下。县公安局经侦大队因被告法定代表人刘伟涉嫌刑事犯罪将其刑事拘留。刘伟之妻李永梅与原告约定：李永梅自愿筹集现金180 000元替被告归还原告购房款，后县公安局经侦大队将180 000元购房款转交给了原告。但因损失赔偿事宜，原告诉至本院，请求依法判令被告解除原告和被告签订的购房合同，双倍返还原告所交购房定金50 000元，承担赔偿责任180 000元，并由被告负担诉讼费用。

解析　法院经审理认为，本案是涉及商品房买卖合同中因出卖方故意隐瞒所售房屋已经出卖给第三人的事实，导致合同无效或者被撤销、解除的惩罚性赔偿条款适用的典型案件。同时本案还涉及商品房买卖中惩罚性赔偿原则与定金罚则并存时的适用问题。商品房买卖合同中，惩罚性赔偿原则并非以“双倍返还”为限，双方当事人愿意在合同中加入惩罚性赔偿的内容，并不违背法律法规的强制性规定，那么该条款可以视为双方给自己可能造成的损害而采取的额外保护措施，法院对此应予支持。法院认为，原告与被告沂兴公司于2013年8月23日签订的购房合同内容不违反有关法律规定，为有效合同。被告本应按照《合同法》第六十条的规定，履行其交付房产的义务。但因合同约定的标的物已被他人以合法的方式取得所有权，原告与被告沂兴公司签订的购房合同已不能履行，原告请求解除该合同符合有关法律规定，法院予以支持。被告沂兴公司故意隐瞒所售房屋已经出卖给第三人的事实，又与原告签订商品房买卖合同显系不诚信行为，故原告请求被告承担赔偿责任，并返还定金理由正当，符合相关法律规定，本院予以支持。但定金不应超过主合同标的额的20%，超过的部分，法院不予支持。

① 最高人民法院发布19起合同纠纷典型案例（2015年12月4日），“七、胡百卿诉临沂沂兴房地产开发有限公司房屋买卖合同纠纷案”.

原、被告约定的定金数额为 50 000 元过高，以调整为 37 589 元（187 944×20%）为宜，其余 12 411 元应视为购房款，故原告实际支付的购房款应为 142 411 元（130 000 元+12 411 元）。判决：(1) 被告临沂沂兴房地产开发有限公司赔偿原告胡百卿损失 142 411 元，返还原告胡百卿定金 37 589 元，共计 180 000 元。限本判决生效后 5 日内履行完毕。(2) 驳回原告胡百卿的其他诉讼请求。此案中，原告除经协商得到 18 万元购房款后，还另得到了 18 万元赔偿款。

（二）免责事由

免责，是指在合同履行的过程中，因出现了法定的免责条件和合同约定的免责事由而导致的合同不履行，债务人将被免除履行义务的情形。法定的免责条件和约定的免责事由被统称为免责事由。

《合同法》中直接规定的免责事由主要是不可抗力。不可抗力，是指不能预见、不能避免并且不能克服的客观情况。因不可抗力不能履行合同的，根据不可抗力的影响，部分或者全部免除责任，但法律另有规定的除外。[①] 当事人一方因不可抗力不能履行合同的，应当及时通知对方，以减轻可能给对方造成的损失，并应当在合理期限内提供证明。此外，当事人迟延履行后发生不可抗力的，不能免除责任。

当事人约定的免责事由，即免责条款。在合同关系中，当事人有权依法通过设定免责条款而限制、免除其未来的责任。

第四节　婚姻法

婚姻法是调整婚姻、亲属间权利义务关系的法律。它主要规定婚姻、亲属间身份关系的产生、变更和消灭，以及基于这种关系而产生的民事权利和义务。中国《婚姻法》包括结婚、家庭关系、离婚和救助措施与法律责任等内容。

夫妻财产制，是规定夫妻财产关系的法律制度，包括夫妻婚前财产和婚后所得财产的归属、管理、使用、收益和处分，以及家庭生活费用的负担，夫妻债务的清偿，婚姻终止时夫妻财产的清算和分割等内容，其核心是夫妻婚前财产和婚后所得财产的所有权归属问题。

关于夫妻财产制的类型，根据不同的标准，可以划分为不同的种类：按照夫妻财产制的产生依据，可分为法定财产制和约定财产制；按照夫妻财产制的内容，可分为共同财产制、分别财产制、剩余共同财产制、联合财产制等。

本章介绍中国夫妻法定共有财产、法定个别财产和约定财产及相关权利和义务。有关婚姻家庭的房屋及债务确权与分割问题，因涉及不同的财产制及财产分割制度，一并放入关于“夫妻财产分割”的相关内容。

---

① 具体内容见本章第二节“民法概要”中相关内容。

一、夫妻法定共有财产制

夫妻法定共有财产制，即夫妻双方没有约定的情况下，在婚姻关系存续期间所得的财产依法确定为夫妻共有的财产制度。依此制度，凡是不能证明属于夫妻一方的财产，推定为夫妻共同财产。夫妻在婚姻关系存续期间所得的下列财产，属夫妻共有财产：（1）工资、奖金；（2）生产、经营的收益，既包括劳动所得的收入和购置的财产，也包括大量的资本性收入，从事承包、租赁等生产、经营活动的收益；（3）知识产权的收益，即婚姻关系存续期间，实际取得或者已经明确可以取得的财产性收益；（4）继承或赠与所得的财产，但遗嘱或赠与合同中确定只归夫或妻一方的财产除外；（5）其他应当归共同所有的财产，例如，除孳息和自然增值外，夫妻一方个人财产在婚后产生的收益，取得的债权，实际取得或应当取得的住房补贴、住房公积金，养老金账户中婚姻关系存续期间个人实际缴付部分、实际取得或应当取得的养老保险金，破产安置补偿费，由一方婚前承租、婚后用共同财产购买的房屋，发放到军人名下的复员费、自主择业费等一次性费用中夫妻婚姻关系存续年限应得的部分[①]等。

夫妻法定共有财产制意味着夫妻对共同财产享有平等的所有权，双方享有同等的权利，承担同等的义务。（1）夫妻对共同所有的财产，有平等的处理权。（2）对夫妻一方对共同财产的处分，除另有约定外，应当取得对方的同意。因日常生活需要而处理夫妻共同财产的，任何一方均有权决定；夫或妻非因日常生活需要对夫妻共同财产做重要处理决定，夫妻双方应当平等协商，取得一致意见。（3）他人有理由相信财产处分行为是夫妻双方共同意思表示的，另一方不得以不同意或不知道为由对抗善意第三人。（4）夫妻一方擅自处分共有的财产造成另一方损失的，离婚时，另一方有权请求赔偿损失。（5）分割夫妻共同财产，原则上应当均等分割。（6）夫妻一方死亡，应当先将夫妻共同财产的一半分归另一方所有，其余的财产为死者遗产，按照继承法处理。

二、夫妻法定个人财产

夫妻法定个人财产是指按照婚姻法规定，夫妻一方个人所有的财产，包括：（1）一方的婚前财产，即在结婚之前各自所有的财产，包括婚前个人劳动所得财产、继承或受赠的财产以及其他合法财产；（2）一方因身体受到伤害获得的医疗费、残疾人生活补助费等费用；（3）遗嘱或赠与合同中确定只归夫或妻一方、另一方无权享用的财产；（4）一方专用的生活用品；（5）其他应当归一方的财产，例如，军人的伤亡保险金、伤残补助金、医药生活补助费，一方个人财产在婚后产生的孳息和自然增值等。

夫妻一方所有的财产，不因婚姻关系的延续而转化为夫妻共同财产，但当事

① 根据《最高人民法院关于适用〈中华人民共和国婚姻法〉若干问题的解释（二）》（2003 年 12 月通过，2017 年 2 月修正）规定。

人另有约定的除外。

三、夫妻约定共有财产

夫妻约定财产制是相对于夫妻法定共有财产制而言的，是指法律允许夫妻用协议的方式，对夫妻在婚前和婚姻关系存续期间所得财产的所有权的归属、管理、使用、收益、处分以及对第三人债务的清偿、婚姻关系解除时财产的分割等事项作出约定，从而排除或部分排除夫妻法定财产制适用的制度。约定财产制具有优先于法定财产制适用的效力，只有在当事人未就夫妻财产作出约定，或所作约定不明确，或所作约定无效时，才适用夫妻法定财产制。夫妻可以约定婚姻关系存续期间所得的财产以及婚前财产归各自所有、共同所有或部分各自所有、部分共同所有。婚前或者婚姻关系存续期间，当事人约定将一方所有的房产赠与另一方，赠与方在赠与房产变更登记之前可以撤销赠与。夫妻之间订立借款协议，以夫妻共同财产出借给一方从事个人经营活动或用于其他个人事务的，应视为双方约定处分夫妻共同财产的行为。

约定应当采用书面形式。没有约定或约定不明确的，适用婚姻法关于共同共有财产和个人财产的规定。夫妻对婚姻关系存续期间所得的财产以及婚前财产的约定，对双方具有约束力。

夫妻对婚姻关系存续期间所得的财产约定归各自所有的，夫或妻一方对外所负的债务，第三人知道该约定的，以夫或妻一方所有的财产清偿。

约定财产制具有优先于法定财产制适用的效力，只有在当事人未就夫妻财产作出约定，或所作约定不明确，或所作约定无效时，才适用夫妻法定财产制。

四、夫妻财产分割

婚姻关系存续期间夫妻的共同财产，一般为共同共有。夫妻一方请求分割共同财产的，法院不予支持，但有下列重大理由且不损害债权人利益的除外：(1) 一方有隐藏、转移、变卖、毁损、挥霍夫妻共同财产或者伪造夫妻共同债务等严重损害夫妻共同财产利益的行为的；(2) 一方负有法定扶养义务的人患重大疾病需要医治，另一方不同意支付相关医疗费用的。

离婚时，夫妻的共同财产由双方协议处理；协议不成时，由法院依法分割。

（一）房屋

中国房屋所有权的取得有历史和现实的复杂性，婚后房屋所有权涉及夫妻共有、一方个人所有或父母所有等不同情况。针对购房时间是在婚前还是婚后、房屋贷款偿还，以及父母出资赠与意愿等不同情况，相关婚姻法律法规对如何判定房屋权属与如何分割房产做了相应规定。

婚前一方取得所有权的房屋归个人所有。夫妻一方在婚前签订不动产买卖合同，以个人财产支付首付款并在银行贷款，婚后用夫妻共同财产还贷，不动产登记于首付款支付方名下的，离婚时该不动产由双方协议处理。不能达成协议的，法院可以判决该不动产归产权登记一方，尚未归还的贷款为产权登记一方的个人债务。双方婚后共同还贷支付的款项及其相对应的财产增值部分，离婚时应由产权登记一方对另一方进行补偿。由一方婚前承租、婚后用共同财产购买的房屋，房屋权属证书登记在一方名下的，应当认定为夫妻共同财产。

涉及父母的，要看购房是由一方父母出资还是由双方父母出资，认定出资归属。其中，由一方父母出资的，又根据出资时间是在婚前还是婚后而有不同。当事人结婚前，一方父母为双方购置房屋出资的，以认定归属为“一方财产”为原则，即该出资应当认定为对自己子女的个人赠与，但父母明确表示赠与双方的除外。当事人结婚后，一方父母为双方购置房屋出资的，以认定归属为“双方财产”为原则，该出资应当认定为对夫妻双方的赠与，但父母明确表示赠与一方的除外。相应地，婚后购房，如一方父母为婚后的子女购房，无其他证据证明是赠与一方，但产权登记在出资人子女名下的，可视为只对自己子女一方的赠与，该不动产应认定为夫妻一方的个人财产。然而，由双方父母出资购买的不动产，产权虽然登记在一方子女名下的，该不动产仍可认定为双方按照各自父母的出资份额按份共有，但当事人另有约定的除外。

此外，婚姻关系存续期间，双方用夫妻共同财产出资购买以一方父母名义参加房改的房屋，产权登记在一方父母名下，离婚时另一方主张按照夫妻共同财产对该房屋进行分割的，法院不予支持。购买该房屋时的出资，可以作为债权处理。

房屋的分割方式。双方对夫妻共同财产中的房屋价值及归属无法达成协议时，法院按以下情形分别处理：双方均主张房屋所有权并且同意竞价取得的，应当准许；一方主张房屋所有权的，由评估机构按市场价格对房屋作出评估，取得房屋所有权的一方应当给予另一方相应的补偿；双方均不主张房屋所有权的，根据当事人的申请拍卖房屋，就所得价款进行分割。

（二）投资

夫妻双方分割共同财产中的股票、债券、投资基金份额、有价证券以及未上市股份有限公司股份时，协商不成或者按市价分配有困难的，法院可以根据数量按比例分配。

分割夫妻共同财产中以一方名义在有限责任公司的出资额，另一方不是该公司股东的，夫妻双方协商一致将出资额部分或者全部转让给该股东的配偶，按其他股东的意思表示不同做如下分别处理：(1) 过半数股东同意、其他股东明确表示放弃优先购买权的，该股东的配偶可以成为该公司股东；(2) 过半数股东不同意转让，但愿意以同等价格购买该出资额的，法院可以对转让出资所得财产进行分割；(3) 过半数股东不同意转让，也不愿意以同等价格购买该出资额的，视为其同意转让，该股东的配偶可以成为该公司股东。用于证明过半数股东同意的证据，可以是股东会决议，也可以是当事人通过其他合法途径取得的股东的书面声明材料。

分割夫妻共同财产中以一方名义在合伙企业中的出资，另一方不是该企业合伙人的，当夫妻双方协商一致，将一方在合伙企业中的财产份额全部或者部分转让给对方时，按其他合伙人的意思表示不同做如下分别处理：（1）其他合伙人一致同意的，该配偶依法取得合伙人地位；（2）其他合伙人不同意转让，在同等条件下行使优先受让权的，可以对转让所得的财产进行分割；（3）其他合伙人不同意转让，也不行使优先受让权，但同意该合伙人退伙或者退还部分财产份额的，可以对退还的财产进行分割；（4）其他合伙人既不同意转让，也不行使优先受让权，又不同意该合伙人退伙或者退还部分财产份额的，视为全体合伙人同意转让，该配偶依法取得合伙人地位。

夫妻以一方名义投资设立独资企业的，分割夫妻在该独资企业中的共同财产时，应当按照以下情形分别处理：一方主张经营该企业的，对企业资产进行评估后，由取得企业一方给予另一方相应的补偿；双方均主张经营该企业的，在双方竞价基础上，由取得企业的一方给予另一方相应的补偿；双方均不愿意经营该企业的，对企业进行解散清算，双方分割清偿债务后企业剩余的财产。

（三）养老保险

离婚时夫妻一方尚未退休、不符合领取养老保险金条件，另一方请求按照夫妻共同财产分割养老保险金的，法院不予支持；婚后以夫妻共同财产缴付养老保险费，离婚时一方主张将养老金账户中婚姻关系存续期间个人实际缴付部分作为夫妻共同财产分割的，法院应予支持。

（四）债务

婚姻期间所得为共同共有，婚姻期间所欠债务一般也为共同债务。认定具体债务是否为共同债务，遵循“共债共签”、“家事代理共同债务”和“超出日常生活债务由债权人举证为夫妻共同债务”的规则。具体规定为：

夫妻双方共同签字或者夫妻一方事后追认等共同意思表示所负的债务，应当认定为夫妻共同债务。夫妻一方在婚姻关系存续期间以个人名义为家庭日常生活需要所负的债务，债权人以属于夫妻共同债务为由主张权利的，法院应予支持。夫妻一方因家庭劳动、经营等家事活动产生或其收益归家庭使用而做出的侵权行为致人损害产生的债务，应认定为夫妻共同债务。[①] 即便在分居期间，一方为了抚养子女、赡养父母或本人正常生活所负债务，也为共同债务。[②]

夫妻一方在婚姻关系存续期间以个人名义超出家庭日常生活需要所负的债务，债权人以属于夫妻共同债务为由主张权利的，法院不予支持，但债权人能够证明该债务用于夫妻共同生活、共同生产经营或者基于夫妻双方共同意思表示的除外。[③] 夫妻一方与第三人串通，虚构债务，以及夫妻一方在从事赌博、吸毒等违法犯罪活动中所负债务，第三人主张权利的，法院不予支持。

夫妻共同生活所负的债务，应当共同偿还。夫或妻一方死亡的，生存一方应当对婚姻关系存续期间的共同债务承担连带清偿责任。共同财产不足清偿的，或财产归各自所有的，由双方协议清偿；协议不成时，由法院判决。一方就共同债

① 北京市高级人民法院《关于审理婚姻纠纷案件若干疑难问题的参考意见(2016 年)》.

②③ 最高人民法院《关于人民法院审理离婚案件处理财产分割问题的若干具体意见》(法发〔1993〕32 号).

务承担连带清偿责任后，基于离婚协议或者法院的法律文书向另一方主张追偿的，法院应当支持。

实例 5－11　婚姻法案例——住房公积金①

2015 年 12 月 17 日，艾某和杨某因性格不合在民政局协议离婚。2016 年 9 月 7 日，艾某认为，在夫妻关系存续期间杨某名下住房公积金账户余额为 87 456.99 元，尚未分割，向法院起诉。

解析　经一、二审法院查明，杨某名下住房公积金账户余额 87 456.99 元系艾某、杨某婚姻关系存续期间取得的财产，应作为夫妻共同财产分割。依照相关规定，离婚后，一方以尚有夫妻共同财产未处理为由向法院起诉请求分割的，经审查该财产确属离婚时未涉及的夫妻共同财产，法院应当依法予以分割。本案双方虽已离婚，但有未处理的共同财产，尚未超过诉讼时效，判决杨某于本判决生效之日起十日内支付艾某住房公积金分割款 43 728.5 元。

实例 5－12　婚姻法案例——炒股收益②

邹某与张某均为再婚，婚后未生育子女。因感情不和起诉离婚。邹某婚前于中国中投证券有限责任公司开设有资金账户（账号为 97×××61）。婚后，该资金账户销户，将该户的股票指定转入 10×××01 资金账号，并多次进行股票交易。截至 2015 年 7 月 6 日该账户证券市值为 84 788 元，关联银行账户余额为 66.53 元。另，张某在南京证券股份有限公司设有证券账户，但无交易记录。就各自名下证券账户与资产分割产生争议，双方诉至法院。

解析　经审理查明，法院认为：本案中，邹某未采取封闭运行模式，在婚内进行股票买卖，其证券资金账户与指定的第三方银行存款账户存在资金往来，该银行账户转证券资金账户的款项系婚前个人财产与夫妻共同财产的混合体。张某、邹某双方无书面约定具体投资比例。根据司法实践，因个人资金与夫妻共同存款存在混同进行投资行为的，推定为共同投资行为，故邹某名下证券账户内的资产总额应作为夫妻共同财产分割。法院判决，张某于南京证券股份有限公司开设的证券账户归张某所有，邹某名下的资金账号为 10×××01 证券账户内的股票及资金账户内的资金归被告邹某所有，邹某给付张某证券资产分割补偿款 42 427.27 元。

实例 5－13　婚姻法案例——婚前存款婚后购车③

胡某某与张某某于 2013 年 1 月 4 日登记结婚。胡某某于 2013 年 1 月 27 日购买丰田牌小型轿车一辆，该车辆于 2013 年 2 月 6 日经黑龙江省双鸭山市公安局交通警察支队登记编号为黑 J0XXX7。2015 年，二人起诉离婚。对该车是否为共有财产产生争议。胡某某提出购买该车辆的资金来源为其婚前财产的主张，并提交其个人邮政储蓄银行账户明细予以佐证。

---

① 湖南省津市市人民法院《民事判决书（2016）湘 0781 民初 675 号》，湖南省常德市人民法院《民事判决书（2017）湘 07 民终 752 号》。

② 南京市六合区人民法院《民事判决书（2015）六沿民初字第 757 号》，江苏省南京市中级人民法院《民事判决书（2016）苏 01 民终 2716 号》。

③ 黑龙江省双鸭山市尖山区人民法院《民事判决书（2015）尖民初字第 1827 号》，黑龙江省双鸭山市中级人民法院《民事判决书（2016）黑 05 民终 458 号》。

解析 经审理查明，胡某某提交的邮政储蓄银行对账单能够证明购车资金来源。法院认为：胡某某在婚后用其婚前个人财产购买的该轿车，货币形式和轿车之间的转化并不改变财产所有权的性质，该轿车属于胡某某个人财产的替代物，系其个人财产。法院判决，编号为黑J0XXX7的丰田牌小型轿车系原告胡某某的婚前个人财产，归原告胡某某所有。

实例5-14 婚姻法案例——夫妻债务①

1991年4月4日，王某某、冯某某结婚。2007年关系恶化，分居。2014年，王某某起诉冯某某离婚，双方争议的焦点之一为债务的分担。王某某称，2013年5月10日，曾向后官寨信用社贷款30 000元，有借据原件、贷款凭证佐证，主张此贷款系夫妻共同债务。一审判决认定此贷款为夫妻共同债务，由王某某、冯某某各承担15 000元。冯某某不服，提起上诉。二审法院经审理查明，王某某提交的甘肃省农村信用社借款借据（复印件一份）载明借款时间、借款金额30 000元、贷款种类为道路运输，欲证明其向后官寨信用社贷款30 000元的事实。但王某某在一审庭审时陈述贷款时间从2010年4月12日转贷至今，二审庭审时陈述该贷款为2008年所贷，对贷款时间陈述不一致，难以相互印证，亦未提供该贷款用于夫妻共同生活的其他证据加以印证，冯某某也不认可该笔贷款为夫妻共同债务。

解析 二审法院认为，夫妻共同债务的认定应从是否具有共同举债的合意以及是否用于夫妻共同生活两方面考量。一审法院仅凭该借据认定该笔3万元的贷款为夫妻共同债务欠妥，应予以纠正，该笔贷款应认定为被上诉人王某某个人债务。二审改判，变更一审判决书中第二项（即夫妻共同债务30 000元，由原告王某某、被告冯某某各承担15 000元），判定30 000元债务为被上诉人王某某个人债务，由被上诉人个人负担。

五、不婚同居关系的财产分割

同居关系，在此仅指男女双方未经结婚登记而具有较稳定的长期共同生活关系。分“以夫妻名义同居”和“不以夫妻名义同居”② 两种不同情况。无论哪种情况，依照中国法律，同居双方均不具有法定的夫妻权利和义务。

以夫妻名义同居的，同居期间共同劳动、经营或管理所得财产的，有约定从约定；无约定且上述同居期间财产混同的，推定为共同共有，但根据同居时间、各自贡献、生活习惯等因素能认定为按份共有财产，或有证据证明为当事人一方所有的除外。

不以夫妻名义同居的，同居期间共同劳动、经营或管理所得财产的，有约定从约定；无约定且财产混同的，推定为按份共有，具体份额比例可依据同居时间、各自贡献、生活习惯确定。

---

① 甘肃省庆阳地区中级人民法院《民事判决书（2014）庆中民终字第639号》，甘肃省庆阳市西峰区人民法院《民事判决书（2014）庆西民初字第1530号》。

② 最高人民法院《关于人民法院审理未办结婚登记而以夫妻名义同居生活案件的若干意见（1989年12月13日）》。

解除同居关系时，双方共同财产按如下方式处理：同居生活期间双方共同所得的收入和购置的财产，按一般共有财产处理；同居期间为共同生产、生活而形成的债权、债务，可按共同债权、债务处理；一方在共同生活期间患有严重疾病未治愈的，分割财产时，应予适当照顾，或者由另一方给予一次性的经济帮助。

同居生活前赠送的财物，一方自愿赠送给对方的财物可比照赠与关系处理；一方向另一方索取的财物，如同居时间不长，或者因索要财物造成对方生活困难的，可酌情返还。

第五节　继承法

不同领域对“继承”有不同的界定。继承法上的继承即财产继承，专指财产在自然人死亡或被宣告死亡后，按照法律的规定将死者遗留下来的财产转移给他人所有的一种法律制度。生前享有财产因死亡而转移给他人的死者为被继承人；被继承人死亡时遗留的财产为遗产；依照法律规定或者被继承人的合法遗嘱承接被继承人遗产的人为继承人；继承人依照法律的直接规定或者被继承人所立的合法遗嘱享有的继承被继承人遗产的权利就是继承权。

一、遗产与遗产继承的方式

遗产是自然人死亡时遗留的个人合法财产。包括：(1) 收入；(2) 房屋、储蓄和生活用品；(3) 林木、牲畜和家禽；(4) 文物、图书资料；(5) 法律允许自然人所有的生产资料，如机器设备、产品、原材料等；(6) 著作权、专利权中的财产权利；(7) 其他合法财产，如现金、有价证券，土地使用权，交通运输工具，债权、股权、投资权益、基金，个人承包应得的个人收益等财产。

中国遗产继承的方式包括遗嘱继承、法定继承、遗赠和遗赠扶养协议。

遗嘱继承又称“指定继承”，是按照被继承人所立的合法有效的遗嘱而承受其遗产的继承方式。

法定继承是无遗嘱继承，指在被继承人没有对其遗产的处理立有遗嘱的情况下，由法律直接规定继承人的范围、继承顺序、遗产分配的原则的一种继承形式。

遗赠是指被继承人通过遗嘱的方式，将其遗产的一部分或全部赠与国家、社会或者法定继承人以外的被继承人的一种民事法律行为。受遗赠人是法定继承人之外的第三人，包括国家、集体、组织和个人。

遗赠扶养协议是遗赠人和扶养人之间关于扶养人承担遗赠人的生养死葬的义务，遗赠人的财产在其死后转归扶养人所有的协议。遗赠扶养协议是一种平等、有偿和互为权利义务关系的民事法律关系。遗赠扶养协议是中国继承法确立的一项法律制度，是中国继承制度的新发展。

继承从被继承人死亡时开始。继承开始后，按照法定继承办理；有遗嘱的，按照遗嘱继承或者遗赠办理；有遗赠扶养协议的，按照协议办理；遗嘱与遗赠扶养协议有抵触的，按协议处理，与协议抵触的遗嘱全部或部分无效。

二、法定继承

法定继承又称为无遗嘱继承，是相对于遗嘱继承而言的，是指在被继承人没有对其遗产的处理立有遗嘱的情况下，依照法律直接规定的继承人范围、继承顺序、遗产分配的原则承受其遗产的继承方式。

（一）法定继承顺序

继承开始时，法定继承人并不是同时参加继承，而是按照法律规定的一定先后顺序参加继承。前一顺序的继承人总是排斥后一顺序的继承人，只要有前一顺序的继承人继承，后一顺序的继承人就不能取得和实现继承权。只有当没有第一顺序的法定继承人存在，或第一顺序的法定继承人全部放弃继承或丧失继承权，第二顺序的法定继承人才能继承被继承人的遗产。法定继承人的继承顺序是由法律直接加以规定的，具有强制性。任何人包括继承人、被继承人都不能改变这个法定的继承顺序。

《继承法》规定，遗产按照下列顺序继承：第一顺序为配偶、子女、父母；第二顺序为兄弟姐妹、祖父母、外祖父母。法定继承的，继承开始后，由第一顺序继承人继承，第二顺序继承人不继承。没有第一顺序继承人继承的，由第二顺序继承人继承。其中，子女，包括婚生子女、非婚生子女、养子女和有扶养关系的继子女。父母，包括生父母、养父母和有扶养关系的继父母。兄弟姐妹，包括同父母的兄弟姐妹、同父异母或者同母异父的兄弟姐妹、养兄弟姐妹、有扶养关系的继兄弟姐妹。丧偶儿媳对公、婆，丧偶女婿对岳父、岳母，尽了主要赡养义务的，作为第一顺序继承人。

被继承人的子女先于被继承人死亡的，由被继承人的子女的晚辈直系血亲代位继承。被继承人的孙子女、外孙子女、曾孙子女、外曾孙子女都可以代位继承，代位继承人不受辈数的限制。代位继承人一般只能继承其父亲或者母亲有权继承的遗产份额。

（二）法定继承的适用范围

除被继承人未留有遗嘱外，遗嘱部分无效和遗嘱继承人丧失继承权的，也适用法定继承。

继承人有下列行为之一的，丧失继承权：（1）故意杀害被继承人的；（2）为争夺遗产而杀害其他继承人的；（3）遗弃被继承人的，或者虐待被继承人情节严重的；（4）伪造、篡改或者销毁遗嘱，情节严重的。

虽然有遗嘱，但有下列情形之一的，遗产中的有关部分按照法定继承办理：（1）遗嘱继承人放弃继承或者受遗赠人放弃受遗赠的；（2）遗嘱继承人丧失继承权的；（3）遗嘱继承人、受遗赠人先于遗嘱人死亡的；（4）遗嘱无效部分所涉及的遗产；（5）遗嘱未处分的遗产。

此外，遗产分割时，应当保留胎儿的继承份额。胎儿出生时是死体的，保留的份额按照法定继承办理。

（三）法定继承遗产分配

同一顺序继承人继承遗产的份额，除法定特殊情形外，一般应当均等。继承人协商同意的，也可以不均等。

法定可不均等情形包括，对被继承人尽了主要扶养义务或者与被继承人共同生活的继承人，分配遗产时，可以多分；有扶养能力和有扶养条件的继承人，不尽扶养义务的，分配遗产时，应当不分或者少分；对生活有特殊困难的缺乏劳动能力的继承人，分配遗产时，应当予以照顾。

对继承人以外的依靠被继承人扶养的缺乏劳动能力又没有生活来源的人，或者继承人以外的对被继承人扶养较多的人，可以分给他们适当的遗产。

遗产分割的时间、办法和份额，由继承人协商确定。协商不成的，可以由人民调解委员会调解或者向法院提起诉讼。

继承权纠纷提起诉讼的期限为两年，自继承人知道或者应当知道其权利被侵犯之日起计算。

案例 5－15　法定继承遗产分配

刘某寡居，有三个儿子。大儿子在几年前已去世，留有一子。二儿子是三口之家，三儿子单身。大儿子去世后大儿媳对刘某尽了主要的赡养义务。在一次事故中，刘某与二儿子先后死亡。刘某留有遗产 80 万元。假定同一顺序继承人继承遗产的份额均等，那么，二儿子的孩子能获得刘某所留的 80 万元财产中的多少呢？

解析　本案第一顺序继承人为 4 人，即大儿媳（因为大儿子过世，大儿媳对婆婆刘某尽了主要赡养义务）、大儿子（先于刘某去世，由其儿子代位继承）、二儿子（后于刘某去世）和三儿子。4 人各得刘某遗产的 1/4，即 20 万元。二儿子继承所得 20 万元属于夫妻共有财产，其中 10 万元首先属其妻所有，只有 10 万元为二儿子的遗产。二儿子的第一顺序继承人有其妻和孩子，两人可各得其遗产的 1/2，即 5 万元。所以二儿子的孩子只能获得刘某所留的 80 万元财产中的 5 万元。

三、遗嘱继承

遗嘱是遗嘱人生前在法律允许的范围内，按照法律规定的方式处分其个人财产或者处理其他事务，并在其死亡时发生效力的单方法律行为。自然人可以依照法律规定立遗嘱处分个人财产，将个人财产指定由法定继承人中的一人或者数人继承，并可以指定遗嘱执行人。

遗嘱继承或者遗赠附有义务的，继承人或者受遗赠人应当履行义务。没有正当理由不履行义务的，经有关单位或者个人请求，法院可以取消其接受遗产的权利。

（一）遗嘱的形式

遗嘱的形式包括公证遗嘱、自书遗嘱、代书遗嘱、录音遗嘱和口头遗嘱。

遗嘱公证是公证处按法定程序证明遗嘱人设立遗嘱行为真实、合法的活动。公证遗嘱为遗嘱人生前订立并经公证机关公证的遗嘱。公证遗嘱必须由遗嘱人亲自到公证机关办理，不得由他人代理。非经遗嘱人申请并履行公证程序，不得撤销或者变更公证遗嘱。自书、代书、录音、口头遗嘱，不得撤销、变更公证遗嘱。

自书遗嘱是由遗嘱人亲笔书写全部内容，亲笔签名，并注明年、月、日的遗嘱。自书遗嘱不能由他人代笔，不能打印。如在遗书中涉及死后个人财产处分的内容，确为死者真实的意思表示，有本人签名并注明了年、月、日，又无相反证据的，可按自书遗嘱对待。

代书遗嘱是指非由立遗嘱人自行书写，而是由他人，即代书人根据立遗嘱人的意思表示代为书写的遗嘱。代书遗嘱由遗嘱人口授所有内容；必须有两个以上的见证人（代书人也可作为见证人）在场见证；代书人、其他见证人和遗嘱人须在遗嘱上签字，并注明年、月、日。

录音遗嘱是立遗嘱人通过录音或录像的形式，确定其遗嘱的内容。录音遗嘱的录音须是遗嘱人亲自口授的遗嘱内容；必须由两个以上的见证人见证；见证人的见证证明应录制在录制遗嘱的音响磁带上；录音遗嘱设立后，应将录制遗嘱的磁带封存，并由见证人共同签名，注明年、月、日。

口头遗嘱是指在危急情况下以口头方式所立的遗嘱。口头遗嘱必须是在遗嘱人不能以其他方式设立遗嘱的危急情形下作出的。所谓危急情形，一般是指遗嘱人生命垂危或在战争中或发生意外灾害，随时都有生命危险，来不及或无条件设立其他形式遗嘱的情形。危急情形排除后，遗嘱人能够设立其他形式遗嘱的，口头遗嘱无效；口头遗嘱必须有两个以上的见证人。

遗嘱见证人的限制。下列人员不能成为遗嘱见证人：无行为能力人、限制行为能力人；继承人、受遗赠人；与继承人、受遗赠人有利害关系的人，包括继承人及受遗赠人的债权人、债务人、共同经营的合伙人。

（二）遗嘱的有效要件

遗嘱的有效要件包括形式要件和实质要件。遗嘱有效的形式要件，是指遗嘱的形式须符合法律的规定（如上文关于遗嘱形式的陈述）；若不符合法律的要求，遗嘱就不能生效。这里所说的遗嘱有效要件，仅指遗嘱有效的实质要件。遗嘱有效的实质要件包括如下几项：

（1）遗嘱人须有遗嘱能力。遗嘱能力即遗嘱人依法享有的设立遗嘱、依法自由处分其财产的行为能力。遗嘱能力强调的是设立遗嘱时的行为能力。无行为能力人或者限制行为能力人所立的遗嘱无效。

（2）遗嘱须是遗嘱人的真实意思表示。遗嘱必须表示遗嘱人的真实意思，受胁迫、欺骗所立的遗嘱无效。伪造的遗嘱无效。遗嘱被篡改的，篡改的内容无效。

（3）遗嘱中所处分的财产须为遗嘱人的个人合法财产。遗嘱人以遗嘱处分了属于国家、集体或者他人所有的财产的，遗嘱的该部分内容应认定为无效。

（4）遗嘱须不违反社会公共利益和社会公德（公序良俗）。违反社会公共利益和社会公德的民事行为无效。遗嘱若损害了社会公共利益或者其内容违反了社会公德，则无效。

（5）遗嘱应当对缺乏劳动能力又没有生活来源的继承人保留必要的遗产份额。继承人是否缺乏劳动能力又没有生活来源，应按遗嘱生效时该继承人的具体情况确定。遗嘱人未保留缺乏劳动能力又没有生活来源的继承人的遗产份额，遗产处理时，应当为该继承人留下必要的遗产，剩余的部分才可参照遗嘱确定的分配原则处理。

（三）遗嘱的撤销与变更

遗嘱人在设立遗嘱以后，由于主客观原因，可以依法变更遗嘱的某些具体内容，也可以撤销原立遗嘱的全部内容。

遗嘱的变更是指遗嘱人对自己所立遗嘱的内容进行变动、更改。遗嘱的撤销是指立遗嘱人取消自己所立的遗嘱。遗嘱被撤销的，遗嘱的内容即无效。

遗嘱的变更、撤销方法可以以书面形式明示，也可以立新遗嘱的方式进行。立有数份遗嘱，内容相抵触的，以最后的遗嘱为准。自书、代书、录音、口头遗嘱，不得撤销、变更公证遗嘱。也就是说，有公证遗嘱的，以最后所立公证遗嘱为准；没有公证遗嘱的，以最后所立的遗嘱为准。

遗嘱人生前的行为与遗嘱的意思表示相反，而使遗嘱处分的财产在继承开始前灭失、部分灭失或所有权转移、部分转移的，遗嘱视为被撤销或部分被撤销。遗嘱人在订立新的遗嘱时，不论是否明确撤销、变更原遗嘱，只要前后两个遗嘱的内容相抵触，即意味着前遗嘱被推定为被变更或被撤销。全部抵触，全部撤销；部分抵触，部分撤销。但是，如果遗嘱人原来所立的遗嘱是公证遗嘱，在变更或撤销原遗嘱时，仍需经公证机关办理。

四、遗产的处理

继承开始后，知道被继承人死亡的继承人应当及时通知其他继承人和遗嘱执行人。继承人中无人知道被继承人死亡或者知道被继承人死亡而不能通知的，由被继承人生前所在单位或者住所地的居民委员会、村民委员会负责通知。存有遗产的人，应当妥善保管遗产，任何人不得侵吞或者争抢。

继承开始后，继承人放弃继承的，应当在遗产处理前作出放弃继承的表示；没有表示的，视为接受继承。受遗赠人应当在知道受遗赠后两个月内，作出接受或者放弃受赠的表示；到期没有表示的，视为放弃受遗赠。无人继承又无人受遗赠的遗产，归国家所有；死者生前是集体所有制组织成员的，归所在集体所有制组织所有。

继承遗产应当清偿被继承人依法应当缴纳的税款和债务，缴纳税款和清偿债务以其遗产实际价值为限。超过遗产实际价值部分，继承人自愿偿还的不在此限。继承人放弃继承的，对被继承人依法应当缴纳的税款和债务可以不负偿还责

任。执行遗赠不得妨碍清偿遗赠人依法应当缴纳的税款和债务。

先析产后继承。如被继承人财产与他人财产有混同时，应先确定和分割出属于被继承人所有的财产。夫妻在婚姻关系存续期间所得的共同所有的财产，除有约定的以外，如果分割遗产，应当先将共同所有的财产的一半分出归配偶所有，其余的方为被继承人的遗产。遗产在家庭共有财产之中的，遗产分割时，应当先分出其他家庭成员的财产。

遗产分割应当有利于生产和生活需要，不损害遗产的效用。不宜分割的遗产，可以采取折价、适当补偿或者共有等方法处理。

实例 5-16　继承法案例——遗嘱继承①

李女士生有三子：王大、王二和王三。李女士于 2016 年 11 月 16 日死亡。遗有房产两套，存款若干。去世后，家人就遗产问题提起诉讼。王大主张被继承人李女士于 2007 年 6 月 13 日立有自书遗嘱，提交了李女士签字遗嘱一份，上面载明："一套房屋给三个子女平分，一套给孙子王小小。"庭审中，王二提交李女士 2012 年 4 月 18 日，由北京市某公证处为李女士做的遗嘱公证一份，上写明："我自愿在去世后将两套房中属于我的份额留给我的儿子王二（个人）、王三（个人）共同继承。"对于李女士的遗产，法院应如何判决？

解析　在本案中，李女士分别立有自书遗嘱和公证遗嘱。所有遗嘱形式中，公证遗嘱的法律效力最高。即使这 2 份遗嘱的形式都符合法定的形式要件，也是以公证遗嘱为准。法院判决第二份公证遗嘱有效。由于李女士于 2012 年订立公证遗嘱重新作出处分财产的意思表示，故李女士的遗产应按公证遗嘱分割，由王二和王三共同继承。

实例 5-17　继承法案例——继子女代位继承②

周先生与前妻生育一女周×华。周先生后与郭女士于 1948 年结婚，婚后又生育儿子周 1。周×华自幼与周郭夫妇共同生活，成年结婚后生育有女儿董 1。周×华于 1986 年 10 月去世。周先生于 1990 年 12 月 25 日去世，郭女士于 2006 年 11 月 27 日去世，遗有两处商铺，周先生和郭女士两位被继承人生前均未立遗嘱。周 1 认为董 1 无继承权。就继承问题，周 1 与董 1 诉诸法庭。

解析　因被继承人无遗嘱，本案适用法定继承的规则。法院认定，双方当事人的陈述均能相互印证周×华与被继承人郭女士长期共同生活，已经形成具有扶养关系的继子女关系。因此，周×华作为周先生的亲生女儿和与郭女士形成扶养关系的继女理应具有第一顺序继承人的身份。而周×华先于被继承人周先生、郭女士死亡。根据《最高法院关于贯彻执行〈中华人民共和国继承法〉若干问题的意见》第 26 条规定：被继承人的养子女、已形成扶养关系的继子女的亲生子女可代位继承。周×华继承被继承人周先生和郭女士的遗产份额应由其女董 1 代位继承。董 1 享有对被继承人的继承权，与周 1 一样，为第一顺序继承人。对被继承人遗留的房产商铺，董 1 和周 1 具有同等的继承权。

---

① 北京市第二中级人民法院《民事判决书（2017）京 02 民终 2586 号》。

② 新疆维吾尔自治区高级人民法院《民事裁定书（2014）新民申字第 1386 号》，北京市朝阳区人民法院《民事判决书（2014）朝民初字第 36290 号》，北京市第三中级人民法院《民事判决书（2015）三中民终字第 02378 号》。

实例 5-18　继承法案例——遗嘱效力[①]

胡女士与被继承人王先生系夫妻关系。2009 年 2 月 27 日，王先生去世。王先生的母亲刘某于 2013 年去世。王先生生前名下有北京市朝阳区××号房屋一套。2014 年，王先生之兄王某起诉要求代位其母刘某继承王先生的房产份额。

诉讼中，胡女士提交王先生《遗嘱》一份，内容为："今天我吐血了，现在感觉病情很重，不知哪天我会离世。今天趁你们都在……我现在正式宣布，我走后，把我名下的房产以及我的一切财产全部遗留给我的妻子胡××，由她替我偿还债务……。"该遗嘱下方有"笔录人：胡×2，见证人：刘×2、杨×。注：王先生名下的房子地址：朝阳区××号"字样，落款时间为"2009.2.25 中午 12:10"。胡×2、刘×2、杨×均为邻居，亦到庭作证，陈述立遗嘱当天王先生吐血被紧急抢救，自感病重，一只胳膊输液，一只胳膊绑着其他仪器，遂由其口述，由前往看望的胡×2 记录，刘×2、杨×见证并签字形成口头遗嘱。病历记录病情与上述事实相符。王某认为该遗嘱没有王先生本人的签字，故对该遗嘱不予认可。

解析　法院经审理认为，自然人可以依照继承法规定立遗嘱处分个人财产。遗嘱人在危急情况下，可以立口头遗嘱。口头遗嘱应当有两个以上见证人在场见证。从王先生的病情和抢救情况来看，王先生在 2009 年 2 月 25 日所立口头遗嘱符合情况危急这一条件。审理中，胡×2、杨×、刘×2 均出庭作证，三人对口头遗嘱的形成过程及内容的陈述基本一致，故胡女士所主张的口头遗嘱亦符合两个以上见证人在场见证这一形式要件。综上，法院对胡女士所主张的口头遗嘱予以确认。最终判决，被继承人王先生名下北京市朝阳区××号房屋归胡女士所有。驳回王某诉讼请求。

第六节　民事纠纷的解决

民事纠纷可以通过当事人自己、社会及国家三种渠道予以解决。中国解决民事纠纷的方式有和解、调解、仲裁及诉讼。民事纠纷的解决，应以事实为依据，法律为准绳。举证责任与分配原则是定纷止争的重要手段。

一、民事纠纷解决的方式

解决民事纠纷的方式有和解、调解、仲裁及诉讼。

和解，是指发生民事纠纷的当事人通过协商、谈判等方式，自愿、互谅、友好地解决纠纷的一种方式。

调解，是指发生民事纠纷的当事人在纠纷发生后，通过第三人在纠纷当事人

---

① 新疆维吾尔自治区高级人民法院《民事裁定书（2014）新民申字第 1386 号》，北京市朝阳区人民法院《民事判决书（2014）朝民初字第 36290 号》，北京市第三中级人民法院《民事判决书（2015）三中民终字第 02378 号》。

之间进行斡旋，主持纠纷解决的一种方式。调解根据主持调解的第三人身份的不同，可分为民间调解、人民调解、行政调解、仲裁调解、诉讼调解等。

仲裁，这里指经济仲裁，是指平等主体之间的自然人、法人或其他非法人组织在发生合同纠纷或其他财产权益纠纷时，依双方达成的仲裁协议，将纠纷提交协议约定的仲裁委员会，由仲裁委员会对当事人提交仲裁的纠纷进行裁决解决。

诉讼，俗称打官司，这里是指民事诉讼，是指平等主体之间的自然人、法人或其他非法人组织在发生民事纠纷后，向法院提出解决纠纷的请求，法院依法作出裁判的司法解决方式。

民事纠纷解决方式并不是孤立存在的。如当事人无法达成和解时，可以通过第三人进行调解，或者提起诉讼等；而在仲裁、诉讼程序中亦有和解、调解环节。

二、调解

调解是双方当事人发生争议后，在第三人（调解人）的参与协调下，达成和解协议，解决争议的处理方式。调解的前提是双方当事人自愿，如果有一方当事人表示不愿调解，或久调不决，调解程序即应终止。中国常用的调解方式有第三人调解、人民调解、仲裁机构调解和法院调解几种。

（1）第三人调解，是指在第三人参与下进行调解，具体来说是指在法院、仲裁机构以外的第三人主持下进行调解。该第三人可以是组织，也可以是个人。经调解，双方当事人就争议达成协议的，应制作调解协议书，由双方当事人签字。调解协议书对双方当事人都有约束力。

（2）人民调解，是指人民调解委员会通过说服、疏导等方法，促使当事人在平等协商基础上自愿达成调解协议，解决民间纠纷的活动。村民委员会、居民委员会设立人民调解委员会。企事业单位根据需要设立人民调解委员会。人民调解委员会调解民间纠纷，不收取任何费用。经人民调解委员会调解达成的调解协议，具有法律约束力，当事人应当按照约定履行。经人民调解委员会调解达成调解协议后，双方当事人认为有必要的，可以自调解协议生效之日起三十日内共同向法院申请司法确认。法院依法确认调解协议有效，一方当事人拒绝履行或者未全部履行的，对方当事人可以向法院申请强制执行。

（3）仲裁机构调解，即调解与仲裁结合。世界上许多仲裁机构都受理调解，有不同的调解方式。有的是把调解程序与仲裁程序分开，分别制定调解和仲裁规则；有的是把调解归入仲裁程序，在仲裁程序开始前后，由仲裁庭主持调解，如调解成功，就撤销案件，如果调解不成，则进行仲裁。在仲裁机构主持下调解达成协议，制作的调解书经双方当事人签署，即对双方产生约束力。

（4）法院调解，指当事人向法院起诉后，由法院召集有关当事人进行调解。诉讼中的调解是中国人民法院处理经济贸易纠纷时经常采用的方法。如果双方在法院的主持下达成调解协议，法院制作调解书，一经送达双方当事人，即具有法律效力。如果未达成调解协议或是在调解书送达前一方反悔，则法院继续进行审判程序。

三、经济仲裁

仲裁，这里指经济仲裁，是指平等主体的自然人、法人和其他组织之间发生的合同纠纷和其他财产权益纠纷，依据事先约定或者事后达成的书面仲裁协议，共同选定仲裁机构，并由其对争议依法作出具有约束力的裁决的一种解决争议的方法。经济仲裁具有如下特点：

仲裁受案范围为平等主体的公民、法人和非法人组织之间发生的合同纠纷和其他财产权益纠纷。婚姻、收养、监护、扶养、继承纠纷和依法应当由行政机关处理的行政争议不能申请仲裁。劳动争议和农村集体经济组织内部的农村土地承包经营合同纠纷的仲裁有另行规定的，适用另行规定。

仲裁受理机构为仲裁委员会。仲裁委员会是社会团体法人，不隶属于任何行政机构，是民间机构。仲裁员是从具有法律专业知识、经济贸易知识且品行端正的人员中聘任的。

仲裁须当事人双方自愿。当事人采用仲裁方式解决纠纷，应当双方自愿，达成仲裁协议。没有仲裁协议，一方申请仲裁的，仲裁委员会不予受理。仲裁协议包括合同中订立的仲裁条款，也包括其他以书面形式在纠纷发生前或纠纷发生后达成的请求仲裁的协议。其内容应包括请求仲裁的意思表示、仲裁事项、选定的仲裁委员会。“其他书面形式”的仲裁协议，包括以合同书、信件和数据电文（例如，电报、电传、传真、电子数据交换和电子邮件）等形式达成的请求仲裁的协议。

仲裁协议具有排除向法院提起诉讼的效力。仲裁当事人达成仲裁协议，除非仲裁协议无效，否则一方向法院起诉的，法院不予受理。

仲裁裁决须向法院申请强制执行。当事人应当履行仲裁裁决。仲裁案件中一方当事人不履行仲裁裁决的，另一方当事人可以向被执行人住所地或者被执行的财产所在地的中级人民法院申请执行。接受申请的法院应当执行。

四、民事诉讼

诉讼是指当事人向法院提出的，要求法院对其争议事项作出裁判的请求。民事诉讼，是指法院在当事人和全体诉讼参与人的参加下，依法审理和解决民事纠纷的活动。民事诉讼有狭义和广义之分。狭义的民事诉讼专指民事纠纷的审理和法官判决过程，不包括生效判决的强制执行阶段；广义的民事诉讼不但包括纠纷的审理和法官判决阶段，而且包括生效判决的强制执行阶段。

民事诉讼涉及大量精准、复杂而细碎的制度与内容。在此，仅介绍民事诉讼的一般特征、审判制度与民事诉讼管辖的相关内容。

（一）民事诉讼的特征

与其他解决民事纠纷的方式相比，民事诉讼具有如下特点：

（1）诉讼纠纷的解决者是代表国家的法院。需要指出的是，民事诉讼是承办法官代表法院的审判活动而不是法院全体法官的活动。在一个具体的案件里，只有特定的承办法官才有权审理具体的案件，只有承办法官才能接受当事人的诉状、对案件进行审理、制作法律文书、执行生效法律文书等。

（2）民事诉讼是当事人和全体诉讼参与人的活动。整个诉讼过程，除了当事人的起诉、答辩、辩论、举证、申请执行等行为外，还须有证人、鉴定人、诉讼代理人等诉讼参与人的参与。

（3）民事诉讼过程有严格的程序规则。既要依照民事实体法，如《民法总则》《婚姻法》《继承法》《合同法》《公司法》等裁判，也要依照程序法如《民事诉讼法》的规定和相关程序性法律规范进行。民事诉讼活动大体分为一审阶段、二审阶段、审判监督阶段和执行阶段。每一个阶段又细分为若干子阶段，如一审阶段可分为起诉、法庭准备、开庭审理、制作和宣告判决等子阶段。

（4）民事诉讼具有强制性。只要原告的起诉符合法律规定，则无论被告是否愿意，诉讼均会发生。同时，民事诉讼在案件的裁判执行上也体现出强制性特征。对于法院的裁决，当事人不自动履行义务时，法院可以强制执行。

（二）民事诉讼审级制度

审级制度是关于法院级别结构和各级法院审理上诉案件适用的程序的制度。中国的法院体制分为最高人民法院、高级人民法院、中级人民法院和基层人民法院四级，实行两审终审制。

两审终审制是指一个案件最多经两级法院审判即告终结。当事人不服第一审法院对民事案件所做的判决、裁定，可以上诉至上一级法院，上诉审法院所做的判决、裁定是终审的判决、裁定。二审判决、裁定从作出之日起即发生法律效力，当事人不得再提起上诉。

并非每一案件都必须经过两审。如果一审判决、裁定作出后，当事人不上诉或在法定期限内未上诉，以及一审经过调解结案的，不发生二审程序；最高法院所作出的一审判决为终审判决、裁定。此外，对于法律规定的特殊类型的案件实行一审终审，例如，法院依照特别程序、督促程序、公示催告程序、企业法人破产还债程序所审理的案件，实行一审终结。

中国再审制度的设立，可以弥补两审终审中存在的某些不足，经两审审结的案件，如果仍然有错误，可以通过再审程序纠正。

（三）民事诉讼管辖

民事诉讼管辖是指确定不同级别法院之间和不同地域法院之间受理第一审民事案件的分工和权限。诉讼管辖包括级别管辖、地域管辖、专属管辖、协议管辖、移送管辖和指定管辖。

1. 级别管辖

级别管辖是确定上下级法院之间受理第一审民事案件的分工和权限。在级别管辖中，绝大多数案件都由基层法院管辖。中级人民法院管辖在本辖区内重大涉外案件、在本辖区有重大影响的案件以及最高人民法院确定由中级人民法院管辖的一审案件。高级人民法院管辖在本辖区有重大影响的第一审民事案件。最高人民法院管辖在全国有重大影响的案件和其认为应当由其审理的案件。

2. 地域管辖

地域管辖是确定同级法院之间受理第一审民事案件的分工和权限。地域管辖是按照各法院的辖区与民事案件的关系来确定的。以当事人住所地为标准确定管辖法院是最常用也最一般的方法，称为“一般地域管辖”；如果确定管辖时不仅考虑当事人住所地与法院辖区的关系，而且考虑到诉讼标的、诉讼标的物或法律事实与法院辖区之间的关系的，就是“特殊地域管辖”。

中国一般实行“原告就被告”的原则，即由被告所在地法院管辖。对于某些特殊情形，案件可以由原告住所地法院管辖。

特殊地域管辖，又称特别管辖，通常指不仅以被告所在地，而且特别考虑引起诉讼的法律事实的所在地、诉讼标的所在地等因素与法院辖区的关系来确定诉讼的管辖法院。

3. 专属管辖

专属管辖，是指法律规定某些特殊类型的案件只能由特定的法院管辖。《民事诉讼法》规定的专属管辖案件有以下三类：因不动产纠纷提起的诉讼，由不动产所在地法院管辖；因港口作业中发生纠纷提起的诉讼，由港口所在地法院管辖；因继承遗产纠纷提起的诉讼，由被继承人死亡时住所地或者主要遗产所在地法院管辖。

4. 协议管辖

协议管辖，又称合意管辖或约定管辖，是指双方当事人协商一致，以约定的方式确定管辖法院。协议管辖是法定管辖的补充，法律对其适用范围和成立条件均有所限制。

《民事诉讼法》规定：“合同或者其他财产权益纠纷的当事人可以书面协议选择被告住所地、合同履行地、合同签订地、原告住所地、标的物所在地等与争议有实际联系的地点的人民法院管辖，但不得违反本法对级别管辖和专属管辖的规定。”因此，当事人不得变更级别管辖，比如，不得约定将依法由基层法院管辖的诉讼约定由中级以上法院管辖，也不允许当事人通过协议改变专属管辖。

5. 移送管辖

移送管辖，是指法院在受理民事案件后，发现自己对案件并无管辖权，依法将案件移送给有管辖权的法院审理。

6. 指定管辖

指定管辖，是指上级法院以裁定方式指定其下级法院对某一案件行使管辖权。

五、举证责任

举证责任，也称证明责任，是指当事人对自己提出的诉讼请求所依据的事实或者反驳对方诉讼请求所依据的事实有责任提供证据加以证明，没有证据或者证据不足以证明当事人对事实的主张的，由负有举证责任的当事人承担不利后果。

（一）举证责任的特征

举证责任具有如下特征：

（1）举证责任是当事人在待证事实真伪不明时所承担的一种不利诉讼后果的风险，同时也是法院在事实真伪不明时的一种裁判规范。因证据的证明力无法判断导致争议事实难以认定的，法院应当依据举证责任分配的规则作出裁判。

（2）举证应当在举证期限内完成。当事人对自己提出的主张应当及时提供证据。法院根据当事人的主张和案件审理情况，确定当事人应当提供的证据及其期限。当事人逾期提供证据的，法院应当责令其说明理由；拒不说明理由或者理由不成立的，法院根据不同情形可以不予采纳该证据，或者采纳该证据但予以训诫、罚款。

（3）对于同一事实，证明责任只能由一方当事人负担，而不能同时由双方当事人负担。

（4）法院在诉讼中不承担证明责任。当事人因客观原因不能自行收集的证据，可申请法院调查收集。但在待证事实真伪不明时，不存在由法院承担证明责任的问题。

（二）举证责任分配的一般规则

举证责任的分配，又称为证明责任的分担、证明责任的分配，是指按照一定的标准，将事实真伪不明时承受不利裁判后果的风险，预先在双方当事人之间进行分配，使各方当事人分别负担一些事实真伪不明的风险。中国民事诉讼法以“谁主张，谁举证”为一般举证原则。此外，以公平和诚信原则为出发点确定了举证责任倒置规则。

“谁主张，谁举证”要求当事人对自己提出的诉讼请求所依据的事实或者反驳对方诉讼请求所依据的事实有责任提供证据加以证明。其中，主张法律关系存在的当事人，应当对产生该法律关系的基本事实承担举证证明责任；主张法律关系变更、消灭或者权利受到妨害的当事人，应当对该法律关系变更、消灭或者权利受到妨害的基本事实承担举证证明责任。没有证据或者证据不足以证明案件事实的，由负有举证责任的当事人承担不利后果。

实例 5-19　“谁主张，谁举证”案例①

被告黄某因无钱做生意，向原告张某借款 130 000 元，并向其出具借条一份。后原告多次催讨，被告均以无钱为由拒绝归还。为此，原告起诉至法院，要求被告立即偿还欠款。被告黄某辩称，他于 2007 年 8 月 30 日在中国建设银行将 60 000 元存入以原告女儿孔某为户名的存折上，并由被告在该银行的“存款凭条”“存款人对客户审核栏内容确认签名”里代为签署“孔×”姓名。被告举证证明该 60 000 元是从朋友那里借来用于偿还欠款的，他只欠原告 70 000 元。但原告张某却主张该 60 000 元是自己的转店费 45 000 元及货款 15 000 元，且是其

① 110 法律咨询网。

委托被告代其存入其女儿账户的。原告同时提供五份以其女儿为户名的银行存款单，来证明原告曾委托被告代其以女儿的名义存款的事实，从而证明被告将60 000元存入原告女儿账户的行为也属原告的委托行为。这60 000元是为原告代存，而非还款。

解析 民事诉讼法对举证责任分配原则作了一般性规定，即“谁主张，谁举证”。也就是说，证明责任总是与一定的法律风险相联系，即负有证明责任的主体，如果不履行证明义务，或者在事实真伪不明时，就要承担举证不能成立的风险。黄某提供的存款凭证可以证明其在还款期间，按照张某指示，向指定的银行和户名存款的事实，是直接证据，无须证明该款项的来源。原告主张该款项是原告委托被告代其存入的转店费及货款，但其提供的证据无法证明与被告之间有委托关系，因此法院对原告的主张不予支持。

（三）举证责任倒置

举证责任倒置，是指法律直接规定的特殊侵权诉讼案件中，按照一般举证责任分配原则应当由己方承担举证责任的事项，转由对方承担举证责任。对方只有证明其与损害结果之间不存在因果关系，或者受害人有过错，或者第三人有过错才能免除责任。举证责任倒置的出发点是考虑举证责任分配的公平性与合理性。由于举证责任倒置属于一般举证责任分配原则的例外，因此，需要法律作出明确规定。

（四）无须举证证明的事实

诉讼中，除了对方当事人有相反证据足以反驳或推翻外，当事人对如下事实无须举证：（1）自然规律以及定理、定律；（2）众所周知的事实；（3）根据法律规定推定的事实；（4）根据已知的事实和日常生活经验法则推定出的另一事实；（5）已为法院发生法律效力的裁判所确认的事实；（6）已为仲裁机构生效裁决所确认的事实；（7）已为有效公证文书所证明的事实。

此外，诉讼过程中，一方当事人在法庭审理中，或者在起诉状、答辩状、代理词等书面材料中，对于己方不利的事实明确表示承认的，另一方当事人无须举证证明。对一方当事人陈述的事实，另一方当事人既未表示承认也未否认，经审判人员充分说明并询问后，其仍不明确表示肯定或者否定的，视为对该项事实的承认。当然，自认的事实与查明的事实不符的，以及对于涉及身份关系、国家利益、社会公共利益等应当由法院依职权调查的事实，不适用上述有关自认的规定。

第七节　个人理财业务监管

个人理财业务是指接受投资者委托，按照与投资者事先约定的投资策略、风险承担和收益分配方式，对受托的投资者财产进行投资和管理的金融服务。[①] 理财业务涉及事项众多，在个人理财业务的监管规范中，以商业银行的相关制度较为完善。在此，简要介绍商业银行理财业务的监管与理财业务人员从业的相关法律风险。

一、理财业务监管法规

理财业务监管法规主要涉及银行、保险、证券和信托等领域。相关法律规定与政策包括《中国人民银行法》《商业银行法》《银行业监督管理法》《关于规范金融机构资产管理业务的指导意见》《商业银行理财业务监督管理办法》《商业银行理财产品销售管理要求》《金融违法行为处罚办法》《保险法》《证券法》《证券投资基金法》《证券公司监督管理条例》《证券期货投资者适当性管理办法》《信托法》《信托公司集合资金信托计划管理办法》等。

银行业监督管理机构应当对理财业务实行穿透式监管，向上识别理财产品的最终投资者，向下识别理财产品的底层资产，并对理财产品运作管理实行全面动态监管。

二、个人理财业务基本规则

根据商业银行个人理财监管的相关规定，理财业务应当通过具有独立法人地位的银行理财子公司开展。开展理财业务应当遵守监管规则的要求，严格遵守投资者风险匹配规则，做到及时、准确、完整地披露信息。

（一）理财产品分类规则

商业银行理财产品是指按照约定条件和实际投资收益情况向投资者支付收益、不保证本金支付和收益水平的非保本理财产品。根据不同的标准，理财产品可以有不同的分类。

根据募集方式的不同，理财产品分为公募理财产品和私募理财产品。公募理财产品是指商业银行面向不特定社会公众公开发行的理财产品，公开发行的认定标准按照《证券法》执行。私募理财产品是指商业银行面向合格投资者非公开发行的理财产品。

根据投资性质的不同，可将理财产品分为固定收益类理财产品、权益类理财产品、商品及金融衍生品类理财产品和混合类理财产品。固定收益类理财产品投资于存款、债券等债权类资产的比例不低于80%；权益类理财产品投资于权益类资产的比例不低于80%；商品及金融衍生品类理财产品投资于商品及金融衍生品的比例不低于80%；混合类理财产品投资于债权类资产、权益类资产、商品及金融衍生品类资产且任一资产的投资比例均未达到前三类理财产品标准。

根据运作方式的不同，可将理财产品分为封闭式理财产品和开放式理财产品。封闭式理财产品是指有确定到期日，且自产品成立日至终止日期间，投资者

---

① 《商业银行理财业务监督管理办法》第三条第一款。

不得进行认购或者赎回的理财产品。开放式理财产品是指自产品成立日至终止日期间，理财产品份额总额不固定，投资者可以按照协议约定，在开放日和相应场所进行认购或者赎回的理财产品。

商业银行理财产品具有相对独立性，具体表现在以下方面：理财产品财产独立于管理人、托管机构的自有资产，因理财产品财产的管理、运用、处分或者其他情形而取得的财产，均归入银行理财产品财产。商业银行理财产品管理人、托管机构不得将银行理财产品财产归入其自有资产，因依法解散、被依法撤销或者被依法宣告破产等原因进行清算的，银行理财产品财产不属于其清算财产。理财产品管理人管理、运用和处分理财产品财产所产生的债权，不得与管理人、托管机构因自有资产所产生的债务相抵销；管理人管理、运用和处分不同理财产品财产所产生的债权债务，不得相互抵销。

（二）监管规则

商业银行应当通过具有独立法人地位的子公司开展理财业务。[①] 商业银行开展理财业务，应当遵守成本可算、风险可控、信息充分披露的原则，严格遵守投资者适当性管理要求，保护投资者合法权益。

理财信息实行集中登记制度，由商业银行总行按照要求在全国银行业理财信息登记系统对理财产品进行集中登记。未在全国银行业理财信息登记系统进行登记并获得登记编码的理财产品不得发行。经过登记的理财产品，均会获得登记编码，应将登记编码列明在理财产品销售文件的显著位置。商业银行应提示投资者可以依据该登记编码在中国理财网查询产品信息。

开展理财业务要遵循业务相分离规则。商业银行应当确保理财业务与其他业务相分离，理财产品与其代销的金融产品相分离，理财产品之间相分离，理财业务操作与其他业务操作相分离。

开展理财业务应当对理财产品单独管理。商业银行应确保每只理财产品与所投资资产相对应，做到每只理财产品单独管理、单独建账和单独核算，不得开展或者参与具有滚动发行、集合运作、分离定价特征的资金池理财业务。这里的单独管理是指对每只理财产品进行独立的投资管理。单独建账是指为每只理财产品建立投资明细账，确保投资资产逐项清晰明确。单独核算是指对每只理财产品单独进行会计账务处理，确保每只理财产品具有资产负债表、利润表、产品净值变动表等财务会计报表。

（三）销售管理规则

商业银行理财产品销售是指将本行发行的理财产品向投资者进行宣传推介和办理认购、赎回等业务活动。销售理财产品，应当加强投资者适当性管理，向投资者充分披露信息和揭示风险，不得宣传或承诺保本保收益，不得误导投资者购买与其风险承受能力不相匹配的理财产品。

宣传销售理财产品的文本应当全面、如实、客观地反映理财产品的重要特

① 暂不具备条件的，商业银行总行应当设立理财业务专营部门，对理财业务实行集中统一经营管理。

性，充分披露理财产品类型、投资组合、估值方法、托管安排、风险和收费等重要信息，所使用的语言表述必须真实、准确和清晰。不得有下列情形：(1) 虚假记载、误导性陈述或者重大遗漏；(2) 违规承诺收益或者承担损失；(3) 夸大或者片面宣传理财产品，违规使用“安全”“保证”“承诺”“保险”“避险”“有保障”“高收益”“无风险”等与产品风险收益特性不匹配的表述；(4) 登载单位或者个人的推荐性文字；(5) 在未提供客观证据的情况下，使用“业绩优良”“名列前茅”“位居前列”“最有价值”“首只”“最大”“最好”“最强”“唯一”等夸大过往业绩的表述；(6) 其他易使投资者忽视风险的情形。此外，不得宣传理财产品预期收益率，在理财产品宣传销售文本中只能登载该理财产品或者本行同类理财产品的过往平均业绩和最好、最差业绩，并以醒目文字提醒投资者“理财产品过往业绩不代表其未来表现，不等于理财产品实际收益，投资须谨慎”。通过营业场所向非机构投资者销售理财产品的，应当按照国务院银行业监督管理机构的相关规定实施理财产品销售专区管理，在销售专区内对每只理财产品销售过程进行录音录像。

除银行自有的渠道（含营业网点和电子渠道）外，商业银行不得通过电视、电台、互联网等渠道对具体理财产品进行宣传。商业银行通过电话、传真、短信、邮件等方式开展理财产品宣传时，如投资者明确表示不同意，商业银行不得再通过此种方式向投资者宣传理财产品。

（四）风险匹配规则

投资理财产品，投资者自担投资风险并获得收益。商业银行应当对非机构投资者的风险承受能力进行评估，确定投资者风险承受能力等级。商业银行对投资者的风险等级按照由低到高划分至少应包括一级至五级。商业银行不得在风险承受能力评估过程中误导投资者或者代为操作，应确保风险承受能力评估结果的真实性和有效性。

1. 投资者合格性与风险承受能力评估

合格的投资者是指具备相应风险识别能力和风险承受能力，投资于单只理财产品不低于一定金额且符合投资条件的自然人、法人或者依法成立的其他组织。不同的理财产品对投资者的资格要求是不同的。投资公募理财产品的，单一投资者购买起点金额不得低于1万元人民币。投资私募理财产品的，合格的投资者须至少具备如下条件之一：(1) 具有2年以上投资经历，且满足家庭金融净资产不低于300万元人民币，或者家庭金融资产不低于500万元人民币，或者近3年本人年均收入不低于40万元人民币；(2) 最近1年末净资产不低于1 000万元人民币的法人或者依法成立的其他组织；(3) 国务院银行业监督管理机构规定的其他情形。同时，投资于单只固定收益类理财产品的金额不得低于30万元人民币，投资于单只混合类理财产品的金额不得低于40万元人民币，投资于单只权益类理财产品、单只商品及金融衍生品类理财产品的金额不得低于100万元人民币。

商业银行应当在投资者首次购买理财产品前在银行网点进行风险承受能力评估。风险承受能力评估的依据至少应当包括投资者年龄、财务状况、投资经验、投资目的、收益预期、风险偏好、流动性要求、风险认识以及风险损失承受程度等。商业银行对超过 65 岁的投资者进行风险承受能力评估时，应当充分考虑投资者年龄、相关投资经验等因素。

商业银行应当定期或不定期地在银行网点或采用网上银行方式对投资者进行风险承受能力持续评估。超过一年未进行风险承受能力评估或发生可能影响自身风险承受能力情况的投资者，再次购买理财产品时，应当在商业银行网点或其网上银行完成风险承受能力评估；未进行评估的，商业银行不得再次向其销售理财产品。

对投资者进行风险评估应通过法定的评估渠道。应当在非机构投资者首次购买理财产品前进行风险承受能力评估。商业银行完成投资者风险承受能力评估后应当将风险承受能力评估结果告知投资者，由投资者签名确认后留存。

2. 风险匹配

风险匹配原则是指商业银行只能向投资者销售风险等级等于或低于其风险承受能力等级的理财产品。商业银行销售理财产品，应当遵循风险匹配原则，禁止误导客户购买与其风险承受能力不相符合的理财产品。

商业银行在销售文件中明确提示产品适合销售的投资者范围，在销售系统中设置销售限制措施。商业银行不得通过对理财产品进行拆分等方式，向风险承受能力等级低于理财产品风险等级的投资者销售理财产品。

商业银行根据市场情况调整投资范围、投资资产种类或投资比例时，超出销售文件约定比例的，除高风险类型的理财产品超出比例范围投资较低风险资产外，应当先取得投资者书面同意，并在全国银行业理财信息登记系统做好理财产品信息登记；投资者不接受的，应当允许投资者按照销售文件约定提前赎回理财产品。

保障私募理财产品投资者对投资冷静期的运用。商业银行应当在私募理财产品的销售文件中约定不少于 24 小时的投资冷静期，并载明投资者在投资冷静期内的权利。在投资冷静期内，如果投资者改变决定，商业银行应当遵从投资者意愿，解除已签订的销售文件，并及时退还投资者的全部投资款项。投资冷静期自销售文件签字确认后起算。

3. 投资风险提示

商业银行必须对投资者做投资风险提示，例如，应当在理财产品宣传材料中醒目位置提示投资者：“理财非存款、产品有风险、投资须谨慎”。销售文件应当包含风险揭示书和投资者权益须知的专页。

风险揭示书应当使用通俗易懂的语言，包含并不限于以下内容：提示投资者，“如影响您风险承受能力的因素发生变化，请及时完成风险承受能力评估”；提示投资者注意投资风险，仔细阅读理财产品销售文件，了解理财产品具体情况；本理财产品类型、期限、风险评级结果、适合购买的投资者，并配以示例说明最不利投资情形下的投资结果；投资者抄录风险确认语句内容，确认语句栏应当完整载明的风险确认语句“本人已经阅读风险揭示，愿意承担投资风险”，并在此语句下预留足够空间供投资者完整抄录和签名确认。

（五）信息披露规则

商业银行应当及时、准确、完整地向理财产品投资者披露理财产品的募集信息、资金投向、杠杆水平、收益分配、托管安排、投资账户信息和主要投资风险等内容。信息披露应当按法定或与投资者约定的方式、渠道与频率进行。

商业银行应当在理财产品销售文件中明确约定与投资者联络和信息披露的方式、渠道和频率，以及在信息披露过程中各方的责任，确保投资者及时获取信息。商业银行在未与投资者明确约定的情况下，在其官方网站公布理财产品相关信息，不能视为向投资者进行了信息披露。

（六）禁止性行为

开展个人理财业务相关机构的董事、监事、高级管理人员和其他相关人员不得有下列行为：将自有财产或者他人财产混同于理财产品财产从事投资活动；不公平地对待所管理的不同理财产品财产；利用理财产品财产或者职务之便为理财产品投资者以外的人牟取利益；向理财产品投资者违规承诺收益或者承担损失；侵占、挪用理财产品财产；泄露因职务便利获取的未公开信息，利用该信息从事或者明示、暗示他人从事相关的交易活动；玩忽职守，不按照规定履行职责；法律、行政法规和国务院银行业监督管理机构规定禁止的其他行为。

实例 5-20　个人理财业务案例——风险提示[①]

2011 年 3 月，中国××银行股份有限公司应胡先生要求，通过电话主动向其推介某灵活配置 2 期基金产品。胡先生即到银行营业厅柜台，签订了《资产管理合同》。合同文本后附《股指期货交易风险提示函》一份（提示函后无签字）。合同签订后，胡先生即在银行处认购了人民币 100 万元的该基金，并在《中国××银行开放式基金交易凭条（个人）》上签字确认。之后，该基金产品发生亏损，胡先生遂以银行为被告提起诉讼，要求判令银行赔偿其亏损 180 642.62 元及 2011 年 3 月至 2013 年 3 月期间的利息。

庭审中，银行提出在发生理财产品交易之前，胡先生曾在银行作过风险评估，评估结果为：胡先生的风险承受能力评级及适合购买的产品为稳健型。在胡先生购买该理财产品前告知了风险。

一审法院认为，胡先生对风险提示内容有所知晓。而若其未对此进行阅读，也系其自身过错。判决驳回胡先生的全部诉讼请求。胡先生不服一审判决，提起上诉。

解析　二审法院经审理查明，银行对胡先生所作风险评估报告中对稳健型投资者的定义为风险承受能力较低，而系争风险提示函中提示系争基金份额净值存在下跌的可能性。且被上诉人确认在销售本案系争理财产品时未对上诉人进行风险评估。二审法院认为，本案中，银行在向胡先生推介系争理财产品前未对胡先生进行评估，已有过错；而依据此前银行的评估结果，本案系争理财产品为非保

---

① 上海市徐汇区人民法院《民事判决书（2014）徐民二（商）初字第 541 号》，上海市第一中级人民法院《民事判决书（2015）沪一中民六（商）终字第 198 号》.

本型理财产品，显然并不适宜胡先生，但银行仍主动向上诉人推介此种产品，故可认定银行未履行上述正确评估及适当推介的义务，具有相应过错。本案中，胡先生虽已在相关风险提示函上签字确认知晓相关风险，但据此并不能免除银行在缔约前的适当推介义务。然而，上诉人未依照自身状况进行合理投资，而是选择购买系争理财产品，对相应损失的发生亦具有相应过错。鉴于银行的侵权过错系导致本案系争损失的主要原因，故银行应对系争损失承担主要赔偿责任。现银行对支付胡先生主张的本金损失金额并无异议，则胡先生要求被上诉人赔偿其本金损失的诉讼请求可予支持；上诉人自身亦具有前述过错，故上诉人要求被上诉人赔偿其利息损失的诉讼请求本院不予支持。综上所述，原审判决认定事实无误，二审判决如下：(1) 撤销一审民事判决；(2) 银行应于本判决生效之日起十日内赔偿胡先生损失人民币 180 642.62 元；(3) 驳回上诉人胡先生其余的诉讼请求。

三、涉及个人理财业务常见罪名

作为商业银行个人理财业务人员，涉及的刑事领域多集中在破坏金融管理秩序罪，金融诈骗罪，妨害对公司、企业的管理秩序罪几大类别。

破坏金融管理秩序罪中共有 30 个罪名。其中，涉嫌个人理财业务的主要有非法吸收公众存款罪，伪造、变造金融票证罪，洗钱罪，骗取贷款、票据承兑、金融票证罪，妨害信用卡管理罪，窃取、收买、非法提供信用卡信息罪，内幕交易、泄露内幕信息罪，违法发放贷款罪，吸收客户资金不入账罪。

金融诈骗罪中共有 8 个罪名，即集资诈骗罪，贷款诈骗罪，票据诈骗罪，金融凭证诈骗罪，信用证诈骗罪，信用卡诈骗罪，有价证券诈骗罪和保险诈骗罪。

妨害对公司、企业的管理秩序罪共有 17 个罪名。其中，涉嫌个人理财业务的主要有虚报注册资本罪，虚假出资、抽逃出资罪，违规披露、不披露重要信息罪，非国家工作人员受贿罪，对非国家工作人员行贿罪，签订、履行合同失职被骗罪，国有公司、企业、事业单位人员失职罪，国有公司、企业、事业单位人员滥用职权罪。

家庭财务报表和预算的编制与分析

本章提要

家庭财务报表是金融理财师了解、分析客户财务现况的必备工具。本章的主要知识点包括：与编制家庭财务报表有关的基本会计概念；编制家庭资产负债表的原则和基本方法；分析家庭资产负债表的基本方法；编制家庭收支储蓄表的原则和基本方法；分析家庭收支储蓄表的基本方法；家庭资产负债表与收支储蓄表之间的勾稽关系；家庭财务分析和诊断的原则与基本方法以及通过生涯状况变化模拟，进行家庭财务的综合分析和诊断；家庭预算的概念与现金流量表预估；理财资讯平台的运用。本章最后提供财务自由度专题研究的延伸阅读。

本章内容包括：

- 家庭财务分析基础知识；
- 家庭资产负债表的编制和分析；
- 家庭收支储蓄表的编制和分析；
- 家庭资产负债表与收支储蓄表的分析；
- 家庭财务比率分析与诊断；
- 家庭财务预算和现金流量预估表的编制；
- 理财资讯平台在家庭财务分析中的应用；
- 延伸阅读：财务自由度专题研究。

通过本章学习，读者应该能够：

- 掌握家庭财务报表（资产负债表、收支储蓄表）的编制与分析的原理和基本方法；
- 掌握家庭财务比率分析和诊断的原理和基本方法；
- 掌握家庭预算编制和控制的原则和基本方法；
- 能够运用理财资讯平台进行家庭财务分析与诊断。

第一节 家庭财务分析基础知识

一、家庭财务分析的意义

家庭财务分析在整个理财规划中具有非常重要的意义，如图 6-1 所示。

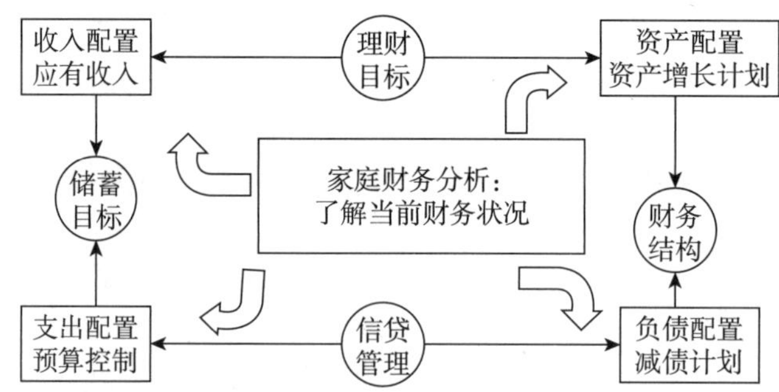

图 6-1 家庭财务分析的意义

作为理财师，主要的工作是为客户制定综合、客观、正确的理财规划。因此，首先要对客户家庭当前的财务状况做相应的了解，确定家庭的理财目标。然后分析家庭的财务结构，一方面对于家庭已有的资产了解其配置情况以便实施资产增长计划，另一方面要了解家庭负债的状况以便实施减债的计划，降低财务负担，双管齐下为未来理财目标的实现奠定相应的基础。接下来理财师要了解家庭的收入和支出情况，进行应有收入和支出预算控制，以便实现其储蓄目标，保证家庭理财目标的实现。对于负债如何合理配置，将在本书第九章“家庭信用与债务管理”中讲述。

二、家庭财务分析的基本概念

（一）会计的基本概念[①]

会计是以货币为主要计量单位，反映和监督一个单位经济活动的一种经济管理工作。在企业中，会计主要反映企业的财务状况、经营成果和现金流量，并对企业经营活动和财务收支进行监督。

会计是现代企业的一项重要的基础性工作，会计的作用主要包括：第一，提供对决策有用的信息，提高企业透明度，规范企业行为；第二，加强经营管理，提高经济效益，促进企业可持续发展；第三，考核企业管理层经济责任的履行情况。

① 本部分内容主要参考了 2018 年注册会计师全国统一考试辅导教材《会计》第一章“总论”。

（二）会计要素、会计科目以及会计等式

(1) 会计要素：对会计对象进行的基本分类。会计要素分为六大类：资产、负债、所有者权益（净值）；收入、费用（支出）、利润（储蓄）。

资产是指主体过去的交易或事项形成的、由主体拥有或者控制的、预期会给主体带来效用或经济利益的资源。负债是指主体过去的交易或事项形成的主体在将来的付款义务。所有者权益（净值）是资产扣除负债后的余额。资产、负债和所有者权益（净值）三项会计要素反映主体的财务状况。资产来源于所有者权益（净值）和债权人的借入资金，分别归属于所有者和债权人。资产必然等于负债加上所有者权益（净值）。

收入是指主体在一定期间获得的导致所有者权益（净值）增加的经济利益流入。费用（支出）是指主体在一定期间发生的导致所有者权益（净值）减少的经济利益流出。利润（储蓄）是指主体在一定期间的经济利益成果。收入、费用（支出）和利润（储蓄）三项会计要素反映主体在一定期间的经营成果。

(2) 会计科目：对会计要素的具体内容进行分类的项目。会计科目可分为资产类、负债类、所有者权益类、损益类等科目。

(3) 会计等式：资产＝负债＋所有者权益(净值)；收入－费用(支出)＝利润(储蓄)。

（三）家庭财务报表

1. 财务报表

财务报表是对主体财务状况、经营成果和现金流量的结构性表述，目的是向财务报表使用者提供有关会计信息，以帮助财务报表使用者了解主体的有关状况，并做出相应决策。

财务报表至少包括资产负债表、利润表、现金流量表以及附注等，分别从不同角度反映主体的财务状况、经营成果和现金流量。资产负债表反映主体在某一特定日期所拥有的资产、需偿还的债务以及所有者拥有的净值情况。利润表反映主体在一定期间的经营成果。现金流量表反映主体在一定期间现金和现金等价物流入和流出的情况。附注是对在资产负债表、利润表、现金流量表等报表中列示项目的文字描述或明细资料，以及对未能在这些报表中列示的项目的说明等。

2. 家庭会计和企业会计的主要区别

本章所讲述的家庭会计和企业的财务会计在内容上十分相近，但是家庭会计仅利用那些在企业会计和财务管理领域已经日臻完善的方法和技术，来对家庭的财务进行计划和管理。对一个拥有会计基础知识的读者而言，本章的内容并不复杂，因为家庭财务并没有像大多数企业财务那么复杂，而且它们之间存在明显的区别：

第一，会计核算原则不同。家庭财务核算的目的是协助家庭成员理解和分析自身财务状况以及相应的缺陷，为实现下一步的财务目标做好准备。考虑到大部分家庭成员的非专业性特点，方便他们充分理解家庭财务分析的数据关系，同时

避免内容过于深奥带来的阅读困扰，在核算过程中我们采用收付实现制的核算原则，即民间常说的现收现付制来尽量贴近众多家庭的现实情况；我们知道企业会计核算过程中都是采用权责发生制的记账原则，用以准确反映企业财务中的成本收益对应特点，这一点是家庭财务分析和企业会计的根本区别所在。

第二，财务信息使用范围不同。制作家庭财务报表的主要目标是及时了解家庭财务状况，合理进行家庭财务管理，这些信息一般情况下无须对外公开。如果需要对外公开，一般存在以下两种情况：（1）家庭的财务规划师或金融理财师、保险顾问、税务顾问、律师等顾问为了帮助家庭进行财务规划、风险管理和保险规划、税务优化或遗产、事业继承规划，往往需要用到这些资料和数据；（2）一些贷款人为了对家庭的资信和偿付能力进行评估，并据此做出贷款或者授信决策，需要对家庭资产负债表和收支储蓄表中一些他们所关注的内容，比如总债务水平、房产和汽车价值、其他金融资产或生息资产的价值进行了解，但他们一般不会使用全部家庭财务报表的内容。

第三，范式要求不同。正是由于家庭财务报表不需要定期对外报告，所以它们不用受到严格的会计准则或国家会计、财务制度的约束。换言之，对于家庭的财务报表，没有任何广泛接受的会计准则的要求，家庭完全可以根据自己的需要来编制。本章中所提供的范例不代表任何财务准则或会计制度，仅是为读者提供一种较为普遍的编制和分析方法，读者可以自行设计适合自己的报表，也可以创造性地提出其他财务指标对报表进行分析。

第四，核算准则不同。在企业的会计和财务管理中，为了审慎地计量企业的资产，会计的谨慎原则要求对各个资产项目计提减值准备，比如对应收账款与其他应收款要计提坏账准备，对短期股票投资和短期债券投资要计提短期投资跌价准备，对库存商品、原材料要计提存货跌价准备，对长期股权投资、长期债权投资要计提长期投资减值准备，对企业拥有的房屋、建筑物、机器设备要计提固定资产减值准备，对企业拥有的专利权、商标权要计提无形资产减值准备，另外对于在建工程和委托贷款也都要计提减值准备。这些减值或跌价准备作为对相应资产项目的备抵科目，必须列在资产负债表中，作为相应资产的减项。而对于家庭的财务报表就没有这么严格的要求。一方面，以上列举的很多会计科目都不是家庭资产负债表的内容。即使对于家庭资产负债表中那些主要资产项目，比如住宅、汽车、股票投资或债券投资，减值准备也是可列可不列，完全视家庭的需要和编制会计报表时的经济环境而定。一般而言，只有宏观经济十分萧条，金融市场交易特别冷清的时候，为谨慎起见，才需根据房产（包括自用住宅和商用、投资住宅）或金融资产或其他生息资产可能贬值的情况，对这些项目计提减值准备，列入家庭资产负债表作为减项。另外，企业会计严格要求对固定资产计提折旧，国家根据企业的不同类型规定其计提折旧的政策。对于家庭会计报表而言，尽管家庭的自用住宅、商用、投资住宅和汽车也有折旧的问题（尤其是家用汽车，3～5 年就可能计提完折旧），但是很多时候也不一定把折旧列入家庭资产负债表。

在家庭财务管理中，我们倾向于处理现金而不是将来会有的收入。也就是说，家庭财务会计中几乎不进行收入或费用的资本化。比如个人投资于某学历或职业培训会由于增加了他的人力资本价值而会增加其未来收入。企业可以将这项支出资本化从而递延到未来分期摊销，而家庭财务管理一般就只把它视为一项生活支出，而不是投资性支出。

三、家庭财务分析的基本原则

尽管家庭的会计和财务管理与企业的会计和财务管理之间有很多区别，但是家庭的会计和财务管理同样需要借用企业会计和财务管理中的一些基本原则和概念。

（一）流量和存量

在谈及家庭财务报表之前，首先要能分辨流量和存量的概念、会计科目，并能正确理解流量和存量的关系。

收入和支出是流量的概念，显示一段时间内收入与支出的变化。我们通常以收入循环一次的时间作为确定流量的期间。如国内工薪阶层一般是领月薪，所以收入、支出、储蓄等流量通常按月计算；美国工薪阶层一般是领周薪，因此收入、支出、储蓄等流量通常以周计算；对于每天都记账并清点现金对账的人，流量期间甚至可以按日计算。把按日、周或月的流量加总，便可做出一季或一年的流量。

资产和负债是存量的概念，显示某个结算时点资产和负债的状况。通常是以月底、季度底或是年底来作为资产负债的结算基准日，在基准日需汇总当日所有资产、负债的情况。

如果把资产比喻为一个水槽，那么收入犹如进水量，支出就好比出水量，储蓄就是在一段时间内水槽净增加的水量。而资产减负债所得出的净值，就是一个时点上水槽的水位。进水量多于出水量，水槽水位会上升；出水量多于进水量，水槽水位会下降。也就是说，期初存量＋本期流入－本期流出＝期末存量。因此当期净流入量（储蓄）＝期初期末净值的差异。

通过流量和存量的概念了解收入、支出、储蓄、资产、负债、净值之间的关系，对我们进行家庭财务管理十分重要，详见图 6－2。

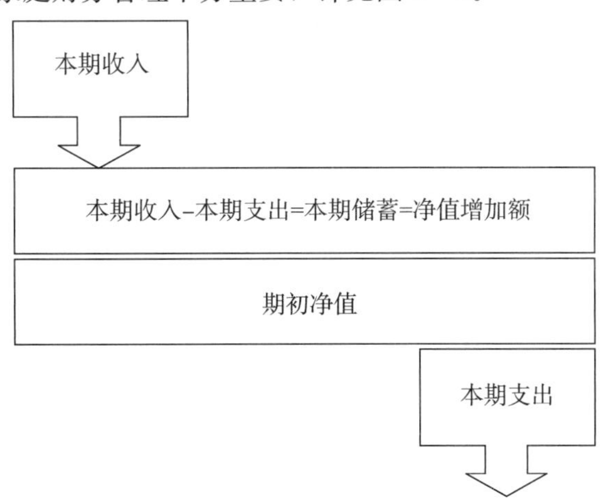

图 6－2　存量和流量：储蓄和净值的关系

（二）权责发生制（应计制）和收付实现制（现金制）

所谓权责发生制，又称应计制，是以导致收入实现和费用发生的“行为”的发生时间为准，来确认收入和费用的一种会计核算基础，即交付货物或劳务时就记“应收账款”，收到货物或劳务时就记“应付账款”。企业会计为了符合收入和支出的配合原则，一般都使用权责发生制。例如，在已开发票但未收到现金时，就需确认为收入，计入利润表中，同时在资产负债表中列为应收账款，待收到现金后再做资产调整，将应收账款转为现金；在赊欠购物但已拿到对方发票时，就需确认为支出，计入利润表中，同时在资产负债表中列为应付账款，待付出现金后再冲销应付账款。

所谓收付实现制，又称现金制，是以收入带来的现金“收到”时间和由费用导致的现金“付出”时间为准，来确认收入和费用的一种会计核算基础，即有现金流入或流出时才记账。尽管比照企业会计的权责发生制，每笔交易都做借贷分录来记账是最正确的会计核算方式，但现实生活中很少被家庭采用。为简便起见，一般家庭收支流量大多以收付实现制计算，按照这种方法，通过对照期初和期末的现金，也可以检查记账时有无遗漏之处。

对一般家庭来说，采用收付实现制记账，与采用权责发生制记账的主要差异发生在信用卡的使用和缴款时。如果采用权责发生制，刷卡时就已经可以拿到货物或使用卖方提供的服务，也拿到了卖方的发票，因此应该在收支储蓄表上记支出，把已签账而未付现的款项视为应付账款，但只要在宽限期内把信用卡卡债缴清，已签的卡债就不需要支付利息。如果一个家庭每月签账金额变化不大，且都是在宽限期前缴清，就可以使用收付实现制，在刷卡时不做记录，只在以现金转账支付信用卡账单时，才记为支出。不过仍要保留签账单，作为预估短期现金流出（还信用卡卡债义务）的依据。

（三）成本价值和市场价值

非现金资产的成本价值，可以以购入时所支付的现金额计算。但在每个记账基准日计算资产时，要考虑各项资产当时的市场价值。成本价值和市场价值之间的差异，就是账面上的资产损益。编制资产负债表时，最好将以成本计价和以市值计价的两个报表一同并列，一方面可看出资产损益，另一方面两表含义各不相同便于对照理解。

本期期末的净值－上期期末的净值＝当期储蓄
（以成本计价的资产负债表）

我们可用此等式来判断记账的准确性。

以市值计价的资产负债表，可以正确显示家庭净财富的当前价值。计算市值时，除那些市价可以随时获得的交易所上市的股票、债券或公募基金等金融资产外，实物资产，如房屋、汽车或收藏品，也要定期估价来反映其价值变化。

那么，当家庭持有的资产市价变动时，或有形资产随时间损耗时，是否应该根据市价调整资产负债表或计提折旧？因为家庭的资产负债表不像公司一样要遵守公认的会计准则，可依据个人投资的目的或持有期限来做一些灵活的处理。不同的资产我们建议的处理方式如下：

市价评估不易、流动性较差的房地产、汽车、古董或未上市股票、债券等资产，可以根据成本入账，平常不进行资产重估调整，在处置此类资产时其处分收益直接列入净值变动额。但如果市价在短期的确有很大变化（如房价现在的行情较购入时或前次重估时涨跌10%以上），为避免资产负债表失真，还是应该自行估价调整，估价的标准应是当前可以卖出的价格，而不是自己想卖出的价格。需要注意的是，资产重估增减值也要列入净值变动额中。但当处置资产时，其损益要以最近年度重估后的价值为基础来计算。

对市价变动频繁且有客观依据来评判的上市公司股票、国内基金和海外基金等，应于每期编制资产负债表时，将未实现的资本利得或损失反映在当期净值的变动上。公司会计在处理这类资产时，本着审慎性原则，一般采用成本和市价孰低法则，只计提短期投资跌价准备或长期投资减值准备等备抵科目，不计提未实现资本利得。不过，对家庭而言，资产负债表编制的主要目的是供自己参考，可以真实反映投资的账面损益。需要注意的是，每期调整时要以上一期调整后的市值为比较基准，如股票成本100万元，上一期市值120万元，净值因未实现资本利得而增加了20万元，但本期市值降到110万元，比上一期少10万元，因此本期净值应该是减少10万元。

但如果将资产重估增减值或市价变动后未实现的资本利得或损失作为净值调整项目，原来我们得出的期初期末净值的变动额和当期储蓄额之间的恒等式就不再成立，调整后的等式表示如下：

$$\text{当期净值变动额}=\text{当期储蓄额}+\text{当期资产重估调整额}+\text{当期未实现资本利得或损失额}$$

（四）家庭财务分析的结构

理财的过程可定义为一生的现金流量或收支管理。一般人刚踏入社会工作时，只有工作收入与生活支出，当工作收入大于生活支出时，有多余的钱可以存下来。存下来的钱要保留一部分流动性最好的现金或活期存款，如3～6个月的生活支出金额，作为紧急预备金，多余的钱可以拿来投资，开始累积投资性资产。投资性资产产生的利息收入或资本利得，都算是理财收入。随着年龄渐增，理财收入占总收入的比重应逐渐增加，如此才能在退休后取代工作收入，成为养老生活的主要来源。人生中还有一些购房和子女教育目标，需要一次性的大额支出，以当时的收入无法负担这些支出，此时就需要借钱来补足收支缺口。在适当的时机，也可以借钱来投资，利用财务杠杆加速资产成长。借钱就会产生负债，有负债就必须支付利息，利息是一种理财支出。如要购房取得自用性资产，首先要变现部分已累积的投资性资产作为购房的首付款，之后再办理房屋贷款，以分期还本息的方式，在收入可负担范围内，在较长的一段时间内将贷款还清。以上的现金流循环都假设在正常的收支运作情况下，如果因为意外事故导致收入中断，将无法应付自己或家人的生活支出及还款现金流，为了管理这种风险就应投保寿险或意外险来弥补收支缺口；另外也可能由于灾害致使财产损失或治疗疾病使得支出大幅增加，导致收不抵支，为了管理这种风险应投保财产险与医疗险。投保这种保障性保险来管理风险，也是一种理财行为，因此保障型保费也是一种理财支出。图 6－3 所示的家庭财务分析架构，先对收支与资产负债分类的缘由做概略式的说明，后面还有更详细的介绍。

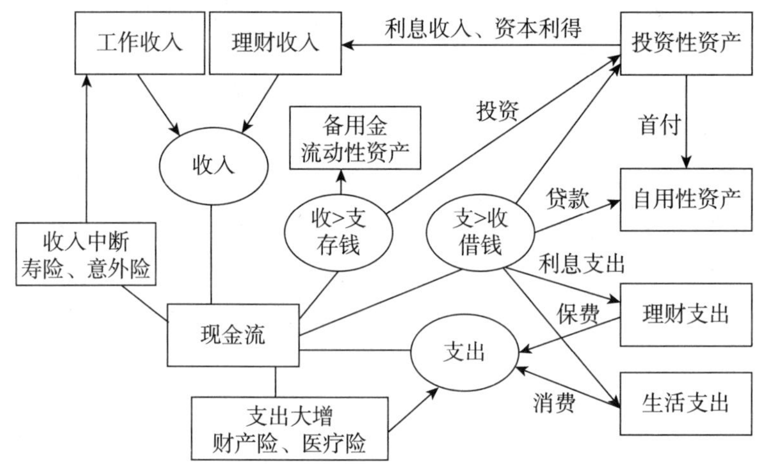

图 6－3　家庭财务分析架构

第二节　家庭资产负债表的编制和分析

案例： 20××年 12 月 31 日，理财师李华对刘先生当年年度家庭财务状况进行了分析，情况如下：

刘先生和夫人彭女士结婚 20 年，他们的儿子刘晓今年 18 岁，正在上大学一年级。

刘先生家有现金 1 万元，活期存款 2 万元，外币存款 1 万美元；证券方面，刘先生持有 A 股票 10 手（成本价 6 元/股，市价 3.8 元/股），B 股票 20 手（成本价 4 元/股，市价 2.5 元/股），C 股票 10 手（成本价 12 元/股，市价 10 元/股），另持有某基金 10 000 份（成本价 1 元/份，市价 1.9 元/份）。

刘先生家有两处房产：一处自住，成本 120 万元，如今增值为 140 万元，房贷余额 30 万元；另有投资性房产一套，成本 100 万元，当前价值 130 万元，房贷余额 40 万元。

保险方面，刘先生购买了保额为 50 万元的定期寿险（缴费期 20 年，已缴 5 年，现金价值为 0），保额为 10 万元的终身寿险（缴费期 20 年，已缴 5 年，累计现金价值 1 万元），保额为 20 万元的养老寿险（缴费期 20 年，已缴 5 年，累计现金价值 5 万元），还有一份保额为 10 万元的投资连结险保单（保费趸缴，投资账户价值 12 万元）。

刘先生年底借给亲友 3 万元；其本人信用卡负债 1 万元；汽车一辆购买自 3 年前，成本价格 15 万元，折旧 50%。

刘先生和妻子彭女士全年税后工资共计16.5万元，夫妻二人皆未入社保；家庭生活费用支出每年6万元，赡养父母费用每年1.2万元；儿子18岁，每年大学学费1.5万元。

全年利息收入0.1万元，资本利得1万元，资本损失2万元。

房贷本金和利息支出各2万元，保障型保费支出1.3万元，储蓄型保费支出1万元；其他长期目标（基金投资）支出1.2万元。

另外，刘先生还有税后稿费0.5万元。

后面的财务报表编制以及财务比率分析都将以此为例。

一、家庭资产负债表的编制

（一）家庭资产负债表的内容

家庭资产负债表的形式如表6-1所示。

表6-1　　家庭资产负债表的形式

资产	金额	负债及净值	金额
现金		信用卡循环信用	
活期存款		小额消费信贷	
其他流动性资产		其他短期消费性负债	
流动性资产合计		**流动性负债合计**	
定期存款		金融投资借款	
外币存款		实业投资借款	
股票投资		投资性房产按揭贷款	
债券投资		其他投资性负债	
基金投资		**投资性负债合计**	
投资性房产		住房按揭贷款	
保单现金价值		汽车按揭贷款	
其他投资性资产		其他自用性负债	
投资性资产合计		**自用性负债合计**	
自用房产		**负债总计**	
自用汽车			
其他自用性资产		净值	
自用性资产合计			
资产总计		**负债和净值总计**	

如果是第一次编制家庭资产负债表，需要把所有资产负债凭证进行仔细整理，以便今后记录资产和负债的变动额。

1. 现金

我们应该在每月结算日清点手边现金，如果记账是以家庭为单位的，则需加总家庭成员的手边现金额。

2. 活期存款

如果有多个不同的银行账户，则要加总各账户在每月结算日当天的余额。

3. 金融性资产的成本和市值

金融性资产的凭证包括定期存款存折、外币存款、股票交易记录、投资基金受益凭证等，分别用以确定定期存款金额，外币存款金额，股票名称和股数，基金种类、名称和单位数。股数或单位数乘以取得单价就是取得成本，股数或单位数乘以结算日的市价就是结算日的市值。有关股票收盘价、投资基金净值价格的数据可由网络、有线电视、报纸、基金公司取得，最新汇率可由银行取得。此外，由个人工资薪金所得按一定比率缴费形成的住房公积金和养老金等个人账户，虽然须符合一定条件时才可以领取，但所有权属于个人，也可计入投资性资产中。

4. 房产的成本和市值

在核算中，往往由房屋权属证明确定房屋面积，用商品房购销合同上的总价款加上各项购房时需支付的税费确定取得成本。通常我们用市场比较法评估房产当前的价格，以每平方米市价乘以面积估计房产的市值。如果是投资性房产，假如店面有租金收入，则可以简单使用收入还原法来计算市值，即房租收入/平均收益率=市价。如 100 平方米的店面房租每月 5 000 元，店面的市场平均收益率为 5%，则该店面的预计市价为 5 000×12÷5%=120(万元)，120 万元÷100 平方米=12 000 元/平方米。

5. 其他耐用消费品的估价

一般而言，自用汽车一落地就折价 1/3，使用两年折价一半，使用 5 年后的残值几乎所剩无几。资产负债表上如果要显示自用汽车的价值，就要参考同品牌的二手车行情。其他资产，有增值可能的古董或收藏品需要定期估价。一般家具、电器等耐用消费品，只能以旧货商的收购行情计价，不值多少钱。

6. 应收款项

借给他人的款项如果确定可收回，以借出额为应收款项的市值。但如果回收无望或回收概率较低，则应该比照企业会计计提坏账准备，将应收账款成本按照回收概率打折来计算市价。

7. 保单现金价值

保单现金价值在编制资产负债表时常被忽略。如果投保的是定期寿险、意外险、产险、医疗险等费用性质的险种，一般没有现金价值，是否列入资产影响不大。但如果投保了终身寿险、养老险、子女教育储蓄年金、退休年金、短期储蓄险及其他分年期付或期满一次趸付的险种，或是投资型保单，那么只要投保两年以上，一般都有现金价值。投保时间越久，保单现金价值越大，绝对不可以漏列，否则每年缴纳的保费中属于储蓄的那部分被当作费用，会低估年储蓄额及资产总额。保单现金价值可参考保单上的记录。一般是以保单周年为准。如果每月底编制资产负债表，在缴纳保费当月调高保单现金价值即可，不需要每月调整。

8. 负债的余额

房贷、车贷和小额信贷最近缴款通知单上所载的余额减去本期的本金还款额，就是负债余额。信用卡的循环信用余额＝上月未还余额＋本月应缴款额－本月实际缴款额，这一项可由信用卡缴款通知单和缴款收据共同确认。

（二）家庭资产负债表的编制基础

1. 资产编制的资料基础

- 现金：月底盘点余额
- 存款：月底存单余额
- 股票：股票数量×买价/月底股价
- 基金：单位数×申购净值/月底净值
- 债券：市价或面额
- 保单：现金价值
- 房产：买价/最近估价
- 汽车：二手车行情
- 应收款：债权凭证
- 预付款：订金支付收据

2. 负债编制的资料基础

- 信用卡循环信用：签单对账单
- 车贷：账单月底本金余额
- 房贷：账单月底本金余额
- 小额负债：月底本金余额
- 私人借款：借据
- 预收款：订金收据

（三）家庭资产负债表编制的注意事项

（1）资产负债表是一个时点的存量记录，要确定是月底、季底还是年底编制。

（2）第一次做资产负债表时，要清点家庭资产并评估价值，成本与市价分别记录，并计算账面损益。在第二次以后如果资产数量未变，只需比较两期的市价变化，其差异就是未实现的资本利得或损失，最终可反映在净值的变化上。如果数量有变，则说明当期有资产交易，以成本计价的资产额会发生变化，处置时也会有已实现的资本利得反映在收支储蓄表上。负债方面，如果未新增贷款项目，原来的贷款多有等额本息或等额本金还款计划，那么期初负债本金余额－等额本

息或等额本金摊还额中本金的部分＝期末负债本金余额。

(3) 以市价计量的资产及净值可反映个人真实财富。

(4) 汽车等自用性资产可提折旧以反映其市场价值随使用而降低。

(5) 债权预计无法回收的部分应提呆账，以反映其市场价值的减少。

资产负债表有3个重要的公式：

(1) 资产－负债＝净值。

(2) 以成本计价的期初期末净值差异＝当期储蓄额。

(3) 以市值计价的期初期末净值差异＝储蓄额＋资产账面价值变动。

由此我们发现，家庭当期储蓄一般有两个用途，一为资产增加，即把储蓄拿去做投资；二为负债减少，即用储蓄来还贷款本金，两者都可以使净值增加。但是储蓄并非使资产负债变化的唯一因素，你可以把到期的定期存款取出来还负债，使资产负债同时减少；也可以借一笔钱来投资，使资产和负债同时增加。此外，将定期存款取出用以投资基金，或将国内股票卖出购入国债，都是资产组合的变化。另外，用利率为6.12%的房屋抵押贷款来置换利率为18%的信用卡负债，是负债组合的变化。

（四）普通人一生的资产负债

图6－4示意了普通人一生的资产负债变化。刚踏入社会工作，收入大于支出，以储蓄逐年累积投资性资产，到了购房时，需要变现部分投资性资产作为购房首付款，此时房产成为最主要的自用性资产，同时负担以房贷为主的自用性负债。房贷余额一般规划在退休前缴清。投资性资产的累积到退休时达到最高峰，退休后需开始变现投资性资产来弥补收支缺口，投资性资产逐年降低，当降到0时就是资本透支点。如果自用性资产不考虑作为遗产，退休后可出售房产改为租用，以延后资本透支点，一般要延后到80岁以后才比较安全，否则很容易出现人还在钱没了的状况。

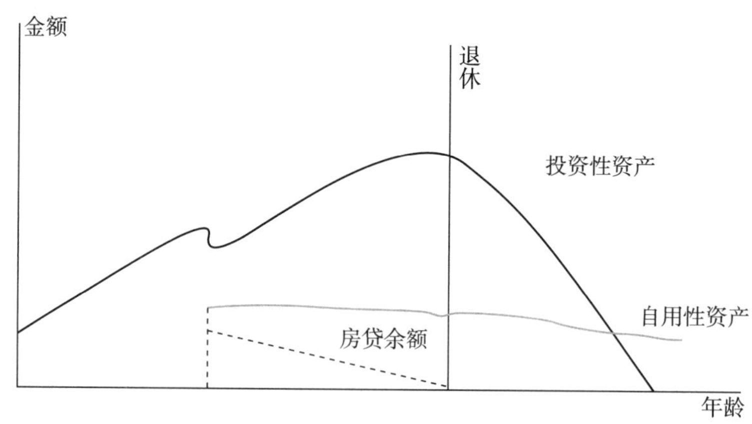

图6－4　普通人一生的资产负债变化

案例（续）　20××年12月31日刘先生家庭财务状况如表6－2所示。

表 6-2　　刘先生家庭财务状况

现金：1 万元			自用房产：成本 120 万元			
活期存款：2 万元			当前市价：140 万元，房贷余额 30 万元			
外币存款：1 万美元			投资性房产：成本 100 万元			
成本汇率 6.5，年底汇率 6.3			当前市价：130 万元，房贷余额 40 万元			
证券名称	数量	成本	市价	种类	20 年缴费期	已缴 5 年
A 股票	10 手	6	3.8	定期寿险	保额 50 万元	现金价值 0
B 股票	20 手	4	2.5	终身寿险	保额 10 万元	现金价值 1 万元
C 股票	10 手	12	10	养老寿险	保额 20 万元	现金价值 5 万元
基金	10 000 单位	1	1.9	投资型保单	趸缴保费 10 万元	账户价值 12 万元
借给亲友（债权）3 万元			循环信用余额：1 万元	汽车：买价 15 万元，使用 3 年，折旧 50%		

根据家庭财务状况，我们编制此时家庭资产负债表。把家庭的资产与负债情况填入表格当中，得到表 6-3。从表中我们可以清晰地了解刘先生家庭的资产、负债以及净值的情况，以便为今后的资产负债分析以及比率分析做好准备。

表 6-3　　家庭资产负债表　　（单位：元）

资产	成本	市价	负债及净值	成本	市价
现金	10 000	10 000	信用卡循环信用	10 000	10 000
活期存款	20 000	20 000	小额消费信贷		
其他流动性资产			其他短期消费性负债		
流动性资产合计	30 000	30 000	**流动性负债合计**	10 000	10 000
定期存款			金融投资借款		
外币存款	65 000	63 000	实业投资借款		
股票投资	26 000	18 800	投资性房产按揭贷款	400 000	400 000
债券投资			其他投资性负债		
基金投资	10 000	19 000	**投资性负债合计**	400 000	400 000
投资性房产	1 000 000	1 300 000	住房按揭贷款	300 000	300 000
保单现金价值	160 000	180 000	汽车按揭贷款		
其他投资性资产	30 000（债权）	30 000	其他自用性负债		
投资性资产合计	1 291 000	1 610 800	**自用性负债合计**	300 000	300 000
自用房产	1 200 000	1 400 000	**负债总计**	710 000	710 000
自用汽车	150 000	75 000			
其他自用性资产			净值	1 961 000	2 405 800
自用性资产合计	1 350 000	1 475 000			
资产总计	2 671 000	3 115 800	**负债和净值总计**	2 671 000	3 115 800

（五）编制资产负债表易犯的错误

1. 资产与负债定义不清楚

错误：把收入当资产、支出当负债；

正确：当期实现的收入和支出是流量，应列入收支储蓄表。

错误：把寿险保额当作资产；

正确：只有保单现金价值才能列为资产。

2. 漏列资产或负债项目

如果有社保，住房公积金账户余额、个人养老金账户余额以及医疗保险个人账户余额也应列为投资性资产，因为此类账户的余额也是在账户累计生息的，具有投资性资产的性质。

3. 资产价值计算不正确

不同资产项目的计价基础不一致，有些资产以成本计算，有些资产以市价计算，不能加总。可分别制作以成本计算和以市价计算的资产负债表。

资产负债表表示的是某一时点上资产负债的情况，所以要保证各项目的价值计算时间是在同一时点上。

二、家庭资产负债表的分析

（一）家庭财务结构

资产可分为流动性资产、自用性资产、投资性资产（见表6-4），分类定义如下：

表6-4 资产负债的结构分析

流动性资产（CA）	流动性负债（CL）
	流动性净值（CE）
自用性资产（UA）	自用性负债（UL）
	自用性净值（UE）
投资性资产（IA）	投资性负债（IL）
	投资性净值（IE）

1. 流动性资产

流动性资产包括现金、活期存款、货币市场基金等，其特性是可保本，而且变现时不会有资本损失，安全性和流动性最强，但是只有少许甚至没有利息收入，获利性最低。持有流动性资产有3个动机：

（1）交易性动机。一般而言，每月交易性动机的需求额度可以以下述方法简要计算：

发薪水时代：一个月的收入。

提款机时代：月收入/月提款次数。

信用卡时代：（月收入－信用卡缴款额）/提款机提领次数（以银行转账缴卡款）。

现金卡时代：持有货币不再以月收入为上限而以现金卡额度为上限。

（2）预防性动机。预防性动机的存在使家庭需要准备一部分紧急预备金，通常需要维持 3～6 个月的生活费用。

$$\begin{matrix}\text{紧急预备金}\\\text{额度}\end{matrix}=\left(\begin{matrix}\text{月生活费}\\\text{预算}\end{matrix}+\begin{matrix}\text{月房租}\\\text{或房贷}\end{matrix}\right)\times\begin{matrix}\text{失业保障}\\\text{月数}\end{matrix}+\begin{matrix}\text{意外超额}\\\text{支出准备}\end{matrix}$$

准备紧急预备金应考虑因素包括失业的可能性及找工作的时间，失业后家庭支出预算的调整弹性，现有的医疗或看护险保障，当前收入水平及其他可变现资产等。

（3）投机性动机。投机性动机使人们需要保留一部分现金直至市场看好时再进场投资，因此，所需要维持的现金额度为多少没有一个确定的数额，通常是总投资金额的一定比率。证券交割款活期存款账上的余额、随时可能转回股市操作的货币市场基金，或随时可能转回海外股票基金操作的美元货币基金，都属于投机性的货币需求。

2. 自用性资产

自用性资产包括个人或家庭使用的，且拥有产权的房屋、汽车、珠宝首饰等资产。它们可以提供使用价值，虽然在必要时也可以卖出变现，但持有不是以赚取买卖价差为主要目的。自用性资产如房屋和珠宝首饰等，在通货膨胀时通常有保值功能，除此之外，拥有房屋可以用一次性的支出来代替每月的租金支出。自用性资产中的自用汽车作为消耗品，其价值将随使用年限不断降低。

3. 投资性资产

除了流动性资产之外，所有可以产生利息收入或资本利得的资产都可算作投资性资产，包括定期存款、国债、公司债、股票、债券型基金、股票型基金、平衡型基金和外币投资产品等。投资型保单和储蓄险，因为能够积累现金价值，也算是投资性资产。除了金融性资产之外，以收取租金或赚取买卖差价为目的所购买的投资性房产、黄金和古董字画收藏品等实物投资，流动性较低但保值性较高，也记为投资性资产。

负债依其用途可分为自用性负债、投资性负债和流动性负债。分类定义如下：

（1）自用性负债，是用来购买自用性资产如汽车和房屋的抵押贷款的余额。

（2）投资性负债，是扩张信用借钱来投入投资性资产的借款余额。

（3）流动性负债，是透支信用借钱来消费，在结算时点时所积欠的余额。

因此我们可把资产负债表上的科目重新分类，自用性资产－自用性负债＝自用性净值，投资性资产－投资性负债＝投资性净值，流动性资产－流动性负债＝流动性净值。总净值＝流动性净值＋自用性净值＋投资性净值。如信用卡消费借贷可用流动性资产来偿还，如果流动性资产不足以在宽限期内偿还流动性负债，就要用未来的收入来偿还，并且要负担高利率利息，也就是说流动性负债的上升会造成流动性净值的下降。借钱的目的是用来投资股票或基金的话，应视为投资性负债。借钱来投资店面坐收房租，或自行开店经营，虽然名目上是房贷，但实际上仍为可产生投资收益的投资性负债。投资性负债的不断下降有利于投资性净值的不断积累。

（二）家庭资产负债表的主要科目

表 6－5 列出了家庭资产负债表的主要科目和细目。

表 6－5　　家庭资产负债表的主要科目和细目一览表

资产科目	可进一步划分的细目
现金/活期存款（流动性资产）a	手边现金/支票存款/活期存款/货币市场基金
定期存款 b	存款银行/存款期间/利率/币种
债券 c	国债/公司债券/买入日期/金额/利率/到期日
国内股票 d	股票名称/买入日期/买入股数/成本/市价
投资基金 e	基金名称/买入日期/买入单位数/成本/市价
期货 f	期货名称/买入日期/合约数量/成本/市价
保值性商品 g	黄金白银/收藏品/单位数/成本/市价
寿险保单现金价值 h	保单种类/受益人/保障年期/保费/解约现金价值
应收借款 i	债务人姓名/借款期限/还款方式/利率/当前余额
房产投资 j	房产坐落地点/面积/成本/市价/当前房租
住房公积金账户累积额 k	夫妻及双方单位每月各自缴费额和当前累积额
养老金账户累积额 l	夫妻每月各自缴费额和当前累积额
投资性资产合计 m	m＝b＋c＋d＋e＋f＋g＋h＋i＋j＋k＋l
期房预付款 n	面积/总价/首付款/已缴工程款/未缴余额
自用住宅 o	面积/购买日期/成本/市价/房贷余额
汽车 p	车型/购买日期/成本/折旧率/市价/车贷余额
其他自用资产 q	家电家具/购买日期/成本/折旧率/市价
自用性资产合计 r	r＝n＋o＋p＋q
总资产 s	s＝a＋m＋r
负债科目	可进一步划分的细目
信用卡循环信用（流动性负债）t	发卡银行/当期应缴款/期限/循环信用余额
耐用消费品分期付款 u	耐用消费品名称/分期付款期数/每期缴款额/当前余额
个人短期信用贷款 v	贷款银行/贷款期限/贷款额/利率/每期应缴额/信贷余额
民间亲友借款 w	出借人（债权人）/贷款期限/贷款额/利率/每期应缴额/贷款余额
汽车贷款 x	贷款银行/贷款期限/贷款额/利率/每期应缴额/车贷余额
房屋抵押贷款 y	贷款银行/贷款期限/贷款额/利率/每期应缴额/房贷余额
负债总额 z	z＝t＋u＋v＋w＋x＋y
净值 nw	nw＝s－z

（三）流动性净值、自用性净值和投资性净值

流动性净值可以用来随时支付紧急的开销。自用性净值的特性是，自用性资产的价值相对较稳定，尽管自用房产可能增值但也会折旧，而自用汽车更是只有折旧少见增值，但其价值的波动程度不大。净值中自用性净值比重较大的，总净值多随负债的减少缓慢增长。净值中投资性净值比重较大的，因投资性负债固定但投资性资产市值随行情有较大幅度的波动，总净值的起伏较大。当运用负债投资时，因为贷款利率高于存款利率，不可能有人借钱来存款，一定是借钱来投资那些收益率有机会超过贷款利率的创业或股票、基金等投资。但不管有无获利，时间到一定要还钱，因此，投资性负债的比重越大投资性净值波动的幅度越大。资产负债表中完全无负债的人，即使是投资性资产全投入存款，在房价持平或仅能随物价微涨的年份，投资性资产的获利还是比以提供使用价值为主的自用性资产要高。

在趋势分析方面，在购房前房产比例为零，如果负债比率高就表示融资比率高，是以扩大信用的方式在金融市场投资。购房后房产比例大增，如果加上高房贷比例，那么即使融资比率为零，负债比率可能还是在 50%以上。因此，光从负债比率高不能断定家庭整体财务风险高，还要看其组合的具体构成。一般而言，家庭的总净值在购房后 5～10 年内以自用性净值为主，之后房贷逐渐还清，投资性净值又逐渐回归主导地位。有闲钱就还房贷的人可早日还清贷款，缩短自用性净值主导期间，转换至投资性净值主导以准备退休金。但如果不断地换更大的房屋借更多的贷款，则可能一辈子都是自用性净值为主。当退休时没有什么投资却有一栋无贷款的大房子，便可考虑出租大房子另租小房子，创造现金流供养老之用。

关于市场变化对家庭净值的影响，如果房地产市场行情大幅下滑，在房贷负债依旧的情况下，自用性净值会大幅降低，在房屋市值低于贷款额时，自用性净值会成为负数。如果投资性资产是以股市投资为主，则股市行情的变动对投资性净值的影响会很大。股市大幅下跌时投资借款还是要还的，此时投资性净值会大幅降低，甚至变成负净值。因此一个家庭受到房地产和股市变动的影响有多大，只要看其资产结构及其净值结构即可。

第三节 家庭收支储蓄表的编制和分析

一、家庭收支储蓄表的编制

（一）家庭收支储蓄表的内容

家庭收支储蓄表的形式如表 6 - 6 所示。

表 6-6　　家庭收支储蓄表

项目	金额
工作收入	
其中：薪资收入	
其他工作收入	
减：生活支出	
其中：子女教育支出	
家庭生活支出	
其他生活支出	
工作储蓄	
理财收入	
其中：利息收入	
资本利得	
其他理财收入	
减：理财支出	
其中：利息支出	
保障型保费支出	
其他理财支出	
理财储蓄	
储蓄	

（二）家庭收支储蓄表的编制基础

1. 家庭收入的编制基础

现实中获取收入的方式分为工作收入和理财收入。

工作收入是指单纯地依靠我们的体力劳动和脑力劳动的付出而获得的收入，分为即期收入和延期收入两部分。即期收入就是当月拿到的薪资、劳务报酬等，延期收入是满足一定条件后按照预先承诺延期获得的收入，主要包括企业年金、股权收益等。

理财收入是指借助某一个工具获得的收入，例如股利、资本利得、利息、房租收入等。

2. 家庭支出编制基础

与家庭收入相对应，家庭支出也分为两类，即生活支出和理财支出。生活支出是指现实生活中日常的一些开支，例如消费支出、房租支出等。理财支出是指为了获取未来的收益付出的一些支出，现实生活中主要包含借款的利息支出和保障型保费的支出。

（三）编制家庭收支储蓄表的注意事项

（1）家庭收支储蓄表是一段时间的流量记录，通常按月结算。

（2）以现金基础为原则记账，信用卡在还款时才记支出。

(3) 变现资产的现金流入包含本金与资本利得，只有资本利得记收入，收回投资本金为资产调整。

(4) 房贷本息摊还只有利息部分记支出，本金还款部分为资产负债调整。

(5) 保费的记账方法。

根据保险性质的不同把保费分为保障型保费与储蓄型保费。

定期寿险、意外险、医疗险以及失能险等属于保障型保险，其保费列为费用，归类为理财支出，保障型保险如发生赔款，作为转移性收入处理；养老险、还本险、退休年金以及投资型保险等属于储蓄型保险，其保费列为储蓄，所累积的现金价值列为投资性资产；终身寿险兼有保障性和储蓄性，每年保费超过自然保费的部分为储蓄，储蓄的目的是以最能节税的方式累积遗产。

(6) 所得税与三险一金的记账方法。

个人所得税列为收入的减项，用于计算可支配收入，也可将个人所得税直接作为费用；个人失业保险费为保障型保费；对于基本医疗保险，单位所缴保费中拨入个人账户的及个人所缴保费为限制支配收入，并形成储蓄；个人医疗保险账户余额为资产；个人所缴的基本养老保险费拨入养老保险社会统筹基金部分相当于保障型保费；拨入个人账户部分为限制支配收入与储蓄，个人养老保险账户余额为资产；个人与单位住房公积金缴存全部为限制支配收入与储蓄，住房公积金账户余额为资产；三险一金中属于或相当于保障型保费部分同样可列为收入的减项。

(四) 家庭收支储蓄表编制案例

案例（续） 刘先生夫妇20××年家庭财务情况如表6-7所示。

表6-7 刘先生夫妇20××年家庭财务情况 (单位：万元)

夫妻二人年税后工资	16.5	家计支出 赡养父母支出 子女大学学费支出	6 1.2 1.5
利息收入 实现资本利得 实现资本损失	0.1 1 2	保障型保费支出 储蓄型保费支出 房贷本金支出 利息支出	1.3 1 2 2
稿费税后收入	0.5	其他长期目标（基金投资）	1.2

根据家庭收支储蓄表的形式，编制20××年家庭收支储蓄表。把家庭财务数据填入其中得到表6-8。

表6-8 20××年家庭收支储蓄表 (单位：元)

项目	金额
工作收入	170 000
其中：薪资收入	165 000
其他工作收入	5 000
减：生活支出	87 000

续前表

项目	金额
其中：子女教育金支出	15 000
家庭生活支出	60 000
其他生活支出	12 000
工作储蓄	83 000
理财收入	−9 000
其中：利息收入	1 000
资本利得	−10 000
其他理财收入	
减：理财支出	33 000
其中：利息支出	20 000
保障型保费支出	13 000
其他理财支出	
理财储蓄	−42 000
储蓄	41 000

（五）编制收支储蓄表易犯的错误

（1）错误：把账面损益（资产成本与市价的差异）记入收入；正确：未实现的浮盈和浮亏仅体现在账面上，并未带来实实在在的现金流出流入，所以未实现的浮盈不能视为收入，未实现的浮亏不能视为支出。

（2）错误：出售赚钱的股票，把所有的出售现金流入都记入收入；正确：只有资本利得部分可记入收入，原购股成本只是把股票类型的资产转成现金类型的资产，体现为资产形式的调整，不是收入。

（3）错误：房贷本利摊还时，利息和本金都记支出；正确：只有房贷利息记录为支出，还本金的部分是现金与房贷同时减少，即资产负债同时减少，不能当作当期支出。

二、家庭收支储蓄表的分析

（一）家庭收支储蓄表的结构分析

家庭收支储蓄表中的等式是：收入－支出＝储蓄。

就每一个家庭来讲，工作收入是源头活水，是其他财富的来源。但是工作收入有其时限性，当退休之后，不再工作，就只能靠理财收入来维持日常生活，因此在工作期间应该逐年提高理财收入的比重，这样可以应对退休之后收入结构变化带来的冲击。

生活支出应该进行预算控制，避免生活开支过大。对于理财支出而言，由于退休之后我们就不再工作了，因此在退休之前应该把贷款还清，保费缴清，在退

休后就不再有理财支出了，只有生活支出。

相对于收入和支出的分类，储蓄也分为工作储蓄和理财储蓄，家庭收支储蓄表的结构如图 6－5 所示。

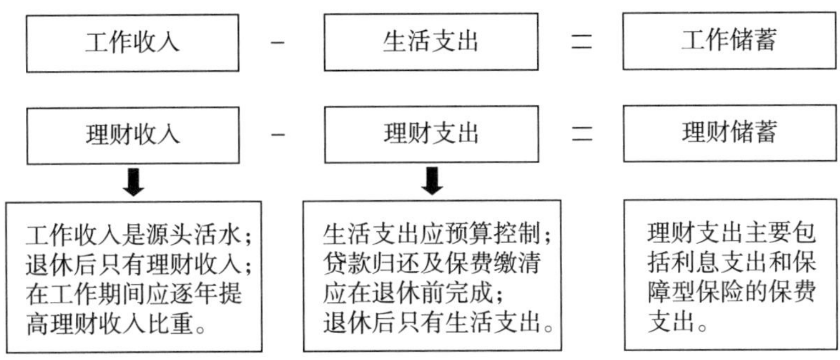

图 6－5 家庭收支储蓄表的结构

(二) 普通人一生的收支

图 6－6 画出了普通人一生的收支曲线。工作收入在开始工作后逐年增加，到退休时达到最高点。生活支出随着家庭成员数的增加而增加，在子女独立时达到最高点，而后开始下降，退休后会进一步下降。在人生的初期阶段资产累积不多，理财收入不高，甚至低于以保费为主的理财支出。在购房后因为利息支出增加理财支出达到最高峰，随着房贷本金的偿还，利息支出开始下降，理想状况是在退休前把房贷与保费都缴清，理财支出归零。越早还清贷款，后续储蓄可用来投资的部分越多，理财收入通常在退休前 10 年大幅提高，若理财收入大于生活支出，表示已经财务独立，可以安稳退休了。

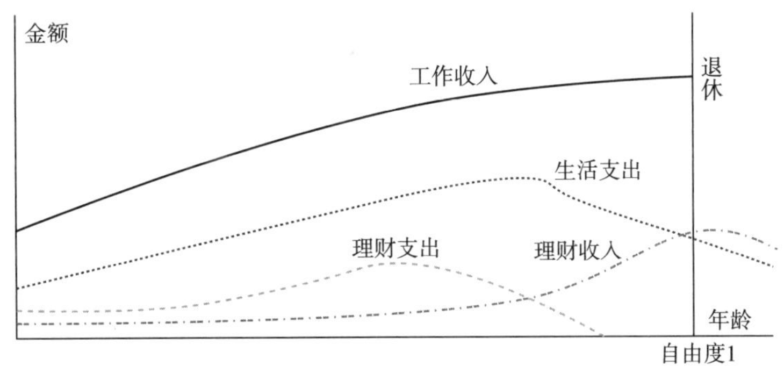

图 6－6 普通人一生的收支曲线

(三) 储蓄运用分析

自由储蓄＝总储蓄－固定用途储蓄，固定用途储蓄是指已经安排的本金还款或投资，后者包括当月拨入个人住房公积金账户和个人基本养老金账户的金额、房贷应定期摊还的本金额、应缴储蓄型保费、其他自由目标（固定缴存）等。

自由储蓄就是一般人所认定的储蓄额，是可以自由决定如何使用的储蓄，详见图6-7。

如果以储蓄险或定期定额投资基金其他长期目标（基金投资）来准备子女教育金和退休金，并通过定期还贷来完成购房计划的话，剩下的自由储蓄就可以用来实现一些计划外的短期理财目标，也可以用来提前还清贷款。通常在收入增加的月份，如发放年终奖金和红利时，会有比较高的自由储蓄可供规划安排。

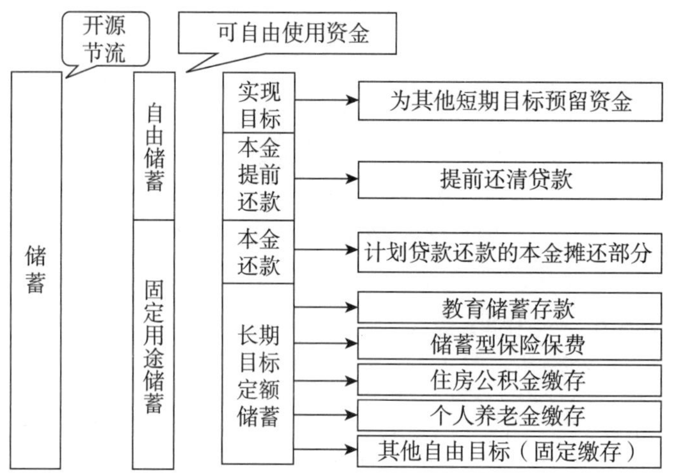

图6-7　自由储蓄概念及其运用实例

工薪阶层的年终奖金该怎么用？可以用自由储蓄的概念进一步解析。例如月薪10 000元的家庭，经常性消费支出5 000元，房贷利息支出1 000元，保费支出1 000元，每月经常性储蓄3 000元。如果其中2 000元用来缴房贷本金，1 000元以其他长期目标（基金投资）当作退休准备金，平常的自由储蓄是0，那么年终奖金可以都当作自由储蓄。

（四）家庭储蓄运用表

家庭储蓄运用表记录的是当期的储蓄是如何运用的，对于每一个项目有实际金额项和预算金额项，可比对二者之间的差异。表6-9中将储蓄41 000元用于其他长期目标（基金投资）12 000元、储蓄型保费10 000元、还房贷本金20 000元，差额1 000元需要动用之前的储蓄进行弥补。

表6-9　家庭储蓄运用表　（单位：元）

项目	实际金额	预算金额	差额
储蓄	41 000	43 000	−2 000
其他长期目标（基金投资）	12 000	12 000	0
储蓄型保费	10 000	10 000	0
还房贷本金	20 000	20 000	0
自由储蓄	−1 000	1 000	−2 000

(五) 增加家庭储蓄的着力点和方向

要增加家庭储蓄，无非是开源或节流，或二者并重，详见图 6-8。

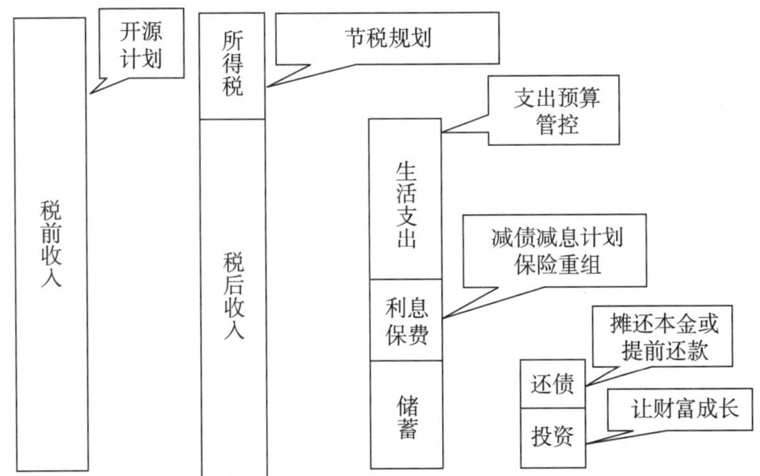

图 6-8 增加家庭储蓄的着力点和方向

1. 增加家庭工作收入

(1) 在原有工作上求表现来获得晋升加薪。

(2) 论时或论件计酬时，通过加班或增加工作量来增加收入。

(3) 在有可能的情况下争取兼第二份工作或写书演讲来增加收入。

(4) 寻找待遇更好的工作机会伺机跳槽。

(5) 行销能力强者可寻找以业绩佣金为主的工作来提高收入。

(6) 辞去工作自行创业，不让收入的成长受限。

(7) 原为单薪家庭者可转成双薪家庭，多一份工作收入。

2. 增加家庭理财收入

家庭理财收入＝投资性资产×投资收益率，投资性资产的多少短期内变化有限，而且投资收益率通常也并非主观努力可决定，只有等客观环境出现利息调高，股市上升、房租上扬时，拥有相关资产的人其理财收入才会增加。另外，投资时如果能顾及节税的规划，或是利用手续费打折时投资，省下的钱也可以作为理财收入。如果能通过借款扩大信用投资，那么当投资收益率高于借款利率时，财务杠杆的作用也会使得理财收入大幅上扬。

3. 降低家庭生活支出

对储蓄的累积而言，其实降低生活支出比增加工作收入的效果来得大。比如，对所得税边际税率为 20%的人而言，增加 1 000 元的收入，税后收入只能增加 800 元，如果支出不变，储蓄增加额为 800 元。但如果收入不变，支出减少 1 000 元，则储蓄就可以增加 1 000 元。我们可以采用极简生活方式降低生活支出，如省吃俭用、善用折扣、绿色出行等。

4. 降低家庭理财支出

理财支出并非全无弹性，通过事先规划仍有办法降低：

（1）寻找适合自己状况的政策性优惠性低息贷款或首次购房贷款，比如住房公积金贷款。

（2）支付能力有限时以租代购，而租金支出通常会低于房贷本息支出。

（3）做好保险规划，比如年轻时可以多配置保障型寿险，这样就可以在同样保额下降低保费支出。

（六）收入支出象限与储蓄方向

家庭预算控制有 3 个步骤：第一是认知需要，第二是确定储蓄动机，第三是确定开源节流的努力方向。

认知需要是储蓄的动力，确认储蓄动机后的下一步是决定通过开源或节流来产生储蓄。表 6－10 显示了根据不同收入水平分类的人均可支配收入。2016 年全国城镇家庭的平均每人年可支配收入达 33 616.2 元，平均消费支出达 23 078.9 元。可把人均年可支配收入 34 000 元和年消费支出 24 000 元作为比较的基准。以三口之家估计，每年每户可支配收入超过 102 000 元，即每月 8 500 元时，称为相对高收入家庭，反之为相对低收入家庭；每年年消费支出超过 72 000 元，即每月 6 000 元时，称为相对高支出家庭，反之为相对低支出家庭。我们据此可得出 4 个象限，如图 6－9 所示。

表 6－10　城镇居民按收入五等份分组的人均可支配收入　（单位：元）

组别	2013	2014	2015	2016
低收入户（20%）	9 895.9	11 219.3	12 230.9	13 004.1
中等偏下户（20%）	17 628.1	19 650.5	21 446.2	23 054.9
中等收入户（20%）	24 172.9	26 650.6	29 105.2	31 521.8
中等偏上户（20%）	32 613.8	35 631.2	38 572.4	41 805.6
高收入户（20%）	57 762.1	61 615.0	65 082.2	70 347.8

资料来源：国家统计局。

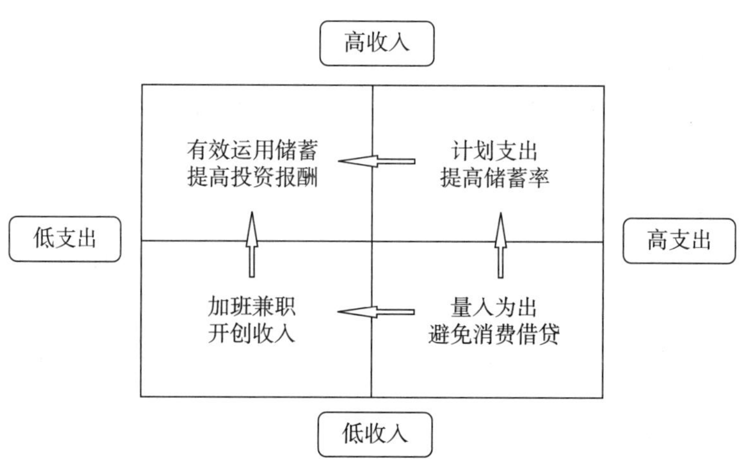

图 6－9　收入支出象限和储蓄方向

1. 高收入低支出者

年收入超过 102 000 元但年支出低于 72 000 元的家庭，赚得多花得少，已做到开源节流，储蓄率比一般人高。其理财重点是有效运用储蓄，积极投资来提高投资收益率。不要忽略理财的目的是过更好的生活，月赚 10 000 元只花1 000 元的“游民富翁”，恐怕并非平衡人生的理财方式。

2. 高收入高支出者

年收入超过 102 000 元但年支出高于 72 000 元的家庭，赚得多花得也多，储蓄率比一般人低。其理财重点在节流，通过有计划地消费来提高储蓄率。此时家庭支出可节省的空间尚大，应制定一个完整的家庭预算，将消费支出花在真正的需求上。具体而言，可检讨自己在食、衣、住、行、教育、娱乐方面哪一部分的花费远高于平均比例，以此作为控制支出的重点项目。最好能设定一个阶段性目标，如预定要做到每月定期定额 1 000 元，则从现在开始每两个月多进行 200 元的其他长期目标（固定缴存）账户的投入，在 10 个月内可达成目标。

3. 低收入低支出者

年收入低于 102 000 元且年支出低于 72 000 元的家庭，赚得少花得也少，虽可保持一定的储蓄率，但因收入低，储蓄的金额并不高，仍不易达到理财目标。理财的重点在于开源，可以通过加班、兼职、换工作到高佣金的行业拼业绩、努力争取加薪或创业等方式，想办法提高收入从而提高储蓄的金额。

4. 低收入高支出者

年收入低于 102 000 元但年支出高于 72 000 元的家庭，赚得少却花得多，储蓄率比一般人低或成为没有任何储蓄的“月光族”。在信用卡先享用后付款的诱惑下，有些人甚至支出高于收入，通过借贷透支消费。这种人第一步要量入为出，尽量避免消费借贷，然后拟订偿债计划，等到债务还清后再把还债的现金流转为储蓄的现金流。这部分内容将在家庭信用与债务管理等相关章节中做进一步说明。

第四节 家庭资产负债表与收支储蓄表的分析

一、家庭资产负债表与收支储蓄表的勾稽关系

若以成本计价，则当月月底的净值余额与上月月底的净值余额差异应等于当月储蓄额。

如图 6－10 所示，以成本计价的资产负债表，当期的净值分为两部分，一部

分为前面各期所累积的净值，一部分为本期增加的净值，也就是前后两期净值的差异。收入减去支出等于储蓄，而储蓄必须等于本期增加的净值。储蓄用来投资置产或偿还负债本金，如果还有剩余，则现金或存款余额会增加，如果不足，则现金或存款余额会减少。当出现负储蓄时需要变现资产或新增借贷来平衡。因此，建议一般家庭不但要记账制作收支储蓄表，还要盘点资产、整理负债，制作家庭资产负债表，才能够进行分析。如果是以市值计价的资产负债表，当期增加的净值＝当期储蓄＋资产账面价值变动。因为未实现损益会显示在资产负债表上，故建议每期分别以成本计价及以市值计价来编制资产负债表，一个用来与收支储蓄表相对照，一个用来显示当前家庭的实际财富状况。当两种算法得出的结果不同时，如果有现金盘点程序，应以两期净值的差异为准来调整收支储蓄表的储蓄数字，差异额列入其他收入或其他支出中。

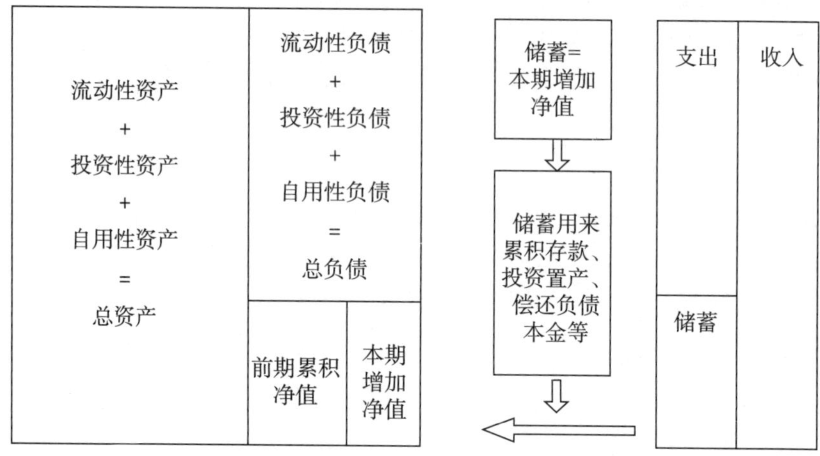

图 6－10　资产负债表和收支储蓄表的关系

二、编制分析案例

我们举例介绍一下利用银行活期存款账户的记录编制资产负债表和收支储蓄表的方法。

实例 6－1　35 岁的张先生是双薪家庭，夫妻两人月薪合计 10 000 元。资产有存款 50 000 元；股票投资成本 100 000 元，9 月初为筹首付款以 110 000 元出售，赚了 10 000 元；买入自用房产市价 500 000 元，负债有房贷 350 000 元。往后每月支出除生活费 5 000 元外，还有 3 000 元须缴房贷本息，其中本金 1 000 元，利息 2 000 元。表 6－11 是张先生家庭 9 月活期存款账户记录。

表 6－11　张先生家庭 9 月活期存款账户记录　（单位：元）

日期	摘要	账户注记	支出	存入	结存
9 月 1 日		期初结余			50 000
9 月 1 日	工资薪金所得	服务公司转入		10 000	60 000
9 月 1 日	股票赎回	证券公司转入		110 000	170 000

续前表

日期	摘要	账户注记	支出	存入	结存
9月1日	购房首付款支出	转出至房产公司	150 000		20 000
9月1日	9月生活费支出	取现	5 000		15 000
9月30日	房贷本息支出	转账	3 000		12 000

解析　根据上述活期存款存折记录来编制收支储蓄表和资产负债表，关键之处是要把资产处理的成本和利得分开，比如说要把等额本息偿还的本金款和利息分开。因为资产成本和负债本金属资产负债科目，而处理资产的资本利得和负债利息支出属收入支出科目。上述记录中出售股票现金流入 110 000 元，其中 100 000 元是成本，10 000 元是资本利得。因此，资产调整时股票减少 100 000 元，活期存款增加 100 000 元，而收支储蓄表中会多出资本利得 10 000 元。9 月 1 日购房 500 000 元，贷款 350 000 元直接给卖方，未显示在活期存款进出记录中，房屋资产和房贷额可以将买卖契约和借据作为编制报表凭证。房贷本息 3 000 元中，1 000 元还本金，2 000 元为利息费用，资产负债调整时负债和活期存款同时减少 1 000 元（见表 6－12）。

表 6－12　　张先生 9 月家庭收支储蓄表　　（单位：元）

项目	金额
工资薪金所得	10 000
股票资本利得	10 000
生活费用	5 000
房贷利息	2 000
当月储蓄	13 000

编制资产负债表时，首先要编制期初也就是 8 月底的报表（见表 6－13）。

表 6－13　　张先生家庭 8 月 31 日资产负债表（以成本计）　　（单位：元）

资产		负债和净值	
活期存款	50 000	负债	0
股票	100 000	净值	150 000
资产合计	150 000	**负债和净值合计**	150 000

下面，我们再来编制 9 月底的资产负债表（见表 6－14）。

表 6－14　　张先生家庭 9 月 30 日资产负债表（以成本计）　　（单位：元）

资产		负债和净值	
活期存款	12 000	房贷余额	349 000
股票	0		
自用房产	500 000	净值	163 000
资产合计	512 000	**负债和净值合计**	512 000

资产要调整的项目，期末活期存款余额为 12 000 元，增加价值 500 000 元的

房子，减少成本 100 000 元的股票，资产总额为 512 000 元。负债调整部分，月初增加 350 000 元，月底还本金 1 000 元，房贷余额剩 349 000 元。资产 512 000 元－房贷余额 349 000 元＝净值 163 000 元。期初净值 150 000 元＋本期储蓄 13 000 元＝期末净值 163 000 元，由资产减负债得出的期末净值和由期初净值加本期储蓄得出的期末净值相符，这从另一个侧面可以证明编制收支储蓄表和资产负债表的过程无误。

虽然张先生家庭的案例比较复杂，但是净值增加额仍等于收支储蓄表中的当月储蓄额。只是当月不仅有工资薪金流入还有处置股票的资本利得收入，不仅有生活支出还有缴纳房贷的利息支出。资产中活期存款和股票已大半转为房产，另外张先生家庭又背负了一笔房贷负债。

第五节　家庭财务比率分析与诊断

一、家庭财务比率分析

（一）家庭偿债能力指标

1. 资产负债率＝总负债÷总资产

通常资产负债率应保持在 60％以下，若超出此范围，说明该家庭的负债水平过高。若是负债主要为长期摊还的房贷则可接受，若是短期贷款应立即进行减债计划，以免周转不灵，陷入破产困境。

2. 流动比率＝流动性资产÷流动负债

流动性负债由短期消费性支出产生，通常流动比率应该保持在 200％以上，才能保证家庭资产的流动性。

3. 融资比率＝投资性负债÷投资性资产

投资性负债的存在说明家庭在进行投资的时候利用了财务杠杆，这使投资的收益和亏损都被放大了。投资标的风险越大，越要控制投资性负债。

融资比率一般保持在 50％以下，否则家庭面临较大的投资风险。

4. 财务负担率＝年本息支出÷年可支配收入

财务负担率应该控制在 40％以下，超过 40％说明过多的收入都用于还贷，这会影响正常的生活水平，也很难再从银行增贷。

5. 平均负债利率＝年利息支出÷负债总额

该比率反映的是家庭实际承担的贷款利率水平，一般应在基准利率的 1.2 倍以下，若超出该水平，表明家庭过多运用银行以外的高利率借贷途径，负担过重。

6. 资产负债率分析

资产负债率越高，财务负担越重，如果收入不稳定，无法还本息的风险也越大。流动性负债有消耗性质，应该尽量避免，借钱来投资应按期结算损益后还清，自用性负债则应考虑还款能力。因此，我们可对各负债比率的构成要素进行如下简要分析。

因为

总负债(TL)＝流动性负债(CL)＋自用性负债(UL)＋投资性负债(IL)

总资产(TA)＝流动性资产(CA)＋自用性资产(UA)＋投资性资产(IA)

所以

$$
\begin{aligned}
\text{资产负债率} &= \text{总负债(TL)} \div \text{总资产(TA)} \\
&= \left(\begin{matrix}\text{流动性负债}\\ \text{(CL)}\end{matrix} + \begin{matrix}\text{自用性负债}\\ \text{(UL)}\end{matrix} + \begin{matrix}\text{投资性负债}\\ \text{(IL)}\end{matrix}\right) \div \text{总资产(TA)} \\
&= \text{借贷流动比率(CL}\div\text{CA)} \times \text{流动性资产比例(CA}\div\text{TA)} + \\
&\quad\ \text{自用贷款成数(UL}\div\text{UA)} \times \text{自用性资产比例(UA}\div\text{TA)} + \\
&\quad\ \text{融资比率(IL}\div\text{IA)} \times \text{投资性资产比例(IA}\div\text{TA)}
\end{aligned}
$$

(1) 自用贷款成数＝自用性负债÷自用性资产。

自用房产通常占自用性资产的比例最大，自用性负债通常是以自用性资产为抵押标的物来申请借贷的额度。如果无其他自用性资产，该比例＝房贷额÷自用房产市值＝房贷成数，银行的核贷标准一般为七成到八成。随着房贷逐年还款后，此比率会逐步走低。但在房产市值大幅下降的情况下，房贷比率也有可能反向走高。日本、中国香港及中国台湾中南部皆曾出现房产市值低于房贷额，自用净值成负数的情况。房贷负债方面通常以等额本息方式偿还，每期还本金的金额递增，因此房贷负债通常是逐渐减少，房产净值的增加来自房贷余额的降低。

(2) 自用性资产比例＝自用性资产÷总资产。

自用性资产以提供使用价值为主要目的。家庭在未购房前此比例不会太大。但如果年轻人把大部分积蓄用来买车，那么即使未购房也会表现出高自用性资产比例。购房后贷款未缴清前，多数家庭的积蓄用来还贷款而无法累积生息资产，因此自用性资产占总资产的比重多在七八成以上。

(3) 融资比率＝投资性负债÷投资性资产。

投资性负债是运用财务杠杆，在期望投资收益率高于利率的情况下，加速资产成长的负债。投资性负债一般期限较短，采取整笔借整笔还的方式，在借款期间负债额固定，投资性净值的增加主要来自生息资产的增加。

(4) 投资性资产比例＝投资性资产÷总资产。

投资性资产是资产中最具有成长性的部分。投资性资产占总资产的比重越大，表示资产中可累积生息滚利，或赚取资本利得的部分越多，成长的机会越大。

(5) 借贷流动比率＝流动性负债÷流动性资产。

借贷消费应该尽量避免，此处的流动性负债包括已刷卡而尚未缴款的金额，购买耐用消费品的分期付款未还余额和小额消费性信用贷款余额。信用卡刷卡额虽然在宽限期之内还不用负担利息，但仍应记为流动性负债，当月刷卡额最好控制在流动性资产的50%以内。

（6）流动性资产比例＝流动性资产÷总资产。

流动性资产因为收益率较低，只要能够满足交易性需求和预防性需求即可，除非预期股票市场回跌预留投机性需求的资金，其余能满足6个月的支出应已足够，多出的部分可用来追求有较高收益的投资。总资产金额越高者，流动性资产比例应越低。

实例6-2　小华、小明和小义的家庭资产负债表及资产结构（如表6-15所示）

表6-15　小华、小明、小义的家庭资产负债表及资产结构　（单位：元）

资产负债	小华	小明	小义
流动性资产	10 000	2 000	5 000
投资性资产	10 000	5 000	300 000
自用性资产	500 000	20 000	10 000
总资产	520 000	27 000	315 000
流动性负债	0	30 000	0
投资性负债	0	0	200 000
自用性负债	350 000	0	0
总负债	350 000	30 000	200 000
净值	170 000	−3 000	115 000
资产负债率	67.31%	111.11%	63.49%
流动性资产比例	1.92%	7.41%	1.59%
借贷流动比率	0	1 500.00%	0
自用性资产比例	96.15%	74.07%	3.17%
自用贷款成数	70.00%	0	0
投资性资产比例	1.92%	18.52%	95.24%
融资比率	0	0	66.67%
流动性净值	10 000	−28 000	5 000
自用性净值	150 000	20 000	10 000
投资性净值	10 000	5 000	100 000

解析　（1）小华的资产负债率：67.31%＝1.92%×0%＋96.15%×70%＋1.92%×0%。

小华的流动性资产主要是活期存款，可用来当紧急预备金，他刚购房并办理了七成房贷。因此，小华往后的理财活动是以收支余额来还清房贷，使自用性净值上升，自用性净值接近自用性资产时才开始累积投资性资产。

（2）小明的资产负债率：111.11%＝7.41%×1 500%＋74.07%×0%＋18.52%×0%。

小明的流动性资产有2 000元，主要是手上作为交易用途的现金，投资性资产5 000元是以前的其他长期目标（基金投资），当前已停止扣款但因套牢也未赎回。小明的信用卡循环信用共3万元，已到额度的上限，以后只能还款还息。因此，小明往后主要的理财活动，是缩减支出使每月收入扣除消费和短期消费贷款利息之后还有余额还清贷款本金，才能摆脱消费负净值越积越多的恶性循环。

(3) 小义的资产负债率：63.49%=1.59%×0%+3.17%×0%+95.24%×66.67%。

小义的投资性资产30万元均拿去做股票投资，其中利用民间借款20万元。因此，小义往后的理财活动是设法在股市赚钱，当投资收益率高于融资利率时还掉部分投资贷款，当投资性净值接近投资性资产时，再考虑运用部分投资性资产购入汽车等自用性资产。

相同的资产负债率，因结构不同，在分析上差异很大，如表6-16所示。

表6-16　资产负债结构分析

案例	TL/TA	CL/CA	CA/TA	IL/IA	IA/TA	UL/UA	UA/TA
投资型	63%	0%	10%	70%	90%	0%	0%
置产型	63%	0%	10%	0%	0%	70%	90%
透支型	63%	63%	100%	0%	0%	0%	0%
平衡型	63%	0%	10%	70%	40%	70%	50%

- 投资型的融资多为中短期负债，承担价格变动引起的风险。
- 置产型的房贷多为长期负债，对有能力还月供的自住者风险不大。
- 透支型的卡债为短期负债，是透支产生的结果，减支还债压力大。
- 平衡型适度分散风险，有机会利用财务杠杆加速资产成长。

（二）家庭应急能力指标

紧急预备金倍数=流动性资产÷月总支出

家庭保有一定的流动性资产是为了应对失业或紧急事故的出现，该比率反映了家庭流动性资产可以应付几个月的总支出。一般流动性资产应该能够应付3～6个月的支出，过少会导致紧急状况出现时没有钱用，过多会使得资金丧失获得投资收益的机会，使用效率降低。如投保了医疗险或产险，或有备用贷款信用额度，则紧急预备金可降低；若待业时间长，则应提高紧急预备金的水平。

（三）家庭保障能力指标

保费负担率=保费÷税后工作收入

只有当社保不足以应付寿险与产险的需求时，才应该根据家庭需要购买相应的保险。保费的绝对值大小与工作收入的绝对值有很大的关系，一般以工作收入的10%为合理商业保险保费预算的标准。

保险覆盖率=已有保额÷税后工作收入

只有保额达到收入的10倍以上，在风险发生时才足以给家庭带来很好的保障，具体数值与家庭和个人的安全感需求有关。

（四）家庭储蓄能力指标

工作储蓄率=（税后工作收入−消费支出）÷税后工作收入

税后工作收入包括社保缴费收入，该指标一般应保证在20%以上，工作收入绝对值越高，储蓄率应越高。

储蓄率=（税后总收入−总支出）÷税后总收入

税后总收入包括工作收入及理财收入，该指标一般保持在25%以上，开源节流会提高该指标。

自由储蓄率=（储蓄−固定用途储蓄）÷税后总收入

该指标一般保持在10%以上较为合适。自由储蓄率越高说明家庭资金越宽裕，可用来满足越多的短期目标或提前还债。

（五）家庭宽裕度指标

1. 收支平衡点收入

$$\text{收支平衡点收入}=\frac{\text{固定负担}}{\text{工作收入净结余比例}}$$

固定负担包括每月固定生活费用支出、房贷本息支出等近期内每月固定要流出的支出，工作收入净结余=工作收入−所得税扣缴额−三险一金的缴费额−为了工作所必须支付的费用（如通勤的交通费或停车费、中午在外用餐费或必要的置装费月分摊额）。工作收入净结余比例=工作收入净结余/工作收入。如老李的工资薪金8 000元，所得税扣缴800元，社保扣缴200元，每月通勤油钱、停车费或交通费800元，在外用餐费200元，为工作所花的置装费月分摊400元，则工作收入净结余为5 600元，净结余比率为70%。所得税和社保缴费与工资薪金水平有关，通勤、在外用餐和置装费用虽较固定，但薪酬高的人通常也会花得较多，因此可把收入净结余比例视同企业的毛利率。对单薪且家计由太太负责的家庭，上述例子表明可把丈夫工资薪金所得的70%拿回去给太太安排家用及其他固定开销。对双薪家庭而言，该比率是双方可用于家庭共同支出的部分。

上例中如果固定生活开销为每月3 000元，房贷本息支出为每月2 000元，合计5 000元，则5 000/70%=7 143（元）为收支平衡点收入。

2. 安全边际率

$$\text{安全边际率}=\frac{\text{当前收入}-\text{收支平衡点收入}}{\text{当前收入}}$$

当前收入和收支平衡点收入的差异比率，如（8 000−7 143）/8 000=10.7%，称为安全边际率，用来衡量收入减少或固定费用增加时有多少缓冲空间。

人不一定终身都会有工作收入，应储蓄一部分收入为未来的退休生活做准备，以一生的收支平衡来算，每月固定开销中应包括应有储蓄的部分。如果以其他长期目标（基金投资）的方式来强迫储蓄，每月扣款日一到就要缴款，实际上

也是固定支出的一部分。上例中，如果每月定期定额扣款500元，固定支出增为5 500元，5 500/70%=7 857(元)，与老李现在的工资薪金几乎相等，没有什么缓冲空间。如果应付未来需求的每月定期定额投资要2 000元才够，固定支出增加为7 000元，7 000/70%=10 000(元)，那么老李应想办法找个1万元的工作才能应付包括现在和未来的生活需求。

收支平衡点分析的主要目的，是以积极的方式算出要享受哪种程度的当前及退休后生活水平，家庭应当创造多少收入才能满足支出，有量出为入的概念。但当提升收入不是那么容易时，就要考虑降低固定费用支出的部分，或者是提高工作收入净结余比例。所得税扣缴和五险一金扣缴非自己可控制，但交通和个人在外用餐费用较有弹性，仍可借由控制此项提高收入净结余比率。

实例6-3 小王每月的固定负担为5 000元，每月工作收入为8 000元，需要缴纳的各项税收及保费共1 300元，每月交通支出500元，外出用餐支出为300元，置装支出为300元，另每月应有储蓄为1 000元。求小王收支平衡点的收入和相应的安全边际率。

解析 不考虑应有储蓄：

$$\text{收支平衡点收入}_1=\frac{5\ 000}{(8\ 000-1\ 300-500-300-300)\div 8\ 000}=7\ 143(\text{元})$$

$$\text{安全边际率}_1=\frac{8\ 000-7\ 143}{8\ 000}=10.71\%$$

考虑应有储蓄：

$$\text{收支平衡点收入}_2=\frac{5\ 000+1\ 000}{(8\ 000-1\ 300-500-300-300)\div 8\ 000}=8\ 571(\text{元})$$

$$\text{安全边际率}_2=\frac{8\ 000-8\ 571}{8\ 000}=-7.14\%$$

（六）家庭财富增值能力指标

生息资产比率=生息资产÷总资产

生息资产包括流动性资产及投资性资产，该指标主要用于衡量家庭资产中有多少可以拿来应付流动性、成长性与保值性的需求。年轻人应尽早利用生息资产来积累第一桶金，通常该指标应保持在50%以上。

平均投资收益率=理财收入÷生息资产

该指标主要用于衡量家庭投资绩效，一般应比通货膨胀率高2个百分点以上才能保证家庭财富的保值增值。因资产配置比率与市场表现的差异，每年的投资收益率会有较大的波动。可选择合适的指标来比较当年度的投资绩效。

（七）家庭成长性指标

1. 资产增长率（假设无负债）

资产增长率=资产增加额/期初总资产

在没有负债的情况下，资产全部来源于储蓄，所以资产的变动额等于当期储蓄，即工作储蓄加上理财储蓄。资产增长率表示此家庭财富增加的速度，快速致富的财务解释就是不断提高资产增长率。

$$
\begin{aligned}
\text{资产增长率} &= \frac{\text{资产增加额}}{\text{期初总资产}} = \frac{\text{工作储蓄}+\text{理财储蓄}}{\text{期初总资产}} \\
&= \frac{\text{工作储蓄}}{\text{期初总资产}} + \frac{\text{理财储蓄}}{\text{期初总资产}} \\
&= \frac{\text{年工作储蓄}}{\text{年收入}} \times \frac{\text{年收入}}{\text{期初总资产}} + \frac{\text{生息资产额}}{\text{期初总资产}} \times \text{投资收益率} \\
&= \text{工作储蓄率} \times \text{资产周转率} + \text{生息资产比重} \times \text{投资收益率}
\end{aligned}
$$

分解开来，提高资产增长率的方式，无非是提高储蓄率、提高资产周转率、提高投资性资产占总资产的比重以及提高投资收益率。举例来说，老张期初资产为50万元，其中20万元是投资性资产，30万元是自用性资产。本期工作储蓄为5万元，投资收益率为10%。本期资产增加额=5万元+20万元×10%=7万元，资产增长率=7万元/50万元=14%。如果老张的收入是10万元，工作储蓄率=5万元/10万元=50%，资产周转率=10万元/50万元=20%，生息资产比重=20万元/50万元=40%，资产增长率=50%×20%+40%×10%=14%。

收入=工作收入+理财收入

资产周转率=工作收入/期初总资产+理财收入/期初总资产

收入和人生的阶段有关，年纪越大资产累积的年限越长，资产周转率越低；年轻人的净值基准低，资产周转率高，因而资产增长率有可能比年长者高，而储蓄率较高的人或投资较积极的人，其资产增长率也会比同年龄者高。因此，摒除年龄因素，尽可能地多储蓄并将储蓄所累积的净值做积极的投资，是家庭资产迅速成长的主要方法。

2. 净值增长率（假设有负债）

（1）净值增长率定义。所谓致富，就是让净值增加的过程。净值增长率代表家庭累积净值的速度，成长率越高，净值累积越快。因此，净值增长率公式也可以称为净值成长率。其推导的过程如下：

$$\text{净值增长率}(g) = \frac{\text{净值增加值}(V)}{\text{期初净值}(E)}$$

$$\frac{V}{E} = \frac{[\text{工作收入}(W) - \text{生活支出}(C)] + [\text{理财收入}(M) - \text{理财支出}(I)]}{E}$$

其中，工作收入（W）－生活支出（C）＝工作储蓄（S），理财收入（M）＝生息资产(F)×投资收益率（r），理财支出（I）＝负债总额（L）×负债平均利率（i）＋保障型保费（P）。

所以$\frac{V}{E}=\frac{S+Fr-Li}{E}$，分子和分母各除以总资产$A$时：

$$\frac{V}{E} = \frac{\frac{S}{A} + \frac{Fr}{A} - \frac{Li}{A}}{\frac{E}{A}}$$

又 $S \div A$ 可以拆解为$\frac{S}{A}=\frac{S}{W}\times\frac{W}{M}\times\frac{M}{F}\times\frac{F}{A}$，而$\frac{M}{F}=r$，故

$$g=\frac{V}{E}=\frac{\frac{S}{W}\times\frac{W}{M}\times\frac{Fr}{A}+\frac{Fr}{A}-\frac{Li}{A}}{\frac{E}{A}}=\frac{[(1+sw)rf-il]}{e}$$

其中，s＝工资薪金储蓄率＝$\frac{\text{工作储蓄（}S\text{）}}{W}$；

w＝工资薪金所得和理财收入相对比率＝$\frac{\text{工作收入（}W\text{）}}{\text{理财收入（}M\text{）}}$；

r＝投资收益率＝$\frac{\text{理财收入（}M\text{）}}{\text{生息资产（}F\text{）}}$；

f＝生息资产占总资产的比率＝$\frac{\text{生息资产（}F\text{）}}{\text{总资产（}A\text{）}}$；

i＝负债平均利率＝$\frac{\text{理财支出（}I\text{）－保障型保费（}P\text{）}}{\text{负债总额（}L\text{）}}$；

l＝负债占总资产比率＝$\frac{\text{负债总额（}L\text{）}}{\text{总资产（}A\text{）}}$；

e＝净值占总资产比率＝$\frac{\text{净值（}E\text{）}}{\text{总资产（}A\text{）}}$。

在家庭财务中，已考虑过理财收支后的储蓄即净值累积的来源。因此，本期的净值增长率应等于本期的储蓄除以上期期末的净值。

储蓄＝工作储蓄＋理财收入－理财支出
工作储蓄＝工作收入－生活支出
理财收入＝生息资产×投资收益率
理财支出＝负债×负债平均利率

运用这几项基本等式再加以拆解、归并，便可以得出以上净值增长率的公式。

（2）如何提升净值增长率。在不同时期和状况下，想提升净值增长率，必须采用不同的方法，分述如下：

1）提升工资薪金储蓄率（s）。年轻人净值起始点低时，工资薪金所得远大于理财收入，此时提升工资薪金储蓄率为积累财富的主要方法。当 w 越大时，s 的提高对净值增长率的贡献越大。

2）提高投资收益率（r）。复利的魔术使投资收益率的微小差异在时间拉长后产生天壤之别。当我们步入中年时，已累积了不少净值，理财收入的比重会逐步提高，此时投资收益率的提升便成为能否快速致富的决定性因素。也就是说，当 w 随着年龄的增长而不断降低时，r 就越来越重要。

3）提高生息资产占总资产的比重（f）。总资产中自用住宅、汽车等项目属于自用性资产，只会提折旧，并不能带来理财收入。要想积累财富，就要把可产生理财收入的生息资产比重扩大。年轻人客观承受风险的能力比较强，可以考虑延缓购房或买车的时间，让已有的钱尽量拿去再生钱。当 f 越大时，提高 r 起到

的效果越明显。

4）降低工资薪金所得和理财收入相对比率（w）。要迈向完全的财务自由，必须在生涯阶段中逐年降低工资薪金所得的比重，当 $w=0$ 时，$g=(rf-il)/e$，净值增长率就等于净理财收支成长率。每个人都想轻松致富，但往往只有期待而欠缺阶段性的行动计划。以工作收入和理财收入的比重来作为划分基准，可分为如下几个阶段：

第一阶段是初入社会阶段。此时只有工作收入，没有理财收入。行动计划的要点在于将部分工作收入储蓄起来，积少成多累积投资本钱。充实自己，想办法提高收入并维持适当的储蓄率是本阶段的行动守则。可以其他长期目标（基金投资）来积极运用储蓄。

第二阶段是有理财收入但理财收入仍低于工作收入阶段。理财收入＝投资金额×投资收益率，本阶段主要通过投资组合的报酬来累积理财收入。持续工作生涯发展的同时，想办法提高投资收益率并制定避免本金遭受损失的风险管理策略，是本阶段的行动守则。

第三阶段是理财收入已大于工作收入的阶段。此时工作方面的选择可以基于兴趣或工作环境，不用再为五斗米折腰。可多花些时间经营自己的理财投资，随着年龄的增长调整风险组合，购置自用房产之外的投资性房产是该阶段可考虑的投资策略。

第四阶段是指退休后只有理财收入没有工作收入，是开始享用投资成果的阶段，也就是一般所称的财务自由阶段。投资组合的配置应偏向固定配息的债券和定期存款或通过定期定额赎回基金来满足晚年生活的需求。

每一个人达到各阶段的年龄不一样，但是在年龄增长的过程中以理财收入逐步取代工作收入是必经的过程。越早开始理财越有机会提前达到财务自由的阶段，可提早退休享受生活。如果始终入不敷出或收支相抵储蓄不足，无法跨入第三阶段，则要么终身为工作所役，或老来需依赖政府和子女的救济或接济。

5）降低净值占总资产的比重(e)。这里指的是运用财务杠杆原理扩充信用来投资，而非以消费借贷降低净值资产比。当总投资收益率高于负债利率时，净值收益率就会高于总投资收益率，因此降低 e 可以使净值加速成长。

（八）家庭财务自由度指标

$$\text{财务自由度}=\frac{\text{年理财收入}}{\text{年总支出}}$$

理想的目标值是在我们退休之际财务自由度等于 1，即包括退休金在内的资产，放在银行生息的话，光靠利息就可以维持生活。但当存款利率降到较低水平时，如果仍以存款利率衡量，多数人的财务自由度会偏低。但如果每个人估计不同的投资收益率，则财务自由度就无从互相比较。因此，可制定一个较客观的标准，每个家庭都可以用同一个合理的投资收益率，根据各自的净值和年支出状况来计算财务自由度。

那么一个人在不同阶段应有多高的财务自由度，才能最迟在 65 岁时顺利退休呢？净值＝年储蓄×工作年限。假设 25 岁开始工作，刚开始时年收入 3 万元，

把 1/3 的收入储蓄下来，假设收入成长率＝投资收益率＝5%，则随着年龄的增长应有的财务自由度每一年提高 2.5%，工作 40 年后可达到 100%，在 65 岁时退休。

假设收入成长率＝投资收益率＝5%，储蓄率维持在 33.33%，财务自由度为 45 度角直线。要达到工作 40 年后财务自由度为 100%，65 岁安稳退休的应有的储蓄率为收入的 1/3。算法如下：

由 $(S\times N\times R)/C=F$，$Y-C=S$，可得出 $S/Y=F/(F+N\times R)$ 的结果。其中，S＝当前年储蓄，N＝总工作年限，R＝投资收益率，C＝当前年支出，Y＝当前年所得，F＝财务自由度，S/Y＝储蓄率。

退休时财务自由度 $F=1$，因此，储蓄率＝$1/(1+N\times R)$。

应有储蓄率＝1/(1＋工作年限×投资收益率)＝1/(1＋40×5%)＝1/(1＋2)＝1/3＝33.33%。

如果想工作 30 年就退休，投资收益率提高为 8%时，应有储蓄率＝1/(1＋30×8%)＝1/(1＋2.4)＝29.41%。

可见，投资收益率越高，或工作年限越长，所需的储蓄率越低。

实际的收入成长率通常是递减的，但是随着家庭步入离巢期，储蓄率也会有所提高，退休后的支出也会低于工作期的支出。因此，通常在生涯初期财务自由度提高较慢，50 岁以后才会有明显的上升。举例来说，25 岁的人事业刚起步，净值只有 2 万元，但支出也不高，也只有 2 万元，财务自由度＝2 万元×5%/2 万元＝5%。40 岁的人净值可能已达 20 万元，但家庭年支出也达 10 万元，财务自由度＝20 万元×5%/10 万元＝10%。55 岁的人子女已离巢，净值可能达 40 万元而年支出降至 8 万元，此时财务自由度＝40 万元×5%/8 万元＝25%。即使估计 60 岁退休后年支出只有 5 万元，想只靠投资收入维持生活的话，也必须要有 100 万元的净值才能够做到。100 万元×5%/5 万元＝100%。因此，一般估计退休时需要多少钱才足以养老时，对财务状况类似本例的家庭而言，100 万元应该算是一个合理金额。

如果我们现在算出的财务自由度远低于应有标准，应更积极地进行储蓄投资计划。当整体投资收益率随存款利率而日渐走低时，即使净值没有减少，财务自由度也会降低，此时应设法多储蓄来累积净值，否则就只有降低年支出的水平才有办法在退休时达到财务独立的目标。

案例（续） 假设年家庭固定负担为90 000 元，与工作有关的费用为 30 000 元，目前投保的寿险保额 800 000 元，则刘先生夫妇的家庭财务比率如表 6－17 所示。

表 6－17　刘先生夫妇的家庭财务比率

指标类别	财务比率	数据	合理范围	数据分析
家庭偿债能力指标	负债比率	22.79%	≤60%	在合理范围之内
	流动比率	300.00%	≥200%	在合理范围之内
	融资比率	24.83%	≤50%	在合理范围之内
	财务负担率	23.53%	≤40%	在合理范围之内
	平均负债利率	2.82%	≤8%	在合理范围之内

续前表

指标类别	财务比率	数据	合理范围	数据分析
家庭应急能力指标	紧急预备金倍数	3.00	3～6	在合理范围之内
家庭储蓄能力指标	工作储蓄率	48.82%	≥20%	在合理范围之内
	储蓄率	25.47%	≥25%	偏低，应提高比率
	自由储蓄率	−0.62%	≥10%	偏低，应提高比率
家庭宽裕度指标	收支平衡点收入	109 286 元	≤收入的 80%	在合理范围之内
	安全边际率	35.71%	≥20%	在合理范围之内
家庭财务自由度指标	财务自由度	−7.50%	≥30%	偏低，应提高比率
家庭财富增值能力指标	生息资产比率	52.66%	≥50%	在合理范围之内
	平均投资收益率	−0.55%	≥5%	偏低，应提高比率
家庭成长性指标（以成本计算）	资产增长率	1.91%	≥10%	偏低，应提高比率
	净值增长率	2.09%	≥10%	偏低，应提高比率
家庭保障能力指标	保费负担率	13.53%	5%～15%	在合理范围之内
	保险覆盖率	4.71	≥10	偏低，应提高比率

目前两处房产都有房贷，但资产负债率、流动比率、融资比率都在合理范围之内，且因为贷款利率低，财务负担率不高，不会限制生活水平的提高空间。紧急预备金倍数刚刚达到 3 倍，应提高流动资产金额。工作储蓄率达到 48.82%，但理财储蓄为负数，因此储蓄率只有 25.47%，稍低。其中固定用途储蓄率超过 20%，长期目标准备充足，但自由储蓄率为负数，对短期目标的安排缺乏调整空间。如与工作有关的支出为 3 万元，收支平衡点的税前收入 109 286 元，与目前的税前收入相比较，安全边际率为 35.71%，在合理范围内。虽然生息资产比率在 50%以上，但其中存款利率低，股票实现资本损失，投资性房产目前闲置没有房租收入，平均投资收益率为−0.55%，低于平均负债利率 2.82%，投资绩效有待加强。以成本计算资产增长率偏低，因储蓄额相对资产而言不高，净值增长率也相对偏低。从保费负担率来看，家庭保障在合理范围之内，但根据双十原则，保险覆盖率偏低，应适当调高商业保障型保险保额。财务自由度为负数，还是投资绩效差所致，退休目标遥不可及。

（九）财务比率分析注意事项

家庭财务比率分析的数据都是由财务报表而来。如果这两个表本身的数据有错误，算出来的财务比率也会有错误，此时可通过不合理的财务比率，来检查验证家庭财务报表数据的正确性。分析不合理的家庭财务比率时，不应仅仅着眼于比率自身，而应该对分子项和分母项进行综合分析，找出该比率不合理的根源和对应的调整措施。

二、情景分析

人的一生会面临各种不同的际遇或关口，在家庭结构上比如结婚、离婚、生子；在事业上比如失业、失能、创业；在资本支出上比如买车、购房；在财务决策上比如借款投资，还有人生风险上的病老死残，甚至是中了彩票头奖，这些状况都会对当前的财务状况带来一些冲击。以下举例说明当人生发生某种变化时，会对家庭财务有何影响，应如何调整财务结构，以确保生活无虞。

基本状况：年工作收入 20 万元，生活支出 10 万元，工作储蓄 10 万元。投资性资产 30 万元，无自用性资产亦无负债，因此净值亦为 30 万元。投资收益率为 8%。假设储蓄在一年中平均投入投资。

净值增加额＝工作储蓄 10 万元＋理财收入。

由于假设储蓄在一年中平均投入投资，因此理财收入来源于两个方面：一方面，期初的投资性资产 30 万元按照年 8%的投资收益率产生 2.4 万元的理财收入；另一方面，工作储蓄也可以进行投资取得理财收入。假设储蓄平均投入投资，这意味着每个月在得到月工作储蓄后都可以立刻进行投资，因此月工作储蓄投资的期间长度在一年中是逐期减少的，因此年工作储蓄 10 万元不是一个一次性的投资，理财收入不能用 10 万元直接乘以年投资收益率 8%得到，而应该为年工作储蓄 10 万元一次性投资利息的一半，即可以认为储蓄平均投入投资的效果与年工作储蓄一次性在年中投资的效果相同。

因此，理财收入＝(投资性资产 30 万元＋工作储蓄 10 万元/2)×8%＝2.8 万元。

净值增长率＝(工作储蓄 10 万元＋理财收入 2.8 万元)/期初净资产 30 万元＝42.7%。

年底净值＝年初净值 30 万元×(1＋42.7%)＝42.8 万元。

(一) 买车之后

年初花了 15 万元买车之后，投资性资产由 30 万元降为 15 万元，车子应视为自用性资产。另外养车支出为每年 1 万元，反映在消费支出的增加上。工作储蓄由 10 万元下降为 9 万元，理财收入亦因生息资产减半和工作储蓄的下降而降为只有 1.56 万元。因此，净值增加额只有 10.56 万元，净值增长率由基本状况下的 42.7%降为 35.2%，这是还未计算自用汽车折旧时的状况。如果年初买车，第一年的折旧率最高，至年底以 30%计，则年底时自用性资产应降为 10.5 万元。净值增加额亦减少至 9 万元＋1.56 万元－4.5 万元＝6.06 万元，与年初净值 30 万元相较，净值增长率只有 20.2%。

所以，想完整地计算净值增长率，还应包含自用性资产折旧及处理自用性资产的损益两项，其公式为

$$\begin{matrix}\text{净值}\\\text{变动}\end{matrix}=\begin{matrix}\text{工作}\\\text{储蓄}\end{matrix}+\begin{matrix}\text{理财}\\\text{收入}\end{matrix}-\begin{matrix}\text{利息}\\\text{支出}\end{matrix}-\begin{matrix}\text{自用性}\\\text{资产折旧}\end{matrix}\pm\begin{matrix}\text{处理自用性}\\\text{资产损益}\end{matrix}$$

而养车支出的计算，应包括油费、牌照费、保险费、维修保养费、住宅停车

位租金或管理费、外出停车费等。不过，在原来的交通开支上，也可以减掉买车后可节省的搭地铁、公共汽车等通勤支出。

（二）结婚成家

结婚成家是生涯过程中的一个重大变化。在现代社会中，结婚代表新家庭的形成，家庭收入和支出都会比单身时有所增加。如婚后两个人赚钱，收入由 20 万元增加至 30 万元，而支出则由 10 万元增加到 15 万元，工作储蓄也由 10 万元增加至 15 万元。假如婚后采用夫妻财产共有制度，如果配偶原有投资性资产 10 万元，合计家庭投资性资产有 40 万元。理财收入＝[(30＋40)/2＋(10＋15)/2]×8%＝3.8(万元)，净值变动＝工作储蓄 15 万元＋理财收入 3.8 万元＝18.8 万元，净值增长率＝18.8 万元/40 万元＝47%。

如果婚后维持单薪家庭，收入未增加但支出肯定会增加，则储蓄降低，净值增长率也降低。如果婚后约定财产归各自所有，则婚后仍应个别计算个人净值，不过，要谈好对家庭支出的分摊方式才行。

（三）离婚独居

如果原来的基本状况为已婚，那么一旦离婚，家庭收入和支出可能都会减少。设收入降为 12 万元，支出降为 7 万元，则工作储蓄降为 5 万元。假设离婚时生息资产对半分，降为 15 万元，理财收入亦折半成为 1.4 万元，净值变动＝工作储蓄 5 万元＋理财收入 1.4 万元＝6.4 万元，净值增长率如果以 30 万元计为 21.3%，只有原来的一半。不过，此时应以离婚后的净值 15 万元为基础，净值增长率仍为 42.7%。

现实中离婚的状况较为复杂，要考虑的问题也多。如果要付抚养费，则支付的一方离婚后的储蓄能力可能更低。在国外，很多夫妻到了要办离婚时才把家庭财务弄清楚。

（四）生养子女

生养子女，家庭消费必然会增加。如果生产、坐月子、买婴儿衣物用品总共花了 10 万元，用变现投资性资产支付，投资性资产由 30 万元降为 20 万元。同时年家庭支出由 10 万元增加到 20 万元，等于没有储蓄。此时净值的成长只靠 25 万元×8%＝2 万元的理财收入，净值增长率＝投资收益率＝8%。

（五）奉养双亲

假设突然要承担奉养双亲并负担父母医疗费用的责任，支出每年增加 15 万元，超过原有 10 万元的储蓄，工作储蓄变为－5 万元。入不敷出，今后必然会消耗投资性资产。理财收入＝[30 万元＋(－5 万元/2)]×8%，下降为 2.2 万元，净值变动＝－5 万元＋2.2 万元＝－2.8 万元，年底净值＝30 万元－2.8 万元＝27.2 万元。净值增长率＝－2.8 万元/30 万元＝－9.3%。此时就需要设法增加收入或降低其他费用。

（六）失业

如果失业时年收入由20万元降到领失业救济金或打零工收入的5万元，那么就算失业后拼命压缩开支，但怎么省也要6万元的年开销，负储蓄还是有1万元。此时也要耗用投资性资产。净值变动＝－1万元＋2.36万元＝1.36万元，年底净值＝30万元＋1.36万元＝31.36万元，净值增长率＝1.36万元/30万元＝4.5%。此时相当于使用理财收入来弥补储蓄的不足。

（七）退休

退休后收入由20万元降为领养老金或偶尔的兼职收入5万元，消费降为6万元，负储蓄1万元，与失业一样。唯一不同的是，可一次性领取一笔30万元的退职金，连同原来的投资性资产30万元，共有60万元的投资性资产，可产生4.76万元的理财收入，勉强可弥补负储蓄缺口。不过，每年净值还是略为下降。当消费支出因通货膨胀而提高，但投资收益率无法随之提高时，生活费侵蚀到生息资产本金的速度会加快，退休后靠生息资产挣的理财收入可支应生活支出的年限也会缩短。

（八）收入中断风险的状况分析

收入中断的情况对个人来说包括失业和伤病失能，对家庭来说还包括家计负担者英年早逝使依赖者失去维生的经济基础。下面通过一个简单的例子了解一下收入中断对家庭净值和生活水平的影响有多大，进而探讨家庭应以什么保险措施来保障这种状况发生时遗属的生活所需。

假设期初发生保险事故，工作收入降为0，生活支出降为6万元，负储蓄6万元。若投保寿险68万元，事故发生可得68万元给付金。68万元先还掉20万元房贷，使理财支出降为0。剩下48万元，加上原生息资产30万元，共78万元为期初可投资性资产。未来一年负储蓄6万元，理财收入＝[78万元＋(－6万元/2)]×8%＝6万元，刚好等于生活支出。

第六节　家庭财务预算与现金流量预估表的编制

一、家庭财务预算的编制

（一）家庭财务预算的分类

家庭财务预算可以分为收入预算、支出预算和资本支出预算等，见图6－11。

收入预算即家庭在一段时间（月度或年度）内预期可得的各项收入的总和。

支出预算分为可控制支出和不可控制支出。其中不可控制支出，其决策点在过去，现在要做的只是履行过去的承诺。比如说购房之后，每月要缴纳房贷利息

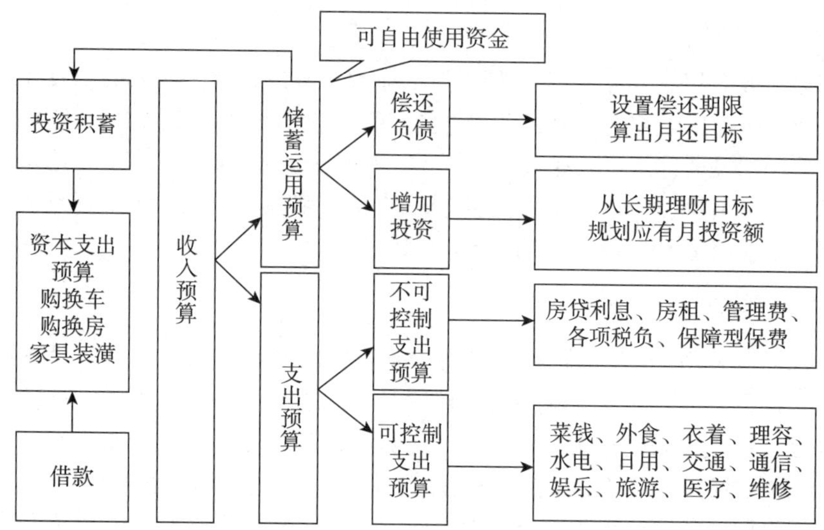

图 6-11　预算的分类

及物业管理费，买保险以后每年要缴纳保险费，金额多数固定，即使房贷利息会因利率降低而降低，也不是自己所能控制的，因此列为不可控制支出。可控制支出如一些日常生活费用、娱乐、旅游等，费用有弹性，可根据自己的需要调整，是支出控制的重点。

资本支出预算是考虑用来购买自用住宅、汽车及其他耐用消费品资金，其资金来源不是变现生息资产，就是分期付款或采用房贷、车贷，在企业会计上往往被列为需依使用年限计提折旧的资产科目；在家庭会计上以收付实现制为主，不一定要计提折旧，但最好在记账时仍列在资本支出项目上，与一般消费支出区分开来。

如何判断什么样的支出要列为费用支出或资本支出？一般有两个原则：

（1）效用原则。如果支出后所获得的效用在短期内显现，则应列为费用；在未来 3 年以上时间还会持续提供使用效益，则应列为资本支出，在资产负债表上表现为自用资产的增加。

（2）金额大小原则。有些小家电的使用年限可以达 3 年以上，但金额不到一定标准（如 500 元或月收入的 10%），仍然可以视为费用支出以方便记账。

（二）家庭财务预算的具体内容

家庭财务预算分为月度预算与年度预算，支出预算分为可控制预算和不可控制预算，具体内容参见表 6-18。

表 6-18　家庭财务预算的具体内容

预算类型	年度预算	月度预算
收入预算	年终奖金 红利、股利	薪资、佣金 房租、利息

续前表

预算类型	年度预算	月度预算
可控制支出预算	国外旅游 购置衣物（季节性） 维修	食品、衣着（消耗性） 家庭设备用品及服务 医疗保健、交通、通信 教育文化及娱乐服务
不可控制支出预算	各项税捐 子女注册费 保障型保费	房贷利息 房租支出 社保失业保险费
资本支出预算	购车、家具电器 购房订金、自备款	大额财产分期付款
储蓄运用预算	储蓄型保费 提前偿还房贷 整笔投资赠与（家族储蓄）	社保医疗保险费 住房公积金缴存额 个人养老金缴存额 其他长期目标（固定缴存） 归还房贷本金

（三）家庭预算编制的基本原则

（1）按照自己最能掌控的分类来编制，记账分类要与预算分类相同，以进行比较并做差异分析。

（2）预算应分为月预算与年预算，分别以当月差异及年度预算达成进度来做追踪比较。

（3）预算应分为可控制预算与不可控制预算。已经安排好按固定金额支付的房贷还款、保费、其他长期目标（固定缴存）、房租、管理费、所得税缴纳等通常不会发生差异的项目，均属于不可控制预算项目。

（4）金额及用途不确定的项目均应属于可控制预算项目，要做差异分析，每月检查改进。

（四）家庭预算规划流程

收支预算不是随便写出来的数字，而是综合考虑理财目标、目前财务状况与风险属性规划出来的。首先必须设置财务目标，并将之数据化。目标包括如购房、子女教育和退休等中长期目标，也包括购车、旅游与进修规划等短期目标。一个目标需要有距目标时点的年数（N）和届时需求额（FV），如 2 年后购车 10 万元，再根据自己的投资性格设定合理的投资收益率（I），当前可运用的资金（PV），可以用货币时间价值算出该目标每月需储蓄金额（PMT），把完成各目标的月储蓄额加总，便是完成所有理财目标所需要的月储蓄额。对收入相对固定者来说，收入－月储蓄目标＝月支出预算；对收入比较有弹性，而支出相对固定者来说，支出＋月储蓄目标＝月收入预算，具体流程见图 6－12。

首先，要设定长期理财目标，然后计算实现长期理财目标所需的年储蓄额。关于何时需要考虑货币时间价值及如何计算各项理财目标所需储蓄额，将在相关章节专门说明。如老王以目标并进法做生涯规划，得出每年要储蓄 3 万元，才能

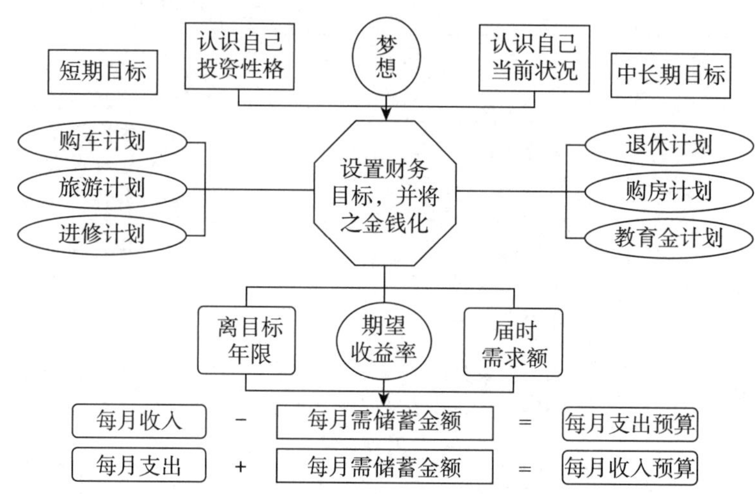

图 6－12　家庭预算规划流程

够满足退休、子女教育、购房等中长期理财目标。

其次，应该预测年度收入。收入稳定的公务员、教师或大企业的工薪阶层，可相当准确地预估年度收入。收入淡旺季差异大的佣金收入者或自营事业者，就要以过去的平均收入为基准，做最好和最坏状况下的敏感度分析。

再次，算出年度支出预算目标：年度收入－年度储蓄目标＝年度支出预算。

最后，将预算划分为细目，分门别类（如表 6－19 所示）。

表 6－19　城镇地区居民收入　　（单位：元）

指标	2016 年	2015 年	2014 年	2013 年
城镇居民人均工资性收入	20 665	19 337.1	17 936.8	16 617.4
城镇居民人均经营净收入	3 770	3 476.1	3 279.0	2 975.3
城镇居民人均财产净收入	3 271	3 041.9	2 812.1	2 551.5
城镇居民人均转移净收入	5 910	5 339.7	4 815.9	4 322.8
城镇居民人均可支配收入	33 616	31 194.8	28 843.9	26 467.0

资料来源：国家统计局。

一个尽可能详细的家庭预算规划，应划分为月储蓄预算和年储蓄预算。每个月固定的工资薪金、佣金、房租或利息收入，减去每个月衣食住行娱乐的固定开销和每个月应摊还的房贷利息，就是每个月应有的储蓄预算。储蓄预算中根据前述长期理财目标所算出的包括住房公积金和个人基本养老金缴费，及自行决定定期定额投资的部分，就是最低的储蓄标准。我们可以把活期存款账户当作预算管理的辅助工具，当月储蓄超过此最低标准时可存入活期存款，低于此最低储蓄标准时由活期存款账户拨入，使定期定额的投资不会因突发因素中断。信用卡可以作为调节前后两个月现金流量不平衡时的另一工具。当本月有额外的支出而下月有额外收入时，为避免本月储蓄额低于应有的月投资额时，应先以信用卡支出，使本月有足够的现金结余供投资，再以下月的额外收入缴付信用卡借款，如图 6－13 所示。

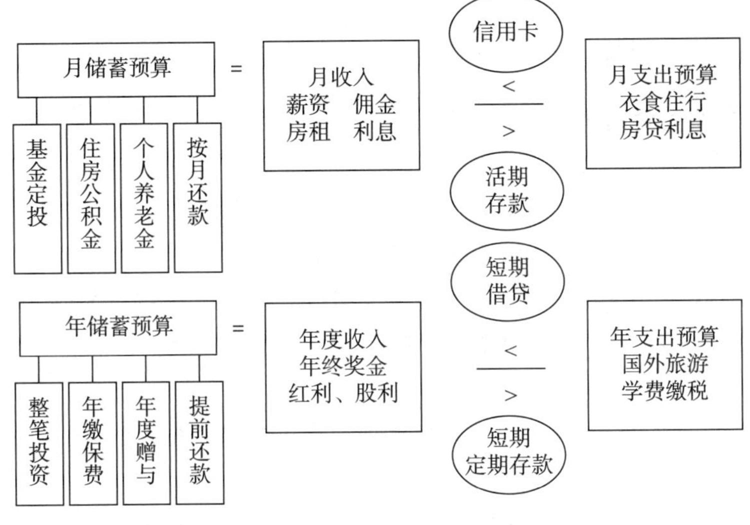

图 6－13　家庭预算规划流程

一般工薪阶层除了每月领固定薪金外，每年还有一些年度性的收入，如年终奖金、绩效奖金、员工红利、年度股利等。同时也会有一些年度性的支出，如子女学费一年缴两次，或是年度的国内外旅游等。当年度收入时间和支出时间不一致时，如年终奖金在 1 月领取而计划 7 月暑假时全家出游，则可以把奖金存 6 个月定期存款作为旅游预备金。若是先有年度支出后有年度收入，则可用短期贷款来平衡收支的时间差异（见图 6－13）。如果每年的年储蓄预算都有结余则可做整笔投资，也可用来规划长期理财目标，虽然此时不见得是定额，但每年定期不定额的整笔投资仍可作为提升退休生活水平，或补助子女出国留学的额外资金来源。

月储蓄预算中定期定额投资的部分应以准备至少 5 年以上的购房、子女教育和自储退休金为主要目的；5 年以内的中短期目标，如国内外旅游、购车、装修等，则应通过以目标实现日为到期日的定期存款来完成。

以年度收入减去年度支出预算，就是年储蓄预算。年储蓄预算除了可以用来提前偿还一些贷款外，还可用来做整笔投资或年缴保费的资金来源。

将年度收入、支出、储蓄预算尽量分到各月份。有些年度收入如年终奖金或员工红利，有固定的发放月份。有些支出如一年缴两次学费、所得税申报、年缴保费月份，事先都已知道，可分到各月份。有些年度短期理财目标支出可事先规划在哪一个月份实现，如国内外旅游支出，季节性购置衣物支出，保养维修支出和购置汽车、家具电器等资本支出。配置月份后可判断短期流动资金是否可平衡月份间的收支差异。不够时除调整支出时间之外，也可以通过小额借贷的方式来暂时应对。

每月记账，记账的科目必须与预算科目相同，以便进行差异分析。将每月的收入、支出和储蓄预算，与记账的实际收入、支出和储蓄的部分相对照。家庭财务管理的重点是将可控制预算的部分差异控制在 10％以内，而不可控制的部分应付金额事先已知，如果无意外，预算应与实际数字相符，只要注意不要多缴或漏缴即可。

（五）收入预算

1. 家庭收入来源管理

表 6-19 显示，城镇地区居民人均可支配收入从 2013 年的 26 467.0 元增加到 2016 年的 33 616 元，所得来源的特性如表 6-20 所示。

表 6-20　收入来源分类和特性

所得类型	收入稳定性	收入成长性	收入中断风险
工资性收入	收入来源稳定，有劳动法保障	依靠每年调薪，奖金比重不高	下岗失业
经营净收入	视景气而定，收入来源较不稳定	工商个体户有机会转型为私营企业	经营不善，亏损甚至倒闭
财产性收入	利息收入与租金收入的稳定性较高	股票资本利得成长性较高	房屋闲置，股票无股息发放
转移性收入	视政府财政情况与子女负担能力而定	最多随着物价调整	政府缩减社会福利，子女无能力奉养

现就各类所得来源应有的理财策略说明如下：

（1）工资性收入。工资性收入者可分为以下 3 种类型：

1）传统的工薪阶层。他们是保守求安定的阶层，收入稳定但又很难期待额外的工资薪金流入，因此，现金流量的控制非常重要，应有紧急预备金额度以备不时之需。注意不要购买超出负担能力从而导致高负债的自用资产，以免落入负债循环的陷阱。同时应尽早以定期定额投资的方式累积投资性资产以应对未来理财目标之需。由于工资薪金调整幅度要看企业经营状况或老板的决定，所以做理财规划时不要太乐观，薪酬增长率不应过高估计，特别是对高薪者而言。

2）以业务佣金为主要收入者。此类人群，其收入稳定性较低，或许成长性较高，遇经济周期低谷时，应拟定一套在不同所得水准下每月应有的消费、透支和储蓄模式，来度过不景气的阶段，才能养精蓄锐，在经济复苏时再创辉煌。可进行如下测算：

每月储蓄=(当月收入－基本收入)×边际储蓄率

基本收入=淡季时最低收入或维持家庭基本生活需求的最低消费额，二者取其高者。

边际储蓄率=每增加 1 元的额外所得应多储蓄的比率。但当月收入低于家庭最低消费额时边际储蓄率为 0。

3）医生、律师等专业人士。这些成功的专业人士多半忙得没有时间理财，在投资上趋于保守。因此，在拼命工作维持高收入之余，应积极地运用过去累积的积蓄，想办法让钱为他们工作以便提早退休，享受生活。自由职业者也可利用职业优势从银行获得优惠的房贷或借款利率来降低理财支出。

（2）经营净收入。国家统计局的数据表明，2016 年年底个体工商户就业人数 12 862 万人，很多为夫妻一起创业。如开店创业，除了要有市场前景和特殊优势等创业考虑因素外，事先做好周详的财务规划也是成功的关键因素。

要会计算损益平衡点，即衡量营业额达到多少才能收回本钱：

损益平衡营业额＝固定成本/毛利率

如果店面的固定成本每月 30 000 元，销售店内货品的平均毛利率 30％，30 000 元/30％＝100 000 元，也就是说，100 000 元的营业收入创造的毛利是 30 000 元，刚好够支付固定成本。如果可做到 150 000 元的销售收入，则毛利 45 000 元扣除 30 000 元固定成本后就有 15 000 元的净利。要注意的是，固定成本包括店面租金、水电、人员工资薪金、装修的折旧、借款的利息、连锁店的特许经营费与其他固定支出等多项费用，一不小心少算了就可能发生虚盈实亏的结果。

追赶流行趋势的店铺要考虑尽快回收。不考虑货币的时间价值，回收期间可以总投资额/净利来初步估算。如果投资 10 万元，每个月不算折旧的净利有 2 万元，则 5 个月就可回收，即使这个行业只有半年的好光景，往后净利每月只有 1 万元，因原始投资额已回收，则只要净利高于上岗工作或从事其他行业的机会成本就可以继续经营下去，今后将店面转让出去能回收多少都是赚的。

开店除了固定投资之外，还要有一笔营运资金，来平衡进货和销货间的短期资金需求。缩短存货和应收账款的周转时间可降低营运资金需求，从而降低利息成本。

（3）财产性收入。财产性收入是指家庭拥有的动产（如银行存款、有价证券等）和不动产（如房屋、车辆、土地、收藏品等）所获得的收入，包括出让财产使用权获得的利息、租金、专利收入；财产营运所获得的红利收入、财产增值收益等。[①] 国家统计局的数据表明，2014 年年底城乡居民人民币储蓄存款达 485 261.30 亿元。随着居民理财意识的增强，工资薪金投入金融市场的金额增加。政府大力提倡租购并举的政策，使购房出租的情况有所增加，预计中国居民未来财产性收入占总收入的比重将逐年提高。

（4）转移性收入。转移性收入是指国家、单位、社会团体对居民家庭的各种转移支付和居民家庭间的收入转移，包括政府对个人收入转移的离退休金、失业救济金、赔偿等；单位对个人收入转移的辞退金、保险索赔、住房公积金、家庭间的赠送和赡养等。[②] 从表 6－19 的数据可看出，转移性收入是当前中国居民仅次于工薪收入的第二大收入来源。

2. 收入分配的“4321”原则

收入分配的“4321”原则，是指收入的 40％用来还房贷本息，房贷已还清者，可把这部分资金用来进行一些风险较高的其他投资；收入的 30％用来支付日常生活开支；收入的 20％用来储蓄备用，投资流动性高的存款或货币市场工具；收入的 10％用来购买保险支付保费。这个收入分配的“4321”原则（见图 6－14），是根据经验法则得出来的，可以作为设定收支储蓄预算的参考架构。

---

①② 杨明基．新编经济金融词典．北京：中国金融出版社，2015.

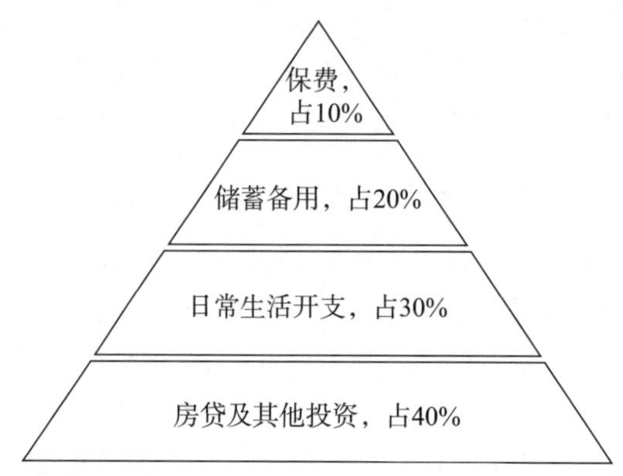

图 6-14　收入分配的“4321”原则

3. 家庭应该有多少收入来满足当前和未来的开销

根据家庭人口数可算出要维持日常生活开销，各需要有多少基础收入才能达到基本、平均和满意水平。

基本消费支出不包括房贷，因此如果有房贷负担，则每月应有收入要再加上月摊还房贷本息。如果再考虑要为退休准备储蓄，那么，还要加上为退休需准备的每月定期定额储蓄。当然，如果子女要受高等教育，还要准备教育金储蓄。

$$\text{应有家庭消费支出}=\text{预期水平的每人消费性支出}\times\text{家庭人口数}$$

$$\begin{matrix}\text{应有年}\\\text{家庭收入}\end{matrix}=\begin{matrix}\text{应有年}\\\text{消费支出}\end{matrix}+\begin{matrix}\text{购房贷款}\\\text{本息摊还额}\end{matrix}+\begin{matrix}\text{教育金}\\\text{储蓄}\end{matrix}+\begin{matrix}\text{退休金}\\\text{储蓄}\end{matrix}$$

购房房贷本息负担，以房贷利率 6%，贷款 20 年，年购房本息负担即根据 $I=6\%$，$n=20$，PV=房价×房贷比例，求 PMT。房价=期待水平的需求面积×家庭人口数×预期地区的单价，需求面积以 2016 年中国城镇居民人均建筑面积为 36.6 平方米的居住面积为指标①，可以每人 25 平方米作为基本水平、每人 35 平方米作为平均水平、每人 55 平方米作为满意水平。预期地区房价则根据居住地行情估计，基本水平可以经济适用房房价、平均水平以普通住宅房价、满意水平则可以豪华住宅房价为参考依据。

退休金储蓄以预期水平的生活费用需求×2 人×退休后生活年数 20 年/离退休的年数来计算，假设退休金储蓄的投资收益率刚好等于通货膨胀率，不考虑货币的时间价值。

教育金储蓄=(未成年子女数×期待水平的教育费用) /离子女上大学的年限，同样假设投资收益率等于学费增长率，不考虑货币的时间价值。基本需求为上专业学院 4 年学费及住宿费 6 万元，平均水平为上综合大学 4 年学费 10 万元，满意水平为念完大学后资助子女留学共花费 40 万元。

实例 6-4　30 岁的小义想要在达到平均生活水平的同时考虑购房、儿子 15 年后接受综合大学教育和 30 年后退休三大理财目标，三口之家年生活费 3.6 万

① 国家统计局．居民收入较快增长 生活质量不断提高——党的十八大以来经济社会发展成就系列之五，http://www.stats.gov.cn/ztjc/ztfx/18fzcj/201802/t20180212_1583218.html.

元(1.2 万元×3)+年缴房贷本息 4.71 万元(购买住房 90 平方米，当地均价每平方米 6 000 元，房价 54 万元，年供额即根据 $I=6\%$，$n=20$，$PV=540\ 000$，求 PMT，不考虑首付)+年退休储蓄 1.6 万元(1.2 万元×2×20/30)+教育金储蓄 0.67 万元(10 万元×1/15)=10.58 万元。可见，如果小义已满 30 岁，而家庭每年可支配收入没有达到 10.58 万元的话，这个三口之家就不能实现所设定的理财目标。

假设当地经济适用房房价每平方米为 4 000 元，普通住宅每平方米为 6 000 元，豪华住宅每平方米为 10 000 元。以小义的例子，自己、配偶加一个子女，可由表 6-21 查出每年需要 10.58 万元的收入才能满足平均生活水平及所有理财目标。如果小义还要奉养双亲，要过平均水平的生活，年收入要达到 16.12 万元。如果小义的家庭年收入为 10 万元，那么，三口之家时可以过平均水平的生活，五口之家时只能过基本水平的生活。但是如果小义为单身，10 万元的收入就足以让他过满意水平的生活了。需要注意的是，表 6-21 中的应有收入尚未把应有保障所需的保费计算在内，如果是计算税前收入，还要把该所得级距所应缴的税计算在内。不过，已经购房且房贷已缴清者可把房贷负担部分扣除。由 2016 年数据我们知道，中国最高收入家庭以三口计算可支配所得约 21 万元，而即使不考虑房贷负担，从表 6-21 的数据我们也可以发现，三口之家考虑教育金和退休金准备后，过上满意水平生活的应有收入应达 39.67 万元，因此 21 万元还是只能过平均水准的生活。其他收入水平居民差得更多，可见，如果把未来各项理财目标加计在应有所得内，国内家庭的平均所得仍然偏低，无法满足包括当前和未来的所有理财目标需求。

表 6-21 **应有收入模拟分析** (单位：万元/年)

基准 30 岁	自己	加配偶	儿子	奉养单亲	奉养双亲
基本水平					
生活费	0.70	1.40	2.10	2.80	3.50
房贷本息负担	0.70	1.39	2.09	2.79	3.49
退休金储蓄	0.47	0.93	0.93	0.93	0.93
教育金储蓄	0.00	0.00	0.40	0.40	0.40
总计	1.87	3.72	5.52	6.92	8.32
平均水平					
生活费	1.20	2.40	3.60	4.80	6.00
房贷本息负担	1.57	3.14	4.71	6.28	7.85
退休金储蓄	0.80	1.60	1.60	1.60	1.60
教育金储蓄	0.00	0.00	0.67	0.67	0.67
总计	3.57	7.14	10.58	13.35	16.12
满意水平					
生活费	2.40	4.80	7.20	9.60	12.00
房贷本息负担	4.36	8.72	13.68	17.44	21.80
退休金储蓄	1.60	3.20	3.20	3.20	3.20
教育金储蓄	0.00	0.00	2.67	2.67	2.67
总计	8.36	16.72	26.15	32.91	39.67

（六）支出预算

如果以前没记过账，不知道自己的钱花到哪里去了，可以在设定理财目标后，计算要达到各理财目标需要多少储蓄。再以收入－储蓄目标＝消费支出预算的方式，做出每月的总支出预算，程序步骤整理如图 6－15 所示。了解一下中国居民消费支出方面的统计数据，作为第一次编制预算的参考。表 6－22 显示的是全国平均消费总支出水平和全国平均各项目消费比率，我们可以据此先编列出食、衣、住、行、教育、娱乐等各项目的支出预算，等账记了一段时间，了解自己家庭的消费习性之后，就可以在总预算支出不变的情况下，调整各项目支出比率来编制适合自己家庭的项目类别支出预算。

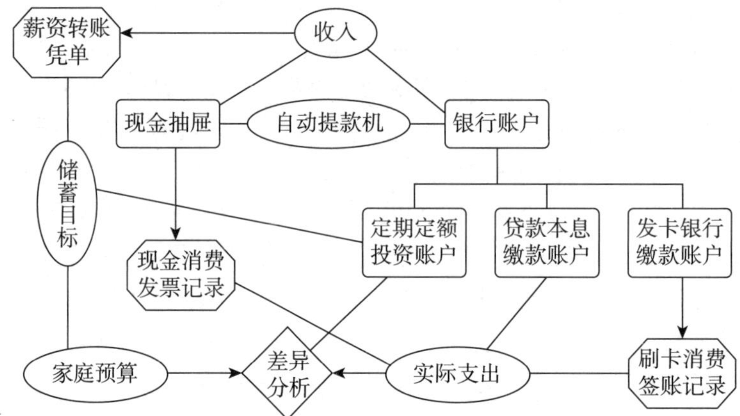

图 6－15 预算控制流程

表 6－22　依年度平均每人消费支出

指标	2016 年	2015 年	2014 年	2013 年
城镇居民人均消费支出（元）	23 079	21 392	19 968	18 488
城镇居民人均食品烟酒消费支出（元）	6 762	6 360	6 000	5 571
城镇居民人均衣着消费支出（元）	1 739	1 701	1 627	1 554
城镇居民人均居住消费支出（元）	5 114	4 726	4 490	4 301
城镇居民人均生活用品及服务消费支出（元）	1 427	1 306	1 233	1 129
城镇居民人均交通和通信消费支出（元）	3 174	2 895	2 637	2 318
城镇居民人均教育、文化和娱乐消费支出（元）	2 638	2 383	2 142	1 988
城镇居民人均医疗保健消费支出（元）	1 631	1 443	1 306	1 136
城镇居民人均其他用品及服务消费支出（元）	595	578	533	490

说明：从 2013 年起，国家统计局开展了城乡一体化住户收支与生活状况调查，2013 年及以后数据来源于此项调查。

资料来源：国家统计局。

二、家庭财务预算的控制

（一）预算控制方式

为了管控费用和储蓄，除了已有的住房公积金账户和个人基本养老金账户之外，还应在符合国家金融监管机构对境内居民开立银行账户规定的前提下，合理管理个人名下的银行账户，可根据家庭不同支出项来分别设定账户功能，比如作为自动扣缴水费、电费、电话费等账户，定期定额投资的一类账户，房贷本息偿还的账户以及信用卡还款账户等，通过不同账户并配合现金抽屉的余额管控，有助于明确收支控制情况，随时掌握资产负债状况。

以每月收入一定期定额扣款额＝家计预算，与包括刷卡在内的实际消费支出做比较，便可再细分各项目做差异分析（详见图 6－15）。

（二）家庭财务预算的差异分析

如果每月按照预算科目记账，就可以得出实际的收入、费用支出、资本支出和储蓄的数据。与预算金额比较后，根据差异的金额或比率大小，就能分析差异原因来检讨改进。差异分析应注意的要点如下：

（1）如实际与预算差异超过 10%，应找出差异的原因；

（2）若差异的原因属于预算低估，则应重新检查预算的合理性并修正，但改动太过频繁将使预算失去意义；

（3）要达成储蓄或减债计划，需严格执行预算；

（4）若某项支出远高于预算，可订达成时限，逐月降低差异；

（5）若同时有多项支出差异，可逐月逐项进行重点改进；

（6）出现有利差异时，也应分析原因，并可考虑提高储蓄目标。

实例 6－5 由预算控制表 6－23 与表 6－24 可以看出，黄先生家的月费用型支出为 5 345 元，比预算 5 000 元多出 7%，其中水电日用和娱乐支出超过预算甚多，是需要深入检讨的项目。年费用型支出方面，将实际支出和年预算支出相比较，我们发现年购衣预算 6 000 元，而农历年前添购新装就花掉全年预算的 43%，因此对这些季节性的支出仍需加强控管才不会超过全年预算。最后是一些非控制型支出，如税费、保险费、房贷本息和每月的定期投资额，如无意外，应和预算进度相同，可与现金流量和余额核对。

表 6－23　黄先生一家家计月度预算控制表格示例　（单位：元）

月费用型支出							
支出形态	食品、餐费	洗衣理容	水电日用	油钱车费	娱乐支出	医疗保健	合计
现金	2 768	441	740	351	762	283	5 345
信用卡	0	0	0	0	0	0	0
月预算	2 800	400	600	400	400	400	5 000
达标率	99%	110%	123%	88%	191%	71%	107%

说明：达标率＝各项支出/月预算。

表 6-24　黄先生一家家计年度预算控制表格示例　（单位：元）

年费用型支出							
支出形态	购置衣物	家具电器	学费才艺	保养维修	年度旅游	红包交际	合计
现金	0	3 393	1 339	1 110	0	1 660	7 502
信用卡	2 572	0	0	0	0	0	2 572
年预算	6 000	5 000	20 000	3 000	16 000	2 000	52 000
达标率	43%	68%	6.7%	37%	0%	83%	19.4%

非控制型支出						
支出形态	税费	保险费	房贷本金	利息支出	定期投资	合计
现金	4 413	1 979	2 800	720	1 000	10 912
年预算	20 000	10 000	30 000	8 640	12 000	80 640
达标率	22.07%	19.79%	9.33%	8.33%	8.33%	13.53%

说明：同表 6-23。

三、家庭现金流量预估表的制作

现金流量预估表的主要作用有两个：一是便于规划短期理财目标，二是可以平衡各月的现金收支情况。

长期的全生涯理财规划以年为单位，但一年中收入大于支出也需要做现金流量调度计划。年收入中有每月固定的工资薪金所得或房租收入，有每年特定月份才领一次的年终奖金、绩效奖金或员工红利，也可能有半年才结算一次的利息收入或不定期实现的资本利得收入。年度支出中有每月日常生活开销、月付房租或房贷本息、每年一两次的国外旅游支出、每学期付一次的子女学杂费、不定期的缴税支出、年缴或季缴保费，也有较短期的资本支出计划，如买车、添置家具电器或装修维护等。这些短期理财目标不见得要放在全生涯理财规划表里，但如果有 3 年内必须完成的资本支出，还是要在中期现金流量预估表上预先安排。

中短期的生涯理财规划以月为单位，编制月现金流量预估表的注意事项如下：

(1) 以其他长期目标（基金投资）作为实现长期理财目标的手段，在现金流量表中应视为不可间断的强制性支出，从而达到强迫储蓄的效果。定期定额投资要根据退休、子女高等教育或购房等中长期理财目标的需求来算出。如果规划的结果是从未来某一个月开始现金余额均远超过 3 个月收入的合理额度，这就表示有多余的储蓄能力，可以用来规划长期理财目标，此时应提高每月的定期定额投资额来加快长期目标实现的进度或提升长期目标的品质。但如果现金流量预估显示，把定期定额投资视为必要支付后，剩余的储蓄能力无法满足短期目标，则应重新评估长短期目标的优先级及调整弹性，决定是要降低定期定额投资额还是要降低短期目标要求，如改买二手车或将欧洲旅游改为国内旅游等。

(2) 现金流量预估表中，如果现金余额有一段时间为负数，表示要事先预做调度安排。除了房贷之外，汽车贷款、小额信贷和分期付款等短期信贷运用工具，主要用来平衡3年内的收支时间差异，都可以在中期现金流量预估表中预做规划。如果现金流量出现负数的时间只有一两个月，后面的月份即有正的现金流量，则可以运用信用卡预借现金、循环信用、亲友暂时周转或小额消费贷款的方式来调整。如果从某月份开始的现金余额均呈现负数，表示预定的目标超过收入储蓄能力，那么除非手边有其他资产可变现，否则应该调整中短期的理财目标重新规划。

(3) 中短期现金流量预估表应每月重编一次，除了依本月实际的现金余额调整上月的余额之外，也可就最新情况调整预估项目。如拟购置的汽车或家电价格有变动，或国外旅游团费用大幅调整，都会使短期目标或定期支出额发生变化，自然要以最新的信息进行调整。每月的预估表都是以预估未来36个月的流量为基础编制的。当然，如果有极重要的中期目标需要以控制月现金流量来实现，也可以将预估月份延展为60个月。

(4) 当连续好几个月发现实际的生活费用都远高于预估的生活费用时，应考虑编制细目预算来控制费用。生活费用在现金流量预估表中仅是每月一个数字，要达到费用控制的目标，应另就食衣住行育乐分类做预算，每月对各类预算和实际花费做差异分析，并逐月缩减差异，才能让现金流量预估表显示出规划兼控制的双重作用。

(5) 中短期现金流量预估表应与长期生涯理财规划表的前3年计划相配合，才能落实长期目标的实现进度。如长期规划中两年内就要购房换房，或是已购期房每月已开始还贷款，都可列入现金流量预估表内。预备付首付款时，资金来源不可能全部来自当月现金余额，可能是卖出股票或赎回基金，也可能来自其他周转渠道。

实例6-6 彭先生有一个3岁刚上幼儿园的小孩。在2018年12月底时做3年现金流量规划至2021年12月，期初现金余额为4万元。每月彭先生扣缴所得税和三险一金后的收入为5 000元，配偶为4 000元。彭先生于每年1月份会领到公司加发的相当于两个月工资的奖金，但配偶的公司正常情况下奖金为一个月工资。未来3年彭先生预计每年7月调薪，每月在上一年基础上增加500元，配偶预计每年1月调薪，每月在上一年基础上增加500元。月支出方面，一家三口生活费3 000元，房租1 700元。每学期要缴幼儿园学费4 000元（分别在2月和8月）。生活费、房租和学杂费的年增长率均为5%。除此之外，每年计划在五一假期出国玩一趟，预算15 000元，十一假期国内旅游预算5 000元。当前每月其他长期目标（基金投资）1 000元，每年4月缴年保费7 000元。如果彭先生打算在3年内花100 000元购车，何时可在完成所有其他预估计划的情况下以现金购车？假设现金余额至少要维持3个月的家庭固定支出，含其他长期目标（基金投资）的月固定支出。

每个月的固定支出＝生活费3 000元＋1 700元＋1 000元＝5 700元，最低应维持现金余额＝5 700元×3＝17 100元。如果一切都按照计划进行，那么要在2021年1月年终奖金发放之后，才有能力以现金100 000元购车，同时购车后的现金余额还有29 100元，高于最低应维持现金余额17 100元。计算结果如表6-25所示。

表 6-25　彭先生家庭未来 3 年的现金流量预估表　（单位：千元）

年月	自己收入	配偶收入	生活费	学杂费	保险费	月房租	旅游支出	购车支出	其他长期目标（基金投资）	净收支额	现金余额
2018/12											40.0
2019/1	15.0	9.0	3.0	0.0	0.0	1.7	0.0	0.0	1.0	18.3	58.3
2019/2	5.0	4.5	3.0	4.0	0.0	1.7	0.0	0.0	1.0	(0.2)	58.1
2019/3	5.0	4.5	3.0	0.0	0.0	1.7	0.0	0.0	1.0	3.8	61.9
2019/4	5.0	4.5	3.0	0.0	7.0	1.7	0.0	0.0	1.0	(3.2)	58.7
2019/5	5.0	4.5	3.0	0.0	0.0	1.7	5.0	0.0	1.0	(1.2)	57.5
2019/6	5.0	4.5	3.0	0.0	0.0	1.7	0.0	0.0	1.0	3.8	61.3
2019/7	5.5	4.5	3.0	0.0	0.0	1.7	0.0	0.0	1.0	4.3	65.6
2019/8	5.5	4.5	3.0	4.0	0.0	1.7	0.0	0.0	1.0	0.3	65.9
2019/9	5.5	4.5	3.0	0.0	0.0	1.7	0.0	0.0	1.0	4.3	70.2
2019/10	5.5	4.5	3.0	0.0	0.0	1.7	15.0	0.0	1.0	(10.7)	59.5
2019/11	5.5	4.5	3.0	0.0	0.0	1.7	0.0	0.0	1.0	4.3	63.8
2019/12	5.5	4.5	3.0	0.0	0.0	1.7	0.0	0.0	1.0	4.3	68.1
2020/1	16.5	10.0	3.2	0.0	0.0	1.8	0.0	0.0	1.0	20.5	88.6
2020/2	5.5	5.0	3.2	4.2	0.0	1.8	0.0	0.0	1.0	0.3	88.9
2020/3	5.5	5.0	3.2	0.0	0.0	1.8	0.0	0.0	1.0	4.5	93.4
2020/4	5.5	5.0	3.2	0	7.0	1.8	0	0	1.0	(2.5)	90.9
2020/5	5.5	5.0	3.2	0	0	1.8	5.0	0	1.0	(0.5)	90.4
2020/6	5.5	5.0	3.2	0	0	1.8	0	0	1.0	4.5	94.9
2020/7	6.0	5.0	3.2	0	0	1.8	0	0	1.0	5.0	99.9
2020/8	6.0	5.0	3.2	4.2	0	1.8	0	0	1.0	0.8	100.7
2020/9	6.0	5.0	3.2	0.0	0	1.8	0.0	0	1.0	5.0	105.7
2020/10	6.0	5.0	3.2	0.0	0	1.8	15.0	0	1.0	(10.0)	95.7
2020/11	6.0	5.0	3.2	0.0	0	1.8	0	0	1.0	5.0	100.7
2020/12	6.0	5.0	3.2	0	0	1.8	0	0	1.0	5.0	105.7
2021/1	18.0	11.0	3.3	0	0	1.9	0	100.0	1.0	(77.2)	28.5
2021/2	6.0	5.5	3.3	4.4	0	1.9	0	0	1.0	0.9	29.4
2021/3	6.0	5.5	3.3	0.0	0	1.9	0	0	1.0	5.3	34.7
2021/4	6.0	5.5	3.3	0	7.0	1.9	0	0	1.0	(1.7)	33.0
2021/5	6.0	5.5	3.3	0	0	1.9	5.0	0	1.0	0.3	33.3
2021/6	6.0	5.5	3.3	0	0	1.9	0	0	1.0	5.3	38.6
2021/7	6.5	5.5	3.3	0	0	1.9	0	0	1.0	5.8	44.4
2021/8	6.5	5.5	3.3	4.4	0	1.9	0	0	1.0	1.4	45.8
2021/9	6.5	5.5	3.3	0.0	0	1.9	0.0	0	1.0	5.8	51.6
2021/10	6.5	5.5	3.3	0.0	0	1.9	15.0	0	1.0	(9.2)	42.4
2021/11	6.5	5.5	3.3	0	0	1.9	0	0	1.0	5.8	48.2
2021/12	6.5	5.5	3.3	0	0	1.9	0	0	1.0	5.8	54.0

第七节　理财资讯平台在家庭财务分析中的应用

【案例背景】

理财师李华通过与客户王先生的充分沟通，了解到王先生的家庭情况以及基本财务状况如下：

王先生今年 40 岁，王太太 38 岁，一个儿子 10 岁，王家在北京工作与居住。

王先生在银行有 3 万元的活期存款，10 万元的定期存款，另外投资了 20 万元的债券型基金，10 万元的股票型基金。目前自用房产价值 200 万元，还有 50 万元公积金贷款余额，5 年还清。王先生在国有企业担任中级主管，年税后工作收入 12 万元。王太太为高中老师，年税后工作收入 8 万元。年税后利息债息收入 1.2 万元。一家三口的年生活费 10 万元。

社会保险与商业保险方面，王先生与王太太都有三险一金，按北京市的标准发放。目前王先生的个人社保与公积金年缴费基数为 14 万元，个人养老金账户余额 7 万元，王太太的年缴费基数为 9 万元，个人养老金账户余额 3 万元。夫妻的住房公积金都用来还贷款，没有余额。社保缴费年资均为 15 年。个人医疗保险金账户余额王先生为 1.2 万元，王太太为 0.5 万元。王先生自行投保终身寿险保单一张，保额 50 万元，年缴保费 2 万元，还要缴 15 年。目前寿险现金价值 7 万元。其中保障型保费占 20%。王太太刚投保了一份保额为 20 万元的重大疾病保险，缴费期限 20 年，年缴保费 1 万元，期满可领回所缴保费，其中保障型保费占 25%。目前寿险现金价值 0.2 万元。

【软件操作】

第一步，新建客户：在理财规划全流程中新建客户（如图 6－16 所示）。

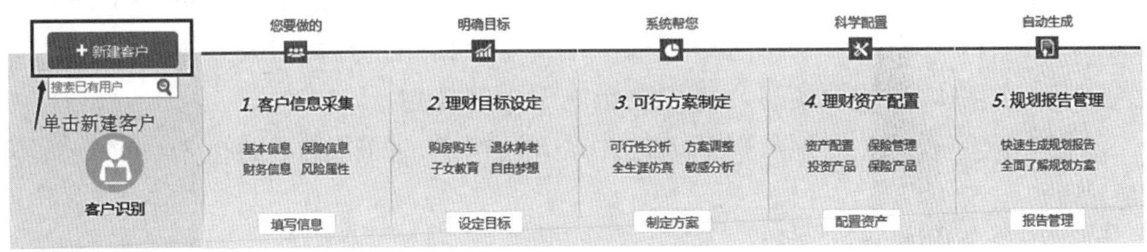

图 6－16　新建客户界面

第二步，客户基本信息输入。

客户基本信息主要包括的内容如表 6－26 所示。

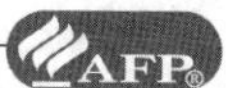

表 6－26　客户基本信息

客户个人信息	客户家庭信息
分类：普通/主要/重点客户 出生年月日、年龄 最高学历、职业 是否加入社保，所在地区 婚姻：未婚/已婚/离婚/丧偶 联系方式：手机、固定电话、电子邮箱、邮寄地址	已婚者的配偶个人信息 家庭成员：出生年月日、年龄、性别、与客户的关系 以财务依赖关系来定位家庭成员，已经独立的子女与不需要客户赡养的父母及岳父母不必放入家庭成员中

具体输入方式如图 6－17 所示。

*姓名: 王先生
重要性: 普通用户 主要客户 重点客户
*性别: 男 女
*出生日期: 1978-09-14
年龄: 40 岁
最高学历: 本科
职业:
社保所在地: 北京市 北京市
婚姻状况: 已婚
*姓名: 王太太
*性别: 女
*出生日期: 1980-09-14
年龄: 38 岁
最高学历: 本科
职业:
社保所在地: 北京市 北京市
婚姻状况: 已婚
联系方式
家庭成员
*姓名 *出生日期 *年龄 *性别 *与本人关系
小王 2008-09-14 10 岁 男 子女

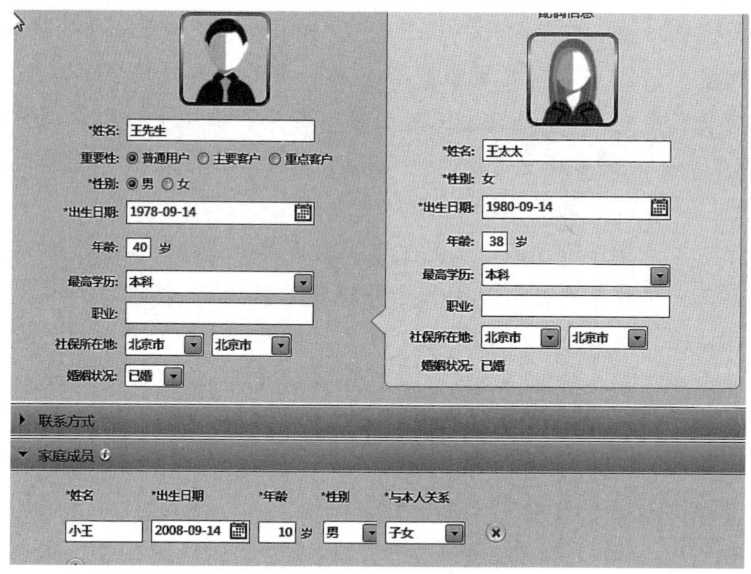

图 6－17　客户基本信息输入界面

填写基本信息时需要注意以下问题：

（1）准确填写婚姻状况，选择“已婚”后配偶的信息栏才会自动弹出。

（2）正确填写社保所在地，不同地区的收入水平、社会平均工资以及社保缴纳额是不同的，系统会根据选择的社保地自动计算社保缴费相关数额。

（3）正确填写职业信息，否则会影响后面的规划。

（4）家庭成员关系须从财务依赖关系方面判定，即将出生的孩子也要记为家庭成员。

第三步，检查个人信息。

完成家庭基本信息录入后，单击“确定”检查基本信息的准确性，如图 6－18 所示。

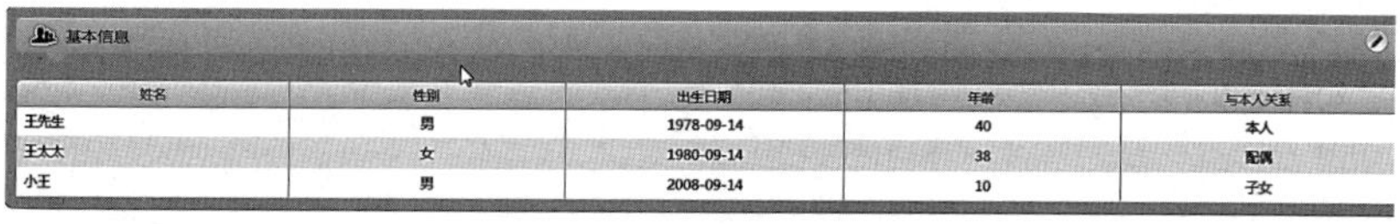

基本信息
姓名 性别 出生日期 年龄 与本人关系
王先生 男 1978-09-14 40 本人
王太太 女 1980-09-14 38 配偶
小王 男 2008-09-14 10 子女

图 6－18　检查个人信息

第四步，家庭财务信息输入。

1. 家庭资产信息

家庭经常涉及的资产类型如下，要统计完整，分类正确：

- 流动性资产：现金、活期存款。
- 既得权益：社保与公积金账户余额，保单现金价值。
- 金融资产：定期存款、债券、股票。
- 房产：自住或投资用途。
- 实业投资：账面值或市值。
- 汽车：二手车行情计值。
- 其他资产：民间债权、预付订金、贵金属、艺术品。

如果采用分别财产制，要区分夫或妻名下资产与负债。

具体录入方法如下：

(1) 某些财产可以直接输入金额，如图 6－19 所示。

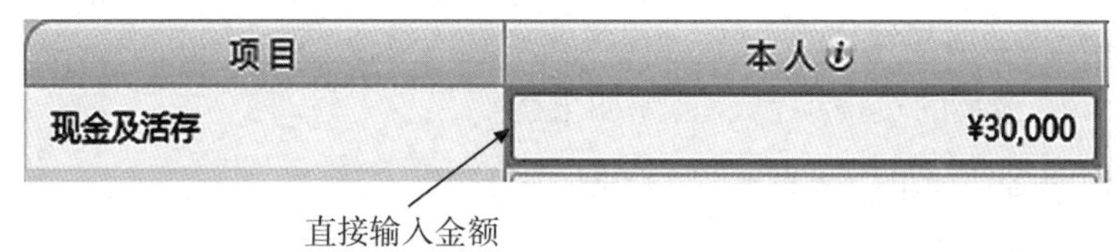

图 6－19　家庭资产信息输入界面 1

(2) 单击“✏”弹出明细，通过输入产品首字母或代码可以录入具体产品，如图 6－20 所示。

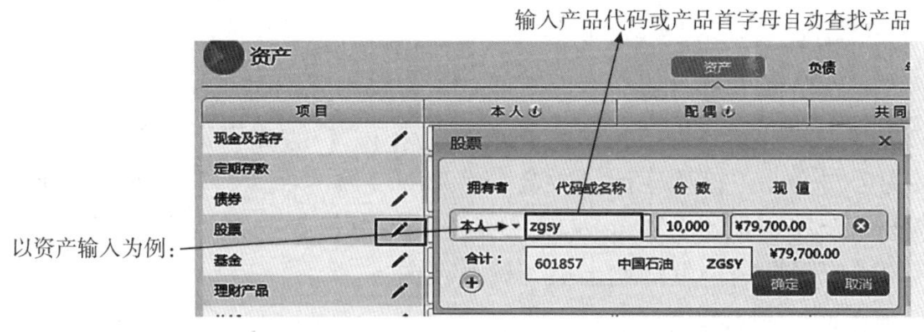

图 6－20　家庭资产信息输入界面 2

(3) 债券、股票、基金录入份数自动计算市值，或录入市值自动计算份数。

(4) 系统每日会自动更新产品价格统计最新财务信息（此功能仅限金拐棍软件企业版，金拐棍教学版为历史时点数据），如图 6－21 所示。

(5) 家庭资产信息输入时要注意以下几个问题：资产按照市值计价；若采用分别财产制，要区分夫或妻名下的资产；若为夫妻共有的财产，则放在“共同”；实业投资方面，若客户投资标的为公司企业，该项应记录客户所持有的股权净值，若为独资企业，该项应记录客户企业的全部资产，合伙企业以总资产×持有份额比率计算；社会平均工资增长率在社保、住房公积金个人账户明细中录入，

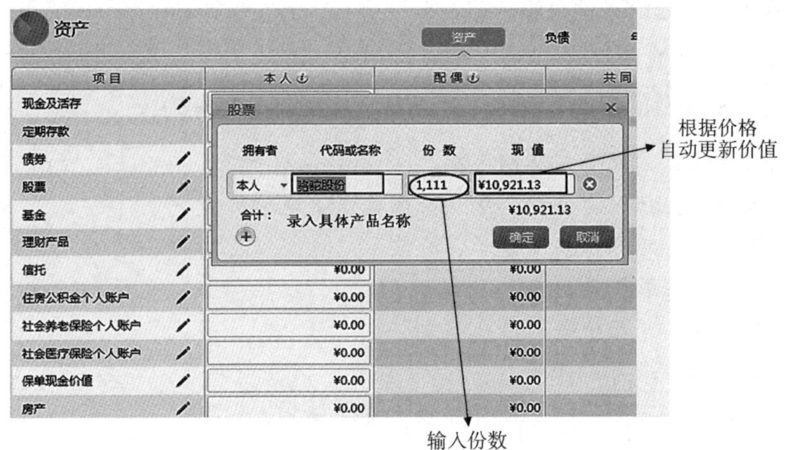

图 6－21　家庭资产信息输入界面 3

默认数据为客户社保所在地的历年社会平均工资增长率的平均值。

2. 家庭负债信息输入

家庭经常涉及的负债项目，具体如下：

- 信用卡循环信用：宽限期内还款刷卡额不计算在内。
- 小额消费信贷。
- 房产贷款余额：分笔累计。
- 金融投资贷款余额。
- 实业投资贷款余额。
- 汽车贷款。
- 其他贷款：民间借贷。

输入家庭负债信息时要注意以下问题：若采用分别财产制，要区分夫或妻名下的负债；若为夫妻共担的负债，则放在“共同”；实业投资的贷款，若客户投资标的为公司企业，该项应记录股金中借来的金额，若为独资企业，该项应记录客户企业的全部负债，合伙企业以总负债×持有份额比率计算；信用卡循环信用，客户在宽限期内还款的刷卡额不计算在内。

3. 家庭收入信息输入

家庭经常产生的收入类型如下：

- 工作收入：为税后可支配收入，加入收入增长率假设。
- 房租收入：对投资性房产输入房租收入、增长率、期限。
- 实业投资收益：未上市公司税后分红、增长率、期限。
- 金融投资收益：存款利息、债息、股息。
- 资本利得：已实现差价利益。
- 其他收入：转移性收入、偶然所得。

具体输入方式如下：

（1）单击工作收入“✎”弹出明细，单击“»”展开工作收入全部明细，录入税后可支配收入，将收入增长率修改为7%，如图6-22所示。

图6-22　客户工作收入输入界面

(2) 单击社会养老保险个人账户或社会养老保险个人账户年缴存额“✎”弹出明细，单击“»”展开全部明细，录入账户余额、年缴费基数、已缴费年限，将社平工资增长率改为8%，社保养老金收入增长率改为4%，如图6-23所示。

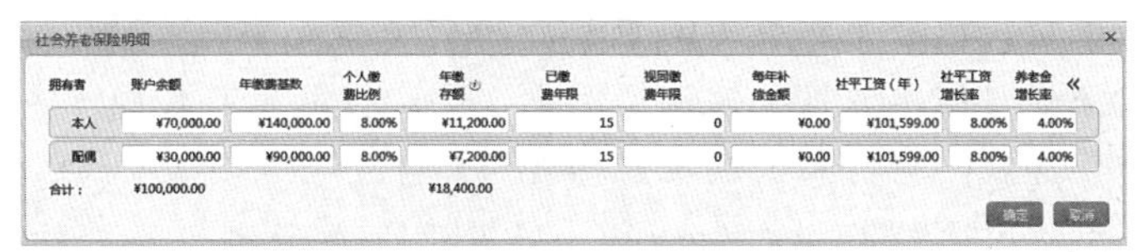

图6-23　客户社会养老保险输入界面

输入家庭收入信息要注意以下几个问题：夫妻共有的投资性资产所带来的收入归为“共同”。

工作收入：可支配收入＝税前收入－三险一金扣缴－个人所得税。社平工资：在社保、住房公积金个人账户明细中录入，默认数据为客户社保所在地的当年社会平均工资。

收入增长率：在工作收入明细中录入，默认数据为客户社保所在地的历年国民收入增长率的平均值。

4. 家庭支出信息输入

家庭经常发生的支出项目如下：

- 日常支出：食衣住行乐医。
- 子女教育：阶段性另列。
- 赡养父母：阶段性另列。
- 利息支出：根据负债计算。
- 保障型保费：根据保单加总。
- 其他支出：转移性支出。

注意，如果采用分别财产制，要区分夫或妻名下收入与支出，共同支出为对子女的支出。

输入家庭支出信息要注意以下几个问题：无法区分夫或妻名下的支出应归为“共同”。

日常支出：该项记录的现金流默认持续至目标退休年龄，退休后的日常支出为退休目标的金额。

教育抚养支出、赡养父母支出：该项记录仅为当前年度开支，未来支出需另设目标。

利息支出：每笔贷款区分本利，该项记录为利息部分加总，系统默认根据当前负债金额、利率与剩余年限推算过去一年利息合计，可修改。

5. 固定用途储蓄的输入

固定用途储蓄主要包括以下项目：

- 住房公积金缴存额：含个人与企业缴存。
- 个人养老金缴存额：个人缴存。
- 医疗保险金缴存额：含个人与企业缴存。
- 还贷本金：每笔贷款区分本利，还本金部分加总。
- 其他长期目标（基金投资）：已经在定期扣款投资的金额。
- 储蓄型保费：已经每年缴费的金额，两全保险或终身寿险，总保费－该年龄自然保费与保单费用＝储蓄型保费，储蓄型保费可累积保单现金价值。
- 教育储蓄存款：按照约定每年需存款的部分。
- 储蓄－固定用途储蓄＝自由储蓄；若当年度无新增投资（赎回），自由储蓄＝净现金流量。

第五步，家庭财务报表输出。

财务信息录入完成后单击“确定”可查看财务信息结果。

（1）单击分析结果中“资产负债表”或“收支储蓄表”，进入财务报表页面，如图 6－24 至图 6－27 所示。

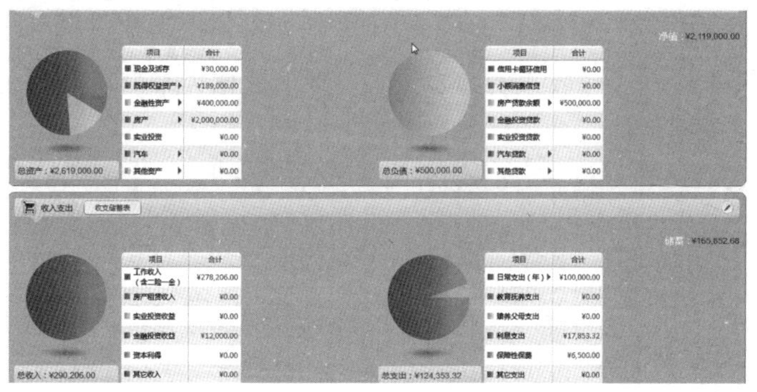

图 6－24 分析结果界面

资产负债表

统计时间：2018.09.14

资产	本人	配偶	共同	合计	比重
总资产	¥152,000.00	¥37,000.00	¥2,430,000.00	¥2,619,000.00	100.00%
流动性资产	¥0.00	¥0.00	¥30,000.00	¥30,000.00	1.15%
现金及活存	¥0.00	¥0.00	¥30,000.00	¥30,000.00	1.15%
投资性资产	¥152,000.00	¥37,000.00	¥400,000.00	¥589,000.00	22.49%
定期存款	¥0.00	¥0.00	¥100,000.00	¥100,000.00	3.82%
债券型基金	¥0.00	¥0.00	¥200,000.00	¥200,000.00	7.64%
股票型基金	¥0.00	¥0.00	¥100,000.00	¥100,000.00	3.82%
社会养老保险个人账户	¥70,000.00	¥30,000.00	¥0.00	¥100,000.00	3.82%
社会医疗保险个人账户	¥12,000.00	¥5,000.00	¥0.00	¥17,000.00	0.65%
保单现金价值	¥70,000.00	¥2,000.00	¥0.00	¥72,000.00	2.75%
自用性资产	¥0.00	¥0.00	¥2,000,000.00	¥2,000,000.00	76.37%
自用性房产	¥0.00	¥0.00	¥2,000,000.00	¥2,000,000.00	76.37%
负债	**本人**	**配偶**	**共同**	**合计**	**比重**
总负债	¥0.00	¥0.00	¥500,000.00	¥500,000.00	19.09%
自用性负债	¥0.00	¥0.00	¥500,000.00	¥500,000.00	19.09%
自用性房产贷款余额	¥0.00	¥0.00	¥500,000.00	¥500,000.00	19.09%
净值	**本人**	**配偶**	**共同**	**合计**	**比重**
总净值	¥152,000.00	¥37,000.00	¥1,930,000.00	¥2,119,000.00	80.91%
流动性净值	¥0.00	¥0.00	¥30,000.00	¥30,000.00	1.15%
投资性净值	¥152,000.00	¥37,000.00	¥400,000.00	¥589,000.00	22.49%
自用性净值	¥0.00	¥0.00	¥1,500,000.00	¥1,500,000.00	57.27%

图 6－25 统计表——资产负债表

收支储蓄表

统计时间： 2017.09.15 - 2018.09.14

收入	本人	配偶	共同	合计	比重
收入合计	¥167,603.00	¥110,603.00	¥12,000.00	¥290,206.00	100.00%
工作收入	¥167,603.00	¥110,603.00	¥0.00	¥278,206.00	95.87%
工资薪金收入	¥120,000.00	¥80,000.00	¥0.00	¥200,000.00	68.92%
住房公积金个人账户年缴存额	¥33,600.00	¥21,600.00	¥0.00	¥55,200.00	19.02%
社会养老保险个人账户年缴存额	¥11,200.00	¥7,200.00	¥0.00	¥18,400.00	6.34%
社会医疗保险个人账户年缴存额	¥2,803.00	¥1,803.00	¥0.00	¥4,606.00	1.59%
理财收入	¥0.00	¥0.00	¥12,000.00	¥12,000.00	4.13%
金融投资收益	¥0.00	¥0.00	¥12,000.00	¥12,000.00	4.13%
支出	**本人**	**配偶**	**共同**	**合计**	**比重**
支出合计	¥4,000.00	¥2,500.00	¥117,853.32	¥124,353.32	42.85%
生活支出	¥0.00	¥0.00	¥100,000.00	¥100,000.00	34.46%
日常支出（年）	¥0.00	¥0.00	¥100,000.00	¥100,000.00	34.46%
理财支出	¥4,000.00	¥2,500.00	¥17,853.32	¥24,353.32	8.39%
利息支出	¥0.00	¥0.00	¥17,853.32	¥17,853.32	6.15%
商业保险保障性保费	¥4,000.00	¥2,500.00	¥0.00	¥6,500.00	2.24%
总储蓄	**本人**	**配偶**	**共同**	**合计**	**比重**
总储蓄	¥163,603.00	¥108,103.00	¥-105,853.32	¥165,852.68	57.15%
工作储蓄	¥167,603.00	¥110,603.00	¥-100,000.00	¥178,206.00	61.41%
理财储蓄	¥-4,000.00	¥-2,500.00	¥-5,853.32	¥-12,353.32	-4.26%

图 6-26　统计表——收支储蓄表

储蓄运用表

统计时间： 2017.09.15 - 2018.09.14

储蓄	本人	配偶	共同	合计	比重
总储蓄	¥163,603.00	¥108,103.00	¥-105,853.32	¥165,852.68	100.00%
固定用途储蓄	¥63,636.00	¥38,136.00	¥90,626.70	¥192,398.70	116.01%
住房公积金个人账户年缴存额	¥33,600.00	¥21,600.00	¥0.00	¥55,200.00	33.28%
社会养老保险个人账户年缴存额	¥11,200.00	¥7,200.00	¥0.00	¥18,400.00	11.09%
社会医疗保险个人账户年缴存额	¥2,836.00	¥1,836.00	¥0.00	¥4,672.00	2.82%
还款本金	¥0.00	¥0.00	¥90,626.70	¥90,626.70	54.64%
商业保险储蓄性保费	¥16,000.00	¥7,500.00	¥0.00	¥23,500.00	14.17%
自由储蓄	¥99,967.00	¥69,967.00	¥-196,480.02	¥-26,546.02	-16.01%

图 6-27　统计表——储蓄运用表

（2）单击“一级分类 二级分类”，切换统计图和统计表，如图 6-28 至图 6-30 所示。

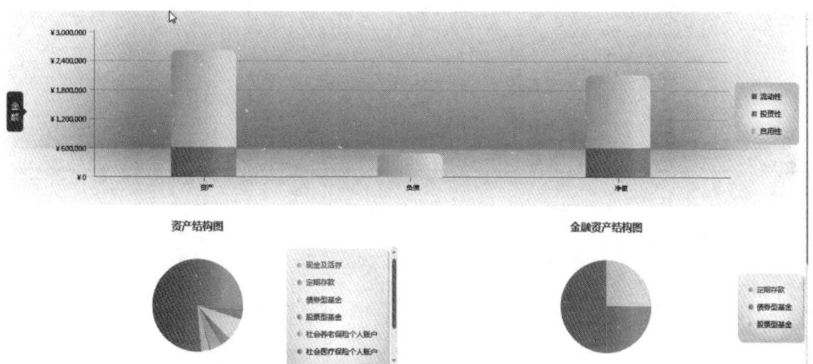

图 6-28　统计图——资产负债图

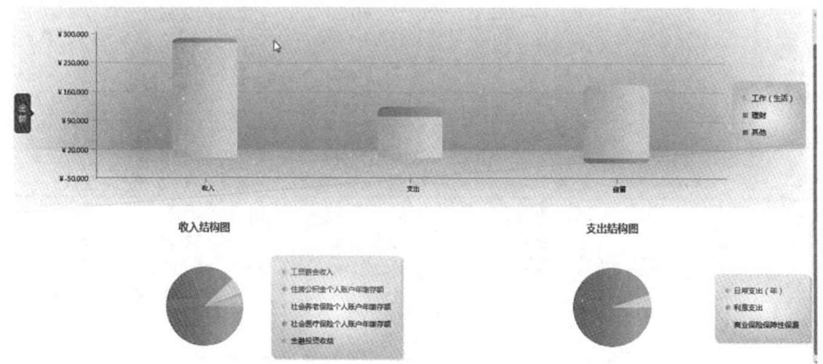

图 6-29　统计图——收支储蓄图

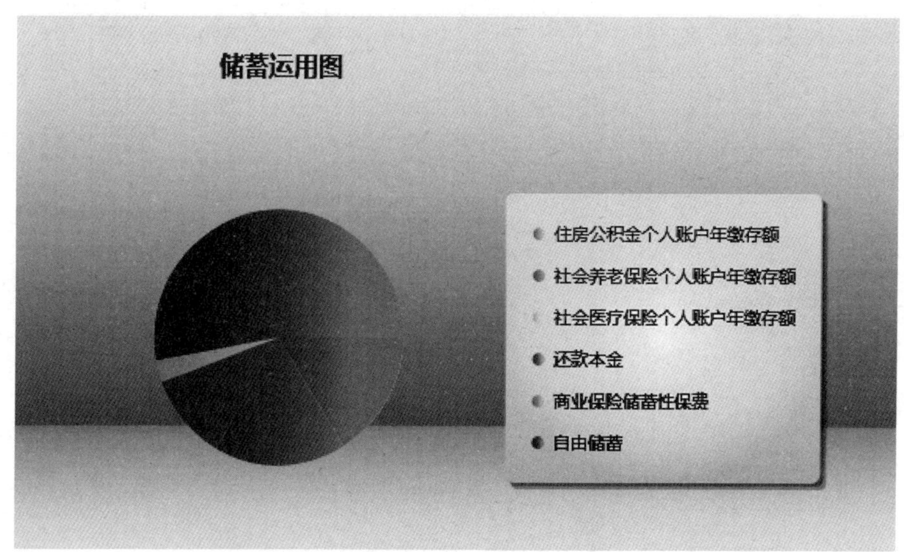

图 6－30　统计图——储蓄运用图

（3）单击“一级分类 二级分类”，一级表图和二级表图可以相互切换。

（4）单击“资产负债表 收支储蓄表 储蓄运用表”，可在资产负债表、收支储蓄表、储蓄运用表之间相互切换。

（5）单击“导出报表”，分别导出三张财务报表，如图 6－31 至图 6－33 所示。

年收入	本人	配偶	共同	总计	比重
工作收入	¥167,603.00	¥110,603.00	¥0.00	¥278,206.00	95.87%
工资薪金收入	¥120,000.00	¥80,000.00	¥0.00	¥200,000.00	68.92%
住房公积金个人账户年缴存额	¥33,600.00	¥21,600.00	¥0.00	¥55,200.00	19.02%
社会养老保险个人账户年缴存额	¥11,200.00	¥7,200.00	¥0.00	¥18,400.00	6.34%
社会医疗保险个人账户年缴存额	¥2,803.00	¥1,803.00	¥0.00	¥4,606.00	1.59%
理财收入	¥0.00	¥0.00	¥12,000.00	¥12,000.00	4.13%
金融投资收益	¥0.00	¥0.00	¥12,000.00	¥12,000.00	4.13%
收入合计	¥167,603.00	¥110,603.00	¥12,000.00	¥290,206.00	100.00%

年支出	本人	配偶	共同	总计	比重
生活支出	¥0.00	¥0.00	¥100,000.00	¥100,000.00	34.46%
日常支出（年）	¥0.00	¥0.00	¥100,000.00	¥100,000.00	34.46%
食物支出	¥0.00	¥0.00	¥100,000.00	¥100,000.00	34.46%
理财支出	¥4,000.00	¥2,500.00	¥17,853.32	¥24,353.32	8.39%
利息支出	¥0.00	¥0.00	¥17,853.32	¥17,853.32	6.15%
商业保险保障性保费	¥4,000.00	¥2,500.00	¥0.00	¥6,500.00	2.24%
支出合计	¥4,000.00	¥2,500.00	¥117,853.32	¥124,353.32	42.85%

净储蓄	本人	配偶	共同	总计	比重
工作储蓄	¥167,603.00	¥110,603.00	¥-100,000.00	¥178,206.00	61.41%
理财储蓄	¥-4,000.00	¥-2,500.00	¥-5,853.32	¥-12,353.32	-4.26%
总储蓄	¥163,603.00	¥108,103.00	¥-105,853.32	¥165,852.68	57.15%

统计时间：　2017. 09. 15—2018. 09. 14

图 6－31　导出报表——资产负债表

资产	本人	配偶	共同	总计	比重
流动性资产	0	0	30,000	30,000	1.15%
现金及活存	0	0	30,000	30,000	1.15%
投资性资产	152,000	37,000	400,000	589,000	22.49%
定期存款	0	0	100,000	100,000	3.82%
债券型基金	0	0	200,000	200,000	7.64%
股票型基金	0	0	100,000	100,000	3.82%
社会养老保险个人账户	70,000	30,000	0	100,000	3.82%
社会医疗保险个人账户	12,000	5,000	0	17,000	0.65%
保单现金价值	70,000	2,000	0	72,000	2.75%
自用性资产	0	0	2,000,000	2,000,000	76.37%
自用性房产	0	0	2,000,000	2,000,000	76.37%
总资产	152,000	37,000	2,430,000	2,619,000	100.00%

负债	本人	配偶	共同	总计	比重
自用性负债	0	0	500,000	500,000	19.09%
自用性房产贷款余额	0	0	500,000	500,000	19.09%
总负债	0	0	500,000	500,000	19.09%

净值	本人	配偶	共同	总计	比重
流动性净值	0	0	30,000	30,000	1.15%
投资性净值	152,000	37,000	400,000	589,000	22.49%
自用性净值	0	0	1,500,000	1,500,000	57.27%
总净值	152,000	37,000	1,930,000	2,119,000	80.91%

统计时间： 2018. 09. 14

图 6－32　导出报表——收支储蓄表

储蓄	本人	配偶	共同	总计	比重
固定用途储蓄	¥63,636.00	¥38,136.00	¥90,626.70	¥192,398.70	116.01%
住房公积金个人账户年缴存额	¥33,600.00	¥21,600.00	¥0.00	¥55,200.00	33.28%
社会养老保险个人账户年缴存额	¥11,200.00	¥7,200.00	¥0.00	¥18,400.00	11.09%
社会医疗保险个人账户年缴存额	¥2,836.00	¥1,836.00	¥0.00	¥4,672.00	2.82%
还款本金	¥0.00	¥0.00	¥90,626.70	¥90,626.70	54.64%
商业保险储蓄性保费	¥16,000.00	¥7,500.00	¥0.00	¥23,500.00	14.17%
自由储蓄	¥99,967.00	¥69,967.00	¥-196,480.02	¥-26,546.02	-16.01%
总储蓄	¥163,603.00	¥108,103.00	¥-105,853.32	¥165,852.68	100.00%

统计时间： 2017. 09. 15—2018. 09. 14

图 6－33　导出报表——储蓄运用表

第六步，家庭财务分析与诊断结果输出。

（1）单击“查看所有”，查看所有财务能力评估结果及对应指标各项数据。

（2）单击“查看不合格指标”可只筛查不合格指标结果。

（3）指标表盘上的指针指向绿色[①]区域，代表该指标在合理范围，若指向红色区域，则代表该指标在不合理范围，如图 6－34 财务能力评估界面中的财务自由度分析。

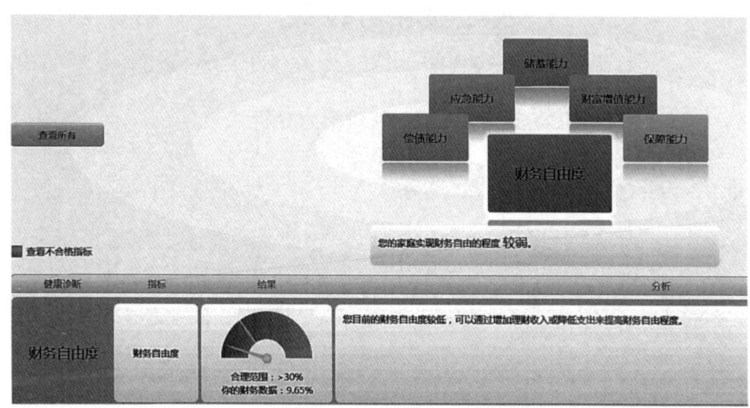

图 6－34　财务能力评估界面

① 因本书采用单色印刷，未能显示颜色，读者可自行查看软件界面。

偿债能力分析结果如图 6－35 所示。

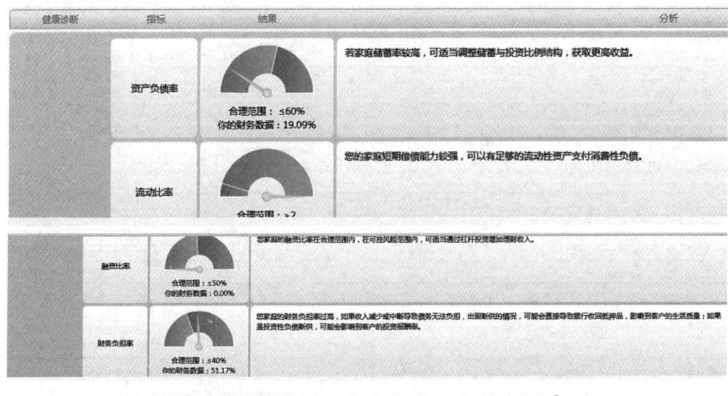

您的家庭综合偿债能力 较强，短期偿债能力 较强，财务杠杆运用程度 高，家庭各种非一次性偿还的大额债务的还款能力 低。

图 6－35 偿债能力分析

应急能力分析结果如图 6－36 所示。

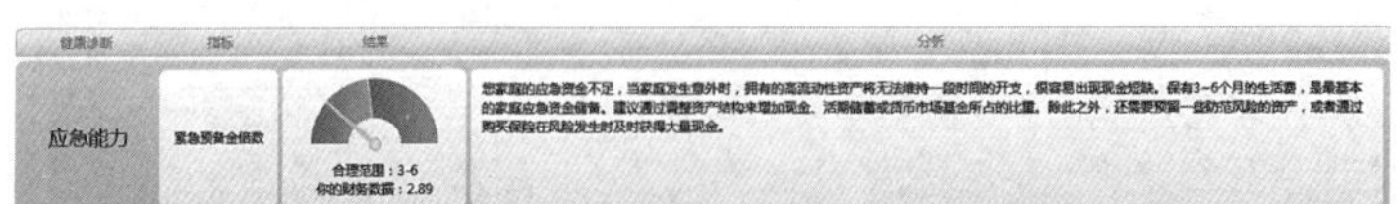

您家庭面临重大变故时的应急能力 较弱，家庭中能迅速变现而不受损失的资产不足。

图 6－36 应急能力分析

保障能力分析如图 6－37 所示。

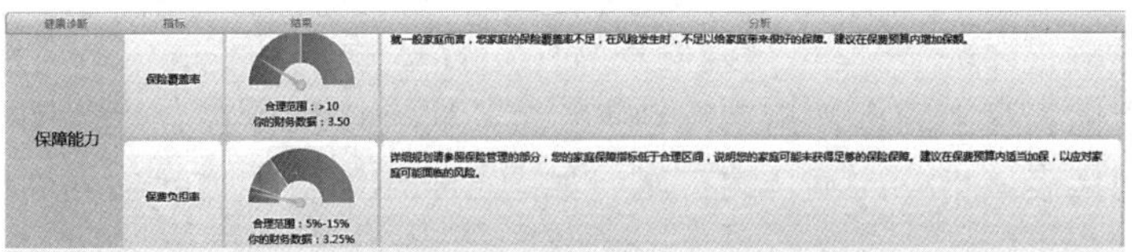

您的家庭保障能力 较弱。

图 6－37 保障能力分析

储蓄能力分析结果如图 6－38 所示。

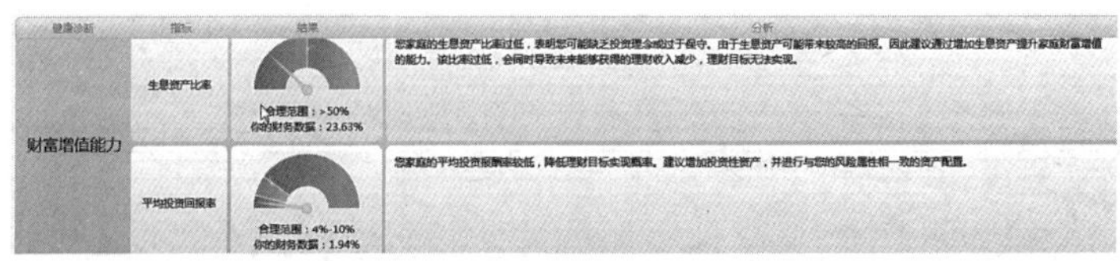

您的家庭综合盈余能力 较强，控制消费性支出的能力 较强，实现日常生活和储蓄目标后的盈余能力 较弱。

图 6－38 储蓄能力分析

财富增值能力分析结果如图 6－39 所示。

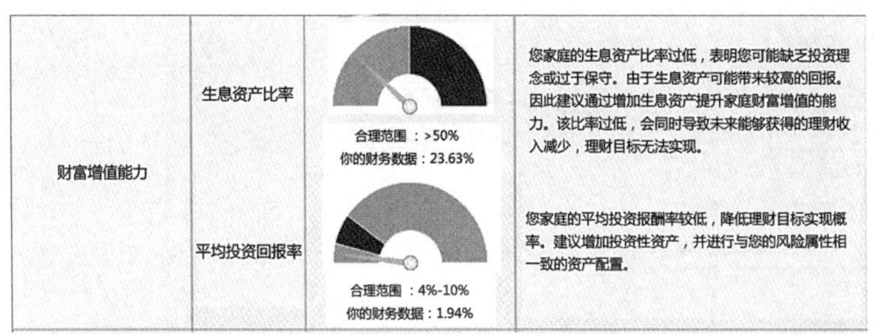

您的家庭通过持有生息资产实现财富增值的能力 **较弱**，能获取的平均投资回报率 **较低。**

图 6－39　财富增值能力分析

第七步，数据纠错。

当财务分析报告中出现不合理的结果时，不要急于否定该报告，而是首先检查之前相应信息的录入有无错误。

若数据录入有误，则必须更正之后重新导出报告书。

若检查之后未发现数据录入的错误，可继续进行理财规划的后续工作。

软件财务诊断显示的是财务比率合理与否的结果，若当年有导致收支大幅变动的特殊情况，可用以解释比率不合理的原因。

第八步，生成财务报告书。

创建报告书个性化模板，具体操作如图 6－40 和图 6－41 所示。

单击“

”，导出 PDF 版的报告书。

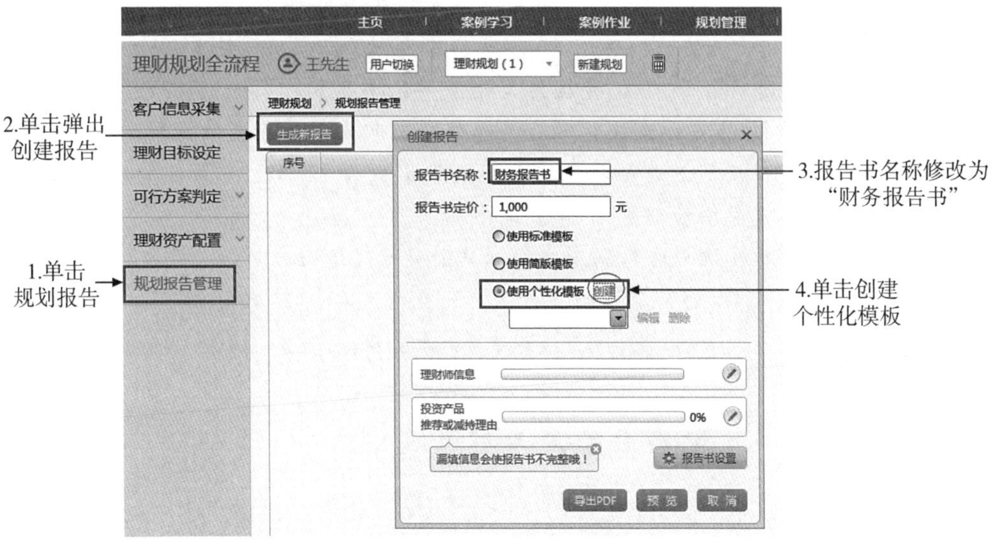

图 6－40　规划报告导出界面

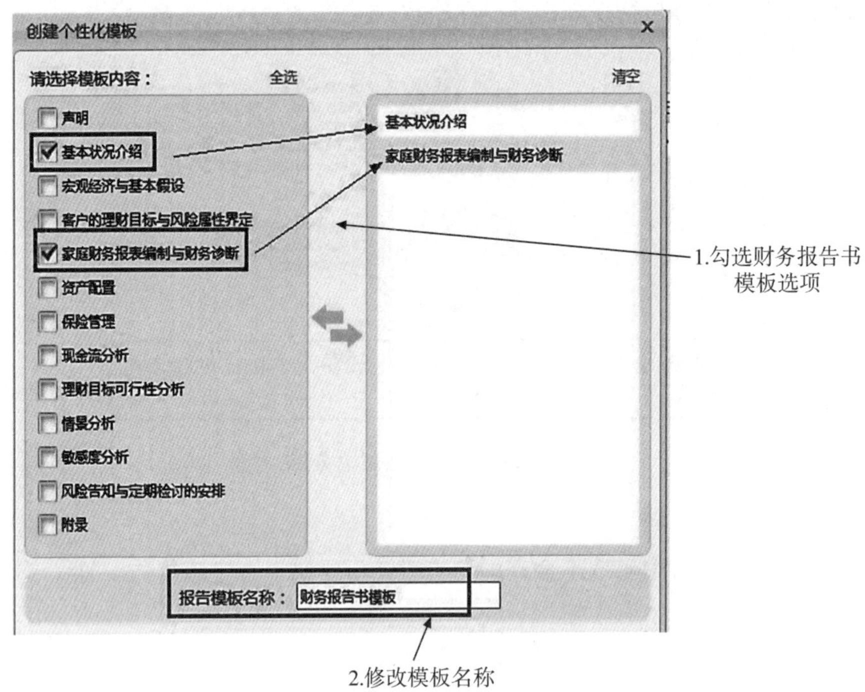

图 6－41　规划报告模板选择

案例练习：

谢先生今年 40 岁，是北京市一家政府机构的公务员，谢先生年税后工作收入 12 万元。谢太太是律师，今年 35 岁，年税后工作收入 20 万元。夫妻俩有个上小学四年级的儿子谢明明，今年 10 岁，每年学费 1.2 万元。

一家三口的年生活花销为 12 万元。谢太太名下有一套位于市区的 120 平方米的房子，现值 600 万元，房贷余额 200 万元，剩余期限 10 年，按月等额本息还款，年利率 5%。谢先生名下有 35 万元定期存款和 30 万元股票基金。谢太太名下有 8 万元活期存款和 10 万元国债，国债年化收益率为 4%。谢先生有住房公积金，账户余额 20 万元。谢先生的个人养老金与职业年金的缴费基数均为 13 万元，账户合计有 6 万元，谢太太的社保年缴费基数为 22 万元。目前的养老保险账户有 8 万元，缴费年资都是 10 年。

要求：用理财资讯平台对谢先生的家庭财务状况进行分析。

延伸阅读

财务自由度专题研究

理财规划的目标不是单纯追求资产收益的最大化，而是帮助客户更好地认识财富水平与财务目标需要相互匹配，逐渐达到财务自由的状态。实现这一目标的基础就是对财务自由应该有正确的认识。

不合理的财务自由观可能会偏离一生效用最大化的理论目标，典型的表现就是过度储

蓄和过度消费。虽然在改革开放之后的40年里，中国人均收入水平在世界范围内的排名一直比较靠后，但储蓄率却平均达到30%左右，比美国有记录以来的储蓄率最高值17%也高出不少，高储蓄率的背后隐藏着人们的共同焦虑，那就是希望通过资产的增量来消除未来支出不确定性引发的财务困扰，本质上讲这就是对自身财务自由担忧的表现。

另外，近年来国内现金贷的总体规模增长十分迅速，如果将现金贷规模膨胀看成主要是过度消费导致的结果，那么过度消费，只追求眼前的满足，也会引起财富积累与财务支出的天平失衡，持续性的失衡必然导致个人在未来陷入财务不自由的状态中，严重影响生活的品质。

因此，建立合理的财务自由观从微观上可以更好地平衡个人或家庭在整个生命周期当中的收入与支出，提升生涯满意度；从宏观上也可以促进消费与储蓄的平衡，降低社会系统风险，促使经济平稳发展。

虽然对财务自由的看法可以因人而异，但合理的财务自由观应该满足一些基本原则。在定义财务自由的基础上，后文将建立这些原则。为了将财务自由的理念应用到理财规划当中，后文还将尝试建立一个财务指标来刻画个人达到财务自由的程度，即财务自由度，并同时给出财务自由度的计算方法、计算过程及稳健性分析。

一、财务自由的定义

对于个人来说，完全的财务自由指其所拥有的财富可以匹配他余生的支出，不需要为了获取经济收入而从事某项工作的一种财务状态。

这里的财富包括当前的财富以及未来由这些财富带来的衍生收益；余生的支出包含为维持某种目标生活状态所需的支出和满足特殊意愿的支出；匹配是指财富与支出的现金流在数量上的匹配和时间节点上的匹配。

财务自由描述了一个人在做人生财务目标和事业选择的时候可以在多大程度上不被经济因素所困扰。什么是受经济因素的困扰呢？最典型的情况就是为了生存或实现某些财务目标，客观上不得不在某些职业岗位上投入时间和精力以换取收入。具体来说，如果一个人所拥有的投资性资产与未来预计会得到的各项养老金、保险年金等延期收入不能满足他未来的目标生活支出水平，那么在不愿意改变支出计划的前提下他就不得不通过参与工作来取得更多收入，这种状态就意味着个人的财务自由还没有实现。

可见财务自由描述的是一种客观的财务状态，而不是主观的感受。达到财务自由的人可以选择继续工作，但此时工作对于他已经不再是一种必需。就如沃伦·巴菲特将自己毕生的精力都投入到了他自己热爱的投资事业，即使一度成为世界首富之后也一如既往地每天清晨驾车来到办公室开始一天的工作；而没有达到财务自由的人客观上存在靠工作赚取收入的需要，这种对工作的需要与他是否热爱自己的事业和享受现在的工作状态无关。

将财务自由的概念由个人推广到传统家庭，财务自由指所拥有和预期确定将拥有的财产可以匹配余下家庭生命周期之内的目标支出，从而夫妻二人不再需要出于收入原因参与工作的状态；而对于家族来说，由于代际交替，不同代的成员之间生命周期多有重叠，缺乏明显的周期，因此用财务自由来考察家族中的个人或家庭更加适合。

从宏观上来看，财务自由是个人或家庭所拥有的财产、所享受的社会福利及经济发展带来的红利可以满足未来各种目标需求的状态，其“自由”的实现与社会的稳定、经济的持续发展是紧密联系在一起的。福利型国家的居民通常可以在一个相对比较低的年龄实现一般需求层次的财务自由。

最后需要指出，财务自由是人生自由的必要条件，没有财务自由的人生无法实现真正意义上的自由、自主也自在；当然财务自由只是人生自由的基础，达到财务自由的人可能还会受到环境、疾病等其他因素的制约。例如一些出现在富豪榜上的财富人士也许早已经实现财务自由，却未必能做到“从此过上了快乐的生活”。

实例 1　德国作家亨利希·伯尔在《懒惰哲学趣话》中讲述过这样一个故事：

在欧洲西海岸的某个港口，一位游客看到了一位衣衫褴褛的渔夫正在晒太阳，便上前与之搭讪：“今天天气不错，您不出海打鱼吗?”

渔夫摇头：“我今天一早已经出海打过鱼啦，连后天的份都够了。”

游客显然并不认同渔夫的思路，劝道：“如果您每天都出去多打几次鱼，那么很快您将拥有自己的渔船、海鲜饭店、鱼罐头工厂……”

“然后呢?”

“然后嘛，”游客兴奋地说，“您就可以逍遥自在地在这里打盹晒太阳了!”

“我现在就已经这样做了，只是您把我打搅了。”渔夫回应道。

分析：有的人追求“诗和远方”，有的人追求“眼前的苟且”，对自由的不同理解会产生完全不同的财务自由度。

二、财务自由的原则

健康合理的财务自由观应满足以下原则：

原则 1　必须是以摆脱财务赤字困扰为出发点

实现财务自由不是出于享乐的目的，而是让个人或家庭摆脱财务方面的束缚，使工作、事业更加符合兴趣、爱好和理想，而不是基于金钱报酬的考虑，从而更好地追求人生美满，实现人生价值。

原则 2　必须考虑到不同的个人或家庭之间需求的差异

在考虑个人或家庭的需求时，既不应该固定设置一个比较高的生活标准，也不应该为实现财务自由而牺牲对生活品质的追求，而是应当参考实际的情况并充分尊重个人的意愿与选择。

因为财富水平、社会地位、价值观和地域等的不同，不同个人或家庭的需求之间也存在巨大的差别。例如 2018 年 2 月北京市住房的均价为每平方米 63 993 元，而作为省会城市的长春住房均价为每平方米 7 691 元，房价之间的差距造成两地的居民对居住的需求大不相同。但由上述事实不能得出长春的居民一定比北京的居民财务更自由，或者为了实现财务自由更应该选择在长春居住的结论。在此情景中，财务自由考虑的是个人或家庭如果确定选择在北京居住，则其财务方面是否有困扰、困扰的程度和困扰持续的时间。

原则 3　必须考虑到个人或家庭整个生命周期的财务状况

通常人们在做财务规划选择时只把注意力放在当前时点一个或几个财务目标上，比如只考虑子女教育、只考虑养老或只考虑购买某种商品之类的短期消费需求。这样的结果往往是不同消费需求的满足程度没有达到综合平衡的状态：或者是生活水平过高却对某些支出理财准备不足；或者是对某些支出理财准备过于充分而导致生活水平下降。因此有必要从全生涯的角度来考虑财务状况，尤其是考虑各种支出之间的妥协。

原则 4　必须考虑财富和未来收入的确定性程度

投资性资产本身、未来投资性资产收益和福利收入的确定性程度决定了财富自由的可靠程度，相对激进的资产配置策略可能带来较高的投资收益率和较高的财务自由度，但这种组合也会极大程度地降低财务自由的可靠性，从而将未来的收入置于风险暴露之中。全面客观地描述个人或者家庭未来生命周期不同阶段的财务自由状况应该包含两项指标：财务自由度和财务自由度的稳健性。

原则5　必须考虑到收入与支出在总量上的平衡

一生入不敷出显然是不自由的状态，但对财富过于执着也会成为自由的束缚。对于不以追求财富最大化为理想的人来说，一生的收入在总量上大于支出并留下合理的安全边界，不被财务困扰的同时充分享受生活不失为一种好的选择。

原则6　必须考虑到收入与支出在发生时间节点上的匹配

个人或家庭在整个生涯过程中的收入与支出都是不平滑的。收入一般会在退休前后有明显的变化；而购房买车、子女教育等多数支出项目都只发生在生命中的某一个阶段，另外如医疗、意外等支出在发生时间节点上有不确定性。虽然现在通过各种金融工具可以平滑一生的收入或支出，但还是会存在发生时间节点不匹配的可能。

三、影响财务自由度的因素

财务自由度是指个人或家庭拥有的财富相对于未来支出的匹配程度，可以表示为某一时刻财富的现值与未来所有支出的现值之比。

财务自由度主要受收入、支出与资产负债几方面因素的影响。

(一) 收入因素

收入的增加通常会加快财富的累积速度，但同时也会带来消费水平的提高。图6-42为根据北京市统计局的数据绘制的2005—2015年北京市居民平均收入、总支出、食品支出与物价指数的变化情况（与2004年数值相比）。从图中可以看出，食品支出上涨的速度明显快于物价指数上涨的速度，并不是通常所认为的食品支出主要受通胀的影响。在图中食品支出与总支出增长速度大体一致，反映食品支出占总支出的比例变化不大。而总支出的增长明显受收入增长的影响。

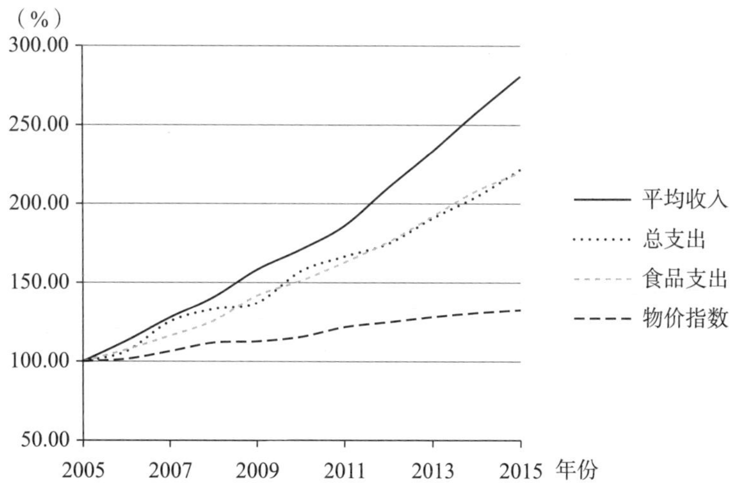

图6-42　2005—2015年北京市居民平均收入、总支出、食品支出与物价指数的变化情况

资料来源：北京市统计局。

对于个人或家庭来说，收入的增加可能会带来未来财务自由度的上升，但也可能带来未来财务自由度的下降。下降的原因主要来自两方面：一是收入增长的幅度小于其带来的支出增长的幅度；二是考虑到退休后收入可能减少，但支出未必会马上减少，因此增长后支出持续的时间可能会比增长后收入持续的时间长，从而使财务自由度下降。

收入按照构成又可以分为主动收入与被动收入。

1. 主动收入

主动收入包括工资薪金收入、劳务报酬以及未来具有较高不确定性的投资收益等，其特点是需要主动投入时间与精力来获得，或者具有较高风险属性。在计算某一时刻的财务自由度时，这类收入将不会被计算在收入之内。

2. 被动收入

被动收入指不需要花费多少时间和精力照看就可以自动获得的具有很高确定性的未来收入。养老金、保险年金、房租收入与确定性程度高的投资收益等都属于被动收入。被动收入又可以分为资产配置收入和非资产配置收入两类。

资产配置收入即与个人或家庭资产配置有关的收入。这部分收入受个人或家庭可配置的投资资产的规模及资产配置的确定性影响，例如具有低风险属性的固定收益产品投资和具有较高安全边界和风险控制手段的权益投资等。

非资产配置收入指与个人或家庭资产配置无关的收入，例如养老金与年金收入只与过去的缴费情况及保险的运营情况有关。遗产等转移性收入也属于此类收入。在后文中非资产配置收入将简称为非配置收入。

被动收入的数量和发生的时间节点都会对财务自由度产生影响。

（二）支出因素

支出的增加往往会带来财务自由度的下降。

计算财务自由度时需要充分考虑不同的个人或家庭之间需求的差异。这种差异主要表现在支出的项目不同、发生的时间节点不同、数量不同和随时间的增长率不同几个方面。因此要考察支出项目的分类和影响支出项目的因素。

1. 支出项目的分类

按照支出的数量和支出时间的弹性大小，支出项目可以分为基础支出、个性支出和风险支出。

（1）基础支出，指个人或家庭为了维持一定的生活水平所必需的支出，包括衣食住行方面的支出、子女抚养教育的支出和赡养老人方面的支出等。这类支出在数量和发生的时间上弹性较小。

（2）个性支出，指因个人或家庭的特殊需求而产生的支出，与爱好或梦想有关，具体支出项目因人而异。对于多数家庭来说，创业支出、高额旅游支出、购买豪车豪宅支出及遗产支出等都属于这类支出，其特点是在数量和发生时间节点方面弹性相对较大。

应当指出，具体的某项支出属于基础支出还是属于个性支出也是因个人或家庭而异的。例如高档服装对于普通家庭来说可能属于个性支出项目，而对于商务人士来说属于基础支出项目。

（3）风险支出，指因疾病、意外或自然灾害等不确定因素而产生的支出。这类支出的特点：一是发生的时间节点与数量都不能确定，二是可以通过保险产品覆盖。

2. 支出项目的影响因素

支出总量的变化通常受以下三个因素的影响。

(1) 通货膨胀因素。由通货膨胀产生日用消费品价格的上涨、租金的上升、教育开支增加，从而造成支出总量的增加。但通胀因素通常并不会造成支出项目的变化。

(2) 科技与社会进步因素。一方面，科技与社会的进步可能创造新的消费需求，产生新的支出项目。有人统计自20世纪中叶到21世纪初生活必需品的数量已经由数十种变到数百种之多；相较于十几年前，购买智能手机支出、移动网络费用支出都属于新增支出项目。而另一方面，一些产品的价格会因科技的进步而下降，从而带来支出的减少，例如主流台式电脑的价格已经由十几年前的近万元下降到如今的5 000元左右。此外，科技与社会进步也会消除一些支出项目：几十年前北方的大部分城市冬季普遍采用烧炉子的方式取暖，而供暖方式改变以后，如今城市居民很少有购买煤炭方面的支出。

(3) 阶层维护因素。本章在介绍收入因素对财务自由度的影响时曾指出，收入的增长会带动支出的增长。而社会地位和财富水平又会造成支出的棘轮效应：随着社会地位的上升或财富的增加，支出项目和支出金额也会随之增加，但增加的部分通常不会随着收入水平的下降而马上下降。有实证研究表明长期来看我国居民消费存在棘轮效应：即使居民当前收入没有增长，前期的居民消费也会导致当前的居民消费增加。维护消费水平的需求往往与维护社会形象与社会地位有关，因此称为阶层维护需求。阶层维护需求与社会等级、收入水平和年龄等很多因素有关，不同人对阶层维护的敏感度也不同。

考虑阶层维护因素对支出的影响时，主要考虑收入增长时支出的变化与收入下降时支出的变化两个方面。首先要注意到，不同收入水平的人，其收入的增长速度也是不一样的。

图6-43显示了世界银行所统计的美国在1979—2013年中间的9个年份不同收入水平人群其收入的变化情况。图中横坐标代表收入，纵坐标代表不高于此收入的样本人群在总样本人群中所占的比例，不同的曲线代表不同的年份。从图中可以明显看出，随着年份的增长，曲线整体向右移动，表示收入随着年份的增加而增长；而纵坐标越大，对应曲线上的横坐标移动幅度越大，表示收入越高其收入增长得越快。数据显示，收入最高的人群在1979年到2013年年平均增长率为5.35%，与收入最低人群4.28%的年平均收入增长率相比高1个百分点。

在参考收入水平对收入增长率做出合理假设后，进一步根据个人或家庭的支出对收入增长的敏感程度，对支出的增长率也做出合理的假设。最后，根据个人或家庭维护阶层的意愿，对收入减少时支出水平的变化做相应的假设：阶层维护意愿弱，则支出下降快；阶层维护意愿强，则支出下降慢甚至继续增长。

(三) 资产负债因素

1. 资产

(1) 可投资资产，指可以在未来产生投资收益，也可以用来消费的各种资产。现金及活期储蓄、投资性房产、实业投资及股票等都属于可投资资产。在未来支出与收入确定的情况下，可投资资产的值越大，财务自由度越高。

可投资资产又可细分为可配置资产与福利性资产两类。可配置资产通常指个人或家庭可以配置的资产，其规模会受每年的收支储蓄情况影响，收益率与个人或家庭的资产配置情况有关，投资风险由个人承担。在计算财务自由度时需要从长期的角度出发，考虑到资产配置随年龄增长的变化，对可配置资产的收益率做出合理的修正。

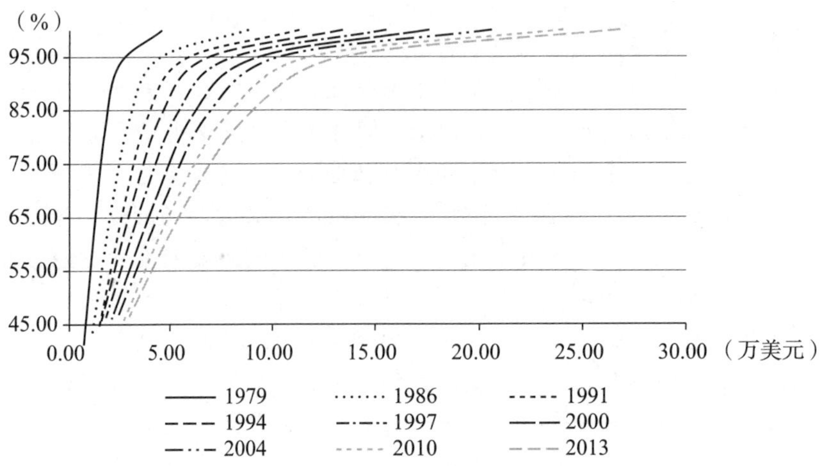

图 6－43　美国在 1979—2013 年中间的 9 个年份不同收入水平人群其收入的变化情况

资料来源：世界银行。

而福利性资产包括养老金、年金个人账户的余额等，其规模和收益与缴费情况及所参与保险的运作经营情况有关，而与个人或家庭的资产配置情况无关。

（2）自用资产，指可以提供使用价值来满足某种生活需要的资产，包括拥有产权的自住房、汽车、珠宝首饰等资产。一方面在取得住房、汽车这一类大额资产时可能会伴随着可投资资产的减少、消费负债的增加及未来利息支出的增加，从而导致财务自由度降低。另一方面虽然持有自有资产不是以获得收益为目的，但变现自有资产或利用自有资产进行反抵押贷款可以增加可投资资产或未来的被动收入，从而提高财务自由度。

2. 负债

负债包含自用性负债、投资性负债与流动性负债。自用性负债与流动性负债的增加会降低财务自由度；而投资性负债的增长有可能带来收益的增加，从而提高自由度。

在计算财务自由度时，由负债产生的当期应偿还利息计入当期理财支出中，而每期对负债本金的偿还造成可投资资产的减少，从现金流量图上看其影响类似于支出。

四、财务自由度的计算

（一）财务自由度（Free of Finance，FF）的计算公式

个人或家庭在第 t 年时的财务自由度可以通过如下公式计算：

$$\text{第}\,t\,\text{年的财务自由度}(FF_t)=\frac{\text{第}\,t\,\text{年拥有的可配置资产}(I_t)+\text{余生非配置收入的修正现值}(D_t)}{\text{余生支出现值}(TC_t)}\times 100\%$$

其中：

$$\text{当年可配置资产}=\text{上年可配置资产}+\text{上年储蓄}-\text{上年新增自用资产}-\text{偿还负债本金}$$

$$\text{上年储蓄}=\text{上年收入}-\text{上年支出}$$

余生支出的现值是余生每年（包括当年）的支出按照高确定性投资收益率折现到第 t 年的现值之和，而余生非配置收入的修正现值是从财务的角度出发，对未来非配置收入的

现值之和做的修正。就如一个人在70岁时的养老金收入无法直接用于他在65岁时的消费，在估计未来财务状况的时候需要考虑收入与支出节点不匹配因素，因此需要对未来非配置收入的现值做修正，具体的修正方法会在后续内容中做详细介绍。

需要说明的是虽然自用资产增加、自用资产变现和债务本金偿还在家庭资产负债表中都属于资产调整，但由于在计算财务自由度时没有考虑家庭自用资产，因此从现金流量的角度出发，将自用资产增加及债务本金偿还视作未来支出，而将自用资产变现视作非配置收入。

（二）财务自由度的计算逻辑

计算财务自由度主要使用反向递归的方法，即从余生最后一年开始依次向前计算各年的财务自由度。

记某人第 t 年时拥有的可投资资产为 I_t，养老金、年金等非配置收入总数为 P_t，包括偿还债务本金、添加自用资产和遗产支出在内的总支出为 C_t，高确定性的投资收益率为 r_t，余生为 T 年，余生支出现值为 TC_t，余生非配置收入的修正现值为 D_t。

（1）在第 T 年时令 $D_T=0$，$TC_T=C_T$，财务自由度 $FF_T=\frac{I_T+D_T}{TC_T}\times 100\%$。$FF_T\geqslant 100\%$表示此人在第 T 年时实现财务自由。

（2）考虑第 $T-1$ 年时的情况。首先 $TC_{T-1}=C_{T-1}+\frac{TC_T}{1+r_{T-1}}$。再计算 D_{T-1}，如果 $P_T>TC_T$，那么对于第 T 年时非配置收入超过支出的部分 P_T-TC_T，由于其不能用来满足第 $T-1$ 年时的支出，所以这部分对在第 $T-1$ 年实现财务自由并没有贡献。于是，P_T 对于第 $T-1$ 年实现财务自由的贡献不会超过第 T 年的支出 TC_T 在第 $T-1$ 年时的现值，故 $D_{T-1}=\frac{\min(P_T，TC_T)}{1+r_{T-1}}$。从而第 $T-1$ 年时的财务自由度 $FF_{T-1}=\frac{I_{T-1}+D_{T-1}}{TC_{T-1}}\times 100\%$。

（3）由归纳法，在第 t 年时，由于第 $t+1$ 年的余生非配置收入的修正现值对第 t 年实现财务自由的贡献不会超过第 $t+1$ 年后所有支出在第 t 年时的现值，因此 $D_t=\frac{\min(P_{t+1}+D_{t+1}，TC_{t+1})}{1+r_t}$，并且在第 t 年的财务自由度 $FF_t=\frac{I_t+D_t}{TC_{t+1}}\times 100\%$。

在阐明了财务自由度指标的计算逻辑以后，我们可将运算的逻辑植入相关的程序模块中，只需调整不同的财富分类、产品配置、保险方案以及未来的相关财务需求水平等条件，就可以得到不同状况的余生自由度指标动态变化图。

（三）财务自由度指标的含义

财务自由度指标具有以下含义：

（1）财务自由度是一个比值，超过100%表示拥有的财富大于其未来支出的现值；

（2）财务自由度小于100%表示在不考虑未来主动收入的情况下，至少存在某些年份使得当年可配置资产与当年被动收入之和小于当年的支出，即当年的现金流出现赤字；

（3）如果某人在退休后的某些年份里财务自由度小于100%，但在临终时财务自由度大于100%，则此人在退休后的收入与支出在时间节点上出现了不匹配；

（4）退休后的财务自由度一直小于100%表示在不调整支出意愿的情况下有继续工作的必要。

（5）财务自由度受财务目标大小的影响。同等财富水平下，财务目标越多，财务自由度越低。一位高净值人士的财务自由度未必一定高于一位普通净值人士的财务自由度。

（6）财务自由度是时间的函数，会随着人的年龄变化。

由财务自由度的含义（5）可知，财务自由度并不是越高越好。从效用的角度来说，留下10%～20%的安全边界，即财务自由度达到110%～120%可能是相对理想的人生财务状态。由财务自由度的计算过程能看出，若生涯后期每年的被动收入不能覆盖当年的支出，将不可避免地引起投资资产的减少，但此时财务自由度仍有可能维持在一个可以接受的状态。

当每年高确定性投资收益可以覆盖当年各种支出的状态时，即使没有将养老金、年金等被动收入纳入计算中，其投资性资产总量也不会被消耗，事实上此时财务自由度往往是大大高于100%的；另外，财务自由度显然不是越高越好，财务自由度过高意味着并没有充分享受生涯效用的最大化。

（四）财务自由度的稳健性分析

财务自由度的稳健性分析包含对参数的稳健性分析和对风险事件的稳健性分析两部分内容。

1. 对参数的稳健性分析

考察参数变化对财务自由度及达到财务自由的影响。具体考察的参数有：

- 个性支出的项目、发生的时间节点和金额；
- 费用增长率，包括学费、赡养费、生活费的增长率等；
- 收入增长率；
- 退休前后投资收益率。

2. 对风险事件的稳健性分析

影响财务自由的风险事件主要有两类：一类是发生疾病、意外等事件造成大额支出；另一类是遭遇股灾、投资失败等事件使投资资产大量减少。对于风险事件，可以使用压力测试的方法估计其对财务自由度的影响。

我们用以下案例来说明财务自由度的基本计算过程。

五、案例：厦门工程师的财务自由度

（一）案例背景

1. 案例成员

家住厦门的工程师陈先生现年45岁，其妻陈女士现年43岁，两人育有一女，现年18岁，即将念大学。

2. 财务状况

资产负债：陈先生和陈太太拥有现金及活期存款10万元，货币基金30万元，股票60万元，债券型基金净值50万元；自有住房目前市价180万元，无房贷；一辆汽车价值15万元。

收入支出：陈先生年税后收入20万元，陈太太年税后收入10万元。家庭年生活支出14万元，赡养陈太太父母年支出4万元。

3. 社会保险和商业保险

陈先生名下住房公积金账户余额26万元，养老金账户余额20万元，社保与公积金缴费基数为当地社会平均工资的3倍，缴费年限20年。陈太太名下住房公积金账户余额13万元，养老金账户余额10万元，社保与公积金缴费基数10万元，缴费年限20年。不考虑医疗保险账户余额。目前夫妻都投保了重大疾病险，保额各20万元，年交保费各5 000元，还要交10年。

4. 理财目标（现值）

◇子女教育金目标规划：女儿选择在国内读厦门大学本科与研究生共6年，年学费加生活费3万元。

◇换房目标规划：希望尽快换购总价350万元的大房子，不贷款。

◇赡养陈太太父母规划：预计还要持续15年。

◇退休金目标规划：陈先生预计60岁退休，陈太太55岁退休，二人的阶层维护意愿强，退休后想继续保持现在的生活水平。

◇旅游基金目标规划：陈先生夫妻很喜欢旅游，往后每年计划花3万元旅游费，持续到陈先生70岁。

◇购车目标规划：希望3年后换购一辆20万元左右的车子自用。旧车的残值率为30%。

◇换房养老计划：夫妻二人打算在陈太太75岁的时候将大房子卖掉，换现值150万元的郊区房居住。

◇遗产目标：打算去世时为女儿留下500万元（终值）遗产。

5. 基本假设

◇预期余寿：陈先生预期寿命为81岁，陈太太预期寿命为84岁。

◇个人收入增长率：根据国家统计局数据，厦门市在岗职工平均工资在上年为63 062元，近10年年平均增长率为9%。而陈先生与陈女士都属于收入较高人群，其收入增长率会超过社会平均工资增长率，可以假设为10%。

◇费用增长率：厦门市近3年来生活消费支出年平均增长率6.7%（因统计口径不一致，只考虑了近3年的状况）；参考陈先生与陈太太的收入水平及阶层维护意愿，将退休前后的生活支出增长率分别设为7.5%与7%。

◇高确定性的投资收益率：根据陈先生与陈太太的风险偏好和目前的资产配置情况、考虑到退休后风险承受能力降低，将陈先生的投资收益率在退休前后分别设为7%与3.5%。

◇其余假设参照金拐棍理财软件系统中给出的信息。

（二）计算财务自由度

由案例背景及假设，将相关数据输入程序中，可以确定陈先生家庭生涯支出情况如图6-44所示。

可以看出对于陈先生的家庭来说，换房支出和遗产支出为主要支出，而在其他支出当中，退休后夫妻二人的生活支出为主要支出。

通过计算得出陈先生家庭的非配置收入、支出、余生支出现值、余生非配置收入的现值及其修正现值如图6-45所示。可以看出，在陈太太75岁（2050年）换房之时，余生非配置收入的现值一度大于余生支出的现值，但余生非配置收入修正现值始终小于余生非配置支出现值。

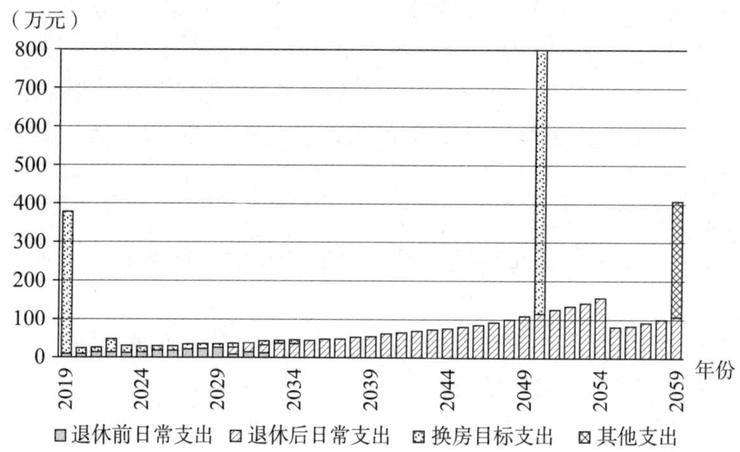

图 6-44　陈先生家庭支出情况

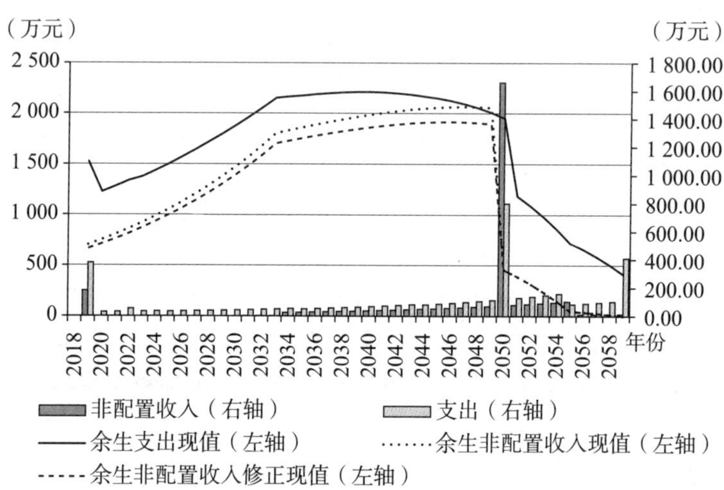

图 6-45　陈先生家庭的非配置收入、支出、余生支出现值、余生非配置收入现值及修正现值

程序进一步计算出每一年的财务自由度如图 6-46 所示。从图中可以看出，陈先生的家庭在陈先生 57 岁、陈太太 55 岁的时候达到财务自由；而在陈先生退休时，即 2033 年，家庭的财务自由度为 116%。并且可以看出，在生命周期的最后几年中因为支出总数的迅速减少，财务自由度会有一个快速上升的过程。

（三）稳健性分析

1. 对参数的稳健性分析

在全款购买 350 万元住房后，陈先生家庭的投资性资产、流动性资产及住房公积金余额总和不足 40 万元。因此若不考虑贷款，增加购房支出不能超过 40 万元。

改变退休前收入增长率的假设，由程序可以得到表 6-27。从表中可以看出，当退休前收入增长率降低到 4%时，陈先生家庭将无法实现财务自由；而当收入增长率降低至 7%时，退休时财务自由度的安全边际已经低于 5%，处在一个不安全的范围。因此陈先生家庭的财务自由度对退休前收入增长率比较敏感。

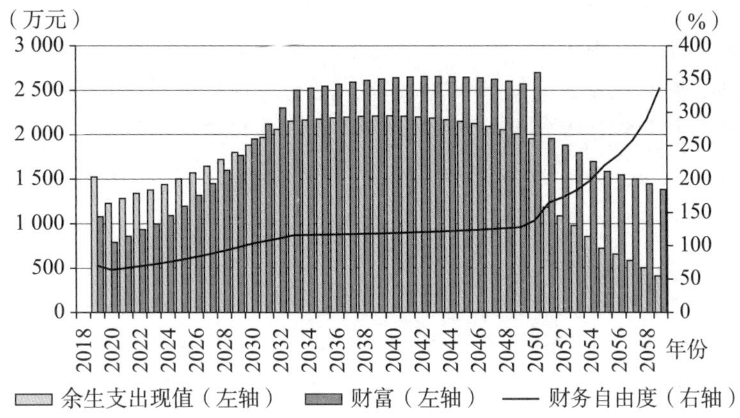

图 6-46 陈先生家庭的财务自由度

表 6-27 财务自由度对收入增长率的稳健性

退休前收入增长率	4%	5%	6%	7%	8%	9%
达到财务自由年份	—	2033	2032	2032	2031	2030
退休时的财务自由度	98%	100%	103%	105%	109%	113%

将退休前的投资收益率调低至3%时，陈先生的家庭仍可以在陈先生退休前实现财务自由，并且陈先生退休时的财务自由度为108%，所以陈先生家庭的财务自由度对退休前的投资收益率不敏感。

将夫妻退休前生活支出增长率由假设的7.5%调高至8%，或将退休后的生活支出增长率由原来的7%调高至7.5%时，陈先生家庭在陈先生退休时的财务自由度为105%，安全边际已经很低。说明陈先生家庭的财务自由度对费用增长率比较敏感。

类似地我们可以得到陈先生家庭的财务自由度对其他费用支出的变化不敏感。从陈先生家庭的财务情况来看，由于当前换大的住房之后，家庭的可投资资产只有不到40万元，处在一个比较低的水平，后面主要靠工资收入来积累养老资产，因此其财务自由度对收入增长率敏感，对退休前的投资收益率不敏感。而陈先生家庭的支出以及支出增长率本来就处在一个比较高的水平，再提高的空间已经很小，因此财务自由度会对支出增长率敏感。

2. 压力测试

假设发生重大疾病医疗支出50万元，医疗费用增长率为3%。由于陈先生夫妻二人参加了医疗保险，假设每年可以报销费用10万元，增长率也为3%；并且有20万元的商业重疾险，有效期10年。对余生的每一年分别做测试（即假设重大疾病支出发生在这一年），程序可以得到在发生重大疾病的情况下，陈先生的家庭在陈先生退休时的财务自由度不会低于113%，即财务自由度受重大疾病的影响较小。这与陈先生家庭重大疾病支出保险覆盖率高有关。

假设陈先生家庭在陈先生退休之前股票资产占投资资产的比例为40%，退休之后占比为20%。从标准普尔指数的历史情况来看，股票市场平均每10年就有一次下跌超过40%的情况。假设从某一年开始，每隔10年股票资产的值下跌为原来的60%，对陈先生的家庭做压力测试。软件结果显示，若2024年之后每10年发生一次股灾，极端情况下，陈先生财务自由度最小时，为107%，安全边界较小，但总体来说，陈先生家庭的财务自由度受金融风险的影响很小，资产波动的风险可控，人生财务自由不受影响。

第七章 居住规划

本章提要

本章介绍了客户生涯规划中的一项重要内容——居住规划。本章首先分析了居住规划的流程，对不同条件下购房和租房的优缺点进行比较，同时以具体案例，介绍了租房或购房的决策方法。其次，介绍了购房与换房规划的具体流程和步骤，阐述了根据客户当前投资性资产与储蓄能力，测算其购房时点、可负担房价以及根据生涯需求制定合理的换房规划的方法。再次，介绍了常见的房贷种类以及我国的房产制度。最后，展示了理财资讯平台在居住规划中的应用。

本章内容包括：

- 租房与购房规划；
- 购房与换房规划；
- 房贷的种类；
- 中国的房产制度；
- 理财资讯平台在居住规划中的应用。

通过本章学习，读者应该能够：

- 对租房与购房的决策进行比较；
- 为客户进行购房和换房的规划；
- 为客户制订合理的贷款计划；
- 了解中国的房产制度；
- 运用理财资讯平台进行居住规划。

第一节　租房与购房规划

居住规划包括租房、购房、换房与房贷规划。居住规划对家庭资产负债状况与现金流会产生重要的影响，其影响时间可长达20年甚至30年，是家庭理财的重大决策之一。

一、居住规划流程

根据家庭人口数量及对环境的要求，制定居住规划目标，也就是居住需求，目标包括房屋的大小、地段、外部环境、交通状况等。根据目标测算租房价格或者购房总价款，并对客户当前的资产状况、收入状况进行分析，评估是否有能力达到目标。如果不能达到目标，可以对目标进行调整，或者增加投资、提高投资收益率。

当居住需求确定以后，首先选择是租房还是购房。如果决定购房，那么根据资产和收入状况决定购房总价，能够准备多少首付款，能够承担多少贷款。然后根据总价，测算能够购买的面积。对于已经有房子的客户，可以通过换房规划来达到提升居住状况的目标。

图7－1为居住规划的流程图。

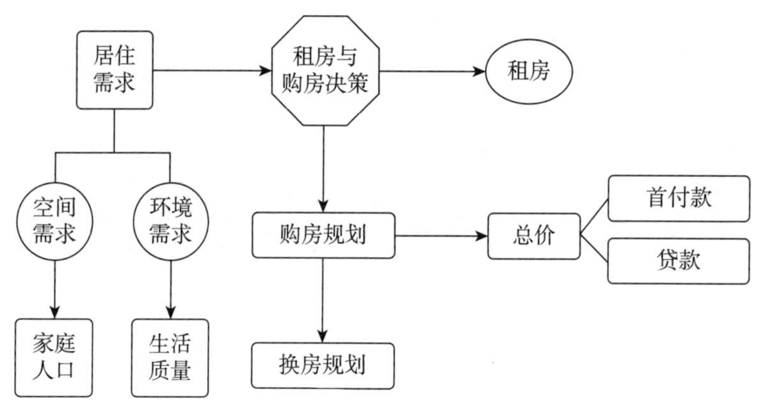

图7－1　居住规划流程图

二、租房的优缺点

我国房地产市场正在从增量时代进入存量时代，住房租赁市场迎来了前所未有的发展机遇，未来租房规划也将成为居住规划的重要内容。

（一）租房的优点

1. 资金运用自由，便于应对家庭收入变化

购房后成本固定，以后不管收入如何都要负担同样的房贷。对于家庭收入不稳定者而言，在收入比较好的时候可以租更大或居住品质较佳的房子，在收入较差的年份可以改租较小或靠近郊区的房子。租房可以每年更换，而购房通常要住四五年或以上。在财务上，租房比购房的弹性大。

2. 有较大的迁徙自由度

人们有时候会因为职务调动的关系而迁徙，此时租房就显得比购房有自由度。对于工作上经常需要全国调来调去或被调派国外的人而言，租房的迁徙弹性应是很重要的决策考虑。购房后虽然也可以换房，但购房的转换成本，如中介费、装潢费、房产出售时的相关税费等，比租房昂贵得多。

3. 不用考虑房价下跌的风险

购房者在变现或换房转售时，仍有房价下跌风险。相较而言，由于房屋所有权属于房东，租房者对房屋并不享有利益分享的权利，也不承担房价下跌的风险，因此不用考虑房价变化对自身财务的影响。

4. 房屋损毁风险由房东承担

当房屋有重大瑕疵，如漏水，或火灾、地震毁损等时，租房者可选择搬迁，另觅他处租房，也可选择要求房东改良，但购房者必须承担房屋瑕疵或毁损风险，即使将风险转嫁给保险公司，仍要负担一笔财产保险费用。

5. 有能力享受更大的居住空间

举例来说，若每平方米月租金 30 元的房子，每平方米售价 10 000 元，1 个月收入 8 000 元的双薪新婚家庭，把收入的 30%即 2 400 元用来租房，可以租到 80 平方米的住宅，押金为 1 个月租金，即 2 400 元。但是，以同样的预算来购房的话，除了要准备远高于租房押金的首付款外，在假设贷款利率为 6%、20 年期房贷的情况下，月储蓄 2 400 元，可实现贷款总额 33.5 万元，以贷款七成计算，可买 48 万元的房子，即只能买到同样地区、相同状况、48 平方米的住房。

6. 税负较轻

租房者无须缴纳任何税费，购房则需要缴纳契税等税费。

7. 若不购房，首付款可用于投资

租房提供相同的居住效用，并且租房不购房时，首付款可寻找更有利的运用途径来实现其他目标。

（二）租房的缺点

1. 无法运用财务杠杆追求房价差价利益

当房价有上涨机会时，购房者成本固定，又可运用贷款，若房价差价带来的收益远高于付出的贷款利率成本，则购房者预期会有相当丰厚的收益；而对于租

房者而言，因为无法申请贷款，也就不能利用财务杠杆博取收益，而且面临着房租随着房价上涨的风险，致使租房成本不断上升。

2. 面临非自愿搬离的风险

有时候，房东要将房屋收回自住，或者卖掉房屋，而要求租房人搬迁。即使对居住环境满意，依照租赁契约房东提前通知或每年续约的期限到期时，还是要依约搬迁。

3. 面临房租上涨的风险

遏制房价的政策陆续出台，却没有遏制租金上涨的权威呼声。租房供需比下降、中介恶意抬高租金、房东转嫁加息成本、禁止群租、物价上涨等因素使得房租飞速上涨。

4. 无法自主装修房屋

目前租房大多附带装潢与家具，但多数装潢的品质不会像自住时那么考究。租房人无法按照自己的期望装修房屋。

三、购房的优缺点

上述租房的优点换个角度即是购房的缺点，而租房的缺点反之也是购房的优点。

（一）购房的优点

1. 抵御通货膨胀

房产经常被视为一种保值工具。当物价水平全面上扬时，房产也会增值，此时，购房者的房价增值利益可以弥补通货膨胀引起购买力下降的损失。

2. 强迫储蓄累积实质财富

经测算，购房可能没有租房划算，但租房者可能不会将省下来的钱进行投资，而是消费了。购房者为了准备首付款要强迫自己储蓄，另外，还贷款虽是财务压力，但也是强迫储蓄的一种方式。因此，就强迫储蓄累积实质财富的效果而言，购房比租房强。

3. 提升居住品质

购房者可以按照自己的意愿调整布局或改变装潢，虽然要多投入资金，但是可以提高居住品质。

4. 增强信用

有房产的人，不管在借贷上还是社会地位上，都会给他人信用较佳的感觉。

5. 满足拥有自用住宅的心理效用

拥有自用住宅的主观心理效用，是租购房主要的决策因素之一。

6. 自住兼投资，同时提供居住效用与资本增值的机会

一般的金融投资工具只能求增值。只有房产在居住一段时间后，若房价大幅上涨，出售时还有差价利益，即可同时提供居住效用与资本增值的机会。

（二）购房的缺点

1. 缺乏流动性

房产处理需要时间，有时长达好几个月甚至超过 1 年。在换房或变现时，如果顾及流动性，可能要被迫降价出售。

2. 维持成本高

拥有房产投入装潢虽可提高居住品质，但也代表较高的维护成本。同时与房屋相关的所有费用，例如物业费、暖气费、垃圾处理费等，都是需要房主自行承担的，这部分成本也是不容忽视的，会对房主的现金流产生影响。

3. 面临房屋贬值的风险

购买住房面临的风险包括房屋毁损风险、房屋市场价格整体下跌的系统风险与所居住的社区管理不善造成房价下跌的个别风险。

四、购房与租房的决策方法

同一标的物可租可售时，不同的人可能会在租购之间做出不同的选择。如果单从金融理财的角度来看，一般使用年成本法与净现值法来做出购房与租房的抉择。

（一）年成本法

年成本法是逐年对居住房屋的成本进行考量，不考虑长期居住时货币时间价值的因素。

以自住而言，购房者的使用成本是首付款机会成本、房屋贷款利息与住房维护成本，而租房者的使用成本是房租与房租押金的机会成本，即

$$\text{租房年成本}=\text{押金}\times\text{机会成本率}+\text{年租金}$$

$$\begin{matrix}\text{购房}\\\text{年成本}\end{matrix}=\text{首付款}\times\begin{matrix}\text{机会}\\\text{成本率}\end{matrix}+\begin{matrix}\text{贷款}\\\text{余额}\end{matrix}\times\begin{matrix}\text{贷款}\\\text{利率}\end{matrix}+\begin{matrix}\text{年维修费}\\\text{及税金}\end{matrix}-\begin{matrix}\text{房价}\\\text{每年涨幅}\end{matrix}$$

比较租房或者购房的年成本，成本小的更为划算。

购房后总价固定，如果贷款利率不变，随着每年还款，贷款余额逐渐减少，因此，购房年成本逐渐降低；如果将来房租不断上涨，则租房年成本逐渐上升。年成本法只是基于当前状况的一个比较，在做租房或者购房决策时还应该考虑将来其他因素的改变，比如房租是否呈增长趋势，房价是否呈增长趋势。

现举例说明如何使用年成本法来决定购房还是租房。

实例 7－1 汪小发看上一套 100 平方米的住房，该住房可租可售。若租房，房租每月 9 500 元，以 1 个月房租作为押金。若购房，总价 400 万元，可申请 200 万元贷款，还款期限为 20 年，按年等额本息还款。假设房贷利率为 8%，自备首付款 200 万元，假定房屋的维护成本为 5 000 元/年，预计房价每年上涨 800 元/平方米，押金与首付款机会成本率均为 5%。该房屋应该租还是购?

解析 租房与购房的年成本分析如下：

租房年成本：9 500×12+9 500×1×5%=114 475(元)

购房年成本：2 000 000×5%+2 000 000×8%
+5 000−800×100=185 000(元)

看起来，购房比租房年成本高 70 525 元，租房比较划算。不过，如果预期房价会很快上涨，则购房年成本可能低于租房年成本，即购房优于租房。因此，租房与购房究竟何者划算，决策者对未来房价涨跌的主观判断很重要。

除此之外，利率的高低也会影响租购决策。房贷利率越低，购房的年成本越低，购房会相对划算。利率低时折现率也低，这一点具体体现在下面所介绍的净现值法中。

（二）净现值法

所谓的净现值法是指，在一个固定的居住期间内，分别计算租房及购房的现金流量的净现值，比较租房和购房的净现值，净现值大的更为划算。

可以使用理财资讯平台中的金融计算器现金流计算功能计算 *NPV*。*NPV* 计算时只考虑现金流量，因此，在年成本法中考虑的租房押金机会成本与购房首付款的机会成本，由于并非实际现金流出，用净现值法计算时不予考虑；在年成本法中房贷只计利息，是基于房价涨幅扣除本金支付部分，净现值法中房贷计算的则是本利平均摊还额。

仍然以汪小发的例子来说明净现值法。若汪小发已确定要在该处住满 5 年，若租房，月房租每年增加 1 000 元，第 5 年年末将押金 9 500 元收回；若购房，房价 400 万元，维护成本为每年 5 000 元，假定该住房在第 5 年年末能以 450 万元的价格卖出。房贷的情况不变，即申请 200 万元贷款，还款期限为 20 年，按年等额本息还款，贷款利率为 8%。(假定折现率为 5%。)

1. 租房的净现值

若租金每年支付一次，发生在期初，则有

CF_0=押金+第 1 年租金=−9 500−9 500×12=−123 500(元)

CF_1=第 2 年租金=(−9 500−1 000)×12=−126 000(元)

CF_2=第 3 年租金=[−9 500+2×(−1 000)]×12=−138 000(元)

CF_3=第 4 年租金=[−9 500+3×(−1 000)]×12=−150 000(元)

CF_4=第 5 年租金=[−9 500+4×(−1 000)]×12=−162 000(元)

CF_5=取回押金=9 500(元)

I=5%，根据理财资讯平台中的现金流计算器得到租房的 *NPV*=−624 080.01 元。

2. 购房的净现值

首付款应在第 1 年期初支付，若购房的房贷本利每年还一次，也应发生在期末。假设维护成本也在期末支付，则有

CF_0=首付款=−2 000 000(元)

利用理财资讯平台中的房贷摊销计算器（$n=20$，$I=8\%$，$PV=2\ 000\ 000$，$FV=0$），得出年房贷本利摊还额 $PMT=-203\ 704.42$ 元。

5 年后房贷余额：1 743 603.61 元。

$$
\begin{aligned}
CF_1 &= CF_2 = CF_3 = CF_4 \\
&= \text{年房贷本利摊还额} + \text{年维护成本} \\
&= -(203\ 704.42 + 5\ 000) \\
&= -208\ 704.42(\text{元})
\end{aligned}
$$

$$
\begin{aligned}
CF_5 &= \begin{matrix}\text{第 5 年年底}\\\text{房屋出售额}\end{matrix} - \begin{matrix}\text{第 5 年房贷}\\\text{本利摊还}\end{matrix} - \begin{matrix}\text{第 5 年}\\\text{维护成本}\end{matrix} - \begin{matrix}\text{第 5 年年底}\\\text{房贷余额}\end{matrix} \\
&= 4\ 500\ 000 - 203\ 704.42 - 5\ 000 - 1\ 743\ 603.61 \\
&= 2\ 547\ 691.97(\text{元})
\end{aligned}
$$

$I=5\%$，根据理财资讯平台中的现金流计算器得到购房的 $NPV=-743\ 872.22$ 元。

因为 $-624\ 080.01 > -743\ 872.22$，所以租房净现值比购房高，租房更为划算。

3. 折现率对租购房的决策会产生重要影响

可对不同折现率水平做敏感性分析，详见表 7-1。

表 7-1　不同折现率下租购房比较　（单位：元）

	租房	购房首付	贷款	维护成本	购房合计
期初 CF_0	(123 500)	(2 000 000)			(2 000 000)
第 1 年 CF_1	(126 000)		(203 704)	(5 000)	(208 704)
第 2 年 CF_2	(138 000)		(203 704)	(5 000)	(208 704)
第 3 年 CF_3	(150 000)		(203 704)	(5 000)	(208 704)
第 4 年 CF_4	(162 000)		(203 704)	(5 000)	(208 704)
第 5 年 CF_5	9 500	2 806 484	(203 704)	(5 000)	2 547 691
折现率：5%	(624 080)				(743 872)
折现率：6%	(612 351)				(819 399)
折现率：7%	(601 052)				(890 457)
折现率：8%	(590 164)				(957 339)

说明：括号中的数字为负数。

4. 未来的房价变化有不可预测性

在不同房价预期下也可做净现值分析，详见表 7-2。

表 7-2　不同售房价格预期下的租购房比较　（单位：元）

售房价格	折现率			
	5%	6%	7%	8%
4 200 000	(978 930)	(1 043 577)	(1 104 353)	(1 161 514)
4 300 000	(900 577)	(968 851)	(1 033 054)	(1 093 456)
4 400 000	(822 225)	(894 125)	(961 755)	(1 025 397)
4 500 000	(743 872)	(819 399)	(890 457)	(957 339)
租房 NPV	(624 080)	(612 351)	(601 052)	(590 164)

说明：括号中的数字为负数。

5. 其他影响租房购房决策的因素

（1）房价成长率：房价成长率越高，购房者越有可能从房价差价中获利，因而购房越划算。

（2）房租成长率：房租成长率越高，租房成本越高，相较而言，购房越显得划算。

（3）居住时间：居住时间越长，购房越划算。

（4）利率水平：利率水平越高，租房越划算。

（5）机会成本率：若机会成本率低于房贷利率，则贷款成数越低，购房越划算。

（6）房屋的持有成本：房屋的持有成本越高，租房越划算。

（7）租房押金：租房押金越高，购房越划算。

专栏 7-1

银发住宅年金屋

在美国、日本与中国台湾地区兴起的银发住宅年金屋，可以说是介于租房与购房之间的形态。居住在银发住宅年金屋里，一方面要缴纳一笔为数不少的保证金，另一方面每个月还要支付管理费。保证金的金额可能高于购房首付款，而每月缴纳的管理费通常低于月租金，但又远高于购房者所要缴纳的管理费。通常，这种住房推广的对象是已经退休但有生活自理能力的银发族。

年金屋居住者没有所有权，因此，可以看作高押金、低租金的租赁。但与一般租赁相比，合约规定，只要持续缴纳管理费就可住到终老，不用担心被要求搬走，而且社区特别为老人设计，较一般住宅更具银发族所需的医疗与休闲功能，终老时可退回保证金当遗产。在未来人口老龄化的趋势下，银发住宅年金屋有很大的发展空间。

第二节　购房与换房规划

一、购房规划的流程

购房规划基本遵循以下步骤（见图 7-2）。

（1）列出需要居住的面积与期望居住地区的价格。如一家 3 口，每人居住面积 30 平方米，面积需求 90 平方米，期望居住地区价格为每平方米 1 万元。

（2）决定购房目标当前的总价。1 万元/平方米×90 平方米=90 万元。

（3）估算房价增长率和购房年限。如预估年增长率 5%，3 年后购房。

（4）估算购房时的房屋总价。90 万元×$(1+5\%)^3$=104.19 万元。

（5）可配置在购房上的资产与储蓄的比例。如资产 50 万元，年储蓄 4 万元，都可配置 50%在购房目标上。

（6）计算 3 年后可以积累的购房准备金：若投资收益率为 6%，$I=6\%$，$n=3$，

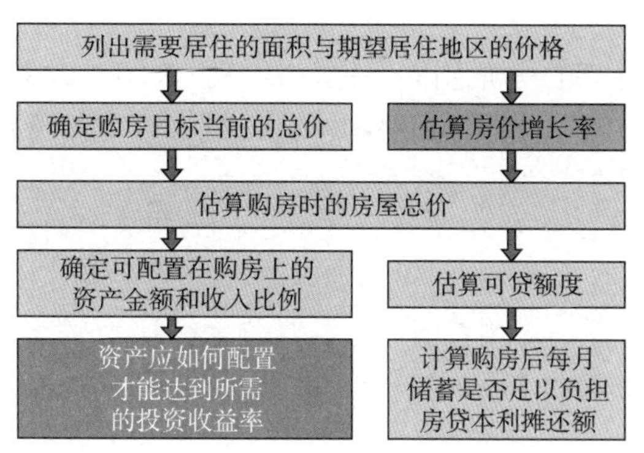

图 7-2　购房规划流程

$PV=-25$ 万元，$PMT=-2$ 万元，$FV=36.14$ 万元，如果首付款 30%，104.19×30%=31.26（万元），36.14 万元>31.26 万元，足以应付。

（7）计算购房后每月储蓄是否足以负担房贷本利摊还额。需要的贷款额=104.19－36.14=68.05（万元），贷款 20 年，利率 6%，$I=6\%$，$n=20$，$PV=68.05$ 万元，得到 $PMT=5.93$ 万元，5.93 万元>2 万元，储蓄配置不足以负担房贷本息。

如果不能提高资产配置的比率来提高首付款，则需要重新调整配置在偿还房贷部分的资产与储蓄的比例，购房后将年储蓄额增加到 5.93 万元，以实现首付款和贷款负担的全覆盖。

（8）资产应如何配置才能达到所需的投资收益率？要达到 6%的投资收益率，首付款不能全部用存款准备，需要有一部分投资于债券或股票来提高投资收益率。

二、可负担房价测算

购房前首付款的筹备与购房后贷款的负担，对家庭现金流量与生活水准将产生影响。陷入低首付款的陷阱或者去买自己负担不起的房子，都是居住规划的禁忌。那么，如何测算房屋总价与负担能力呢？

（一）年收入概算法

年收入概算法是以年收入作为衡量可负担贷款的基础，在这种情况之下，假定购房者可以有足够的资金或者渠道获得房子的首付款，只需要考虑房价与年收入的关系即可。一般地，可以用下面这个公式进行概算：

（1）如果房贷前期只偿还利息，则最高可负担房价=[(年收入×可负担房贷比率)/房贷利率]/贷款成数。

（2）如果房贷是本利平均摊还，则最高可负担房价=可负担贷款金额/贷款成数。其中，可负担贷款金额是通过将年收入×可负担房贷比率作为本利摊还额用货币时间价值功能计算出来的。从这个简化公式可知，在同样的收入下，房贷利率越低，可负担的房价越高；收入中可负担房贷的比率越高，可负担的房价

越高。

根据房贷负担计算的房价上限，一般为年收入的5～8倍。

其中可负担贷款金额 PV 计算中，I 为房贷利率，n 为贷款年限，PMT 为年收入×可负担房贷比率，FV 为0。

实例7-2 小林年收入10万元，其中30%可用来缴纳房贷，房贷利率6%，贷款成数70%。

如果前几年只还利息，则最高可负担房价=[(10万元×30%)/6%]/70%=71.43万元，为年收入的7.14倍，但前提是必须事先准备71.43万元×30%=21.4万元的首付款。

如果按照本利平均摊还计算，可负担的房价还要低一些。$I=6\%$，$n=20$，$PMT=-3$ 万元，$FV=0$，得到 $PV=34.41$ 万元，34.41万元/70%=49.16万元，可负担的房价不到年收入的5倍，前提是预先准备49.16万元×30%=14.75万元的首付款。

（二）目标精算法

图7-3显示了目标精算法的基本原理：购房之前通过当前一次性的投资积累及每期的定额储蓄积累首付款，购房之后利用每期储蓄进行还款。可承担的首付款及贷款加总就是可负担的房价。可见，这种方法既要考虑购房者的首付款筹集，也要考虑房贷的负担问题，是全流程的房价的测算。

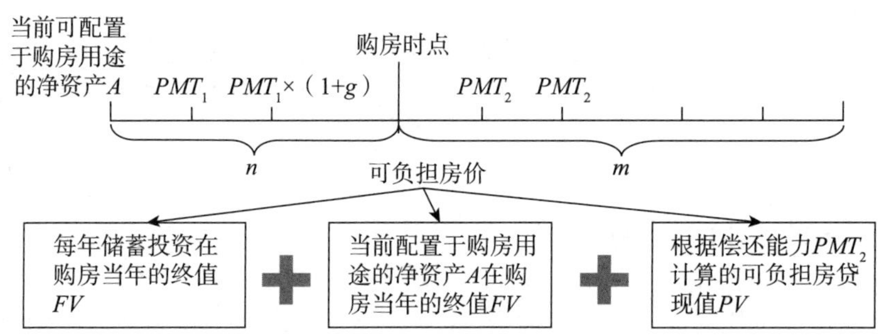

图7-3 目标精算法的基本原理

其中，n=距购房时点的年数；PMT_1=当前年收入(年末取得)×负担比率；m=房贷年限；g=收入成长率；根据购房时点的收入能力核定还款能力，购房时点的收入为：当前年收入（年末取得）$\times(1+g)^{n-1}$，在等额本息还款法下，每期摊还额是一样的，是由购房时点购房者能够负担的金额确定的，因此，PMT_2=本利摊还年供额（年末供款）=当前年收入（年末取得）$\times(1+g)^{n-1}\times$负担比率$=PMT_1\times(1+g)^{n-1}$。

实例7-3 假定小林年收入为10万元，预估收入成长率为5%，目前净资产为15万元，储蓄首付款与负担房贷的上限比例为30%，小林打算5年后购房，投资收益率为8%，贷款年限为20年，利率以6%计，届时可以负担的房价是多少？

解析 自备款投资部分：

自备款为 150 000 元，$n=5$，$I=8\%$，$PV=-150\ 000$ 元，$PMT=0$，得到投资到购房时点的终值 $FV=220\ 399$ 元。

自备款储蓄部分：

PMT_1 为 $100\ 000\times30\%=30\ 000$ 元，$n=5$，$I=8\%$，$PV=0$，$PMT=-30\ 000$ 元，$g=5\%$，得到每年储蓄在购房时点的终值 $FV=193\ 047$ 元。

贷款部分：

$PMT_2=PMT_1\times(1+g)^{n-1}=30\ 000$ 元$\times(1+5\%)^4=36\ 465.19$ 元。

$n=20$，$I=6\%$，$PMT=-36\ 465.19$ 元，$FV=0$，得到贷款总额 $PV=418\ 253$ 元。

可购房总价$=220\ 399$ 元$+193\ 047$ 元$+418\ 253$ 元$=831\ 699$ 元，即可以买 83 万元的房子。

三、换房规划

（一）换房能力概算

当收入随着工资、经验和负担能力的提高而提高时，考虑小孩成长后的空间需求而换房，是配合生涯规划而进行的“房涯”规划。换房时，需要考虑旧房能卖多少钱。

$$\begin{aligned}需筹首付款&=新房净值-旧房净值\\&=(新房总价-新房贷款)-(旧房总价-旧房贷款)\end{aligned}$$

例如，旧房价值 120 万元，贷款尚有 60 万元，新房价值 230 万元，拟贷款 80 万元，需筹首付款=(230 万元－80 万元)－(120 万元－60 万元)=90 万元。此时要考虑的是，手边可变现的资产有无 90 万元，以及未来是否有负担 80 万元房贷的能力。若没有为新房首付款做准备，则通常用旧房净值作为新房首付款。

按 6%的利率来算，贷款期限 20 年，每月以等额本息还款方式计算的月供额为 5 731 元，如果考虑 50%的储蓄用于偿还房贷的话，月收入应在 11 462 元以上才可考虑换房。

购房不是理财的唯一目标，若因把所有的资源全部用来支付换房需求而耽搁子女教育金或退休金的筹措，则应考虑在准备充分之前暂时租房或暂不换房。

实例 7-4 小王现有房产价值 100 万元，房贷月缴本息 6 000 元，房贷年利率 4%，还需 10 年才能还清。他准备卖掉旧房，购买价值 140 万元的新房。请计算，为了购买新房，小王还要向银行贷多少钱？如果每月仍还 6 000 元，新房的房贷需多久才能够还清？

解析 新房的首付款来源于卖旧房的所得，$n=120$，$I=0.33\%$，$PMT=-6\ 000$ 元，$FV=0$，可算得 $PV=592\ 621.05$ 元，即旧房剩余房贷 592 621.05 元，则卖房可以得到 1 000 000 元－592 621.05 元=407 378.95 元，这笔钱用来支付新房的首付款。则新房需要贷款 1 400 000 元－407 378.95 元=992 621.05 元。

如果每年继续按照之前的水平进行还款，则需要偿还贷款 241 个月，计算如下：I=0.33%，PV=992 621.05 元，PMT=−6 000 元，FV=0，得到 n=241。

（二）换房步骤

实际上，不大可能同时完成一买一卖的换房规划，是先买后卖，还是先卖后买，需要注意一些要点。

1. 先买后卖

先买后卖，要解决资金的缺口问题，即使只隔几个月，也要先借到一笔钱来缴首付款，且需要负担资金成本。比如说旧房 250 万元，换新房要 300 万元，新房可贷款 150 万元，首付款 150 万元。如先买后卖，间隔 3 个月，这时若旧房无房贷，可用旧房抵押贷款 150 万元，来当新房的首付款。等到卖旧房之后，再还此笔贷款。若旧房还有房贷 100 万元，且增贷不易，此时若无其他财源，要想办法另外借得 150 万元来当新房首付款。若资金成本为 10%，需额外支付 1 500 000 元×10%×3/12=37 500 元的利息。若没有借贷渠道，除非在换房前已经积蓄了一笔钱足以支付首付款，否则换房时还是以先卖后买为宜。

2. 先卖后买

先卖后买，要解决居住的接续问题，即使只隔几个月，卖房后买房前，也存在无房可住的问题。除非两边买卖合约都已经谈妥，只差几天可住旅馆，否则通常还是要租房居住。因为租期不长，不到 1 年，谈租约时，可能不像签 1 年租约一样容易，或者每月租金可能较高。如果旧房卖给投资者而非自住者，可以售后回租的方式，卖旧房后仍住在里面，付给旧房买主租金，直到搬入新房后为止。

四、住房公积金的使用策略

住房公积金是国家依法建立的，参保人依法履行缴费义务和使用基金购（盖）房，由政府确保支付的住房资助计划。

（一）使用住房公积金的租房规划

2015 年年初，住房城乡建设部、财政部、人民银行联合下发了《关于放宽提取住房公积金支付房租条件的通知》，规范了租房可提取的额度并简化了租房提取公积金的要件。对于职工租住公共租赁住房的，按照实际房租支出全额提取；对于租住商品住房的，各地住房公积金管理委员会可根据当地市场租金水平和租住住房面积，确定租房提取额度。以北京为例，每人每月 1 500 元，如夫妻二人同时支取，每户每月支取限额为 3 000 元。对于暂无购房计划而必须租房的人，不用把住房公积金留下来做购房准备，所以可考虑申请用住房公积金来支付部分房租，可获得较好的租房区域或较大的租房空间。但是对于已有购房计划的人，应该把住房公积金留到购房时使用。

(二) 住房公积金贷款与商业银行住房贷款

1. 住房公积金贷款利率比商业银行住房贷款利率低

以 2015 年 10 月 24 日调整为准，5 年（含 5 年）以下公积金贷款年利率为 2.75%，商业银行个人住房贷款利率 1 年期为 4.35%，1～5 年期为 4.75%；5 年以上住房公积金住房贷款年利率为 3.25%，商业银行同期个人住房贷款利率为 4.9%。具体的贷款利率可以通过理财资讯平台进行实时查询，见图 7－4 至图 7－6。

图 7－4　理财资讯平台界面

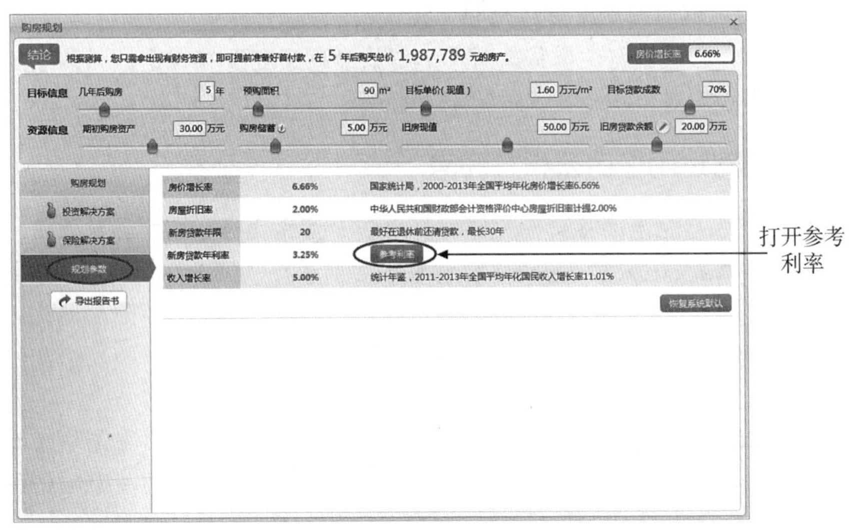

图 7－5　购房规划设置界面

年限		6个月至1年(含1年)	1年至3年(含3年)	3年至5年(含5年)	5年以上
2015年10月24日	4.35%	4.35%	4.75%	4.75%	4.90%
2015年08月26日	4.60%	4.60%	5.00%	5.00%	5.15%
2015年06月28日	4.85%	4.85%	5.25%	5.25%	5.40%
2015年05月11日	5.10%	5.10%	5.50%	5.50%	5.65%
2015年03月01日	5.35%	5.35%	5.75%	5.75%	5.90%
2014年11月22日	5.60%	5.60%	6.00%	6.00%	6.15%
2012年07月06日	5.60%	6.00%	6.15%	6.40%	6.55%
2012年06月08日	5.85%	6.31%	6.40%	6.65%	6.80%
2011年07月07日	6.10%	6.56%	6.65%	6.90%	7.05%

图 7－6　购房贷款利率查询界面

2. 贷款对象不同

公积金贷款对象必须是公积金缴存人，商业住房贷款对象则没有这个规定。

3. 贷款的担保方式不同

商业银行贷款一般是在房产证抵押登记前采用开发商阶段性连带责任保证的担保方式，在房产证抵押登记后采用抵押的担保方式。公积金贷款担保方式主要是地方政府住房贷款担保中心所提供的连带责任担保。

4. 对单笔贷款最高额度规定不同

一般来说，商业银行住房贷款对单笔贷款最高额度没有规定，而各地的住房公积金管理中心均对公积金贷款每笔限额有规定。

（三）如何运用住房公积金购房

实例 7－5　赵先生准备购买一套价值 200 万元的住房。已知目前他的住房公积金账户的余额是 50 万元，每月单位和个人共同缴存 2 000 元。住房公积金的贷款额度是 80 万元，贷款期限 20 年，利率 4.5%；其余的部分用商业贷款，贷款期限 20 年，利率 6.55%。若两种贷款都是按月等额本息还款，那么除去住房公积金外赵先生的月供额是多少？

解析　住房公积金账户余额可间接用来付首付（实际操作中需先筹措该笔资金，待购房手续完成后提取公积金归还），那么还必须贷款 200－50＝150（万元）。

公积金贷款额度是 80 万元，还需要商业贷款 150－80＝70（万元）。

公积金贷款部分：$n=240$，$I=4.5\%/12$，$PV=800\ 000$ 元，得到 $PMT=-5\ 061.20$ 元。

商业贷款部分：$n=240$，$I=6.55\%/12$，$PV=700\ 000$ 元，得到 $PMT=-5\ 239.64$ 元。

则赵先生的月供额为 5 061.20＋5 239.64－2 000＝8 300.84（元）。

实例 7-6 高强与曹敏两夫妻都有参加××市住房公积金缴存计划，均为个人与单位各按7%缴存。高强月收入 5 000 元，已缴存 5 年，当前住房公积金账户有 30 000 元。曹敏月收入 4 000 元，已缴存 3 年，住房公积金账户有 15 000 元。假设住房公积金的收益率为 2%，住房公积金贷款利率为 3.87%，一般贷款利率为 5.94%（实行 7 折优惠），单笔住房公积金贷款额上限为 20 万元，可贷 20 年。两人打算在 3 年之后购房。

问题 1 若除了住房公积金以外不考虑运用其他资源，可以买多少钱的房子？

解析 高强每月缴存住房公积金＝5 000 元×(7%＋7%)＝700 元。

高强可累积购房资金：n＝3×12，I＝2%/12，PV＝－30 000 元，PMT＝－700 元，FV＝57 803 元。

曹敏每月缴存住房公积金＝4 000 元×(7%＋7%)＝560 元。

曹敏可累积购房资金：n＝3×12，I＝2%/12，PV＝－15 000 元，PMT＝－560 元，FV＝36 686 元。

合计可累积购房资金＝57 803 元＋36 686 元＝94 489 元。

购房后每月可用来还住房公积金贷款的缴存额＝700 元＋560 元＝1 260 元。

只用住房公积金来缴存房贷，可贷住房公积金贷款额：n＝20×12，I＝3.87%/12，PMT＝－1 260 元，FV＝0，PV＝210 297 元，高于住房公积金上限 20 万元，实际可贷款 20 万元。全靠住房公积金缴存额，有能力购房的金额＝94 489 元＋200 000 元＝294 489 元。

问题 2 若 3 年后目标购房总价为 60 万元，贷款额度七成，则除了住房公积金之外，假设自己投资的收益率为 3%，自己还要另外储蓄多少钱来准备首付款？

解析 若目标总价 600 000 元，贷款额度 70%，首付款需求＝600 000 元×(1－70%)＝180 000 元。需额外准备首付款＝180 000 元－94 489 元＝85 511 元。有 36 个月可准备，每月要准备储蓄额：n＝3×12，I＝3%/12，PV＝0，FV＝85 511 元，PMT＝－2 273 元，每个月还要额外准备 2 273 元自行投资来准备购房首付款。

问题 3 假定××市的住房公积金贷款上限为年缴存余额的 20 倍，且上限为 20 万元。是否还需要一般贷款，若需要的话，以贷款 20 年计算，住房公积金房贷与一般房贷，贷款额与每月摊还额各多少？

解析 购房后需要贷款额＝600 000 元×70%＝420 000 元。夫妻年缴存额合计＝(700 元＋560 元)×12＝15 120 元，15 120 元×20＝302 400 元，高于上限 20 万元，只能贷 20 万元。尚需从银行额外贷款额＝420 000 元－200 000 元＝220 000 元。每月住房公积金本息摊还额计算：n＝20×12，I＝3.87%/12，PV＝200 000，FV＝0，PMT＝－1 198 元，住房公积金缴存额 1 260 元，足以偿付住房公积金月供额。若一般贷款利率为 4.158%(5.94%×0.7)，每月应缴本息摊还额：n＝20×12，I＝4.158%/12，PV＝220 000 元，FV＝0，PMT＝－1 352 元，还要额外准备 1 352 元来还一般房贷。由于住房公积金缴存额每月多出 62 元(1 260 元－1 198 元)，还要另外负担的一般商业房贷月供额＝1 352 元－62 元＝

1 290 元。

与问题 3 中城市的住房公积金管理相关规定相比，有些城市的规定较宽松，因此，用住房公积金缴存额购买房屋，对于同样的收入，在政策宽松的城市可以购买总价更大的房屋。因此，针对地方性规定，制定差异性居住规划是非常重要的。

五、购换房时需要考虑的其他因素

（一）房屋区位选择——住与行的成本

比较两个方案：一个是购买市中心公司旁住宅，100 平方米，单价 2.5 万元，总价 250 万元；另一个是购买郊区住宅，100 平方米，单价 1 万元，总价 100 万元；若购房的年成本比例相同，均为房价的 5%，市区住宅每年成本为 12.5 万元，郊区住宅为 5 万元；市区住宅可步行上班，可忽略交通成本，郊区住宅的交通成本＝汽油费＋停车费，若每月花费 1 500 元，一年需要 1.8 万元；住与行的成本相加，市区住宅比郊区住宅每年多出 5.7 万元。此时要评估为节约交通的时间成本增加购房年成本是否值得。

（二）购买二手房与期房的考虑因素

一般说来，若预期房价持平，而且期房开发商信誉较好，在同一个区位，同样建材水准的期房单价应低于现房，而现房高于二手房。期房价格＝现房价格－购置期房至交房前的房租现值 $PV(I, n, PMT)$，n＝交房期，I＝折现率，PMT＝月租金。期房虽然不能现住，但仍要缴房贷，若总价相同，买期房者还需支付房租，买现房者无此支出，因此合理的价差＝购置期房至交房前的房租现值。即使是换购期房，虽然没有房租支出，但在兴建期间也可能要同时负担旧房与新房的贷款，财务压力可能更大。

例如，同一区域的期房，按套内面积计算，现房每平方米 10 000 元，当地租房每平方米年租金 600 元，期房工期 2 年，折现率 3%，则 $n=2$，$I=3\%$，$PMT=-600$ 元，$FV=0$，选择期初模式，得到 $PV=1\ 182.52$ 元，期房应可比现房每平方米便宜 1 182.52 元。另外，还要考虑房地产开发商的信誉。若开发公司的信誉不是那么好，且期房不像现房看得到，则有品质不如预期的风险贴水，此时期房与现房的价差可能高于上述的合理价差。此外，如果预期未来房价快速上涨，也会出现期房价格高于现房价格的情况。

在直线折旧法假设下，二手房价格＝现房价格×(1－折旧率×使用年数)。若同一区域现房价格为每平方米 10 000 元，折旧率 2%，则使用 10 年的二手房价格＝10 000×(1－2%×10)＝8 000(元)。若同区域无现房，以期房跟同品质 5 年内的二手房来比较，可以二手房推估现房价，再由现房价推估出期房价。

（三）购换房其他相关成本

在进行购房或换房规划时，还应该将以下几项成本加入期初费用一起考虑。

1. 中介费用

通过中介公司，租赁房屋一般要付一个月的房租作为中介费，购买房屋一般要付房价的1%～3%作为中介费。

2. 装潢费用

花多少钱装潢，视个人预算与品位而定。毛坯房的房价较低，但需要花更高的费用装修，适合于自己决定厨柜、地板等基本装修形态的购房者。一般地，合理的装修费用标准是：套内面积每平方米500～1 000元；房价越高，装潢投入也越高，可以房价的10%来估计装潢所需的费用。若是首次购房，所有家具、电器全部要买新品，这样还要加上5万～10万元。因为装潢费用是购房后就要付出的，且不包含在总价及房贷额中，因此，可以当作首付款一起准备。

3. 搬家费用

搬家费用相较其他费用而言不高，2 000元预算应该足够。

4. 契税

自2016年2月22日起，对个人购买家庭唯一住房（家庭成员范围包括购房人、配偶以及未成年子女，下同），面积为90平方米及以下的，减按1%的税率征收契税；面积为90平方米以上的，减按1.5%的税率征收契税。对个人购买家庭第二套改善性住房，面积为90平方米及以下的，减按1%的税率征收契税；面积为90平方米以上的，减按2%的税率征收契税。（北京市、上海市、广州市、深圳市暂不实施第二项契税优惠政策。）

5. 公共维修基金

公共维修基金一般为房屋总价的2%～3%。

综合起来，其他成本约占总价的15%左右，是一笔不小的负担。在购房规划中，这些成本应与首付款一起计入期初开销中。如购房60万元，除了首付款20万元与贷款40万元以外，还要另外准备9万元来支付上述其他费用。如果是换房，则在出售旧房和购买新房的过程中都要支付中介费，这些必须同时考虑在内。

第三节　房贷的种类

一、传统型房贷

（一）等额本息偿还

借款金额较大的房贷或创业贷款，通常采用等额本息偿还方式，用5～20年还清，优点是每年现金流量固定，比较好管理。

（二）等额本金偿还

等额本金偿还方式的特点是，本息合计一般前期还款现金流量大，后期小。优点是还款压力越来越轻，总利息支付额较低。

表 7－3 所示为借款 100 万元，年固定利率 10%，分 10 年摊还，等额本息偿还方式及等额本金偿还方式下的现金流比较。等额本息偿还方式下每年还本付息总额固定，按照普通年金方式求解每期摊还 162 745 元，即 $n=10$，$I=10\%$，$PV=1\ 000\ 000$，$FV=0$，$PMT=-162\ 745$ 元。

但第 1 年中 100 000 元用来付利息，62 745 元用来还本金，第 10 年年末 14 795 元用来付利息，147 950 元用来还本金。

等额本金偿还方式下每年还本金 100 000 元，还款后借款余额减少，所需支付利息减少，因此当期摊还总额第 1 期为本金 100 000 元加利息 100 000 元共 200 000 元，第 10 年为本金 100 000 元加利息 10 000 元共 110 000 元，每年的摊还总额递减。

两者相较，等额本金偿还方式下借款余额递减较快，因此 10 年期间的利息总额为 550 000 元，比等额本息偿还方式下的 627 454 元少。

表 7－3　等额本息偿还与等额本金偿还　（单位：元）

年份	等额本息偿还				等额本金偿还			
	还本金	付利息	当期摊还	借款金额	还本金	付利息	当期摊还	借款金额
1	62 745	100 000	162 745	937 255	100 000	100 000	200 000	900 000
2	69 020	93 725	162 745	868 235	100 000	90 000	190 000	800 000
3	75 922	86 823	162 745	792 313	100 000	80 000	180 000	700 000
4	83 514	79 231	162 745	708 799	100 000	70 000	170 000	600 000
5	91 865	70 880	162 745	616 933	100 000	60 000	160 000	500 000
6	101 052	61 693	162 745	515 881	100 000	50 000	150 000	400 000
7	111 157	51 588	162 745	404 724	100 000	40 000	140 000	300 000
8	122 273	40 472	162 745	282 451	100 000	30 000	130 000	200 000
9	134 500	28 245	162 745	147 950	100 000	20 000	120 000	100 000
10	147 950	14 795	162 745	0	100 000	10 000	110 000	0
利息支付总额		627 454				550 000		

在等额本息偿还方式下：

第 1 期利息额＝期初借款额 1 000 000×借款利率 10%＝100 000(元)

当期本金还款额＝162 745－100 000＝62 745(元)

第 1 年期末本金余额＝1 000 000－62 745＝937 255(元)

第 2 期及以后各期以同样算法类推。等额本息偿还方式下每期本息支付额中本金和利息的关系见图 7－7。

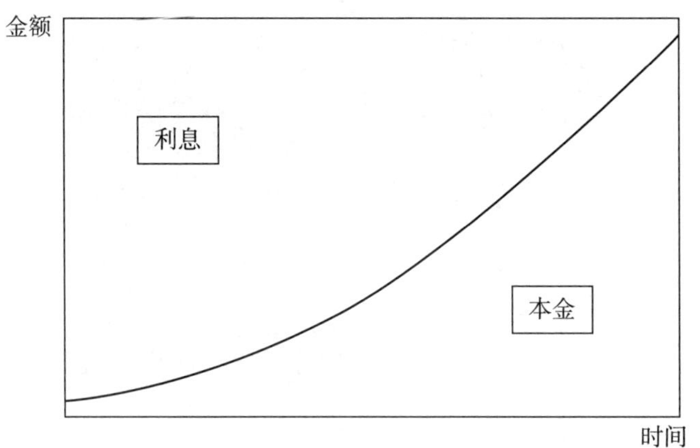

图 7－7　等额本息偿还方式下每期本息支付额中本金和利息的关系

在等额本金偿还方式下：

每期本金偿还额＝期初借款额 1 000 000/10＝100 000(元)

第 1 期利息额＝期初借款额 1 000 000×借款利率 10%＝100 000(元)

第 1 年期末本金余额＝1 000 000－100 000＝900 000(元)

第 2 期及以后各期以同样算法类推。等额本金偿还方式下每期本息支付额中本金和利息的关系见图 7－8。

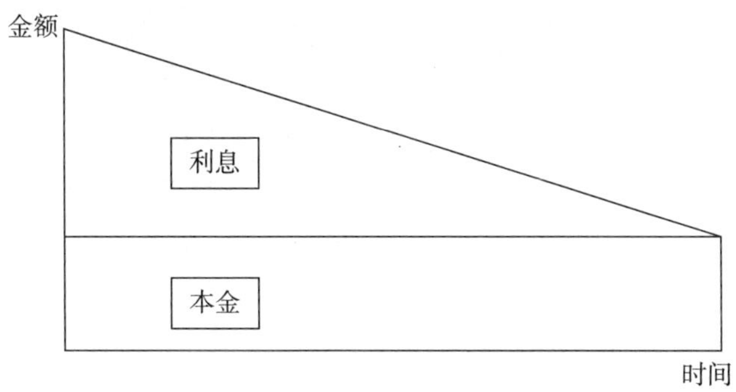

图 7－8　等额本金偿还方式下每期本息支付额中本金和利息的关系

实例 7－7　吴先生想购买一处房产，需向银行申请 120 万元贷款，期限为 20 年，按月还款，房贷年利率 7%，售楼小姐介绍有等额本金和等额本息两种还款方式，吴先生想知道在第 8 期到第 30 期还款周期之间等额本息和等额本金所还利息分别为多少？

运用理财资讯平台中的房贷摊销计算器，即可以分别得到等额本息及等额本金模式下的结果，见图 7－9 和图 7－10。

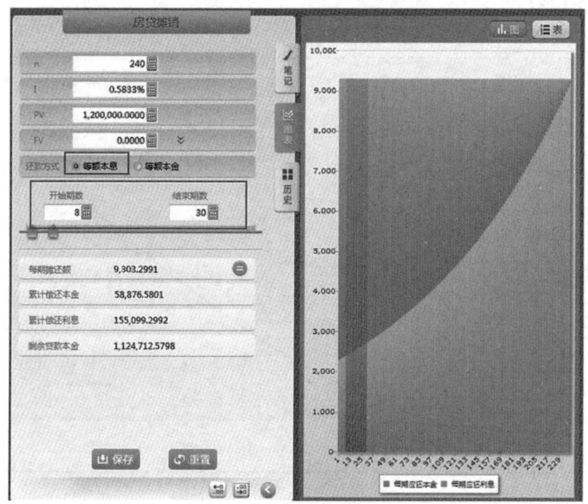

图 7-9　房贷摊销计算器——等额本息

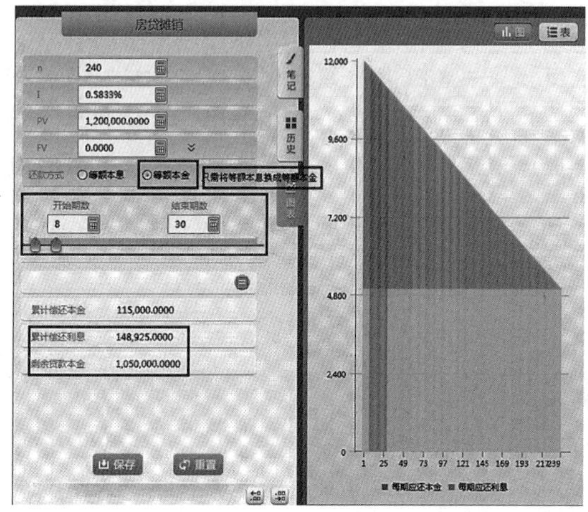

图 7-10　房贷摊销计算器——等额本金

二、抵利型房贷

（一）定义和特点

抵利型房贷是住房抵押贷款和存款账户的组合产品，存款账户按贷款利率水平计息（故称抵利）。

抵利型房贷相当于允许以存款提前还贷。当有好的投资机会时，抵利的存款账户中的资金仍可以取出来运用，没有其他投资机会时，这部分资金的收益率等于贷款利率，收益率也高于一般存款利率。

抵利型房贷适合现金流量不稳定，但至少会大于本利摊还额的客户，超额现金流量进入可抵利存款账户，可达到节省利息支出并提前还清贷款本金的效果。

（二）抵利型房贷案例

月初贷款余额 500 000 元，期限 20 年，利率 6%，按月本利平均摊还，月供款：$n=20\times12$，$I=6\%/12$，$PV=500\ 000$ 元，$FV=0$，$PMT=-3\ 582$ 元。

当月可抵利存款账户平均余额 100 000 元，则计息贷款本金余额为 400 000 元。若存款账户余额维持 100 000 元，$I=6\%/12$，$PV=400\ 000$ 元，$PMT=-3\ 582$ 元，$FV=0$，则还款期限 $n=164$ 月。

164/12=13.67<20，若到期一次性将存款账户余额 100 000 元全部用于偿还贷款本金，可提前 6 年把本金还清。

存款账户上的 100 000 元可在贷款余额剩余 100 000 元时一次性还清，也可以每月还 3 582 元本金，在 28 个月后结清账户。

（三）抵利型房贷在中国的现状

抵利型房贷对银行来说等于是放弃存贷利差来争取客户，因此在存贷利差只有 1%的中国台湾地区比较盛行，且无可抵利存款的上限。但在中国大陆存贷利差较大，银行办理抵利型房贷牺牲的收益太大，因此对可抵贷款的存款有如下限制：

（1）存款抵利门槛；

（2）超过门槛后的抵利比率；

（3）最高可抵贷款上限；

（4）年抵扣收益=(贷款利率－活期存款利率)×可抵利存款额。

如存款门槛 10 万元，抵利比率 60%，最高抵贷额 100 万元，贷款 120 万元，活期存款 50 万元，可抵利存款额=(50 万元－10 万元)×60%=24 万元，年抵扣收益=(贷款利率 7%－活期存款利率 0.5%)×24 万=15 600 元，50 万元活期存款仍有活期存款利息。

三、气球贷

所谓“气球贷”，是指先少量、分期偿还贷款利息和部分本金，剩余本金到最后一期一次偿清，整个还款的模式就像气球一样“头小尾大”。

与普通期供类房贷还款方式不同的是，“气球贷”可以实现贷款期限与月供数额分离。通常个人买房向银行贷款，只能按照实际贷款期限来计算月供，而“气球贷”则可任意选择与银行约定的期限（如 10 年、20 年或 30 年）来计算月供，不受实际贷款期限的限制。

适用对象为收入稳定可以按期还款或提前还款，想减轻利息负担的客户。如果中间曾迟延缴款或收入降低，短期贷款到期可能无法续贷，需一次还款，届时将产生较大的财务压力。

实例 7－8　贷款 500 000 元，5 年期利率 6%，以 30 年期贷款计算，$n=30\times12$，$I=6\%/12$，$PV=500\ 000$ 元，$FV=0$，每期还款额 $PMT=-2\ 997.75$ 元。

月供额 2 997.75 元，5 年后贷款余额 465 271.97 元。

5 年后贷款余额可续贷 5 年，用 25 年贷款计算，若利率仍为 6%，$n=25\times12$，$I=6\%/12$，$PV=465\ 271.97$ 元，$FV=0$，月供额仍为 2 997.75 元，第二个 5 年后要还贷款余额 418 429.04 元。

以此类推，可用 5 年期的贷款利率比长期贷款利率低的优势来节省利息，若客户续贷满 30 年，客户相当于以短期贷款利率进行长期贷款。

四、其他贷款种类

除以上典型的房贷类型以外，各商业银行也提供其他的房贷类型，可简单地归为 4 种。(1) 双周还款：仍然是等额本息还款，但是还款周期由一个月变为两周。(2) 随心还：可自主增加还款额度，以提前完成还款。(3) 等额递增还款：每期还款额度以固定额度递增。(4) 等比递增还款：每期还款额度以固定比率递增。

第四节　中国的房产制度

与其他国家相比较，中国的房产制度有很多特殊之处。理财师必须熟悉这些特点，才能为客户提供合适的居住规划。

一、中国房产制度的历史沿革

1. 1978 年改革开放以前

在改革开放之前，中国房产实行全民所有制，由国家机关、国有企事业单位或组织等进行管理和分配。私房产权得不到保护，出售出租受到限制，住房采取低租金制与福利制的分配政策，房产市场没有存在的基础。

2. 1978—1998 年，房产制度开始了逐步、渐进的变革

1980 年 4 月 2 日，以《邓小平关于建筑业和住宅问题的谈话》为标志，住房商品化的序幕拉开了。[①] 1987 年 9 月，深圳经济特区率先实行土地使用权有偿出让，拍卖中国第一块土地，拉开了土地市场化的序幕。1991 年，参考新加坡经验，住房公积金制度开始在上海试点，并逐步普及到全国。1991 年之后，提租补贴等房改措施也在各大城市试点实施。

3. 1998 年以后，停止福利分房，实行住房分配货币化

1998 年 6 月，国务院颁布了《关于进一步深化城镇住房制度改革，加快住宅建设的通知》，明确提出了停止住房实物分配，实行住房货币化分配的新政策。这是我国分配制度的一次重大改革，标志着延续了近 50 年的住房实物分配制度的终结，具有划时代意义。我国住房市场发生了根本性变化，由卖方市场转向买

① 杨慎.《邓小平关于建筑业和住宅问题的谈话》发表纪实，theory.people.com.cn/GB/11497206.html.

方市场，由集团消费向个人消费转变，从而引发了房地产业的一系列变化。

实践证明，停止住房实物分配，推行住房货币化分配，是培育住房有效需求、激活房地产市场、盘活存量、加快改善干部职工居住条件和拉动经济的好举措，也因此成为中国房地产发展的里程碑式改革。

2003 年 8 月，国务院下发《关于促进房地产市场持续健康发展的通知》（国发〔2003〕18 号），认为房地产业已经成为国民经济的支柱产业，明确提出要保持房地产业的持续健康发展。

2007 年 8 月，国务院下发《关于解决城市低收入家庭住房困难的若干意见》（国发〔2007〕24 号），把对城市低收入家庭的住房保障正式提升为住房政策的主要内容，在住房制度中将住房保障与住房市场相并列。

2016 年 6 月，国务院办公厅下发《关于加快培育和发展住房租赁市场的若干意见》（国办发〔2016〕39 号），目的是实行购租并举、培育和发展住房租赁市场，这是深化住房制度改革的重要内容。

二、中国的房产制度与房产市场特色

（一）土地国有化

土地产权归国家所有，由国家统一规划管理土地用途，但使用权可有偿出让。土地使用权是指对土地依法拥有利用、经营和取得收益的权利。国家以土地所有者的身份，将国有土地使用权在一定年限内出让给土地使用者，而由土地使用者向国家支付土地使用权出让金。因此，土地使用权出让的权利主体是国家，代表国家行使主体权利的是市、县级政府土地管理部门，而土地使用权受让对象为中国境内外的公司、企业、其他组织和个人。土地使用的出让年限根据该地块的用途而不同，即：（1）居住用地 70 年；（2）工业用地 50 年；（3）教育、科技、文化、卫生、体育用地 50 年；（4）商业、旅游、娱乐用地 40 年；（5）综合或其他用地 50 年。

一般居住用地使用期限为 70 年。由于土地使用年限的限制，虽然 70 年以后继续使用土地所需付出的款项，折现 70 年的现值不高，但理论上只有房屋所有权的房地产价格要比含土地所有权的房地产价格低一些。房龄越接近土地使用年限者，房产的价格越低。

（二）保障房制度

1. 廉租房

廉租房是指政府以租金补贴或实物配租的方式，向符合城镇居民最低生活保障标准且住房困难的户籍家庭提供社会保障性质的住房。我国的廉租房具有以下特点：（1）特定消费群体，廉租房只能出租给城镇居民中的低收入人群；（2）具有社会保障性，享受政策支持，廉租房的分配形式以租金补贴为主，实物配租和租金减免为辅；（3）房屋产权不变，廉租房只租不售，产权归当地政府，满足当地低端人群居住需求；（4）廉租房房源多样化。

廉租房的交易方式如下：实行公开的轮候配租制度，符合条件的申请人到街道登记进入轮候，合乎廉租房标准但居住在公共租赁房者，可获得差额租金补贴。

2. 公共租赁房

公共租赁房主要面向已通过廉租房、经适房、限价房资格审核尚在轮候的家庭，以及其他住房困难家庭，保障对象的收入水平较廉租房高，不限户籍，限定建设标准和租金水平，主要解决城市中等偏低收入家庭包括刚毕业的大学生等新就业无房职工以及外来务工人员等“夹心层”群体住房困难。

公共租赁住房与其他保障性住房相比，主要有以下几个特征：

(1) 产权的公有性。公租房是由政府直接出资建设或政府主导下的公共机构提供的保障性住房。

(2) 保障对象的差异性。保障对象不仅包括城市中等偏下收入家庭，还包括新就业职工和外来务工人员。

(3) 非营利性。公租房是为了维护社会稳定和解决夹心层的住房保障问题而推出的，具有社会福利性质，不以营利为目的。

(4) 租金优惠。公租房的租赁价格低于一般房屋租赁市场价。

(5) 退出机制的灵活性。公租房一般实行定期复核制度，当中低收入家庭收入水平发生变化，经复核不符合条件时，应当退出。

根据住房城乡建设部、财政部、国家发展改革委联合印发的《关于公共租赁住房和廉租住房并轨运行的通知》(建保〔2013〕178 号) 的规定，从 2014 年起，各地公共租赁住房和廉租住房并轨运行，并轨后统称为公共租赁住房。

并轨后公共租赁住房的政策：(1) 保障对象包括原廉租住房保障对象和原公共租赁住房保障对象，即符合规定条件的城镇低收入住房困难家庭、中等偏下收入住房困难家庭，以及符合规定条件的新就业无房职工、稳定就业的外来务工人员。(2) 主要建设小户型住房，严禁面积超标。(3) 公共租赁住房租金原则上按照适当低于同地段、同类型住房市场租金水平确定。由政府投资建设并运营管理的公共租赁住房，各地可根据保障对象的支付能力实行差别化租金，对符合条件的保障对象采取租金减免。由社会投资建设并运营管理的公共租赁住房，各地可按规定对符合条件的低收入住房保障对象予以适当补贴。(4) 对符合条件的申请人统一轮候配租。(5) 已建成并分配入住的廉租住房统一纳入公共租赁住房管理，其租金水平仍按原有租金标准执行；已建成未入住的廉租住房以及在建的廉租住房项目建成后，要优先解决原廉租住房保障对象住房困难问题，剩余房源统一按公共租赁住房分配。

3. 经济适用房

经济适用住房，是指政府提供政策优惠，限定套型面积和销售价格，按照合理标准建设，面向城市低收入住房困难家庭供应，具有保障性质的政策性住房。

经济适用房主要有以下特征：

(1) 有限产权；

(2) 户型面积具有政府指导意义，售价低，适应低收入家庭的承受能力；

(3) 在开发建设阶段，由政府视市场需求确定开发建设的规模，以行政划拨方式提供土地，通过减免税费和适当控制建设标准等手段来控制建设开发成本；

（4）在销售阶段，供应对象为城市低收入住房困难家庭，执行购买过程中的申请、审批和登记备案制度，以政府审定的微利价格限价销售；

（5）在使用阶段，全面推行社会化物业管理，保持其良好的运行状态和居住环境；

（6）国家对经济适用房建设实行金融支持，鼓励金融机构优先发放贷款。

经济适用房的交易方式为：（1）5年内不得直接上市转让，因特殊原因转让的，由政府回购；（2）5年以后可以上市转让，向政府缴纳相关地价款后可取得完全产权；（3）不得同时享受其他政策性住房；（4）取得产权前，不得出租经营；（5）再购买其他住房的，原经济适用房由政府回购。

4. 限价房

限价房是"两限两竞"的商品房，即政府在公开招标时，对开发商的开发成本进行预算后，对房屋的销售价格、建设标准和销售对象等方面进行限制，合理控制开发商的利润，向中等收入阶层住房困难家庭提供的具有保障性质的政策性商品房。

限价房的交易方式如下：（1）购买条件。各城市设家庭所得与财产限制，较经济适用房宽松一些。（2）没有特别的居住年数或补交地价款限制。（3）5年内不得上市转让。（4）需在交房之日起1年内入住。（5）不得同时享受其他政策性住房。

专栏7-2

共有产权房

2017年9月30日，《北京市共有产权住房管理暂行办法》（京建法〔2017〕16号）正式实施。至此，北京市购租并举住房保障供应体系中的公租房、共有产权住房建设标准体系已全面建立。同时，北京首个共有产权住房项目——朝阳区首开保利锦都家园——进行摇号并公示结果，初步审核通过121 186户，摇取该项目可售房屋427套。

（三）住房公积金制度

住房公积金是政府为了归集住房资金，提高住房有效需求，强制性养成居民进行住房储蓄用于住房消费的措施。中国的住房公积金制度，是20世纪90年代初期，住房制度由计划体制主导向市场体制主导的演变过程中，借鉴了新加坡中央公积金制度所进行的住房金融制度创新。

关于住房公积金制度的相关内容，将在本书下册第二十七章"法定福利"中详述。

（四）因地制宜的地方政府条例

国家有关房地产的制度法规，在施行层面的条例细则，多授权给地方政府制定。各省市政府都有进行登记管理的房地产交易中心与住房公积金管理中心。

（五）房地产调控政策对市场的影响

自1998年国务院颁布通知，进一步深化城镇住房制度改革，实行住房货币化分配新政以来，我国住房市场发生了根本性的变化。在市场培育和发展过程中，政府出台一系列政策，对于提振信心、活跃市场、解决低收入家庭住房困难问题、促进住房消费和投资，实现保增长、扩内需、惠民生的目标，发挥了重要作用。

各地房地产市场的活跃和发展，对加强和改善房地产市场调控，稳定市场预期，促进房地产市场平稳健康发展提出了新的要求。随着2010年1月国务院办公厅《关于促进房地产市场平稳健康发展的通知》（简称“国十一条”）的颁布，房地产市场真正进入调控时代。该通知的主旨是合理引导住房消费，抑制投资投机性购房需求，稳定市场预期，促进房地产市场平稳健康发展。

2013年2月，国务院常务会议针对房地产市场调控确定了5项政策（俗称“新国五条”），旨在坚决抑制投机投资性购房，严格执行商品住房限购措施。此次政策的出台，使各地房地产市场逐步回归理性，刚需和改善性住房群体成为主流，投资投机的人群开始减少。

2014年9月，央行出台《中国人民银行　中国银行业监督管理委员会关于进一步做好住房金融服务工作的通知》（俗称“9.30新政”），对居民家庭的住房贷款需求支持力度大幅提升，继续支持房地产开发企业的合理融资需求。新政带来了政策上的全面松绑，也刺激了大量需求入市，各地房地产市场相继迎来了成交高峰。

2016年9月，随着“京版9.30”政策的颁布，限购新政相继在天津、郑州、无锡、济南、合肥、武汉、苏州、深圳、广州、珠海、东莞等20个城市落地。在楼市火热的背景下，该政策的颁布抑制了市场的继续升温，在一定程度上稳定了房价。

2017年7月，住建部等部门联合印发《关于在人口净流入的大中城市加快发展住房租赁市场的通知》，提出继续深化城镇住房制度改革，建立租售并举的住房制度。要发展住房租赁市场特别是长期租赁，保护租赁利益相关方合法权益，支持专业化、机构化住房租赁企业发展。该政策为未来房地产市场指明了发展方向，潜力巨大的租赁市场会吸引越来越多的入场者，同时也在一定程度上解决了民生问题，租售并举或成为房地产下一个拐点，这对于保持房地产市场调控政策的连续性和稳定性有着重要意义。

三、房产相关税收制度

（一）出租

个人出租房产，主要涉及增值税及其附加税（城市维护建设税、教育费附加、地方教育费附加）、印花税、房产税、城镇土地使用税、个人所得税7项税费。

个人出租房产包括出租住房和非住房。个人出租住房的，根据《财政部　国家税务总局关于廉租住房经济适用住房和住房租赁有关税收政策的通知》(财税〔2008〕24 号),可免征城镇土地使用税、印花税,个人所得税减按 10%税率征收,房产税按 4%税率征收。根据《财政部　国家税务总局关于全面推开营业税改征增值税试点的通知》(财税〔2016〕36 号),增值税按 1.5%税率征收。城市维护建设税因房产所在地不同或按 7%、或按 5%或按 1%税率征收,教育费附加费率为 3%,地方教育费附加费率为 2%。

需要提醒的是,房产税的计税基础为不含增值税租金收入。月不含税租金收入不超过 3 万元的享受免征增值税优惠。

(二)转让

对个人转让住房涉及的税种包括增值税及其附加、个人所得税、契税、土地增值税、印花税等。具体政策如下:

1. 增值税政策

自 2016 年 5 月 1 日起,个人将购买不足 2 年的住房对外销售的,按照 5%的征收率全额缴纳增值税。

北京市、上海市、广州市和深圳市之外的地区,个人将购买 2 年以上(含 2 年)的住房对外销售的,免征增值税。北京市、上海市、广州市和深圳市地区,个人将购买 2 年以上(含 2 年)的非普通住房对外销售的,以销售收入减去购买住房价款后的差额按照 5%的征收率缴纳增值税;个人将购买 2 年以上(含 2 年)的普通住房对外销售的,免征增值税。

增值税附加包括城市维护建设税、教育费附加和地方教育费附加。

2. 个人所得税政策

个人转让房屋财产所得,买卖差价扣除契税,卖房时缴纳的增值税、装修费(上限为买价的 10%)、手续费与持有期间房贷利息等后,应按 20%税率缴纳个人所得税;对个人转让自用 5 年以上,并且是家庭唯一生活用房取得的所得,免征个人所得税。

3. 契税

契税由受让方缴纳,实行 3%~5%的幅度比例税率。

(1)对个人购买家庭唯一住房(家庭成员范围包括购房人、配偶以及未成年子女,下同),面积为 90 平方米及以下的,减按 1%的税率征收契税;面积为 90 平方米以上的,减按 1.5%的税率征收契税。

(2)对个人购买家庭第二套改善性住房,面积为 90 平方米及以下的,减按 1%的税率征收契税;面积为 90 平方米以上的,减按 2%的税率征收契税。北京市、上海市、广州市、深圳市暂不实施该项契税优惠政策。

4. 土地增值税

自 2008 年 11 月 1 日起对个人销售住房暂免征收土地增值税。

5. 印花税

自 2008 年 11 月 1 日起对个人销售或购买住房暂免征收印花税。

专栏 7-3

北京限购政策

自 2017 年 3 月 17 日起，为促进本市房地产市场平稳健康发展，商品住房销售和居民家庭申请商业性个人住房贷款执行以下规定：

一、企业购买的商品住房再次上市交易，需满 3 年及以上，若其交易对象为个人，按照本市限购政策执行。

二、居民家庭名下在本市无住房且无商业性住房贷款记录、公积金住房贷款记录的，购买普通自住房的执行现行首套房政策，即首付款比例不低于 35%，购买非普通自住房的首付款比例不低于 40%（自住型商品住房、两限房等政策性住房除外）。

居民家庭名下在本市已拥有 1 套住房，以及在本市无住房但有商业性住房贷款记录或公积金住房贷款记录的，购买普通自住房的首付款比例不低于 60%，购买非普通自住房的首付款比例不低于 80%。

三、暂停发放贷款期限 25 年（不含 25 年）以上的个人住房贷款（含住房公积金贷款）。

资料来源：关于完善商品住房销售和差别化信贷政策的通知（京建法〔2017〕3 号）.

第五节　理财资讯平台在居住规划中的应用

理财资讯平台中的居住规划包括购房规划与购房能力测算，两种方式下的房产规划思路不同。

购房规划：根据客户现有的目标和资源，测算要实现客户目标需要的投资收益率。当客户可贷款金额有限，需要通过增加首付款来实现购房时，需根据客户现有资产、储蓄计算首付款，来测算需要的投资收益率。

购房能力测算：根据客户现有资源（生息资产、当前收入与可用于购房的储蓄款），计算首付款和可贷款金额，来测算客户的可负担房价。

一、购房规划案例及理财资讯平台的应用

假设客户 5 年后购新房，预购面积 90 平方米，首付款三成，贷款 20 年，当前房价 1.7 万元/平方米，房价增长率为 6.66%。打算出售旧房来买新房，旧房当前价值 50 万元，剩余贷款 20 万元，目前可以一次性拿出 30 万元配置到购房目标上，同时每年还可以拿出 5 万元进行购房储蓄，那么实现购房目标的投资收益率为多少？

第一步，打开理财资讯平台的购房规划界面，

进入主页，点击单目标理财规划中的购房规划，如图 7-11 所示。

第二步，数据录入。

进入购房规划后，首先根据案例中的客户背景来设置目标信息和资源信息，可通过滑动滚动条来改变信息内容，也可通过鼠标点击数据，进行自定义，如图 7-12 所示。

图 7－11　进入购房规划

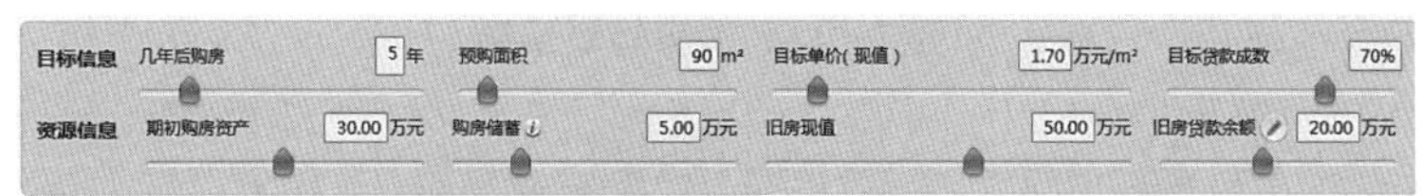

图 7－12　客户信息输入界面

第三步，参数假设。

点击左侧的“设置”，设置中参数的默认值是与当前实际情况一致的，如果有具体要求，可以根据案例条件更改基本参数，如图 7－13 所示（本题采用系统默认数据）。

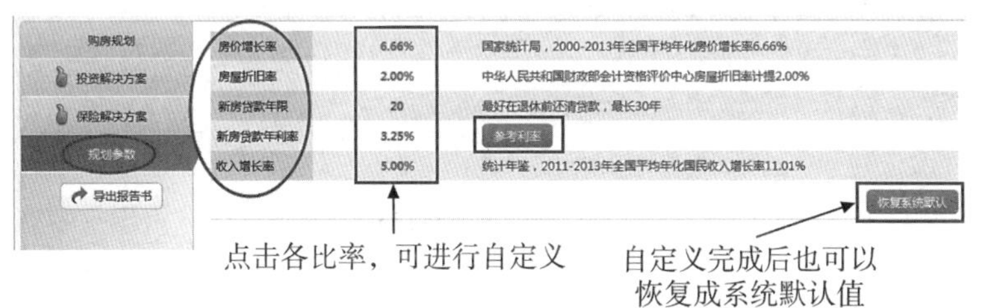

图 7－13　基本参数设置

第四步，输出结果。

根据前面输入的一系列信息，点击左侧的购房规划，即可得到规划前与规划后的首付款以及贷款金额，本案例规划前还款能力不足，规划后通过提高首付款，并且投资收益率达到 5.20%，可达到购房目标，具体如图 7－14 所示。

第五步，投资产品推荐。

点击进入左侧的投资解决方案，点击全部，即可选择相应的投资产品，如图 7－15 所示。

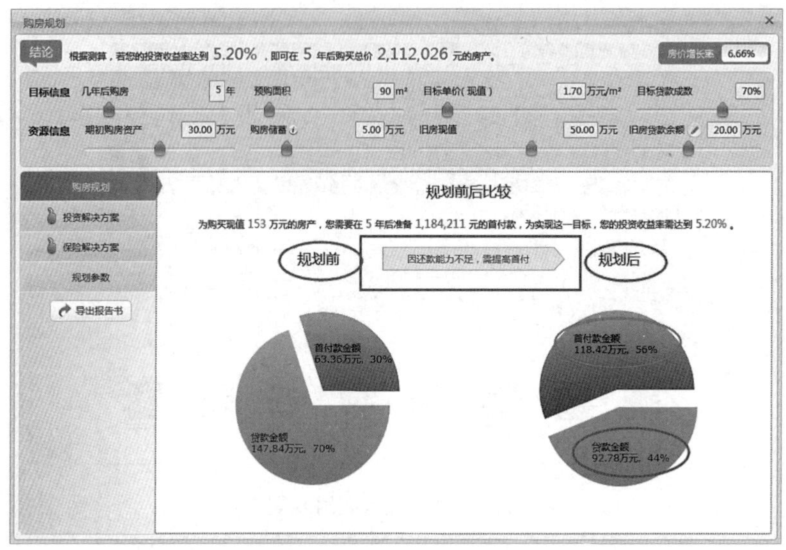

图 7-14　购房规划结果

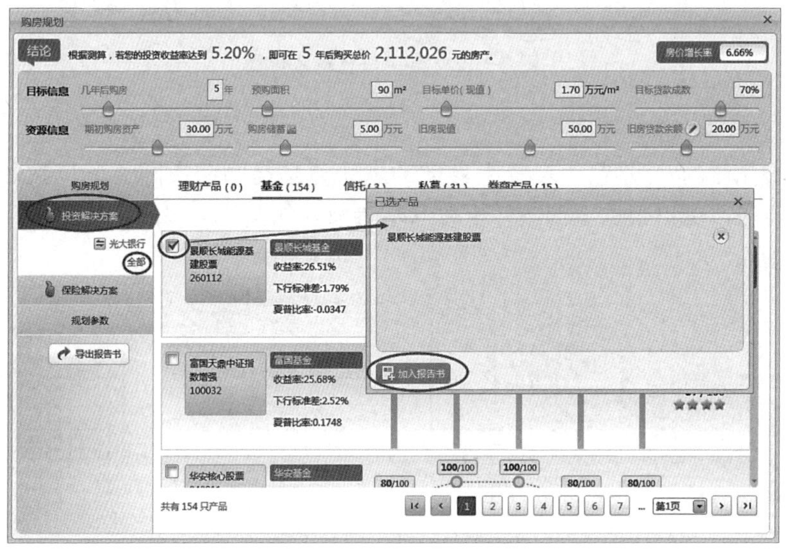

图 7-15　投资产品选择

第六步，保险产品推荐。

点击进入左侧的保险解决方案，即可选择合适的保险产品，如图 7-16 所示。

第七步，导出报告书。

规划完毕，点击左侧的导出报告书，即可得到 PDF 版的报告书，报告书的内容主要显示规划前后结果、推荐的投资产品与保险产品等，如图 7-17 和图 7-18 所示。

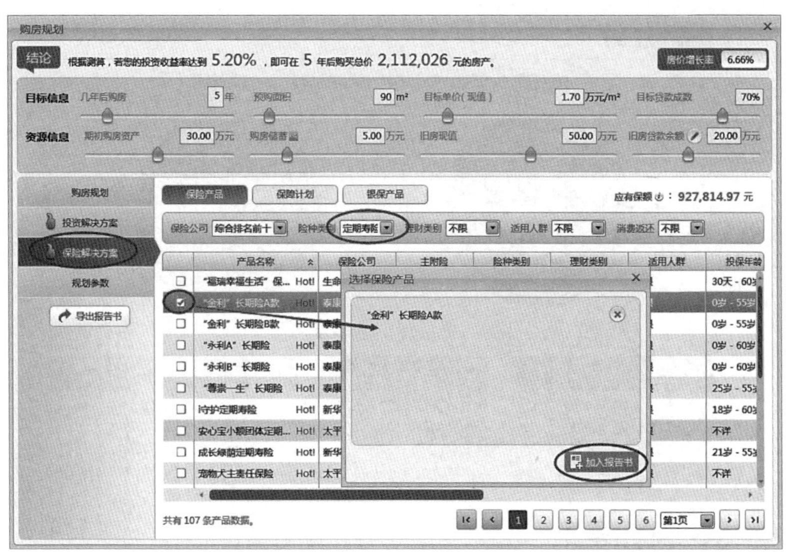

图 7-16 保险产品选择

图 7-17 导出报告书

购房规划前后比较

为购买现值153万元的房产，您需要在5年后准备1,184,211元的首付款，为实现这一目标您的投资收益率需达到5.20%。

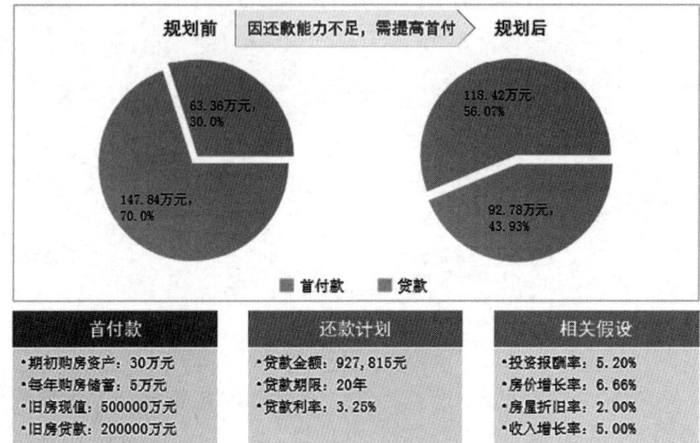

解决方案

◆**投资产品**

为了您5年后能够实现购房目标，在此期间需要您每年收益率达到5.2%，通过持有以下产品可以帮您实现这一投资目标。

◇**基金**

基金名称	基金代码	投资类型	单位净值	近一年收益	近一年标准差	近一年夏普比率
景顺长城能源基建股票	260112	股票型	1.6150	17.89%	2.57%	-0.0347

◆**保险产品**

为了保障新房还款计划，根据新房贷款金额，您需要投保寿险保额元。通过以下定期寿险产品可以帮您实现这一保障目标。

产品名称	发行公司	险种类别	理财类别	缴费方式	保障期限
“金利”长期险A款	泰康人寿	定期寿险	分红型	约定	—

标准差是衡量产品的风险指标，该数值越大说明产品风险越大。夏普比率是衡量产品单位风险的收益水平，该数值越大说明产品承担单位风险所获得收益越高。

图7-18 购房规划报告

二、购房能力测算案例及理财资讯平台的应用

假设两年后购房，预购面积90平方米，首付款最低三成，贷款20年，房价增长率为6.66%，投资收益率为3.55%。目前可以一次性拿出30万元配置到购房目标上，同时每年还可以拿出年收入10万元的50%即50 000元进行定额储蓄，则可以购买届时价值多少的房子？

第一步，打开理财资讯平台中的房产规划界面，如图7-19所示。

图 7－19　购房能力测算界面

第二步，数据录入。

进入购房能力测算的功能后，首先根据案例中的客户背景来设置目标信息和资源信息，可通过滑动滚动条来改变信息内容，也可通过鼠标点击数据，进行自定义，如图 7－20 所示。

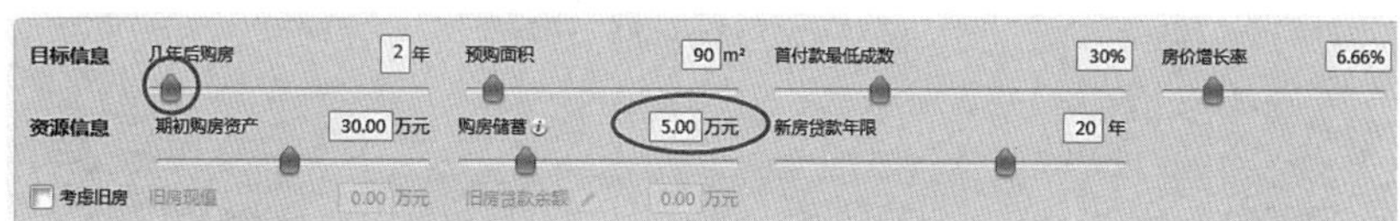

图 7－20　客户基本信息输入

第三步，参数假设。

点击左侧的“规划参数”，设置中参数的默认值是与当前实际情况一致的，如果有具体要求，可以根据案例条件更改基本参数，如图 7－21（本题采用系统默认数据）所示。

图 7－21　基本参数设置

第四步，输出结果。

根据前面输入的一系列信息，点击左侧的购房能力，即可得到各项购房能力指标，如购买的房屋总价及单价，以及可承担的首付款和贷款金额，具体如图 7－22 所示。

第五步，其他情况调整——有旧房。

如有旧房，则系统认为进行换房规划。可勾选“考虑旧房”前面的方框，输入旧房现值及旧房贷款等信息，即可得到换房的总价、单价等信息，如图 7－23 所示。

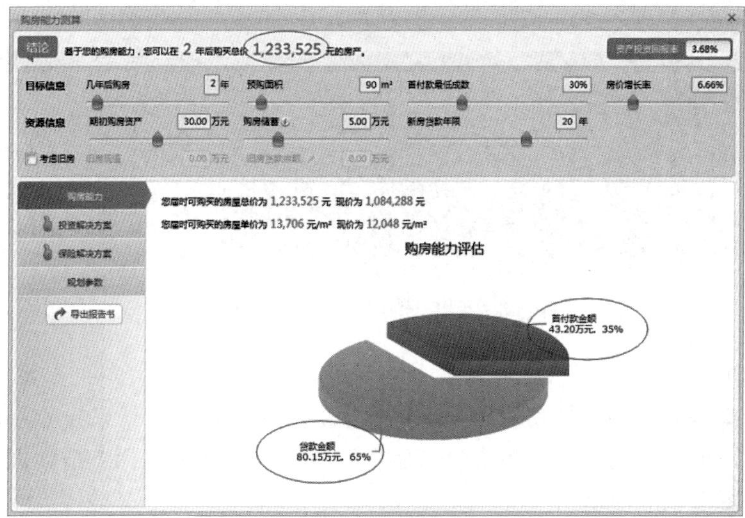

图 7－22　购房能力评估

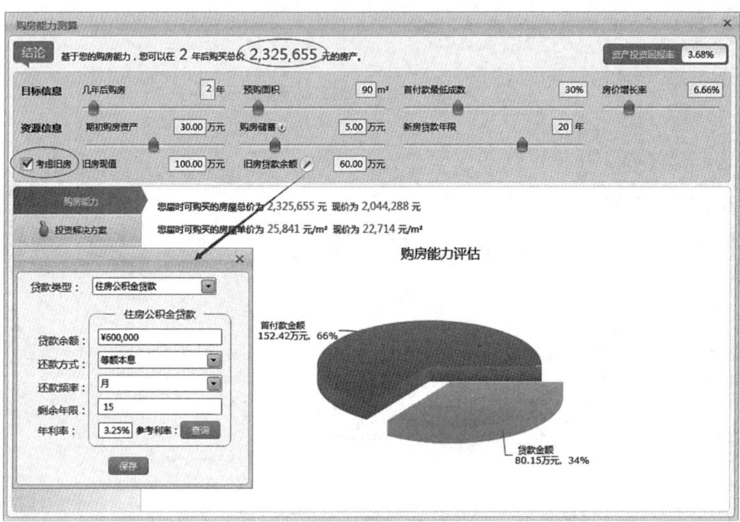

图 7－23　客户信息调整

第八章

子女教育金规划

本章提要

本章介绍客户生涯规划之一的子女教育金规划。首先，介绍子女教育金规划的重要性、特征及需求；其次，介绍子女教育金规划方法，并以具体的案例分析子女教育金需求的计算；再次，通过教育投资收益率的计算，阐述教育投资的价值。本章最后将展示理财资讯平台在子女教育金规划中的运用。

本章内容包括：

- 子女教育金规划概述；
- 子女教育金需求；
- 子女教育金规划；
- 子女教育投资收益率；
- 理财资讯平台在子女教育金规划中的应用。

通过本章学习，读者应该能够：

- 掌握子女教育金规划的重要性及特征；
- 了解子女教育金的需求及教育成本；
- 掌握子女教育金规划的步骤和方法；
- 掌握子女教育金的计算与运用；
- 掌握教育投资收益率计算及对教育投资是否划算的分析。

第一节　子女教育金规划概述

一、子女教育金规划的重要性

经济发展带来了教育支出的迅速增长。2007—2016 年这 10 年间，教育经费平均增长率达13.95%，其中国家财政教育经费占总教育经费的比例从68.16%上升到2016年的80.83%，国家财政教育经费年平均增长率达16.25%。2007—2011年国家财政性教育经费占GDP的比例保持在3%的水平，2012—2016年国家财政性教育经费占GDP的比重连续5年超过4%，2016年达到4.23%。另外，《2017中国家庭教育消费白皮书》显示，我国家庭教育支出占家庭年收入的20%以上，其中大学阶段的教育支出占到家庭年收入的29%，学前教育阶段的教育支出占家庭年收入的26%，其他阶段的教育支出占到家庭年收入的21%，辅导班的教育支出在教育消费中的占比最大。综合来看，不论是家庭还是整个社会，对教育都越来越重视，在这方面的投入越来越多。

中国大多数的父母都是望子成龙、望女成凤，希望给孩子最好的生活，让孩子接受最好的教育。随着教育费用逐年增长，再考虑各种补课费、择校费、住宿费、生活费等多项支出，家庭教育总投入可能会大大超出预算。子女从幼儿园到大学毕业到底共需要付出多少钱？这笔钱如何筹集？若有缺口如何弥补？只有全面考虑这些问题，合理规划，才能筹备足够的教育金，保证子女能够接受良好的教育。

二、子女教育金的特性

（一）无时间弹性

一般来讲，子女到了一定年龄就要接受相应阶段的教育，如18岁左右就要上大学。随着国民受高等教育的普及和文化素质的提升，大学学位变成迈向社会工作的基本门槛，也成为父母培养子女期望达到的教育目标。不像购房规划，若财力不足可延后几年购房；也不像退休规划，若储备的养老金不足可以延后几年退休，子女教育金因为没有时间弹性，所以必须提早准备。

（二）无费用弹性

以高等教育为例，学费支出相对固定。读大学的费用每年支出大约为1万元，这些费用对于每一个学生都是相同的，不会因为家庭贫富而有所差异。奖学金的金额与名额都不足以满足所有无财力入学者的心愿。虽有助学贷款可以使用，但需要负担利息。正是因为教育的这一特性，所以要准备足额的教育基金。

（三）子女的兴趣能力各异无法事先控制

与自主性较高的退休规划和购房规划相比，子女教育的支出更难掌控。一般说来，子女出生时，很难知道子女在独立前会花掉父母多少钱，这与子女的兴趣、注意力和学习能力有关。父母希望子女能考上师资佳、学费较便宜的学校，但不一定能如愿。子女个体的差异使得在求学期间所花费的家教、补习甚至陪读费用也差距甚大，这些都不是父母可以事先控制的。如果还需要在音乐、美术方面进行深造则花费更惊人。由于这些因素无法事先控制，所以子女教育金应该从宽规划。

(四) 持续时间长且费用逐级递增

对一般家庭而言，子女教育每年支出的金额虽然不是最多，但持续时间长，且费用呈现逐年、逐级递增的趋势；子女从小到大，将近 20 年，因此，子女教育金支出总金额较大。

(五) 无强制性储蓄账户

目前在政府或企业单位就职的人，有一些特定用途的强制性储蓄，例如用于退休规划的个人养老金账户和用于购房规划的住房公积金账户，但没有专门为子女教育强制储蓄的账户。因此，一般子女教育金要靠自己主动准备。

第二节　子女教育金需求

一、中国的教育体制

中国的学校教育体系包括学前教育、小学和初中九年义务教育、高中、大学、研究生等阶段，各个阶段的学习年限与招生对象如表 8－1 所示。

表 8－1　各个学习阶段的学习年限与招生对象

学习阶段	学制与学习年限	招生对象
幼儿园	3 年	招收 3 岁以上学龄前儿童
小学和初中	9 年义务教育	小学入学年龄是 6～7 岁；初中入学年龄是 12～13 岁
普通高中	3 年	入学年龄为 15～16 岁
技工学校	3 年	
职业高中	2～3 年，少数为 4 年	入学年龄为 15～16 岁
中等专业学校	一般为 4 年，也有 3 年或 2 年的	招收初中毕业生，入学年龄为 15～16 岁
大学	全日制为 4 年或 5 年，有些医科院校为 7 年或 8 年	入学年龄一般为 18～19 岁
专科学校	2 年或 3 年	入学年龄一般为 18～19 岁
研究生	硕士学习年限为 2～3 年 博士学习年限一般为 3 年	硕士研究生的入学年龄规定不超过 40 周岁 博士研究生的入学年龄规定不超过 45 周岁

此外，还有成人系列的教育体系。各类型成人教育学制实行“同层次同规

格”的原则：成人中等学校，全脱产的学习年限一般与同类性质的全日制学校相同，半脱产或业余的，学习年限一般比同类性质的全日制学校长 1 年左右；成人高等学校，本科教育的学习年限一般为 4～5 年，专科教育形式较多，学习年限一般在 2～4 年。

二、中国子女教育成本

子女教育成本包括两部分，一部分是确定性成本，主要是学杂费。另一部分是选择性成本，包括择校费、学前班支出、才艺班支出、辅导班支出以及出国留学费用等。

（一）确定性成本：学杂费

以上海市教育局 2018 年所公布的部分收费标准（见表 8 - 2）为参考依据，再参照其他资讯来源，我国教育学杂费可归纳为如下几个方面：

1. 公办学校

（1）9 年义务教育免学费。1986 年《中华人民共和国义务教育法》颁布以来，各级政府依法实施 9 年义务教育。小学 6 年与初中 3 年为义务教育，目前采取一费制，免学费，只缴杂费、制服费等。估计小学每年平均教育支出在 1 000 元左右，初中每年平均教育支出在 1 200 元左右。对一般家庭而言负担不重。

（2）高中开始收学费。重点高中每学期 1 200～2 000 元，较一般高中 900 元为高，重点高中每年学杂费等合计在 2 800～5 000 元。

（3）大学本科。据统计，我国高校生的学费已从 1995 年的 800 元上升到 2017 年的 6 000 元。住宿费由 1995 年的 270 元上升到 2017 年的 1 500 元。每年至少比上大学前多出 3 000 元的生活费与书本费，以及外地学生寒暑假返乡旅费，还有学校另立名目的费用，估计一个普通高校学生的家长，比起高中每年要多负担 12 000 元左右的费用，民办高校学生的家长，则每年要多负担 25 000 元左右的费用。

（4）研究生。我国 2014 年以前研究生分为公费研究生和自费研究生，公费研究生不用缴纳学费，国家一般还提供一定的补贴。从 2014 年秋季学期起，向所有纳入国家招生计划的新入学研究生收取学费，入学后按照学业成绩分三个等级发放奖学金，可以减轻一部分学费负担。研究生普通奖学金调整为研究生国家助学金，部属高校博士研究生资助标准为每生每年 12 000 元，硕士研究生资助标准为每生每年6 000 元。各大高校和科研院所收费标准为每年 8 000～10 000 元，专业学位的收费标准高于学术型学位，为每生每年 12 000～30 000 元。由于研究生阶段用于买书与论文写作的费用较高，预计扣除奖学金和每月 500 元的补助后每年还要支付 10 000 元左右。表 8 - 2 列出了 2018 年上海市部分教育收费标准。

表 8-2　　上海市部分教育收费标准（2018 年）

类别	项目名称	计费单位	收费标准（元）	收费依据	备注
基础教育	一、普通高中学费				
	一般高中	每学期	900	沪价行〔2000〕119 号 沪教委财〔2000〕28 号	
	区县重点高中	每学期	1 200		
	市重点高中	每学期	1 500		
	高级寄宿制高中	每学期	2 000		
	二、普通高中住宿费				
	一类条件	每学期	360	沪教委财〔1998〕11 号	配备空调设施，加收 200 元，卫生间供应热水洗澡，加收 40 元
	二类条件	每学期	270		
	三类条件	每学期	180		
中等职业教育	一、中等职业学校学费				
	1. 一般学校			沪价行〔1997〕173 号 沪财综〔1997〕044 号	
	一般专业	每学期	1 100		
	特殊专业	每学期	1 300		
	艺术类专业	每学期	2 300		
	2. 国家级重点学校				
	一般专业	每学期	1 500	沪价费〔2002〕34 号	
	特殊专业	每学期	2 000		
	艺术类专业	每学期	4 000		
	3. 成人教育				
	一般专业	每学期	300～900	沪价行〔2000〕180 号	
	艺术类专业及特殊专业	每学期	900～1 500		
	4. 职业高中学费	每学期	1 200	沪教委财〔2004〕63 号	
	二、中等职业学校住宿费				
	一类条件	每学期	360	沪教委财〔1998〕11 号	配备空调设施，加收 200 元，卫生间供应热水洗澡，加收 40 元
	二类条件	每学期	270		
	三类条件	每学期	180		
	三、技工学校学费				
	1. 普通技工学校				
	普通专业	每学期	1 100	沪价费〔2003〕020 号 沪财预〔2003〕36 号	
	复合专业	每学期	1 300		
	2. 国家级重点技工学校				
	普通专业	每学期	1 500	沪价费〔2002〕050 号	
	复合专业	每学期	2 000		
	四、技工学校住宿费				
	一类条件	每学期	360	沪价费〔2003〕020 号 沪财预〔2003〕36 号	配备空调设施，加收 200 元，卫生间供应热水洗澡，加收 40 元
	二类条件	每学期	270		
	三类条件	每学期	180		

由于我国各地方的学杂费标准仍有差异，以上费用可作为一个平均数的参考，规划时仍要依照各地方的实际情况调整。

2. 民办学校

中小学义务教育阶段，民办学校不多，学费标准是以成本核算。例如，上海市公办转制中小学每学期 5 000 元。但有些是针对外籍人士或港澳台同胞子弟而设立的，学费动辄每年数十万元，本地人就读的并不多。

民办高中大多为中外合作，为毕业后出国留学的先修班，也被称为贵族学校。学费与住宿费合计每年约达数万元。

民办大学学费标准以成本为依据，每年学费也要 20 000 元以上。

（二）选择性成本

除上述确定性成本之外，对于有些家庭来说，子女教育金规划还要考虑一些选择性成本。比如，对于学前教育支出来说，公办幼儿园的平均费用相对较低，但是有入学区域的限制；民办幼儿园的各方面条件和设施较好，费用也相对较高；而一些中外合办、双语教学的幼儿园每年收费更是高达数万元。

从学前开始，父母还会培养孩子各方面的兴趣爱好，为他们选择各类才艺班，包括音乐、美术、舞蹈、体育、奥数、英语与计算机等课程。每年才艺班费用支出达数万元及以上的家庭非常多。

从小学开始，为了能进入更好的中学和大学，大多数孩子会参加辅导班和补习班，一些家长还给子女单独请家教进行一对一辅导，根据老师资历和水平的不同费用上也有较大差异。

在高等教育阶段，除了一部分人选择国内的大学外，还有很多家长希望将孩子送去国外留学。中国是世界上出国留学的人数最多的国家之一。教育部发布的数据显示，2017 年，我国出国留学人数首次突破 60 万大关，达 60.84 万人，同比增长 11.74%，其中国家公派留学 3.12 万人，单位公派留学 3.59 万人，自费留学共 54.13 万人，保持世界最大留学生生源国地位。①

在众多国家中，英国、美国、澳大利亚、加拿大等国家由于拥有丰富的教育资源而备受留学生青睐。其中，美国和英国留学费用最高，总费用在 25 万～50 万元人民币/年，澳大利亚、加拿大的留学费用在 20 万～30 万元人民币/年，德国、法国、荷兰等国家总费用在 10 万～20 万元人民币/年，此外，《2018 出国留学蓝皮书》显示，近年来，亚洲留学升温，相对而言，亚洲留学的学费较低，比较适合工薪阶层家庭，年总费用在 7 万～15 万元人民币/年。

由于子女教育开销的差异性相当大，因此，必须针对个人所在地区的实际收费状况、父母对子女的期望，以及家庭本身的负担能力，制订详尽的教育规划。

① 2017 年出国留学、回国服务规模双增长，www.moe.gov.cn/jyb_xwfb/gzdt_gzdt/s5987/201803/t20180329_331771.html.

第三节　子女教育金规划

一、子女教育金规划步骤

子女教育金规划通常按照以下步骤进行（见图 8－1）。

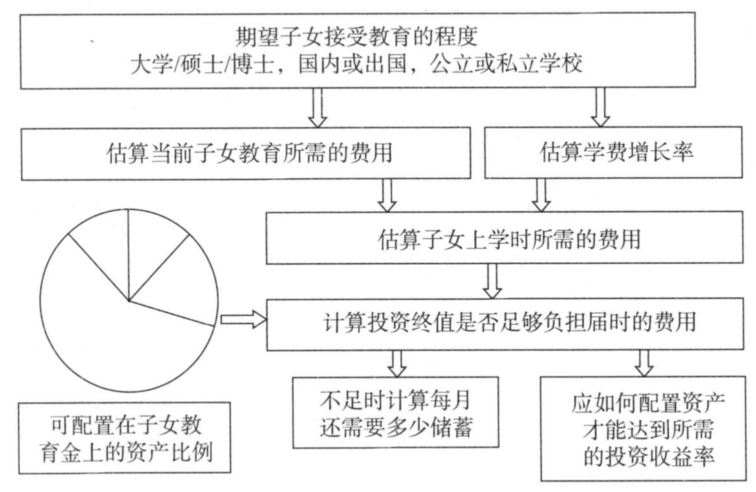

图 8－1　子女教育金规划步骤

（1）列出期望子女将接受教育的程度，确定教育金规划的终点。如子女大学本科毕业后是选择参加工作，还是选择继续深造，攻读研究生学位；选择在国内还是在国外接受高等教育，若选择出国深造，还需考虑是就读公立大学还是私立大学。

（2）根据所列期望，估算当前子女教育所需的费用以及从现在开始到子女接受教育时的学费成长率，最终测算出届时子女上学时所需的教育金。

（3）测算目前可配置在子女教育目标上的资金在子女上大学时能否满足上述教育金总需求。

（4）如有不足，则需计算按照目前的投资收益率每月还需多少储蓄；如无法达成每月储蓄目标，则应考虑该如何配置资产才能达到所需的更高的投资收益率。

二、子女教育金规划方法

子女教育金规划通常使用目标基准点法（见图 8－2）。把基准点设在子女 18 岁上大学的当年，基准点之前是累积高等教育金的过程，基准点之后是教育金支出的过程。首先，测算在子女上学当年能累积多少教育金，即求出教育金总供

给。把目前已配置在教育金目标上的整笔资金作为现值 PV，每期定额投资作为年金 PMT，估算投资收益率 I，目前到子女上大学当年的年限 N 为教育金准备年限，即可计算出届时教育金的总供给 FV。其次，测算教育金在子女上学当年的总需求，即求 PV 值。每年学费支出看成年金 PMT，FV 则是子女毕业时留给他们的创业基金，接受高等教育的持续年限为 n，投资收益率为 I，学费成长率为 g，最终计算出 PV。如果教育金总供给大于总需求，则子女教育目标可达成；反之，则不能实现。若子女教育目标不能实现，通常的解决方案是增加目前配置在子女教育目标上的金额，或者增加定期定投金额，也可适当调整资产配置，提高投资收益率，但对于教育金投资不能冒太大风险，以免发生子女上大学时无力支付高等教育学费的情况。

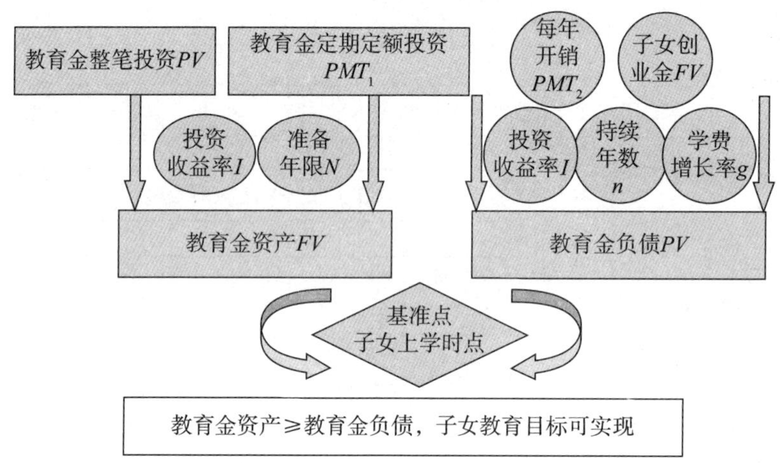

图 8-2　子女教育金规划方法

三、子女教育金需求的计算

实例 8-1　刘姥姥准备到贾府帮工，为孙子 5 年后上学筹集学费。她每年从工钱中拿出 8 块大洋存入日升昌，年利率为 10%。在孙子 6 年的学习中，第一年需缴纳学费 10 块大洋，学费增长率为 5%。假如刘姥姥 5 年后不再工作，这笔钱是否能供她孙子上完小学？如果不够，她还需要继续工作几年？如果刘姥姥每年多存 1 块大洋（每年 9 块大洋），情况又会怎样？

解析　首先计算学费总需求在上学时点的价值，即计算期初增长型年金的现值：

$n=6$，$I=10\%$，$PMT=-10$ 块，$FV=0$，$g=5\%$，得到 $PV=53.58$ 块。

然后计算学费总供给在上学时点的价值，即计算期末年金的终值：

$N=5$，$I=10\%$，$PV=0$，$PMT=-8$ 块，得到 $FV=48.84$ 块。

需求大于供给，存在教育金缺口。

解决方案 1：增加工作期限。

学费总需求在当前时点的价值：

$n=5$，$I=10\%$，$PMT=0$，$FV=53.58$ 块，得到 $PV=-33.27$ 块。

$I=10\%$，$PMT=8$ 块，$FV=0$，$PV=-33.27$ 块，得到 $N=6$ 年。

即刘姥姥还需多工作 1 年。

解决方案 2：提高每年定期定额的投资额，每年需储蓄的金额计算如下：

$N=5$，$I=10\%$，$PV=0$，$FV=53.58$ 块，得到 $PMT=-8.78$ 块。

刘姥姥每年多存 1 块（即 9 块）是可以达到目标的。

解决方案 3：提高投资收益率。

$N=5$，$PV=0$，$PMT=-8$ 块，$FV=53.58$ 块，得到 $I=14.66\%$。

依照子女目前的年龄，如何计算未来需要支付的子女教育金呢？需分两种情况进行讨论，考虑货币时间价值与不考虑货币时间价值。现举一个例子来说明这个问题。

实例 8-2 刘波先生与金铃女士的小孩刚出生，预计 3 年后开始上幼儿园。经测算，目前各个教育阶段的年支出现值与就学年数如表 8-3 所示。

表 8-3 目前各个教育阶段的年支出现值与就学年数 （单位：元）

学程	年支出现值	就学年数	合计	累计
幼儿园	20 000	3	60 000	60 000
小学	10 000	6	60 000	120 000
初中	10 000	3	30 000	150 000
高中	10 000	3	30 000	180 000
大学	20 000	4	80 000	260 000

情况一，如果不考虑货币时间价值，则可以直接将各个学习阶段的目前年支出乘以就学年数再相加，得出子女教育金的总支出现值，即 60 000＋60 000＋30 000＋30 000＋80 000＝260 000（元），因此刘先生希望培养子女念到大学毕业，则总支出的现值为 26 万元。

情况二，考虑货币时间价值，假设子女学费的增长率为 5%，刘先生子女教育金的投资收益率为 8%，现在应该准备多少钱呢？此时要以实质收益率为折现率[折现率＝(1＋8%)/(1＋5%)－1＝2.86%]，用财务计算器的现金流量功能计算：$CF_0=0$，$CF_1=0$，$N_1=2$；$CF_2=-20\ 000$ 元，$N_2=3$；$CF_3=-10\ 000$ 元，$N_3=6$；$CF_4=-10\ 000$ 元，$N_4=3$；$CF_5=-10\ 000$ 元，$N_5=3$；$CF_6=-20\ 000$ 元，$N_6=4$；$I=2.86\%$，$NPV=-187\ 033.96$ 元。

因为投资收益率高于学费成长率，因此不需要准备 26 万元，准备 18.7 万元的整笔子女教育金就够了。前面 $CF_0=0$，$CF_1=0$，$N_1=2$，表示子女出生 3 年后开始上幼儿园，因此有 3 年的时间教育金支出为 0。

计算出来的净现值还有另外一个含义，即可根据这个现值，以子女为受益人投保寿险，即在保险计划中应增加保额 18.7 万元，万一保险事故发生，刘先生收入中断，无法再储备教育准备金，此时，以现金流量算出的净现值为保额，所获得的保险给付投资在实质收益率为 2.86%的投资工具上，仍可让子女完成原定的教育目标。

没有教育金支出，并不代表上幼儿园前的 3 年没有育儿支出，育儿支出要另外编制在支出预算中。不过，年轻夫妻有能力在孩子出生时拿出 18.7 万元进行投资的，并不多见。如果分 3 年来准备，$n=3$，$I=8\%$，$PV=187\ 033.96$ 元，

$FV=0$，$PMT=-72\ 575.44$ 元，那么，从现在到子女上幼儿园，每年要准备 72 575 元。这对于年轻夫妻而言，仍然是沉重的负担。比较合理的投资期限为 21 年，即从现在开始到子女大学毕业之前把所有的教育金备足，其前提是刘先生夫妇二人不能在 21 年内退休。此时，$n=21$，$I=8\%$，$PV=187\ 033.96$ 元，$FV=0$，$PMT=-18\ 672.02$ 元，即每年要拿出 18 672 元投资到名义报酬率为 8%的投资工具上，才能实现所有的教育目标。如果刘先生夫妻只是一般工薪阶层，目前年薪合计 100 000 元，18 672 元/100 000 元=18.67%，即以目前的年收入来计算，储蓄率要达到 18.67%，才能完成子女教育目标。

如果子女已经出生，且已经完成了某些教育阶段，此时，只需要计算还没有实现的子女教育目标的现值。如果目前可以一次性配置一部分资金在教育金目标上，那么，可以减轻未来储备教育金的压力。例如，刘先生的孩子今年 9 岁，即将上小学三年级，刘先生家庭年收入 80 000 元，目前有 30 000 元可供做教育金整笔投资，此时，教育金现值计算如下：$CF_0=-10\ 000$ 元，$CF_1=-10\ 000$ 元，$N_1=3$；$CF_2=-10\ 000$ 元，$N_2=3$；$CF_3=-10\ 000$ 元，$N_3=3$；$CF_4=-20\ 000$ 元，$N_4=4$，$I=2.86\%$，$NPV=-146\ 273.12$ 元。教育金现值看起来并未因为已经支付了前 5 年的学费而减轻很多，主要是因为最后的高等教育费用金额太高而折现年数缩短的缘故。目前整笔投资之后，还需准备的教育金现值为 146 273－30 000=116 273（元），这样在子女大学毕业之前教育金准备期限为 14 年，每年需准备资金：$n=14$，$I=8\%$，$PV=116\ 273$ 元，$FV=0$，$PMT=-14\ 104$ 元，14 104/80 000=17.63%，负担较合理，可兼顾退休、购房等其他理财目标。当然，是否一定要资助子女出国留学，还是要看个别家庭的理财价值观而定。

第四节　子女教育投资收益率

一、市场经济与教育投资

在市场经济条件下，就个人而言，人们之所以愿意入学接受高等教育，是因为在这方面投资所花去的时间和金钱会在将来给自己带来相应的回报。个人把受教育看作投资，是市场经济条件下一种必然产物。教育投资是投入教育领域中，用于培养不同熟练程度的后备劳动力和专门人才，以及提高劳动力和专门人才智力的货币表现。人的劳动能力，尤其是智力，主要是通过教育获得的。社会和个人之所以愿意在教育上投入大量的人力和物力，主要在于教育投资对社会和个人都是有益的。但由于投资主体不同，各自关心的焦点也不一样：国家或社会投资教育，主要是从社会效益的角度考虑，看到的是教育对社会生产和人民生活的全面而有益的影响；而个人通常注意的是教育投资所带来的个人收入的增加。因为在现代人事工资制度中，工资收入与学历直接挂钩，而且学历也是干部聘任、晋升以及各种技术职务职称评定的重要条件之一。总之，受教育程度越高，就业前景越乐观。因此，多数人更愿意在教育上投资。

那么，选择哪种教育投资最为有利呢？可从投资收益率进行分析，而要知道投资收益率的高低，首先必须了解个人的教育成本。个人对教育的各种形式的投入即构成个人的教育成本。原则上说，个人的教育成本包括直接成本和间接成本。

（一）直接成本

教育的直接成本包括学生及其家庭为教育所支付的一切实际金钱支出，即应有的书籍费、学费、往返学校的交通费和额外的吃、穿、住等费用，直接表现为一个具体的金额。

（二）间接成本（机会成本）

不能直接用货币计量的间接成本，主要是指选择上学，就要放弃就业机会，也就是放弃了就业后可能得到的收入。所以，学生求学期间存在一项间接成本，即机会成本，其数额等于学生放弃的收入。

二、教育投资的收益

据××市劳动和社会保障局的调查，以学历划分，以下五类人群的年工资收入中位数分别为：研究生（含博士、硕士）157 452 元，大学本科 86 556 元，大学专科 59 712 元，高中、中专或技校 47 100 元，初中及以下 37 752 元。我们可以这些数据为基准，说明不同学历的机会成本（见表 8-4）。

表 8-4　分学历企业工资指导价位　（单位：元人民币/人/年）

序号	学历	低位数	中位数	高位数
1	研究生（含博士、硕士）	45 600	157 452	732 396
2	大学本科	34 524	86 556	364 068
3	大学专科	28 572	59 712	241 980
4	高中、中专或技校	25 080	47 100	125 400
5	初中及以下	23 436	37 752	88 788

表 8-5 给出了上年度的分学历企业工资指导价位，通过两表比较，可以得到表 8-6 的结果，即工资增长率以研究生最高，本科次高。可见学历的差距不仅导致了毕业当时工资绝对水准的差距，对往后的工资增长率也有重大的影响。

表 8-5　上年度分学历企业工资指导价位　（单位：元人民币/人/年）

序号	学历	低位值	中位值	高位值
1	研究生（含博士、硕士）	47 088	112 385	635 112
2	大学本科	35 748	77 129	373 992
3	大学专科	30 048	60 320	218 628
4	高中、中专或技校	26 016	50 131	133 164
5	初中及以下	25 356	42 192	95 280

表 8-6　　分学历企业工资指导价位年增长率

序号	学历	低位值	中位值	高位值
1	研究生（含博士、硕士）	−3.16%	40.10%	15.32%
2	大学本科	−3.42%	12.22%	−2.65%
3	大学专科	−4.91%	−1.01%	10.68%
4	高中、中专或技校	−3.60%	−6.05%	−5.83%
5	初中及以下	−7.57%	−10.52%	−6.81%

三、高等教育的投资收益率

诺贝尔经济学奖得主、美国经济学家加里·贝克在《生活中的经济学》一书中写道："即使不管社会地位及知识上所能得到的好处，念大学本身已经算是相当不错的投资了。"他以美国为例，算过一笔账：大学毕业生在工作 11～15 年之后的平均工资，比具有同等资历的高中毕业生多出 60%。如果把这笔收入差额拿来与接受高等教育所需的成本相比的话，则其投资收益率差不多在 10%以上。

在微利时代，10%的收益率足以让商人们眼红了。其实，不论在发达国家，还是在发展中国家，受过高等教育者总是处于竞争的优势地位。他们可能拥有更多的机会，而这种机会则意味着他们可能拥有更多的"利润"。那么，如何计算高等教育金的投资收益率呢？首先要计算高等教育的成本，包括学杂费等直接成本与教育期间不工作的机会成本。而后计算获得学位后可望增加的收入水准，可以用两种方法计算。

（1）不考虑货币时间价值。假设两种学历间薪资差异固定。不考虑货币时间价值的净效益＝薪资总差异－学费成本－机会成本，薪资总差异＝两学历薪资年差异×后段毕业后可工作年数，学费成本＝后段学历年学费×后段就学年数，机会成本＝前段学历薪资×后段就学年数。

（2）考虑货币时间价值。攻读高学历的年收益率是根据实际现金流计算的内部收益率。在理财资讯平台中的现金流计算器中依次输入 CF_j 及 N_j，即可得到相应的 IRR。

（一）国内教育投资收益率的计算

假设工作到 55 岁，硕士与博士都是自费，薪资以表 8-4 中的薪资中位数为基准。假设两种学历之间的薪资差异固定。

1. 初中升高中、中专或技校（假设学费为 5 000 元/年）

不考虑时间价值的净效益＝(47 100－37 752)×37－(37 752×3＋5 000×3)

＝9 348×37－128 256＝217 620(元)

考虑时间价值的年收益率：依次输入 $CF_0=-5\ 000$，$CF_1=-42\ 752$，$N_1=2$，$CF_2=-37\ 752$，$CF_3=9\ 348$，$N_3=37$，得到 $IRR=6.04\%$。

2. 高中升大专（假设学费为 10 000 元/年）

不考虑时间价值的净效益=(59 712−47 100)×35−(47 100×2+10 000×2)

=12 612×35−114 200=327 220(元)

考虑时间价值的年收益率：依次输入 CF_0=−10 000，CF_1=−57 100，CF_2=−47 100，CF_3=12 612，N_3=35，得到 IRR=9.97%。

3. 大专升本科（假设学费为 15 000 元/年）

不考虑时间价值的净效益=(86 556−59 712)×33−(59 712×2+15 000×2)

=26 844×33−149 424=736 428(元)

考虑时间价值的年收益率：依次输入 CF_0=−15 000，CF_1=−74 712，CF_2=−59 712，CF_3=26 844，N_3=33，得到 IRR=16%。

4. 高中升本科（假设学费为 15 000 元/年）

不考虑时间价值的净效益=(86 556−47 100)×33−(47 100×4+15 000×4)

=39 456×33−248 400=1 053 648(元)

考虑时间价值的年收益率：依次输入 CF_0=−15 000，CF_1=−62 100，N_1=3，CF_2=−47 100，CF_3=39 456，N_3=33，得到 IRR=12.54%。

5. 本科升硕士（假设学费为 18 000 元/年）

不考虑时间价值的净效益=(157 452−86 556)×31−(86 556×2+18 000×2)

=70 896×31−209 112=1 988 664(元)

考虑时间价值的年收益率：依次输入 CF_0=−18 000，CF_1=−104 556，CF_2=−86 556，CF_3=70 896，N_3=31，得到 IRR=28.31%。

以上分析（见表 8-7）显示，除了初中升高中的收益率不高以外，高中以上继续往上升学的年收益率基本都有 10%以上，因此，至少到目前为止，高等教育的投资还是相当划算的。

表 8-7　　教育投资是否划算的分析

项目	初中升高中、中专或技校	高中升大专	大专升本科	高中升本科	本科升硕士
初中及以下年工资收入中位数（元人民币/人/年）	37 752				
高中、中专或技校年工资收入中位数（元人民币/人/年）	47 100	47 100		47 100	
大学专科年工资收入中位数（元人民币/人/年）		59 712	59 712		
大学本科年工资收入中位数（元人民币/人/年）			86 556	86 556	86 556
研究生（含博士、硕士）年工资收入中位数（元人民币/人/年）					157 452
差异（元人民币/人/年）	9 348	12 612	26 844	39 456	70 896
年数（年）	3	2	2	4	2
机会成本（元）	113 256	94 200	119 424	188 400	173 112
年学费（元人民币/人/年）	5 000	10 000	15 000	15 000	18 000

续前表

项目	初中升高中、中专或技校	高中升大专	大专升本科	高中升本科	本科升硕士
直接成本（元）	15 000	20 000	30 000	60 000	36 000
总成本（元）	128 256	114 200	149 424	248 400	209 112
可工作年数（年）	37	35	33	33	31
总薪资差异（元）	345 876	441 420	885 852	1 302 048	2 197 776
净效益（元）	217 620	327 220	736 428	1 053 648	1 988 664
年收益率	6.04%	9.97%	16%	12.54%	28.31%

（二）留学投资收益率的计算

假设出国留学的开支大体如下：

- 出国留学准备与成行费用：约合人民币 20 000 元。
- 在国外求学两年所需的开支：人民币 250 000～500 000 元。

因为各个留学学校的学费不同，可以用每年 200 000 元进行估计。因此在国外求学阶段所需的开销约人民币 420 000 元。子女也可争取留学学校奖学金来减轻负担，或者选择在国外打工应付部分支出，但打工可能会影响学业，若因此使获取学位的时间拖长，不见得有利。

用上述高等教育投资收益率的方法，可计算出国留学的投资收益率，还可以计算国外留学之后年薪增加多少才比国内大学毕业划算。

1. 不考虑货币时间价值

如果一年花费 20 万元，经过两年拿到学位，学费成本＝20 万元×2＝40 万元，再加上两年工作机会成本＝8.7 万元×2＝17.4 万元，总成本 57.4 万元。在不考虑货币时间价值的情况下，若以拿到硕士学位后工作 31 年来分摊，57.4 万元÷31＝1.851 6 万元，1.851 6 万元÷8.7 万元＝21.3%，那么，取得国外硕士学位回国后，年薪要增加 21%以上，即年薪达到 10.5 万元才能把此教育投资收回。

2. 考虑货币时间价值

如果考虑到货币的时间价值或留学资金的成本。按照国内念硕士可达到 28.31%的收益率，则回国后的薪资差异：n=31，I=28.31%，PV=−574 000 元，FV=0，PMT=162 571 元，回国后薪资＝162 571 元＋86 556 元＝249 127 元，这是国内硕士年收入中位数的 1.5 倍左右，但仍然在硕士学历年收入的高位数之下。有些中国留学生获得学位后想办法留在国外工作，因为当地的薪资水平较高，留学成本较易回收。

以目前的状况来说，选择出国深造，回国后薪资将有机会调高两倍以上，即比同年龄的国内硕士高出一倍。若能取得公费留学资格，或获得全额奖学金，直接成本可降低很多。但奖学金名额毕竟有限，只有根基好的学生才有机会取得。若考虑在国外边学习边打工，则可能延缓学成的时间或降低学习效果，因此一般并不提倡这种建议。尽管没有利用留学期间获取真才实学，但也不乏出国镀金后身价大涨的案例。当然，也有海归派回国找工作时，连出国前的职位都找不到，以致海归变成“海待”，高不成低不就，在家待业的情况。教育投资收益率有巨大差异的主要原因是，是否真的学到东西，所学与过去经验能否衔接并发挥效果，是否掌握市场需求趋势并创造价值。毕业或退伍后马上出国，看起来机会成本最低，但是缺乏历练，进修的方向与未来就业方向可能不一致，高学历附加价值未必能显现。

任何投资都是有风险的，教育投资也不例外。不过教育投资的效益不能看得太短，而且不局限于出国深造。如果在国内很好的学校攻读硕士或博士学位，则机会成本相同但深造费用会降低很多。也有人以考国际认证的 CFA、CFP 资格认证或 CPA 等专业证书当作教育投资，在投资、理财、会计等特定行业效益更直接。出国深造的效用也不是完全可以用所带来的财富来衡量，外语能力、国际观、文化差异体验等，对于未来的工作与处世态度可能都有影响。最重要的还是要自我定位，把是否深造的抉择当作生涯规划的第一步，认真地实践，即使短期差异有限，只要不断地充实自己，为下一步生涯抉择做好准备，也总有获得回报的一天。

第五节　理财资讯平台在子女教育金规划中的应用

实例 8-3　王女士的女儿 3 年后开始上幼儿园，从现在开始一直规划至大学毕业。目前没有进行整笔投资，每年可以拿出年收入 80 000 元的 10%进行子女教育金储蓄。学费增长率为 1.89%，投资收益率为 3.68%。

解析　第一步，打开理财资讯平台单目标理财规划中的子女教育界面，如图 8-3 所示。

图 8-3　理财资讯平台界面

第二步，数据录入。

进入教育金规划后，首先根据案例中的客户背景来设置目标信息和资源信息，可通过滑动滚动条来改变信息内容，也可通过鼠标点击数据，来进行自定义，如图 8-4 所示。

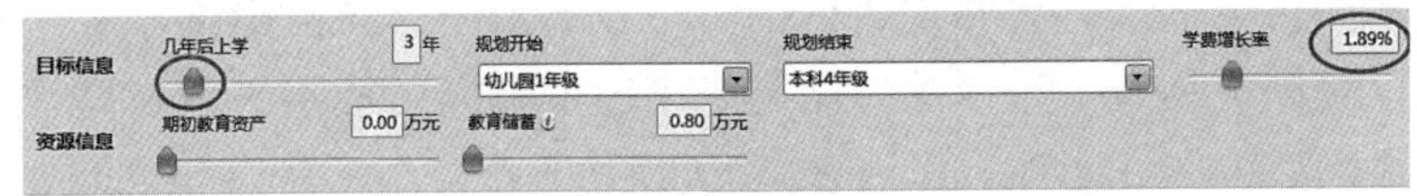

图 8-4　基本信息录入界面

第三步，参数设置。

点击左侧的“规划参数”，设置中参数的默认值是与当前实际情况一致的，如果有具体要求，可以根据案例条件更改基本参数，如图 8-5 所示（本题采用系统默认数据）。

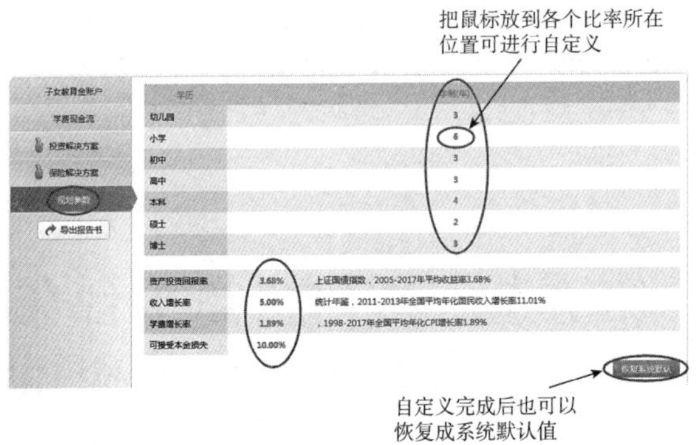

图 8-5　参数设置界面

第四步，输出结果分析。

点击子女教育金账户，即可看出是否可以负担从规划开始到规划结束时间段的全部学费，如图 8-6 所示。

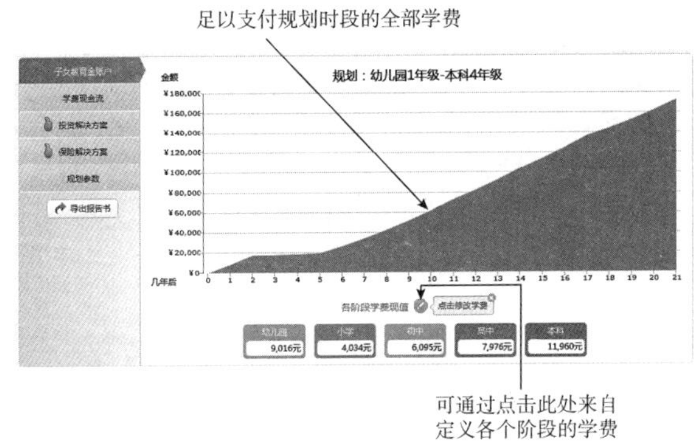

图 8-6　子女教育金账户界面

点击学费现金流，即可看出各期学费的现金流量图（如图 8-7 所示），其中从某时点开始学费负担不起。

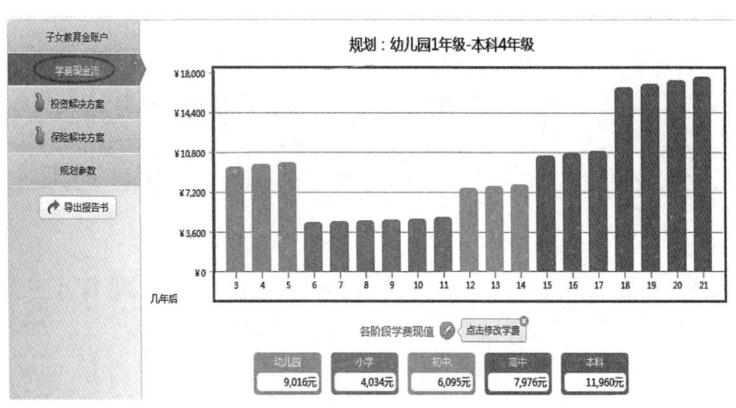

图 8－7 学费现金流界面

第五步，得出规划结果。

界面最上部会显示规划的结果——“基于您的资金实力，可以负担孩子从××到××期间的全部费用”，如图 8－8 所示。

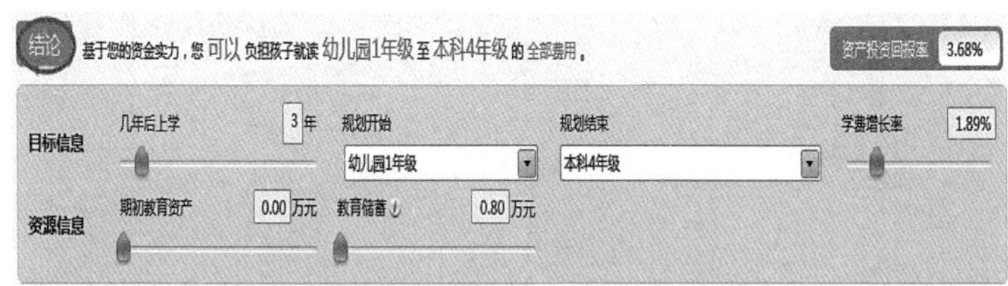

图 8－8 子女教育金规划结果 1

本案例中，如果王女士的收入为 40 000 元，其余条件保持不变。那么规划结果为：“基于您的资金实力，无法负担女儿从幼儿园到本科毕业的全部学费。”如图 8－9 所示。

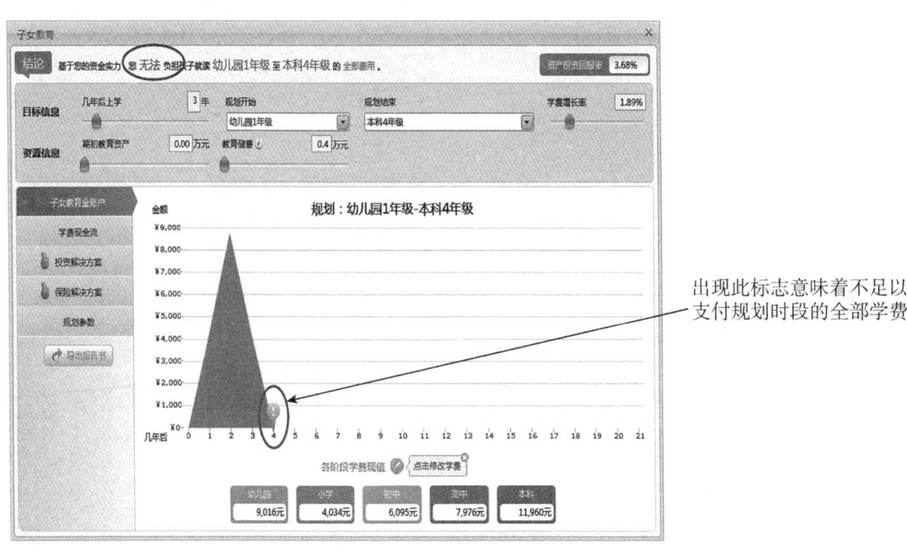

图 8－9 子女教育金规划结果 2

第六步，数据调整。

现有条件不能负担规划时期的全部费用时，可通过不断调整期初教育资产、年收入、教育储蓄率等指标，来调整子女教育金账户金额，直至实现教育金目标为止。

以下以增加期初整笔投资为例，假设期初可以一次性拿出 3 万元进行整笔投资，如图 8－10 所示。

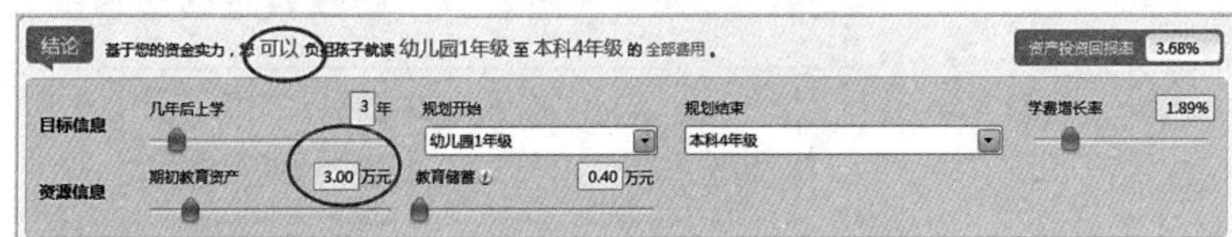

图 8－10　数据调整

第九章

家庭信用与债务管理

本章提要

个人的信用记录影响到我们生活、工作的方方面面，如何建立与维护个人的信用记录，成为我们必须关注的事情。由于消费或置产具有时间上的迫切性，缺乏信用会使如购房和子女高等教育等理财目标无法及时实现。实践中，运用信贷先借款再分期还款，是大多数家庭平衡一生收支达到理财目标的重要方式。显然，信贷是整个金融理财体系中不可或缺的一环。

理财师在日常工作中，常需要协助客户安排购房、购车贷款，解说信用卡的优缺点与选择，回答有关贷款方式、种类或利率选择等信用决策的咨询。因此，理财师必须掌握家庭消费性负债和投资性负债管理的方法，才能应对客户的信贷咨询需求。这是本章期望达到的学习目标。

本章内容包括：

- 信用的概念、信用记录与信用额度；
- 融资渠道与信用决策；
- 消费性负债管理；
- 投资性负债管理。

通过本章学习，读者应该能够：

- 了解信用的意义与构成要素，了解如何运用信用信息数据库来建立个人信用；
- 理解信用额度以及丧失信用的原因和后果；
- 理解影响信用决策的各项因素，掌握与信用有关的理财决策；
- 了解家庭消费性负债的类型与银行相关产品，掌握消费性负债的控制指标；
- 了解家庭投资性负债的类型与银行相关产品，掌握投资性负债的控制指标。

第一节　信用的概念、信用记录与信用额度

一、信用的基本概念

（一）信用的概念

信用本质上是一种承诺，是指在获得商品、服务或资金时，承诺在未来一段时间内偿还，偿还的方式包括商品、服务或资金。在以物易物或银货两讫的情况下，没有信用产生。借由履行承诺来建立的信用记录，是一种无形资产。

（二）信用的构成要素

1. 信任

双方当事人按照契约规定，在享有权利的同时履行承诺的义务。如果不信任对方当事人，就不会有交易，也没有信用产生。享有权利者为授信人，肩负义务者为受信人。

2. 跨时交易

契约双方的权利和义务不是当时交割的，存在时间滞后，就存在信用；在以物易物或银货两讫的情况下，没有信用产生。

（三）信用交易的类型

在以下各种状况下，都发生了信用交易：

（1）先收取订金，承诺一段时间后交货或提供服务。

（2）先取得商品或劳务服务，承诺一段时间后支付资金。

（3）先借入资金，承诺一段时间后偿还。

二、信用记录

（一）定义

信用记录是指双方当事人发生了信用交易后，对是否履行了相关义务进行记载，就形成了信用记录。

（二）信用记录库

1. 个人信用信息基础数据库

个人信用信息基础数据库是我国社会信用体系的重要基础设施，是在国务院领导下，由中国人民银行组织各商业银行建立的个人信用信息共享平台。该数据

库采集、整理、保存个人信用信息，为金融机构提供个人信用状况查询服务，帮助金融机构提高风险管理能力和信贷管理效率，防范信用风险，促进个人消费信贷健康发展；为货币政策和金融监管提供有关信息服务；同时，帮助个人积累信誉财富、方便个人借款。

个人信用信息基础数据库的建设最早是从 1999 年 7 月中国人民银行批准上海资信有限公司试点开始的。2006 年 1 月，个人信用信息基础数据库正式运行。截至 2018 年 3 月底，个人信用信息基础数据库收录自然人 9.57 亿人，收录企业及其他组织约2 524 万户。个人信用信息基础数据库全面收集企业和个人的信息。其中，以银行信贷信息为核心，还包括社保、公积金、环保、欠税、民事裁决与执行等公共信息，堪称世界上最大的个人信用信息基础数据库。

个人信用信息基础数据库收集如下信息：

（1）身份识别信息，包括姓名、身份证号码、家庭住址、工作单位等；

（2）贷款信息，包括贷款发放银行、贷款额、贷款期限、还款方式、实际还款记录等；

（3）信用卡信息，包括发卡银行、授信额度、还款记录等；

（4）个人的电信缴费信息、住房公积金信息、参保信息等（逐步被纳入个人信用信息基础数据库）；

（5）个人缴纳水、电、燃气等公用事业费用的信息，个人欠税信息等（逐步被纳入个人信用信息基础数据库）。“个人信用网”的信息容量越来越大。

个人对个人信用信息基础数据库中收集的关于其本人的信息具有知情权。目前有 3 种办法能够看到自己的信用报告，第一种是个人在申请新的借款或信用卡时，可以从商业银行获得本人的信用报告；第二种是个人可持身份证到当地的中国人民银行分支征信管理部门，或直接向征信中心提出书面查询申请；第三种是 2013 年中国人民银行推出的便民服务，个人可通过中国人民银行的个人信用信息服务平台查询自己的信用记录。个人信用信息基础数据库会自动记载何时何人出于什么原因查看了信用报告。个人信用信息只向个人的借款银行提供，不对社会公开。征信机构不得披露、使用自不良信用行为或事件终止之日起超过 5 年的个人不良信用记录，以及自刑罚执行完毕之日起超过 7 年的个人犯罪记录。

2. 网购平台信用记录库

在互联网交易的大数据时代，网购平台根据买方和卖方是否履行交易、卖方交货的品质和时限、买方是否货到付款等信息，可建立信用记录库，作为管控网购交易安全或提供网络商店贷款的依据。经监管部门批准，阿里巴巴、腾讯等几大互联网巨头企业都先后发起设立了民营银行，其授信路线除了运用中国人民银行的个人信用信息基础数据库以外，还可参考网购平台的信用记录。

（三）不良信用记录

1. 不良信用记录的产生

不良信用记录又称为信用丧失，包括如下情况：

（1）收款后不按时履行交货或提供服务的承诺；

（2）借款到期后不履行还款义务；

（3）公用事业费用拖欠；

（4）未能兑现口头承诺。

2. 不良信用记录的补救方式

（1）在逾期记录发生后，在银行催缴期间，写一份详细说明和申请，详细说明信用卡或贷款没有按时还款的原因，并且立刻全额偿还全部欠款，但账户无须结清，可正常使用，最好能够提供抵押或担保。找办理信用卡或贷款的银行的贷款管理部门说明情况，只要银行还没有把不良记录登记到中国人民银行的信用数据库，可请求银行消除不良记录。

（2）如果是因为非本人原因造成的不良信用记录，可以提起信用报告异议申请。申请人持本人有效身份证件原件及复印件，到中国人民银行征信管理部门提交《个人信用报告异议申请表》，相关机构会对异议申请进行调查审议，确认有误就会给予更正并具函回复。

专栏 9-1

商业银行使用个人信用信息基础数据库典型案例

个人信用信息基础数据库在提高银行审贷效率、方便个人借贷、防止不良贷款、防止个人过度负债，以及根据信用风险确定利率水平方面开始发挥作用。

（1）帮助商业银行简化审批流程、缩短审批时间。工商银行某分行在审查一笔 120 万元的个人经营性贷款时，查询个人信用信息基础数据库发现，该客户在其他银行有一笔 23 万元的贷款，还款付息正常。查询结果与客户本人声明相符，间接证实了客户的信用度。结合客户提供的抵押物、还款能力进行综合分析后，该行做出放贷决定，贷款额度确定为 100 万元。使用个人信用信息基础数据库使原来需 1 个多月的贷款时间缩短为两个星期。

（2）帮助商业银行了解客户在他行的借款以及还款记录，客观判断客户的还款能力或还款意愿，规避潜在风险。某客户向工商银行某分行申请期限 10 年、金额 11 万元的住房贷款一笔。该客户申请资料显示其拥有私家车一辆，具有一定经济实力。查询个人信用信息基础数据库发现，该客户在其他银行办理的一笔汽车消费贷款已形成不良贷款，余额为 7 万元。该行判定该客户恶意拖欠贷款意图明显，信誉较差，故拒绝了其贷款申请。

（3）有利于借款人建立良好的信用记录。某客户向中国银行某分行申请个人住房按揭贷款，该行查询个人信用信息基础数据库发现，该借款人过去在其他银行办理的一笔贷款曾经出现过逾期（指到约定还款时间而借款人未能及时还款，下同）半年的情况，鉴于该客户个人经济状况良好且已将该贷款结清，该行同意向该借款人发放住房按揭贷款，但是提高了首付款的比例。该客户表示非常后悔自己过去的失信行为，提高了还款的自觉性，再没有出现过不良信用记录。

（4）帮助借款人防范信用盗用风险，增强维护自己信用的意识。某客户向上海浦发银行某分行申请一笔 4 万元的车位贷款。该行通过查询个人信用信息基础数据库发现，该客户一笔住房按揭贷款有连续 6 期的逾期记录，于是决定拒绝这笔贷款申请，并向该客户说明了具体原因。该客户当场就提出异议，并解释说：他曾担任高层管理人员的某公司为其购置了一套住房，该公司承诺每月负责还款，房子在其服务期满后归其所有。但该客户在服务期间离开了该公司，也退还了房子，但该公司每月仍然以他的名义还款。针对银行提出的问题，他与原公司进行了交涉，该行也做了许多配合工作，最终公司答应以后按月及时还款，并对逾期记录产生的后果承担责任。该客户表示非常感谢个人信用信息基础数据库揭示了原公司以他的名义进行的贷款，使他能及时采取补救措施，并且给他上了一堂生动的信用教育课。

三、信用额度

信用额度又称信用限额，是指银行授予其基本客户一定金额的信用限度，就是在规定的一段时间内，客户最多可以循环使用的金额，是实际借款额的上限。

授信机构根据个人收入水平、职业稳定性、家庭负担等条件，设定信用贷款的额度上限。对于信用卡业务，往往根据客户自身的信用条件，给予普卡、金卡或白金卡，分别设定各类卡的刷卡额上限。

对于房贷业务，授信机构根据抵押房产的价值、条件、当地政府政策，以及授信机构的标准，设定房贷额上限。

第二节　融资渠道与信用决策

一、融资渠道

融资渠道通常有亲戚朋友、商业银行、寿险公司、典当行、小额贷款公司、消费金融公司、网贷（P2P）等多种渠道。表 9－1 给出了上述各种融资渠道的优缺点以及选择的主要考虑因素。

表 9－1　　各种融资渠道的优缺点与主要考虑因素

融资渠道	优点	缺点	主要考虑因素
亲戚朋友	快速到账，利率最低	欠亲友人情	额度是否满足所需
商业银行	利率较低	额度较低，核贷时间长	借款期限的长短
寿险公司	利率较低，快速拨款	额度受限于保单现金价值	不接受非保户贷款
典当行	快速拨款，临时应急	利率较高，期限最长半年	质押品的价值
小额贷款公司	快速拨款，临时应急	利率较高，有最高额度限制	借款期限的长短
消费金融公司	短期、小额、无担保、无抵押	利率较高，额度较低	期限长短与便利性
网贷（P2P）	快速拨款，不用担保	利率较高，无最低额度要求	借款期限的长短

二、信用决策

个人和家庭进行融资时，除了选择合适的渠道外，还需要从贷款方式、利率、转贷等方面综合决策。

（一）贷款方式决策——一次付现或分期付款

实例 9－1　某家电商可提供分期付款，12 个月费率 5.5%，6 个月费率 4%，

3 个月费率 2.5%，有效年利率各为多少？何种分期比较划算？

解析 每月分期付款额=现金价格×(1+费率)/期数。

如某家电现金价格 10 000 元，12 个月每月分期付款额=10 000×(1+5.5%)/12=879.17 元。

PMT=−879.17，PV=10 000，n=12，得出 I=0.833 5%，则有效年利率=(1+0.833 5%)^{12}−1=10.47%。

同理，3 个月分期的有效年利率为 16%，6 个月分期的有效年利率为 14.47%，12 个月分期划算。

因此，现金流充足时，应一次付现；现金流不足时，分期付款还是比动用 20%的信用卡循环信用利率低一些。

（二）利率决策

1. 固定利率与浮动利率的选择

固定利率指利率在贷款期间固定在同一水平。优点是贷款人比较容易计算未来的现金流。在美国，固定利率的贷款仍为主流，时间也可以长达 30 年，但在贷款时固定利率的报价通常比当时的浮动利率微高。目前中国各银行的借贷利率，主要根据中国人民银行的基准利率设定，房贷利率各银行有向上浮动 10%、向下浮动 30%的调整空间。长期贷款的利率以一年调整一次为原则。但是现在有些银行开始推出前 5 年固定利率的房贷产品，利率也比当时的浮动利率要高。如何选择，还是要依照对利率走势的判断而定。

银行提供两种贷款方案：一种是前 5 年固定利率为 6.5%；一种是利率一年浮动一次，首年利率为 6%。期限 20 年。

5 年后指标利率相同，后面 15 年可以不用比较。

均衡条件为

$$(1+6.5\%)^5=(1+6\%)(1+X_2)(1+X_3)(1+X_4)(1+X_5)$$

因此，依据前 5 年利率判断可有不同的选择。

第一种情况，如果预期利率在第 2 年将升至 6.5%，以后每年上升 0.5 个百分点，则浮动利率贷款 5 年平均利率为$[(1+6\%)(1+6.5\%)(1+7\%)(1+7.5\%)(1+8\%)]^{1/5}-1=7\%>6.5\%$，因此，办理固定利率房贷较为有利。

表 9 - 2 列出了 5 种预期利率变动情况。第二种情况，第 2 年起利率每年上升 0.25 个百分点，尽管预期未来每年都升息，但利率上升幅度不大，所以平均利率与固定利率水平持平；第三种情况，尽管预期第 3 年才开始升息，但平均利率为 6.60%，所以若升幅足够，借固定利率贷款仍可省息；第四种情况，利率上升两年后就维持在 6.75%的水准，平均利率为 6.55%，只比 6.5%的固定利率高一些；如果利率先大幅上升而后反转下降，比如第五种情况，借固定利率贷款反而不划算。

2. 期初费用对实际利率的影响

期初费用包括保险费、评估费、抵押登记费及其他费用，对于实际借款利率成本有一定影响。举例说明如下：

A 机构提供 5 年期个人贷款 12 万元，名义上提供免息贷款，5 年内每月还

2 000 元，5 年还清，但收取 20 000 元的期初费用。

表 9-2　　利率变动预期与固定利率决策

固定利率	第 1 年利率	第 2 年预期利率	第 3 年预期利率	第 4 年预期利率	第 5 年预期利率	5 年平均利率
6.50%	6.00%	6.50%	7.00%	7.50%	8.00%	7.00%
6.50%	6.00%	6.25%	6.50%	6.75%	7.00%	6.50%
6.50%	6.00%	6.00%	6.50%	7.00%	7.50%	6.60%
6.50%	6.00%	6.50%	6.75%	6.75%	6.75%	6.55%
6.50%	6.00%	7.00%	6.50%	6.00%	5.50%	6.20%

实际上等同于借 10 万元，每月还 2 000 元。

实际本利平均摊还月利率（偿还贷款的现金流都用期末年金）：

$n=60$，$PMT=-2\ 000$ 元，$PV=100\ 000$ 元，$FV=0$，得出 $I=0.62\%$。

有效年利率 $=(1+0.62\%)^{12}-1=7.7\%$。

B 机构不收任何期初费用，本利摊还利率 7%，有效年利率为 $(1+7\%/12)^{12}-1=7.23\%<7.7\%$，选择 B 机构较为有利。

C 机构提供 5 年期个人贷款 12 万元，名义上提供免息贷款，5 年后一次支付 12 万元还清，但收取 35 000 元的期初费用。

有效年利率为：$n=5$，$PV=85\ 000$ 元，$PMT=0$，$FV=-120\ 000$ 元，得出 $I=7.14\%<7.23\%$，选择 C 机构更为有利。

3. 计息期间对实际利率的影响

有些贷款以日计息，有些以月计息，还有些以年计息。

例如借款 10 万元，1 年内仅付息不还本。A 银行以日计息，每日利息 30 元；B 银行以月计息，每月利息 900 元；C 银行以年计息，每年利息 11 000 元。由于计息方式不同，因此需要都还原为有效年利率才能相互比较。

A 银行：$(1+30/100\ 000)^{365}-1=11.57\%$；

B 银行：$(1+900/100\ 000)^{12}-1=11.35\%$；

C 银行：$11\ 000/100\ 000=11.00\%$。

所以，C 银行的利率最低。

如果已知贷款每期的本利摊还额，5 年期信用贷款 10 万元，X 银行每日要还 70 元，Y 银行每月要还 2 150 元，Z 银行每年要还 26 500 元。由于还款方式不同，同样需要全部还原为年利率才能相互比较。

X 银行：$n=365\times5=1\ 825$，$PV=100\ 000$ 元，$PMT=-70$，$FV=0$，$I=0.028\%$，$(1+0.028\%)^{365}-1=10.76\%$。

Y 银行：$n=5\times12=60$，$PV=100\ 000$ 元，$PMT=-2\ 150$ 元，$FV=0$，$I=0.876\%$，$(1+0.876\%)^{12}-1=11.03\%$。

Z 银行：$n=5$，$PV=100\ 000$ 元，$PMT=-26\ 500$ 元，$FV=0$，$I=10.18\%$。

所以，Z 银行的利率最低。

（三）转贷决策

中国房贷利率是由中国人民银行统一规定的。商业银行可根据监管要求在一定区间内依具体情况自主确定利率水平。消费者要办理房贷时可在银行间比较利率与额度，从而做出最优选择。若原贷款银行不愿意降低利率，借款人可以考虑转贷。

1. 转贷需考虑的因素

（1）利率的差异。利率差异是否够大，是做转贷决策时最重要的考虑因素。

（2）额度。在利率相同的情况下，可提供额度较高者应予以优先考虑。一般情况下，利率低者提供的额度相对较低，利率高者提供的额度相对较高。如果评估后发现提供低额度的银行提供的贷款金额已经够用，还是应该选择低额度低利率的银行。

（3）其他限制条件。转贷时还应考虑其他限制条件，如提前还款的限制、出售房屋时贷款不得移转的限制，以及保证人的规定。限制条件越少的银行，借款人的弹性越大。

（4）转贷的期初成本。包括评估费、保险费、公证费、抵押登记费和新贷款的其他费用。在同样的利率差异下，期初成本越低，转贷越经济可行。

2. 转贷决策计算案例

例如，原银行贷款按基本利率 4.90%上浮 10%，以 5.39%放贷 30 万元，期限 20 年，按月等额本息还款；现有一家银行愿意下浮 10%，以 4.41%放贷，但额度只有 25 万元，期限 20 年。转贷费用为 6 000 元，差额 5.6 万元用 5 年期信用借款解决，利率 12%，均按月等额本息还款。

转贷后 20 年期 25 万元银行贷款每期还款额：$n=20\times12=240$，$I=4.41\%/12=0.367\ 5\%$，$PV=250\ 000$ 元，$FV=0$，$PMT=-1\ 570$ 元。

信用借款每期还款额：$n=5\times12=60$，$I=12\%/12=1\%$，$PV=56\ 000$ 元，$FV=0$，$PMT=-1\ 246$ 元。

转贷后前 5 年月供为 1 570 元+1 246 元=2 816 元，后 15 年月供为 1 570 元。

新贷款的内部收益率如下：

$CF_0=300\ 000$ 元，$CF_1=-2\ 816$ 元，$N_1=60$，$CF_2=-1\ 570$ 元，$N_2=180$，$IRR=0.432\ 0\%$，有效年利率为 $(1+0.432\ 0\%)^{12}-1=5.31\%$，低于原贷款的有效年利率 $(1+5.39\%/12)^{12}-1=5.53\%$，所以可以转贷。

第三节　消费性负债管理

一、消费性负债的类型

（一）短期消费性负债——信用卡

1. 信用卡的特点

信用卡为现代人出门必备的支付工具，由于应用范围越来越广泛，信用卡也是整合理财记录的好帮手。对消费者而言，信用卡具有携带方便、延迟付款、节省利息、临时应急、便于家庭财务管理的优点，同时拥有一张高额度的贵宾卡也是一种身份的象征。

信用卡虽然让消费者享受到花钱的乐趣，但是如果届时偿还不了就会有许多后遗症。信用卡的循环信用年利率达 20%，每月最低应缴额为循环信用余额的 10%。若每月持续刷卡而只缴最低应缴额，当未缴余额累积至信用卡额度上限时便无法再刷卡，但仍要就信用额度的借款缴纳利息，否则视同违约，并遭催缴。一旦信用破产，不良的信用记录会对以后的贷款买车或购房等造成十分不利的影响。因此，如何避免过度扩张信用导致信用破产，是刷卡时必须深思的问题。

使用信用卡会产生一些费用，比如年费、取现费、未清偿欠款利息等。

2. 选择信用卡考虑的因素

（1）年费：比较各银行免年费的条件。

（2）手续费：比较取现费、挂失费、短信服务费等。

（3）免息宽限期的长短：免息期最长为 60 天，应选择宽限期较长的信用卡。

（4）循环信用计息：是否只对未清偿欠款征收利息。

（5）信用额度：由银行根据个人年收入、资产情况核定最高信用额度。

（6）商家折扣：搭配优惠折扣的商家类别和数量。

3. 合理的信用卡信用额度

$$理性信用额度=\frac{月收入\times收入还款比率上限}{最低缴费比率+月利率}$$

贷款额度与收入能力紧密相关，通常以收入的 30%为合理的还款上限。过于宽松的额度，会使人超额贷款，超过自己的还款能力，无法在短期内还清贷款。如月收入 5 000 元，规定每月需还本金余额 10%，月利率 1.5%，则合理的信用卡额度应为 5 000 元×30%/11.5%=13 043 元，否则负担会更加沉重。

（二）中长期消费性负债

1. 汽车贷款

近年来，汽车贷款已经成为继房地产信贷之后我国消费信贷领域的又一大“亮点”。汽车贷款的利率通常比房贷高，贷款额度可达车价的七到八成，通常需在 3～5 年内还清。如果可以运用团体员工集体购车及集体汽车贷款，在车价与车贷利率上都可以争取到一定优惠。

2. 购房贷款

目前我国提缴住房公积金者可以申请住房公积金贷款，利率较商业贷款低 1 个百分点以上。目前的贷款利率仍由中国人民银行规定基准利率，各银行可在一定的范围内上下浮动。

购房贷款若没有政策限制通常可贷到房价估值或买价的 70%，但目前一二线城市多实施限贷措施，第一套房还有机会贷到抵押品市值的 60%～70%，第二套房通常只能贷到 30%～40%，第三套房无法贷款。此外，如果银行资金短

缺，或者对房地产行业持消极态度，银行也会采取限贷措施。

二、消费性负债的管理

（一）消费性负债管理的原则

（1）真正需要原则：控制欲望和冲动型消费，避免养成透支消费的习惯，量入为出才能产生还债的现金流。

（2）使用期原则：借款期间不能超过购买物或抵押品使用年限。

（3）最近还款原则：先还期限近的贷款，因为一项贷款出现违约记录可能会使得其他未到期贷款要求提前偿还。

（4）降低负担原则：以转换贷款或债务整合降低利息负担，如以利率 12%的小额信用贷款替换 20%的信用卡债。

（5）最长还款期原则：要在退休前仍有收入时还清所有的贷款。

（6）额度控制原则：贷款额度不是越高越好，用下述指标将贷款额度控制在家庭收入或资产可负担范围之内。

（二）信用控制指标

（1）贷款安全比率。

贷款安全比率＝每月偿债现金流量/每月净现金收入

每月偿债现金流量＝当月应付利息＋计划偿付的本金

每月净现金收入＝当月税前收入－三险一金扣缴额－所得税扣缴额

消费性贷款安全比率，从银行核贷的上限来看，如包括房贷一般为 50%，不包括房贷为 20%；从个人控制债务的角度来看，含房贷控制在 40%，不含房贷控制在 15%较合理。

（2）总负债比率＝总负债/总资产，控制在 60%以内。

（3）信用负债比率＝不含房贷的负债/不含房产的资产，控制在 80%以下。

（三）信用贷款与购房贷款的额度上限

（1）假设条件：信用贷款利率 10%，期限 5 年，贷款安全比率 20%。

（2）购房贷款利率 4.1%，期限 20 年，贷款安全比率 50%，都用本利摊还法。

（3）购房贷款额度上限不得高于抵押品价值×最高贷款成数。

（4）不同收入水平下，对应的信用贷款额度上限与购房贷款额度上限都是不同的，如表 9－3 所示。若月收入 10 000 元，信贷月供额＝10 000 元×贷款安全比率 20%＝2 000 元＝PMT，I＝10%/12，n＝5×12，FV＝0，PV＝94 131 元。

（5）购房贷款月供额＝10 000 元×贷款安全比率 50%＝5 000 元＝PMT，I＝4.1%/12，n＝20×12，FV＝0，PV＝817 979 元。此时若抵押品市值为 100 万元，最高成数 90%，可贷 817 979 元，但若最高成数只有 70%，还是只能贷

70万元。

表9-3　不同收入水平下的贷款额度上限　(单位：元)

月可支配收入	信用贷款额度上限	购房贷款额度上限
3 000	28 239	245 394
5 000	47 065	408 989
8 000	75 305	654 383
10 000	94 131	817 979
15 000	141 196	1 226 968
20 000	188 261	1 635 958
25 000	235 327	2 044 947
30 000	282 392	2 453 937

三、偿债规划

(一) 偿债现金流量规划

(1) 本金摊还月还本金额=当前负债/拟将债务还清月数。

支出预算=收入-应付利息-债务余额/偿还期限。

(2) 支出预算=收入-PMT (本利摊还每月还本利金额)。

(3) 例如，收入3 000元，债务20 000元，月利率1%，该月应付利息200元，打算在20个月偿还债务，采用本金摊还，首月支出预算=3 000-200-20 000/20=1 800 (元)。次月支出预算=3 000-190-1 000=1 810 (元)，刚开始负担较重，随着本金逐渐偿还，利息支出减少，可逐步提高支出预算。

本利摊还下的支出预算：先计算每月本利摊还额 PMT (I=1%，n=20，PV=20 000，FV=0) =1 108.3 (元)，支出预算=3 000-1 108.3=1 891.7 (元)，每月支出预算相同。

(二) 偿债期限规划

(1) 依照到期时间：优先偿还临近到期的借款。

(2) 依照利率：优先偿还利率高的借款。

如果是利率低的贷款先到期，还是优先考虑到期日。因为到期的贷款违约的话就会产生信用不良记录，导致其他还未到期的贷款也可能要求借款人提前偿还或增加抵押品。

(三) 偿还期限规划案例

(1) 房贷负债200 000元，每月可还贷款的现金流量2 000元，月利率0.5%，偿还期限 n(I=0.5%，PMT=-2 000，PV=200 000，FV=0)=139，即139个月可还清。

(2) 信用卡负债50 000元，每月可还贷款的现金流量1 000元，月利率1.5%，

偿还期限 $n(I=1.5\%, PMT=-1\ 000, PV=50\ 000, FV=0)=94$，即 94 个月可还清。

四、高负债家庭债务整合案例

（一）案例背景

（1）资产负债状况：活期存款 2 000 元，住宅 80 万元，房贷 50 万元，汽车 10 万元，车贷 5 万元，信用卡负债 5 万元，小额贷款公司信用贷款 8 万元，P2P 贷款 2 万元。

（2）条件：房贷利率 7%，期限 15 年；车贷利率 8%，期限 3 年；信用卡负债利率 20%，小额贷款公司利率 22%，期限 4 个月；P2P 利率 18%，期限 3 个月。房贷、车贷、信用卡负债分别贷自不同银行。信用卡负债、小额贷款和 P2P 都是到期一次还款。

（3）问题：如果一家银行愿意提供一个以房产抵押与信用贷款合计 70 万元的债务整合方案，帮其还清所有贷款，利率 10%，期限 20 年，比较整合后与目前的月还债现金流。

债务整合划算的利率是多少？比较还债现金流与合理利率，提供合理建议。

（二）整合方案

（1）债务整合后：$PMT(n=20\times12, I=10\%/12, PV=700\ 000, FV=0)=-6\ 755$（元）。

（2）债务整合前：$PMT(n=15\times12, I=7\%/12, PV=500\ 000, FV=0)+PMT(n=3\times12, I=8\%/12, PV=50\ 000, FV=0)-50\ 000\times20\%/12-80\ 000\times22\%/12-20\ 000\times18\%/12=-8\ 660$（元）。

（3）现金流差距$=6\ 755-8\ 660=-1\ 905$(元)，即还债现金流减少1 905 元。

（4）债务整合前平均利率$=(50\times7\%+5\times8\%+5\times20\%+8\times22\%+2\times18\%)/70=10.03\%$，债务整合后的利率要低于 10.03%才划算。

（5）结论：需要负债整合的家庭通常有透支消费的习惯，债务整合后虽然平均利率相当，但还债期限拉长可降低月还债现金流，降低增收减支的压力。若不整合，未来 4 个月内 10 万元债务到期的还本压力大，建议采用债务整合。

第四节　投资性负债管理

一、投资性负债的类型

（一）投资性房地产贷款

投资性房地产通常是指投资于物业的负债，这些物业包括商铺、写字楼、非自用性住宅、林地、岛屿等。对于此类房地产，贷款成数较低，房租收入也抵不上利息支出，主要靠售房后的差价收益，一旦房价止涨回跌，就有可能变成负资产。

（二）创业贷款

因为创业初期现金流不稳定，贷款期间多在 3 年以上。有时，政府为鼓励创业可能提供优惠的利率。

（三）融资融券

中国股票市场近年开放信用交易，投资者向具有融资融券业务资格的证券公司提供担保物，借入资金买入证券（融资交易）或借入证券并卖出（融券交易）。

二、银行的个人投资性贷款产品

目前，商业银行为个人投资者提供的投资性贷款产品主要有商业用房贷款、商业用车贷款、投资经营贷款、机械设备贷款、POS 商户贷、青年创业贷款等，表 9－4 展示了不同银行个人投资性贷款产品、贷款用途、所需担保品、贷款期限、贷款额度以及利率水平。

表 9－4　　银行个人投资性贷款产品

产品名称	贷款用途	所需担保品	贷款期限	贷款额度	利率水平
商业用房贷款	购买商业用房	所购房产	最长 10 年	最高房价的 50%	6.5%～8%
商业用车贷款	购买商业用车	所购汽车	客运 3～4 年	客运为 60%	
			货运 2～3 年	货运为 50%	7%～9%
投资经营贷款	独资企业投资经营	保证人或担保品	最长 5 年	3 万～300 万元	8%～10%
机械设备贷款	经营贷款	机械设备	最长 5 年	最高设备价的 70%	8%～12%
POS 商户贷	经营贷款	应收账款	在额度内循环运用	根据 POS 刷卡流量设定	8%～12%
青年创业贷款	创业贷款	保证人或担保品	1～3 年	创业所需资金的 70%	6.5%～8%

三、投资性负债管理的原则

（一）利差原则

借钱投资的收益率必须高于借款利率，这样才能经由财务杠杆加速资产成长，否则反而造成净值减损。

（二）止损原则

自有资本投资可以忍受套牢，但借钱投资不管是否赚钱都要到期偿还，因此对借钱投资应当设置止损点，当投资收益不如预期时及时止损，以免亏损额超过自有资本时血本无归。

（三）低利息成本原则

一般投资者不要考虑利用信用卡循环信用来投资。卡债的利率高达 20%。投资收益率要达到 20%不容易。

（四）资金投向控制原则

若以较低利率借钱来放高利贷，意图赚取利差，很可能赚到短暂利息却损失全部本金，而当债务到期时，无法还清。

（五）额度控制原则

避免 100%借贷投资，一项投资的自有资本最好在 30%以上，风险越大的投资杠杆比率应越低。

四、投资性负债——杠杆投资的净值收益率

（一）借款投资的收益率计算

1. 资产的投资收益率

$$RA=(Ve-Vb)/Vb$$

其中，RA=资产的投资收益率；

Ve=期末资产价值；

Vb=期初资产价值。

例如，本金 100 万元，借款 100 万元，合计 200 万元投资股票，投资期 1 年，股票期末净资产为 240 万元，则 $RA=(240-200)/200=20\%$。

2. 净资产的投资收益率

$$RE=(Ve-I-Vb)/(Vb-BF)$$

其中，RE=净资产的投资收益率；

I=应支付的期间借款利息；

BF=借入资金。

如果沿用上例数据，借款利率 10%，投资期间的利息支出为 $100\times10\%=10$（万元），则 $RE=(240-10-200)/(200-100)=30\%$。

3. 资产的投资收益率与净资产的投资收益率的关系

$$RE=(Ve-I-Vb)/(Vb-BF)=[(Ve-Vb)/Vb-I/Vb]\times[Vb/(Vb-BF)]$$

净资产的投资收益率＝投资净收入/净资产

＝[（投资收入/资产）－（利息/资产）]×（资产/净资产）

＝（资产的投资收益率－资金成本率）×财务杠杆倍数

代入上例中的数据，即 $(20\%-10/200)\times(200/100)=(20\%-5\%)\times2=30\%$。

在借钱投资的情况下，当资产的投资收益率高于资金成本率时，净资产的投

资收益率为正数，可发挥财务杠杆的作用，让资产加速成长；当资产的投资收益率低于资金成本率时，净资产的投资收益率为负数，此时不但没有赚钱反而亏损，而财务杠杆的作用会导致家庭财务状况加速恶化。

（二）借款投资状况模拟分析

如表 9－5 所示，表中的第一种状况是，一个年轻人工作了几年后以 10 万元积蓄作为首付款，加 20 万元房贷购买 30 万元的自用住宅后，发现每年还房贷后所剩无几，净资产的累积很慢。此时若有办法借到 50 万元做投资，利率 12%，他是否该考虑呢？每个人在借钱投资时，都是自认为掌握了某个投资机会，一定会赚钱，但很少人会考虑最坏的情况发生，投资大额亏损时自己是否有承受能力。根据表 9－12 的模拟结果，若投资能够如其所愿有两成利润，那么 1 年后净资产确实会加速成长，由 10 万元增长到 14.2 万元。但若反过来亏损两成呢？50 万元的借款需要支付 1 年 6 万元的利息，亏损两成即 10 万元，加起来远远超过原有净资产，若 1 年后债主要求其偿还本息，卖掉房子还欠 5.8 万元，要在未来 3 年省吃俭用才能用储蓄把负债还清。若这个年轻人事先做过此状况模拟，是否运用此笔贷款就会三思而行。

表 9－5　借款投资状况模拟分析　（单位：元）

现金流量投资收益	未借款	借款投资状况		资产负债投资收益	未借款	借款投资状况	
		赚 20%	赔 20%			赚 20%	赔 20%
工作收入	60 000	60 000	60 000	生息资产	2 000	542 000	342 000
家庭消费	40 000	40 000	40 000	自用资产	300 000	300 000	300 000
生活储蓄	20 000	20 000	20 000	负债	200 000	700 000	700 000
理财收入	0	100 000	－100 000	净值	102 000	142 000	－58 000
利息支出	18 000	78 000	78 000	投资收益		20%	－20%
净值变动	2 000	42 000	－158 000	贷款利率	9%	12%	12%

五、投资性负债的额度规划

投资性负债的额度规划要分别考虑还息能力上限、还本能力上限、银行可贷上限这三个指标，取这三项中的最小值为合理的投资贷款额。

（一）额度规划原则

（1）还息能力上限＝年储蓄额/年利率。

投资后若未能及时获利，但长期仍看好时，因为还有储蓄额可以用来归还贷款利息，不会因为缴不起利息被迫卖出亏损的投资部分还债。

（2）还本能力上限＝其他流动资产/止损比率。

（3）银行可贷上限＝总可贷额度－已贷额度。

（二）额度规划示例

以计算合理的投资性住房净值贷款额度为例进行说明：

（1）年储蓄2万元，年利率7%，还息能力上限的可贷额度＝2万元/7%＝28.6万元。

（2）其他流动资产4万元，10%止损，4万元/10%＝40万元。

（3）若抵押物价值100万元，可贷70万元，已贷40万元，70万元－40万元＝30万元。

（4）取最小值，合理的投资性住房净值贷款额度为28.6万元。

六、投资性负债的操作策略

（一）投资工具

选择一季内获利可能超过5%的投资工具，如股票类工具。

（二）设定资金运用期限

如一季为一循环。

（三）操作策略

（1）设定目标获利率，例如10%，在期限内达此点时卖出获利。

（2）设定目标止损率，例如5%，在期限内达此点时卖出止损。

（3）定期结清：一季内未达获利点，也未碰触到止损点，仍然卖出，还清本金，结算盈余或亏损。等到下次认为有好的投资机会时再举债投资。每次当作一个独立投资事件进行操作，因为目标获利率高于目标止损率，只要获利的次数多于止损的次数，就会有净利润产生，如图9－1所示。

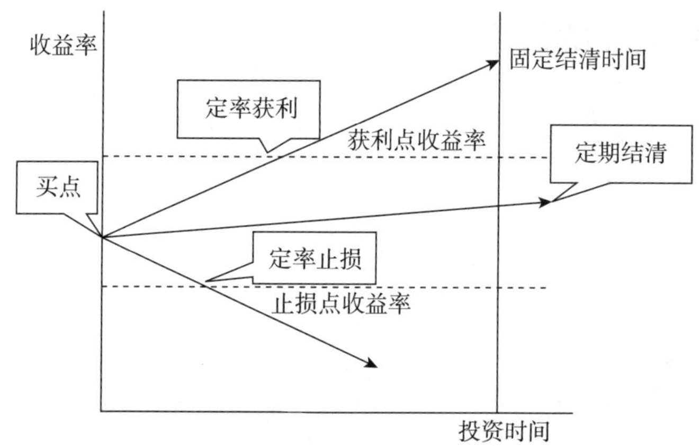

图9－1　定期结清定率获利止损法

第2篇

风险管理与保险规划

第十章

风险与风险管理

本章提要

对风险的不当管理往往始于对风险的无知或错误认识；了解风险的含义与风险事件发生过程，及其可能造成的各种后果是采取有效措施的前提；基于对风险的理解，人类总结出了风险管理的各种基本对策及多种综合解决方案。上述内容都将反映在本章对风险管理过程的有关介绍中。作为金融理财的基本知识，本章还描述了家庭理财规划中的风险管理问题。

本章内容包括：

- 风险的概念；
- 风险管理的基本过程；
- 家庭风险分析。

通过本章学习，读者应该能够：

- 掌握风险的定义、特征、影响及相关概念；
- 掌握风险管理的目的与基本过程；
- 掌握风险管理的主要对策及方向；
- 了解家庭与个人的风险、损失后果以及风险管理对策。

第一节　风险的概念

无论在日常生活还是经济活动中，“风险”都是使用频率越来越高的一个词语。在不同场合下，我们所说的“风险”往往代表不同的含义。例如，我们常常说，在政府机关里工作，失业的风险较小。或者说，国债的收益或许不够高，但政府在国债到期时不能支付本息的风险较小；而相比之下，企业债到期不能支付本息的风险会大一些。我们出行时，在一定的速度和成本条件下，往往选择风险较小的交通工具。我们的物质财富总是或多或少地暴露于不同的风险之下，这些风险既包括自然灾害，比如洪水、地震、火灾、雷电和暴风雨，也包括人为的事故，比如遭到盗窃或恶意破坏等。人类正常的生活甚至生命都有可能因意外事故或疾病的影响而受到破坏。人类创造财富的生产过程与经营活动也面临着失败的风险。事实上，人们的一切行为和活动都必须和“风险”做斗争。

尽管风险无时无刻不在影响我们的生活和工作，但不幸的是，我们似乎经常忽视风险的存在，以致灾难发生并给人们的物质和生命财产造成极大破坏后才幡然醒悟：原来我们对风险的认识和管理是多么的欠缺！

一、风险的定义

关于风险（risk）的定义，不同教科书中与实践当中有着不尽相同的说法。本书首先从经济学的角度给出风险的定义，即风险是事件结果发生的不确定性，通常表现为实际结果与预期结果的偏差。

对风险的定义需要从以下几方面来理解：首先，风险的不确定性意味着风险事件有可能发生，也有可能不发生。如果以 $P_{(R)}$ 代表风险事件 R 的概率，则 $P_{(R)}$ 应当大于 0 小于 1 ［$0<P_{(R)}<1$］，道理很简单，概率为 0 或 1 的事件是根本不会发生或必然发生的事件，因而不存在任何或然性或悬念。

其次，风险事件伴随着损失的机会。尽管有些或然事件的发生也会产生令人喜出望外的结果（这也是一种与期望的偏差），但人们在研究和应对风险的过程中关心的是经济上的损失，即负面结果。在有些情况下，经济损失直接伴随着物质财产的损坏，如机动车辆的碰撞事故；而在另外的情况下，经济损失不一定是事件本身，而是事件带来的必然结果，如家庭收入创造者不幸身故，造成家庭成员预期经济来源的中断。

最后，风险代表着实际结果与预期结果的偏差，代表着结果的变异程度。研究风险需要考虑可能的损失幅度的不确定性。这意味着不确定的结果不仅与事件的概率有关，而且与事件一旦发生所导致的损失有关。从这个意义上说，事件发生的概率高，后果不一定可怕；可怕的是，那些一旦发生即会产生巨大损失，以致当事人难以承受的事件。

风险是人类社会中的客观存在，是非常普遍的现象，它的发生和产生破坏的形式是多种多样的。人们的住房可能因火灾、水灾、被盗、地震而发生损失；开车可能因发生撞人或被撞事故而遭受严重的生命、财产损失，还可能因被起诉而承担法律责任；一个企业或投资项目存在无法收回本金的可能性；我们的生活会受到生病、残疾、下岗或失业，以及死亡的影响；尽管人的死亡是必然的，或迟或早的，但死亡的不期而至可能使家庭的经济状况陷入困境。此外，煤气泄漏、人身意外伤害、抽烟过多、过多暴露于强烈的紫外线中可能引发死亡或肺癌、皮肤癌等病症；恐怖活动、网络安全问题，以及基因技术的滥用等各种新的、旧的风险不断产生，风险的形式可谓层出不穷。

二、风险的分类

为了更好地分析、研究和管理风险，人们根据不同的标准，把风险分成许多种类。

（一）按风险的性质分类

按风险的性质，风险可分为纯粹风险和投机风险两大类，对于保险来说，这是最具重要意义的一种分类。

纯粹风险是指那些只能带来损失而不会产生收益的风险，是人们所规避和预防的，需要专门的风险管理措施。例如，火灾、地震、海啸、人身伤害、侵权责任等，都属于纯粹风险。① 投机风险是指可能带来收益也可能带来损失，或既含有机会也含有损失的风险，包含人们主动追求的行为，但在追求收益的同时必须考虑减少不确定损失的对策。例如，企业经营活动、投资行为、博彩等，都属于投机风险。

（二）按风险产生的原因分类

按风险产生的原因，风险可分为自然风险、社会风险、经济风险、政治风险。

自然风险是指自然界的异常变化或意外事故发生所致损失的可能性，如洪水、地震、干旱、冰雹、雪灾等自然界的风险。一般来说，自然风险与人类的主观行为无关。

社会风险是指由于个人或团体的行为，包括过失行为、不当行为以及故意行为对社会生产及人们生活造成损失的可能性，如盗窃、抢劫、玩忽职守及故意破坏等行为对他人的财产或人身造成损失或损害的可能性。

经济风险是指在生产和销售等经营活动中由于受各种市场供求关系、经济贸易条件等因素变化的影响，或经营者决策失误，对前景预期出现偏差等，导致经济上遭受损失的风险，如生产的增减、价格的涨落、经营的盈亏等方面的风险。

政治风险又称为国家风险，是指在对外投资贸易过程中，因政治原因或订约双方所不能控制的原因，使债权人可能遭受损失的风险。如因输入国家发生战争、革命、内乱而中止货物进口；或因输入国家实施进口或外汇管制，对输入货物加以限制或禁止输入；或因本国变更外贸法令，使货物无法送达输入国，造成合同无法履行而形成的损失等。

（三）按风险损害的对象分类

按风险损害的对象，风险可分为人身风险、财产风险、责任风险、信用风险。

人身风险是指可能导致人身伤害或影响健康的风险，如生育、年老、疾病、

---

① 本章主要对纯粹风险进行讲解。

残废（失能）、死亡、失业、精神失常等风险。这些风险都会造成经济收入的减少或支出的增加，影响本人或其所赡养、抚养的亲属经济生活的安定。

财产风险是指导致一切有形财产损毁、灭失或贬值的风险。例如，建筑物有遭受火灾、地震、爆炸等损失的风险；船舶在航行中，有遭到沉没、碰撞、搁浅等损失的风险；露天堆放或运输中的货物有遭到雨水浸泡、损毁或贬值的风险等。至于因市场价格跌落致使某种财产贬值，则不属于财产风险，而是经济风险。

责任风险是指个人或团体行为上的疏忽或过失，造成他人财产损失或人身伤亡，依照法律、合同或道义应负经济赔偿责任的风险，如驾驶机动车不慎撞人，造成对方伤残或死亡；医疗事故造成病人的病情加重、伤残或死亡；生产销售有缺陷的产品给消费者带来的损害；雇主对雇员在从事职业范围内的活动中身体受到伤害等应负的经济赔偿责任，均属于责任风险。

信用风险是指在经济交往中，权利人与义务人之间，由于一方违约或违法行为给对方造成经济损失的风险。如租赁汽车不按约定缴纳租金、房屋分期付款购买者拖欠房款等，都是信用风险。

（四）按风险产生的环境分类

风险按其所产生的环境，可分为静态风险和动态风险。

静态风险是指自然力的不规则变动或人们行为的错误或失当所导致的风险。静态风险一般与社会经济、政治变动无关，在任何社会经济条件下都是不可避免的。例如，由雷电、风暴、火灾等自然界的不规则变化、意外事故或人的故意侵害或过失所导致的财产损失或人身伤亡的可能性。

动态风险是指由社会经济或政治的变动所导致的风险。例如，国民经济的繁荣与萧条、政权的变更带来的骚乱、日益进步的技术导致的经济或社会后果的不确定性等，都属于动态风险。

三、风险事件的产生过程

尽管风险产生和造成经济损失的具体形式是多种多样的，但风险事件从酝酿到引发经济损失都服从于一个基本的过程。首先，无论是财产或生命，还是人们的行为，都暴露于特定风险的威胁之下，风险管理学称之为风险暴露；其次，存在对风险事故的发生与否或损失大小有影响的各种条件或因素，即风险因素；再次，仅仅存在风险的威胁还不足以造成损失，损失的发生是由特定事件的发生所引起的，风险管理学称这种或然发生的、造成损失的事件为风险事故（peril）。反过来看风险因素、风险事故和损失三者的关系：损失必定由风险事故造成，而事故之所以发生是因为事先已有风险因素这个条件的存在。了解这个关系对于有效预防和管理风险非常重要，人们不禁要问：应该怎样认知我们所在的环境，以及在此环境中我们能做些什么？接下来，我们对风险因素、风险事故和损失进行更深一步的探讨。

（一）风险因素

风险（hazards）因素是指那些引起风险事故、增大损失概率和加重损失程度的条件，是风险事故发生的潜在原因。比如，对易燃易爆品管理不当、消防设施不齐全、相关人员消防意识不强违反规定操作明火等都是引起火灾的风险因素。风险因素可以分为有形风险因素和无形风险因素两类。

（1）有形风险（physical hazards）因素。它是指那些影响损失概率和损失程度的物理条件或因素，某建筑物所处位置、使用建材和实际用途等，老化的电线、年久失修的排水系统，某人有吸烟酗酒的不良嗜好等都属于有形风险因素。一座靠近消防队且具有良好供水系统的建筑物相对于地处偏僻、没有消防设施和供水的建筑物而言，遭受严重火灾损失的可能性要小得多；木结构的房屋比砖混结构的房屋更容易遭受火灾，更容易发生严重的火灾损失；厂区内的运输车比长途运输车的出险概率低得多。

（2）无形风险（invisible hazards）因素。它是指观念、态度、文化和制度等看不见的、影响损失可能性和损失程度的因素。无形风险因素包括心理风险因素、逆向选择和道德风险因素。

1）心理风险因素是与人的心理状态有关的无形风险因素，即指由于人们不注意、不关心、侥幸，或存在依赖保险心理，从而导致事故发生的概率和损失程度都增加的因素。比如，企业或个人投保了财产保险后放松对保险财产的保护，吸烟时随意丢弃烟蒂，以及一些人投保了人身保险后忽视自己的身体健康状况等，都属于心理风险因素。

2）逆向选择（adverse selection）是本篇中的一个重要概念。所谓逆向选择是指投保人按对自身有利的原则去做关于买与不买，买什么或买多少保险的行为。由于保险公司决定承保什么风险、按什么价格承保风险是一种对风险的必然选择，因而人们称投保人的选择为逆向选择。尽管逆向选择本身对投保人来说是一种再正常不过的行为，但作为向广泛的对象提供保险保障的保险人，必须在风险选择和定价方面拿出系统的、有效的抑制逆向选择行为的对策和机制。否则，保险将对高风险的企业和个人更具吸引力。长此以往，保险的赔付率，即保险赔款与保险费的比率将逐渐提高，保险的成本也将逐渐提高。专栏 10－1 为我们展示了为什么在保险定价时必须考虑逆向选择因素。实践中，保险公司对逆向选择的不利后果的抑制措施还有很多种，具体如下：

①区别性的定价机制。

②有甄别的核保选择。

③提高逆向选择的成本，如医疗保险里将保单生效最初几个月内的事故列为责任免除范畴等。

3）道德风险（moral hazards）因素，即当事人为了自己的利益，而采取的作为或不作为的行为，从而伤害到其他关系人利益的行为。道德风险因素是普遍存在的。企业里，始终存在经理人采取一些行为为自身牟利，从而损害所有人利益的潜在可能。某家庭中，丈夫开公车，相关费用包括修理费用由单位负担，妻子驾驶经济适用型的私车，除非单位要求车辆使用者承担一定的车辆损坏风险，否则，尽管公车在性能、价值方面远远超过私车，在车库只能容纳一辆车的情况下，停在路边的一般是公车（遭受被盗、损毁的可能性高得多），这是出于家庭经济利益的决策结果，这对工作单位或社会而言就是一种道德风险。

专栏 10－1

保险公司为什么要对不同的人适用不同的定价？

对于一个过去一段时间有过交通事故记录的人来说，保险公司为其开出的机动车辆保险的价格将是他（她）选择向谁购买保险的根据。此时的他（她）可能很高兴地接受某家保险公司开出的对所有人都一样的市场平均价格。但是，从保险的原理来说，对高风险的被保险人只征收平均费率（保险价格）的结果对那家保险公司的投资人而言则是灾难性的。因为如果高风险和低风险的投保人面临一样的价格条件，那么低风险的投保人可能会转而寻找对其更有利的保险。久而久之，这家保险公司的客户将是一批事故发生频率高于市场平均水平的人，公司的赔付率将节节上升。除非保险公司实行区别对待的风险定价方式，否则它的经营成果将在逆向选择面前不堪侵蚀，或迟或早都会面临赔本的结局。

保险领域中也存在道德风险因素，它是指投保人/被保险人因为保险而降低防损、减损动机的可能性。比如，保险事故发生后，投保人/被保险人可能并不积极施救，延误最好的抢救时机，而使损失增加。

保险欺诈是一种性质恶劣的无形风险因素。它是一种蓄意制造或伪造保险事故、促使保险事故发生或扩大损失、虚报损失，以骗取保险金的恶意行为。保险欺诈属于违法行为，可以借助法律加以惩罚和制裁，而道德风险只能通过优化保单条款、严格核保程序、加强教育和宣传等手段加以防范和缓解。

（二）风险事故

风险事故（risk perils）又称风险事件，是指或然发生的、造成损失的具体事件；风险之所以会导致损失，是因为风险事故的媒介作用，即风险事故的发生使得潜在的危险转化为现实的损失，比如，火灾、暴风、爆炸、雷电、船舶碰撞、船舶沉没、地震、盗窃、汽车碰撞、人的死亡和残疾等都是风险事故。有些风险事故与人的过失、过错或不当干预有关，属于人为事故，有些风险事故则属于自然灾害或天灾，比如，野炊活动导致的森林大火属于人为事故，闪电引起的森林大火则属于天灾。保险业称这种与个体能力及行为无关的天灾事故为“不可抗力”。

（三）损失

风险管理中所指的损失（loss）与我们一般理解的损失不同，它既不是指一般的、正常的生产经营活动中所发生的设备的磨损或原材料损耗等有计划、可预料的损失，例如，车床刀具的损耗以及切削过程中产生的金属废料；也不是指人们在决策时选择最优方案，放弃其他备选方案、牺牲部分利益或短期利益而蒙受的那些自愿的、临时的损失。风险管理中的损失是指非故意的、非计划的、非预期的经济价值的损失。这种损失包括直接损失（direct loss）和间接损失（indirect loss），前者是指风险事故对财产、生命或生产经营过程带来的直接破坏及相应产生的必然的、可估量的经济损失。后者是指由于直接损失所引起的非必然的、影响和破坏难以估量的损失。比如，在 2001 年发生于美国的“9·11”恐怖袭击事件中，直接损失主要是世贸中心被毁、楼内财产损失、人员伤亡等。根据兰德公司的研究报告，此次事件的受害者已获赔超过 380 亿美元，其中保险公司负担了 51%，以上赔偿总额不包括对于民航系统的经济支持，也不包括公共建筑、交通系统或者基础设施的修复。[①] “9·11”恐怖袭击事件的间接损失既包括世贸中心的企业因经营与交易数据及客户资料丢失而产生的市场损失，也包括对美国经济乃至全球经济的负面影响，航空业旅客减少、旅游收入锐减等多方面的经济损失。又比如，一个家庭成员因意外事故死亡所产生的直接损失包括收入来源的中断和丧葬费用，而间接损失的范围则更广，包括经营资产的贬值，被迫出卖资产时产生的经济损失等。表 10－1 列示了最近三十年中全球最为严重的自然灾害所导致的损失情况。

表 10－1　　全球十大巨额的自然灾害

事件	地点	年份	损失（亿美元）
本州岛地震和海啸	日本	2011	3 000
阪神大地震	日本	1995	2 000
哈维飓风	美国	2017	1 900
卡特里娜飓风	美国	2005	1 750
汶川地震	中国	2008	1 480
伊尔玛飓风	美国等	2017	800
桑迪飓风	美国、古巴、牙买加、海地等	2012	750
干旱	美国	1989	600
洪水	泰国	2011	465
基督城地震	新西兰	2011	400

资料来源：损失最大的自然灾害：Top10，http：//www. pd17. com/pd/1303. html.

了解直接损失与间接损失的区别十分重要。这是因为：

（1）间接经济损失可能比直接经济损失更大。

（2）间接损失的形式、影响幅度和后果比直接损失更加难以预测，以致连保险公司也轻易不敢承诺赔偿。

（3）值得注意的是，间接损失的大小与人们事先有无应对措施和是否做了有计划的安排高度相关。“9·11”恐怖袭击事件发生后，在世界贸易中心办公的很多企业，因数据丢失，系统损坏后无法恢复，从此在市场上消失，而同样在世界贸易中心办公的一些主要金融机构则在事件发生三天之后，通过异地备份的数据与系统，实现了交易的恢复，不仅保住了市场，而且赢得了客户更大程度的信任。

决定损失大小的因素有很多种。

第一，特定灾害事故的影响范围不同，可能造成的损失也不同。有些风险事故一旦发生其影响面甚广、损失极其重大，这种风险在风险管理中被称为基本风

① 周道许．保险：社会风险的泄洪口，insurance. jrj. com. cn/2008/04/000000195415. shtml.

险（fundamental risk）。基本风险在很大程度上是基于社会、经济、政治领域的宏观风险，可能影响部分甚至全体社会成员，比如战争、通货膨胀、地震、洪水等。与基本风险相对应的概念是特定风险（particular risk），它是由个别事件引起、只对个人或某单位产生影响的风险，如运动员登山遇难、汽车发生追尾事故、住宅因电线老化引起火灾、某人遭抢劫等。由于基本风险是由超越个人控制能力的事件造成的，并非特定个人的过错，因此，这类风险通常应该由社会和国家来负责处理，比如通过社会保险或其他政府转移计划来应对。特定风险通常是个人的责任，多数由个人通过商业保险、防损减损等风险管理手段加以应对。

第二，损失大小也与受事件影响的财产价值或人对家庭、组织的相对重要性有关。家庭成员中创造收入最多的人一旦出问题，会给家庭带来最大的经济收入损失。

第三，在风险事件发生时，不同标的相互之间的关联性也会对损失结果产生影响，如根据现代消防标准，大型建筑物里必须考虑到防火分区的适当划分和在火灾发生时不同区域的有效隔离措施问题，这就是考虑到事件的相关与独立问题。

第四，是否有预先安排的有效措施控制灾害蔓延，也是影响损失大小的重要因素，比如，高层建筑物里安装的自喷淋与烟感体系就是保证意外火源被及时发现并得到控制的最重要的手段。

第五，人们发现，有无事先的充分的紧急情况预案、工作团队与系统程序、设施、材料以及数据有无备份，对于减少损失，特别是减少间接损失有着决定性的作用。

四、风险的可度量性

风险事件的发生是随机的，但并非完全没有规律可循，人们经过大量的观察可以对很多现象发生的频率总结出规律。当人们观察的数量较大、观察方法得当且观察对象具有普遍意义时，人们可以得到比较稳定可信的频率，并以此作为对随机现象的概率估计。例如，要了解一位 40 岁男性在未来一年中死亡的可能性，可以从人口统计年鉴或保险行业使用的经验生命表得到概率来进行估算。也就是说，风险的可度量性指的是人们能够利用统计分析得出有关随机现象的概率分布，并以此推断和分析风险事故的规律。

对风险度量的可靠性取决于以下两个方面的因素：

（1）对概率、频率的总结本身是否可靠。随机事件的发生条件越多，条件越稳定、越可控并越为人们所了解，则得出的概率统计的结论就越精准，以此进行统计推论就越具有现实可靠性。例如，人们可以利用古典概率，演绎推算从 52 张扑克牌中任意抽选一张牌，结果为红牌的概率是 1/2，或抽选一张牌结果是黑桃 5 的概率为 1/52。这是因为人们假定标准的一副牌分四门花色，每门花色为 A、2、3 直到 K 的 13 张不重复牌张，因此人们可以推算出在 4 人制、平均持牌的扑克游戏（典型的如桥牌和拱猪等）中，各种牌型的概率分布，并进一步计算出一人手中持有大牌点的概率。这种概率无疑是可靠的，因为人们知道桥牌的所有牌张、花色和牌点与牌张的折算关系，因此可以精准地总结出有关的概率。但在自然与经济社会中风险的随机发生概率、造成损坏的原因是千变万化的，很多情况下人们对随机现象或风险的条件了解是有限的，统计的观察也只能尽量完善，尽量使其有代表性。在有限或不稳定的条件下得出的统计规律，本身就存在局限性。如果只考察了 30 艘船只，没有发现碰撞事故并由此推断没有发生事故的概率，显然是不可靠和不可取的。因此，为确保损失估计的准确性和费率厘定的可靠性，保险公司必须积累相当的经验数据，必须进行大量的观察。观察同质事件的数量越大，得出的规律越可靠。

（2）用已有的规律对随机现象进行推断是否合理、可靠。这取决于我们所希望了解的风险过程是不是和统计规律产生的条件一致，或者说，这里存在一个我们要推断、分析的风险事件是否遵从我们所知道的规律。例如，假如我们在某一次游戏中使用的扑克牌张数有短少、重复等错误，那么前面所列出的概率在应用时就会发生系统性偏差。在实践中，这意味着我们要随时了解新的情况，并根据新的情况、新的数据、新的规律调整我们以往得出的规律，更新重要的参数。

第二节　风险管理的基本过程

一、风险管理的目标

风险管理是指经济单位通过对风险的识别和衡量，采用必要且可行的经济手段和技术措施对风险加以处理，从而以一定的成本实现最大的安全保障的一种管理活动。经济单位可以是企业，也可以是个人、家庭、任何团体，乃至国家或整个世界。风险识别和风险评估是风险管理的基础，合理利用风险处理手段是风险管理成败的关键。从应用标准和实施评价的准则来说，风险管理必须保证以下两个核心目标的实现：

一是要在成本、资源既定的前提下实现最大程度的安全保障；或是在目标既定的前提下，尽量寻找节约资源的方案或一揽子措施。第一个目标强调的是风险管理的决策同其他经济决策一样，必须要考虑到成本和效益之间的关系。不论企业还是家庭的风险管理都必须考虑到财务预算和其他资源（时间、人力等）的制约。

二是应该对那些一旦发生会给经济单位带来巨大灾难的、后果无法承受的事件预先做出有效的应对方案。这里强调的是对于超过家庭承受能力和资源条件的风险，要么予以规避；要么事先通过保险等转移方式予以应对，以保证经营或生活的延续。

个人和家庭的风险管理目标是满足个人和家庭的效用最大化，即以较小成本获得尽可能大的安全保障。个人风险管理活动必须有利于增加个人和家庭的价值和保障，必须在风险与收益之间进行权衡。个人和家庭的风险管理目标可以分为损前目标和损后目标，即损失事件发生前的目标和损失事件发生后的目标。请注意，无论损前目标和损后目标如何设定，对风险管理的规划和实施都必须是在事先进行布置、安排的，即都必须是“未雨绸缪”的。

（一）损前目标

风险管理的损前目标主要包括以下 4 个目标：

1. 经济合理目标

经济合理目标是指在损失发生前，风险管理者应比较各种风险处理工具、各种安全计划以及各种防损技术，并进行全面细致的财务分析，谋求最经济、最合理的处置方式。为此，风险管理者应注意各种收益与支出分析，严格核算成本和费用开支，尽可能选择费用低、代价小而又能保证风险处理效果的方案和措施。

2. 安全状况目标

风险的存在对个人和家庭来说主要是针对个人面临的安全性问题。风险可能导致个人的人身伤亡，影响个人的安全。因此个人风险管理目标必须尽可能削弱风险，给个人创造安全的生活和工作空间。

3. 个人和家庭责任目标

个人一旦遭受风险损失，不可避免地会影响到与之有关联的其他个人及整个家庭。因此，个人必须认真实施风险管理，尽可能避免或减少风险损失，使家庭免受其害。另外，个人在家庭中同时还承担一定的家庭责任。因此，个人能够更好地承担家庭责任、履行家庭义务和树立良好的家庭形象是开展风险管理活动的又一个重要目标。

4. 担忧减轻目标

风险的存在与发生，不仅会引起各种财产的损毁和人身的伤亡，而且会给人们带来种种忧虑和恐惧。比如，家庭主要收入来源的主劳动力会担心自己失去劳动力之后给家庭带来风险，因此在生活中就可能会表现得过于谨慎。因而，在损前应采取各种方法使对所有损失风险的担心和忧虑最小化，使得个人和家庭都能保持平和的精神状态。

（二）损后目标

风险管理的损后目标包括 3 个方面：

1. 减少风险的危害

损失一旦出现，风险管理者应该及时采取有效措施予以抢救和补救，防止损失的扩大和蔓延，将已出现的损失后果降到最低限度。

2. 提供损失的补偿

风险造成的损失事故发生后，家庭应该有足够的财务来源提供经济开支；如果现有的自由储蓄不足以维持家庭的生活水平，就必须事先安排经济补偿的来源，如保险金等。

3. 保障家庭稳定

风险事故的发生可能直接导致个人严重的人身伤亡，对于一个家庭可能造成不可挽回的损失。因此，风险管理的目标应该在最大限度内保持家庭关系的连续性，维持家庭的稳定，减少因风险事故带来的家庭重大危机。

二、风险管理的过程

在明确风险管理目标后，风险管理的实施通常可以分 4 个步骤依次进行。这 4 个步骤构成一个风险管理的过程，并且动态循环、周而复始。

- 风险识别；
- 风险评估；
- 选择适用的风险管理对策；
- 实施、监控与调整风险管理计划。

（一）风险识别

识别和分析风险是整个风险管理过程的第一步，也是最重要的一步。如果没有详细、认真的风险识别工作，或是轻易放过一些可疑的风险点，那么也就很难有相对应的有效措施。人们可以通过流程检查、文件分析（财务报表与历史资料）、实地考察等方法发现风险暴露或风险因素。现实生活中，个人和家庭面临多种风险，有必要进行适当的分类，以便不重不漏地识别风险。例如，个人和家庭面临的纯粹风险可以分为财产风险、责任风险、人身风险三大类，而人身风险又可细分为死亡风险、养老风险、健康风险和失业风险。

为了识别家庭风险，我们需要了解有关家庭财产、责任和家庭目标等方面的信息，具体包括如下几个方面：

1. 识别个人/家庭风险的信息来源

识别个人/家庭风险，金融理财师需要了解有关个人/家庭财产、责任和家庭目标等方面的信息，具体包括：

- 配偶、受抚养人、其他家庭义务；
- 年龄、健康状况及相关因素；
- 收入来源、收入金额及取得方式；
- 所拥有和使用的财产；
- 其他有形和无形资产；
- 负债状况；
- 可能导致他人受伤害或财产损毁的活动或行为；
- 目前已有的商业保险保障；
- 社会保险状况；
- 目前已有的员工福利计划；
- 已建立的退休计划；
- 目前有效的遗嘱及其他遗产计划。

2. 编制家庭财务报表是识别风险的一项基础性工作

在金融理财实践中，建立详细的家庭财务报表，并在此基础上做各项假定和

分析是有效、全面识别风险的重要基础。

3. 使用风险调查表可以帮助信息收集、整理与分析的标准化

除了家庭财务报表，还有其他较系统化、规范化的信息收集方法，即使用标准的风险调查表。如本章附录 10－1 和附录 10－2 分别列示了关于不动产风险的调查表，以及关于动产风险、责任风险、人身风险等的调查表，这些是美国金融理财师经常使用的风险调查工具。

在实际中，我们可以发现多种形式的风险调查表或风险清单，多数是为了管理特定的风险而编制的。比如，保险代理人常用的风险调查表和损失控制专家（如防盗装置厂家）使用的风险调查表的侧重点就存在明显差别，前者关注可保风险，强调采用保险的方式进行风险转移和损失补偿，后者关注可控风险，强调采用各种可行的损失控制措施来预防或减小风险。因此，在识别个人和家庭损失风险时，可以某一种风险调查表作为识别的参照工具，并针对其局限性采取其他方式加以弥补。

识别是风险管理中最重要的一环，也是最容易被忽视的一环。在实践中，风险管理者应该将所有带有不确定性的因素一一识别出来，并列表逐一分析。

（二）风险评估

识别出面临哪些可能损失或风险事故后，需要进一步分析引起损失的风险事故的概率以及可能的损失后果。

风险事故是指引起损失的直接或外在原因。财产可能因火灾、洪涝、盗窃、碰撞等风险事故发生损失。家庭中的个人可能因意外事故、疾病等原因出现残疾或死亡，或者因造成他人伤亡或财产损失而承担赔偿责任，或者因退休或失业而丧失获得收入的能力等。如图 10－1 所示，大量发生的、频率较高的损失未必给人们带来很大的损失，而有些事件虽然发生的可能性较小，但一旦发生会给家庭造成巨大的不可承受的损失。

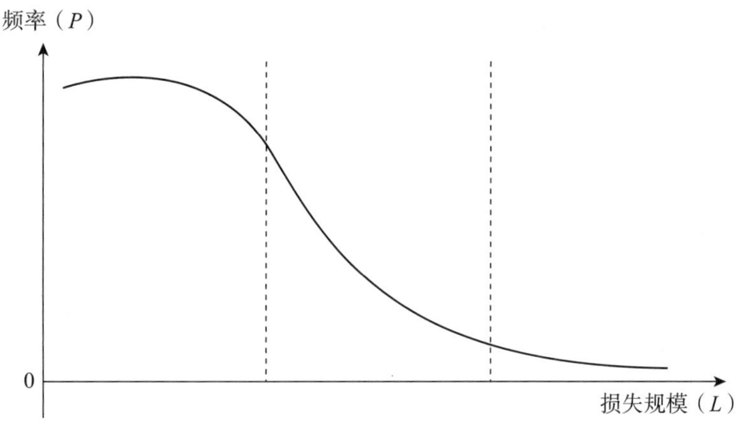

图 10－1　损失的一般规律

在各种风险事故中，有的可能造成轻微的后果，有的可能造成严重的后果，我们应该按照轻重缓急给予适当的关注和处理。通常，根据损失后果的严重程度，我们可以将风险分为严重、适中、轻微等类别。

严重类的风险可能导致个人/家庭目标无法实现。比如，严重的残疾可能使个人目标无法实现，某跳水运动员立志成为奥运冠军，但在一次跳水训练中，头部不慎触到硬物导致颈椎错位，无法继续训练，从而使其奥运冠军的理想成为泡影；早逝通常是个人或家庭最严重的风险，它不仅使个人目标无法实现，而且可能严重影响家庭目标的实现，这种风险就属于严重类风险或不可接受的风险。

适中类的风险可能推迟个人/家庭目标的实现。损失发生后，尽管目标还能实现，但实现目标所需的时间远远长于预定期限。比如，某跳水运动员立志成为奥运冠军，在一次意外车祸中不幸大腿骨折，需要 1 年以上才能康复，此时就可能错过当年举行的奥运会，只能等待时隔 4 年的下一届奥运会，这种风险就属于适中类风险。

轻微类的风险不会影响个人/家庭目标的实现，或者影响甚微。此类损失事件发生后，既不会导致个人/家庭目标无法实现，也不会推迟个人/家庭目标的实现。比如，某跳水运动员立志成为奥运冠军，在一次体能训练中左脚踝关节不慎扭伤，只需修养几天就能恢复训练，对其预定目标不会产生实质性的影响，这种风险就属于轻微类风险。

（三）选择适用的风险管理对策

风险管理技术也可以分为风险控制和风险融资两大类。风险控制是指针对可能诱发风险事故或导致损失蔓延的各种风险因素，采取相应措施，如采取降低风险发生概率的预防措施和损后改变风险状况的减损措施，其核心是改变引起风险事故和扩大损失的条件。风险融资是通过事先的财务安排包括理财规划来运筹资金，以便对风险事故造成的经济损失进行及时而充分的补偿，其核心是将风险成本分摊至更长的一段时间内，并以转移风险的方式换取保险公司的保障，减少巨灾损失的冲击，稳定财务支出和生活水平。表 10－2 列示了个人/家庭风险管理方法分类。风险管理的对策是多方面的，下面我们列举一些为我们所熟悉的对策。

表 10－2　　个人/家庭风险管理方法分类

风险控制	风险融资
风险规避	保险
损失控制（包括损失预防、损失抑制）	非保险转移
风险单位隔离	风险自留

1. 风险控制类对策

风险规避（risk avoidance），亦称“回避”，代表不参与含有特定风险的行为，从而使这个特定风险发生的可能性变为零。风险规避是一项最彻底、最简单的方法，个人/家庭可以规避许多风险。比如，不购买汽车规避了驾驶汽车的责任和车子损毁、被盗的风险；不乘坐飞机可以避免因飞机坠毁而伤亡的风险；不到军事冲突不断的国家和地区旅游可以避免被误伤的风险；等等。但是，很多个人/家庭风险是无法规避的，比如，已拥有汽车的个人和家庭无法规避汽车责任和车子损毁、被盗的风险，没有人能够彻底消除疾病或受伤的可能性。规避风险也可能意味着放弃了特定机会，或导致较高的机会成本，在实际中不能过度使用。

损失控制（loss control）可分为损失预防（loss prevention）和损失抑制（loss reduction）两类措施。前者侧重于降低损失发生的可能性或损失概率；后者侧重于减少损失发生后的严重程度，即损失幅度。许多损失控制措施同时涉及损失预防和损失抑制。比如，家中安装防火报警器，当室内温度或烟雾浓度超过一定水平时，会自动报警，从而可以降低家人因火灾受伤害的可能性，也有助于及时发现火情，及早采取灭火措施或转移贵重物品，减少火灾损失。损失控制技术在管理个人/家庭风险时是非常普遍而又实用的。比如，经常开车的人可以通过定期检查汽车制动状况、养成谨慎的开车习惯等方式降低汽车事故发生概率和事故发生时的受伤程度；积极参加体育锻炼、定期进行常规体检、注意饮食卫生、远离吸烟酗酒等不良嗜好等措施对保持健康体魄、预防疾病、减少医疗费用都是非常有好处的，而这些防范措施贵在长期坚持，其实际成本是很有限的。

风险单位隔离（risk separation）主要是通过分离相对独立的风险单位，使得任何单一风险事故的发生不会导致所有财产损毁或丧失。备份是指通过事先存储必要的文件、数据、程序、关键设施，并在特殊事件发生后启动之，它是减少风险事故发生后给人们带来损失，特别是间接损失的有效手段。以文件储存的安全性为例，我们通常采用文件备份方式，将重要的文件或数据存储在独立于计算机系统的软盘或硬盘上，以免计算机系统遭受病毒感染、意外瘫痪丢失文档的风险。我们还要注意，不要将这些存有重要文件的软盘、硬盘放在计算机附近，而是分别放在办公室和个人住所，甚至可以放到银行的私人贵重物品保险箱，从而避免不同的存储媒质因计算机房失火同时损毁的可能性，这就是风险单位的隔离。

2. 风险融资类对策

某些风险和损失是我们必须要面对的，但我们希望有事先的财务规划和安排，以便事件即使发生也不会给我们造成财务上的灾难性后果。家庭可以采用的风险融资方法很多，主要包括保险、非保险转移和风险自留。

保险是将个人/家庭损失的经济后果转移给商业保险公司的风险管理对策。个人可以基于家庭收入、支出与资产的现状，以及已有的社会保险和员工福利的基础，得到个人/家庭保险需要的缺口，然后购买商业保险，包括财产保险、责任保险、个人寿险、健康保险等。与社会保险和员工福利不同的是，个人保险允许自主选择保险公司、保险产品和保险金额。

非保险转移是为了减少风险单位的损失频率和损失幅度，将损失的法律责任借助合同或协议方式转移给除保险公司以外的个人或组织的方法。非保险转移包括出售，即通过买卖合同将财产等风险标的转移给其他人，或出租，即通过租赁合同的特殊条款将租赁期间的某些风险（如财产损毁的经济损失和对第三方人身伤害的财务责任）转移给承租人。

风险自留是指自我承担一些特定的风险。自留可以是部分自留，也可以是全部自留。部分自留是指一部分损失风险由自己承担，剩余部分通过保险或非保险转移出去。比如，机动车辆保险里通常设有免赔额和保险金额，对免赔额以内的损失和超过保险金额的损失都由投保人自己承担。对于全部自留，个人/家庭承担了所有的损失。自留也可以分为自愿自留和非自愿自留两类。自愿自留是指个人/家庭已经意识到损失的可能性而决定自己承担风险，具有主动性，是一种常用的风险管理措施。自愿自留的一个显著特点是伴随有其他的风险管理措施，如保险、预先提存应急基金等。非自愿自留是因未能识别风险而导致的风险自留，有可能引起严重的经济问题。对于家庭来讲，因为或多或少要承担各种损失，建立应急基金（contingency fund）往往是伴随自留风险的一个必要措施。通常认为，应急基金应当不少于 3 个月的家庭净收入，或能应付 6 个月的家庭支出需要。

3. 选择风险管理对策时应考虑的因素

尽管提到风险管理常常使人联想到保险，但我们已经看到，保险只是风险管理诸多对策与手段之中的一种。事实上，最适当的风险管理方案不能完全依赖保险，而是要根据特定个人/家庭面临的风险状况和管理目标，有针对性地选择合适的风险控制措施，并加以规划安排，形成一个包括保险在内的风险管理技术组合，确保在保障程度一定时，风险管理费用最小；或在风险管理费用一定时，保障程度最高。

(1) 损失频率/损失程度矩阵。估计各种风险预期发生损失的频率和损失程度，对风险管理技术的选择具有重要的参考价值，比如，对于损失可能性极小的风险，可以置之不理，或风险自留，对于损失发生可能性较大且损失严重的风险，就不能选择风险自留。图 10－2 损失频率/损失程度矩阵为选择风险管理技术提供了有益的指导作用，每一种情形的风险管理技术按合适程度从上到下依次列示。

损失频率＼损失程度	低	高
高	损失预防 风险自留	风险规避
低	风险自留	损失预防和损失抑制 非保险转移

图 10－2　损失频率/损失程度矩阵

在高损失频率/高损失程度情形下，风险规避是首选的风险管理技术。比如，在我国东南沿海地区，台风对人们生命财产安全构成严重的威胁，一般人都会采取规避措施，尽量不在该地区建造或购买住宅。但是，对于当地居民，这种风险就无法避免，自然就会采取可行的损失预防和损失抑制措施，比如针对防范台风、暴雨的需要设计合适的房屋结构、选用适当的建筑材料。在此基础上，保险公司才可能愿意销售住宅保险，为当地居民转移一部分风险，那些不能规避和转移的风险只能自留。

一般地，除非采取风险规避，否则任何可能的损失都需要认真对待，采取必要的风险控制方法和风险融资技术。适当的风险管理通常至少需要考虑一种风险控制技术和一种风险融资技术。由于非保险转移在个人风险管理中的应用具有较大的局限性，因此，个人风险管理重点考虑的是损失控制、保险和风险自留。

在日常生活中，人们可以采取多种方法来预防和抑制损失。以开车为例，认真学习交通规则、严格遵守交通秩序、自觉系扣安全带、定期检修重要部件、避免疲劳驾驶、恶劣天气慢速行驶或不行驶等都是预防事故发生、降低损失程度的常用而有效的措施。对于住宅的安全问题，安装防火报警器和灭火器是常见的损失抑制措施，这两种措施都无法杜绝火灾的发生，但可以大大降低火灾发生后的损失程度，而且可以在一定程度上提高人身安全保障。在健康方面，良好的饮食习惯、生活方式和加强体育锻炼等都是预防疾病的有效措施，定期体检、及时就医等都是抑制疾病危害的有效措施。

如果风险不能规避，就必须考虑相应的损失融资方法。许多个人和家庭面临的决策难题是为哪些风险投保、购买多少保险、购买什么保险和自留什么风险。在现实中，某些个人和家庭的保险严重不足，风险自留太多，一旦事故发生，就会出现家庭经济困难，使个人和家庭的经济生活受到重大的打击，发生严重的财务危机，危及个人和家庭目标的实现。

(2) 如何选择个人风险的融资技术。在选择个人风险的融资技术时，我们通常按照以下步骤进行：

1) 考虑个人或家庭能够自留或承受的损失程度。面对可能发生的损失，个人/家庭首先必须明确自己能够承受的损失金额，即确定损失自留额。对于损失程度，通常需要明确最大可能损失概念。最大可能损失（maximum possible loss）是指在最不利的情况下估计的可能遭受的最大损失金额。在实际中，当给定风险的最大可能损失超过个人/家庭的经济承受能力时，就必须考虑保险等风险自留以外的风险管理技术。

2) 比较损失程度和风险管理成本。在选择风险管理技术时，必须将可能的损失程度与风险控制或风险融资的成本进行比较。当可能的损失程度小于可供选择的风险控制或风险融资技术的成本时，采用风险管理技术就不是个人或家庭的明智选择；反之，当风险管理成本远小于损失程度时，个人或家庭应该认真考虑如何采取风险管理技术。

在很多情况下，人们可以根据获得成本的高低来决定是否购买保险。比如，一个 23 岁的小伙子购买人寿保险的费率通常很低，但他可能尚未结婚，没有受抚养人，因而购买人寿保险的需求并不强烈，但他仍然可以有其他购买人寿保险的动机，比如，为了报答父母的养育之恩，锁定未来购买保险的资格及价格，通过保险单进行储蓄等。

3) 考虑损失频率。个人或家庭考虑损失程度后，还需要考虑损失发生的频率。如果一次损失金额并不大，但在一定期限（如 1 年）内类似损失会多次发生，也可能造成难以承受的损失金额。比如，某人考虑到自己的储蓄余额或闲散资金，决定自留可能损失不超过 500 元的风险。但是，如果该风险在 1 年内可能造成 6～8 次损失，即可能发生 3 000～4 000 元损失，就可能超出个人或家庭的财务承受能力，因此，损失频率可能改变风险自留的决策，从而有必要采取某些合适的风险管理技术来降低或规避风险。

总之，如何选择风险处理技术是风险管理程序的重要环节。它可能影响个人和家庭实际承担的风险状况、财务状况及稳定性，对实现个人和家庭财务目标起着关键的作用。

（四）实施、监控与调整风险管理计划

当个人或家庭确定了最合适的风险管理计划或技术后，接下来就将涉及如何实施的问题。假设某人认为自己的住宅需要购买保险，就可以直接到保险公司购买住宅保险，或者通过代理人、经纪人等中介机构购买相应的保险，并根据自己的风险状况和风险承受能力确定合适的险种、免赔额、保单限额。如果认为某些风险可以自留，但需要一定的储蓄作为损失融资来源，他或她就必须按需要准备足够的储蓄存款。

在实施阶段，个人或家庭必须综合考虑各种已识别的风险，将多种风险管理技术相结合，以提高风险管理的效率和效益。比如，在购买住宅保险时，可以考虑安装灭火器、防盗门、报警器等风险控制技术，降低损失的发生概率和损失幅度，而保险公司可能根据这些控制措施提供保费折扣，从而可能使风险控制和保险等措施的总成本低于仅购买保险的保费支出，实现对己、对人、对社会多赢的结果。

我们生活在一个日新月异的世界，因此，即使我们当前已经购买了合适的保险，或者采取了其他合适的风险管理技术，也有必要定期关注自身风险状况和承受能力的重大改变、新的风险控制和风险融资技术等。比如，在购买住宅保险之初，防火、防盗设施可能十分昂贵，而且保险公司不会根据个人的风险控制水平提供保费优惠，而随着生产力的提高和保险经营水平的改善，风险控制设施的价格不断下降，保险公司也开始根据个人的风险控制投入提供不同程度的保费折扣，这样，原来的保险或风险管理计划就可能不再是最合适的、最有效的，而需要根据新的形势进行必要的调整。

上述谈到的风险识别，风险评估，选择适用的风险管理对策，以及实施、监控与调整风险管理计划 4 个主要的风险管理过程在实践中并非截然分开的（在时间上有所重叠，而且必须围绕风险管理的目标和计划执行），也不是一劳永逸的，而是一个周而复始、循环往复的过程。随着家庭经济条件、家庭阶段、外部环境的变化，人们需要不时地对原有安排的充分性与有效性进行回顾、修改。

第三节　家庭风险分析

本节针对个人和家庭面临的不同风险，包括人身风险、财产损失风险和责任损失风险，分别进行分析。

一、人身风险分析

人身风险是指在日常生活以及经济活动过程中，个人或家庭成员的生命或身体遭受各种损害，或因此而造成经济收入能力降低或灭失的风险，包括死亡、残疾、生病、衰老、失业等损失形态。人身风险事故的发生可能导致个人或家庭经济收入减少、中断或利益受损，也可能导致相关当事人精神上的忧虑、悲哀、痛苦或创伤。

（一）死亡风险分析

按照自然规律，每个人最终都会死亡，但是每个人都不知道自己会在何时死亡，由于人们不确定自己的死亡时间，无法事前做好安排，所以会因为事发突然而措手不及。当今社会的各种风险导致的死亡事故威胁着每个家庭，不仅造成感情上的创伤，更重要的是影响到遗属的生活。遗属可能失去了唯一的经济来源，生活水平急剧下降。如果能够做好保险规划，那么虽不能避免死亡的风险，但可以避免死亡带给遗属的经济影响。

（二）养老风险分析

一般地，退休意味着收入能力的终止，其生命的经济价值已经非常有限，即死亡损失已经很小；同时，退休后的财务需求也将明显下降，比如，子女经济独立后不再需要父母提供教育经费，住房抵押贷款已经还清等，但退休以后仍可能发生严重的财务风险，主要原因是死亡时间是不确定的。如果实际寿命远远长于预期寿命，则可能会因工作期间积累的退休资金不足而无法满足退休后个人和家庭的生活需要。一方面，随着科技的进步，生活的改善，人类的预期寿命不断延长。另一方面，老年人所需要的社会服务成本也在不断提高。这就要求人们有效地做出预先的计划和安排。

退休往往是预先知道的，个人和家庭可以在退休前做出充分的财务准备和安排，比如，通过适当的个人投资、储蓄、购买养老金等方式来满足退休收入需求，社会保险和企业退休计划也是退休收入的两个重要来源。

（三）健康风险分析

健康风险包括疾病和残疾风险，它们对个人/家庭产生的经济影响主要表现在收入损失和高额医疗费用风险两个方面。收入损失风险是指疾病或残疾使个人一时甚至永久失去获取收入的能力，即丧失生命的经济价值；医疗费用风险是指个人遭遇疾病或身体伤害可能给家庭带来巨额医疗费用以及其他附加费用，如长期护理费用的可能性。

在人类所面临的各种人身风险中，疾病风险是一种直接危及个人生存利益、可能给家庭造成严重危害的特殊风险。首先，疾病会给个人的生活和工作带来困难，造成损失，甚至使人失去生命；其次，疾病对个人或家庭而言都是无法回避的；最后，疾病的种类繁多，引起疾病的原因复杂多变，生活方式、心理因素、

环境污染、社会因素等多种因素都可能引起诸多难以认识和消除的疾病。疾病和残疾都会使家庭遭受收入损失和医疗费用增加的双重威胁。如果患病者或残疾者是家庭的主要收入者，则由此造成的家庭财务压力将远远高于死亡情形。图 10－3 直观显示了残疾对家庭收入和费用形成的剪刀差。在残疾期间，收入下降，费用增加，两者变化形成明显的剪刀差。通常，康复后收入低于残疾前收入，康复后费用高于残疾前费用；如果是永久全残，个人收入将完全丧失，残疾后费用将居高不下，对家庭财务的影响更为严重。疾病的情形类似。

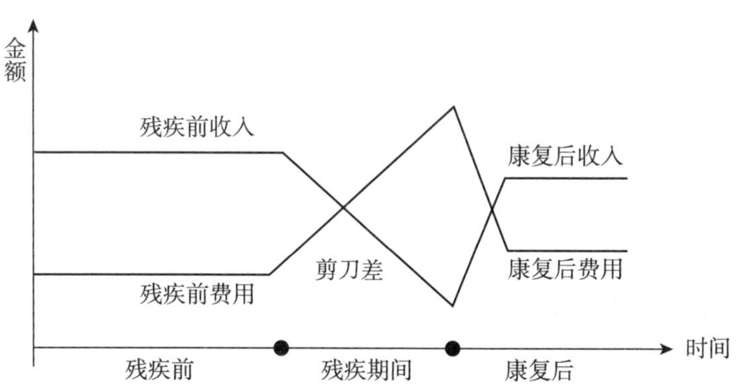

图 10－3　残疾对家庭收入和费用形成的剪刀差

（四）失业风险分析

家庭主要收入者失业意味着收入能力的终止或暂时终止，这会影响家庭的经济安全，但其影响程度低于疾病和残疾，因为失业不会发生高额的医疗费用，而且可以通过继续教育、职业培训等手段实现再就业。通常，社会保险为失业提供了一定的收入保障，可以缓解失业期间的财务困难，并有助于再就业。在保险市场中，商业性的失业保险是罕见的，因此，失业风险一般需要采取商业保险以外的风险处理技术。

二、财产损失风险分析

个人和家庭都拥有或使用一定的财产，当这些财产被损坏或损毁时，就会遭受一定的财产损失。当发生财产损失时，个人或家庭可能面临财产的灭失，而这些财产可能是可以修复或重置的，也可能暂时或永久性丧失某些财产的使用权。

（一）财产损失的原因

个人财产可分为有形财产和无形财产。不论是有形还是无形的个人财产均面临多种风险事故，可能由此遭受损失，常见的风险事故包括火灾、水灾、暴风雨、地震、盗窃、碰撞、恶意破坏等。比如，火灾、水灾、地震是导致建筑物损失的常见原因，盗窃是导致有形个人财产（如金钱、珠宝、汽车等）损失的常见原因。

无形的个人财产没有实际形态，不存在物理损失原因，但仍然面临遭受损失的风险。无形个人财产的损失通常是因为他人行为干涉所致，影响所有者对财产的完全使用权和享用权。比如，王某总结多年的研究成果和工作经验，出版了一本热门的培训教材，版权归个人所有，如果某培训机构未经王某允许，大量翻印用于商业培训，王某的版权价值就受到严重减损，这种损失就属于无形个人财产损失。

现实中财产损失的形式是各式各样的。很多情况下，财产损失是源于财产在变现时容易遭受损失。例如，国债、上市公司股票、非上市公司股票、有限公司股权、合伙企业权利及独资企业所有权，同样都是财产的权利，其在短期内变现将遭受不同程度的损失，一般认为，这些权利在遇到特殊事件影响时的损失风险排序，与前面叙述的顺序是一样的。从理财规划角度讲，对于损失风险比较高的资产权利，必须做出一些事先的安排，以防止特定的事件给家庭带来意想不到的损失。理财师对于客户资产与资产权利的类型及其自身的风险必须给予足够的关注。

（二）财产损失的后果

家庭财产面临着多种风险，这些风险可能导致的损失后果多种多样，但不外乎财产价值的直接损失和丧失财产使用权的相关损失两大类。

1. 财产价值的直接损失

当财产直接被损坏或损毁后，财产本身将遭受价值减损。比如，水灾可能冲毁住宅等建筑物，浸泡家具、电器等个人财产，财产所有者必须重建、重修和重置遭受损坏的财产。

2. 丧失财产使用权的相关损失

当火灾导致家庭住宅受损而无法继续居住，或者因附近的建筑物受损而无法继续安全地住在原住宅内时，家庭成员必须寻找临时住所，直到重建或重修以后才能回到原来的住宅，这就将导致额外生活费用的发生，这些都是与财产使用权暂时丧失相关的损失。此外，如果原有住宅的部分房间用于出租目的，则住房受损后，该家庭还将发生租金收入损失。

三、责任损失风险分析

责任损失风险的基础是个人、家庭或任何机构造成第三方人身伤害或财产损失时，对受害方的经济损失后果负有法律责任，其中，伤害包括身体伤害、财产损坏、精神折磨、声誉损失、侵犯隐私等多种形式。除个人行为可能导致法律责任外，他人或机构的行为也可能导致个人承担法律责任。此外，在法律诉讼过程中，个人或家庭即使最后不负法律责任，也可能发生辩护费用等损失。

（一）侵权责任的法律基础

随着我国法律制度的不断完善和人们法律意识的逐渐增强，责任风险已成为个人和家庭越来越重要的风险。为了更好地理解责任损失风险，个人和家庭必须明确责任的法律基础。

理财规划所关心的，且事先能够选择风险对策的主要是，因一方过错、侵犯另一方的民事权益而引起的责任，由此产生的制裁形式包括赔偿损失、依据法院判决支付赔偿金、恢复原状、停止侵害、退还财产等。当产生诉讼时，诉讼费用由败诉方承担，其他费用由诉讼当事人自己支付。

在某些民事侵权情况中，当事人可能必须为他人的行为负法律责任，这就是连带责任，通常出现在雇主与雇员之间、委托人与代理人之间、合伙人之间，以及家庭成员之间。比如，如果未成年子女损坏了他人的财产，其父母对此将负有赔偿责任。

民事责任主要分为违约责任和侵权责任两大类。违约责任是指当事人因违反合同或协议而引起的民事责任。原告对被告违约责任提起诉讼时，原告必须证明对方负有明示或暗示的合同责任，并在合同规定范围内进行索赔，法院判决侧重于补偿损失。侵权是指因侵害他人合法或自然的财产权利和人身权利而被起诉并承担民事赔偿责任的违法行为。合同中产生的违约责任主要是经营和合同履行的问题，而侵权责任的发生则可能是当事人事先难以预料的。

一般来说，侵权行为必须具备 3 个法律要件：一是行为的违法性。侵权行为必须是一种违法行为。比如，驾车时制动不够及时，伤害到了他人的财产或身体，就构成侵害他人合法权益的违法行为。如果是因非违法行为导致他人损害不构成侵权行为，如紧急避险、正当防卫等。二是损害事实的存在。被侵害方必须有财产、人身或权利上的损害事实存在，才能就责任事故对侵权行为人提出索赔。损害可分为有形损害和无形损害，前者可以较为客观地确定损失金额，如财产损失、医疗费用、丧葬费、赡养费等；后者则难以确定损失金额，如侵犯肖像权、名誉等行为而产生的精神损失赔偿，且在确定过程中具有较大的主观因素。三是违法行为与损害事实之间存在因果关系。损害事实必须是由违法行为引起的，否则行为人无须负法律责任。

（二）个人或家庭的责任损失风险

个人、家庭、企业及其他组织都可能成为责任损失风险的来源。责任损失风险既可以是与有关当事人所拥有或控制的财产有关，也可以是与他所从事的活动有关。以下简单介绍个人和家庭容易产生责任风险的常见情形。

1. 源自房产的责任损失风险

拥有房产者必须对发生在房产内的许多事件负责。比如，某人在他人家中登楼梯过程中滑倒并受伤，房产所有者由于未尽到危险提示义务，将负责受害人的医疗费用和误工损失；家中阳台上不合理地放置了物品，因其坠落给他人身体或财产造成伤害等。

2. 源自机动车的责任损失风险

在现代社会中，机动车辆（包括家用汽车、摩托车等）成为个人和家庭越来越重要的交通、娱乐工具。一旦拥有或驾驶机动车辆，就可能产生一系列的责任损失风险，比如因操作不慎伤害行人或其他司机、损坏他人财产等。

3. 源自个人劳务关系的责任损失风险

现在，越来越多的个人和家庭雇用家政服务人员承担家务杂事及照看受抚养人。家庭雇用家政服务人员可以转移许多家务负担，如照看房产，照顾老人、小孩或残疾人员，同时也会带来一定的责任损失风险。个人或家庭必须对家政服务人员在雇佣期间受到的人身伤害负责，还要对家政服务人员伤害他人的行为负连带责任。

4. 源自其他个人活动的责任损失风险

在日常生活中，我们还可以列举许多可能引起责任损失风险的个人活动，比如在体育运动或狩猎中伤及他人、放纵家养宠物狗在社区乱跑、照看邻居孩子、将某危险用品或工具不当借给他人等。

（三）责任损失的后果

责任损失风险至少会给个人或家庭造成 3 类经济损失，即损害赔偿金、法律相关费用和法院相关费用。

1. 损害赔偿金

损害赔偿金是指责任人对受害人的损失或损害给予补偿的金额。在民事责任案件中，损害赔偿金是对受害人身体伤害、财产损失、财务损失、情感伤害等方面的补偿。在多数简单的案例中，损害赔偿金的具体金额由双方当事人及其法律代表相互协商确定，称为庭外解决，但也有不少案件必须通过法院审理和判决来确定损害赔偿金额。

补偿性损害赔偿金是指对原告所受伤害的合理补偿金额，分特别损害赔偿金和一般损害赔偿金两类。特别损害赔偿金通常用于补偿受害人特定的、易确定的损失或费用，如实际发生的医疗费用、受害人的误工损失、被损坏财产的修理或重置成本等。一般损害赔偿金是由法院判定的、对不易量化的伤害给予的补偿金额，如疼痛或精神伤害等。

2. 法律相关费用

由于许多责任案件需要聘请律师，责任损失还将包括起诉方和辩护方的律师费用。此外，还包括调查、记录、寻找证人、旅行查访费用以及其他一系列正常的诉讼辩护所需的费用。个人和家庭即使不必对对方所受伤害负责，也可能需要承担律师费用。当案件是针对无辜的当事人时，这些当事人必须证明自己确实是无辜的，而这就会发生类似的法律相关费用。

3. 法院相关费用

除了法律相关费用，还可能发生一些法院相关费用。比如，在关于财产的争议中，原告可能需要对引起双方争议的财产进行登记备案。法院在不同审理阶段要求收取登记费，这些成本可能会包含在原告主张的赔偿金中。

在实务中，许多案情是复杂的，审理过程是长期的，此时，发生的法律、法院相关费用等诉讼费用是极大的。

附录 10－1 风险调查表（不动产部分）

附表 10－1 **风险调查表（不动产部分）**

1. 住宅地址：______________________
2. 附属建筑物（如仓库、露台）：______________________
____
3. 你的财产是自有的还是租用的？______________________
4. 住宅的建筑类型：______________________
5. 住宅有几间房？______________________
6. 该住宅是独栋房屋，还是公寓式住宅？______________________
7. 住宅包含非普通的玻璃设施（如花纹玻璃窗、昂贵的装饰灯）吗？______________________
____
8. 住宅的供暖系统类型：______________________
9. 有车库吗？______________________。如果有，请明确以下几点：______________________
 a. 车库的建筑类型：______________________
 b. 是与住宅一体的还是独立的？______________________
10. 针对住宅或车库打算或正在进行中的标准改造价值：______________________
____
11. 住宅的建造日期：______________________
12. 住宅的原始（购买）价格：______________________
 任何附属建筑物的原始价格：______________________
 已经实施的改造成本：______________________
13. 当前的评估价值：______________________
 a. 住宅：______________________
 b. 附属建筑物：______________________
14. 当前的重置成本：______________________
 a. 住宅：______________________
 b. 附属建筑物：______________________
15. 住房抵押贷款公司（如果有）的名称与地址：______________________
16. 树木和灌木丛的当前价值：______________________
17. 如果住宅不能继续使用，需要多少额外的生活费用？______________________
18. 是否还有其他住宅？如果有，请提供必要的信息：______________________

说明：此表是国外理财师在全面了解客户不动产风险时常用的调查工具。有些内容对国内读者而言相对比较陌生，如问题 6 中独栋房屋的户外责任多由房东承担，而公寓式住宅的户外责任往往由物业管理公司承担。

附录 10－2　风险识别调查问卷（个人调查表）

房产

常住地址＿＿＿＿＿＿＿＿＿＿＿＿＿＿＿＿＿＿＿＿

单一家庭住宅＿＿＿＿＿＿＿＿＿＿多层楼公寓＿＿＿＿＿＿＿＿＿＿

其他（请描述）＿＿＿＿＿＿＿＿＿＿＿＿＿＿＿＿＿＿＿＿

所有其他住址：

季节性居住地＿＿＿＿＿＿＿＿＿＿＿＿＿＿＿＿＿＿＿＿

农场＿＿＿＿＿＿＿＿＿＿＿＿＿＿＿＿＿＿＿＿

收入性财产＿＿＿＿＿＿＿＿＿＿＿＿＿＿＿＿＿＿＿＿

空地＿＿＿＿＿＿＿＿＿＿＿＿＿＿＿＿＿＿＿＿

其他财产利益＿＿＿＿＿＿＿＿＿＿＿＿＿＿＿＿＿＿＿＿

自有财产	**主要住处**	**其他**	
住处（平方英尺）			
楼层数			
建筑类型			
建成年数			
原始建筑成本			
购买日期			
购买价格			
实际现金价值			
重置成本			
（除土地价值）			
住房贷款余额			

描述住宅附属车库或其他建筑物：

＿＿＿＿＿＿＿＿＿＿＿＿＿＿＿＿＿＿＿＿＿＿＿＿＿＿＿＿＿＿

如果其中任何一项财产是租来的而不是自有的，租金大约是多少？＿＿＿＿＿＿

如果任何一项财产因损坏或损毁而不能租用，则当前的每月生活费用将增加多少？

＿＿＿＿＿＿＿＿＿＿＿＿＿＿＿＿＿＿＿＿＿＿＿＿＿＿＿＿＿＿

提供一份不包括土地或财产的最新价值评估表复印件。

＿＿＿＿＿＿＿＿＿＿＿＿＿＿＿＿＿＿＿＿＿＿＿＿＿＿＿＿＿＿

租用的财产

单一家庭住宅＿＿＿＿＿＿＿＿＿＿多层楼公寓＿＿＿＿＿＿＿＿＿＿

月租金＿＿＿＿＿＿＿＿＿＿＿＿＿＿＿＿＿＿＿＿

租赁合同到期时间＿＿＿＿＿＿＿＿＿＿＿＿＿＿＿＿＿＿＿＿

如果任何一项财产因损坏或损毁而不能租用，依租赁合同能停租吗？________________

____

收入财产

	地址 1	其他
单位数		
商业使用类型		
年租收入		
每月费率		

如果现在所有的租借都可以取消或变更，年租收入及每单位收益会改变吗？

土地

	农场	空地
英亩数		

一般信息

职业及其他商业（描述职责）

可开出的最高支票数额

信用卡张数　　资金转账卡张数

雇用全职人数　　雇用兼职人数

其他家政服务人数

个人财产

财产价值评估	主要住处		次要住处	
	实际现金价值	重置成本	实际现金价值	重置成本
1. 金银器具				
2. 亚麻织品饰物（包括餐厅和卧室）				
3. 衣服（全家）				
4. 毯子（包括地毯及帐帘）				
5. 书籍				
6. 乐器（包括钢琴）				
7. 电视、收音机、录像机及录像带				
8. 油画、版画、照片等艺术作品				
9. 瓷器、玻璃器皿（包括小摆设）				
10. 照相机、摄影器材				
11. 高尔夫用具、猎具、渔具等体育用品				
12. 冰箱、洗衣机等电器用具				
13. 床上用品				
14. 家具（包括桌椅、沙发、写字台、床等）				
15. 商业财产				
16. 其他个人财产				
评估总价值				

特殊物品

珠宝及手表：

1. 对每一项进行描述________________

2. 每一项的原始成本________________

3. 估价（经鉴定）________________

4. 放在何处（保险箱）________________

裘皮：

1. 对每一项进行描述________________

2. 每一项的原始成本________________

3. 估价（经鉴定）________________

4. 放在何处（保险箱）________________

对其他贵重物品的描述及评估：

1. 邮票________________

2. 精细作品________________

3. 油画________________

4. 古董________________

5. 有价证券________________

小船或航海用具：

1. 小船的长度及类型________________

2. 摩托艇的尺码________________

其他项目：

猫、狗及其他宠物________________

谷仓、货棚和其他附属建筑物中的物品________________

孩子放在学校的财产价值________________

私人飞机、摩托车和电动自行车________________

储藏室财产的位置、性质和价值________________

现金________________

汽车

	#1	#2	#3
年数及制造时间			
车型			
车牌号			
登记的车主姓名			
购买日期（新车/二手车）			
购买价格			
实际现金价值（目前）			
汽车用途			
工作地点距离			
停放在何处（若不在主要居住地）			
拖车——类型			
——载重			
——轴承			

描述所有娱乐交通工具______

你曾经租过车吗？一般租多长时间？______

描述你所使用的公司交通工具______

早逝

现金需求量	本人	配偶
清偿资金：包括未付的临终疾病、丧葬费用、应付税款、遗嘱检验费及其他应付	______美元	______美元
房产抵押：余额（假设一次付清；否则，抵押应包含在收入需求中）	______美元	______美元
教育资金：估计孩子教育费用的现值	______美元	______美元
应急资金：用于目前收入无力支付的意外支出	______美元	______美元
其他	______美元	______美元
总计	______美元	______美元
遗属收入需求（每一类的期望收入，以目前购买力为准）		
配偶有生之年的月收入		______美元
抚养孩子期间的额外月收入（未独立期间）		______美元
死后前两年的月收入（调整期间）		______美元

残疾

如果现在残疾，估计所需月收入 ______美元

医疗费用

估计需要住院和护理的重大疾病成本 ______美元

退休

退休期希望获得的月收入 ______美元

保险基本原理

本章提要

保险作为一种现代风险转移机制，它的含义是什么？它对社会和个人有怎样的意义？其基本的运营要素又是什么？现代法律制度是如何通过保险的重要原则支持保险业的正常运转的？这些都将在本章进行详细的阐述。在介绍具体的保险种类之前，本章先分析保险合同应具备的约定条件，为随后更深入地了解各类保险奠定基础。

本章内容包括：

- 保险的概述；
- 保险的基本原则；
- 保险经营的基础；
- 保险合同。

通过本章学习，读者应该能够：

- 掌握保险运营的基本原则；
- 掌握保险的基本原则在实际应用中的含义与方式；
- 理解保险合同的法律特征；
- 掌握保险合同主要约定对当事人权利、责任的影响。

第一节　保险的概述

一、保险的定义

作为一种经济补偿手段的“保险”一词，源于14世纪的意大利语“sigurare”，具有“担保”“保护”等意思。保险可以解释为一种经济补偿制度，也可以解释为保险人与被保险人之间的一种法律关系。

《中华人民共和国保险法》第二条将保险的定义表述为：“投保人根据合同约定，向保险人支付保险费，保险人对于合同约定的可能发生的事故因其发生所造成的财产损失承担赔偿保险金责任，或者当被保险人死亡、伤残、疾病或者达到合同约定的年龄、期限等条件时承担给付保险金责任的商业保险行为。”

二、保险的职能

保险的职能有基本职能与派生职能之分。基本职能是保险的原始与固有的职能，不因时间的变化和社会形态的不同而改变。派生职能是随着保险内容的日益丰富和保险种类的发展，在保险基本职能的基础上产生的新职能。

提供经济保障是保险的基本职能，这是由保险的本质特征所决定的，该功能主要体现为分散风险和经济补偿或给付。

（一）基本职能

1. 分散风险

为了确保经济生活的安定、分散危险，保险把集中在某一单位或个人身上的因偶发的灾害事故或人身事件所致经济损失，通过直接摊派或收取保费的办法平均分摊给所有被保险人，通过这种方式，风险不仅在空间上达到充分分散，而且在时间上也可达到充分分散。

2. 经济补偿或给付

保险人把保费集中起来以对某些被保险人因约定保险事故造成的损失给予经济补偿或给付保险金，从而实现保险的保障功能。

（二）派生职能

资金融通和风险管理是保险的两大派生职能。

1. 资金融通

资金融通是指资金的积聚、流通和分配过程，保险的资金融通功能则是指保险资金的积聚、运用和分配功能。保险要实现保障功能，就要通过收取保费建立保险基金，这就是一个资金积聚的过程，但保险基金用于保险补偿或给付和保费的收集，在时间上会有间隔，保险人便可将补偿和给付之前的这笔数目巨大的保险基金用于投资，以实现资金的保值和增值，这便是资金的运用和分配。

2. 风险管理

保险能够促进社会风险管理的有效性，减少社会损失。保险人会从自身利益出发，有提高社会风险管理有效性的动力；保险人通过承保、计算费率到理赔，对灾害事故的原因进行分析和研究，从而积累了丰富的防灾防损工作的经验，有助于社会风险管理。

三、保险的种类

目前我国的商业保险分为人身保险和财产保险。

人身保险是以人的寿命和身体为保险标的的保险。按照保险责任可以分为人寿保险、年金保险、健康保险和意外伤害保险。

财产保险是以财产及其有关利益为保险标的的保险，包括财产损失保险、责任保险和信用保证保险。

第二节 保险的基本原则

一、最大诚信原则

（一）最大诚信原则的含义

《中华人民共和国保险法》第五条规定："保险活动当事人行使权利、履行义务应当遵循诚实信用原则。"在保险合同关系中对当事人诚信的要求比一般民事活动更严格，要求当事人具有"最大诚信"。最大诚信的含义是指当事人自愿地向对方充分而准确地告知有关保险的所有重要事实，不允许存在任何虚伪、欺骗、隐瞒行为。

最大诚信原则可表述为：保险合同当事人订立合同及在合同有效期内，应依法向对方提供影响对方做出订约与履约决定的全部重要事实，同时绝对信守合同订立的约定与承诺。否则受到损害的一方可以此为由宣布合同无效或不履行合同约定的义务或责任，甚至对因此受到的损害还可要求对方予以赔偿。

（二）最大诚信原则的内容

最大诚信原则的内容包括告知、保证、说明、弃权与禁止反言。下面将分别从投保方和保险方的角度来说明。

1. 投保方的体现

最大诚信原则对于投保方来说，主要体现在告知和保证两方面。

（1）告知。告知（representation）是指投保人在订立保险合同时，应当将与保险标的有关的重要事实如实向保险人陈述，以便让保险人判断是否接受承保或以什么条件承保。而重要事实是指对保险人决定是否接受或以什么条件接受承保有实质影响的事实，比如，有关投保人和被保险人的详细情况、有关保险标的的详细情况、危险因素及危险增加的情况、以往损失经验及遭到其他保险人拒保等事实。对于人身保险，告知义务主要体现在以下方面：投保人在投保时要如实告知被保险人的年龄、性别、既往病史、职业、健康状况、嗜好等重要事实；在续保、复效时应向保险人告知最新的危险状况等。

（2）保证。保证（warranties）是投保人所做的、保证完全符合事实的一项声明。在保险业发展初期，投保人做出的所有声明被视为保证。如果保单某一方面的声明不真实，即使投保人并不知情或该项声明并不十分重要，保单也将被撤销。保证按形式可分为明示保证和默示保证。明示保证是指以书面形式在保险合同中载明，作为合同条款的保证。默示保证是指未在保险合同中载明，但签约双方在订立合同时都已明确的保证，通常是指国际通行的准则、习惯或在保险实践中共同遵守的规则。

2. 投保方违反后的惩罚

（1）违反告知。投保人故意不履行如实告知义务的，保险人对于合同解除前发生的保险事故，不承担赔偿或者给付保险金的责任，并不退还保费。

投保人因重大过失未履行如实告知义务，对保险事故的发生有严重影响的，保险人对于合同解除前发生的保险事故，不承担赔偿或者给付保险金的责任，但应当退还保费。

（2）违反保证。凡是投保人或被保险人违反保证事项的，无论其是否有过失，也无论是否对保险人造成损害，保险人均有权解除合同，不承担责任，而且无论故意还是无意违反保证义务都如此处理。对于破坏保证事项，除人寿保险外一般不退还保费。

（3）欺诈伪造事实。若投保人、被保险人在发生保险事故后，编造虚假证明、资料、事故原因，夸大损失程度，保险人对其虚报的部分不承担赔偿或者给付保险金的责任。

未发生保险事故，却故意制造保险事故者，保险人有权解除保险合同并不承担保险赔付责任。

3. 保险方的体现

对于保险方来说，最大诚信原则主要体现在说明和弃权与禁止反言两方面。

（1）说明。《中华人民共和国保险法》第十七条规定：“订立保险合同，采用保险人提供的格式条款的，保险人向投保人提供的投保单应当附格式条款，保险人应当向投保人说明合同的内容。对保险合同中免除保险人责任的条款，保险人在订立合同时应当在投保单、保险单或者其他保险凭证上作出足以引起投保人注意的提示，并对该条款的内容以书面或者口头形式向投保人作出明确说明；未作提示或者明确说明的，该条款不产生效力。”由此可见，明确说明是保险人应当主动履行的一项法定义务，不允许其以合同条款的方式进行限制和免除。

（2）弃权与禁止反言。弃权和禁止反言主要是约束保险人的，这些规定要求保险人对其行为及其代理人在授权范围内的行为负责，以防对投保人或被保险人的利益造成侵害，维护投保人和被保险人的权益，有利于保险合同当事人在法律上的地位趋于平等。

弃权（waiver）是指保险合同当事人放弃自己在合同中可以主张的某项权利；禁止反言（estoppel）是指保险人放弃某项权利后，不得再向投保人或被保险人主张该项权利。弃权可分为明示弃权和默示弃权。明示弃权（express waiver）可以采用书面或口头形式。如果保险人声称他将放弃某项权利（比如体检调查权利），则该情形就属于明示弃权。书面的明示弃权可以通过保单或保单以外的书面形式进行。当事人虽未明确表示其放弃某项权利的意图，但从其言语或行为中可以明确推断其有放弃权利的意图，则该当事人实施的就是默示弃权（implied waiver）。

4. 保险方违反后的惩罚

在保险经营活动中，保险人违反说明义务的情况主要包括：未对责任免除条款予以明确说明；隐瞒与保险合同有关的重要情况，欺骗投保方；阻碍投保人履行如实告知义务，或者诱导其不履行如实告知义务；等等。由此导致的法律后果也不尽相同。

（1）如果保险人在订立合同时未履行责任免除条款的提示或者明确说明义务，该责任免除条款无效。

（2）如果保险公司及其工作人员在保险业务中隐瞒与保险合同有关的重要情况，欺骗投保人、被保险人或者受益人，或者拒不履行保险合同约定的赔偿或者给付保险金的义务，构成犯罪的，依法追究刑事责任；尚不构成犯罪的，由保险监督管理机构予以行政处罚。

（3）如果保险公司及其工作人员阻碍投保人履行如实告知义务，或者诱导其不履行如实告知义务，构成犯罪的，依法追究刑事责任；尚不构成犯罪的，由保险监督管理机构予以行政处罚。

二、保险利益原则

（一）保险利益及其确立条件

1. 保险利益的含义

财产保险和人身保险合同的成立都必须具备保险利益（insurable interest）。保险利益又称可保利益，是指投保人或被保险人对保险标的所具有的法律上承认的经济利益。保险标的是指作为保险对象的财产及其有关利益或者人的寿命和身体。

在保险合同中，明确了保险标的，对投保人来说，就是肯定了转嫁风险的范围；对保险人来说，则是指明了它对哪些财产和哪些人的生命和身体承担保险责任。特定的保险标的是保险合同订立的必要内容。但是订立保险合同的目的并非保障保险标的本身。换句话说，投保人或被保险人将保险标的投保后并不能保障保险标的本身不发生损失，而是在保险标的发生损失后，他们能够从经济上得到补偿。因此，保险合同实际上保障的是被保险人对保险标的所具有的利益。

2. 保险利益的确立条件

确认投保人或者被保险人对投保标的所具有的利益是否能够构成保险利益，必须符合 3 个条件。首先，保险利益必须是合法的利益，即投保人或者被保险人对保险标的所具有的利益必须是得到法律认可、符合法律规定并受到法律保护的利益。其次，保险利益必须是确定的利益，包括已经确定或者可以确定的利益。

最后，保险利益必须是经济利益，即投保人或者被保险人对投保标的的利益必须是能够以货币来计算、衡量和估价的利益。

（二）保险利益的存在时间

人身保险和财产保险对保险利益的存在时间要求有显著差异。人身保险的保险利益，必须在合同订立时存在，至于在保险事故发生时是否存在保险利益，无关紧要。要求保险利益必须在合同订立时存在，是为了防止投保人为没有密切利害关系的被保险人投保，引发道德风险，危及被保险人的生命安全。不要求保险利益在保险事故发生时存在，是为了维护投保人的利益，如果在合同订立后因保险利益消失而取消保险责任，对已经履行缴费义务的投保人显失公平。因此，人身保险的保险利益，不必限于保险事故发生时存在，比如，丈夫为妻子投保人寿保险，保单不会因为夫妻离异而失效。因此，作为金融理财师必须了解这一点，当客户的婚姻关系发生变化时，应提醒客户对家庭已有的人寿保险合同进行检查并做出必要的更改。

在财产保险中，虽然一般要求保险利益必须在保险合同订立时到损失发生时的全过程中存在。但严格来讲，财产保险要求损失发生时必须存在保险利益关系。这是因为，与财产有关的权利与责任，如所有权、使用权、占用权、保管与维护的责任以及损失的承担可能在订立保险合同后发生变化；特别是在海上货物保险中，货物的所有权可能在船舶航行时已经易手。由于可能事先无法知道谁是最终的权利人，财产保险合同要求请求赔款的人必须对保险标的具备保险利益；换句话说，提出索赔请求的“被保险人”可能并非投保时保单上明确列出的人。反过来说，当损失发生时，原来保单上列明的被保险人如果已经将保险利益转移出去，他就不能再得到保险人的赔偿。

（三）各类保险的保险利益确定

1. 人身保险的保险利益确定

《中华人民共和国保险法》第三十一条规定：“投保人对下列人员具有保险利益：

（一）本人；

（二）配偶、子女、父母；

（三）前项以外与投保人有抚养、赡养或者扶养关系的家庭其他成员、近亲属；

（四）与投保人有劳动关系的劳动者。

除前款规定外，被保险人同意投保人为其订立合同的，视为投保人对被保险人具有保险利益。

订立合同时，投保人对被保险人不具有保险利益的，合同无效。”

2. 财产损失保险的保险利益确定

财产损失保险的保险标的是财产及其有关利益。因此，被保险人对其拥有所有权、管理权、使用权、收益权、看护权等权利的财产及其有关利益具有保险利益，可以成为保险合同的主体。

3. 责任保险的保险利益确定

责任保险的保险标的是被保险人依法（或合同）对他人的财产损失或人身伤亡承担的民事损害的经济赔偿责任。因而，被保险人与其所应负的民事损害的经济赔偿责任之间的法律关系便构成了责任保险的保险利益。即凡是法律或行政法规所规定的应对他人的财产损失或人身伤亡负有经济赔偿责任者，都可以投保责任保险。

4. 信用保险的保险利益确定

信用保险的保险标的是各种信用行为。在经济交往中，权利人与义务人之间基于各类经济合同而存在经济上的利益关系。当义务人因种种原因不能履约时，会使权利人遭受经济损失。因而，权利人对义务人的信用具有保险利益，而义务人对自身的信用具有当然的保险利益。当权利人对义务人的信用心存担心时，可以以义务人的信用为标的购买保险，称为信用保险；也可以要求义务人以其自己的信用为标的购买保险，称为保证保险。

三、近因原则

（一）近因与近因原则的含义

所谓近因并非指时间上或空间上与损失最接近的原因，而是指造成损失的起主导性作用或支配性作用的有效原因。具体来说，近因是指引起一系列事件发生并导致一定后果出现的能动的、起决定作用的因素；这一因素作用的过程中没有来自新的、独立渠道的能动力量的介入。所谓“能动”的因素是指其影响始终存在；起“决定作用”代表着必然的因果关系；而没有新的“独立渠道的能动力量的介入”，则意味着没有新的因素产生。例如，某人在交通事故中受伤，送入医院后虽经数天抢救，但最终死亡，则交通事故为死亡的近因；而医院在抢救过程中如果有错用药品等情况，则属于新的独立因素的介入，死亡的近因另当别论。

在保险中，近因原则是判明风险事故与保险标的损失之间的因果关系，以确定保险责任的一项基本原则。按照这一原则，只有当被保险人的损失是直接由保险责任范围内的事故造成的时，保险人才给予赔付，即保险人的赔付限于以保险事故的发生为原因，以造成保险标的的损失为结果，只有在风险事故的发生与造成损失的结果之间具有必然的因果关系时才构成保险人的赔付责任。

（二）近因原则的实际应用

1. 近因的认定方法

（1）从事件链上的最初事件出发，按逻辑推理，判断下一个事件可能是什么；再从可能发生的第二个事件按照逻辑推理，判断再下一个事件可能是什么，直至最终事件即损失。如果推理判断与实际发生的事实相符，那么，最初事件就是最后事件的近因。

（2）从损失开始，逆着事件链的方向向前追溯，在每一个阶段上按照“为什么这一事件会发生”进行思考来找出前一个事件。如果追溯到最初的事件且没有中断，那么，最初事件即为近因。

2. 近因的认定与保险责任的确定

（1）单一原因。此情况即损失由单一原因造成。也就是说，风险事故发生所致保险标的损失的原因只有一个，显然该原因即保险标的损失的近因。如果这个近因属于保险人承保的风险，保险人应承担对损失赔付的责任；如果这个近因属于保险人不予承担的风险，保险人对由此造成的损失则不予赔付。

（2）多种原因同时发生。此情况即损失由多种原因造成，且这些原因无法区分时间上的先后顺序，几乎同时发生。如果损失的发生有同时存在的多种原因，且这些原因对损失都起决定性作用，则它们都是近因。而保险人是否承担赔付责任，应区分两种情况：第一，如果这些原因都属于保险风险，保险人则承担赔付责任；相反，如果这些原因都属于除外风险，保险人则不承担赔付责任。第二，如果这些原因中既有保险风险，也有除外风险，保险人是否承担赔付责任，则要看损失结果是否可以分别计算。对于损失结果可以分别计算的，保险人只负责保险风险所致损失的赔付；对于损失难以划分的，保险人一般不承担赔付责任。但在实践操作中，多由保险人与被保险人协商赔付。

（3）多种原因连续发生。此情况即损失由若干个连续发生的原因造成，且各原因之间的因果关系没有中断。如果保险标的的损失是由具有因果关系的连续的事故所致，那么保险人是否承担赔付责任，应区分两种情况：第一，如果这些原因都属于保险风险，则这些保险风险即损失的近因，保险人应负赔付责任；如果这些原因都属于除外风险，则这些除外风险即损失的近因，保险人不承担损失的赔付责任。第二，如果这些原因中既有保险风险，也有除外风险，则要看损失的前因是保险风险还是除外风险。如果前因是保险风险，后因是除外风险，且后因是前因的必然结果，则保险风险为损失的近因，保险人承担损失的赔付责任；如果前因是除外风险，后因是保险风险，且后因是前因的必然结果，则除外风险为损失的近因，保险人则不承担赔付责任。

（4）多种原因间断发生。这里的间断发生，是指逻辑上没有因果关系，即多种原因是相互独立的。损失是由两个以上相互独立的原因引起的，如果造成损失的原因中有保险风险，则保险人仅对由保险风险造成的损失承担责任，对非保险风险造成的损失不承担责任。

四、损失补偿原则

（一）损失补偿原则的含义

损失补偿是指当保险事故发生造成保险标的毁损致使被保险人遭受经济损失时，保险人在保险合同责任范围内，依据合同条款的约定对被保险人所受的实际损失进行补偿。

损失补偿原则主要适用于财产保险以及其他补偿性保险合同。

（二）损失补偿原则的内容

1. 损失补偿的范围

损失补偿的范围既包括保险标的的损失，也包括保险标的损失引起的各种费用。具体包括：补偿被保险人因保险事故遭受的经济损失；补偿被保险人因保险事故发生而引起的各种合理费用。

2. 损失补偿的实现方式

选择损失补偿的实现方式的主要依据是受损标的的性质以及受损状况。通常采用的实现方式有：现金赔付、修理、更换和重置。

（三）损失补偿原则的补偿限制

按照损失补偿原则的要求，既要使被保险人遭受损失时能得到补偿，又不能使其通过保险获得额外的利益。然而，保险人在实际履行损失补偿责任的过程中，会因各种因素的影响而使损失补偿原则的执行受到限制。

1. 补偿以被保险人的实际损失为限

在补偿性的保险合同中，当保险标的遭受保险责任范围内的损失时，保险人以财产损失当时的实际价值或市价为准，按照被保险人的实际损失进行赔付。

2. 补偿以保险合同约定的保险金额为限

保险金额是保险人承担赔偿或给付责任的最高限额，损失补偿金额只能小于或等于保险金额，而绝不能高于保险金额。

3. 补偿以被保险人对受损标的拥有的保险利益为限

保险利益是保险保障的最高限额。发生保险事故造成损失后，被保险人在索赔时，首先必须对受损的标的具有保险利益，而且保险人的赔付金额也必须以被保险人对该标的所具有的保险利益为限。

五、损失补偿原则的派生原则

（一）代位原则

保险代位指的是保险人取代被保险人对第三者的求偿权（又称追偿权），或对受损标的的所有权。代位原则是指保险人依照法律或保险合同约定，对被保险人因保险事故发生所遭受的损失进行赔偿后，依法取得向对此损失负有责任的第三者进行求偿的权利或取得被保险人对受损的保险标的的所有权。

1. 权利代位

权利代位又叫代位求偿权，是指当保险标的因遭受保险责任事故而造成损失，依法应当由第三者承担赔偿责任时，保险人自支付保险赔偿金之日起，在赔偿金额的限度内，相应取得向对此损失负有责任的第三者请求赔偿的权利。代位

求偿权是一种权利即债权的代位。

（1）保险人取得代位求偿权的前提条件。保险人取得代位求偿权，需要具备3个前提条件：第一，保险标的损失的原因是保险事故，同时又是第三者的行为所致。第二，被保险人不放弃向第三者的赔偿请求权。第三，保险人取得代位求偿权是在按照保险合同履行了赔偿责任之后。

（2）代位求偿权的实施对保险双方的要求。就保险人而言，首先，其行使代位求偿权的金额只能限制在赔偿金额范围以内。其次，保险人不得干预被保险人就未取得保险赔偿的部分向第三者请求赔偿。最后，保险人为满足被保险人的特殊需要或者在法律费用超过可能获得的赔偿额时，也会放弃代位求偿权。

就投保方而言，不能损害保险人的代位求偿权并要协助保险人行使代位求偿权。首先，如果被保险人在获得保险人赔偿之前放弃了向第三者请求赔偿的权利，那么就意味着他放弃了向保险人索赔的权利。其次，如果被保险人在获得保险人赔偿之后未经保险人同意而放弃对第三者请求赔偿的权利，则该行为无效。再次，如果发生事故后，被保险人已经从第三者那里取得赔偿或者由于其过错致使保险人不能行使代位求偿权，那么保险人可以相应扣减保险赔偿金。最后，在保险人向第三者行使代位求偿权时，被保险人应当向保险人提供必要的文件和其所知道的有关情况。

（3）代位求偿权的行使对象。根据代位求偿权的一般原理，任何对保险标的的损失负有赔偿责任的第三者都可以成为代位求偿权的行使对象。但是，在实践中各国立法都规定保险人不得对被保险本人及其一定范围的亲属或雇员行使代位求偿权，除非保险事故是由上述人员故意造成的。

（4）代位求偿权的行使范围。代位求偿权一般不适用于人身保险。人身保险的标的是人的生命或身体，与财产的性质不同，其价值难以估量，因而不会发生多重获益的问题。所以，如果被保险人在保险事故中致残或身亡，则既可获得保险金，也可获得肇事的第三者的赔偿。

2. 物上代位

物上代位又称所有权代位，是指保险标的因遭受保险事故而发生全损或推定全损，保险人在全额支付保险赔偿金之后，即拥有对该保险标的的所有权，即代位取得对受损保险标的的权利与义务。

（1）物上代位权的取得一般通过委付实现。委付是被保险人在保险标的处于推定全损状态时，用口头或书面形式提出申请，愿意将保险标的所有权转移给保险人，并请求保险人全部赔偿的行为。委付是被保险人放弃物权的法律行为，是一种经常采用于海上保险的赔偿制度。

（2）物上代位是一种所有权的代位。与代位求偿权不同，保险人一旦取得物上代位权，就拥有了该受损标的的所有权。处理该受损标的所得的一切收益归保险人所有，即使该利益超过保险赔款仍归保险人所有。但在不足额保险中，保险人只能按照保险金额与保险价值的比例取得受损标的的部分权利。

（二）重复保险的分摊原则

1. 重复保险的定义

《中华人民共和国保险法》第五十六条规定："重复保险是指投保人对同一保险标的、同一保险利益、同一保险事故分别与两个以上保险人订立保险合同，且保险金额总和超过保险价值的保险。"根据这一规定，重复保险的构成需要满足以下条件：

（1）必须是对同一保险标的及同一保险利益。重复保险要求以同一保险标的及同一保险利益进行保险，保险标的若不相同，则显然不存在重复保险的问题；保险标的相同，保险利益不同也不构成重复保险。例如对同一房屋，甲以所有人的利益投保火灾险，乙以抵押权人的利益也投保火灾险，甲乙的保险利益不同，不构成重复保险。

（2）必须是对同一保险事故。如果以同一保险标的及同一保险利益同时投保不同的险种，不构成重复保险。例如同一家庭财产同时投保火灾险和盗窃险不构成重复保险。

（3）必须是同一保险期间。如果是同一保险标的及同一保险利益，但保险期间不同，也不构成重复保险。例如，保险合同期满办理续保，并不构成重复保险。

（4）必须是向两个以上保险人订立保险合同，且保险金额总和超过保险标的的价值。如果只与一个保险人订立保险合同，且金额超过标的价值，则称为超额保险；如果与数个保险人订立合同，但金额总和不超过标的价值，则称为共同保险。只有既与数个保险人订立数个保险合同，保险金额总和又超过保险标的价值才构成重复保险。

2. 重复保险的分摊方式

在重复保险的情况下，保险事故发生时，被保险人所能得到的赔偿金由各保险人采用适当的方法进行分摊，从而使其所得到的总赔偿金不超过实际损失额。这样，使被保险人既能得到充分补偿，又不会得到超过其实际损失的额外利益。在重复保险的情况下，对于损失后的赔款如何在保险人之间进行分摊，各国做法有所不同，主要有以下 3 种：

（1）比例责任制。比例责任制又称保险金额比例分摊制，该分摊方法是各保险人按其所承保的保险金额与所有保险人承保的保险金额的总和的比例来分摊保险赔偿责任。其计算公式为

$$\text{某保险人承担的赔偿责任额}=\frac{\text{该保险人承保的保险金额}}{\text{所有保险人承保的保险金额之和}}\times\text{损失金额}$$

（2）限额责任制。限额责任制又称赔款额比例责任制，即保险人分摊赔款额不以保额为基础，而是按照在无他保的情况下各保险人单独应负的责任限额与所有保险人应负的责任限额的总和的比例分摊保险赔偿责任。其计算公式为

$$\text{某保险人承担的赔偿责任额}=\frac{\text{该保险人单独应负的赔偿金额}}{\text{所有保险人应负的赔偿限额之和}}\times\text{损失金额}$$

（3）顺序责任制。顺序责任制又称主要保险制，该方法是各保险人所负责任依签订保单顺序而定，由其中先出立保单的保险人首先负责赔偿，当赔偿不足时再由其他保单在各自的保险金额限度内依次承担不足的部分。在这种方式下，被保险人的损失赔款可能由一个保险人承担，也可能由多个保险人共同承担，这取决于被保险人的损失大小及顺次承保的保险金额的大小。

我国保险法支持的重复保险的处理方式是比例责任制。

第三节　保险经营的基础

保险公司经营的基础包括可保风险、大数法则的应用、核保、理赔、再保险和投资等。

一、可保风险

风险的存在是保险产生的前提条件，但并不是所有的风险保险公司都可以承保。保险公司是以特定的风险为经营对象的，那些符合保险公司承保条件的特定风险即为可保风险。一般来说，可保风险具有以下特点：

（一）众多独立同分布的同质风险单位

在统计学中，随机变量 X_1 和 X_2 独立，是指 X_1 的取值不影响 X_2 的取值，X_2 的取值也不影响 X_1 的取值。随机变量 X_1 和 X_2 同分布，意味着 X_1 和 X_2 具有相同的分布形状和相同的分布参数，有着相同的分布函数、相同的均值与方差。在保险经营中，风险单位是指保险标的发生一次风险事故可能造成的最大损失范围。独立的风险单位是指一个风险事件的发生不影响另一风险事件的发生，大多数风险单位不会同时遭受重大损失。如果风险单位不独立，则一个事件的发生必然影响其他事件的发生，使保险公司遭受连锁反应带来的损失，导致实际赔款支出与期望赔款支出的偏差加大，影响保险公司财务稳定。同质同分布的风险单位，是指各风险单位在性质、种类、出险率以及出险后所发生的损失额应大致相同。如果风险单位不同质，那么风险就无法在多个风险单位间进行集合与分散，而且一旦高额损失发生，必然影响保险公司财务稳定性。

（二）保费经济可行

保费经济可行包含两方面的含义，即对保险公司而言，保费应该覆盖公司的风险费用（赔款）及运营费用，同时还应使保险公司有利可图；对投保人而言，保费是负担得起的。

（三）损失不能是投保人或被保险人故意行为所致

可保风险对个体而言，具有不确定性，即风险事故是否发生、在何时何地发生以及发生后导致的损失结果是不确定的。也就是说，损失的发生不能是投保方故意引起的。大多保险合同条款都将由投保人或被保险人的故意行为造成的损失列为除外责任，保险公司不予赔偿。

（四）损失所发生的时间、金额和原因可以在有效的时间和成本之内确定

虽然对个体而言，损失所发生的时间、金额和原因是不确定的，但对于大量的风险单位整体而言，损失所发生的时间、金额和原因可以借助一些专业知识和技术，在有效的时间和成本之内确定。正因为可保风险具有可测定性，所以保险公司可以根据测定的结果向投保人收取合理的保费。

（五）损失可以在有限的时间和空间内分摊

保险经营的过程，既是风险的集合过程，又是风险和损失的分散过程。保险公司通过保险将众多投保人所面临的分散性风险集合起来，当发生保险事故时，又将少数人发生的损失分摊给全部投保人，也就是通过保险的补偿或给付行为分摊损失，将集合的风险予以分散。如果损失过于集中，就可能产生责任累积，不利于保险公司的稳定经营，所以应使分散的范围尽可能扩大。

可保风险的特点也会随着保险技术的发展和时间的推移发生变化，而且一些外部条件如市场竞争、国家政策等也会左右可保风险的特点。

二、大数法则的应用

概率论是一门研究随机现象的科学，概率论的出现使人类找到了各种随机现象运动的规律。大数法则是概率论中用来阐明大量随机现象平均结果稳定性的一系列定理，它反映了必然性和偶然性之间的辩证关系。大数法则用在保险领域指的是，面临同一风险事故（如死亡）的数量越多，观察到的实际损失偏离期望损失的程度就越小。也就是说，风险和不确定性随着风险标的数量的增加而降低。大数法则是保险经营的数理基础，它为保险产品的费率厘定提供了理论依据。精算，简单地说就是依据经济学的基本原理，运用现代数学、统计学、金融学及法学等各种科学有效的方法，对各种经济活动中未来的风险进行分析、评估和管理，是保险公司实现稳健经营的基础。

根据大数法则，保险公司集合的风险单位越多，风险就越分散，损失发生的概率和损失程度就越有规律性和相对稳定性，实际损失结果就越接近于期望损失结果，因此精算人员制定的保险费率也更准确合理，从而保证了保险经营的稳定。这里要注意的是，只有独立风险单位的汇聚才能使风险降低，相关风险单位的汇聚反而会扩大风险，高度相关的风险汇聚甚至可能导致巨灾，严重影响保险公司的财务稳定。

三、核保

保险核保是指保险人在对投保标的的信息全面掌握、核实的基础上，对标的进行风险评估与分类，进而决定是否承保或以什么样的条件承保的过程。通过核

保，保险公司可以确定对标的的合理承保价格，并且可以在一定程度上防止投保方的逆向选择和道德风险。

（一）核保信息来源

保险核保信息来源主要有三条途径，即投保人填写的投保单、销售人员和投保人提供的情况、通过实际查勘获取的信息。保险人通过这三条途径收集核保信息并加以整理，为做出承保决策提供依据。

（二）人身保险的核保要素

人身保险的核保要素一般分为影响死亡率的要素和非影响死亡率的要素。非影响死亡率的要素包括保额、险种、缴费方式、投保人财务状况、投保人与被保险人及受益人之间的关系。影响死亡率的要素包括年龄、性别、职业、健康状况、体格、习惯、嗜好、居住环境、种族、家族、病史等。

（三）财产保险的核保要素

财产保险的核保要素应重点注意以下 6 点：(1) 投保标的所处的环境；(2) 保险财产的占用性质；(3) 投保标的的主要风险隐患和关键防护部位及防护措施状况；(4) 有无处于危险状态中的财产；(5) 各种安全管理制度的制定和实施情况；(6) 被保险人以往的事故记录及其道德情况。

四、理赔

保险理赔，是指保险公司处理被保险人或受益人的索赔申请的过程。保险理赔涉及保险合同双方权利与义务的实现，是保险经营中的一项重要内容。保险公司在理赔过程中，应当遵循以下原则：

（一）重合同、守信用的原则

保险人和被保险人之间的权利和义务关系是通过保险合同建立起来的。处理赔案的过程，对保险人而言，实际上是保险人履行合同所约定的赔偿或给付义务的过程，而对被保险人而言则是享受合同中所约定的获得赔偿或领取保险金权利的过程。所以保险公司理赔时要重合同、守信用，按照《中华人民共和国保险法》和合同条款处理赔案，既不要任意扩大保险责任范围，也不要惜赔或毫无理由地拒赔。

（二）实事求是的原则

被保险人或受益人提出的索赔案件千差万别，案发原因也错综复杂。对于某些损失发生的原因交织在一起的赔案，有时根据合同条款很难做出是否属于保险责任的明确判断，而且合同双方对条款的认识和理解有时也存在差异，这就会在保险公司和投保方之间出现赔与不赔、赔多与赔少的纠纷。在这种情况下，保险公司既要严格按照合同条款办事，不违背条款规定，又要合情合理，实事求是地对不同案件的具体情况进行具体分析，灵活处理赔案。

（三）主动、迅速、准确、合理的原则

所谓主动、迅速，是指保险公司在理赔时应积极主动，及时查勘事故原因，对属于保险责任范围内的事故损失，要迅速估算损失金额，及时赔付。对不属于保险责任的，应当及时向被保险人或者受益人发出拒赔通知书，并说明理由。所谓准确、合理，是指保险公司应正确找出损失原因，科学合理地确定赔付与否以及赔付额度。为了保护被保险人或受益人的利益，贯彻“主动、迅速、准确、合理”的原则，《中华人民共和国保险法》第二十三条明确规定：“保险人收到被保险人或者受益人的赔偿或者给付保险金的请求后，应当及时作出核定；情形复杂的，应当在三十日内作出核定，但合同另有约定的除外。保险人应当将核定结果通知被保险人或者受益人；对属于保险责任的，在与被保险人或者受益人达成赔偿或者给付保险金的协议后十日内，履行赔偿或者给付保险金义务。保险合同对赔偿或者给付保险金的期限有约定的，保险人应当按照约定履行赔偿或者给付保险金义务。保险人未及时履行前款规定义务的，除支付保险金外，应当赔偿被保险人或者受益人因此受到的损失。”第二十四条规定：“保险人依照本法第二十三条的规定作出核定后，对不属于保险责任的，应当自作出核定之日起三日内向被保险人或者受益人发出拒绝赔偿或者拒绝给付保险金通知书，并说明理由。”《中华人民共和国保险法》第二十五条还规定：“保险人自收到赔偿或者给付保险金的请求和有关证明、资料之日起六十日内，对其赔偿或者给付保险金的数额不能确定的，应当根据已有证明和资料可以确定的数额先予支付；保险人最终确定赔偿或者给付保险金的数额后，应当支付相应的差额。”

五、再保险

再保险也称分保，是指保险公司通过签订再保险合同，约定以支付分保费的方式，将其承担的保险业务的一部分或者全部，转移给其他保险公司的行为。在再保险交易中，转移风险的公司称为直接保险公司（原保险人）、分出公司或再被保险人；接受风险收取保费的公司称为分入公司或再保险人，再保险人可以是专门的再保险公司，也可以是其他直接保险公司。原保险人分出的那部分风险责任金额称为分出额或分保额，自己承担的那部分风险责任金额称为自留额。

再保险的作用体现在以下几点。

（一）进一步分散风险

保险是投保人将自己本身的风险转嫁给保险人，保险人通过集合众多具有相同风险的投保人，使风险得以分散。而通过再保险，可以使得风险进一步分散。通过再保险分散的风险主要包括巨灾风险、巨额风险和经营风险。

（二）控制保险责任

再保险可以使保险人根据自己的技术、资金能力确定自留额度，从而控制保

险责任，保证经营的稳定性与安全性。通过再保险，可以控制每个风险单位的责任、总体自留责任、每次巨灾事故及全年的责任积累。

（三）间接扩大经营能力

保险人的业务发展要受到其资本量的限制。为了保证有足够的偿付力，保障被保险人的利益，许多国家的保险法都对每一危险单位的最高自留额与其资本加准备金的比例做了具体规定。这样，各个保险公司就可能在承揽业务时受到种种限制。但是，如果有了再保险的安排，保险公司就可招揽大保额的保险业务，而且可扩大险种范围，扩大承保能力，增加营业机会和获利空间，同时也会提升保险公司的信誉。

（四）形成巨额联合保险基金

现代科学技术的高速发展，使财富得以迅速积累的同时也带来了更大的风险。对于巨额风险和巨灾风险，如果仅靠一家或几家保险公司独自积累的保险基金是难以应付的。而通过再保险则可以将各保险集团集合成更大的分散风险的网络，在更大范围内将保险基金积聚起来，使保险基金由分散走向联合，形成同业性或国际性的联合保险基金，增强保险的整体经营能力以及抗御巨额风险和巨灾风险的能力。

六、投资

保险投资是指保险企业在经营过程中，将积聚的各种保险资金加以运用，使其保值增值的活动。在许多情况下，人们将保险投资与保险资金的运用相互混用，但从严格意义上说，两个概念是有区别的。会计上，资金运用专指企业资金占用和使用情况，既包括企业拥有的各种财产也包括企业的各种债权。保险投资是增加企业债权或金融资产的活动，只是资金运用的一种主要形式，其范围小于保险资金的运用。保险投资是保险资金保值增值的内在要求，也是保险公司面对日益激烈的市场竞争的主要盈利手段。

（一）保险投资的资金来源

保险投资的资金来源主要有以下几项：

1. 自有资本金

保险公司的自有资本金包括注册资本（或实收资本）或公积金。注册资本或实收资本一般根据《公司法》规定，在开业时可视作初始准备金，在经营期间又是保险公司偿付能力或承保能力的标志之一。

公积金是保险公司按《公司法》规定从历年利润中提存的，它和保险公司的注册资本（或实收资本）共同构成保险公司的偿付能力和承保能力。

2. 准备金

准备金是保险公司根据精算原理，按照一定的比例从保费中提留的资金。与

资本金的性质不同，准备金是保险公司的负债，是公司将于未来某一时期对被保险人进行赔偿和给付的资金。

（二）保险投资的原则

首先，安全性是实现保险资金如期收回，利润或利息如数收回，保证偿付的条件。否则不能保证保险公司有足够的偿付能力，被保险人的合法权益就不能得到充分的保障。安全性原则要求保险公司投资应遵循风险管理的程序和要求，认真识别和衡量风险以避免高风险投资，运营分散投资策略以避免风险过于集中，从而达到控制风险的目的。

其次，收益性是保险公司运用保险资金的动机和目的。收益性和安全性是一对矛盾体，往往表现为高收益高风险安全性差。这要求保险公司应以资金安全为条件寻求尽可能高的投资收益，而不是以风险为代价，牺牲安全性去换取高收益。

最后，流动性是保险公司的资金具有在不损失价值的前提下的即时变现能力。流动性是以机会成本为代价的，流动性越强，安全性越高。如果保险企业仅在账面资产上具有相应的偿付能力，而不能及时转化为现金赔款，其所担负的社会责任就难以及时兑现，无法起到稳定社会经济生活的作用，甚至会因缺乏流动性而倒闭。

（三）保险投资的形式

各国保险法与保险监管部门对保险投资形式均有严格限制。《中华人民共和国保险法》第一百零六条规定：“保险公司的资金运用必须稳健，遵循安全性原则。保险公司的资金运用限于下列形式：（一）银行存款；（二）买卖债券、股票、证券投资基金份额等有价证券；（三）投资不动产；（四）国务院规定的其他资金运用形式。”

我国保险监管机构颁布的《保险资金运用管理办法》第十八条规定：“除中国保监会另有规定以外，保险集团（控股）公司、保险公司从事保险资金运用，不得有下列行为：（一）存款于非银行金融机构；（二）买入被交易所实行‘特别处理’‘警示存在终止上市风险的特别处理’的股票；（三）投资不符合国家产业政策的企业股权和不动产；（四）直接从事房地产开发建设；（五）将保险资金运用形成的投资资产用于向他人提供担保或者发放贷款，个人保单质押贷款除外；（六）中国保监会禁止的其他投资行为。”

（四）保险投资的一般程序

保险投资一般由保险公司的投资部门或保险集团控股公司的投资子公司具体运作。首先对投资的去向进行可行性研究，在多种方案的基础上进行科学决策，然后根据资本市场上的规律与程序投放资金，最后对投资进行绩效考核并对收益进行处理。

（五）保险投资决策

保险投资决策的过程通常包括确定目标、提出多种方案和选择最优方案。在进行投资决策时，根据可行性研究报告，首先，要确定投资的方向和对象，就宏观目标而言，先考虑可供运用资金的不同投向，然后在合法的范围内确定具体的投资目标；其次，在投资方向和目标确定后，应该从不同的角度用不同的方法构思和拟订各种可行的投资方案，包括资金投向、数额、期限、运作过程、前景分析、风险评估、收益预测等；再次，从各种独具特色的投资方案中，经过反复比较，权衡利弊，选出最优的投资方案；最后，跟踪检查决策的执行情况，及时反馈资金运作信息，以保证决策执行结果与决策时的期望一致。

第四节　保险合同

一、保险合同的法律特征

合同也称契约，是平等主体的当事人为了实现一定的目的，以双方或多方意思表示一致设立、变更和终止权利义务关系的协议。

保险合同属于民事合同，必须具有民事合同的要件。保险合同作为一种特殊的民事合同，除具有一般合同的法律特征外，还具有一些自身的法律特征。

（一）保险合同是双务合同

保险合同是双务合同，而且是附有条件的双务合同。在保险合同中，被保险人要得到保险人对其保险标的给予保障的权利，就必须向保险人缴付保费；而保险人收取保费，就必须承担保险标的受损后的赔付义务，双方的权利和义务是彼此关联的。但是，保险合同的双务性与一般双务合同并不完全相同，即保险人的赔付义务只有在约定的事故发生后才履行，因而是附有条件的双务合同。

（二）保险合同是射幸合同

射幸是指相对人获取利益具有偶然性。射幸合同具有“碰运气”的性质，当事人因为合同所产生的利益或损失，不具有等价关系。保险合同是一种典型的射幸合同。因为投保人根据保险合同支付保费的义务是确定的，而保险人仅在保险事故发生时，承担赔偿或给付义务，即保险人的义务是否履行在保险合同订立时尚不确定，而是取决于保险事故是否发生。因此，了解保险合同的责任范围（即射幸条件）至关重要。但需要注意，保险合同的射幸性质只是就单个保险合同而言的，如就全部承保的保险合同总体来看，总保费收入与总赔偿金额的关系是经过科学测算的，两者大体应相互平衡，在这方面不存在偶然性，即不存在射幸性。

（三）大部分保险合同是附和合同

根据订立合同中双方的地位来划分，合同可分为协议合同和附和合同。协议合同指根据缔约双方充分协商的结果而订立的合同。与之相对应的附和合同是指一方当事人事先拟好合同条款，另一方只能接受或拒绝的合同。由于个人与家庭需要的保险中，基本条款和费率都是由保险人事先拟订好的，并且保险合同逐渐出现技术化、定型化和标准化的趋势，投保人只能决定是否接受这些条款，而不能要求修改这些条款。因此，大部分保险合同是附和合同。当然，对于企业、团体的保险，尤其是特殊的风险，保险合同的条件可能是经双方协商讨论后方能确定的，例如工程保险、核保险、航天保险。

二、保险合同的主体与权利义务

（一）保险合同的主体

保险合同的主体包括保险合同的当事人和关系人。

1. 保险合同的当事人

保险合同的当事人是指缔结保险合同，直接享有权利并承担义务的人，包括保险人和投保人。达成保险合同的双方均必须具有相应的民事行为能力。

（1）保险人。保险人是指经营保险业务，与投保人订立保险合同，享有收取保费的权利，并按照合同约定对被保险人或受益人承担损失赔偿或给付保险金义务的一方当事人。对于保险人在法律上的资格，各国保险法都有严格规定，一般来说，保险人经营保险业务必须经过国家有关部门审查认可并获准专门经营。

（2）投保人。投保人是指与保险人订立保险合同并负有缴付保费义务的另一方当事人。就法律条件而言，投保人可以是法人也可以是自然人，但它必须具有行为能力；就经济条件而言，投保人必须具有缴付保费的能力；就特殊条件而言，投保人必须与投保标的间具有合法的经济利害关系，即保险利益关系。

2. 保险合同的关系人

保险合同的关系人是指与保险合同发生间接的权利义务关系的人，他们对保险合同利益具有独立的请求权，包括被保险人和受益人。保险合同的关系人（第三人）可以不具备完全民事行为能力，其利益要与合同中的事项有关。

（1）被保险人。被保险人是指其财产或者寿命受保险合同保障，享有保险金请求权的人。投保人可以为被保险人。一般来说，在财产保险合同中，被保险人的资格没有严格的限制，自然人、法人和非法人组织都可以作为被保险人。而在人身保险合同中，法人不能作为被保险人，只有自然人而且必须是有生命的自然人才能充当人身保险合同的被保险人。在以死亡为给付保险金条件的保险合同中，无民事行为能力的人不得成为被保险人，但父母为其未成年的子女投保时除外，只是死亡给付的保险金总额有限定。在保险合同中，被保险人与投保人可能同属一人，也可能分属两人。当投保人为自己的利益投保时，投保人和被保险人同属一人。当投保人为他人的利益投保时，投保人与被保险人分属两人。

（2）受益人。受益人一般属于人身保险范畴的特定关系人，即人身保险合同中由被保险人或投保人指定，当保险合同规定的条件实现时有权领取保险金的人。《中华人民共和国保险法》第十八条规定：“受益人是指人身保险合同中由被保险人或者投保人指定的享有保险金请求权的人。投保人、被保险人可以为受益人。”第三十九条规定：“人身保险的受益人由被保险人或者投保人指定。投保人指定受益人时须经被保险人同意。投保人为与其有劳动关系的劳动者投保人身保险，不得指定被保险人及其近亲属以外的人为受益人。被保险人为无民事行为能力人或者限制民事行为能力人的，可以由其监护人指定受益人。”

自然人中无民事行为能力、限制民事行为能力的人甚至活体胎儿等均可被指定为受益人。投保人、被保险人本人也可以作为受益人。在寿险合同中，被保险人不能同时作为合同中死亡保险金的受益人，除非合同有专门约定，被保险人一般不能享受保单内的现金价值、分红等利益；在非寿险合同中，被保险人可以申领保险金。

第四十二条规定：“被保险人死亡后，有下列情形之一的，保险金作为被保险人的遗产，由保险人依照《中华人民共和国继承法》的规定履行给付保险金的义务：

（一）没有指定受益人，或者受益人指定不明无法确定的；

（二）受益人先于被保险人死亡，没有其他受益人的；

（三）受益人依法丧失受益权或者放弃受益权，没有其他受益人的。

受益人与被保险人在同一事件中死亡，且不能确定死亡先后顺序的，推定受益人死亡在先。”

（二）保险合同双方权利义务

《中华人民共和国保险法》第十条规定：“保险合同是投保人与保险人约定保险权利义务关系的协议。”根据保险合同的约定，收取保费是保险人最基本的权利，在约定的事故发生损失时或约定的期限届满时，赔偿或给付保险金是保险人最基本的义务；与此相对应，缴付保费是投保人最基本的义务，在约定的事故发生造成损失时或约定的期限届满时，请求赔偿或给付保险金是被保险人或受益人最基本的权利。

专栏 11-1

当事人对保险合同约定的受益人存在争议，除投保人、被保险人在保险合同之外另有约定外，按以下情形分别处理：

（一）受益人约定为“法定”或者“法定继承人”的，以继承法规定的法定继承人为受益人；

（二）受益人仅约定为身份关系，投保人与被保险人为同一主体的，根据保险事故发生时与被保险人的身份关系确定受益人；投保人与被保险人为不同主体的，根据保险合同成立时与被保险人的身份关系确定受益人；

（三）受益人的约定包括姓名和身份关系，保险事故发生时身份关系发生变化的，认定为未指定受益人。

资料来源：最高人民法院关于适用《中华人民共和国保险法》若干问题的解释（三）（法释〔2015〕21号）.

除此之外，投保人还负有如实告知、维护保险标的的安全、保险标的危险增加或保险事故发生的通知、出险施救、提供单证、协助保险人追偿等义务。保险人负有条款（尤其是免责条款）的说明，及时签发保险单证，为投保人、被保险人或再保险分出人的信息保密等义务。

三、保险合同的主要内容

保险合同的基本条款，一般应包括以下几个方面的事项。

（一）保险合同主体的姓名或名称、住所

保险合同主体包括投保人、保险人、被保险人和受益人等。他们是合同所约定的权利和义务的享有者和承担者。明确当事人的姓名或名称、住所，是履行保险合同的前提。因为合同订立后，有关保费的请求支付、危险程度增加的通知、危险发生原因的调查、保险金的给付等事项，无不与当事人及其住所有关。此外，如果因为合同的履行引发保险合同纠纷，那么保险合同主体的姓名和住所对诉讼管辖、法律适用及文书的送达等也具有重要的法律意义。

保险合同中还应载明被保险人或受益人的姓名或名称、住所。在人身保险中，对被保险人除姓名或名称、住所外，还须载明其性别、年龄、职业等。

（二）保险标的

保险标的是作为保险对象的财产及其有关利益或者人的寿命和身体。在财产保险中，是各种财产本身或其有关的利益和责任；在人身保险中，则是人的寿命和身体。

不同的保险标的，面临的风险的种类、性质和程度是不同的，所适用的保险费率也有差别，许多险种就是按照保险标的的不同划分而设计的。明确记载保险标的，目的在于判断投保人对保险标的有无保险利益，保险利益存在与否，直接影响保险合同的效力；同时，可以确定保险人应承担的保险责任的范围。保险标的也是确定保险金额和保险价值的基础。如果没有保险标的，不仅保险保障失去了指向，保险合同也不可能成立。

（三）保险责任和责任免除

保险责任是指在保险合同中载明的对于保险标的在约定的保险事故发生时，保险人应承担的经济赔偿或给付保险金的责任。一般都在保险条款中予以列举。保险责任明确了保险人应承担赔偿或给付责任，通常包括基本责任和特约责任。

责任免除是对风险责任的限制，它约定了保险人在何种情况下不负赔偿或给付责任的范围。责任免除一般分为三种情况：第一，是指不承保的风险即损失原因免除；第二，是指不承担赔偿责任的损失即损失免除；第三，是指不承保的标的。《中华人民共和国保险法》第十七条规定："对保险合同中免除保险人责任的条款，保险人在订立合同时应当在投保单、保险单或者其他保险凭证上作出足以引起投保人注意的提示，并对该条款的内容以书面或者口头形式向投保人作出明确说明；未作提示或者明确说明的，该条款不产生效力。"

（四）保险期间和保险责任开始时间

保险期间是指保险合同的有效期间，即保险人为被保险人提供保险保障的起讫时间，亦是保险合同依法存在的效力期限。一般可以按自然日期计算，也可按

一个运行期、一个工程期或一个生长期计算。保险期间是计算保费的依据，也是保险人履行保险责任的依据。

保险责任开始时间是保险合同约定保险人开始承担保险责任的时间。《中华人民共和国保险法》第十四条规定："保险合同成立后，投保人按照约定交付保险费，保险人按照约定的时间开始承担保险责任。"从保险法的这条规定可以看出，保险合同的成立、生效与保险责任的开始时间不是一个概念，三者既有密切联系，又有严格区别。

（五）保险金额

保险金额是指保险人承担赔偿或者给付保险金责任的最高限额。在不同的保险合同中，保险金额的确定方法有所不同。在财产保险中，保险金额要根据保险价值来确定；在责任保险和信用保证保险中，一般由保险双方当事人在签订保险合同时依据保险标的的具体情况商定一个最高赔偿限额；在人身保险中，由于人的生命价值难以用货币来衡量，所以不能依据人的生命价值确定保险金额，而是根据被保险人的经济保障需要与支付保费的能力，由保险双方当事人协商确定保险金额。需要注意的是，保险金额只是保险人负责赔偿的最高限额，实际赔偿金额在保险金额内视情形而定。

（六）保险费以及支付办法

保险费，简称保费，是投保人为换取保险人承担危险赔偿或给付责任的对价。保险合同如无保费的约定则无效。保费的多少，主要取决于保险金额和保险费率这两个因素。保险金额大，保险费率高，投保人应缴的保费就多；反之，就少。保险合同中还应约定保费的具体缴付方式和时间，如是采取期缴还是趸缴，是采取现金支付还是转账支付，是人民币付款还是外汇付款。

（七）保险金赔偿或者给付办法

保险金赔偿或者给付办法应在保险合同中明确规定。一般来说，寿险保险金的给付主要有以下几种方式。

1. 一次性全部支付

大多数死亡保险金都是以现金、支票或其他支付形式一次性支付保险金。

2. 分期给付

这种方式是根据投保人的要求，在约定的给付期间按约定的利率，计算出每期应给付的金额，以年金方式按期给付。

3. 年金领取

这种方式是受益人用领取的保险金作为趸缴保费购买一份该公司的年金保险，此后，受益人按期领取年金。

（八）违约责任和争议处理

违约责任，是指合同当事人因其过错致使合同不能履行或不能完全履行时，基于法律规定或合同约定所必须承担的法律后果。它是合同法律效力的必然要求。《中华人民共和国保险法》对于保险合同的违约责任都有明确的规定。当事人在签订保险合同时，应该根据这些规定，在合同中载明违约责任条款，以保证合同的顺利履行。

争议处理，是保险合同发生纠纷后的解决方式，主要有协议、仲裁和诉讼三种。保险合同的当事人对保险合同的效力状态、保险合同的变更、解除或终止、保险合同的履行等发生争议，可以通过以上三种方式加以解决。保险合同应明确争议的解决方式，从而有助于及时维护当事人的合法权益。

（九）合同订立时间

在保险合同中必须写明合同订立时间，而且必须十分具体，即要写明订立的年、月、日。因为订立合同的时间是确定投保人对保险标的是否具有保险利益、保险危险是否发生或消灭、保费的缴纳期限以及合同生效时间等的重要依据。

投保人和保险人可以约定与保险有关的其他事项，以使与保险标的有关联的利益能够得到充分的保障，避免因保险而产生消极影响。这些约定往往因保险种类的不同而不同。如在财产保险合同中，一般都列有被保险人对危险程度增加必须履行通知义务、有防灾防损义务和在保险事故发生时必须积极施救等义务的约定。在有些保险合同中，还列有关于第三者责任追偿的约定等。

四、保险合同的存在形式

《中华人民共和国保险法》第十三条规定："投保人提出保险要求，经保险人同意承保，保险合同成立。保险人应当及时向投保人签发保险单或者其他保险凭证。"保险单或者其他保险凭证应当载明当事人双方约定的合同内容。当事人也可以约定采用其他书面形式载明合同内容。订立保险合同的书面凭证主要有投保单、暂保单、保险单和保险凭证等。

（一）投保单

投保单，又称要保书，是指投保人为订立保险合同而向保险人发出的，愿意与其订立保险合同的书面要约。投保单一般由保险人事先拟订，并按统一格式印制后，提供给投保人使用。投保人须按投保单上所列事项，逐一如实填写后送交保险人，保险人再据此进一步核实投保标的是否适合承保标准及保险费率等事项。投保单经保险人承诺后，保险合同即告成立。

（二）暂保单

暂保单是指在保险单签发之前出具给投保人的一种临时保险凭证。暂保单在保险单交付之前的约定期限内具有与保险单相同的效力。暂保单的内容相对比较简单，一般仅载明被保险人、保险标的、险种、保费、保险期间和保险金额等重要事项。而有关当事人之间的权利义务关系，则以保险单的规定为准。

（三）保险单

保险单，简称保单，是指保险合同成立后，保险人向投保人签发的关于保险合同的正式书面凭证，以载明当事人之间的权利和义务关系。

（四）保险凭证

保险凭证，又称小保单，是保险人向投保人签发的，以证明保险合同已经订立或者保险单已出具的书面凭证。保险凭证是一种简化了的保险单，与保险单具有相同的法律效力，只是其内容相对较为简单。凡是保险凭证上没有载明的内容，均以同一险种的保险单上载明的内容为准。如果保险凭证上所记载的内容与保险单的内容冲突，则以保险凭证上的内容为准。保险单的标准化是保险凭证得以广泛使用的前提条件。

由于保险凭证是一种简单化的保险单，因此，一般仅在下列场合使用保险凭证：第一，在货物运输保险中，根据预约保险合同，由保险人向被保险人签发保险凭证，以记载保险标的、保险金额、航程等事项；第二，在汽车保险中，保险凭证的签发可以证明被保险人依法参加了车辆险和第三者责任险，保险凭证携带方便，便于接受道路交通管理机关的检查；第三，在团体保险中，保险人所出具的保险单，按照惯例由该团体的负责人保管，而对参加保险的团体成员，则签发保险凭证，作为其参加保险的证明。

（五）批单

批单，是保险合同当事人就保险单内容进行修改和变更的证明文件。在保险合同有效期间，合同双方均可通过协议变更保险合同的内容。对于变更合同的任何协议，保险方都应在原保单或保险凭证上批注或附贴批单，以资证明。在保险合同中，批单具有和保险单同等的法律效力。

（六）保险协议书

保险协议书是协议保险合同的表现形式。所谓保险协议，就是投保人和保险人依据各自的主观意愿，按照协议的一般形式和保险权利与义务对等的原则，通过平等协商，将彼此的权利、义务和责任用文字的形式固定下来，形成的契约文书。因此，协议既要体现保险的经营原则，又要遵循法律文书的一般模式。

五、保险合同的效力

（一）保险合同的成立

保险合同作为民事合同，其成立也必须经过要约和承诺两个阶段。发出要约的往往是投保人或被保险人一方，接受要约的往往是保险人一方，而且一旦要约被接受，保险合同就可以成立。《中华人民共和国保险法》第十三条规定："投保人提出保险要求，经保险人同意承保，保险合同成立。保险人应当及时向投保人签发保险单或者其他保险凭证。"

保险要约是订立保险合同的必经程序和首要程序。要约的内容，包括保险标的、险种、保险期限、保险金额、保险责任等主要内容。在保险实践中，投保人提出要约，通常表现为投保人填写由保险人定制的投保单，并将填写完毕的投保单送达保险人。对于投保单上的内容，投保人需如实填写，否则，会对保险合同的效力产生影响。

保险合同的承诺通常为保险人做出，是指保险人对投保人所提出要约的明确回复，是接受投保申请，愿意承担保险责任的意思表示。一般情况下，保险人对投保人送达的投保单进行审核，认为符合承保要求的，将予以接受，经保险人签字盖章后，保险合同即成立。此外，保险人的承诺不能对投保人的要约内容提出实质性的变更，否则，保险人做出承诺的意思表示就构成了一个新的要约（反要约），对此，需经过投保人的承诺，保险合同才能成立。

（二）保险合同的生效

保险合同的生效，是指依法成立的保险合同条款对合同当事人产生约束力。一般情况下合同一经成立即生效，双方便开始享有权利，承担义务。但是，保险合同往往是附条件、附期限生效的合同，只有当事人的行为符合所附条件或达到所附期限时，保险合同才生效。如保险合同订立时，约定保费缴纳后保险合同才开始生效，那么，虽然保险合同已经成立，但也要等到投保人缴纳保费后，才能生效；我国保险业务实践中，财产保险合同的订立普遍推行“零时起保制”，即保险合同的生效时间通常是在合同成立的次日零时或约定的未来某一日的零时。

（三）保险合同的无效

保险合同的无效是指已经成立的保险合同，因其严重欠缺有效条件，因而不能按当事人合意的内容赋予其法律效果，从而不具有法律效力，不被国家保护。保险合同的无效由人民法院或仲裁机构进行确认。

保险合同的无效可以分为全部无效和部分无效。保险合同的全部无效是指其约定的权利和义务自始不产生法律效力，如投保人对被保险人不具有保险利益、保险合同违反国家利益和社会公共利益、设立保险合同的目的不合法等。保险合同的部分无效是指保险合同某些条款的内容无效，但合同的其他部分仍然有效，如善意的超额保险，其超额部分无效。可能导致保险合同无效的主要原因有：保险标的不存在；投保人对被保险人不具有保险利益；投保人违反告知义务，牟取非法利益；投保人采用欺诈手段订立超额保险合同，骗取保险赔偿；未成年人父母以外的投保人为无民事行为能力人订立的以死亡为保险金给付条件的保险合同；以死亡为给付保险金条件的保险合同，未经被保险人书面同意并认可保险金额；采用保险人提供的格式条款订立的保险合同中免除保险人依法应承担的义务或者加重投保人、被保险人责任或排除投保人、被保险人或者受益人依法享有的权利。

六、保险合同的解除与终止

（一）保险合同的解除

保险合同的解除是指保险合同生效后、有效期限届满前，经双方当事人协商，或者由一方当事人根据法律规定或合同约定行使解除权，从而提前终止合同效力的法律行为。

《中华人民共和国保险法》第十五条规定："除本法另有规定或者保险合同另有约定外，保险合同成立后，投保人可以解除合同，保险人不得解除合同。"

多数情况下投保人可以随时解除保险合同，但也有例外，如《中华人民共和国保险法》第五十条规定："货物运输保险合同和运输工具航程保险合同，保险责任开始后，合同当事人不得解除合同。"其中"当事人"的概念既包括保险人又包括投保人。

保险人一般不可解除合同。保险人行使合同解除权的前提条件是，作为保险合同另一方当事人的投保人在主观上有违反保险合同的过错，客观上实施了损害保险人合法权益的行为。《中华人民共和国保险法》明确规定了保险人行使法定解除权的条件，主要有：（1）投保人违反如实告知义务。《中华人民共和国保险法》第十六条规定："订立保险合同，保险人就保险标的或者被保险人的有关情况提出询问的，投保人应当如实告知。投保人故意或者因重大过失未履行前款规定的如实告知义务，足以影响保险人决定是否同意承保或者提高保险费率的，保险人有权解除合同。"（2）投保人或被保险人违法。如《中华人民共和国保险法》第二十七条规定："投保人、被保险人故意制造保险事故的，保险人有权解除合同，不承担赔偿或者给付保险金的责任。"（3）投保人、被保险人未履行应尽的义务，例如保证义务。《中华人民共和国保险法》第五十一条第三款规定："投保人、被保险人未按照约定履行其对保险标的的安全应尽责任的，保险人有权要求增加保险费或者解除合同。"（4）约定条件发生变化。《中华人民共和国保险法》第四十九条第三款规定："因保险标的的转让导致危险程度显著增加的，保险人自收到前款规定的通知之日起三十日内，可以按照合同约定增加保险费或者解除合同。"（5）其他特殊条件。如人身保险合同自效力中止之日起满两年双方未达成协议的，保险人有权解除合同。

（二）保险合同的终止

保险合同的终止，是指保险合同确立的当事人之间的权利和义务关系的结束，即保险关系的消失。导致保险合同终止的主要原因有如下几个。

1. 保险合同的有效期限届满

因保险合同的有效期限届满而引起的保险合同的终止，也称自然终止。这是保险合同终止的最普遍、最基本的原因。任何一个合同都是有期限的民事法律关系，它不可能永续存在，保险合同当然也不例外。当保险合同约定的有效期限届满时，当事人之间的权利义务关系即归于消灭。这里需要注意的是，续保并不意味着保险期限的延长或原保单的继续，而是另一个新的保险合同的签订。

2. 保险合同约定的义务已经履行

这一情况是指保险人已经履行赔偿或给付保险金的义务后，即使保险期限尚未届满，但由于双方均已享有权利或承担义务，保险合同即告终止。

3. 合同当事人协议终止

协议终止，是指保险合同双方当事人在订立保险合同时达成协议，明确规定随时注销的条件，在保险合同自然终止前，只要符合注销条件，任何一方都可以提出注销保险合同。保险合同一经注销，保险责任即告终止。

4. 解除终止

解除终止，是指保险合同有效期尚未届满前，合同一方当事人依照法律或约定行使解除权，提前终止保险合同效力的法律行为。保险合同的解除可以分为约定解除和法定解除两类。约定解除是指合同当事人约定在某事项发生时，任何一方可以行使解除权，使合同效力消失。法定解除是指法律规定的事项出现时，合同一方当事人或双方当事人都有权解除保险合同，终止合同效力。

5. 标的的灭失

这里所说的标的的灭失，包括财产保险中保险标的的灭失或损毁和人身保险中被保险人的死亡，主要是指非因保险事故所致的结果。在财产保险中，保险标的如因非保险事故而全部灭失或损毁、保险保障的对象不复存在、投保人丧失保险利益，根据无保险利益无保险、无危险无保险之理念，保险合同当然终止。在人身保险合同中，被保险人因非保险事故死亡，使得保险事故的发生成为不可能时，保险合同只能终止，例如，意外伤害保险中的被保险人因疾病而死亡时。

第十二章

人寿保险

本章提要

人寿保险（简称寿险）是人身保险（其按保险责任分为人寿保险、年金保险、健康保险和意外伤害保险）的重要组成部分，也是进行理财规划、取得风险保障的最重要工具。本章为读者介绍了人寿保险的基本概念、人寿保险的种类与特征以及寿险合同常用条款。同时让读者了解如何制作常见的人寿保险规划。

本章内容包括：

- 人寿保险的基本概念；
- 普通型人寿保险；
- 新型人寿保险；
- 人寿保险合同；
- 人寿保险规划；
- 理财资讯平台快速保险规划的展示。

通过本章学习，读者应该能够：

- 理解并掌握人寿保险的基本概念与特征；
- 熟悉各类人寿保险产品的基本保障特性；
- 掌握普通型寿险产品与新型寿险产品的异同；
- 掌握寿险合同中最常使用条款的含义；
- 能够制作常见的人寿保险规划。

第一节　人寿保险的基本概念

一、人寿保险的定义

人身保险是以人的寿命和身体为保险标的的保险，包括人寿保险、年金保险、健康保险和意外伤害保险。人寿保险是以被保险人的寿命作为保险标的，以被保险人在保险期间内生存或身故为给付保险金条件的保险。广义的人寿保险包括年金保险。

二、人寿保险的特点

（一）保险标的的特殊性

人寿保险的保险标的是人的生命，而人的生命是很难用货币衡量其价值的。对于财产保险，保险标的在投保时的实际价值是确定保险金额的客观依据，人寿保险金额的确定没有人的生命的实际价值作为客观依据。在实务中，人寿保险的保险金额是由投保人和保险人双方约定后确定的，此约定金额既不能过高，也不宜过低，一般从两个方面来考虑这个问题，一方面是被保险人对人寿保险需要的程度，另一方面是投保人缴纳保费的能力。对于人寿保险的需求程度可以采用“生命价值法”或者“遗属需要法”进行粗略的测算，而缴费能力则主要是通过投保人的职业和经济收入来判断。

（二）生命风险的特殊性

人寿保险的主要风险因素是死亡率。死亡率的规律直接影响人寿保险的经营成本，对于死亡保险而言，死亡率越高则费率越高。死亡率受很多因素的影响，如年龄、性别、职业等。同时，死亡率也随着经济的发展、医疗卫生水平和生活水平的提高而不断降低，因此可以说死亡率是变动的。但是根据许多专业机构对死亡率的经验研究，其结论是死亡率因素较其他非寿险风险发生的概率的波动而言是相对稳定的，所以，寿险经营中的巨灾风险较少，寿险经营在这方面的稳定性较好，也正因为如此，在寿险经营中对于再保险手段的运用是相对较少的，保险公司一般只是对于大额保单或次标准体保险进行再保险安排。

（三）保险利益的特殊性

由于人寿保险的保险标的是人的生命，因此，人寿保险的保险利益与财产保险有很大的不同，两者的主要差别表现在以下方面：

（1）在财产保险中，投保人对保险标的的保险利益就是保险标的的实际价值，其保险利益不应超出财产的实际价值。如果保险金额超过财产的实际价值，则超过部分因无保险利益而无效。在人寿保险中，人寿保险没有金额上的限制，只是考虑投保人有无保险利益。人寿保险的保险金额要受投保人缴费能力的限制。在某些特殊情况下，人寿保险的保险利益有量的规定性。例如，债权人以债务人为被保险人投保死亡保险，保险利益以债权金额为限。

（2）在财产保险中，保险利益的存在与否不仅是订立保险合同的前提条件，而且是维持保险合同效力、保险人支付赔款的条件。一旦被保险人对保险标的丧失保险利益，那么即使发生保险事故，保险人也不负赔款责任。在人寿保险中，保险利益只是订立保险合同的前提条件，并不是维持保险合同效力、保险人给付

保险金的条件。只要投保人在投保时对被保险人具有保险利益，此后即使投保人与被保险人的关系发生了变化，投保人对被保险人已丧失保险利益，也不影响保险合同的效力，且一旦发生了保险事故，保险人就要给付保险金。例如，丈夫为妻子投保人身保险后，夫妻已离婚；企业为雇员投保人身保险后，雇员与企业解除劳动合同已调离原企业，在这两种情况下，虽然投保人对被保险人已丧失了保险利益，但人寿保险合同并不因此而失效，发生保险事故后，保险人仍要给付保险金。

（四）保险金额确定与给付的特殊性

人寿保险是定额给付性保险。这一特性使得被保险人死亡时，保险公司只能按照保险合同规定的保险金额支付保险金，不能有所增减。因此，人寿保险不适用补偿原则，所以也就不存在比例分摊和代位追偿的问题。同时，在人寿保险中一般没有重复投保、超额投保和不足额投保问题。

《中华人民共和国保险法》第四十六条规定："被保险人因第三者的行为而发生死亡、伤残或者疾病等保险事故的，保险人向被保险人或者受益人给付保险金后，不享有向第三者追偿的权利，但被保险人或者受益人仍有权向第三者请求赔偿。"

（五）保险期限的特殊性

人寿保险合同往往是长期合同，保险期限短则数年，长则数十年或一个人的一生。这种长期性的特点使寿险具有特殊性。

1. 利率因素

人寿保险合同的投保人缴纳保费的时间与保险人支付保险金的时间之间有很长的间隔，保险人应对投保人缴纳的保费具有保值增值的责任，因此在普通型人寿保险的长期合同中都有预定利率假设，即保险公司承诺给投保人的利率保证。对于长期合同，利率因素则会产生很大的影响，时间越长，利率的影响越大。表 12－1 给出了利率分别为 2%、4%、6%、8%，在 5 年、10 年……100 年的积累值，可以看出利率在长期内的影响十分巨大。

表 12－1　不同利率、不同期限的积累值比较　（单位：元）

年＼利率	2%	4%	6%	8%
5	1.10	1.22	1.34	1.47
10	1.22	1.48	1.79	2.16
15	1.35	1.80	2.40	3.17
20	1.49	2.19	3.21	4.66
25	1.64	2.67	4.29	6.85
30	1.81	3.24	5.74	10.06
35	2.00	3.95	7.69	14.79
40	2.21	4.80	10.29	21.72
45	2.44	5.84	13.76	31.92

续前表

年 \ 利率	2%	4%	6%	8%
50	2.69	7.11	18.42	46.90
55	2.97	8.65	24.65	68.91
60	3.28	10.52	32.99	101.26
65	3.62	12.80	44.14	148.78
70	4.00	15.57	59.08	218.61
75	4.42	18.95	79.06	321.20
80	4.88	23.05	105.80	471.95
85	5.38	28.04	141.58	693.46
90	5.94	34.12	189.46	1 018.92
95	6.56	41.51	253.55	1 497.12
100	7.24	50.50	339.30	2 199.76

2. 通货膨胀因素

通货膨胀是经济发展中很难避免的一种经济现象，传统寿险的最主要特征是固定利率和固定给付，即保险合同规定的预定利率和约定的保险金额不会因为通货膨胀的存在而改变，因此，持续的通货膨胀会导致人寿保险实际保障水平的下降。

通货膨胀问题一直是人寿保险经营面临的重大困难之一，许多国家的保险业务都经历了相当的困难时期，同时也在不断寻找克服通胀影响的途径。最主要的办法是进行险种的不断变革。

3. 预测因素的偏差

人寿保险合同的长期性使保险公司对于未来因素的预测变得十分困难，例如死亡率因素、利率因素、费用因素、失效率因素等。其中利率因素在寿险费率中的作用很大，如表 12-1 所示。不同的利率值对于积累值的影响也有很大的差异。更为困难的是利率因素永远是动态的，它不可能长期稳定于某个固定值周围，而寿险业务又是长期合同，因此对于利率因素可能发生的变动及对寿险业务的影响必须进行非常谨慎的预测。分红保单和利率敏感型保单都在一定程度上克服了利率波动对寿险的影响。对于死亡率因素、费用因素等都有类似的问题。一般而言，保险公司对于长期因素的预测是十分保守的，当保险公司经营较好的时候则通过险种本身的特点或者分红的方法返还给保单持有人，以实现保险的公平性原则。

三、寿险产品的分类

寿险产品可以从普通型人寿保险和新型人寿保险两个角度进行划分。普通型人寿保险按照寿险产品的保障内容划分，可以分为定期寿险、终身寿险、两全保险。新型人寿保险按照寿险产品的设计形态划分，包括分红保险、万能保险、投资连结保险等。这里讲的分类是根据中国的法规给出的标准分类，而人寿保险的商品形式可以根据客户的需求设计各种不同保障类型的产品，不管产品的形态如何，人寿保险都是死亡责任、生存责任的组合。例如，以死亡为核心的保障类保险，两全类的综合保险，更能突出投资功能的投资连结保险等。

四、寿险相关概念

（1）自然保费。自然保费是以人的每一年龄及一年期间的死亡率为基础所制定的各年龄的保费，其数额等于预期的当年成本。每期缴费随死亡率的上升而逐步提高，如表 12－2 所示。

（2）均衡保费。均衡保费是指保险人将被保险人不同年龄的自然保费（结合利息因素），均匀地分配在每个缴费期限，每期缴费额度处于相同水平，如表 12－2 所示。

（3）现金价值。现金价值是指投保人退保时可以得到的现金数额，也称解约金或退保金。现金价值是均衡保费高于自然保费的差额累计生息形成的。实务中，经常会有投保人因各种原因退保，对采用均衡保费方式缴费的投保人，退保时应当返还这一部分利益。现金价值被看作投保人的不丧失利益，不会因停止缴费而丧失。

（4）风险保额。风险保额是指保险公司支付的死亡保险金与现金价值的差额，表示保险人所给付的死亡保险金中，除了保单持有人自己的贡献外，保险人所承担的部分。

表 12－2　　损失均摊、均衡保费原理

年龄（岁）	死亡率（‰）	自然保费（元）	均衡保费（元）
35	2.51	2.44	16.29
40	3.53	3.43	16.29
45	5.35	5.19	16.29
50	8.32	8.08	16.29
55	13	12.62	16.29
60	20.34	19.75	16.29
70	49.79	48.33	16.29
80	109.98	106.77	16.29
90	228.14	221.49	16.29

第二节　普通型人寿保险

一、定期寿险

定期寿险指以死亡为给付保险金条件，且保险期限为固定年限的人寿保险。

具体地讲，定期寿险在合同中规定一定时期为保险有效期，期限可以是年限，例如1年、5年、10年、20年，也可以是约定的年龄，如65岁，或保险合同约定的其他保险期限。若被保险人在约定期限内死亡，保险人即给付受益人约定的保险金；若被保险人在保险期限届满时仍然生存，契约即行终止，保险人无给付义务，亦不退还已收的保费。对于被保险人而言，定期寿险最大的优点是可以用极为低廉的保费获得一定期限内较大的保险保障。其不足之处在于若被保险人在保险期限届满仍然生存，则不能得到保险金的给付，而且已缴纳的保费不再退还。

定期寿险按照保额是否可变可以分为保额恒定定期寿险、保额递增定期寿险和保额递减定期寿险。保额恒定定期寿险的保险金额在整个保险期间内保持不变，保费通常保持不变。保额递增定期寿险的保额按约定金额或比例递增，例如按生活费用指数递增的COLA（cost-of-living-ajustment）保单（“可乐”保单）。保额递减定期寿险的保额按约定金额或比例递减，例如抵押贷款保证定期寿险保单（mortgage protection term）提供抵押贷款偿还保证，保险金额与抵押贷款未偿还余额保持一致，随着时间推移，贷款未偿余额逐渐减少，保险金额也相应降低；又如，家庭收入保险（family income policy）提供家庭收入保障，被保险人（通常为家庭主要收入者）死亡，配偶按期领取收入保险金，至约定年龄，或至保单签发后的固定期限（10年、15年、20年）末，通常适合正在抚养子女的年轻家庭，目的是保证家庭必要的收入。

条款示例

某公司幸福定期保险(A)

第四条　保险期间

本保险为定期保险，保险期间由投保人和本公司约定并于保险单上载明。

本公司所承担的保险责任自本公司同意承保、收取首期保费并签发保险单的次日零时开始，至本合同约定终止时止。

第五条　保险责任

在本合同保险责任有效期内，本公司承担下列保险责任：

被保险人于本合同生效日起一年内因疾病身故，本公司按保险金额的10%给付“身故保险金”，并无息返还所交保费，保险责任终止。

被保险人因意外伤害事故身故或于本合同生效日起一年后因疾病身故，本公司按保险金额给付“身故保险金”，保险责任终止。

定期寿险有两个特殊条款，一是可续保条款，其含义是在定期寿险期限届满前可以选择续保，续保时无须提供可保证明，续保保费逐期递增，但并非针对个体，且事先确定费率上限。但同时该条款对年龄、续保保险金额和期限会有限制，续保保险金额和期限等于或少于原有保单。二是可转换条款，其含义是将定期寿险转换为带有现金价值的其他人寿保险，转换时无须提供可保证明。同样对于转换通常也有年龄或期限的限制。含有可续保或可转换条款的保单保费略高于同类不可续保或不可转换的保单。

条款示例

某公司幸福定期保险(B)

在本合同有效期间内，投保人可于本合同生效满2年后任一年的生效对应日将本合同转换为本公司当时认可的终身寿险、两全保险或养老保险合同而无须核保，但其保险金额最高不超过本合同的保险金额，且被保险人年满45周岁的生效对应日以后不再享有此项权益。转换后的新合同将于转换日开始生效，本公司将按本合同原核保等级、转换之日被保险人的年龄及新合同的费率计算保费。

二、终身寿险

终身寿险指以死亡为给付保险金条件，且保险期限为终身的人寿保险。终身寿险是一种不定期的死亡保险，即保险合同中并不规定期限，自合同有效之日起，至被保险人死亡为止。也就是无论被保险人何时死亡，保险人都有给付保险金的义务。终身寿险的最大优点是可以得到永久性保障，而且有退费的权利，若投保人中途退保，可以得到一定数额的现金价值（或称为退保金）。

终身寿险按照缴费方式可分为：(1) 普通终身寿险，即保费终身分期缴付。(2) 限期缴费终身寿险，即保费在规定期限内分期缴付，期满后不再缴付保费，但仍享有保险保障。缴纳期限可以是年限，也可以规定缴费到某一特定年龄。(3) 趸缴终身寿险，即在投保时一次全部缴清保费，也可以认为它是限期缴费保险的一种特殊形态。在其他条件相同的情况下，三种缴费类型的终身寿险保单，其现金价值累积不同，如图12-1所示。

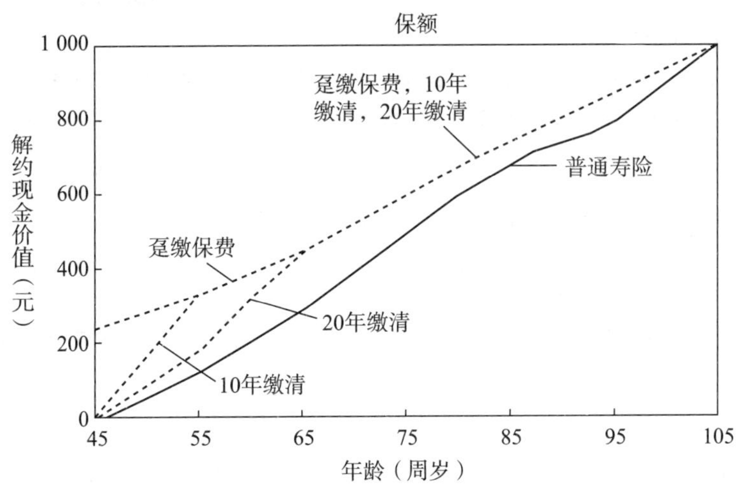

图12-1　现金价值累积图

我们知道，终身寿险都会累积现金价值，并在被保险人生存至生命表年龄上限时等于保额，不同的缴费期限决定了现金价值的增长速度。普通终身寿险的现金价值增长最慢，趸缴终身寿险的现金价值增长最快，限期缴费终身寿险处于两者之间。

图 12－1 是 45 岁投保，保额 1 000 元的终身寿险在不同缴费期限下的现金价值增长模式示意图。从图中可知，从任何保单年度来看，缴费期限越短的终身寿险，其现金价值越高，趸缴终身寿险在签发之时就具有较高的现金价值，限期缴费终身寿险的现金价值高于普通终身寿险。当年龄等于生命表年龄上限（假设为 105 岁）时，各种终身寿险的现金价值均等于保额 1 000 元。

三、两全保险

两全保险是指被保险人在保险合同有效期内死亡或合同期满时仍生存，保险人按照合同均承担给付保险金责任的保险。两全保险是储蓄性极强的一种保险，其中储蓄型保费逐年积累形成责任准备金，既可用于中途退保时支付退保金，也可用于生存给付。由于两全保险既保障死亡又保障生存，因此，两全保险不仅使受益人得到保障，同时也使被保险人本身享受其利益。

条款示例

某公司福瑞两全保险

第四条　保险期间

保险期间分 5 年、10 年、15 年、20 年四种，投保人可选择其中一种作为本合同的保险期间，但保险期满时被保险人的年龄不得超过 70 周岁。

第五条　保险责任

在本合同有效期间内，本公司负以下保险责任：

一、被保险人生存至保险期满的生效对应日，本公司按保险单载明的保险金额给付满期保险金，本合同终止。

二、被保险人因意外伤害事故身故或于本合同生效日起一年后因疾病身故，本公司按保险单载明的保险金额给付身故保险金，本合同终止。

四、联合人寿

一般一份寿险保单只为一人提供生命保障，而联合人寿可以同时为两人或两人以上提供生命保障，实践中主要有两种：第一生命寿险和第二生命寿险。

（一）第一生命寿险

第一生命寿险（first-to-die life insurance）的被保险人通常是两个互为受益人的被保险人，如夫妻双方，或企业中的主要合伙人或主要股东。当一名被保险人死亡时，保险公司即给付保险金，同时保险合同终止。

大多数保单规定，如果两名被保险人在同一事故中同时死亡，保险公司将按保额给付双份保险金。因此在这种情况下，受益人的指定及其顺位就十分重要。

第一生命寿险的保费要低于两份独立的个人普通寿险的保费总和。

（二）第二生命寿险

第二生命寿险（second-to-die life insurance），又称最后生存者寿险（survivorship life insurance），该保险承保两名被保险人，当且仅当最后一个被保险人死亡时保险公司才给付死亡保险金。

由于该保险只有当两名被保险人均死亡时保险公司才给付保险金，所以其保费比两人分别投保要低。

第二生命寿险通常适用于：(1) 遗产税现金需要，比如在美国，按照遗产税法的规定，父母留给孩子的所有遗产要缴纳较高税率的遗产税。第二生命寿险正好可以满足父母死亡后，子女缴纳遗产税的需求，而且可以支付第二死亡者的丧葬费用。(2) 第二生命寿险可以为那些失能子女或父母双亡后无经济来源的子女提供经济保障。

第三节　新型人寿保险

新型人寿保险，又称非传统型寿险、投资性保险、投资理财类保险等，是相对于传统人寿保险而言的一种分类。传统人寿保险由于利率固定、保险金额固定、保费固定等，不能满足被保险人的需要，也不利于保险公司的经营。与传统寿险产品的不同之处在于，新型人寿保险通常具有投资功能，或保费、保额可变。新型人寿保险产品主要有分红保险、万能保险、投资连结保险等。

一、分红保险

（一）分红保险的概念

分红保险是指保险公司将其实际经营成果优于定价假设的盈余，按一定比例向保单持有人进行分配的人寿保险产品。这里的保单持有人是指按照合同约定，享有保险合同利益及红利请求权的人。分红保险、非分红保险以及分红保险产品与其附加的非分红保险产品必须分设账户，独立核算。

（二）分红保险的主要特点

1. 保单持有人享受经营成果

分红保险不仅能够获得合同规定的各种保障，同时，保险公司每年要将经营分红险种产生的部分盈余以红利的形式分配给保单持有人，目前中国保监会规定保险公司应至少将分红业务当年度可分配盈余的 70%分配给客户。这样投保人就可以与保险公司共享经营成果，与不分红保险相比增加了投保人的获利机会。

2. 红利水平不确定，客户承担一定的投资风险

由于每年保险公司的经营状况不一样，客户所能得到的红利也会不一样。在保险公司经营状况良好的年份，客户会分到较多的红利；但如果保险公司的经营状况不佳，客户能分到的红利就会比较少，甚至没有。因此，分红保险使保险公司和客户在一定程度上共同承担了投资风险。

3. 定价的精算假设比较保守

寿险产品在定价时主要以预定死亡率、预定利率和预定费用率3个因素为依据，这3个预定因素与实际情况的差距直接影响到寿险公司的经营成果。寿险的长期性使得对于未来的死亡率、利率、费用率的变化很难预测，因此定价假设一般会较为保守。对于分红保险，为了不损害客户的利益，公司将盈余的一部分以红利的形式分配给保单持有人。

4. 保险给付、退保金中含有红利

分红保险的被保险人身故后受益人在获得投保时约定的保额的同时，还可以得到未领取的累积红利和利息。在期满给付时，被保险人在获得保险金额的同时，还可以得到未领取的累积红利和利息。分红保险的保单持有人在退保时得到的退保金也包括保单红利及其利息之和。

（三）保单红利

分红产品从本质上说是一种保户享有保单盈余分配权的产品，即将寿险公司的盈余，如死差益、利差益、费差益等，按一定比例分配给保户。分配给保户的保单盈余，也就是我们所说的保单红利。

1. 利源

分红保险的红利，实质上是保险公司盈余的分配。盈余就是保单资产份额高于未来负债的那部分价值。每年，由公司的精算等相关部门计算盈余中可作为红利分配的数额，并由公司董事会基于商业判断予以决定，此决定分配的数额称为可分配盈余。盈余（或红利）的产生是由很多因素决定的，但最为主要的因素是死差益、利差益和费差益。

（1）死差益（损）。对于以死亡作为保险责任的寿险，死差益是由于实际死亡率小于预定死亡率而产生的利益。

（2）利差益（损）。当保险公司实际投资收益率高于预定利率时，则产生利差益。

（3）费差益（损）。费差益是指公司的实际营业费用少于预计营业费用时所产生的利益。除了以上3个主要来源以外，还有其他的盈余来源：

（1）失效收益，指寿险合同中途失效时，保险公司支付给保单持有人的解约金小于保单所积存的资产份额；

（2）投资收益及资产增值；

（3）残疾给付、意外加倍给付、年金预计给付额等与实际给付额的差额；

（4）预期利润。

2. 红利分配

《个人分红保险精算规定》中要求：

（1）红利的分配应当满足公平性原则和可持续性原则。

（2）保险公司每一会计年度向保单持有人实际分配盈余的比例不低于当年可分配盈余的70%。

(3) 红利分配有两种方式：1）现金红利。现金红利分配指直接以现金的形式将盈余分配给保单持有人。保险公司可以提供多种红利领取方式，比如现金、抵缴保费、累积生息以及购买缴清保额等。采用累积生息的红利领取方式的，保险公司应当确定红利计息期间，并不得少于6个月。在红利计息期间内，保险公司改变红利累积利率的，对于该保单仍适用改变前的红利累积利率。2）增额红利。增额红利分配指在整个保险期限内每年以增加保额的方式分配红利，增加的保额一旦作为红利公布，就不得取消。采用增额红利方式的保险公司可在合同终止时以现金方式给付终了红利。

二、万能保险

（一）万能保险的含义

万能保险是一种缴费灵活、保额可调整，且非约束性的寿险。保单持有人在缴纳一定量的首期保费后，也可以按自己的意愿选择任何时候缴纳任何数量的保费，只要保单的现金价值足以支付保单的相关费用，有时甚至可以不再缴费。而且，保单持有人可以在具备可保性的前提下，提高保额，也可以根据自己的需要降低保额。

万能保险的经营透明度高。保险公司向客户公开组成商品价格结构的各种因素，每年给客户一份保单信息状况表，向客户说明保费、保险金额、利息、保险成本、各项费用及保单现金价值的发生数额及变动状况，从而便于客户对不同产品进行比较，并监督保险公司的经营状况。

万能保险设有独立的投资账户，个人投资账户的价值有固定的保证利率，但当个人账户的实际资产投资收益率高于保证利率时，寿险公司与客户分享高于保证利率部分的收益。

从万能保险经营的流程上看，保单持有人首先缴纳一笔首期保费，首期保费有一个最低限额，首期的各种费用支出首先要从保费中扣除。其次根据被保险人的年龄、保险金额，计算的相应的死亡给付分摊额以及一些附加优惠条件（如可变保费）等费用，也要从保费中扣除。死亡给付分摊额是不确定的，而且常常低于保单预计的最高水平。进行了这些扣除后，剩余部分就是保单最初的现金价值。这部分价值通常是按新投资利率计息累积到期末，成为期末现金价值。许多万能保险收取较高的首年退保费用以避免保单过早终止。在保单的第二个周期，期初的保单现金价值为上一周期期末的现金价值余额。在这一周期，保单持有人可以根据自己的情况缴纳保费，如果首期保费足以支付第二个周期的费用及死亡给付分摊额，第二个周期保单持有人就可以不缴纳保费。如果前期的现金价值不足，保单就会由于保费缴纳不足而失效。本期的死亡给付分摊及费用分摊也要从上期期末现金价值余额及本期保费中扣除，余额就是第二个周期期初的现金价值余额。这部分余额按照新投资利率累积至本期末，成为第二个周期的期末现金价值余额。这一过程不断重复，一旦现金价值不足以支付死亡给付分摊额及费用，又没有在宽限期截止日前缴纳新的保费，该保单就失效了。

（二）万能保险产品的主要特征

1. 死亡保险金给付方式

万能保险主要提供两种死亡保险金给付方式，投保人可以任选其一。当然，给付方式也可随时改变。这两种方式习惯上称为 A 方式和 B 方式。A 方式是取保险金额和现金价值两者中较大者，B 方式是直接随保单现金价值的变化而改变的方式。

图 12－2 显示了这两种不同的给付方式。在 A 方式中，死亡保险金在保单年度前期是不变的，始终等于保额。当保单积累的现金价值超过保险金额后，死亡保险金随现金价值的波动而波动。

在 B 方式中，规定了死亡保险金为均衡的风险保额与现金价值之和。这样，如果现金价值增加了，则死亡保险金会等额增加。

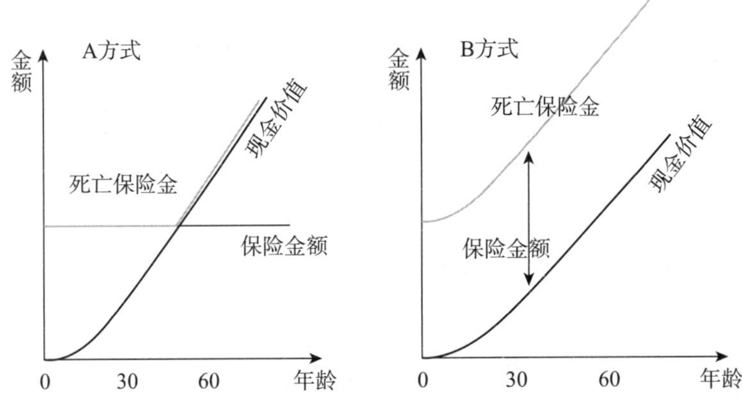

图 12－2　万能保险死亡保险金给付方式

2. 保费缴纳

万能保险的投保人可以用灵活的方法来缴纳保费。保险公司一般会对每次缴费的最高和最低限额做出规定，只要符合保单规定，投保人可以在任何时间不定额地缴纳保费。大多数保险公司仅规定第一次保费必须足以涵盖第一个月的费用和死亡成本，但实际上大多数投保人支付的首次保费会远远高于规定的最低金额。

这种灵活的缴费方式也带来了万能保险容易失效的缺点。万能保险保单无法强迫投保人缴纳固定保费，为了解决这一问题，保险公司的一般做法是根据保单计划所选择的目标保费，向投保人寄送保费通知书，以提醒其缴费。另外，投保人一般也会同意签发其银行账户每月预先授权的提款单据。另一种做法是保险公司按投保人规划的保费金额向投保人寄送保费账单，投保人按账单金额缴纳保费。

3. 万能账户及结算利率

保险公司应当为万能保险设立万能账户，对于账户的结算利率我国的监管部门在《万能保险精算规定》中给出了明确的规定：

（1）万能保险应当提供最低保证利率，最低保证利率不得为负。保险期间内各年度最低保证利率数值应一致，不得改变。

（2）保险公司应为万能保险设立一个或多个单独账户。

（3）万能单独账户的资产应当单独管理，应当能够提供资产价值、对应保单账户价值、结算利率和资产负债表等信息，满足保险公司对该万能单独账户进行管理和保单利益结算的要求。

（4）保险公司应当根据万能单独账户资产的实际投资状况确定结算利率。结算利率不得低于最低保证利率。

（5）保险公司可以为万能单独账户设立特别储备，用于未来结算。特别储备不得为负，并且只能来自实际投资收益与结算利息之差的积累。

（6）保险公司应当定期检视万能单独账户的资产价值，以确保其不低于对应保单账户价值。

（7）季度末出现万能单独账户的资产价值小于对应保单账户价值的，保险公司应采取相应措施。

（8）在同一万能单独账户管理的保单，应采用同一结算利率。

（9）对于不同的万能保险产品、不同的团体万能保险客户、不同时段售出的万能保险业务，可以采用不同的结算利率或不同的最低保证利率；不同的结算利率的万能保单应在不同的万能单独账户中管理。

4. 费用收取

万能保险可以并且仅可以收取以下几种费用：

（1）初始费用，即保费进入万能账户之前扣除的费用。

（2）死亡风险保费，即保单死亡风险保额的保障成本。

死亡风险保费应通过扣减保单账户价值的方式收取，其计算方法为死亡风险保额乘以死亡风险保险费率。

保险公司可以通过扣减保单账户价值的方式收取其他保险责任的风险保费。

（3）保单管理费，即为维护保险合同向投保人或被保险人收取的管理费用。

保单管理费应当是一个不受保单账户价值变动影响的固定金额，在保单首年度与续年度可以不同。保险公司不得以保单账户价值一定比例的形式收取保单管理费。对于团体万能保险，保险公司可以在对投保人收取保单管理费的基础上，对每一被保险人收取固定金额形式的保单管理费。

（4）手续费，保险公司可在提供部分领取等服务时收取，用于支付相关的管理费用。

（5）退保费用，即保单退保或部分领取时保险公司收取的费用，用以弥补尚未摊销的保单获取成本。

三、投资连结保险

（一）投资连结保险的定义

在高通胀时期，寿险保险金购买力明显下降，使原先充分的寿险保障变为保障不足，投保人希望购买能够对抗通货膨胀的寿险产品，于是保险公司推出了变额寿险。它首先出现在荷兰、英国等西欧国家，20 世纪 70 年代被引入美国寿险市场。变额寿险的死亡保险金和现金价值会随着特定基金账户的投资业绩上下波动。在我国称为投资连接型寿险。

中国监管规定中定义的投资连结保险是指包含保险保障功能并至少在一个投资账户拥有一定资产价值的人身保险产品。投资连结保险的投资账户必须是资产单独管理的资金账户。投资账户应划分为等额单位，单位价格由单位数量及投资账户中资产或资产组合的市场价值决定。投保人有权利选择其投资账户，投资账户产生的全部投资净损益归投保人所有，投资风险完全由投保人承担。投资账户资产实行单独管理，独立核算。①

投资连结保险产品的保单现金价值与单独投资账户（或称“基金”）资产相匹配，现金价值直接与独立账户资产投资业绩相连，一般没有最低保证。大体而言，独立账户的资产免受保险公司其余负债的影响，资本利得或损失一旦发生，无论其是否实现，都会直接反映到保单的现金价值上。投资账户的资产配置范围包括流动性资产、固定收益类资产、上市权益类资产、基础设施投资计划、不动产相关金融产品、其他金融资产。不同的投资账户，可以投资在不同的投资工具上，比如股市、债券和货币市场等。投资账户可以是外部现有的，也可以是公司自己设立的。除了各种专类基金供投保人选择外，由寿险公司确立原则进行组合投资的平衡式或管理式基金也非常流行。在约定条件下，保单持有人可以在不同的基金间自由转换，而不需要支付额外的费用。

（二）投资连结产品的主要特点

1. 投资账户设置

投资连结保险均设置单独的投资账户。保险公司收到保费后，按照事先的约定将保费的部分或全部分配入投资账户，并转换为投资单位。投资单位是为了方便计算投资账户的价值而设计的计量单位。投资单位有一定的价格，保险公司根据保单项下的投资单位数和相应的投资单位价格计算其账户价值。

2. 保险责任和保险金额

投资连结保险作为保险产品，其保险责任与传统产品类似，不仅有死亡、残疾给付和生存领取等基本保险责任，一些产品还加入了豁免保费、失能保险金、重大疾病等保险责任。

在死亡保险金额的设计上，存在两种方法：一种是给付保险金额和投资账户价值两者中的较大者（方法 A），另一种是给付保险金额和投资账户价值之和（方法 B）。方法 A 的死亡给付金额在保单年度前期是不变的，当投资账户价值超过保险金额后，随投资账户价值波动。方法 B 的死亡给付金额随投资账户价值而不断波动，但风险保额（死亡给付金额与投资账户价值之差）保持不变。

3. 保费

最初推出的投资连结保险在缴费方面类似于传统的终身寿险，除少数趸缴保费产品外，一般采用平准保费制，即每年缴纳等额的保费；后来推出的投资连结保险提供了缴费灵活性，将万能保险的缴费灵活性和变额寿险的投资功能结合起来。

---

① 中国保监会关于规范投资连结保险投资账户有关事项的通知（保监发〔2015〕32 号）.

4. 费用收取

与传统非分红保险及分红保险相比，投资连结保险在费用收取上相当透明。保险公司扣除的费用应详细列明费用的性质和使用方法。根据监管机构的规定，投资连结保险可以并且仅可以收取以下几种费用：

（1）初始费用，即保费进入投资账户之前扣除的费用。

（2）买入卖出差价，即投保人买入和卖出投资单位的价格之间的差价。

（3）死亡风险保费，即保单死亡风险保额的保障成本。

死亡风险保费应通过扣除投资单位数的方式收取，其计算方法为死亡风险保额乘以死亡风险保费率。保险公司可以通过扣除投资单位数的方式收取其他保险责任的风险保费。

（4）保单管理费，即为维护保险合同向投保人或被保险人收取的管理费用。保单管理费应当是一个与保单账户价值无关的固定金额，在保单首年度与续年度可以不同。保险公司不得以保单账户价值的一定比例的形式收取保单管理费。

对于团体投资连结保险，保险公司可以在对投保人收取保单管理费的基础上，对每一被保险人收取固定金额形式的保单管理费。

（5）资产管理费，按账户资产净值的一定比例收取。账户资产净值扣除保险公司本期应收取的资产管理费后，应当等于期末账户价值（NAV）。

（6）手续费，保险公司可在提供账户转换、部分领取等服务时收取，用以支付相关的管理费用。

（7）退保费用，即保单退保或部分领取时保险公司收取的费用，用以弥补尚未摊销的保单获取成本。

四、寿险命名规定

《人身保险公司保险条款和保险费率管理办法》第十五条规定：“人身保险的定名应当符合下列格式：‘保险公司名称’＋‘吉庆、说明性文字’＋‘险种类别’＋‘（设计类型）’。”

前款规定中的保险公司名称可用全称或者简称；吉庆、说明性文字的字数不得超过 10 个；附加保险的定名应当在“保险公司名称”后标注“附加”字样。

第十七条规定：“人身保险的设计类型分为普通型、分红型、投资连结型、万能型等。”

第十八条规定：“ 分红型、投资连结型和万能型人身保险应当在名称中注明设计类型，普通型人身保险无须在名称中注明设计类型。”［例如，国寿福禄双喜两全保险（分红型）、平安智胜人生终身寿险（万能型）、国寿附加康宁两全保险。］

第四节　人寿保险合同

人寿保险的条款是人寿保险合同的核心，它规定了保险人和投保人之间的权利和义务关系。

一、合同构成

该条款规定构成人寿保险合同的文件。合同文件内容通常包括：投保单、保险单、保险条款等。

(1) 投保单：是投保人申请投保时填写的书面文件，内容包括投保声明（要约）、告知（健康声明）、双方约定事项（付款方式）等。

(2) 保险单：是保险人与投保人之间订立保险合同的正式法律文件。保险单上载明投保人、被保险人及受益人的姓名、受益人的顺位和受益比例，险种名称、保险金额、保险期限、缴费方式、年缴保费数额等。

(3) 保险条款：保险条款规定的是人寿保险的最基本事项，如保险期限、保险责任、责任免除、保费的缴费期及宽限期间、保险合同效力的中止与复效、保险合同变更等，是合同双方权利义务的具体、准确解释。投保人必须同意这些基本条款，否则保险合同无法成立。当然，投保人与保险人可以在此基础上协商订立有关附加条款，也可以通过特别约定的方式，对保险条款的内容进行变更。保险条款一经订入保险合同，在保险合同成立之后，对双方当事人均有约束力。

(4) 现金价值表：是针对具体客户生成的利益表。

(5) 特殊声明和约定：在投保时，被保险人要做出对其告知事项真实性的说明。

(6) 批注：是修改、变更的记录。在寿险合同有效期内，投保人有权提出申请变更受益人、保险金额等内容的要求，寿险公司要做出批单，并附在保险单后，其法律效力优先于原保单。

二、犹豫期

犹豫期是从投保人、被保险人收到保单并书面签收日开始起算的一段时期，通常约定为 10 日。若商业银行代理销售的保险产品保险期间超过 1 年，应在合同中约定为 15 日。在犹豫期内，投保人可以无条件解除保险合同，保险公司扣除不超过 10 元的工本费外，应无息退还全部保费并不得对此收取其他任何费用，亦不承担保险责任。

合同犹豫期的设置能保证正确传递保险信息。客户在犹豫期内最重要的就是仔细研究保险合同，进一步考虑是否应当或者需要购买该保险。利用犹豫期条款，可以在挑选产品时更有余地，如果认为产品不合适，10 日或 15 日内可以要求解除保险合同。这样能减少合同纠纷，保护投保人权益。犹豫期也是保险方回访客户的最好时间，在此期间如果客户对合同条款还有不理解的内容，保险方可以及时进行解释，以免客户误保。

三、告知条款

保险合同是最大诚信合同，最大诚信原则下的如实告知指投保人应当将与保险标的有关的重要事实如实向保险人陈述，以便让保险人判断是否接受承保或以什么条件承保。按照具体形式，告知分为无限告知和问询告知，《中华人民共和国保险法》支持问询告知，即保险人就保险标的有关情况进行询问，投保人应当如实告知。

《中华人民共和国保险法》第十六条第四款和第五款规定："投保人故意不履行如实告知义务的，保险人对于合同解除前发生的保险事故，不承担赔偿或者给付保险金的责任，并不退还保险费。投保人因重大过失未履行如实告知义务，对保险事故的发生有严重影响的，保险人对于合同解除前发生的保险事故，不承担赔偿或者给付保险金的责任，但应当退还保险费。"

四、不可抗辩条款

不可抗辩条款，是指自人寿保险合同订立时起，超过法定时限（通常规定为 2 年）后，保险人将不得以投保人和被保险人在投保时违反如实告知义务如误告、漏告、隐瞒某些事实为理由，而主张合同无效或拒绝给付保险金。

《中华人民共和国保险法》第十六条第三款规定："前款规定的合同解除权，自保险人知道有解除事由之日起，超过三十日不行使而消灭。自合同成立之日起超过二年的，保险人不得解除合同；发生保险事故的，保险人应当承担赔偿或者给付保险金的责任。"第十六条第六款规定："保险人在合同订立时已经知道投保人未如实告知的情况的，保险人不得解除合同；发生保险事故的，保险人应当承担赔偿或者给付保险金的责任。"

这一规定要求保险人在规定的期间内进行审查，并有权解除合同，一旦超过该期限，保险人不得再主张合同解除或不承担给付保险金责任，从而保护被保险人和受益人的利益和便于解决纠纷。

五、年龄计算与错报处理条款

年龄以周岁计算（最后一个生日），年龄错误处理方式分为如下几种情况：

1. 真实年龄符合合同约定的年龄限制

（1）被保险人投保时的实际年龄小于申报年龄，则保险人无息退还多缴保费；

（2）被保险人投保时的实际年龄大于申报年龄，则需补缴保费或者在发生保险事故时按照实际缴纳的保费与应缴纳保费的比例支付保险金。

2. 真实年龄不符合合同约定的年龄限制

保险人可以解除合同，并按照合同约定退还保险单的现金价值（合同成立起逾 2 年的除外）。

六、保险责任与除外责任

保险责任，指保险人承担的经济损失补偿或人身保险金给付的责任。投保人或被保险人签订保险合同并缴付保费后，保险合同条款中规定的责任范围，即成为保险人承担的责任。在保险责任范围内发生财产损失或人身保险事故，保险人负责赔偿或给付保险金。

除外责任，指保险合同以保险条款的形式明确规定保险人不承担赔偿责任的情况，比如投保人的故意行为、自杀（成立或复效的一定时期内，无民事行为能力人除外）、战争、犯罪、酗酒等。

七、自杀条款

自杀条款一般规定，被保险人在保单生效后的两年内自杀（包括复效），保险人不给付保险金，但退还所缴保费。但如果自杀发生在保单生效 2 年以后，保险人应按保险合同约定给付保险金。《中华人民共和国保险法》第四十四条规定："以被保险人死亡为给付保险金条件的合同，自合同成立或者合同效力恢复之日起二年内，被保险人自杀的，保险人不承担给付保险金的责任，但被保险人自杀时为无民事行为能力人的除外。保险人依照前款规定不承担给付保险金责任的，应当按照合同约定退还保险单的现金价值。"《最高人民法院关于适用〈中华人民共和国保险法〉若干问题的解释（三）》规定："保险人以被保险人自杀为由拒绝给付保险金的，由保险人承担举证责任。受益人或者被保险人的继承人以被保险人自杀时无民事行为能力为由抗辩的，由其承担举证责任。"

把自杀这一除外责任限制在 2 年内，主要是为了减少逆向选择，防范蓄意自杀者购买人寿保险。

八、宽限期、失效及复效条款

宽限期条款主要是针对合同约定分期支付保费的，投保人支付首期保费后，未按时缴付续期保费的，法律规定或合同中约定给予投保人一定的宽限时间（通常是 30 日或 60 日），在宽限期期间，保险合同效力正常。

《中华人民共和国保险法》第三十六条规定："合同约定分期支付保险费，投保人支付首期保险费后，除合同另有约定外，投保人自保险人催告之日起超过三十日未支付当期保险费，或者超过约定的期限六十日未支付当期保险费的，合同效力中止，或者由保险人按照合同约定的条件减少保险金额。"

一般情况下，对于分期支付保费的合同，投保人应于合同成立时支付首期保费，并应当按期缴纳其他各期保费。但由于人身保险合同的保险期限较长，一时疏忽或者经济困难或其他客观原因使投保人没能在约定的期限按时缴付保费的情况时有发生。如果保险人据此解除保险合同，将使保险人、投保人、被保险人的利益均受到损害。为了防止上述原因造成保险合同失去效力，也为了稳定保险业务的发展，保险合同一般都会有缴付保费的宽限期条款。在宽限期内，即使投保人没有及时缴付保费，合同依然有效。如果发生保险事故，保险人应承担给付责任。在宽限期结束后仍未缴纳应付保费的，保险合同的效力中止，或称保单失效。保险合同中止期间，经保险人与投保人协商并达成协议，在投保人补缴保费后，合同效力恢复，即为合同复效。自合同效力中止之日起满 2 年双方未达成协议的，保险人有权解除合同，应当按照合同约定退还保险单的现金价值。

复效条款对投保人来讲，要比重新订立保险合同更为有利。如果投保人提出复效，则必须：

（1）提出复效申请；

（2）提供可保证明，例如体检报告、健康证明等；

（3）付清欠缴保费及利息；

（4）付清保单借款。

九、不丧失现金价值条款

现金价值是指带有储蓄性的人寿保险单所具有的价值。在长期人寿保险中，保险公司在实际操作中往往采用“均衡保费”的办法，通过数学计算将投保人需要交纳的全部保费在整个交费期内均摊，使投保人每期交纳的保费都相同，被保险人年轻时，死亡概率低，投保人交纳的保费比实际需要的多，多交的保费将由保险公司逐年积累：被保险人年老时，死亡概率高，投保人当期交纳的保费不足以支付当期赔款，不足的部分将正好由被保险人年轻时多交的保费予以弥补。这部分多交的保费连同其产生的利息，每年滚存累积起来，就是保单的现金价值，相当于投保人在保险公司的一种储蓄。因此，大部分的长期保险单在积累保费一段时间后，都包含一定的现金价值。

现金价值不因保险合同效力的变化而丧失。投保人解除合同时，保险人应当退还保险单现金价值。即使投保人或被保险人、受益人违反合同规定的某些义务而致使保险合同解除，保险单的现金价值也不会丧失。

终身寿险保单通常用一张表列示在不同时点的现金价值，并给出相应的计算方法。当投保人不愿意继续缴纳保险费时，投保人有权选择有利于自己的方式来处理这笔现金价值。其方式有如下几种：

（1）申请退保。在申请退保时，现金价值往往体现为退保金。

（2）减额缴清保险。即原保险单的保险责任、保险期限均不变，只是依据现金价值的数额，相应降低保险金额，此后投保人不必再缴纳保费。这种处理方法实际上是以现金价值作为趸缴保费，投保与原保险单责任相同的人寿保险，保险期限自停缴保费起至原保单期满时止，保险金额则由趸缴保费的数额而定。

（3）展期保险。即将原保险单改为与原保险单的保险金额相同的死亡保险，保险期限相应缩短，此后投保人不必再缴纳保费。这种处理方法实际上是以现金价值作为趸缴保费，投保死亡保险，保险金额与原保险单相同，保险期限则由趸缴保费的数额而定。定期死亡保险、两全保险改为展期保险以后，保险期限不能超过原保险单的保险期限，如果责任准备金仍有剩余，则作为满期生存保险责任的趸缴保费或以现金返还投保人。

（4）自动垫缴保费。投保人可以在投保时或保费宽限期期满前做出书面声明，在分期保险费超过宽限期仍未缴付时，将保险单当时的现金价值作为续期保费进行垫缴，但对于此项垫缴的保费，投保人要在一定时期内予以偿还并补缴利息。在垫缴保费期间，保险合同持续有效，保险人承担保险责任，当现金价值垫缴不足，投保人也未补缴时，保险合同效力中止。

以上（2）、（3）、（4）点所涉及的情况，必须在保险合同中有该类条款的基础上才可选择，否则其不适用于人寿保险合同。

十、保单贷款条款

对于长期性人寿保险合同，投保人可以以具有现金价值的保险单作为质押，在现金价值数额内，向其投保的保险人申请贷款，习惯上称为保单贷款。

从一定意义上说，含有现金价值的人寿保险单是一种有价值的单证，也是投保人拥有保险单的现金价值的权利凭证。在进行质押贷款时，投保人应将保险单移交给债权人占有，如果债权人不是其投保的保险人，应通知该保险人。出质后，投保人不得将保险单转让或解除。

投保人运用保单贷款时，贷款数额按有关法律或合同约定，一般不超过保单现金价值的一定比例，并承担合同约定的贷款利息。合同约定的贷款期届满时，投保人应返还所借款项本息，到期不能归还借款的，投保人可申请延期；当贷款本息累计已超过其保险单的现金价值时，投保人仍未按期归还借款的，保险人有权终止保险合同效力；若贷款本息清偿之前，被保险人已发生保险事故，保险人则从应给付的保险金中扣除投保人所借贷款本息，其余部分作为保险金支付。

十一、保单转让

寿险保单的所有权，类似于其他类型的财产，可由现有所有者转移给另一个人，这样的转移称为转让，寿险保险转让分为绝对转让和相对转让。

绝对转让，指现有保单所有者将其保单的所有权利和义务完全转让给另一个人。也就是说，它是一种所有权的变更。这类转让在英美国家比较常见。

相对转让，指现有保险所有人仅将保单某些所有权向另一个人做出的临时性转移，通常用于从银行或其他机构贷款等有关情形，如保单的质押转让。

保单的质押转让有如下特征：

第一，保单的质押转让是暂时的、有条件的转让，因为所转移的部分权利在债务还清之后又回归保单所有者。

第二，保单的质押转让是质押债权人是生存和身故受益人。投保人与债权人签订质押合同，将保单权益让与债权人，作为债权的担保。按照以死亡为给付保险金条件的合同所签发的保险单，未经被保险人书面同意，不得转让或者质押。质押合同订立后，作为出质人的投保人应将保单转移给质权人占有，该质押合同自保单占有权转移时生效。出质期间，除质押合同另有约定外，质权人有权收取保单所生孳息。若出质期间被保险人发生保险事故，质押债权人可以领取保险金，但应向受益人支付超过保单所有者债务的保险金。

第三，转让条件、转让份额及金额是通过批单或背书记录。除合同另有约定，人身保险的投保人或被保险人可以随时转让保单的全部或部分权益，但需书面通知保险人在保单上做出批注。

第四，以他人为被保险人且有死亡保障时，必须由被保险人同意。即对以死亡为给付保险金条件的合同所签发的保单进行转让或质押时，未经被保险人书面同意，该转让或质押无效。

第五，不得影响不可撤销受益人的利益。对于已设定不可撤销受益人的，应先征得受益人同意。

十二、附加险

附加险是一种附加于主险的保险，其从属于主合同（主保单），不能单独存在。附加合同有单独的期限（通常短于主险）、保险责任、责任免除、保费、保险金额等。

附加险的常见形式有：保费豁免（投保人死亡或者残疾时豁免保费）、残疾收入保障保险、意外伤害（死亡或残疾）保险、定期人寿保险、医疗费用保险、生前给付约定等。

生前给付约定允许被保险人在其生前部分领取死亡保险金。生前领取的条件：预期寿命即将终止（180 或 360 天内）。不适用生前给付的范围有：曾经动用过此项权利、采取减额缴清、定期死亡保险。

第五节　人寿保险规划

一、寿险保额的确定

如果一切按照规划进行，客户的家人未来一生支出的现值等于过去累积资产净值与客户未来一生的净收入（营生资产）之和，则客户可以安度一生。但是，如果事故发生，例如客户死亡、失能、失业，那么客户的个人收入将降低或中断，个人的资源供给能力将降低，营生资产也随之降低甚至下降为 0，这就应该通过保险来弥补缺口。

计算寿险需求的常见方法有倍数法则、生命价值法等。

（一）倍数法则

倍数法则是一种简单估算死亡保险金额的方法，是以简单的倍数关系估计寿险保障的经验法则，例如，根据十一法则，家庭需要的人寿保险的死亡风险保额，大约应该为家庭税后年收入的 10 倍，这里没有考虑任何支出。

这仅仅是一种估算的方法，不是非常科学。首先，它没有考虑不同家庭的支出情况，更没有考虑不同家庭具体的投资和负债情况，不能适应所有人或家庭。其次，它没有考虑被保险人的家庭角色和家庭责任。而且，这种方法所计算出来的保险金额不准确。但是，这种方法的合理之处就是简便，考虑了一般经验，能够用于一般的估算和速算。

（二）生命价值法

按照生命价值法，应有保额应该等于未来收入的折现值减去未来支出的折现值。这种算法类似产险的保额，是以投保物本身的价值为上限。从理财的角度而言，可以用未来收入与未来支出的现值之差来估计人生的价值，并根据人生的价值估计应有保额。在被保险人死亡时，由于有保险赔付，所以可以消除被保险人死亡给家庭造成的不利影响。在国外，当飞机失事时，有的保险公司是按照罹难者的收入层次进行赔付，大公司负责人的理赔额往往高于小职员的理赔额，所使用的方法就是生命价值法或净收入弥补法。在其他条件均相同的情况下，年轻客户的应有保额要比年长客户高，高收入客户的应有保额比低收入客户高。

实例 12-1　用生命价值法计算保险需求

假设被保险人现年 30 岁，年收入为 10 万元，个人年支出为 3 万元，打算 60 岁退休。

如果不考虑货币时间价值，被保险人现在死亡，则未来一生的净收入会减少（10 万元－3 万元）×（60－30）＝210 万元，这个数额就是按照生命价值法计算的应有保额。

如果考虑货币时间价值，投资收益率为 3%，不考虑收入和支出的增长率，那么，30 年每年 10 万元收入的现值＝PV（n＝30，I＝3%，PMT＝10，FV＝0，期末年金）＝－196.00 万元，30 年每年 3 万元支出的现值＝PV（n＝30，I＝3%，PMT＝3，FV＝0，期初年金）＝－60.57 万元，196.00－60.57＝135.43（万元），是被保险人年收入的 13.54 倍，这是考虑货币时间价值按照生命价值法计算的应有保额。

如果客户的收入未来会上升，那么这意味着他的个人资源在未来可能发挥更大的作用，因此，其真实的生命价值要比用当前的收入水平测算的生命价值大。因此，应有保额相应也会增加。

一般地，应有保额会受以下几个因素影响。

1. 年龄

年龄越大，工作年限就越短，未来工作收入的现值就越小，因此，应有保额也越低。

2. 个人支出占个人收入的比例

个人支出占个人收入的比例越大，净收入就越少，一旦个人不存在，对家庭的负面影响也就越小，因此，所需的保额也越低。

3. 个人收入的成长率

个人收入的成长率越高，折现率越低，生命价值越大，因此，应有保额也就越高。

4. 投资收益率

投资收益率越高，折现率越高，生命价值越低，因此，应有保额也就越低。

（三）遗属需要法

按照遗属需要法，应有保额＝遗属生活费用缺口＋紧急预备金＋子女高等教育金现值＋房贷及其他负债＋丧葬最终支出现值－家庭生息资产变现值。按照这种算法，在被保险人死亡时，遗属终其一生的生活需要扣除被保险人生前的累积净值，就是应该投保的额度。

实例 12－2　用遗属需要法计算保险需求

如果不考虑货币时间价值，被保险人现在死亡，遗属还要生活 50 年，每年的生活开支是 5 万元，目前可变现资产为 20 万元，不考虑紧急备用金，按照遗属需要法，保额总需求＝5×(80－30)－20＝230(万元)。由于遗属需要法可以方便地调整原来生涯规划中不足或超出部分，所以，经常采用这种方法计算应有保额。

如果考虑货币时间价值，投资收益率为 3%，不考虑收入和支出的增长率，遗属未来生活开支的现值＝*PV*（*n*＝50，*I*＝3%，*PMT*＝－5，*FV*＝0，期初年金）＝132.5 万元，扣除实质净值或可变现资产净值 20 万元，应有保额＝132.5－20＝112.5（万元），是被保险人年收入的 11.25 倍。使用遗属需要法计算的保额需求与前面使用生命价值法计算的保额需求差异不大。应注意的是，收入通常是期末领，因此，多用期末年金；支出通常要在期初就准备好，因此，多用期初年金。

采用遗属需要法来估算保险额时，年龄越大，过去累积的资产净值应该越多，对遗属的养生负债也因期限缩短而减少，因此，保险需求越低。遗属支出占被保险人收入的比重越高，表示家庭负担越重，应有保额也越高。

如果在任何情况下都不希望遗属变现自用住宅，那么，可变现资产要扣除自用住宅的价值。另外，房屋贷款仍然是要偿还的，因此，房贷部分要加计保险需求，以保障保险事故发生后的房贷偿还能力。因此，合理保额＝遗属生活开支的现值＋房贷本金余额－生息资产，其中，生息资产＝流动性资产＋投资性资产。

按照遗属需要法，应有保额是遗属生活开支的现值扣除生息资产变现值的余额。生息资产变现值是指当保险事故发生后可以处理的资产在当时的市场价值。假设在最差的市场情况下，可变现资产可能的损失率为 β，那么可变现资产的净值为 $(1-\beta)W$。如果可变现资产全部为定期存款，那么 $\beta=0$，可变现资产的净值为 W；如果可变现资产中有 50%投资于股票，在行情最差的情况下，股票可能下跌 40%，相应地，$\beta=50\%\times40\%=20\%$，$1-\beta=80\%$，那么可变现资产的净值为 $80\%\times W$，相应地，保额需求＝遗属生活开支的现值－80%×生息资产当前市场价值。如果通过扩张信用进行投资，在行情最差时，生息资产的净值有可能赔光，那么计算保额需求时就不需要扣除净值。如果生息资产大部分投资于某一事业上，一旦业主身故，事业本身也会受到影响，这时也不需要扣除净值。尽管被保险人身故、投资资产跌价或事业破产同时发生的可能性不大，但是，保险本来就是图个安心，通常应该从最坏的角度去考虑问题，也就是说，可能性哪怕只有 1‰，也应该在负担能力许可范围内把该有的保障买足，才能高枕无忧。另外，上述按照遗属需要测算的保额需求，主要是针对被保险人身故而言的，如果考虑被保险人全残的风险，计算保额需求时，还要考虑被保险人在全残时的各项花费。

（四）三种保额计算思路的差异

（1）倍数法则属于经验法则，仅仅将税后年收入作为死亡风险保额的核定因素，未能将被保险人的个人收入、职业特征、身体素质、资产状况、家庭成员等纳入考虑范围，不够精确，不适合所有的人或家庭。

（2）生命价值法的保额计算思路是从被保险人出险以后家庭可能遭受的经济损失出发，将未来出险所造成的所有经济损失的折现值作为保额，用来规避因被保险人出险导致的家庭收入损失风险。这种保额的计算思路更多适用于目前生息资产少或者未来收入非常可观的情况，例如刚步入社会的职场新人以及具有高财富创造能力的高净值人群，当被保险人未来的财富创造能力进一步上升时，生命价值法计算的保额将水涨船高。

（3）遗属需要法的保额计算思路是从被保险人出险以后家庭收入减少，原有的家庭财务目标出现缺口出发，将这些不同时期的财务目标可能产生的缺口数额折现到当期作为保额，用来规避因被保险人出险导致家庭原有财务目标无法实现的风险。这种保额计算的思路更多适用于普通家庭的常见财务目标规划，例如一般家庭的遗属供养开支、子女教育开支、房贷本息开支等如果在被保险人出险以后出现支付缺口，保额将用于弥补缺口，保证家庭生活质量不变，当家庭财务目标增加导致开支缺口扩大时，按遗属需要法计算的保额也应该随之上升。

二、保费支出预算与保险产品搭配

根据十一法则，每个家庭每年应该按照税后收入的10%确定保费支出。家庭收入扣除70%的生活费用、20%的储蓄之后，剩下的10%应当用于购买保险，以构造家庭的财务安全网。构造家庭财务安全网的目的，是使家庭负担者在应付当前家庭消费和储蓄投资之后，没有后顾之忧。

随着年龄增加、利率下跌，保费也将增加，显然，十一法则仅仅是一个经验法则，只是简单地测算保费支出预算，并不科学，也不能适用于所有的家庭。

那么，如何运用经验法则对终身寿险与定期寿险进行合理搭配呢？我们可以举个例子来说明这个问题。

实例 12－3　终身寿险与定期寿险的搭配

小新现年30岁，男性，已婚，有一个2岁小孩。单薪，年收入6万元，年支出4.5万元。20年定期寿险，每万元保额的保费为37元。20年终身寿险，每万元保额的保费为176元。如果以年收入的10倍为保额需求，年收入的10%为保费预算，作为一个理财师，你将建议小新在终身寿险与定期寿险之间如何搭配呢？

解析　根据假设条件，应有保额＝年收入6万元×10＝60万元，保费预算＝6万元×10%＝6 000元。

设终身寿险投保额为W，那么，定期寿险投保额为60万元－W。根据两种保险各自的费率，可以得到：（60 万元－W）×0.003 7＋W×0.017 6＝6 000 元。因此，终身寿险投保额 W＝27.2 万元，定期寿险投保额为 60 万元－W＝60 万元－27.2 万元＝32.8 万元。

因此，你给小新的建议是，终身寿险投保 27.2 万元，定期寿险投保 32.8 万元。

当家庭负担者发生意外致残，导致工作能力丧失，或生重病，导致未来开支急剧增加时，家庭未来的生活开支将得不到应有的保障。因此，需要为家庭负担者购买意外险和医疗险。当意外发生时，寿险一般不予赔付，意外险理赔金通常为保额的 50%，因此，意外险的保额应为寿险的 2 倍，才能防范这种保险事故发生给家庭产生的负面影响。

通常，保险规划的程序是这样的：先依照客户的保障需求做好人寿保险规划，再考虑客户的预算能力来规划险种。如果预算充足，可以增加终身寿险的保险金额，降低定期寿险的保险金额。如果预算不足，则降低终身寿险的保险金额，增加定期寿险的保险金额。如果通过降低终身寿险的保险金额，预算仍然不够，那么可以缩短定期寿险的保险年度，尽量不要减少客户所需的保险额度。如果客户目前的保费预算非常低，可以用保障范围受限制的意外险来代替寿险。

三、购买保险的主要原则

（1）以风险缺口为基础：总风险缺口对应总保险需求，分项缺口对应分项保额。

（2）以风险保障为先导：先风险保障后储蓄投资。

（3）注重风险防范顺序：按风险事件影响程度可依次考虑死亡、残疾、重疾、医疗、退休等，按保险标的依次考虑家庭主要收入者、次要收入者。

（4）优化保险产品组合：用最少的保费做最大的风险保障（如充分利用附加险、消费型险种、定期与终身寿险转换）。

（5）保费负担量力而行。

（6）选择优质保险公司。

四、人寿保险规划案例

（一）案例背景

刘先生今年 40 岁，职业经理人，目前税后年收入 35 万元。刘太太 35 岁，家庭主妇，两人育有一女刚满 6 岁。家庭年支出 12 万元，其中刘先生和刘太太年支出各 5 万元，孩子年支出 2 万元。目前家庭有银行存款 10 万元，持有国债 11 万元，自用住房成本价 200 万元，市场价 300 万元，新购自用车辆价值 20 万元。

刘先生打算 20 年后退休。目前家庭主要负担为：剩余房贷 30 万元，子女教育金预计需要现值 49 万元。

（二）保额的确定

1. 倍数法则

刘先生税后年收入 35 万元，刘太太无收入，则家庭寿险保额约为 350 万元。

2. 生命价值法

刘先生年税后收入 35 万元，支出 5 万元，未来工作 20 年，考虑货币时间价值，假设投资收益率为 4%，收入与支出的增长率为 3%，则按照生命价值法刘先生应有保额：

未来收入现值 PV_1（n=20，I=4%，PMT=35，FV=0，g=3%，期末年金）=−615.00 万元。

未来支出现值 PV_2（n=20，I=4%，PMT=−5，FV=0，g=3%，期初年金）=91.37 万元。

应有保额=615.00−91.37=523.63（万元）。

3. 遗属需要法

假设考虑未来 10 年遗属的生活费用，丧葬费用为 2 万元，投资收益率为 4%，收入与支出的增长率均为 3%。

若刘先生不幸去世，遗属刘太太与女儿生活费用现值为 PV（n=10，I=4，PMT=−7，FV=0，g=3，期初年金）=67.05 万元，同时，刘太太无收入，则遗属生活费用缺口为 67.05 万元。

若刘太太不幸去世，刘先生与女儿生活费用现值为 67.05 万元（同刘太太与女儿生活费用计算），同时，刘先生收入现值为 PV（n=10，I=4，PMT=35，FV=0，g=3，期末年金）=−322.34 万元，则遗属生活费用盈余：322.34−67.05=255.29（万元）。按照遗属需要法，还需要考虑紧急预备金、子女教育金、剩余房贷、丧葬费用、现有生息资产等，详见表 12-3。

表 12-3　保险需求计算表　（单位：万元）

被保险人	遗属生活费用	紧急预备金	子女教育	房贷	丧葬费用	现有生息资产	应增加保险保额
刘先生	67（缺口）	12/2=6	49	30	2	21	133
刘太太	255（盈余）	12/2=6	49	30	2	21	0

刘先生应有保额=67+6+49+30+2−21=133（万元）。

刘太太应有保额=6+49+30+2−255−21=−189（万元）<0，从长期看，无寿险保障需求。

（三）保费的确定与产品的选择

根据十一法则，刘先生家庭每年的税后收入为 35 万元，每年的寿险保费支出在 3.5 万元左右。家庭经济来源方面，刘先生为经济来源者，优先为刘先生购买保险。以表 12-4 的费率表为例，刘先生保险产品的配置见表 12-5 与表 12-6。

表 12－4　　费率表：年龄 40 岁，每万元保额年保费（期缴 20 年）　　（单位：元/年）

险种	男	女
20 年定期	50	30
20 年定期联合	60	60
20 年两全	450	420
终身人寿	400	360

表 12－5　　定期寿险与终身寿险

被保险人刘先生	某 20 年期定期寿险	某 20 年期终身寿险
保额（万元）	80	50
保费（元）	4 000 元/年	20 000 元/年

表 12－6　　综合意外伤害保险

某综合意外伤害保险	保额	保费
意外伤害身故、残疾烧伤保险金	260 万元	
意外医疗保险金	2 万元	2 500 元/年
意外伤害住院津贴	100 元/天	

第六节　理财资讯平台快速保险规划的展示

在理财资讯平台首页“投资理财规划”中点击“快速保险规划”进入快速保险规划界面。

一、数据输入

（1）输入家庭成员的年龄、收入、支出（见图 12－3）。

（2）输入家庭的可变现资产、负债（见图 12－3）。

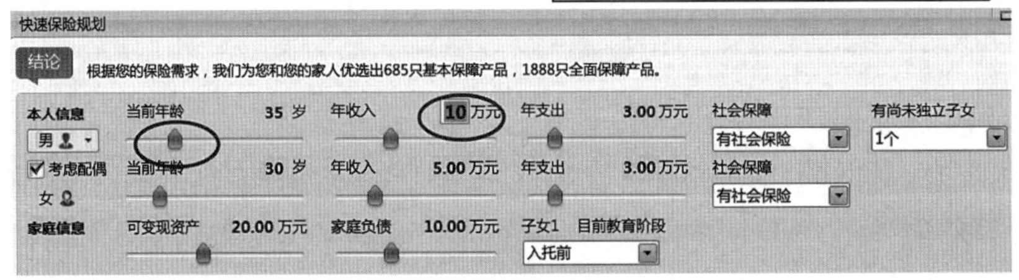

图 12－3　家庭情况输入（1）

（3）选择家庭成员的社保情况（见图 12－4）。

（4）选择子女情况，包括尚未独立子女的人数和子女目前所处的教育阶段（见图 12－5）。

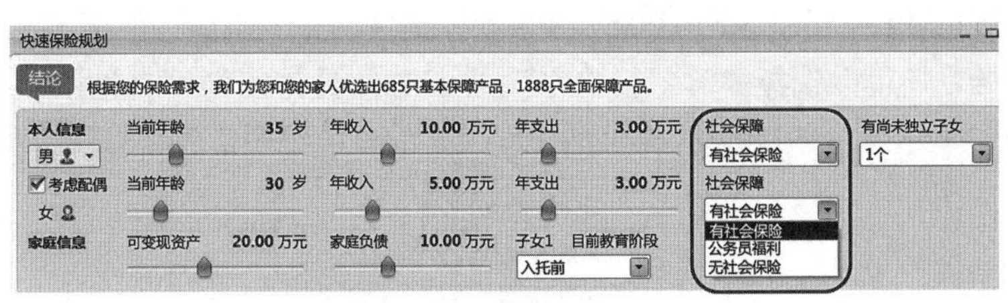

图 12-4 家庭情况输入（2）

图 12-5 家庭情况输入（3）

二、参数假设

（1）点击“规划参数”，调整相关的假设参数，包括退休年龄、预期寿命、保障年限、养老金替代率、收入增长率、保险事故发生后支出调整率、保险金投资收益率、通货膨胀率、资产变现率、遗产金额、丧葬费、退休支出调整率。点击对应数字即可进行修改（见图 12-6）。

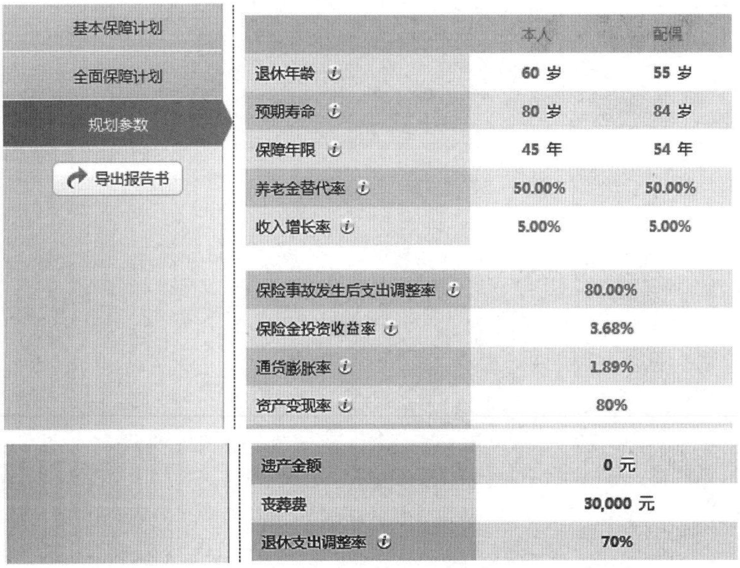

基本保障计划
全面保障计划
规划参数
导出报告书

	本人	配偶
退休年龄	60 岁	55 岁
预期寿命	80 岁	84 岁
保障年限	45 年	54 年
养老金替代率	50.00%	50.00%
收入增长率	5.00%	5.00%
保险事故发生后支出调整率	80.00%	
保险金投资收益率	3.68%	
通货膨胀率	1.89%	
资产变现率	80%	
遗产金额	0 元	
丧葬费	30,000 元	
退休支出调整率	70%	

图 12-6 参数设置图

（2）调整子女教育费用，可选择子女教育规划的最高学历，修改每阶段的学制（年），如图 12-7 所示。点击各阶段学费现值的✎，可自行调整不同阶段的学费，

在每阶段均可选择“自定义”或者使用金拐棍提供的相关数据（见图 12 - 8）。从本科阶段开始，还可以选择“211”、“985”或者海外具体的学校（见图 12 - 9）。例如，点击“海外”，会出现世界排名前 100 大学的留学费用信息（见图 12 - 10）。

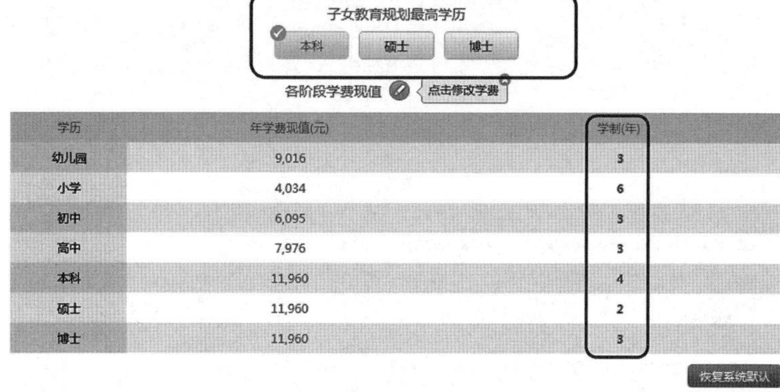

学历	年学费现值(元)	学制(年)
幼儿园	9,016	3
小学	4,034	6
初中	6,095	3
高中	7,976	3
本科	11,960	4
硕士	11,960	2
博士	11,960	3

图 12 - 7　学费调整（1）

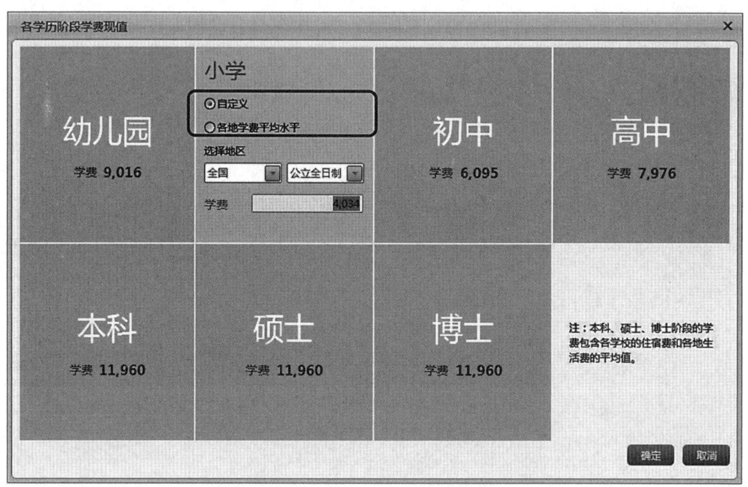

图 12 - 8　学费调整（2）

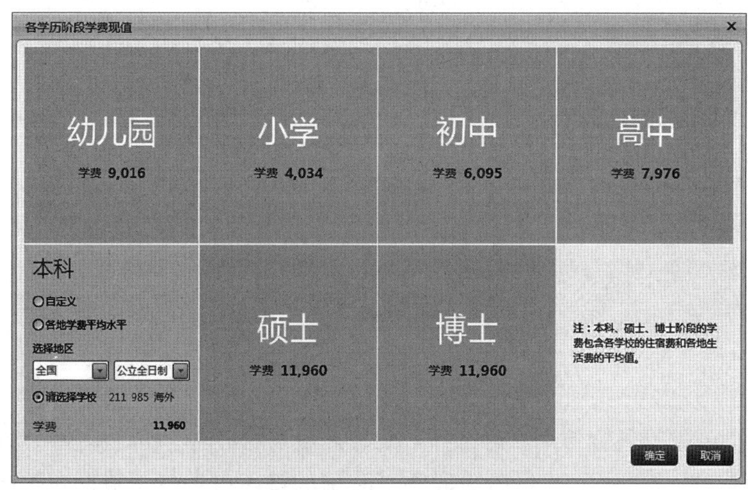

图 12 - 9　学校的选择

图 12－10　世界排名前 100 大学的留学费用信息

三、基本保障计划

选择“基本保障计划”，点击“应有保额”，可选择遗属需要法或者生命价值法，得出相应的保额需求（见图 12－11）。

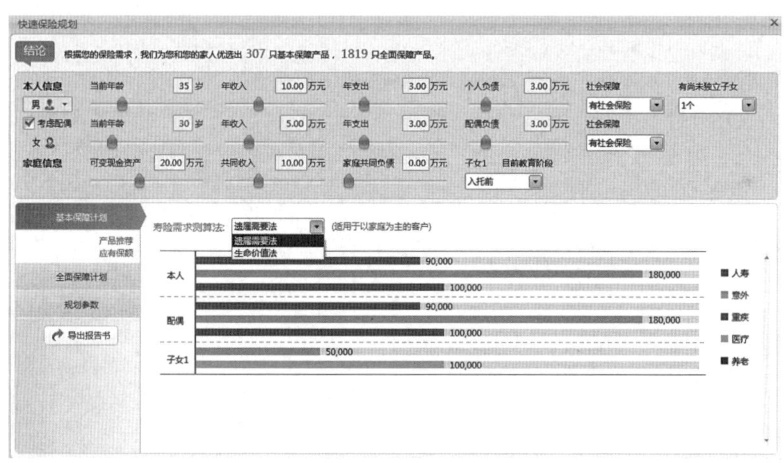

图 12－11　基本保障计划应有保额

四、全面保障计划

全面保障计划增加了失能、护理、教育金保额测算，选择“全面保障计划”，点击“应有保额”，可选择遗属需要法或者生命价值法，得出相应的保额需求（见图 12－12）。

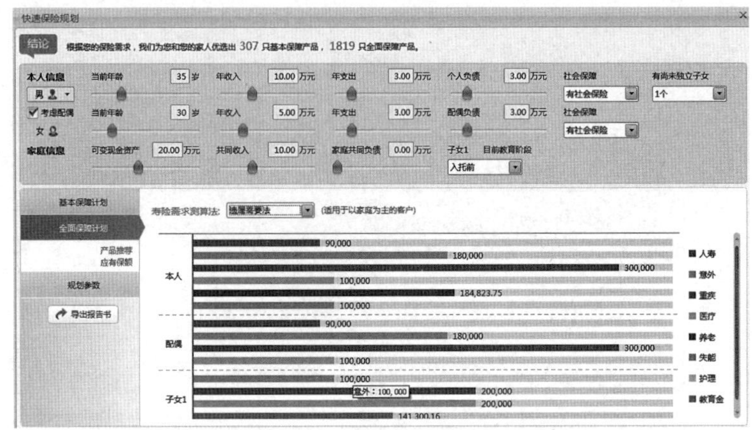

图 12-12　全面保障计划应有保额

五、产品推荐

在基本保障计划和全面保障计划中，点击产品推荐，会显示出根据保险需要，理财资讯平台优选出的可供选择的保障产品。点击产品前的方框，弹出“选择保险产品”对话框，可选择将产品“加入自选”或者“加入报告书”（见图 12-13）。

图 12-13　选择保险产品

六、导出报告书

点击“导出报告书”，弹出对话框，选择基本或全面保障计划，填写理财师信息，选择报告书的格式（见图 12-14），如果在产品选择中，选择了将产品加入报告书，则保险产品中会显示已选择的品种，否则显示“您尚未推荐任何保险产品”。报告书的预览见图 12-15。

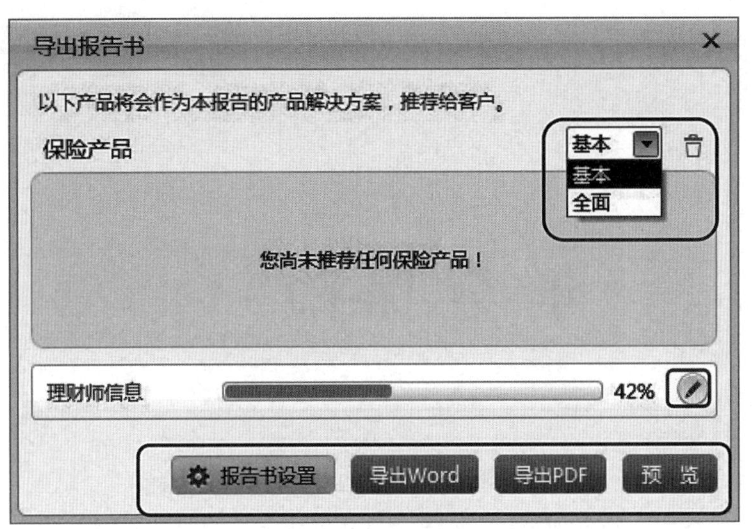

图 12－14　导出报告书

保险规划报告

您的家庭情况

角色	当前年龄	年收入	年支出	社保情况
本人	35岁	10万元	3万元	有社会保险
配偶	30岁	5万元	3万元	有社会保险

子女个数：您有1个尚未独立的子女，子女1尚未入托。
资产负债：您家庭目前可以变现资产20万元，负债10万元。

根据您的家庭情况和社保情况，您需要在医疗、重疾、意外、人寿等方面保障自己及家庭成员。
该图显示您需要为家庭成员购买保险的金额。

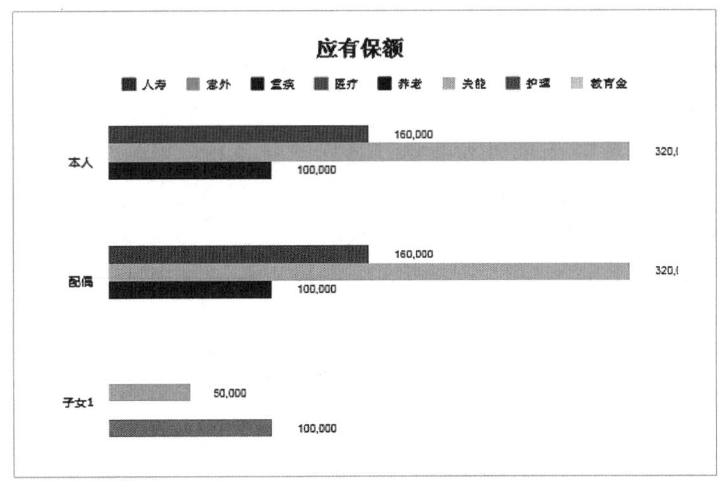

图 12－15　快速保险规划书预览

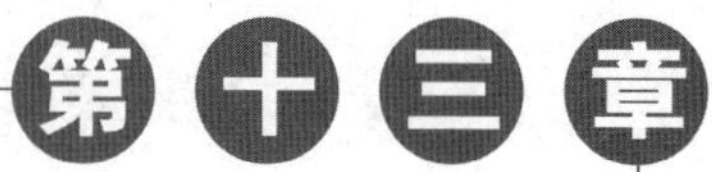

年金保险

本章提要

年金保险是指以被保险人生存为给付保险金条件，并按约定的时间间隔分期给付生存保险金的人身保险。年金保险相较于其他投资工具，能兼顾积累期的资本增值和给付期风险规划，由于退休者能获得较长时期的给付，有助于防范和化解长寿风险。本章为读者介绍了年金保险的含义、原理、特点以及分类，有助于读者了解年金保险在理财中的主要作用，为读者展示了不同税优计划下的年金保险规划。

本章内容包括：

- 年金保险概述；
- 年金保险的分类；
- 年金保险在理财中的应用；
- 年金保险规划。

通过本章学习，读者应该能够：

- 掌握年金保险的含义、原理、与寿险的比较；
- 掌握年金保险的分类；
- 了解年金保险在应对退休后财务风险方面的作用以及年金保险在退休规划中的优势；
- 了解不同税优计划下的年金保险规划。

第一节 年金保险概述

一、年金保险的含义

年金是一系列定期有规则的款项支付，分为确定型年金和不确定型年金。确定型年金不含保险因素，如按月缴付的房租、定期发放的工资、抵押贷款的分期付款、零存整取等。而年金保险为不确定型年金，是指以被保险人生存为给付保险金条件，并按约定的时间间隔给付生存保险金的人身保险。年金领取人和被保险人可以是同一人，也可以是不同人，但通常情形是同一人。年金保险的给付期限可以是定期的，也可以是终身的。市场上年金保险通常包括两类：一类是养老年金保险，另一类是教育年金保险。

养老保险通常采用年金保险的方式，按保监会发布的《人身保险公司保险条款和保险费率管理办法》规定，养老年金保险应当符合以下两个条件：

第一，保险合同约定给付被保险人生存保险金的年龄不得小于国家规定的退休年龄。

第二，相邻两次给付的时间间隔不得超过1年。

养老年金保险一般为终身年金保险，本章中的年金保险主要指养老年金保险。教育年金保险多以定期年金保险为主。

实例 13-1　养老年金保险典型条款

养老年金的领取方式分为年领、月领和一次性领取3种，但趸缴保费的仅限于年领和月领两种领取方式。

养老年金开始领取年龄分为55、60和65周岁3种，投保人可选择其中一种作为本合同的养老年金开始领取年龄。养老年金开始领取日为养老年金开始领取年龄的年生效对应日。

保险责任

在本合同保险期间内，本公司承担以下保险责任：

(1) 被保险人在本合同约定的养老年金开始领取日前身故，本公司按本合同的现金价值给付身故保险金，本合同终止。

(2) 被保险人生存至本合同约定的养老年金开始领取日，本公司按如下约定给付养老年金：

1) 本合同约定一次性领取养老年金的，本公司按保险合同载明的领取金额给付养老年金，本合同终止。

2) 本合同约定按年或按月领取养老年金的，自本合同约定的养老年金开始领取日起，本公司于本合同每年或每月的生效对应日按保险合同载明的领取金额给付养老年金，保证给付10年。如果被保险人自开始领取养老年金之日起不满10年身故，其继承人可继续领取未满10年部分的养老年金，本合同于养老年金开始领取日起满10年的年生效对应日终止。若被保险人自开始领取养老年金之日起满10年后仍生存，可继续领取养老年金直至身故，本合同终止。

实例 13-2　教育年金保险典型条款

在本合同有效期内，本公司负下列保险责任：

被保险人生存至15、16、17周岁的生效对应日，本公司每年按基本保额的10%给付高中教育保险金。

被保险人生存至18、19、20、21周岁的生效对应日，本公司每年按基本保额的30%给付大学教育保险金。在被保险人21周岁的生效对应日给付教育保险金后，本合同终止。

被保险人身故，本公司退还保险单的现金价值，本合同终止。

投保人身故或身体高度残疾，从投保人身故或被确定身体高度残疾之日起，若被保险人生存，本公司于每年的生效对应日按基本保额的5%给付成长年金，直至被保险人21周岁的生效对应日为止。

若投保人身故或身体高度残疾发生于缴费期内，从其身故或被确定身体高度残疾之日起，免缴以后各期保费，本合同继续有效。

二、年金保险合同的组成主体

一般而言，年金保险合同的主体可分为两类：

1. 年金保险合同的当事人

年金保险合同的当事人包括年金保险人与投保人，属于直接关系。保险人即经营年金保险业务的人。根据我国《保险公司养老保险业务管理办法》的规定，经保险监督管理机构批准设立并依法登记注册的人寿保险公司、养老保险公司均可经营年金保险。投保人是与保险人订立年金保险合同，提出投保申请并缴纳保费的人。

2. 年金保险合同的关系人

年金保险合同的关系人包括年金保险被保险人和受益人，其中涉及年金领取人、年金给付受益人和死亡给付受益人。被保险人为年金保险的保险标的，即被保险人的生存为年金保险金支付的条件。受益人是指由投保人或被保险人指定的享有保险金请求权的人，包括年金给付受益人和死亡给付受益人。年金领取人是指年金保险合同约定领取年金收入给付的人。年金给付受益人是指领取保险金的人，可为投保人自己、被保人或他人。死亡给付受益人是指死亡保险金的受益人，如果被保险人在累积期间或在年金给付保证期（例如10年）内死亡，保险人需给付死亡金给投保人或者被保险人指定（或其他未指定）的死亡受益人。一般而言，被保险人通常就是年金领取人，因为年金保险本质上属于生存保险，年金通常在被保险人生存时给付被保险人（即年金领取人）。但是有时年金领取人也可为保单约定的、除被保险人之外的“受益人”，此种情况下若被保险人死亡，而保险公司承诺的一些保底给付尚未支付完毕，其剩余部分就支付给受益人。

三、年金保险的原理

年金保险是基于生命不确定性设计的。

一方面，实际寿命可能超过预期寿命，为确保老年时期的经济安全，工作期间积累的资金必须分摊在比预期寿命更长的期限内，即便如此，仍然存在个人资产和收入在死亡之前被耗尽的可能性；另一方面，实际寿命可能远远短于预期寿命，被迫留下一笔遗产，这笔钱本来可以用于改善生前的生活水平和质量。如果这两类人群将各自的储蓄集中起来，交给专业的中介公司，即保险公司，保险公司根据生存概率和大数法则，能够确保每个人在一生中都如期领取约定的给付，无论实际寿命长于还是短于预期寿命，每个人都能规避生命不确定性带来的财务风险，这就是年金保险的基本原理。年金保险适用的也是保险的基本机理，即具有相同风险的单位进行汇聚，再将风险在所有人中进行分担，也就是说，在所有参加年金保险的人群中，早死亡的人为晚死亡的人承担了部分成本。

四、年金保险与寿险的比较

寿险是以人的寿命为保险标的的人身保险，是为被保险人因过早死亡而丧失的收入提供经济保障，而年金保险则是预防被保险人因寿命过长可能丧失收入来源或耗尽积蓄而进行的经济储备。从某种意义上说，年金保险和寿险的作用正好相反。

（一）年金保险与寿险的相同点

年金保险与寿险的保险机理相同，都是运用“大数法则”，通过风险汇聚技术由多数人分担损失。两者的共同性表现在以下两个方面。

1. 年金保险和寿险运用相同的风险汇聚技术

寿险是一种要求投保人按平均死亡率缴纳保费的风险汇聚安排，形成一定规模的保险基金，当个别被保险人死亡时，其受抚养人可以从保险基金中得到约定的保险金，以弥补被保险人早逝带来的收入损失；而年金保险的风险汇聚安排是，所有年金投保人按照平均的预期寿命缴纳年金保费，寿命短于平均预期寿命的个体所缴纳保费将高于实际领取的金额，寿命长于平均预期寿命的个体所缴纳保费将低于实际领取的金额，前者多出的部分恰好用于弥补后者的不足部分，从而为因寿命较长而生活费用来源不足的风险提供足够的经济保障。

2. 年金保险和寿险的定价原理相同

一方面，两者都是基于特定生命表所反映的死亡和生存概率来确定纯保费。另一方面，在计算纯保费时，都考虑了货币的时间价值，即保险费率都是运用适当的利率，按照复利方式进行贴现得到的。

（二）年金保险与寿险的不同点

1. 防范风险不同

购买年金保险的目的是在老年期间持续获得一笔资金，用以防范因寿命过长而导致没有足够生活费用来源的财务风险；而购买寿险的目的是在需要时积聚一笔资金，用以防范被保险人早逝导致收入损失的财务风险。因此年金保险通常被视为人寿保险的对立面。

2. 给付条件不同

寿险是以被保险人死亡为给付条件，主要为受益人提供经济收入保障；而年金保险是以年金领取人生存为给付条件，主要为被保险人提供生存期间的经济收入保障。年金保险的保险人在被保险人生存期间，或生存超过某一特定期间后，支付年金给付或生存保险金给年金领取人，活多久支付多久，直到被保险人死亡或承保期终了为止。

3. 逆向选择不同

众所周知，投保人和保险人之间的信息不对称容易导致逆向选择，产生不利于保险公司的选择倾向。由于年金保险和寿险的给付条件不同，身体健康、预期死亡率低于平均水平的人更倾向于购买年金保险，而身体健康欠佳、预期死亡率高于平均水平的人更倾向于购买寿险。被保险人的这种逆向选择导致购买年金保险和寿险的人中相同年龄和性别的人的死亡率呈现明显差异，前者显著低于后者，从而使得两种业务的保险成本产生较大差异。为此，保险公司经营年金保险业务和寿险业务时，采用了不同的生命表，即年金保险使用年金生命表，寿险使用寿险生命表。对于相同年龄段，通常年金保险生命表死亡率低于寿险生命表死亡率（见图 13－1）。

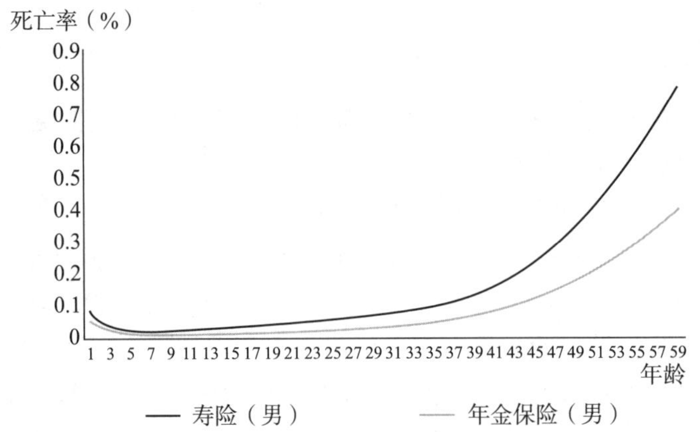

图 13－1　生命表死亡率比较

资料来源：根据中国人寿保险业经验生命表（2010—2013）得来。

4. 死亡率改善对保险公司的影响不同

一般而言，每种生命表都有一定的安全边际。对于寿险生命表，安全边际意味着生命表中的死亡率将高于预期死亡率；而对于年金生命表，安全边际意味着生命表中的死亡率将低于预期死亡率。随着生活条件、医疗条件、安全设施等方面的日益改善，人们的预期寿命不断延长，这一趋势将使年金生命表的安全边际逐渐减小，而寿险生命表的安全边际将不断增加。在产品定价过程中，精算师应该充分考虑未来死亡率改善对不同生命表安全边际的影响，进而合理厘定年金保险和其他保险产品价格，确保死亡率改善不对投保人和保险人的对价产生影响。

第二节　年金保险的分类

一、按购买主体划分

（一）个人年金保险

个人年金保险是指面向个人、以个人为承保对象的年金，一张保单只为一个

人或几个人提供保险保障。

（二）团体年金保险

团体年金保险是指以团体方式投保的年金保险，由团体与保险人签订保险合同，被保险人只领取保险凭证，保费由团体和被保险人共同缴纳或主要由团体缴纳。

二、按保费缴纳方式划分

按照保费缴纳方式的不同，年金保险可以分为趸缴保费和期缴保费两种。

（一）趸缴保费年金保险

趸缴保费年金保险是指保费在购买时一次缴清的年金保险，即年金保费由投保人一次全部缴清后，于约定时间开始，按期由年金受领人领取年金。这类年金保险不管期限多长，只在购买时缴纳一次保费，就可以享受保险有效期内的保险保障。

（二）期缴保费年金保险

期缴保费年金保险是指在一定时期内（在给付日开始之前）分期缴纳保费的年金保险，即保费由投保人按年、半年、季、月或其他期间分期缴纳，然后于约定年金给付开始日期起按期由年金受领人领取年金。期缴保费年金可以分为水平保费期缴年金和浮动保费期缴年金。水平保费期缴年金每期缴纳保费金额相同；浮动保费期缴年金不规定缴费次数以及每次缴费金额，保单持有人可以根据自身经济条件灵活安排缴费。只要账户有余额，即使不缴费，合同也不会失效。

三、按年金给付起始时间划分

保险公司规定的年金给付的起始时间称为满期给付日或年金满期日。根据满期给付日的不同，年金保险可分为即期年金保险和延期年金保险两类。

（一）即期年金保险

即期年金保险是指年金没有基金累积期间，从年金购买之日起，满一个年金期间后就开始给付的年金保险，即合同成立后，保险人即按期给付年金。对于年金期间为一年的即期年金保险，购买后满一年的日期就是满期给付日，保险公司自满期给付日起按年给付。由于即期年金保险在购买后满一个年金期间保险公司就开始给付，故保费通常采用趸缴形式，相应的保单称为趸缴即期年金保险。

（二）延期年金保险

延期年金保险是指从购买之日起，超过一个年金期间才开始给付的年金保险，即合同成立后，经过一定时期或达到一定年龄后才开始给付的年金保险。虽然延期年金保险规定了给付的起始日期，但投保人可以按约定申请改变这一日期。人们通常在工作期间购买延期年金保险，以满足退休后的生活费用需要。

在延期年金保险中，必须区分累积期间和给付期间这两个重要概念，前者是从投保人开始缴费到保险公司开始给付的期间，后者是保险公司向投保人提供给付的时期。由于延期年金保险有一个累积期间，投保人可以选择趸缴保费或期缴保费。如分期缴纳保费，各期保费可以不等，缴费期可以与累积期间一样长，也可以比累积期间短，但一般不会比累积期间长。

实例 13－3 孙女士在 50 岁时获得 10 万元现金收入，她用这笔现金购买了一份终身年金保险，以便在 60 岁后按月领取年金收入。

解析 孙女士购买了一份趸缴延期年金保险，累积期间为 10 年（即从 50 岁购买年金到 60 岁开始给付的时间间隔），年金期间是一个月，从满 60 岁退休时开始给付，直到死亡为止。

年金保险类型：趸缴延期年金保险。

累积期间：10 年。

给付期间（领取期间）：60 岁起至终身。

年金期间（给付间隔）：1 个月。

在延期年金保险的累积期间，保险公司将投保人缴纳的保费进行投资，形成累积价值，投保人通常可以根据提现条款从累积价值中支取现金。累积价值在数值上等于已缴纯保费加上利息收入，再减去投保人在累积期间支取的现金。在累积期间，投保人还可以解除合同，获得退保金，即累积价值减去退保费用。通常年金在购买后的约定年限内退保，投保人必须承担一定的费用，以弥补保险公司签发保单而发生的各项费用。退保费用一般随着保单持有时间的增加而减少。例如，投保后第一年内退保，退保费为累积价值的 5%，第二年为 4%，第三年为 3%，满 5 年后退保不扣除退保费。如果年金领取人或投保人在开始给付之前死亡，累积价值由指定受益人领取。到了满期给付日，保险公司就利用累积价值，开始定期给付年金。

四、按年金终止时间划分

按年金终止时间划分，年金保险可分为终身年金保险和定期年金保险两种。

（一）终身年金保险

终身年金保险是一种至少在年金领取人生存期间定期给付的年金保险，有的终身年金保险还保证提供更多的给付。常见的终身给付包括纯粹终身年金保险、期间保底终身年金保险和金额保底终身年金保险 3 种。

1. 纯粹终身年金保险

纯粹终身年金保险又称普通终身年金保险，是一种仅在年金领取人生存期间定期给付的年金保险。如果被保险人死亡，则保险公司停止年金给付，保险责任终止。这种产品从事前的、精算的角度讲是公平的。但由于年金领取人的死亡时间是不确定的，结果并不一定公平。假设某人购买了一个 10 年延期年金，每月给付 1 200 元，趸缴保费为 5 万元，10 年后开始按月领取年金，但在领取第二个月的给付之前因意外事故死亡，保险公司按年金合同停止给付，从而使投保人所缴保费远超过实际得到的给付总额。很多人不愿意承担这种风险，倾向于选择保证更多的终身年金保险，例如具有保底特点的期间保底终身年金保险和金额保底终身年金保险。

2. 期间保底终身年金保险

期间保底终身年金保险是一种在年金领取人生存期间定期给付，并保证给付期间不少于约定期间的年金保险。如果年金领取人在约定期间内死亡，保险公司也照常给付，直到约定期满。约定期间的长短可由投保人选择，通常为 5 年、10 年或 20 年。在其他条件相同的情况下，投保人所选择的固定期间越长，保费越高。如果年金领取人在约定期满后死亡，保险公司即停止给付。例如，一份从 60 岁开始每年年初支付的 10 年保底终身年金保险，保险公司承诺至少给付 10 年的年金，不论被保险人生存与否。如果被保险人在 65 岁死亡（即被保险人已经领取了 6 年的年金），则保险公司将向保单受益人继续支付后 4 年的年金，直至支付满 10 年为止。如果被保险人活过 69 岁（即被保险人已经领取了 10 年的年金），则保险公司依据被保险人生存与否决定是否继续给付。只要被保险人继续生存，保险公司就继续给付，没有期限限制；如果被保险人死亡，则保险公司停止给付。

3. 金额保底终身年金保险

金额保底终身年金保险是一种保证在年金领取人生存期间定期给付，并保证年金给付总额至少等于该年金保险的购买价格，又称偿还年金保险。如果年金领取人在死亡时给付总额小于购买价格，则差额部分由保单指定的其他受益人领取。保底金额具体如何约定要根据具体年金合同而定，比如趸缴保费保单，通常约定为趸缴保费，而期缴保费保单，通常约定为所缴保费（不含利息）。通常保底金额越高，保费越高。例如，一份趸缴保费 10 万元、从 60 岁开始支付的金额保底终身年金保险（约定给付的年金总和至少等于购买价格即 10 万元），如果被保险人死亡时，保险公司只支付了 6 万元，则保险公司将向保单受益人继续支付余下的 4 万元；如果保险公司支付的年金总和已经达到或超过 10 万元，则保险公司依据被保险人生存与否决定是否继续给付。只要被保险人继续生存，保险公司就要继续给付，没有期限限制；如果被保险人死亡，则保险公司停止给付。

实例 13－4 高先生现年 55 岁，用趸缴保费购买了一个 10 年延期金额保底终身年金保险，保费为 20 万元，每年期末给付金额为 2 万元。假设高先生在（1）60 岁死亡；（2）70 岁死亡；（3）80 岁死亡，保险公司的给付金额分别是多少？

解析 该保单是一份延期年金保险，在高先生满 65 岁时开始给付。

（1）如果高先生在 60 岁死亡，处于累积期间，保险公司可以按“保单现金价值”，或者“所缴保费（不计利息）与现金价值中数额较高者”，或者“合同约定的其他方式”，给付身故保险金，本合同终止。

（2）如果高先生在70岁死亡，处于给付期间，他已经领取了5年，共计10万元。根据年金保险合同规定，保险公司还需要向高先生指定的其他受益人支付年金保费与已给付金额之差，即10万元。

（3）如果高先生在80岁死亡，保险公司给付总额已达30万元，超过年金保险购买价格20万元，高先生死亡之时即停止给付，合同终止。

当然，保险公司的保证越多，年金保险的购买价格越高，投保人必须根据自己的保障需求、支付能力和自身偏好选择合适的年金保险。

（二）定期年金保险

定期年金保险是一种在约定期限内或年金领取人死亡之前（以先发生者为准）定期给付的年金保险。一旦约定期满或年金领取人死亡，给付停止。例如，10年定期年金保险的最大给付期间是10年，如果年金领取人在第5年死亡，则给付立即停止；若年金领取人在10年给付期满仍生存，则保险人在第10年给付完毕后，合同终止。

此外，还有一类特殊的定期年金保险，称为定期确定年金保险，是指在约定期间定期给付、约定期满后停止给付的年金保险，与年金领取人的生存与否无关。定期确定年金保险由于并不包含任何不确定性，因此严格说来不属于保险产品。

定期确定年金保险可以满足个人在某一时期的收入需求，或者为领取其他收入之前的特定时期提供收入。例如，某企业部门经理，现年50岁，打算在60岁提前退休，但在65岁前无法领取企业提供的退休金，他希望购买一份年金保单，为退休后、领取企业退休金前的5年时间提供定期给付。此时，他可以购买一个10年后开始给付、给付期间为5年的定期确定年金保险。

定期年金保险与定期确定年金保险的主要区别在于最大给付时间，前者是约定给付期限与剩余寿命中的较小者，而后者是约定给付期限，与剩余寿命无关。保险人对后者所做的承诺多于前者，因此，在相同的定期给付金额下，前者的年金保费低于后者。

专栏 13-1

条款示例

一、普通终身年金保险

本公司自年金开始领取日起按年（或按月）向被保险人给付年金，直至身故，本合同对该被保险人的保险责任终止。

二、保证给付10年终身年金保险

本公司自年金开始领取日起按年（或按月）向被保险人给付年金，保证给付10年。如果被保险人未领满10年身故，则其受益人继续领取未满10年部分的年金，本合同对该被保险人的保险责任终止；如果被保险人10年后仍生存，则本公司继续给付年金，直至身故，本合同对该被保险人的保险责任终止。

三、定期确定年金保险

本年金给付期限分为 10 年、15 年和 20 年 3 种，由被保险人选择。本公司自年金开始领取日起按年（或按月）向被保险人给付年金。本公司保证给付约定期限的年金，给付完约定期限的年金后，本合同对该被保险人的保险责任终止。

四、定期年金保险

本年金给付期限分为 10 年、15 年和 20 年 3 种，由被保险人选择。本公司自年金开始领取日起按年（或按月）向被保险人给付年金，直至约定给付期限届满，本合同对该被保险人的保险责任终止；如果被保险人在约定给付期限届满前身故，本公司给付年金至其身故时为止，本合同对该被保险人的保险责任终止。

五、按年金领取人数划分

（一）个人年金保险

个人年金保险一般是承保一个人的年金，即以一个被保险人生存作为年金给付条件的年金保险。

（二）联合生存年金保险

联合生存年金保险是指两个或两个以上年金领取人（被保险人），只要其中一个年金领取人死亡，给付就停止，即以被保险人均生存作为年金给付条件，如果多个被保险人中有一人发生死亡，年金给付立即停止。这种年金能够为多数人提供收入来源，并以所有被保险人生存为条件，其购买价格较“联合及最后生存年金”便宜，但市场需求不大。

（三）最后生存者年金保险

最后生存者年金保险是指以两个或两个以上被保险人中至少有一个生存作为年金给付条件，给付持续到最后一个被保险人死亡时为止，且无论被保险人生存人数如何变化，给付金额不发生变化。

（四）联合及最后生存年金保险

联合及最后生存年金保险是指有两个或两个以上年金领取人（被保险人），年金给付至最后一个年金领取人死亡为止。具体来讲，这种年金以两个或两个以上的被保险人中至少有一个生存作为年金给付条件，即年金的给付继续到最后一个被保险人死亡为止。其给付金额随着被保险人数的减少而进行调整，即给付金额根据仍存活的被保险人数进行相应的调整。一个年金领取人死亡后，年金给付额是否改变及如何改变（如降为原来的 1/2 或 2/3）应依年金保险合同约定。

六、按年金给付水平是否有变化划分

按照年金给付水平是否有变化，可以将年金保险划分为定额年金保险和变额年金保险。

（一）定额年金保险

定额年金保险，又称固定给付年金保险，是指保险公司保证对所收取的年金保费至少以约定金额定期给付的年金保险，即年金每次按固定数额给付，不随投资收益水平的变动而变动。

通常定额年金保险自满期给付日给付金额保持不变，也有少数定额年金保险规定，当保险公司的投资收益超过预期水平时将适当提高给付金额，或随国家消费物价指数（CPI）做适当调整。如果定额年金保险是趸缴即期年金，则定期给付金额在保单签发时就是已知的。如果定额年金保险是延期年金，则年金保险保单将包含一张类似表 13－1 的保证给付金额参照表。该表列示了每 1 000 元累积价值对应的保证定期给付金额。假设某年在满期给付日累积价值为 10 万元，年金领取人首次给付到达年龄为 65 岁，则保险公司每月向该领取人给付 627 元（6.27×100 000/1 000）；如果保险公司保证给付 10 年，则给付金额为 607 元；如果保证给付 20 年，则给付金额为 548 元，保证给付时间越长，定额给付金额越低。如果保险公司综合投资账户的实际收益率高于预期水平，则实际的给付金额将高于保证水平；如果实际收益率低于预期水平，实际给付金额也不会低于保证水平。事实上，保险公司承担了定额年金保险的投资风险。

表 13－1　定额年金保险的保证给付金额参照表

每 1 000 元累积价值的最低月度给付（元）				
首次给付到达年龄	只在生存期间给付	保证给付期间		
		10 年	15 年	20 年
40	4.13	4.12	4.11	4.09
45	4.36	4.34	4.32	4.28
50	4.65	4.62	4.58	4.52
55	5.05	4.99	4.91	4.81
60	5.56	5.45	5.32	5.14
65	6.27	6.07	5.82	5.48
70	7.33	6.89	6.38	5.76
75 以上	8.95	7.89	6.87	5.92

说明：表中的“每 1 000 元累积价值”是指在领取开始日有 1 000 元的基金，相当于趸缴保费 1 000 元，即相当于趸缴即期年金；“首次给付到达年龄”是指年金开始领取的年龄；“只在生存期间给付”即纯粹终身年金。从表中可以看出，在累积价值相同的情况下，保底期间越长，每月获得的年金给付越低。

（二）变额年金保险

变额年金保险是指保单利益与连结的投资账户投资单位价格相关联，同时按照合同约定具有最低保单利益保证的人身保险，即年金给付额不是固定不变的，而是依照投资账户的投资收益水平进行调整。设计变额年金保险的初衷类似于变额寿险，即针对固定给付年金保险无法对抗长期因通货膨胀引发的购买力风险，而普通股等权益类投资的收益率在理论上会随着通货膨胀做出相同方向的调整。保险公司通常设立了多个分立投资账户，不同账户具有不同的投资策略，有的投

资于高成长股，有的投资于免税市政债券等。投保人可以自主选择投资账户，也可以定期改变投资账户。变额延期年金保险的投保人在累积期间购买投资账户的累积单位，将资金投入相应的投资账户中。变额年金保险的投资风险发生了转移，由投保人承担，保险公司不保证投资收益率和定期给付金额。变额年金保险通常被视为投资产品，受保险业和证券业的双重监管。

（三）定额年金保险与变额年金保险的比较

1. 定额年金保险与变额年金保险风险承担的比较

定额年金保险每期给付的年金事前确定，给付风险较小，但因未考虑通货膨胀对货币购买力的影响，会影响到未来年金领取人的实际保障水平，因此购买力风险较大。

从长期看，变额年金保险投资收益率很有可能高于同期通胀率，通常能保持货币购买力，购买风险较小；但由于每期给付的金额事前不确定，给付风险较大，需要消费者有较强的风险承受力。

此外，变额年金可以不提供最低给付水平承诺，风险由年金领取人承担，与投资连结寿险近似。我国保险监管机构规定，变额年金保险的投资风险由投保人和保险人共同承担，保险公司给予一定的最低保单利益保证。

保监会发布的《变额年金保险管理暂行办法》规定："变额年金保险可以提供以下最低保单利益保证：

（一）最低身故利益保证，是指被保险人身故时，若保单账户价值低于保单约定的最低身故金，受益人可以获得最低身故金；若保单账户价值高于最低身故金，受益人可以获得保单账户价值。

（二）最低满期利益保证，是指保险期间届满时，若保单账户价值低于保单约定的最低满期金，受益人可以获得最低满期金；若保单账户价值高于最低满期金，受益人可以获得保单账户价值。

（三）最低年金给付保证，是指在保单签发时确定最低年金领取标准。

（四）最低累积利益保证，是指在变额年金保险累积期内的当前资产评估日，若投资单位价格低于历史最高单位价格的约定比例，保单账户价值以历史最高投资单位价格的该比例计算；若投资单位价格高于历史最高投资单位价格的约定比例，保单账户价值以投资单位价格计算。"

2. 定额年金保险与变额年金保险给付水平的比较

定额年金保险依据投保人缴纳的保费来确定给付额，并在整个给付期间保持不变。部分险种的给付水平会因某种原因，例如消费物价指数、年金领取人健康状况等每隔一段时间有一定变化，典型的如英国的生命伤害年金（impaired-life annuity）：如果年金领取人出现了明显导致寿命缩短的健康问题，如癌症、糖尿病、肾衰竭、肝硬化等（均需医生的确诊证明），保险人会提高给付水平。

变额年金保险的累积价值和每月给付金额将随着分立投资账户的绩效而上下波动。

另外，变额年金保险的给付额不是用货币而是用累积单位与年金单位表示，两者的价值均随分立账户每期投资收益的变化而变化。保险公司根据被保险人交费时所选择分立账户的每个累积单位价值扣除一部分费用后的均衡保费换算成若干累积单位，累积单位代表了投保人在投资账户中所占的份额。每个累积单位的价值按照下列公式计算：

$$\text{累积单位的价值}=\frac{\text{积累基金所购买的所有证券市价}}{\text{保险公司当期累积单位总数}}$$

这样每个累积单位的价值随分立账户的投资收益增减而涨落。一定保费所能购买的累积单位取决于在缴纳保费时的投资账户价值。当投资账户价值较低时，累积单位的价值越低，一定保费所能购买的累积单位越多。如果在累积期间分期缴纳保费，则累积单位总数将逐渐增加。当年金开始给付时，保险公司再将被保险人保单项下的总累积单位数换算成若干年金单位数，年金单位数取决于保险公司对生存率、投资收益、费用假设和积累基金所购买的所有证券的市价。

年金单位数的计算公式为

$$\text{年金单位数}=\frac{\text{累积单位总值}}{\text{年金单位价值}}$$

$$\text{累积单位总值}=\text{年金开始给付时累积单位总数}\times\text{累积单位价值}$$

$$\text{年金单位价值}=\frac{\text{积累基金所购买的所有证券的市价}}{\text{当时领取年金的所有参加者终身年金的现值}}$$

$$\text{被保险人每期领取的年金额}=\text{被保险人的年金单位数}\times\text{当期年金单位价值}$$

虽然累积单位数随缴付保费的增加而增加，但年金单位数在年金给付期内始终保持不变，保险公司对分立账户的年金单位价值每年或每月重新估值，以反映资产的市价和上期生存率、投资收益、费用的经验数据变化。因而，对于变额年金保险，投保人在缴费期间缴纳的保费转化为累积单位，而在给付期，年金领取人领取年金时是按照给付单位计算的，因此有一个累积单位向给付单位（年金单位）转换的问题。

实例 13－5 孙女士购买了一份变额延期年金保险，月缴保费 1 200 元，并选择某投资账户作为年金的投资工具，假设该账户的累积单位价格在 1、2、3 月份分别为 2 元、2.5 元和 3 元。问 3 个月总共可以购买多少个累积单位?

解析 在 1 月份，1 200 元保费可以购买 600 个累积单位（1 200/2）；在 2 月份，1 200 元可以购买 480 个累积单位（1 200/2.5）；在 3 月份，1 200 元可以购买 400 个累积单位（1 200/3）。因此，在 3 个月中，3 600 元保费一共可以购买 1 480 个（600＋480＋400）累积单位。

累积单位是变额年金保险在累积期间的价值衡量单位。而在给付期间，定期给付金额必须换算成年金单位。一定资金所能购买的年金单位数与投资账户的当前价值、给付期限的长短有关，而定期给付金额随着年金单位价格的变化而变化。因此，投保人所能领取的定期给付金额取决于已购买的年金单位数和给付时的年金单位价格。

实例 13－6 接上例，假设在变额延期年金保险的满期给付日，孙女士总共拥有 10 万个累计单位，投资账户对应的累积单位现价是 3 元，年金单位的现价

为 2.5 元，问在满期给付日可以获得多少年金单位？

解析 在满期给付日，10 万个累积单位的价值为 30 万元(10 万元×3)。如果以变额年金方式领取定期给付，则保险公司用 30 万元购买了 12 万(30 万/2.5) 个年金单位。

保险公司根据特定投资账户的投资业绩定期计算年金单位的价格，然后确定新的定期给付金额。年金单位总数在整个给付期间保持不变，但年金单位的价格会随着投资账户的投资业绩上下波动。因此，定期给付金额也会随投资账户价值的波动而波动。如果投资账户价值下降，给付金额将相应下降。正是由于给付金额的不确定性，大多数投保人在满期给付日将变额年金保险转化为定额年金保险。

上述例题给出了计算累积单位的方法。在被保险人退休日，可以知道其累积单位总额，然后根据当日的累积单位价值计算得到总价值，然后将总价值转换为年金单位（或叫给付单位)，年金单位总数在整个给付期间保持不变，但年金单位价格会随投资账户业绩上下波动，因此年金给付金额也会相应波动。

年金领取人可以选择给付单位的方法，也可以有其他选择：投保人在满期给付日，可将变额年金转化为固定给付年金，或一次性领取累积价值。

实例 13－7 变额年金保险计算

张三今年 65 岁，他 40 岁时购买了一份变额年金保单，经过 25 年的缴费，目前他一共拥有 6 000 个累积单位。在累积期向给付期的转换日，每个累积单位的价值为 15 元。在转换日，该保险公司对于一份 65 岁男性趸缴即期纯粹生存年金，每 1 000 元保费可以获得的年金给付为每月 6.08 元（年金价格）。在转换日，变额年金的每个给付单位的价值为 54 元。请问：张三当月可以得到多少给付？如果第二个月每个给付单位的价值变为 60 元，则张三在第二个月可以得到多少给付？如果第三个月每个给付单位的价值变为 50 元，则张三在第三个月可以得到多少给付？

解析 （1）在累积期向给付期的转换日累积单位的总价值为

6 000×15＝90 000(元)

（2）累积单位价值按年金价格折合的年金给付金额为

(90 000/1 000)×6.08＝547.20(元)

这一步的计算说明：由题目可以知道，在转换日，该保险公司对于一份 65 岁男性趸缴即期纯粹生存年金，每 1 000 元保费可以获得的年金给付为每月 6.08 元（年金价格)，也就是在 65 岁 1 000 元的保费可以购买月给付为 6.08 元的终身年金，而张三有基金总额为 90 000 元（相当于趸缴保费，购买即期纯粹终身年金保险)，因此可以获得 547.2 元的月给付。

（3）转换日折算单位数为

547.20/54＝10.13(个)

因为在转换日，给付单位的价值为 54 元，因此可以转换为 10.13 个给付单位。也就是张三在退休期间每个月可以获得 10.13 个给付单位，实际给付额等于 10.13 乘以当时的给付单位价值，因此

首月的给付：10.13×54=547.02(元)

第二个月的给付：10.13×60=607.80(元)

第三个月的给付：10.13×50=506.50(元)

(4) 如果张三选择另外两种方式，则张三可以在退休时一次性领取 90 000 元的养老金，或者购买一个月给付额为 547 元的终身年金。

综上所述，对于定额年金，每期给付的年金金额事前确定，给付风险不大；但这种年金未考虑通货膨胀对货币购买力的影响，购买力风险较大。对于变额年金，从长期看，因为投资收益率很有可能高于同期通货膨胀率，通常能保持货币购买力，购买力风险相对不大；但每期给付的年金金额事前不确定，给付风险较大，需要消费者有较强的风险承受力。

专栏 13-2

某保险公司年金保险

第一条　摘要

本产品初步提供 3 个投资账户，投保人可以根据自身需求，选择投资账户并进行养老保险基金财产分配，或者根据自身需求设立独立的投资账户。本产品初步设立的 3 个投资账户为：(1) 避险投资账户；(2) 稳健投资账户；(3) 成长投资账户。

本产品的每个投资账户资产均已单位化，各投资账户的投资单位均可通过本公司买入和卖出。根据本产品买入或卖出各投资账户的投资单位，均以人民币支付。

第二十七条　投资单位定价

投资单位价格以该交易日前一个评估日所确定的投资单位资产净值为准；投资单位价格计算至小数点后四位数。任何投资账户的初始单位资产净值为 1.000 0 元。

第二十八条　投资单位转换

投保人可以根据自身需求，调整在各投资账户上的资产分配比例。本公司在收到申请后计算需要进行转换的投资单位数量，并按以下公式进行各投资账户下的单位转换：

$$N=(K\times L)/M$$

其中，N：转换后新投资账户的买入单位数。

K：被转换原投资账户的单位数。

L：原投资账户的投资单位价格。

M：新投资账户的投资单位价格。

投保人在每一合同年度可以进行免费投资转换的次数不得超过本公司规定次数。

第三节　年金保险在理财中的应用

年金是个人提前安排退休收入的一种有效方式，有助于确保“老有所养”，缓解老龄化问题。年金也为个人和家庭提供了一种长期的投资渠道。国家通常会采取一定的税收优惠政策，鼓励居民购买年金。本节具体介绍了年金保险应对退休后财务风险的作用、年金税收政策以及年金保险的其他用途。

一、年金保险应对退休后财务风险的作用

老年人退休后的收入来源有限，且收入金额也会相对减少，导致老年人应对长寿风险、投资风险和通货膨胀风险等的能力下降，从而影响到老年人退休后的生活。

个人在为退休生活进行规划时，应做好风险管理：一方面在积累期应从事有效投资，使财富价值最大化；另一方面也需要妥善规划给付期退休金适用额度，降低退休金不足的风险。运用年金保险，可以在一定程度上应对退休后财务风险。

（一）针对长寿风险

通过购买终身年金保险，保险人将从约定给付日开始给付保险金，直到被保险人身故，因此能够有效应对长寿风险。随着社会进步，生活和医疗条件的不断改善，退休者可能会严重低估生存预期，实际上导致对长寿风险的低估。在商业养老保险市场发达的美国，老年人对他们的生存可能性知道得比较准确，经过调查发现，多数老年人对他们的预期生存寿命与精算表的数据非常接近。

（二）针对投资风险

保险公司作为专业的机构投资者，通常可以提供相对稳定而合意的投资回报和投资管理服务。

购买年金保险以后，年金领取者不必在投资方面花费心思，因为保险公司会对于保费构成的基金进行适当的投资。保险公司作为专业机构，多数拥有自己的专家理财团队，能够随时关注资本市场动态，把握投资机会，自动平衡风险和收益的关系，为年金保险购买者创造稳健的投资收益。考虑到年金领取者主要是老年人，年金保险通常可以提供合意的投资回报和投资管理服务的特点更具实际意义。

（三）针对通货膨胀风险

在通货膨胀压力下，物价上涨，通货膨胀预期加剧，收入减少、医药费激增是许多老年人不得不面对的问题，原来准备的养老金可能也不够充裕了。而年金保险可以通过产品设计使给付额随通货膨胀率的变化而调整（如递增年金、指数化年金等），故能在一定程度上保障年金给付的购买力。

专栏 13－3

条款示例

某公司递增年金保险条款

在本合同有效期间内，本公司负下列保险责任（以下所称“领取年龄”均以保单周年日为准计算）：

被保险人因意外伤害事故或因病于约定领取年龄前身故，本公司返还其所有已缴保费的本利和（按年复利8%计息，期缴保费统一以年缴保费为准），保险责任终止。

被保险人生存至约定领取年龄，首年本公司按每份保险1 200元给付生存养老年金，以后每年给付金额在上年基础上递增5%；如被保险人领取养老年金未满10年身故，其受益人可继续领取，直至领满10年；如被保险人领满10年后仍生存，可继续领取直至身故。

被保险人于领取养老年金期间身故，本公司按每份保险2 000元给付身故保险金，保险责任终止。

二、年金税收政策

（一）美国个人年金税收

在美国，在所得税优惠政策激励下，年金产品越来越受到市场的欢迎。当然，并非所有的年金保险都可以享受所得税优惠。政府以法律形式规定，满足特定条件的退休计划称为税优退休计划，否则就属于非税优退休计划。对于美国雇员而言，允许递延纳税的年金或养老金计划包括：个人退休计划、雇主提供的符合美国税收法规的401(K)计划、教育及其他免税机构职员的403(b)计划、州和地方政府雇员457计划等。

1. 无税优计划

在美国，如果个人购买的年金属于无税优个人退休储蓄计划，则在计算联邦所得税时，年金保险的保费不能抵扣个人应税收入。同样，税后本金在累积期间的投资所得也需缴纳相应的所得税。

假设约翰从工资收入中拿出1 000美元进行储蓄，年度税前收益率为10%，适用的个人所得税税率为28%，则他必须为这1 000美元缴纳个人所得税，可用于投资的实际金额仅为720［1 000×(1－28%)］美元。这笔投资每年将获得10%的税前收益率，但投资收益必须在收益当年缴纳所得税，这表明约翰的年度税后投资收益率为7.2%［10%×(1－28%)］。因此，如果约翰税前储蓄为1 000美元（或税后储蓄为720美元），则他在一年后的累积储蓄为771.84 {1 000×(1－28%)×[1＋10%×(1－28%)]}美元，两年后的累积储蓄为827.41 {1 000×(1－28%)×[1＋10%×(1－28%)]^2}美元。

一般地，在退休计划外，1美元税前工资投资n年后的累积储蓄为

$$(1-\tau)[1+R(1-\tau)]^n$$

其中，τ为个人所得税税率（假设为常数），R为年度税前收益率。

该公式推导见图13－2。

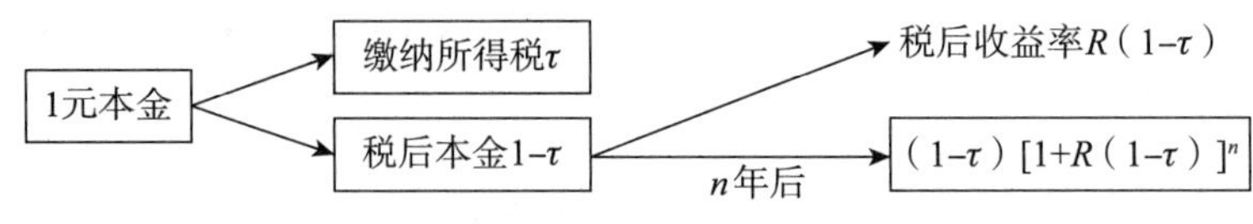

图13－2　无税优计划图示

2. 仅投资收益可递延的非税优个人退休计划

现假设约翰可以在退休之前将部分工资存入非税优个人退休计划，存入本金不能递延纳税，投资收益可以递延到领取时纳税。如果约翰得到 1 000 美元的税前工资，则缴纳所得税后，只有 720 美元可用于退休储蓄。这些储蓄每年将获利 10%，既然对投资收益不征税，则 2 年后的税前累积余额为 871.20(720×1.1^2)美元。累积储蓄与初始投资之差即为投资收益。因此，约翰必须按投资收益 151.20(871.20−720) 美元纳税。如果给定个人所得税税率为 28%，那么他将缴纳 42.34 美元，税后储蓄余额为 828.86 美元。该数额大于约翰在不享有投资收益递延纳税政策情况下的所得（827.41 美元）。虽然两者之间的差别很小，但如果将投资期限延长，这种投资收益递延纳税上的优势可能非常显著。

通常，个人在每 1 美元的税前工资中，可以用于投资部分为$(1-\tau)$美元，相应的投资收益可以递延纳税。假设每年税前收益率为 r，投资$(1-\tau)$美元在 n 年后的税后累积值为

$$(1-\tau)\{(1+r)^n-\tau[(1+r)^n-1]\}$$

大括号中的第二项为税率 τ 乘以投资收益，而投资收益就是基金终值与初始投资之差。

该公式推导见图 13－3。

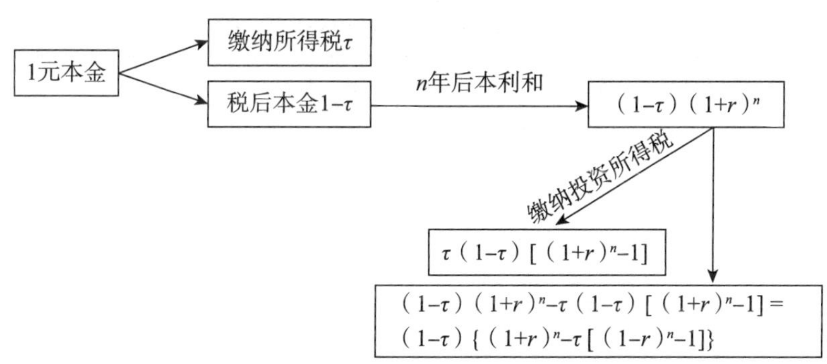

图 13－3　投资收益可递延的非税优计划图示

3. 年金保费与投资收益均可递延纳税的税优个人退休计划

现在考虑税优个人退休计划的税收优惠，除了投资收益递延纳税外，投资者向个人退休计划存入的本金，既相当于年金保费也可以递延纳税。延用上例，如果以约翰的名义向税优个人退休计划缴纳 1 000 美元，则他不必为这 1 000 美元缴纳所得税，可以直到退休领取时再纳税，而且投资收益也可以递延纳税。因此，约翰在 2 年后税前累积余额为 1 210($1\,000\times1.1^2$)美元。如果此时退休，约翰必须为这笔退休金纳税，税后退休金为 871.20[1 210×(1−0.28)]美元。该数额高于在退休计划外进行储蓄所得金额（827.41 美元），也高于仅投资收益可以递延纳税时所得金额（828.86 美元）。

通常，年金保费和投资收益均可纳税递延，这意味着 1 美元税前工资投资到

一个税优退休计划项目中，经过 n 年后将变为

$$(1+r)^n(1-\tau)$$

该公式表明了在税优退休计划下进行储蓄和在税优退休计划外进行储蓄之间的本质差别，即税前与税后收益率的差别。换言之，通过税优计划储蓄 1 000 美元，相当于收到 1 000 美元，按该金额纳税后，进行投资并获得税前投资收益率 (r)，直到退休为止；在无税优计划中投资 1 000 美元，相当于收到 1 000 美元，按该金额纳税后，进行投资并获得税后投资收益率 [$r\times(1-\tau)$]，直到退休为止。

上述公式推导见图 13－4。

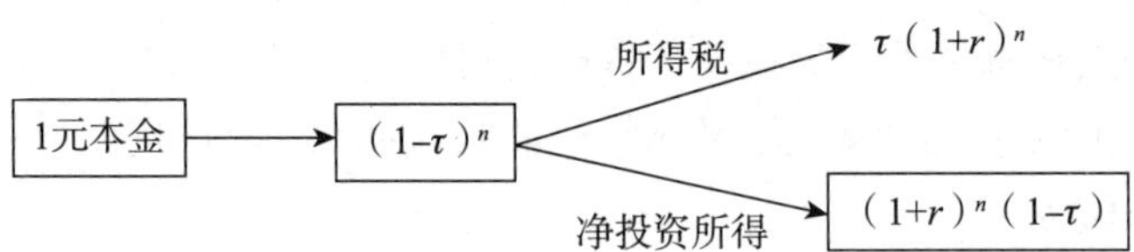

图 13－4　年金保费与投资收益均可递延纳税的税优计划图示

随着投资期限 n 不断延长，上述 3 种税收方案所对应的累积退休金将出现越来越显著的差别。假设退休前每年的税前收益率为 10%，税率为 28%，表 13－2 列示了不同投资年限下 3 种储蓄计划的税后累积价值比较。

表 13－2　不同投资年限下 3 种储蓄计划的税后累积价值比较（单位：美元）

储蓄计划	投资年限						
	1 年	2 年	5 年	10 年	20 年	30 年	40 年
无税优计划	771.84	827.41	1 019.31	1 443.05	2 892.20	5 796.64	11 617.80
非税优计划	771.84	828.86	1 036.49	1 546.20	3 689.14	9 247.37	23 664.00
税优计划	792.00	871.20	1 159.57	1 867.49	4 843.80	12 563.57	32 586.66

在上述分析中，我们假设个人适用的所得税税率保持不变。如果人们预计退休期间的适用税率较低，那么税优退休计划的税收好处将更加突出。例如，一名雇员在工作期间的适用税率为 28%，预计退休期间的适用税率为 15%，这样同前面所描述的其他方案相比，在投资收益和年金保费上的纳税递延使得雇员得到更多的税收优惠，因为除递延纳税（减少税款现值）外，退休期间较低的适用税率还降低了税款的绝对数额。

（二）我国个人年金税优政策及趋势

我国在年金税收优惠方面也在逐渐借鉴国际成功经验。

2009 年，国务院文件明确支持上海国际金融中心建设，提出在上海试点个税递延型养老险。

2013 年 12 月 6 日，财政部、人力资源和社会保障部及国家税务总局联合发布《关于企业年金、职业年金个人所得税有关问题的通知》，规定自 2014 年 1 月

1日起实施企业年金、职业年金个人所得税递延纳税优惠政策，企事业单位在为全体职工缴付的企业年金或职业年金单位缴费部分，在记入个人账户时，个人暂不缴纳个人所得税。而个人根据规定缴付的年金个人缴费部分，在不超过本人缴费工资计税基数4%标准内的部分，暂从个人当期的应纳税所得额中扣除。在个人达到退休年龄时，将对个人实际领取的企业年金或职业年金，按照“工资、薪金所得”项目适用的税率，计征个人所得税。按年或按季领取的年金，将平均分摊记入各月，每月领取额全额按照相应税率计征所得税。超过规定标准缴付的年金单位缴费和个人缴费部分，应并入个人当期的工资、薪金所得，依法计征个人所得税。

2018年4月2日，财政部、税务总局、人力资源和社会保障部、中国银行保险监督管理委员会、证监会联合发布《关于开展个人税收递延型商业养老保险试点的通知》(财税〔2018〕22号)，规定自2018年5月1日起，在上海市、福建省（含厦门市）和苏州工业园区实施个人税收递延型商业养老保险试点，试点期限暂定一年。对试点地区个人通过个人商业养老资金账户购买符合规定的商业养老保险产品的支出，允许在一定标准内税前扣除；计入个人商业养老资金账户的投资收益，暂不征收个人所得税；个人领取商业养老金时再征收个人所得税。为规范保险公司个人税收递延型商业养老保险产品开发设计行为，根据财税〔2018〕22号文的有关规定，中国银行保险监督管理委员会同财政部、人力资源和社会保障部、税务总局制作了《个人税收递延型商业养老保险产品开发指引》，提出了“收益稳健、长期锁定、终身领取、精算平衡”的设计原则。税收递延型商业养老保险在产品设计上强化了保险保障功能，强调终身给付的同时还提供全残保障和身故保障。

总之，推行个人税收递延型商业养老保险，不仅有利于促进保障体系的建设，而且可以大大减轻财政负担，同时有利于丰富养老保障层次，满足老百姓多层次的保障需求。

三、年金保险的其他用途

现实生活中，人们提及年金保险时，首先想到的是趸缴终身年金保险，而投保这类年金保险往往需要一大笔资金，从而使许多人错误地认为，年金保险只是对富裕阶层有吸引力，然而事实并非如此。

（一）年金保险的一般适用情形

年金保险的用途几乎与人寿保险一样广泛，保险公司可以设计不同的年金产品以满足个人和家庭对财务安全的多种需求。对于富有的人而言，巨额的财富可能因为经济萧条、重大投资失误和任意挥霍而付诸东流，而剩下唯一的收入来源是当年购买的年金所提供的定期收入。因此，富人购买年金首先是为了经济安全，防范未来发生财务困难，收益率相对来说是次要的；而对于多数中老年人而言，收益率可能是更为重要的考虑因素，他们已经积累了一定的财富，并希望这些财富能够增值，为自己的晚年提供足够的经济来源。现实生活中，越来越多的

父母认为，将孩子抚养成人并提供良好的教育以后，自己最大的愿望是能够在晚年生活中保持经济上的独立，以减轻子女的赡养负担。在这种情况下，年金是实现这一目标的理想工具。而在有些情况下，父母不需要动用全部资本积累为自己的晚年生活提供经济来源。此时，部分财产可以用于购买特定形式和规模的年金，以便在自己有生之年将多余的财产定期、定额分配给子女，这对子女是很有帮助和价值的。多数年轻人也希望在自己最缺钱的时候从父母那里获得部分资金或财产，而不愿意等父母去世后得到高额的遗产，因为相对而言那时他们已经不太缺钱了。此外，从父母方面来看，在有生之年安全地将部分财产转移给子女，更符合自己的意愿，也更有成就感。类似地，运用年金还可以为慈善机构、教育基金会等提供生前遗赠。

（二）年金保险在结构给付中的应用

1. 结构给付与年金保险

在美国的司法实践中，对受害人的赔偿金采取结构给付的理念可以追溯到20世纪50年代，而独立的、全职的结构给付专家直到70年代才逐渐增多，继而采用结构给付赔偿受害人的案件数也明显增加。采用结构给付方式的案件通常涉及一般责任、医疗事故、产品瑕疵、汽车事故、雇员工伤等事件。在确定结构给付的过程中，需要的专家通常包括人身伤害理赔师、律师及结构给付专家等，其目标是根据肇事者的责任和受害人未来的需求（包括可预见的和不可预见的），寻找合适的赔款方式补偿受害方所遭受的损失。

图13－5展示了结构给付年金中当事人之间的关系。

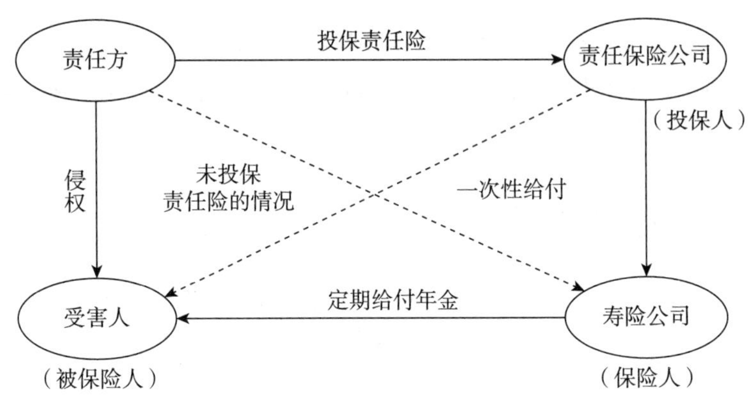

图13－5　结构给付年金中当事人之间的关系

2. 结构给付的好处

下面简单介绍利用年金形式进行赔偿的结构给付对不同当事人的好处。

（1）对受害人的好处。对受害人而言，结构给付的好处主要表现在财务安全、给付与需求匹配、资金管理和保证支付等方面：1）财务安全。这是结构给付对受害人而言最主要的好处，当案件涉及未成年人及其他无行为能力的当事人时，结构给付以年金方式提供终身收入显得格外有保障和可操作性。当案件涉及受害人的未来经济保障时，这种赔款方式对受害人及法院都很有吸引力。2）给付与需求匹配。受害人需要定期收入来满足生活费用和医疗护理支出。在某些理赔案件中，预计未来的医疗费用很高，但支出时间是未知的，此时可以建立一个医疗信托（类似于应急基金）。该信托是以被告方为受托人，根据信托协议创立的，而该信托协议是结构给付的组成部分。3）资金管理。索赔人及其家人或监护人通常没有受过专门的培训，缺乏管理大笔资金的经验和能力。大笔资金很可能因为管理不善、投资不当或任意挥霍而化为乌有。在结构给付中采用定期支付，有效地降低了这些风险。4）保证支付。由于结构给付保证在索赔人生存期间或固定期间提供定期给付，因此，赔偿金不会提前耗尽。当然，如果签订结构给付协议的保险人出现偿付问题，支付金额可能减少或延期。

（2）对原告方律师的好处。采用结构给付方式，律师能够确保其客户的赔偿是有保障的，不像一次性给付那样存在资金被滥用或不当花费的可能，从而有助于减少律师的职业责任风险。

（3）对法官的好处。一次性赔款存在明显的不足之处：法官或陪审团必须确定原告在剩余生命期间所需的经济需求。如果原告的实际寿命长于预期寿命，一次性赔款将在生前被耗尽；如果原告的实际寿命短于预期寿命，其继承人可能得到一笔意外的、本不该得到的赔款。保证终身的定期给付能够确保原告的财务安全，且不需要法官或陪审团对原告的剩余寿命做出预测。

（4）对公众的好处。由于结构给付为受害人提供了经济安全和医疗护理保障，受害人不会成为政府或社会的负担，从而对社会公众来说是有利的。此外，结构给付也可以大大缩短诉讼期间，降低法院成本。

（三）住房反向抵押年金保险

住房反向抵押贷款指已经拥有房屋所有权的老年人将房产抵押给银行、保险公司等金融机构，金融机构根据老年人的年龄、预期寿命、房产现值、未来价值、折损等因素评估房产价值，将其房屋的价值化整为零，分摊到预期寿命年限中去，定期（月或年）支付给借款人，直到借款人去世。

住房反向抵押贷款最早源于荷兰，当时是为了解决住房问题而提出的一种措施。住房反向抵押贷款发展最成熟、最具代表性的当属美国。20 世纪 80 年代，美国因为出现了大量的“房产富翁，现金穷人”，于是住房反向抵押贷款应运而生，并逐渐成为许多老年住房所有者首选的金融产品。美国的住房反向抵押贷款一般允许年纪在 62 岁以上的老年人申请将房产净值转换成现金，具体金额视申请人的年龄、利率水平、所选择贷款方案的种类、房产的价值等情况而定，而且这笔现金是免税的。

住房反向抵押年金保险实际上是将住房反向抵押贷款所取得的收入以年金的形式支付给借款人，以解决老年人养老需求的一种形式。

我国的社会保障体系还不太健全，独生子女政策推行的积极效应固然已很明显，但它所带来的负面影响也在逐步显现，人口老龄化、老人高龄化问题正以比国外快得多的速度在中国出现。所以，反向抵押贷款这一新的贷款模式在我国的实施，有其积极意义和现实需求。

2014 年保监会下发《关于开展老年人住房反向抵押养老保险试点的指导意

见（征求意见稿）》，北京、上海、广州和武汉将成为率先开展试点的四个城市。试点产品分为两类，即参与型反向抵押养老保险产品和非参与型反向抵押养老保险产品。其中，参与型产品是指保险公司可参与分享房屋增值收益，通过定期评估，对投保人所抵押房屋价值增长部分，依照合同约定在投保人和保险公司之间进行分配。而非参与型产品，则指保险公司不参与分享房屋增值收益，抵押房屋价值增长全部归属投保人。

当然，当前我国住房市场存在诸如房价涨跌、70 年产权等诸多问题，而且消费者对于这种养老方式是否接受等都将是这种养老方式未来发展的重要影响因素。

第四节　年金保险规划

案例背景：王某为某企业中层管理人员，月收入 1 万元，现年 40 岁，预计 65 岁退休。预估其退休金为 3 500 元/月。假设月工资保持不变，预期寿命为 80 岁，退休后的投资收益率为 5%。若在其退休时可一次性获得其他投资、储蓄及企业福利共 30 万元，且全部用于养老。如果没有其他收入，则王某是否还需要为退休后生活进行投资？

一、确定保障水平

确定保障水平实际就是确定合适的退休收入替代率，即确定年金领取人退休后养老金需求与退休前收入水平之比，这是衡量劳动者退休前后生活保障水平差异的基本指标之一。退休收入替代率是用来反映退休人员基本生活保障水平的重要指标。国际经验表明，如果退休收入替代率大于 70%，退休后可维持退休前的生活水平；如果达到 60%～70%，即可维持退休前基本生活水平；如果低于 50%，则生活水平较退休前大幅下降。

此处以 80%为例，即退休后养老金需求要达到其当前收入水平的 80%(8 000 元/月）。

二、确定资金缺口

保障水平越高，则所需资金缺口越大。王某在退休时获得的 30 万元如果全部用于养老，则相当于年给付额为 27 526 元（$n=15$，$I=5\%$，$PV=300\ 000$，$FV=0$，期初年金，得出 $PMT=-27\ 526$ 元），即月给付额为 27 526/12=2 294（元）。

按收入替代率 80%来计算，则当前收入与需求之间的缺口为：10 000×0.8−3 500−2 294=2 206（元）。

可见，王某当前仍需要为其未来的退休生活进行投资，以弥补 2 206 元/月的资金缺口。退休后所需资金在 65 岁时的现值总和为 288 509 元（$n=15$，$I=$

5%，$PMT=2\ 206\times 12$，$FV=0$，期初年金，得出 $PV=-288\ 509$ 元）。

三、年金保险保费支出计算

如果王某打算通过购买年金保险的方式实现在 65 岁时积累 288 509 元的目标，则他的缴费水平取决于年金计划的税收优惠条件。（为计算方便，不考虑死亡率影响，以 15 年期的确定年金为例，假设年投资收益率为 6%，所得税税率为 20%，不考虑其他费用。）

分别考虑各种税收优惠条件下的保费支出：

（一）无税优计划

根据前述无税优年金计算公式，设该计划下保费支出为 X，则

$$X(1-\tau)[1+r(1-\tau)]^n=288\ 509$$
$$X(1-0.2)[1+0.06\times(1-0.2)]^{25}=288\ 509$$

解得 $X=111\ 695.92$（元）。即在无税优计划下，购买年金保险的保费支出为 111 695.92 元。

（二）仅投资收益可递延的非税优个人退休计划

根据前述投资收益可递延的非税优计划计算公式，设该计划下保费支出为 X，则

$$X(1-\tau)\{(1+r)^n-\tau[(1+r)^n-1]\}=288\ 509$$
$$X(1-0.2)\{(1+0.06)^{25}-0.2\times[(1+0.06)^{25}-1]\}=288\ 509$$

解得 $X=99\ 253.22$（元）。即在仅投资收益可递延的非税优计划下，购买年金保险的保费支出为 99 253.22 元。

（三）年金保费与投资收益均可递延纳税的税优计划

根据前述年金保费与投资收益均可递延纳税的税优计划计算公式，设该计划下保费支出为 X，则

$$X(1+r)^n(1-\tau)=288\ 509$$
$$X(1+0.06)^{25}\times(1-0.2)=288\ 509$$

解得 $X=84\ 027.75$（元）。即在年金保费与投资收益均可递延纳税的税优计划下，购买年金保险的保费支出为 84 027.75 元。

附录 13-1　中国人寿保险股份有限公司

国寿鸿寿年金保险（分红型）利益条款

第一条　保险合同构成

国寿鸿寿年金保险（分红型）合同（以下简称本合同）由保险单及所附国寿鸿寿年金保险（分红型）利益条款（以下简称本合同利益条款）、个人保险基本条款（以下简称本合同基本条款）、现金价值表、声明、批注、批单以及与本合同有关的投保单、复效申请书、健康声明书和其他书面协议共同构成。

第二条　投保范围

凡年满十六周岁以上、六十周岁以下的公民均可作为被保险人，由本人或对其具有保险利益的人作为投保人向本公司投保本保险。

第三条　保险期间

本合同的保险期间为本合同生效之日起至被保险人年满八十周岁的年生效对应日止。

第四条　年金开始领取日

年金开始领取年龄分为五十五周岁和六十周岁二种，投保人可选择其中一种作为本合同的年金开始领取年龄。年金开始领取日为年金开始领取年龄的年生效对应日。

第五条　保险责任

在本合同保险期间内，本公司承担以下保险责任：

一、自本合同约定的年金开始领取日起至被保险人年满七十九周岁的年生效对应日止，每年在本合同的年生效对应日，若被保险人生存，本公司按保险单载明的保险金额的5%给付年金。

二、被保险人身故，本公司按保险单载明的保险金额的二倍给付身故保险金，本合同终止。

三、被保险人生存至年满八十周岁的年生效对应日，本公司按保险单载明的保险金额的二倍给付满期保险金，本合同终止。

第六条　责任免除

因下列任何情形之一导致被保险人身故，本公司不承担给付保险金的责任：

一、投保人对被保险人的故意杀害、故意伤害；

二、被保险人故意犯罪或抗拒依法采取的刑事强制措施；

三、被保险人在本合同成立或合同效力恢复之日起二年内自杀，但被保险人自杀时为无民事行为能力人的除外；

四、被保险人服用、吸食或注射毒品；

五、被保险人酒后驾驶、无合法有效驾驶证驾驶或驾驶无有效行驶证的机动车；

六、被保险人在本合同生效（或复效）之日起一百八十日内因疾病；

七、战争、军事冲突、暴乱或武装叛乱；

八、核爆炸、核辐射或核污染。

无论上述何种情形发生，导致被保险人身故，本合同终止，本公司向投保人退还本合同的现金价值，但投保人对被保险人故意杀害或伤害造成被保险人身故的，本公司退还本合同的现金价值，作为被保险人遗产处理。

第七条 红利事项

在本合同保险期间内，在符合保险监管机构规定的前提下，本公司每年根据上一会计年度分红保险业务的实际经营状况确定红利分配方案。如果本公司确定本合同有红利分配，则该红利将分配给投保人。

投保人在投保时可选择以下任何一种红利处理方式：

一、现金领取；

二、累积生息：红利保留在本公司以年复利方式累积生息，红利累积的年利率每年由本公司公布。

若投保人在投保时没有选定红利处理方式 ，本公司按累积生息方式办理。

本合同在效力中止期间不享有本公司红利的分配。

本公司每年向投保人提供一份红利通知书。

第八条 保险费

保险费的交付方式分为趸交、年交和月交三种，分期交付保险费的交费期间分为十年和二十年两种，由投保人在投保时选择。

第九条 保险金申请所需证明和资料

一、申请年金和满期保险金时，所需的证明和资料为：

1. 保险单；

2. 申请人法定身份证明；

二、申请身故保险金时，所需的证明和资料为：

1. 保险单；

2. 申请人法定身份证明；

3. 公安部门或二级以上（含二级）医院出具的被保险人死亡证明书；

4. 被保险人的户籍注销证明；

5. 本公司要求的申请人所能提供的与确认保险事故的性质、原因等相关的其他证明和资料。

第十条 附则

本合同基本条款与本合同利益条款相抵触的，以本合同利益条款为准。

第十一条 释义

毒品：指中华人民共和国刑法规定的鸦片、海洛因、甲基苯丙胺（冰毒）、吗啡、大麻、可卡因以及国家规定管制的其他能够使人形成瘾癖的麻醉药品和精神药品，但不包括由医生开具并遵医嘱使用的用于治疗疾病但含有毒品成分的处方药品。

酒后驾驶：指经检测或鉴定，发生事故时车辆驾驶人员每百毫升血液中的酒精含量达到或超过一定的标准，公安机关交通管理部门依据《道路交通安全法》的规定认定为饮酒后驾驶或醉酒后驾驶。

无合法有效驾驶证驾驶：指下列情形之一：

(1) 没有取得驾驶资格；

(2) 驾驶与驾驶证准驾车型不相符合的车辆；

(3) 持审验不合格的驾驶证驾驶；

(4) 持学习驾驶证学习驾车时，无教练员随车指导，或不按指定时间、路线学习驾车。

无有效行驶证：指下列情形之一：

(1) 机动车被依法注销登记的；

(2) 未依法按时进行或通过机动车安全技术检验。

机动车：指以动力装置驱动或者牵引，供人员乘用或者用于运送物品以及进行工程专项作业的轮式车辆。

战争：指国家与国家、民族与民族、政治集团与政治集团之间为了一定的政治、经济目的而进行的武装斗争，以政府宣布为准。

军事冲突：指国家或民族之间在一定范围内的武装对抗，以政府宣布为准。

暴乱：指破坏社会秩序的武装骚动，以政府宣布为准。

会计年度：自公历一月一日起至十二月三十一日止。

附录1

《金融理财师竞争力标准》

(2015)

目 录

金融理财师竞争力标准

辨识专业人士是否具备专业工作所需的专业知识、专业技能和执业能力，是一个高质量职业认证项目的基础。《金融理财师竞争力标准》涵盖了三大要点。

首先，《金融理财师竞争力标准》介绍了金融理财专业人士不论身处何地或法律辖区都应具备的专业知识、专业技能和执业能力。FPSB 希望通过推行一整套在全球范围内得到认可的《金融理财师竞争力标准》使享受理财服务的客户受益。

其次，《金融理财师竞争力标准》翔实地阐述了金融理财专业人士与客户共同制定金融理财规划时所需要的知识、技能、能力、态度和判断力。当为客户提供金融理财服务时，金融理财专业人士需要凭借金融理财方面的知识，运用适当的专业技能，并将其与金融理财执业能力结合起来。对知识、技能和能力的有效整合是金融理财专业人士竞争力的表现。

最后，《金融理财师竞争力标准》既从多方位反映了金融理财专业人士当前的工作状态，又体现出 FPSB 对未来 5 年金融理财职业发展的期望。《金融理财师竞争力标准》描述了金融理财师为向客户提供令其满意的服务需要具备的全部专业知识、专业技能和执业能力。决定专注于某一方面的金融理财专业人士（例如只专注于一种或两种金融理财组成部分，如遗产规划或税务筹划）需综合考虑所有的专业知识和执业能力，以确认哪些方面与客户服务相关。

金融理财知识

作为金融理财专业人士的能力表现，首先需广泛地掌握金融理财以及相关主题的理论和实践知识。掌握了专业知识之后，能够将其与专业技能和执业能力相结合，最终为客户提供优质的金融理财服务。

金融理财师掌握丰富、准确的金融理财专业知识，既能赢得客户的信任和尊重，也能够树立起理财师们对自身工作能力的信心。

金融理财知识体系

FPSB 的金融理财专业知识明确了金融理财专业人士在为客户提供优质的金融理财规划方案，或与同事及其他专业人士交流时能够借鉴和使用的专业知识。

FPSB 将金融理财知识体系归类为：

1. 金融理财原理、过程与技能；
2. 财务管理；
3. 税收原理与优化；
4. 投资规划/资产管理；
5. 风险管理与保险规划；
6. 退休规划；
7. 遗产规划与财产转让；
8. 综合金融理财规划。

金融理财知识专题分类

1. 金融理财原理、过程与技能

1.1 金融理财的过程
1.2 金融理财实践和职业道德
1.3 专业技能
1.4 影响金融理财规划的监管、经济和政治环境
1.5 法律及合规
1.6 货币的时间价值
1.7 客户特征
1.8 客户风险属性
1.9 客户参与及沟通
1.10 批判性思维

2. 财务管理

2.1 财务管理原理
2.2 个人和小型企业资产负债表(净资产报表)
2.3 使用和非使用资产
2.4 现金流量表
2.5 预算的编制与管理
2.6 储蓄的分析与策略
2.7 应急基金
2.8 债务与债权管理
2.9 财务比率分析
2.10 特定用途的财务规划

3. 税务原理与优化

3.1 税务原理
3.2 税务筹划的目标
3.3 税务筹划原理
3.4 税务筹划的法律与政策
3.5 税务分析与计算
3.6 税务筹划策略
3.7 资产配置的税务筹划

4. 投资规划/资产管理

4.1 投资原理
4.2 投资的目标、限制条件、能力及适宜性
4.3 投资的时间范围
4.4 行为金融学
4.5 资产类别
4.6 投资理论

4.7　业绩评估

4.8　资产配置和业绩

4.9　投资产品——评估、选择和监督

5. 风险管理与保险规划

5.1　风险管理原理

5.2　保险规划目标

5.3　风险敞口的分析与评估

5.4　风险策略

5.5　风险管理产品

5.6　保险法律和索赔过程

5.7　保险产品、保险公司和保险顾问的选择与尽职调查

6. 退休规划

6.1　退休规划原理

6.2　退休规划的目标

6.3　退休需求的分析和预测

6.4　退休收入的潜在来源

6.5　退休收入与退休金提取计划及策略

6.6　退休金规划与基金产品

7. 遗产规划与财产转让

7.1　遗产规划原理

7.2　遗产规划目标

7.3　相关法律问题

7.4　财产所有权及其含义

7.5　遗产规划文件

7.6　资产传承规划

7.7　特殊家庭状况

7.8　预估死亡时的财务状况

7.9　遗产规划策略

7.10　慈善与慈善捐赠

7.11　无行为能力人的遗产管理（例如：现有遗产规划）

8. 综合金融理财规划

8.1　与客户的互动、沟通与金融理财过程

8.2　收集与数据

8.3　态度、目标及宗旨

8.4　疑点和问题

8.5　分析

8.6　策略

8.7　综合与建议

8.8　实施

8.9 定期复查

金融理财师的专业技能

FPSB的《金融理财师竞争力标准》明确了金融理财专业人士在为客户提供金融理财咨询、与同事或其他专业人士交流时所必须具备的专业技能和社交能力，其中部分技能和能力是金融理财行业所特别要求的，更多的则是所有职业共通的。金融理财服务建立在双方高度信任的基础上，会面临种种不确定性和复杂性，需要与具有不同情况的客户达成共识。

FPSB将金融理财专业人士需具备的专业技能和社交能力分为四个领域：

1. 专业责任感；
2. 实践能力；
3. 沟通能力；
4. 认知能力。

FPSB针对上述各领域明确了一系列参考标准，可以通过观察金融理财人士的执业过程和结果来确定其是否掌握必备的专业技能为客户提供适当的金融理财服务。具体参考标准详见金融理财师专业技能矩阵表。

金融理财师的专业技能矩阵

金融理财师专业技能矩阵

专业责任感	实践能力	沟通能力	认知能力
101. 在所有职业关系中建立信任感	201. 遵守相关金融服务的法律法规	301. 注意倾听客户和他人的讲话，并理解其要表达的意思	401. 适时使用公式或数学方法
102. 提供专业服务时要以客户的利益为上	202. 坚守道德准则和行为标准	302. 与客户和他人建立良好关系	402. 分析、整合来自各种来源的信息以得到解决方案
103. 展示良好的道德判断力	203. 在没有相应行为标准做指引时能做出恰当的判断	303. 能以通俗易懂的方式向客户和他人口头传达信息和想法，确保陈述的准确性和非误导性	403. 用逻辑性和合理性来对比潜在行动方案的优缺点
104. 展示思想方面的诚实与公正	204. 随时洞察经济、政治和监管的变化	304. 能以通俗易懂的方式向客户和他人书面传达信息和想法，确保陈述的准确性和非误导性	404. 当面对不完整或不一致的信息时，得出有见地、有根据的结论
105. 认识到个人的能力是有限的，要在适当的时候寻求其他专业人士的帮助或交由其他专业人士处理	205. 坚持继续教育以确保自身知识和技能的更新	305. 表达方式具有逻辑性、目标导向性，具有合理的说服性	405. 展示适应不同思维方式和行为的能力

续前表

专业责任感	实践能力	沟通能力	认知能力
106. 认识到职业所起的公益作用，并尽力做好	206. 进行分析和制定策略时要做适当的研究	306. 对反对意见及投诉采取有效措施	
	207. 从事专业活动时要自律且有主动性	307. 与客户和他人达成一致意见	
	208. 为客户服务期间，能够承担责任，确保自己和/或公司有提供服务的能力		

FPSB 提出的专业化概念其核心具有双重需求——既满足客户的利益，同时也能够维护和促进行业的利益以造福社会。

在执行每一项专业工作或与其他专业人士合作时，金融理财专业人士能够准确无误地将一项或多项专业技能结合相应的专业知识和执业能力并运用到专业实践中去，同时致力于继续提高专业技能以保持自身在金融理财规划领域的竞争力。

金融理财师的执业能力体系

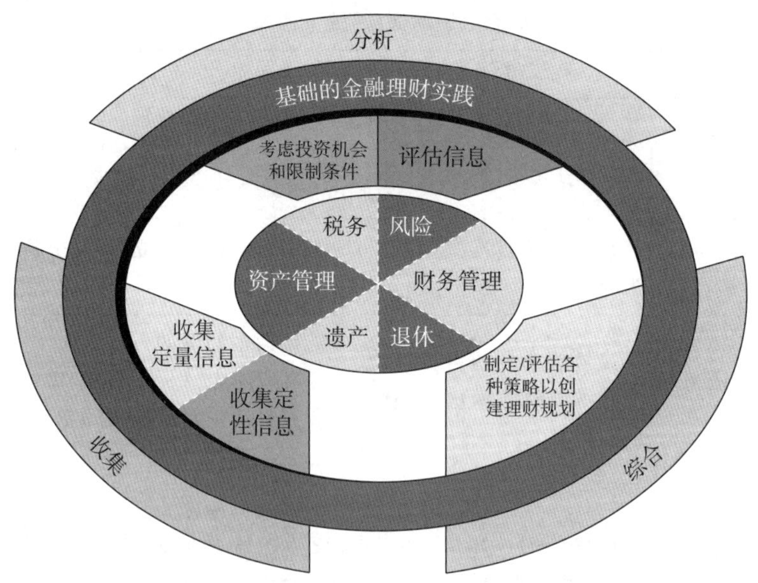

FPSB 制定的金融理财师执业能力体系定义了一整套金融理财专业人士必须具备的能力。金融理财师执业能力描述了无论在何种情况、何种场合下，金融理财专业人士向客户提供何种金融理财服务时需要完成的各种任务。金融理财专业人士利用一种或多种能力，以及与工作相关的技能、态度、判断能力和知识，提供令客户满意的金融理财服务。

不论是提供全面的金融理财服务还是仅提供某一方面或某种程度的服务（例如只专注于一种或两种金融理财组成部分，如遗产规划或税务筹划），金融理财专业人士都必须能够掌握向客户提供全面、综合的金融理财规划所需具备的全部能力。

金融理财专业人士必须对各种金融理财执业能力具备一定的水平，同时也能与其他专业人士合作评估客户的财务状况的各个方面（例如与律师在遗产规划事务方面合作，与会计师在税务筹划方面合作等等）。

金融理财师的执业能力体系架构

金融理财组成部分	1. 金融理财原理、过程与技能			
	金融理财的功能	收集	分析	综合
	2. 财务管理			
	3. 税务原理与优化			
	4. 投资规划/资产管理			
	5. 风险管理与保险规划			
	6. 退休规划			
	7. 遗产规划与财产转让			
	8. 综合金融理财规划			

金融理财师的每一项执业能力描述了理财专业人士向客户提供服务时需要完成的任务。考虑到金融理财师执业能力的整体性及某种能力可能会体现在多个类别里，因此为了更好地阐述金融理财师的执业能力，FPSB 把金融理财师的每种执业能力垂直归类为金融理财三个功能模块（收集、分析和综合），同时水平归类为八个金融理财组成部分（金融理财原理、过程与技能，财务管理，税务原理与优化，投资规划/资产管理，风险管理与保险规划，退休规划，遗产规划与财产转让，综合金融理财规划）。与金融理财原理、过程和技能相关的能力列在首位，它们是金融理财师能力的基础。

金融理财功能模块

FPSB 把金融理财师执业能力划分成三个功能模块：

收集

在收集阶段，金融理财专业人士收集制定金融理财规划所需的信息，它不只是简单地收集信息，还包括通过必要的计算和整理客户信息来确认相关事实以备分析。

核心竞争力：在收集阶段，金融理财的核心竞争力体现在：

1. 能够收集到制定金融理财规划所需的定量信息；
2. 能够收集到制定金融理财规划所需的定性信息。

分析

在分析阶段，金融理财专业人士应识别和考虑各种问题，通过对所收集的信息进行财务分析和评估为客户制定各种金融理财策略。

核心竞争力：在分析阶段，金融理财的核心竞争力体现在：

1. 考虑潜在的机会和限制条件以制定策略；

2. 评估各类信息以制定策略。

综合

在综合阶段，金融理财专业人士将信息综合起来开发和评估各项策略，从而制定金融理财规划方案。

核心竞争力：在综合阶段，综合各种基本金融理财实践的核心竞争力体现在：

1. 开发和评估各项策略来制定金融理财规划方案。

基本金融理财实践

基本金融理财实践代表了与金融理财专业人士执业能力有关的能力，包括：

1. 整合不同的金融理财核心竞争力和金融理财组成部分；
2. 理解和掌握实现金融理财规划所需的不同金融理财师执业能力之间的相互关系。

金融理财专业人士将使用一种或多种金融理财工作方式为客户提供金融理财规划服务。

金融理财组成部分

FPSB 将金融理财归纳为以下八个组成部分：

1. 金融理财原理、过程与技能；
2. 财务管理；
3. 税务原理与优化；
4. 投资规划/资产管理；
5. 风险管理与保险规划；
6. 退休规划；
7. 遗产规划与财产转让；
8. 综合金融理财规划。

向客户提供金融理财规划的服务时，金融理财专业人士不应孤立地分析客户的税务、资产管理或退休需求。同样，当面对客户单独的相关理财需求时，金融理财专业人士必须将至少一种金融理财功能（例如收集）或金融理财组成部分（例如风险规划）和执业能力相结合。

金融理财原理、过程与技能

金融理财原理、过程与技能代表执业能力，这种执业能力与金融理财专业人士以下的个人能力有关：

1. 整合不同的金融理财核心竞争力和金融理财组成部分；
2. 理解和掌握实现金融理财规划所需的金融理财师的不同执业能力之间的相互关系；
3. 通过为客户提供优质的建议与服务，从而与客户建立起友好、互信的关系。

金融理财专业人士在向客户提供理财规划方案时，将把金融理财的原理、过程与技能有机地结合。

1）金融理财原理、过程与技能	1.1 运用金融理财的过程 1.2 向客户和第三方展现自身的职业道德 1.3 在从事金融理财工作时，根据相关司法管辖，运用道德准则、执业标准和行为准则 1.4 展现沟通技能 1.5 展现分析技能 1.6 展现个人演讲技能 1.7 熟知相关监管、经济和政治环境 1.8 了解相关的法律，并能思考和讨论其对于理财实践合规问题的影响 1.9 讨论客户关系以及应用于金融理财方面的行为因素 1.10 理解和疏导客户面对各种风险时的情绪 1.11 了解金融理财实践管理及其他与商业相关的方面 1.12 运用货币的时间价值原理 1.13 解释非退休员工和政府福利的概念

金融理财组成部分：	收集 收集制定金融理财规划所需的定性和定量信息
2）财务管理	2.1 收集客户资产和负债的信息 2.2 收集客户现金流、收入和/或义务的信息 2.3 收集预算编制的必要信息 2.4 编制客户的资产净值表、现金流量表和预算表 2.5 确定客户的储蓄倾向 2.6 确定客户如何做出开支决策 2.7 确定客户对债务的态度
3）税务原理与优化	3.1 收集用以确定客户税务状况的必要信息 3.2 确定资产和负债的应纳税性质 3.3 确定客户账户的税务结构 3.4 确定当前、递延和未来的税务负债 3.5 确定与客户税收状况有关的关联方 3.6 确定客户对税收的态度
4）投资规划/资产管理	4.1 收集信息用于制作详细的投资产品报表 4.2 确定客户当前的资产配置 4.3 确定可用于投资的现金流量，以及预计能从投资组合中提取的资金 4.4 确定客户的投资态度、偏向和经验 4.5 确定客户的投资目标 4.6 确定客户对投资风险的容忍度 4.7 确定客户的假设和收益预期与规划的假设达成一致 4.8 确定客户达成投资目标的周期
5）风险管理与保险规划	5.1 收集客户当前的保险覆盖信息 5.2 确定客户潜在的财务义务 5.3 确定客户的风险管理目标和风险敞口 5.4 确定客户对风险敞口的容忍度 5.5 确定客户的家庭和生活方式相关问题和其态度 5.6 确定健康问题 5.7 确定客户采取积极措施来管理财务风险，包括其生活方式和健康问题的意愿

续前表

金融理财组成部分：	收集 收集制定金融理财规划所需的定性和定量信息
6）退休规划	6.1 收集潜在退休收入来源的详细信息 6.2 收集预估退休开支的详细信息 6.3 确定客户的退休目标 6.4 确定客户对退休的态度 6.5 客户对假定的退休计划表示满意，并且双方就此达成一致
7）遗产规划与财产转让	7.1 收集影响遗产规划策略的法律协议和文件 7.2 确定客户的遗产规划目标 7.3 确定可能影响遗产规划策略的家庭动态和业务往来
8）综合金融理财规划	8.1 确定客户金融理财的目标、需求、价值和限制（例如税收），按照具体的时间和资金状况进行优先排序 8.2 确定财务规划所需的信息 8.3 确定影响客户财务规划的法律问题 8.4 确定客户金融理财态度、倾向、驱动因素和对相关知识的掌握情况 8.5 确认客户个人及其财务状况的重大变化 8.6 准备进行理财分析所需的信息

金融理财组成部分：	分析 分析潜在的机会和限制并评估信息用以制定策略
2）财务管理	2.8 确认客户财务状况是否健康 2.9 确认与客户资产和负债相关的问题 2.10 确定客户的应急基金拨备 2.11 对比客户潜在现金管理策略 2.12 评估是否有足够的应急资金 2.13 评估的收入和支出的潜在变化的含义 2.14 确定对现金流的矛盾的需求 2.15 评估融资的备选方案
3）税务原理与优化	3.7 审阅有关的税务文件 3.8 分析现有和潜在的税务策略和结构的适用性 3.9 评估税务筹划备选方案的财务影响
4）投资规划/资产管理	4.9 计算达到客户目标所需的实际收益率 4.10 确定投资持有的特征 4.11 确定资产收购、资产处置的含义 4.12 分析潜在的投资策略 4.13 评估投资收益预期是否与风险承受能力和容忍度一致 4.14 评估持有资产是否与风险承受能力、风险容忍度和要求的投资收益相一致 4.15 分析客户的当前持有资产 4.16 评估用在客户资产组合中的潜在投资工具

续前表

金融理财组成部分：	分析 分析潜在的机会和限制并评估信息用以制定策略
5）风险管理与保险规划	5.8　确定当前保险覆盖的特点 5.9　检验当前和潜在的风险管理策略 5.10　评估金融风险 5.11　评估当前保险覆盖和风险管理策略下，客户的风险敞口 5.12　评估保险覆盖变化的影响 5.13　排列客户风险管理需求的优先次序
6）退休规划	6.6　根据当前状况制定财务预估，包括收入需求与资金之间的差距 6.7　确定客户的退休目标是否切合实际 6.8　检验潜在的退休规划策略 6.9　为保持退休后的预期生活方式评估退休时的财务要求 6.10　评估财务预测假设中的变化所带来的影响 6.11　评估要达到退休目标所需的各种取舍
7）遗产规划与财产转让	7.4　预测离世时的资产净值 7.5　分析满足客户遗产规划目标时遇到的各种限制条件 7.6　对比各种可能的遗产规划策略 7.7　计算离世时潜在的费用开销和欠税 7.8　评估受益人的具体需求 7.9　评估离世后遗产的流动性
8）综合金融理财规划	8.7　分析客户的目标、需求、价值观和其他信息，从而把金融理财组成部分按优先顺序排列 8.8　考量各金融理财组成部分的相互关系 8.9　比较机会和限制条件以及评估收集到的金融理财各方面的信息 8.10　权衡经济、政治以及监管环境的影响

金融理财组成部分：	综合 综合信息来制定及评估策略用以创建金融理财方案
2）财务管理	2.16　制定各项财务管理策略 2.17　评估每项财务管理策略的优缺点 2.18　优化策略以提出财务管理建议 2.19　按优先次序排列帮助客户实施财务管理建议的行动步骤
3）税务原理与优化	3.10　制定各项税务规划策略 3.11　评估每项税务规划策略的优缺点 3.12　优化策略以制定税务规划建议 3.13　按优先次序排列帮助客户实施税务规划建议的行动步骤
4）投资规划/资产管理	4.17　制定各项资产管理策略 4.18　评估每项资产管理策略的优缺点 4.19　优化策略以提出资产管理建议 4.20　选择合适的投资工具实施建议的理财策略 4.21　按优先次序排列帮助客户实施资产管理的行动步骤 4.22　准备投资方针声明 4.23　准备定期报告的材料

续前表

金融理财组成部分：	综合 综合信息来制定及评估策略用以创建金融理财方案
5）风险管理与保险规划	5.14　制定各项风险管理策略 5.15　评估每项风险管理策略的优缺点 5.16　优化策略以提出风险管理建议 5.17　按优先次序排列帮助客户实施风险管理建议的行动步骤
6）退休规划	6.12　制定各项退休规划策略 6.13　评估每项退休规划策略的优缺点 6.14　优化策略以提出退休规划建议 6.15　按优先次序排列帮助客户实施退休规划建议的行动步骤 6.16　与客户讨论有关财务预估中假设变化所带来的影响
7）遗产规划与财产转让	7.10　制定各项遗产规划策略，包括现有的遗产规划 7.11　评估每项遗产规划策略的优缺点 7.12　优化策略以提出遗产规划建议 7.13　按优先次序排列帮助客户实施遗产规划建议的行动步骤
8）综合金融理财规划	8.11　按优先次序排列金融理财建议来优化客户财务状况 8.12　将理财建议和实施步骤汇集为理财规划方案（以书面或重复的互动形式） 8.13　衡量达成金融理财目标的进度 8.14　确定复查金融理财规划的合适流程和周期

FPSB 以竞争力为基础的教育与发展体系

FPSB 以基本金融理财实践和相关的业绩标准为基础，编写了金融理财师综合竞争力的介绍，涵盖了金融理财专业人士为客户提供高品质金融理财建议所需的认知能力、专业能力和社交能力，同时考虑到实践的类型、背景与地点。

从金融理财师综合竞争力出发，FPSB 开发出了相关的课程内容。把这些课程内容纳入相关的学习、教学和职业发展中，可以使金融理财师达成以下目标：

- 能够认知、理解和运用金融理财专业的相关知识；
- 运用所掌握的相关知识来解决执业过程中遇到的复杂问题，与客户良好地互动并保持专业形象；
- 本着积极、自主、对自身负责任的态度，参与继续教育之类的活动；
- 成为一名被认可的金融理财专业人士。

金融理财师的能力体系中使用的术语

资产管理　在考虑客户的需求和限制条件的情况下，优化资产收益率的策略和方法。

资产配置　决定如何将一批资源投资到一揽子资产类别中，以形成一个在可接受的适度风险水平上能最好地满足客户投资收益目标的方法。

预算　对一特定时期的财务资源和费用进行预测的报表。

现金流量表 反映某一特定时期的现金流入和流出情况的汇总报表。

客户 与金融理财专业人士建立正式“金融理财师—客户关系”的一人、多人或相关实体。

遗产规划 保全和分配已积累的财富的策略和方法。

财务管理 优化短期和中期现金流、资产和负债的策略和方法，如预算和现金流管理等。

金融理财计划 用于管理某人的金融事务以实现其人生目标的一个或一组详细的、程序化的策略。

金融理财规划 制定策略以帮助客户管理其金融事务从而实现其人生目标的过程。

基本金融理财实践 金融理财师应该具备的贯穿所有金融理财组成部分不可或缺的工作能力。

需求 必需的某种物品或某种条件。

净财产报表 反映资产和负债的报表。

目标 谋求的或追寻的结果。

个人财务报表 净财产报表、现金流量表和预算表的汇总。

定性信息 关于客户特质、态度和偏好的信息。

定量信息 关于客户的客观、可度量的信息。

退休规划 针对财富积累和退休后支取财产的各种策略和方法。

风险管理 用于管理因个人原因而承担的财务风险的各种策略和方法。风险、风险敞口和风险承受能力等术语是指因为个人境遇所产生的财务损失风险。

策略 为实现一个或多个特定目标所制订的计划。

税务筹划 用于实现家庭税后净资产的现值最大化的策略和方法。

附录2

《金融理财执业标准》

(2015)

目　录

FPSB 的《金融理财执业标准》

国际金融理财标准委员会（FPSB）制定《金融理财执业标准》的目的如下：

◆为提供金融理财服务的金融理财师设定金融理财执业标准；

◆规范金融理财行为，保持金融理财师所提供的理财规划服务的连续性；

◆明确金融理财师及其客户在金融理财服务中各自的角色定位及应承担的责任；

◆提升金融理财执业流程的价值。

金融理财是指通过制定金融理财策略帮助客户进行财务管理，实现其人生目标的过程。金融理财业务流程是根据客户的相关情况，通过一系列的理财规划活动实施金融理财方案的过程，包括解决一些理财目标不一致的问题。国际金融理财标准委员会制定的《金融理财执业标准》规定了金融理财师无论在何时何地、何种背景、何种报酬方式下提供金融理财服务应该达到的执业标准。FPSB 希望这一全球公认的《金融理财执业标准》能使接受理财服务的客户受益。

国际金融理财标准委员会将执业标准规定纳入全球的 CFP 认证标准中。为了确保对上述执业要求的正确理解，国际金融理财标准委员会各成员组织也将执业标准的内容及应用纳入各自的 CFP 认证标准中，并分别予以修订和实施。

《金融理财执业标准》的表现形式

每条执业标准对应于金融理财流程的每一个步骤。每条标准后面有一段文字说明，陈述制定标准的目的，指导执业标准的具体应用与操作。该说明仅为解释之用，并非意在增加额外的条款或义务。

《金融理财执业标准》不是为了对金融理财的具体服务进行描述，也不是为了说明某一项理财规划服务的具体步骤。金融理财服务是一套综合性的流程，需要结合并/或检视金融理财师和客户在服务过程中的具体关系来发挥其作用。

《金融理财执业标准》的适用性

金融理财师在制定理财策略和提出建议时必须全面考虑客户的财务状况，在符合既定条件时都需要遵循这些执业标准。至少，其中的部分标准既适用于综合理财规划也适合于理财规划的某个组成部分（即财务管理、资产管理、风险管理、税务筹划、退休规划及遗产规划）。

《金融理财执业标准》第一条针对的是建立和界定客户关系，适用于金融理财师向客户提供任何理财服务的任何阶段，旨在帮助理财师及其客户建立清晰、合理的理财预期。《金融理财执业标准》第二至第六条适用于委托协议所规定的具体金融理财服务范围（委托协议界定了标准的适用性）。

金融理财业务流程	相关执业活动
1. 建立并界定客户关系	1.1　告知客户金融理财服务相关信息及金融理财师的能力范围 1.2　判断金融理财师是否能够满足客户的需求 1.3　界定服务范围
2. 收集客户信息	2.1　掌握客户个人及理财方面的目标、需求和优先顺序 2.2　收集定量信息及文件 2.3　收集定性信息
3. 分析和评估客户的财务状况	3.1　分析客户信息 3.2　评估客户目标、需求及优先顺序
4. 制定并提交理财规划方案	4.1　找到并评估理财规划策略 4.2　设计理财规划方案 4.3　向客户提交理财规划方案
5. 实施理财规划方案	5.1　就理财规划方案实施的职责达成一致 5.2　为实施理财规划方案寻找并介绍相关产品和服务
6. 监督客户理财规划状况	6.1　就客户状况检查的职责和条款达成一致 6.2　检查并重新评估客户状况

1. 建立并界定客户关系

1.1　告知客户金融理财服务相关信息及金融理财师的能力范围

金融理财师需向客户介绍金融理财业务流程，金融理财师所提供的各项服务内容以及金融理财师本人的能力和经验。

说明：

在与客户签署金融理财服务协议之前，金融理财师应帮助客户了解金融理财业务流程及金融理财服务的性质，向客户介绍自己的行业资历，包括说明金融理财服务怎样帮助客户实现理财目标、金融理财师在提供金融理财服务时使用的方法以及有关金融理财师执业执照、经验及专业技术方面的情况。金融理财师需根据客户要求向其告知所提供的金融理财服务的具体内容及各种费用信息。

1.2　判断金融理财师是否能够满足客户的需求

金融理财师和客户共同决定该理财师的服务及理财师本人的能力是否符合客户的需求。对于客户已经提出及可能提出的服务要求，金融理财师应考虑自己的技能、知识以及经验，判断自己是否可以胜任。金融理财师应判断自己是否存在及需要披露利益冲突。

说明：

金融理财师应考虑自己或自己的职员是否具备满足客户期望的能力、技术及知识；考虑是否存在可能影响自己与客户成功合作的利益冲突；确定是否存在其他可能出现的情况、关系和事实会导致其个人利益与客户利益或者某两个客户之间的利益相冲突；探讨客户信息的保密问题。

1.3　界定服务范围

金融理财师和客户应就金融理财师向客户提供的服务达成一致。在提供金融理财服务之前，金融理财师应书面告知其服务范围，具体包括：相关各方（包括第三方）的责任、服务条件、金融理财师的报酬及利益冲突。服务范围应以正式书面文件形式由双方签字确定或以其他形式由客户正式确定，其中须包含委托协议的解除流程。

说明：

金融理财师与客户共同约定服务范围有助于双方建立符合实际的预期。金融理财师和客户约定的服务范围可以涵盖一种、多种或全部金融理财组成部分（即财务管理、资产管理、风险管理、税务筹划、退休规划和遗产规划）。

书面委托协议是金融理财师和客户双方就金融理财服务条款协商一致的确认。金融理财师在制定委托协议的条款和需要进行信息披露的文件时应考虑以下内容：

◆明确提供或不提供的服务项目，如实施和检查服务；

◆金融理财师的报酬，包含应由客户支付的各种费用；

◆现有的利益冲突，包括与第三方的补偿协议，并约定在未来出现利益冲突时及时披露；

◆服务涉及的各方，包括法律关系和代理关系的详情；

◆承诺保护客户信息；

◆服务有效期；

◆客户的职责，包括及时全面的信息披露；

◆金融理财师的职责；

◆终止客户服务协议的条款；

◆客户投诉金融理财师或要求索赔的程序。

正式书面协议要求涵盖的其他信息还可包括：

◆服务过程中寻求其他专业人士帮助的潜在需求；

◆介绍和客户合作的个人的资质、执业资格或执照及经验；

◆使用客户信息的具体限制；

◆需要告知客户的其他信息。

外部环境可能会影响金融理财师向客户提供服务的能力，客户也可能终止服务或更换理财师。在此情况下，金融理财师应以专业化的方式终止与客户的服务协议或为客户寻求其他理财顾问提供方便。

2. 收集客户信息

2.1　掌握客户个人及理财方面的目标、需求和优先顺序

在提出或实施任何建议之前，金融理财师应和客户共同确定理财服务协议范围内客户的个人及理财目标、需求和优先顺序。

说明：

金融理财师应努力了解客户目前的状况及客户的理财目标、需求和优先顺序。客户的理财目标为金融理财服务协议阐明了目的，提供了指导，建立了框架。金融理财师应帮助客户区分短期目标和长期目标，并按优先顺序排序；此外，理财师还应与客户共同探讨那些看似不切实际的目标的优点及可行性。

2.2　收集定量信息及文件

在提出或实施任何建议之前，金融理财师应充分收集服务范围内关于客户的各种定量信息及文件。

说明：

金融理财师应在服务范围内，努力收集全面、准确的客户信息和文件。合适的理财规划建议必然建立在理财师获取的各种信息的基础之上，这些信息可能由客户提供也可能通过其他方式获取。一方面，金融理财师应与客户沟通，使其了解提供全面、准确的最新信息的重要性；另一方面，金融理财师应尊重客户文件的私密性，为客户文件保密。如果金融理财师无法收集到提出合理建议所必需的信息，则应告知客户并解释这种局限性对其服务及理财规划的影响。这些信息的缺失有可能会导致服务协议的修订或解除。

2.3　收集定性信息

在提出及实施任何建议之前，金融理财师应充分收集服务范围内的各种定性信息。

说明：

金融理财师收集信息以了解客户的价值观、态度、预期及理财经验。这项工作包括向客户提出问题并利用倾听技巧，判断客户在理财方面的经验和技能。这些判断一般都是主观的，其准确程度往往会受到客户信息披露情况的制约。

3. 分析和评估客户的财务状况

3.1　分析客户信息

金融理财师在服务范围内对客户信息进行分析，以便了解客户的财务状况。

说明：

金融理财师对客户当前状况及信息进行分析，与客户一起解决其中的信息缺失及信息互相矛盾的问题。在分析过程中，金融理财师应考虑到为客户量身定制、协商一致的理财目标，以及其他的合理假设——包括客户的退休年龄、预期寿命、收入需求、风险因素、时间范围、特殊需求以及诸如通货膨胀率、税率和投资收益之类的经济假设。

3.2　评估客户目标、需求及优先顺序

金融理财师应评估客户目前财务状况的优势与劣势，并据此与客户的目标、需求和优先顺序进行对比分析。

说明：

金融理财师根据客户现有的财务状况和理财策略分析其机会及限制条件，判断该客户继续沿用现有理财方案或按照设想更换理财规划情况下实现其目标的可能性。理财师也可能会发现其他影响客户实现目标的因素，并与客户进行进一步的探讨。金融理财师可以修改协议的服务范围或获取额外的信息。

4. 制定并提交理财规划方案

4.1　找到并评估理财规划策略

金融理财师应考虑一个或几个符合客户当前状况的理财策略，这些策略可以合理地实现客户目标和需求，并满足其优先顺序的要求。

说明：

金融理财师应找到能够实现客户确认的目标的备选策略。理财师对各种备选策略在实现客户目标、需求及优先顺序方面的可行性进行评估。评估工作可能包含与客户沟通其目标、需求的重要性、优先顺序及时间要求；考虑各种假设条件；进行调查或咨询其他专业人士等。这个过程可能最终产生一个策略、多个策略，或者仅需要维持客户现有的做法。在考虑备选策略时，金融理财师应考虑到相关法律、法规限制和要求以及理财师本人实现客户各项目标、需求及优先顺序要求的能力。要实现客户的目标、需求及优先顺序，可选的策略可能不止一种。专业判断本身具有主观性特点，故金融理财师提供的方案及该方案的实施结果可能不同于其他同行或顾问。

4.2 设计理财规划方案

金融理财师应根据能够合理满足客户确认的目标、需求及优先顺序要求而选择的策略，拟定理财规划方案。

说明：

在对各种理财策略及客户当前理财行为进行辨识、评估后，理财师应提出可以满足客户目标、需求及优先顺序要求的理财建议。理财建议可以是一项单独的行动或者一系列需同时展开的行动。这个理财建议也可以是维持现有的理财行为。如果理财师提出的理财建议是改变当前理财行为，那么这种变化既可以是总体的改变，也可以是具体的变化。必要时理财师可向客户建议修改其理财目标、需求或优先顺序。金融理财师提出的建议可能不同于其他同行或顾问，但是应该能够合理地实现客户的目标、需求和优先顺序要求。理财规划的这个环节需要充分的文件佐证，这点很重要。

4.3 向客户提交理财规划方案

金融理财师应向客户提交理财规划方案并提供其依据，以便客户能够在充分知情的情况下做出决策。

说明：

当金融理财师提出理财规划方案时，应帮助客户了解其当前状况，告知其理财方案中的关键因素和假设，揭示所推荐的理财方案的风险，以及此方案对客户实现其目标的影响。金融理财师应避免将自己的意见作为事实提供给客户。金融理财师应告知客户在其个人情况、经济状况或其他条件发生变化时，其理财规划方案也应该相应调整。金融理财师应向客户披露之前未披露的利益冲突，并向客户解释这种利益冲突对理财规划建议的影响。在这个阶段，金融理财师仍可以进一步评估该理财规划方案是否符合客户的预期，客户是否愿意采纳这些建议，以及是否需要对此方案进行修改等。

5. 实施理财规划方案

5.1 就理财规划方案实施的职责达成一致

金融理财师和客户应就以下内容达成一致：与服务范围相适应的理财规划方案的实施职责、客户对理财规划方案的接纳、理财师在执行此理财规划方案上的能力。

说明：

客户同意金融理财师为其执行其理财规划方案后，金融理财师应向客户提供必要的文件。金融理财师可根据双方达成的协议修改原先约定的服务范围。金融理财师的职责可能包括以下内容：辨识实施理财建议必须采取的行动，确定金融理财师和客户各自的职责，咨询或配合其他专业人士，经授权后分享客户信息，选择并获取产品或服务。如果存在之前未披露的利益冲突或与其他相关人员之间的利益关系、重大关系等，金融理财师应向客户及时通报。金融理财师应向客户解释他（她）向其他专业人士咨询的原因以及所咨询的专业人士的资格。如果金融理财师只是受雇于客户来执行理财规划方案，则应在书面文件的服务范围中明示。该服务范围可包括理财师在多大程度上可依赖其他专业人员提供的信息、分析和建议。

5.2　为实施理财规划方案找到并介绍相关产品和服务

金融理财师应在其服务范围内为客户寻找并推荐与其确认的理财规划方案相符的产品及服务。

说明：

金融理财师负责研究并推荐适合客户财务状况并能合理实现客户目标、需求及优先顺序要求的产品或服务。金融理财师在寻找上述产品和服务的时候应从客户利益出发并使用专业判断。专业判断包括定性信息和定量信息。由于符合客户需求的产品和服务不止一种，金融理财师设计的方案可能不同于其他专业人士。金融理财师应根据适用法规向客户披露所有相关信息。在推荐相关的产品和服务的同时，应展示理财规划策略及方案。

6. 监督客户理财规划状况

6.1　就客户状况检查的职责和条款达成一致

金融理财师应和客户共同约定对客户状况（包括理财目标、风险评估、生活方式和其他相关变化）进行监督和评估的相关条款。

说明：

金融理财师应告知客户理财规划是一个动态的过程，需要根据客户个人情况、经济状况或其他条件的变化进行更新调整。金融理财师和客户应约定双方在确保客户状况得到充分检查时各自的角色。理财师负责确定上述检查活动的性质及范围并向客户通报。上述检查过程可能会使得理财师对原先的服务范围进行修改或更新。

6.2　检查并重新评估客户状况

在检查客户状况的时候，金融理财师应和客户一起检查客户状况，评估理财规划方案在实现理财目标的过程中取得的进展，判断方案的适用性，并对双方均认为必要的修订进行确认。

说明：

检查监督工作可以包含以下内容：确认经金融理财师与客户共同确认的理财规划方案已经被采纳并实施；评估理财规划方案目标至检查时已经取得的进展；重新评估金融理财师初始和后续假设的合理性；确定客户状况或目标的变化是否要求对方案进行修改；对需修改的内容达成一致。如具体情况及需求发生变化，金融理财师可能需要重复理财规划前述各环节的工作。

术语

客户　与金融理财师有正式的理财师—客户关系的一人、多人或相关实体。

报酬　金融理财师或相关方因提供专业服务而收取（或有权收取）的各种货币形式或非货币形式的经济收益。

综合理财规划　为客户制定策略来帮助客户管理财务事务，实现其人生目标的过程，其中包括六大金融理财组成部分（即财务管理、资产管理、风险管理、税务筹划、退休规划及遗产规划）。

金融理财　为客户制定策略来帮助客户管理财务事务，实现其人生目标的过程。在实践中，金融理财包含回顾、检查与客户现状相关的所有信息，并与客户的预期状况相对比，从而设计一个能达成客户金融理财目标的最佳方案。

金融理财业务流程 金融理财师为客户制定策略来帮助客户管理财务事务，实现其人生目标的过程，其中包括：1）建立并界定与客户的关系；2）收集客户信息；3）分析、评估客户的财务状况；4）制定并提交个人理财规划方案；5）实施客户金融理财规划方案；6）检查和监督客户金融理财状况。

完备信息 为了使金融理财师能够提供有根据的分析及建议所必需的所有信息。

监督条款 与金融理财师检查和重估客户状况相关的频次、范围、收费等条款。

附录 3

《金融理财师道德准则和专业责任》

(2015)

前　言

国际金融理财标准委员会（FPSB）通过在金融理财业建立、维护和推广全球职业标准，使金融理财师的客户和潜在客户受益。CFP、CERTIFIED FINANCIAL PLANNER和CFP等专业资质荣誉标识代表了FPSB追求卓越的承诺。

FPSB的《金融理财师道德准则和专业责任》

通过坚持道德标准，金融理财师承诺从客户利益出发，以最高的道德准则和职业标准来为客户提供金融理财服务，本着造福社会的目的推广金融理财事业。

作为金融理财师专业承诺的一部分，金融理财师在向客户提供金融理财服务时应适时披露信息并严格遵守《金融理财师道德准则和专业责任》。

FPSB已将道德行为、道德判断及对道德标准的恪守，纳入了CFP认证的全球标准之中。为确保职业道德的义务得以充分理解，FPSB成员组织应将道德准则的内容及其运用纳入本地区CFP认证标准中，制定、调整并实施本土化的道德准则。

FPSB希望通过在全球范围内推行《金融理财师道德准则和专业责任》，使接受理财服务的客户受益。

《金融理财师道德准则和专业责任》的表述形式

FPSB制定的《金融理财师道德准则和专业责任》概述了金融理财师在执业活动中应遵守的道德标准，每条准则之后是对该准则目的的解释。FPSB希望通过推行这些准则，指导金融理财师做出妥当的、可接受的专业行为。

《金融理财师道德准则和专业责任》的适用性

FPSB 的《金融理财师道德准则和专业责任》体现了金融理财师对公众、客户、同事及雇主所负责任的认知。这些原则为金融理财行业的从业人员提供了行为指导。FPSB 各成员组织依照该准则的理念和意图来制定和调整本土化的执业行为准则，并要求 CFP 专业人士严格执行。

准则一：客户至上

将客户的利益放在首位。

客户利益至上是专业精神的标志，它要求金融理财师诚实行事，不得将个人利益置于客户利益之上。

准则二：正直诚信

正直诚信地为客户提供专业服务。

正直诚信要求金融理财师诚实、坦诚地处理所有专业事务。金融理财师能够被客户信任源自其自身正直诚信的品质。我们允许有合理的意见分歧，但是不应有欺骗或违背原则的行为。该原则要求金融理财师理解道德准则的文字含义和精神实质。

准则三：客观公正

客观公正地提供专业服务。

客观公正准则对金融理财师提出了诚实、公正的要求。无论是提供服务还是在执业过程中，金融理财师都应当以客观公正的原则来行事，妥善处理冲突，做出合理的专业判断。

准则四：公平合理

在所有工作关系中做到公平合理，披露并解决利益冲突。

在提供专业服务的过程中，金融理财师应当诚实地向客户披露相关服务和利益的信息，包括可能遇到的重大利益冲突。这要求金融理财师能够不失偏颇、不凭主观感受和意愿，而是做出合理、谨慎的判断以达到利益的平衡。公平是以你希望被对待的方式来对待他人。

准则五：专业精神

行为举止具有专业水准。

金融理财师应该具有职业荣誉感，在商务活动中应尊重客户、同行和他人，遵守相关法律、法规和职业规范。专业精神原则要求金融理财师应当与同业者共同维护并提高本行业的公众形象，并不断提升为公众利益服务的能力。

准则六：专业胜任

具备胜任专业服务所必备的各种能力、技能及知识。

专业胜任准则要求金融理财师在提供专业服务时，在能力、技能和知识上达到并保持足够的水平。金融理财师要认识到自身的局限性，对尚不具备胜任能力的领域可以向其他专业人员咨询或将客户推荐给其他相关组织。专业胜任准则要求金融理财师持续学习提升专业水平。

准则七：保守秘密

为客户的所有信息保守秘密。

保密准则要求为客户的信息保密，仅允许授权人员获取客户信息资料。金融理财师要获得客户的信任就必须避免不当泄露客户信息。

准则八：恪尽职守

勤勉地为客户提供专业服务。

恪尽职守准则要求金融理财师能够及时、全面地履行专业服务的承诺，在规划、监控、提供专业服务的时候能够尽职尽责。

附录 

《金融理财师行为准则》

（2015）

前言

国际金融理财标准委员会（FPSB）通过在金融理财业建立、维护和推广全球职业标准，使金融理财师的客户和潜在客户受益。CFP、CERTIFIED FINANCIAL PLANNER 和CFP等专业资质荣誉标识代表了 FPSB 追求卓越的承诺。

FPSB 的《金融理财师行为准则》

FPSB 的《金融理财师行为准则》旨在为金融理财师的执业行为树立标准，而不是作为金融理财师针对任何第三方所需承担法律责任的依据。

一旦被 FPSB 成员组织采纳并应用，《金融理财师行为准则》就成为《金融理财师道德准则和专业责任》和《金融理财执业标准》的补充强化机制。FPSB 成员组织制定的《金融理财师行为准则》对在该地区使用 FPSB 系列商标的个人及单位均具有约束力。金融理财师必须了解并掌握该准则，并在专业活动中严格遵守。

FPSB 成员组织可对违反《金融理财师行为准则》的金融理财师进行纪律处分。由于 FPSB 及其成员组织是在金融理财行业内制定标准和进行认证的机构，有权要求申请人达到首次认证和持续认证的要求。因此，对违反《金融理财师行为准则》的金融理财师，FPSB 成员组织有权限制其在该地区使用 FPSB 系列商标。

FPSB 希望成员组织采纳符合本地区的行为准则以体现 FPSB《金融理财师行为准则》的适用范围和目的。FPSB 成员组织可修改或强化本准则以确保在该地区准确定义和涵盖职业行为要求。

《金融理财师行为准则》的具体内容

1. 金融理财师不得直接或间接向客户或其他相关人员提供与其专业资质或服务有直接或间接关联的错误或误导信息。

2. 关于服务的潜在收益，金融理财师不得误导客户或其他利益相关者。

3. 金融理财师在必要情况下应披露所有相关事实，以免误导客户或其他利益相关者。

4. 金融理财师不得有不实、欺诈、欺骗或虚假陈述行为，不得故意向客户或其他利益相关者提供错误或误导性陈述。

5. 金融理财师应与客户一起确认需要由其保管、投资或监管的资产。

6. 金融理财师应确认由其保管或全权委托的客户的资金及其他财产，并及时更新上述资产的记录。

7. 除非法律允许且各方签订书面协议明确界定授权范围，并且理财师能够准确跟踪记录每一位客户的资产，否则金融理财师不得将客户财产与其个人财产、其雇主或其他客户的财产混同管理。

8. 金融理财师在任何情况下都应将客户的利益置于首位。

9. 金融理财师应公平对待客户，应本着正直诚信和客观公正的态度为客户提供专业服务。

10. 金融理财师应防止本人的个人偏好或利益对其提供的服务造成不利影响。

11. 金融理财师应为客户制定和执行适合客户的理财规划方案。

12. 金融理财师应该在自己专业胜任范围内为客户提供建议。对于在其专业能力范围之外的领域，金融理财师应咨询或向客户推荐能够胜任的专业人士。

13. 金融理财师应在其涉及的所有执业活动中保持专业胜任能力。

14. 金融理财师应及时了解、掌握金融理财行业的最新发展并参加持续职业发展活动（CPD）。

15. 如果金融理财师为客户提供的服务中包含任何理财规划或理财规划的重要部分，则应以书面形式向客户披露以下信息：

a）关于所收取报酬的明确及合理的说明，说明应当包括有关客户成本、费用的信息，雇主基本收费项目及形式，雇主可以收取其他类型费用的条件及这些额外收费的内容和依据；

b）客户与金融理财师及其雇主或其附属机构或任何第三方之间可能存在的利益冲突的扼要说明，包括但不限于可能会对客户造成重大不利影响的家庭成员关系、合约关系或代理关系；

c）任何可能会对客户是否聘用金融理财师产生重大影响的信息；

d）客户在了解服务合约的范围及性质时可能需要了解的其他相关信息，包括但不限于金融理财师的专业领域；

e）金融理财师的联系方式，如果可能的话，其雇主的联系方式。

此外，金融理财师还应持续向客户通报有关上述信息的重大变更。

16. 金融理财师不得向客户借款。下列情况除外：

a）客户是金融理财师的直系亲属；

b）客户是开展信贷业务的机构，且借款与金融理财师提供的专业服务无关。

17. 金融理财师不得借款给客户。下列情况除外：

a）客户是金融理财师的直系亲属；

b）金融理财师的雇主是开展信贷业务的机构，且提供贷款的一方不是其本人而是其雇主。

18. 金融理财师应对客户信息严格保密，下列情况除外：依据正当的法律程序或法规要求必须披露的；向其雇主或合伙人履行义务时必须披露的；针对失职投诉，以申辩为目的必须披露的；与客户之间产生民事纠纷必须披露的；代表客户完成专业服务必须披露的。

19. 金融理财师应采取谨慎的措施来保护客户信息和财产的安全，包括保护由其管理的客户实物资料和电子资料的安全。

20. 金融理财师在提供专业服务时应当遵循合理、谨慎的专业判断。

21. 金融理财师应该遵守所有关于专业服务的法律法规。

22. 金融理财师在以雇员或代理人的身份提供专业服务时，应按照《金融理财师道德准则和专业责任》的规定完成雇主/委托人下达的合法任务。

23. 金融理财师应遵守与 FPSB 成员组织达成的所有协议，包括但不限于正确使用 FPSB 商标系列，全面配合 FPSB 成员组织对商标使用和专业服务的审查和要求。

24. 为拥有持续使用 FPSB 商标系列的权利，金融理财师必须满足 FPSB 成员组织制定的各种要求，包括持续职业发展（CPD）的要求。

25. 金融理财师收到任何涉罪文件、终止或吊销执业资格的通知后，均应在规定期限内书面通知成员组织。

26. 当电子邮件地址、电话号码及实际通信地址等联络信息发生变化后，金融理财师应在规定的期限内通知成员组织。

27. 金融理财师不得参与有损其正直诚信、CFP 职业形象、FPSB 商标系列或金融理财专业性的行为。

28. 金融理财师应提供及时、全面的专业服务。

29. 金融理财师应在服务范围内对自己向客户推荐的产品和服务进行合理调查，也可以依据质量值得信赖的第三方的调查结果。

30. 金融理财师如将客户服务分配给下属或第三方，必须给予合理、谨慎的专业监督或指导。

31. 在客户提出要求后，金融理财师应尽快或在双方约定的期限内归还客户财产。

32. 金融理财师应与客户共同界定提供服务的内容。

33. 如果金融理财师为客户提供的服务包括理财规划或理财规划中的重要部分，则金融理财师应在双方签订协议之前书面向客户提供以下信息，并就以下问题与客户进行协商：

a）协议各方的义务和责任，包括确定客户的目标、需求及其优先顺序；收集并提供相关数据；测算客户目前理财规划（不进行任何改变）可能导致的结果；制定理财规划建议；执行理财规划建议；监控理财规划建议的执行。

b）协议中任何一方或任何一方的分支机构根据协议规定应该或可能获得的报酬；决定客户成本的因素或条件；理财规划决策如何使金融理财师获利，以及其他相关利益。

c）金融理财师使用特许专卖产品的条款。

d）金融理财师借助其他机构或专业人士来履行协议义务的条款。

e）终止服务关系的流程。

f）客户对金融理财师的服务提出投诉及索赔问题的解决办法。

34. 如果金融理财师为客户提供的服务包括理财规划或理财规划中的重要部分，则该理财师或其雇主应与客户签订关于理财规划服务的书面协议（以下简称“协议”），协议应明确以下事项：

a）协议的各方；

b）协议的生效日及有效期；

c）协议各方终止协议的条件和方式；

d）协议约定提供的服务内容。

35. 金融理财师应采取一切合理措施来确保客户理解其有关理财规划的建议，以保证客户能够在知情的前提下做出决定。

36. 金融理财师应了解并合理应用《金融理财执业标准》中与客户服务范围相关的内容。

37. 金融理财师应了解并在专业活动中遵守《金融理财师道德准则和专业责任》。

附录5

《金融理财师认证办法》

（2018 年 9 月）

为建立和完善中国的金融理财师认证制度，促进中国金融理财业的健康发展，国际金融理财标准委员会（Financial Planning Standards Board，英文缩写为 FPSB）授权现代国际金融理财标准（上海）有限公司（以下简称“FPSB China”）制定本办法。

第一章　金融理财和金融理财师

第一条　金融理财是面向个人和家庭的综合性金融服务。它包括个人和家庭的生命周期每个阶段的资产和负债分析、现金流量预算与管理、个人风险管理与保险规划、投资规划、职业生涯规划、子女养育及教育规划、居住规划、退休计划、个人税务筹划和遗产规划等内容。

第二条　金融理财师是从事金融理财，达到“4E”标准，即教育（Education）、考试（Examination）、从业经验（Experience）和职业道德（Ethics）标准，并取得资格认证的专业人士。金融理财师工作的最终目标是，在客户既定的条件和前提下，运用专业知识与技能，最大化地满足客户对财富保值和增值的期盼及其人生不同阶段的财务需求。

第二章　中国的金融理财师认证制度

第三条　FPSB China 决定采用多数 FPSB 成员的做法，在中国实施两级金融理财师认证制度，即 AFP® 和 CFP® 认证制度。

AFP 的英文全称为 ASSOCIATE FINANCIAL PLANNER™，中文全称为金融理财师。AFP 的注册商标为 **AFP®**、**ASSOCIATE FINANCIAL PLANNER™**、AFP、，以及 **ASSOCIATE FINANCIAL PLANNER™**。

CFP 的英文全称为 CERTIFIED FINANCIAL PLANNER™，中文全称为国际金融理财师。CFP 的注册商标为**CFP®**、**CERTIFIED FINANCIAL PLANNER™**、CFP，以及®。

申请人获得 AFP 或 CFP 认证后，可以使用相应的 AFP 或 CFP 商标。在本办法中，金融理财师和国际金融理财师统称为金融理财师。

第四条　FPSB 授权 FPSB China 在中国大陆独家进行 AFP 认证和 CFP 认证。

第五条　AFP 持证人是金融理财师认证申请人在完成 CFP 认证第一阶段的教育、考试、工作经验和职业道德认证后所获得的专业称谓。CFP 认证申请人须取得 AFP 认证后方可申请 CFP 认证。

第六条 FPSB China 将审慎地选择和授权有资质的教育机构开展 AFP 和 CFP 认证培训。

第三章 AFP 认证

第七条 具有大专或以上学历，达到“4E”标准的认证申请人，经认证可获得 AFP 认证证书。

第八条 获得由 FPSB China 授权的教育机构颁发的 AFP 认证培训合格证书，是申请 AFP 认证的第一个条件。

AFP 认证培训共 108 学时，主要内容包括：

- 金融理财原理；
- 投资规划；
- 个人风险管理与保险规划；
- 员工福利与退休计划；
- 个人税务与遗产筹划；
- 案例分析。

AFP 认证培训合格证书的有效期为 4 年。

第九条 拥有 FPSB China 认可的经济管理类或经济学博士学位的 AFP 认证申请人，可申请豁免全部培训课程。

第十条 拥有 FPSB China 认可的相关资格证书的 AFP 认证申请人，可申请豁免部分或全部培训课程。

第十一条 通过 FPSB China 组织的 AFP 认证考试，是申请 AFP 认证的第二个条件。

- AFP 认证考试时长共计六小时，分上下午进行。
- AFP 认证考试时间以 FPSB China 发布的通知为准。
- AFP 认证申请人在通过 AFP 认证考试后，须在 4 年内向 FPSB China 提出认证申请。

第十二条 达到 FPSB China 制定的从业经验标准，是申请 AFP 认证的第三个条件。

AFP 认证申请人须具备在下列机构中从事金融理财或与金融理财相关的从业经验：

- 金融机构；
- 会计师事务所；
- 律师事务所；
- FPSB China 认可的其他机构。

AFP 认证申请人从业经验的时间要求是：

- 具有研究生学历者，须有一年以上（含一年）的全职工作经历，或等同的兼职工作经历（按 2 000 小时的兼职工作时间等同于一年的全职工作时间换算）。
- 具有大学本科学历者，须有二年以上（含二年）的全职工作经历，或等同的兼职工作经历（按 2 000 小时的兼职工作时间等同于一年的全职工作时间换算）。
- 具有大专学历者，须有三年以上（含三年）的全职工作经历，或等同的兼职工作经历（按 2 000 小时的兼职工作时间等同于一年的全职工作时间换算）。
- 从业经验时间认定的有效期为申请认证之日起近 10 年以内。

AFP 认证申请人须向 FPSB China 如实申报从业经验并提供相应经历的证明人，证明人须是申请人的上级主管或已获得 AFP、CFP 认证的专业人士。FPSB China 保留对申请人从业经验有效性的最后认定权。

第十三条 满足 FPSB China 制定的职业道德标准是申请 AFP 认证的第四个条件。

AFP 认证申请人须同意并恪守 FPSB 和 FPSB China 颁布的相关规章制度。

第十四条 满足上述四个条件的 AFP 认证申请人，向 FPSB China 提出申请并通过认证后，可获得 AFP 认证证书。

第十五条 AFP 认证证书的有效期为两年。证书有效期内，持证人须根据《CFP 系列认证持证人继续教育管理办法》，满足 FPSB China 规定的继续教育和职业道德的要求。有效期满，持证人须提出再认证申请，通过后方可保留其资格。

第四章 CFP 认证

第十六条 获得 AFP 认证，并达到"4E"标准的认证申请人，经认证可获得 CFP 认证证书。

第十七条 获得由 FPSB China 授权的教育机构颁发的 CFP 认证培训合格证书，是申请 CFP 认证的第一个条件。

CFP 认证培训共 132 学时，主要内容包括：

- 高级投资规划；
- 高级个人风险管理与保险规划；
- 高级员工福利与退休规划；
- 高级个人税务与遗产筹划；
- 案例分析；
- 综合案例；
  - 投资规划案例；
  - 个人风险管理与保险规划案例；
  - 员工福利与退休规划案例；
  - 个人税务与遗产案例。

CFP 认证培训合格证书的有效期为 4 年。

第十八条 拥有 FPSB China 认可的经济管理类或经济学博士学位的 CFP 认证申请人，可申请豁免全部培训课程。

第十九条 拥有 FPSB China 认可的相关资格证书的 CFP 认证申请人，可申请豁免部分或全部培训课程。

第二十条 通过 FPSB China 组织的 CFP 认证考试，是申请 CFP 认证的第二个条件。

- CFP 认证考试时长共计十二小时，分两天进行。
- CFP 认证考试时间以 FPSB China 发布的通知为准。
- CFP 认证申请人在通过 CFP 认证考试后，须在 5 年内向 FPSB China 提出认证申请。

第二十一条 达到 FPSB China 制定的从业经验标准，是申请 CFP 认证的第三个条件。

CFP 认证申请人须具备在下列机构中从事金融理财或与金融理财相关的从业经验：

- 金融机构；
- 会计师事务所；
- 律师事务所；

- FPSB China 认可的其他机构。

CFP 认证申请人从业经验的时间要求是：

- 具有研究生学历者，须有二年以上（含二年）的全职工作经历，或等同的兼职工作经历（按 2 000 小时的兼职工作时间等同于一年的全职工作时间换算）。
- 具有大学本科学历者，须有三年以上（含三年）的全职工作经历，或等同的兼职工作经历（按 2 000 小时的兼职工作时间等同于一年的全职工作时间换算）。
- 具有大专学历者，须有五年以上（含五年）的全职工作经历，或等同的兼职工作经历（按 2 000 小时的兼职工作时间等同于一年的全职工作时间换算）。
- 从业经验时间认定的有效期为申请认证之日起近 10 年以内。

CFP 认证申请人须向 FPSB China 如实申报从业经验并提供相应经历的证明人，证明人须是申请人的上级主管或已获得 CFP 认证的专业人士。FPSB China 保留对申请人从业经验有效性的最后认定权。

第二十二条 满足 FPSB China 制定的职业道德标准是申请 CFP 认证的第四个条件。

CFP 认证申请人须同意并恪守 FPSB 和 FPSB China 颁布的相关规章制度。

第二十三条 满足上述四个条件的 CFP 认证申请人，向 FPSB China 提出申请并通过认证后，可获得 CFP 认证证书。

第二十四条 CFP 认证证书的有效期为两年。证书有效期内，持证人须根据《CFP 系列认证持证人继续教育管理办法》，满足 FPSB China 规定的继续教育和职业道德的要求。有效期满，持证人须提出再认证申请，通过后方可保留其资格。

第二十五条 在其他国家或地区获得 CFP 认证的专业人士在中国申请 CFP 认证的问题，另文规定。

第五章　其他

第二十六条 本办法自发布之日起正式实施，原《金融理财师认证办法（2013 年 2 月）》废除。

第二十七条 本办法的最终解释权归现代国际金融理财标准（上海）有限公司。

附录 6

《CFP 系列认证持证人继续教育管理办法》

（2018 年 9 月）

第一章 总则

第一条 根据国际金融理财标准委员会（Financial Planning Standards Board，以下简称 FPSB）的授权要求和《金融理财师认证办法》、《金融理财管理师认证办法》及《认证私人银行家（CPB）认证办法》的相关规定，现代国际金融理财标准（上海）有限公司（以下简称“FPSB China”）制定本办法。

第二条 本办法中的继续教育是指为持续提高 CFP® 系列认证持证人（以下简称“持证人”）的专业水平，增强持证人的执业能力，维持证书的有效性，在规定期限内必须完成的教育内容。

第三条 持证人在证书的有效期内，完成本办法规定的继续教育学时，是进行再认证的必要条件。

第二章 继续教育的内容与形式

第四条 继续教育的内容分为必修课程和选修课程。

第五条 必修课程是持证人在证书有效期内必须修满规定学时的课程，内容包括但不限于 FPSB 和 FPSB China 发布的各类制度性文件。

第六条 选修课程是持证人在证书有效期内学习的由 FPSB China 推荐或认可的主题内容，自主学习的课程。

第七条 继续教育的形式包括：

（一）FPSB China 组织的继续教育活动；

（二）FPSB China 授权的继续教育机构提供的继续教育活动；

（三）FPSB China 组织或认可的专业论坛、研讨会和学术报告会等；

（四）FPSB China 认可的、由持证人所在单位举办的相关内容的学习和活动；

（五）担任 FPSB China 或 FPSB China 授权机构举办的金融理财培训的授课人或研讨会的演讲人；

（六）完成与金融理财相关的专业著作或专业论文，并公开出版或发表；

（七）参加金融理财相关专业的在职学历或学位教育；

（八）FPSB China 认可的其他形式。

第三章　继续教育的学时要求

第八条　CFP 系列认证证书的有效期为两年，持证人每两年须再认证一次。

第九条　每个有效期内，持证人应完成 30 个继续教育学时的必修和选修课程学习，其中必修课程不少于 2 个学时。

第十条　上一个有效期超出的学时数不计入下一个有效期。

第十一条　持证人参加本办法第七条（四）至（八）项形式的继续教育，学时确认规则为：

（一）参加由 FPSB China 认可的、持证人所在单位举办的相关内容的学习和活动获得的学时，每一个有效期可确认的学时原则上不得超过总学时的 30%。

（二）担任 FPSB China 或 FPSB China 授权机构举办的金融理财培训的授课人或研讨会的演讲人应按实际授课或演讲时间确认学时，每一个有效期不多于 8 个学时。

（三）完成与金融理财相关的专业著作或专业论文，并公开出版或发表的学时确认原则为：一部专业著作可确认 10 个学时，每一个有效期不多于 10 个学时；一篇专业文章（3 000 字以上）可确认 2 个学时，每一个有效期不多于 10 个学时。

（四）参加金融理财相关专业的在职学历或学位教育，并获得学历或学位证书，可确认 10 个学时。

（五）其他形式的继续教育，以 FPSB China 确认的学时为准。

第四章　继续教育的学时申报

第十二条　在证书有效期内，持证人有义务自主通过“CFP 系列考试报名与认证系统”自主进行继续教育的学时申报，FPSB China 将定期或不定期进行抽查和审核。

第十三条　因下列情形之一而未完成继续教育学时的持证人，可以书面申请延长时限：

（一）因生育休产假的；

（二）因疾病半年以上无法正常工作的；

（三）FPSB China 认可的其他情形。

第十四条　持证人应将继续教育的证明文件及相关资料保留至少 4 年，并在 FPSB China 检查或抽查时予以提供。

第十五条　对于提交没有依据的、错误的或虚假的继续教育学时申请的行为，FPSB China 有权根据相关规定对其进行处分。

第五章　附则

第十六条　本办法自发布之日起正式实施。原《CFP 系列认证持证人继续教育管理办法（2013 版）》废除。

第十七条　本办法的最终解释权归现代国际金融理财标准（上海）有限公司。

附录 7

《认证私人银行家(CPB)认证办法》

(2018 年 9 月)

为促进中国私人银行业务的健康发展，建立和完善私人银行家认证制度，国际金融理财标准委员会（Financial Planning Standards Board，英文缩写为 FPSB）授权现代国际金融理财标准（上海）有限公司（以下简称“FPSB China”）制定本办法。

第一条 私人银行业务是为高净值和超高净值财富人士提供的个性化的综合金融服务，服务内容主要包括财富人士综合需求研究、产权梳理与公司架构设计、全球资产配置与管理、家族财富传承、财富人士法律风险管理、财富人士税务合规、家族成员身份安排，以及以上内容的全面综合规划方案。

第二条 CPB®的英文全称为 CERTIFIED PRIVATE BANKER™，中文全称为认证私人银行家。CPB 的注册商标为**CPB**®、**CERTIFIED PRIVATE BANKER™**、CPB，以及 **CERTIFIED PRIVATE BANKER™**。申请人获得 CPB 认证后，可以使用相应的 CPB 商标。

第三条 认证私人银行家是从事私人银行业务，达到“4E”标准，即教育（Education）、考试（Examination）、从业经验（Experience）和职业道德（Ethics）标准，并取得认证私人银行家资格的专业人士。

第四条 CPB 持证人、CPB 专业人士和认证私人银行家，是认证申请人获得认证后可使用的专业称谓。

第五条 FPSB China 将审慎地选择并授权有资质的教育机构开展 CPB 认证培训。

第六条 具有大专或以上学历，并符合下列情形之一的，是申请 CPB 认证的前提条件：

- AFP®持证人；
- CFP®持证人；
- EFP®持证人；
- CPA（中国注册会计师）；
- CFA（Chartered Financial Analyst，注册金融分析师）持证人；
- FPSB China 认可的相关证书。

第七条 获得由 FPSB China 授权的教育机构颁发的培训合格证书，是申请 CPB 认证的第一个条件。

CPB 认证培训共 60 小时，包括 CPB 专业知识学习和导师指导两部分。培训主要内容为：私人银行客户需求分析与服务、高净值人士财富法律风险及应对策略、产权梳理与公司架构设计、私人财富全球税务合规、资产增值与投资管理、家族财富传承、私人银行实践课程。

CPB 认证培训合格证书的有效期为 4 年。

第八条 通过 FPSB China 组织的 CPB 认证考试，是申请 CPB 认证的第二个条件。

CPB 认证考试分为科目一（CPB 专业知识考核）和科目二（CPB 导师指导评分）。科目一的考试时长为两小时；科目二的考试时长为一小时。

申请人须分别通过科目一和科目二的考试，方可提出 CPB 认证申请。

CPB 认证考试时间以 FPSB China 发布的通知为准。

CPB 认证申请人在通过 CPB 认证考试后，须在 4 年内向 FPSB China 提出认证申请。

第九条 达到 FPSB China 制定的从业经验标准，是申请 CPB 认证的第三个条件。

CPB 认证申请人须具备在下列机构中从事私人银行业务、财富管理业务、个人理财业务或与前述业务相关的从业经验：

- 金融机构；
- 会计师事务所；
- 律师事务所；
- FPSB China 认可的其他机构。

CPB 认证申请人从业经验的时间要求是：

- 具有 5 年以上（含 5 年）的全职工作经历。
- 从业经验时间认定的有效期为申请认证之日起近 10 年以内。

CPB 认证申请人须向 FPSB China 如实申报从业经验并提供相应经历的证明人，证明人须是申请人的上级主管或已获得 CPB、CFP 或 EFP 认证的专业人士。FPSB China 保留对申请人从业经验有效性的最后认定权。

第十条 满足 FPSB China 制定的职业道德标准是申请 CPB 认证的第四个条件。

CPB 认证申请人须同意并恪守 FPSB 和 FPSB China 颁布的相关规章制度。

第十一条 满足上述四个条件的 CPB 认证申请人，向 FPSB China 提出申请并通过认证后，可获得 CPB 认证证书。

第十二条 CPB 认证证书的有效期为两年。证书有效期内，持证人须根据《CFP 系列认证持证人继续教育管理办法》，满足 FPSB China 规定的继续教育和职业道德的要求。有效期满，持证人须提出再认证申请，通过后方可保留其资格。

第十三条 在其他国家或地区获得 CPB 认证的专业人士在中国申请 CPB 认证的问题，另文规定。

第十四条 本办法自发布之日起正式实施，原《认证私人银行家（CPB）认证办法》废除。

第十五条 本办法的最终解释权归现代国际金融理财标准（上海）有限公司。

参考文献

财政部注册会计师考试委员会办公室. 税法. 北京：中国财政经济出版社，2004.

［美］查理斯·P. 金德尔伯格. 经济过热、经济恐慌及经济崩溃：金融危机史：第三版. 朱隽，叶翔，译. 北京：北京大学出版社，2000.

陈工孟，郑子云. 个人财务策划. 北京：北京大学出版社，2003.

仇雨临，陈姗. 员工福利概论：第二版. 北京：中国人民大学出版社，2011.

董潘，王家庭，王锋. 房地产金融. 大连：东北财经大学出版社，2001.

［美］弗兰克·J. 法博兹. 债券市场分析和决策. 袁东，译. 上海：百家出版社，2002.

［美］G. 维克托·霍尔曼，杰利·S. 诺森布鲁门. 个人理财计划：第六版. 何自云，何永晨，译. 北京：中国财政经济出版社，2003.

［美］凯莉·坎贝尔. 财务减压365课：美国历史上最重要的个人理财书. 姜文波，田小满，译. 北京：中国商业出版社，2003.

［加］夸克·霍，克里斯·罗宾逊. 个人理财策划. 陈晓燕，徐克恩，等，译. 北京：中国金融出版社，2004.

Maureen Tsu. 从美国角度论述CFP资格认证制度. 第二届中美金融策划论坛发言稿汇编，2002.

李君. 我国个人银行业务的发展现状及趋势探讨. 金融论坛，2002（10）.

李颖，冉茂洋，刘中斌. 人寿保险个人财务策划规划服务研究. 保险研究，2003（3）.

林功实. 个人投资理财. 北京：清华大学出版社，2003.

刘钧. 员工福利与退休计划. 北京：清华大学出版社，2009.

Patricia Houlihan. 从国际角度论述CFP资格认证制度. 第二届中美金融策划论坛发言稿汇编，2002.

孙智. FP（注册金融理财师）在世界各国的情况介绍. www. IFPC. org. cn，2003.

［美］特瑞斯·普雷切特等. 风险管理与保险. 北京：中国社会科学出版社，1998.

魏华林，林宝清. 保险学. 北京：高等教育出版社，1998.

许洪语. 浅析我国证券市场做市商制度的构建. 中国证券，2013（8）.

［美］亚瑟·梅丹. 金融服务营销学. 王松奇，译. 北京：中国金融出版社，2002.

杨满沧. 论国有商业银行个人业务的拓展. 金融理论与实践，2003（2）.

于富荣，宋桂红. 100个成功的理财规划. 北京：机械工业出版社，2005.

[美] 约翰·马歇尔，维普尔·班赛尔. 金融工程. 宋逢明，朱宝宪，张陶伟，译. 北京：清华大学出版社，1998.

[美] 约翰·诺夫新格. 理财路上的前车之鉴. 马苏芹，达兵，译. 上海：上海人民出版社，2004.

张剑宇. 个人财务策划. 中国城市金融，2003 (11).

赵威. 经济法：第四版. 北京：中国人民大学出版社，2012.

中国金融业教育培训中心. 银行理财产品行销实战手册（上），2005.

中国金融业教育培训中心. 银行理财产品行销实战手册（下），2005.

中国就业培训技术指导中心. 高级黄金投资分析师. 北京：中国劳动社会保障出版社，2013.

中国就业培训技术指导中心. 黄金投资分析师（基础知识）. 北京：中国劳动社会保障出版社，2013.

中国就业培训技术指导中心. 黄金投资分析师. 北京：中国劳动社会保障出版社，2013.

中国就业培训技术指导中心. 助理黄金投资分析师. 北京：中国劳动社会保障出版社，2013.

中国证券监督管理委员会. 证券期货业统计指标标准指引，2013.

中国证券业协会. 证券发行与承销. 北京：中国金融出版社，2013.

中国证券业协会. 证券交易. 北京：中国金融出版社，2013.

中国证券业协会. 证券市场基础知识. 北京：中国金融出版社，2013.

中国证券业协会. 证券投资分析. 北京：中国金融出版社，2013.

中国证券业协会. 证券投资基金. 北京：中国金融出版社，2013.

中华人民共和国国家工商行政管理总局. 股份有限公司设立登记提交材料规范.

中华人民共和国证券法.

周宇，张名贵. 房地产营销与管理. 大连：东北财经大学出版社，2000.

朱崇实. 经济法：中国版. 北京：北京大学出版社，2007.

最高人民法院关于修改关于适用《中华人民共和国公司法》若干问题的规定的决定，2014.

Alan J. Miller，*Standard & Poor's* 401（*K*）*Planning Guide*，McGraw-Hill，1995.

Butler，K. C. and Domian，D. L.，"Long-run Returns on Stock and Bond Portfolios：Implications for Retirement Planning"，*Financial Services Review*，1993，2（1）.

CFP Board of Standard，"1999 Survey of CFP Practitioners"，www. CFP-Board. org，1999.

CFP Board of Standard，"CFP Board Mission & History"，www. CFP-Board. org，2003.

CFP Board of Standard，"Consumer Mistakes Survey 2003"，www. CFP-Board. org，2003.

CFP Board of Standard，"Consumer Survey"，www. CFP-Board. org，2002.

CFP Board of Standard，"Financial Planning Practice Standard"，www. CFP-Board. org，2003.

CFP Board of Standard，"Media Guide 2001"，www. CFP-Board. org，2001.

CFP Board of Standard, "Media Guide 2002", www. CFP-Board. org, 2002.

CFP Board of Standard, "Media Guide 2003", www. CFP-Board. org, 2003.

Chang, Y. R., Hanna, S. and Fan, J. X., "Emergency Fund Levels: Is Household Behavior Rational?", *Financial Counseling and Planning*, 1997, 8 (1).

Dalton, Michael A., James F. Dalton, *Personal Financial Planning: Theory and Practice*, Dalton Publications, 2001.

David and Tom Gardner, *The Motley Fool*, *Personal Finance Workbook*, Touchstone, 2003.

Davis, E. P. and Carr, R. A., "Budgeting Practices over the Life Cycle", *Financial Counseling and Planning*, 1992 (3).

Debbie Harrison, *Personal Financial Planner*, Prentice Hall, 1997.

Deboran McNaughton, *Managing Your Credit*, Dearborn Trade, v. s., 1999.

Ernst and Young, *Personal Financial Planning Guide*, 3rd edition, Wiley, 2000.

Fevurly, K. R., "Personal Financial Planning: How to Provide for the Cost of a College Education", *Journal of Accountancy*, 1991 (2).

Gitman, Lawrence J., and Joehnk, Michael D., *Personal Financial Planning*, 8th ed, FortWorth, TX: Dryden Press, 1999.

Gray, W. S., "Historical Returns, Inflation and Future Return Expectations", *Financial Analysts Journal*, 1993, 49 (4).

G. Victor Hallman and Jerry S. Roseenbloom, *Personal Financial Planning*, 7th edition, McGraw-Hill, 2003.

Hensel, C. R., Ezra, D. D., and Ilkiw, J. H., "The Importance of the Asset Allocation Decision", *Financial Analysts Journal*, 1991, 47 (4).

Ho, K., Perdue, G., and Robinson, C., *Personal Financial Planning*, The U. S. edition. North York, ON: Captus Press Inc., 1999.

Huston, S. J. & Chang, Y. R., "Adequate Emergency Fund Holdings and Household Type", *Financial Counseling and Planning*, 1997, 8 (1).

Jack R. Kapoor, Les R. Dlabay, Robert J. Hughes, *Personal Finance*, 7th edition., McGraw-Hill, 2004.

James Steamer, *Wealth on Minimal Wage*, Dearborn Trade, v. s., 1998.

Jeffrey H. Rattiner, *Getting Started as a Financial Planner*, Bloowberg Press, 2000.

Jim Ainsworth, *How to Become a Successful Financial Consultant*, Wiley, 1997.

John C. Bogle, *Common Sense on Mutual Funds*, Wiley, 1999.

John Eckblad and David Kiel, *If Your Life Were a Business*, *Would You Invest in It?*, McGraw-Hill Education, 2003.

Kapoor, J. R., Dlabay, L. R. and Hughes, R. J., *Personal Finance and Personal Financial Planner Package*, 5th ed, Boston: Irwin-McGraw-Hill, 1999.

Keown, A. J., *Personal Finance: Turning Money into Wealth*, NJ: Prentice-Hall, Inc., 1998.

Lawrence J. Gitman and Muchael D. Joehnk, *Personal Financial Planning*, 9th edition, South-Western College Pwb, 2002.

Leimberg, S. R. and MeFadden, J. J., *The Tools & Techniques of Employee Benefit and Retirement Planning* (6th Ed), USA: NU Law Services, 1999.

Leonard B. Goodstein, Timothy Nolan, J. William Pfeiffer, *Applied Strategic Planning*, McGraw-Hill Education, 1993.

Mack Hanan, Consultative Selling, 7th edition, Amacom, 2004.

Markham, J. W., *Financial History of the United States*, Volume 1, 2 and 3, Armonk, N. Y.: M. E. Sharpe, 2002.

Modigliani, F. and Ando, A., "The Life Cycle Hypothesis of Saving: Aggregate Implications and Tests", *The American Economic Review*, 1963 (53).

Napoleon Hill, *The Master Key to Riches*, Ballantine Books, 1965.

Pahl, Dede, "An Emerging Partnership: AFS and the CFP Board", *Financial Services Review*, 1996, 5 (1).

Ramaglia, J. A. and MacDonald, D. B., *Personal Financial Management*, Cincinnati: South-Western College Publishing, 1999.

Richard A. Ferri, *Protecting Your Wealth in Good Times and Bad*, McGraw-Hill, 2003.

Rosefsky, R. S., *Personal Finance*, 6th ed. New York: John Wiley, 1996.

Studenski, P. & Krooss, H. E., *Financial History of the United States: Fiscal, Monetary, Banking, and Tariff, Including Financial Administration and State and Local Finance*, New York: McGraw-Hill, 1963.

Thomas Fitch, *Dictionary of Banking Terms*, Barrons Educational Series, 1997.

Winger, B. J. and Frasca, R. R., *Personal Finance: An Integrated Approach*, 5th ed., NJ: Prentice Hall, 1996.

图书在版编目(CIP)数据

金融理财原理．上/北京当代金融培训有限公司组织编写．—北京：中国人民大学出版社，2019.5
ISBN 978-7-300-26819-4

Ⅰ.①金… Ⅱ.①北… Ⅲ.①金融投资-资格考试-自学参考资料 Ⅳ.①F830.59

中国版本图书馆 CIP 数据核字（2019）第 045533 号

金融理财原理（上）
现代国际金融理财标准（上海）有限公司　指导
北京当代金融培训有限公司　组织编写
Jinrong Licai Yuanli（Shang）

出版发行	中国人民大学出版社		
社　　址	北京中关村大街 31 号	**邮政编码**	100080
电　　话	010－62511242（总编室）		010－62511770（质管部）
	010－82501766（邮购部）		010－62514148（门市部）
	010－62515195（发行公司）		010－62515275（盗版举报）
网　　址	http://www.crup.com.cn		
经　　销	新华书店		
印　　刷	涿州市星河印刷有限公司		
规　　格	185 mm×260 mm　16 开本	**版　　次**	2019 年 5 月第 1 版
印　　张	31.75　插页 1	**印　　次**	2021 年 7 月第 9 次印刷
字　　数	699 000	**定　　价**	98.00 元
